Japansk — norsk ordbok

日本語ノルウェー語辞典

古城 健志 編

東京 **大学書林** 発行

緒　　言

　スウェーデン・デンマーク・ノルウェーといったいわゆるスカンジナビア三国は日本にとって極めて重要な国々であるとはいえないにしても，産業・文化その他の面でかなりの意義を持つ国々であると思われます．しかるに，これらの国々の言語と日本語を結ぶ辞典は比較的最近まで，まったく見られない状態でした．

　そこで編者は浅学非才を顧みず，故松下正三氏とともに，満足にはほど遠いものではありますが，スウェーデン語⇄日本語辞典，デンマーク語⇄日本語辞典，ノルウェー語辞典を順次上梓してきました．残るは日本語→ノルウェー語辞典になる訳ですが，これを考えるとき編者は逡巡せざるを得ませんでした．

　というのはノルウェー語はブークモールとニノルスクの二つの公用語があり，また方言も多く，一方デンマーク語的な表現を好む方もかなりおられるとのことで，一つの日本語に対し，数多くの表現の変化がある訳で，編者のごとき者の到底手に追えるものではありません．そこで，紙数も限られていることですし，この際，ノルウェーで比較的多数の方が用いられるブークモールを主体とし，原則としてブークモールの辞典およびその関連の図書・参考書に見られる語または表現のみを対象とすることで編集することにしました．したがって本書を利用される場合，本書記載の語または文が唯一無二ではなく，他にも色々の綴り，表現があることを承知の上で活用されることを願うものです．

　最後に本書のようなマイナーな言語辞典に深い理解を

示されている大学書林佐藤政人氏に深く感謝し，また学習院大学教授　下宮忠雄先生に全般的に眼を通して戴いたことおよび疑問点に快くお答え下さった東海大学北欧学科のEgil Husebø氏に，そして校正について多大の援助を賜った菊池正敏氏に厚く御礼申し上げます．

2002年5月　　　　　　　　　　　　　　編　者

凡　　例

日本語について
- **―**　：見出し語と同じ．見出し語の途中に・のあるものは前の部分と同じ．
- 〔　〕：〔　〕内をつけることもある．
- （　）：見出し語の言いかえ，または説明：見出し語と似た語，関連語
- /　：または，　・…/…　・の前の語を後ろの語にもつけることがある．
- →　：…を見よ．
- 〈動〉〈魚〉〈虫〉〈鳥〉〈病〉　それらの名前（魚は魚介類一般を含む）
- 〈医〉〈哲〉〈文法〉〈数〉〈楽〉　医学上の，哲学上の，文法の，数学の，音楽の用語

ノルウェー語について
- 〔　〕：〔　〕内を使うこともある．ただし単語の綴りの途中の分は必ずしもすべては示してありません．
- /　：または．
- （　）：たとえば，用例．
- (pl.)：複数（ただし，必ずしもすべてには表示してありません）
- ：　（：の前後の語でニュアンスの違いに注意されたい．）

凡 例

略語：
　f.e. : for eksempel
　e.l. : eller liknende

アクセント：2音節以上の語で，比較的低い音程から次第に上昇していく音調を ′ で表わし，もう一つのやや高い音程で始まり，一旦下降した後再び上昇する音調を ˋ であらわしました．

〔注〕　各単語の語尾変化は紙数の制限から省略しました．必要な方はまことに面倒ですが，「ノルウェー語辞典」など関連図書でお調べ下さるようお願いします．

日本語ノルウェー語辞典

あ

ああ （驚き・感嘆などの）å （ああそう）jaså
アース （接地線）jordledning, jordforbindelse
アーチ bue, boge
アーメン amen
アール （面積単位）ar
あい 愛 kjærlighet （恋愛）elskov —する elske —する友よ kjære venn
あいいろ 藍色〔の〕 indigo〔blå〕
あいかわらず 相変わらず som vanlig, sedvanlig
あいきょうのある 愛嬌のある elskverdig
あいこ 愛顧 yndest, gunst
あいこうする 愛好する elske, holde av, synes om
あいこく・しん 愛国心 fedrelandskjærlighet, patriotis′me —者 fedrelandsvenn, patrio′t
あいことば 合言葉 løsen （コンピューターで）passord
あいさつ 挨拶(会釈) hilsning, hilsen —する hilse, helse
あいじ 愛児 〔mitt〕elsket barn
アイシャドー øye〔n〕skygge
あいしょう 相性 åndsfellesskap, tiltrekning —のよい åndelig beslektet
あいじょう 愛情 kjærlighet, hengivenhet —のある kjærlig, hengiven, hjertelig
あいじん 愛人(男) elsker （女）elskerin′ne
あいず 合図 signa′l —する signalise′re, signale′re
アイスクリーム is〔krem〕 —を食べる spise is
アイスホッケー ishockey —場 ishockeybane
アイスランド Island —人 islending —の/語 islandsk
あいそ〔う〕 愛想 elskver′dighet, vennlighet —のよい forekommende, imøtekommende —の悪い uvennlig, barsk, uelskverdig

あいた 開いた åpen, udekket （空(から)の）tom
あいだ 間 mellomrom, tidsintervall （空間・時間的に）AとBの―に mellom A og B 長い―に i lange tider
あいだがら 間柄 relasjo′n, forhold
あいついで 相次いで en etter en, den ene etter den andre
あいて 相手 motpart, motspiller （敵手）motstander 遊びなどの― makker, partner （仲間）felle 結婚の―を探す søke en å gifte seg med
アイデア idé ―に富んだ idérik
あいどく・する 愛読する lese med glede ―書 favorit′tbok
あいにく 生憎 ulyk′keligvis, dessver′re ―の ulyk′kelig
あいのこ 混血児 person af brandet rase, halvblods person, halvkaste 白人と黒人の― mulat′t （雑種の動植物）hybri′d, krysning
あいびき 逢引き 〔hemmelig〕møte
あいま 合間 mellomrom, mellomtid, interval′l
あいまい・な 曖昧な ubestemt, uklar, uty′delig, tvetydig, vag ―に uklart, tvetydig
あいらしい 愛らしい søt, yndig, nydelig
アイロン strykejern ―をかける stryke
あう 会う（人に）møte （出合う）treffe, ramme 合う（似合う）passe 口に― det smaker〔godt〕交通事故に遭う komme ut for trafik′kulykke
あえぐ 喘ぐ puste, stønne
あえて 敢えて（…する）våge seg, driste seg til
あえん 亜鉛 sink 酸化― sinkoksid
あお・い 青い〔色〕blå （顔色など）―白い blek, bleik （未熟な）umoden, uutviklet, uerfaren
あおぐ 仰ぐ（尊敬する）beun′dre, dyrke, akte （見上げる）se opp til
あおぐ （扇子で）vifte
あおざめる 青ざめる ble〔i〕kne
あおじゃしん 青写真 blåpapir, blått kopipapir

あおぞら 青空 blå himmel, åpen himmel —市場 det frie marked

あおる (扇動する) opphisse, forar′ge, anstifte

あか 赤〔色〕 rød (深紅色) karmosi′n —色がかった rødaktig (赤面する) rødme (共産党員) kommunis′t

あか 垢(汚れ) skitt, smuss —だらけの smussig

あかじ 赤字 underskudd, underskott —になる gå med underskudd

アカシア 〈植〉 aka′sie

あかしんごう 赤信号 rødt lys

あかす 明かす (時を過ごす) tilbringe (打ち明ける) betro′ (告白する) bekjen′ne 秘密を— avsløre

あかちゃん 赤ちゃん baby, spedbarn

あかつき 暁(夜明け) daggry (場合・時)…の—には i fall

あがめる 崇める(尊敬する) beun′dre, dyrke, akte (崇拝する) dyrke, tilbe

あからさまな (明白な) klar, tydelig (率直な) åpenhjertig, oppriktig

あかり 明り (灯火) lampe, lys (日光) solskinn, sollys —をつける tenne en lampe —を消す slokke/slukke en lampe

あがる 上がる stige opp〔på〕, gå opp (食べる・飲む) spise, drikke 雨が— det holder opp å regne 立ち— reise seg opp 出来— bli ferdig/tilberedt/fullført (興奮する) hisse seg opp

あかる・い 明るい(光が) lys, klar —くなる lysne (明白な) klar, åpen (精通している) være bevandret i

あかワイン 赤ワイン rødvin

あかんぼう 赤ん坊 baby, spedbarn

あき 秋 etterår, høst —らしい høstlig

あき 空き tomhet (暇) ledighet (隙間) åpning, revne, rivne —びん tom flaske

あきあきする 飽き飽きする bli trett/kjedelig

あきすねらい 空巣狙い(行為) innbrott, innbrudd (人) innbrotts・tjuv/tyv

あきな・い 商い handel —う handle〔med〕, drive

handel
あきや 空家　ubebodd hus
あきらかな 明らかな　innlysende, tydelig, klar
あきらめる 諦める（放棄する）　oppgi, resigne′re, gi avkall på
あきる 飽きる　bli trett/kjedelig, miste interes′se
アキレスけん アキレス腱　akil′leshæl
あきれる （驚く）bli overrasket/forbau′set （愛想をつかす）føle lede ved
あく 空く（空(から)になる）bli tom　（時間・手が）bli ledig/fri
あく 開く　åpne seg　（始まる）starte, begyn′ne
あく 悪(不正)　urett〔神に対して〕synd ―徳 last ―名高い beryk′ta, noto′risk
あく 灰汁　lut
あくい 悪意(悪気)　ondskap ―に満ちた ondskapsfull, ondsinnet
あくけい 悪計　konspirasjo′n, komplot′t, intri\ge
あくじ 悪事　mørkets gjerninger (pl.)
あくしつの 悪質の　ond, ondskapsfull, dårlig （無礼な）uartig
あくしゅ 握手　håndtrykk, handtrykk, håndslag ―する gi hverandre håndslag
あくしゅう 悪臭　stank, vond lukt ―を放つ stinke, stanke ―の illeluktende
あくしゅう 悪習(悪癖)　uvane, dårlig vane, uskikk
あくせいの 悪性の　ondartet〔sykdom〕
アクセサリー　smykke, tilbehør
アクセル　gasspedal ―を踏む trå på gasspedalen
アクセント　aksen′t, uttale
あくてんこう 悪天候　dårlig vær
あくとう 悪党　→あくにん（悪人）
あくにん 悪人　slyngel, slubbert, usling
あくび 欠伸　gjesp ―する gjespe
あくま 悪魔　djevel, demo′n, fanden, faen
あくまで 飽くまで（最後まで）til det siste （極力）til det ytterste （根気強く）iher′dig, utholdende

あくむ 悪夢　mare〔drøm〕, mareritt
あくめいたかい 悪名高い　beryk'ta, noto'risk
あくゆう 悪友　dårlig venn, dårlig selskap
あくようする 悪用する　misbruke, bruke galt
あくる 明くる　følgende〔dag〕, neste
あくれい 悪例　dårlig eksem'pel, dårlig forbilde
あくろ 悪路　vej/veg i dårlig forfat'ning
あげ 上げ(着物の)　sydd rynke
あけがた 明け方　daggry, dagning
あけくれ 明け暮れ　dag og natt
あげしお 上げ潮　høyvann, høyvatn, høgvann
あけのみょうじょう 明けの明星　morgenstjerne
あけぼの 曙　daggry, dagning
あける 明ける　gry　夜が— dagen gryr, det gryr av dag
あける 開ける　åpne, gjøre åpen　(空(から)にする) tømme　錠を— lukke opp
あげる 上げる・揚げる・挙げる　løfte〔opp〕, heve opp (贈与する) gi, foræ're　数え— regne opp　(吐く) brekke seg　結婚式など— vie　(揚げものをする) steke, steike, brase
あけわたす 明け渡す　overlate, rømme
あご 顎　kjeft, hake　—ひげ skjegg　上— gane
アコーディオン　harmo'nika, trekkspill
あこがれ 憧れ　lengsel　—る lenges, lengte etter
あさ 麻〔の木〕　hamp　—の実 hampfrø
あさ 朝　morgen　—日 morgensol
あざ 痣(生まれつきの)　fregne, føflekk　(打撲傷) blått merke, blå plett
あざ 字　seksjo'n i landby
あさい 浅い (水深が) grunn　(皿など) flat　(傷が) lett, mild　(関係が) flyktig, overflatisk　(浅薄な) lettsindig, tankeløs
あさおき 朝起き　tidlig oppstigning
あさがお 朝顔〈植〉　ormevindel
あさぐろい 浅黒い　mørk, brunlig
あざけ・り 嘲り　hån, forak't　—る håne, forak'te

あさせ 浅瀬　grunne
あさって 明後日　i overmorgen
あさねぼう 朝寝坊　sjusover　—する sove hardt og lenge（寝すごす）forso′ve seg, sove over seg
あさはかな 浅はかな　lettsindig, overflatisk, tom
あさましい 浅ましい(卑しい)　nedrig, geme′n（恥ずべき）skamløs（みじめな）elen′dig
あざみ 薊〈植〉 tistel
あざむく 欺く　bedra′, lure, narre
あさめし 朝食　morgenmat, frokost
あざやかな 鮮やかな　tydelig, klar, levende, livlig（みごとな）praktfull, strålende
あさゆう 朝夕　morgen og aften
あざらし 海豹〈動〉 sel, kobbe
あさる 漁る(魚などを) fiske（捜す）søke, lete etter
あし 足　fot（脚）bein, ben（犬・ねこなどの）pote, labb（逃亡者などの）—取り spor, avtrykk　—の指 tå　—の裏 fotsåle, il
あし 葦〈植〉 siv, sev
あじ 味(味覚) smak（風味）aro′ma　—がいい/悪い det smaker godt/dårlig
アジア Asia　—人 asiat　—の asiatisk
あしあと 足跡　fotavtrykk, fotspor
あしおと 足音　lyd av fotslag
あしかせ 足かせ　åk（束縛）tvang
あしくび 足首　ankel（足の甲）〔v〕rist
あじけない 味気ない　trist, dyster, kjedelig
あじさい 紫陽花〈植〉 horten′sia
あした 明日　i morgen
あしでまとい 足手まとい　byrde, hinder, hemsko（負担）belas′tning
あしどり 足取り(歩き方) gang（歩調）skritt, takt, trinn（行方）spor
あしなみ 足並み(歩幅)skritt（歩調）takt　—そろえて i takt　—を乱して ute av takt
あしば 足場　fotfeste
あしふき 足ふき　badematte

あしぶみする 足踏みする stampe （停滞する） stagne′re

あしもと 足元〔に〕 ved noens føtter —の明るいうちに innen det blir mørk, innen fare nærmer seg —につけこむ utnytte annens nød

あじわう 味わう smake, nyte

あす 明日 i morgen

あずかり 預かり(保管) forva′ring, varetekt —物 betrod′d gods —所 oppbevaring〔sted〕

あずかる 預かる forva′re, ta vare på （保管する） beva′re, oppbevare （棚上げする）oppsette, henlegge

あずき 小豆〈植〉 rød bønne

あずける 預ける overlate, overgi （委託する）betro′, overlate

アスパラガス 〈植〉 aspar′ges

アスファルト asfalt

あせ 汗 svette —をかく svette —をかいた svettet

あせる 焦る(急ぐ) haste, skynde seg （もどかしがる） være utålmodig

あせる （退色する） bleikne, blegne

あそこ derover

あそび 遊び(ゲーム・競技) leik, lek カード— spill med kort —で(冗談で) for〔i〕spøk, på skjemt —相手 medspiller, leikkamerat —場 leikeplass

あそぶ 遊ぶ(遊戯する) leike, leke, spille （…して楽しむ） more seg〔over〕（真剣でない） være ikke seriø′s （無為に過ごす）ikke bestil′le noen, drive dank

あだ 仇(復しゅう) hevn （敵）uvenn, fiende

あたい 価・値(値段) pris （価値）verd, verdi

あたえる 与える(贈与する) gi, foræ′re, skjenke （授与する）gi, dote′re （賞などを）tillegge

あたかも （まるで） som om

あたたか・い 暖かい・温かい varm, lun （心の）vennlig —さ varme

あたた・める 温める varme opp —まる bli varm, varme seg

あだな 仇名・渾名 oppnavn, tilnavn, økenavn
あたま 頭 (頭部) hode (頭脳) hjerne —を使う tenke (とくに考える) grunne, gruble —を洗う vaske hår —が重い føle seg tung i hodet —がいい/悪い være intelligen′t/dum —が禿げている være snau i hode
あたらし・い 新しい ny (新鮮な) frisk (最近の) mode′rne, sist (現代の) nåtidig, nutidig —く på ny, nytt —くする forny′e
あたり 辺り(付近) egn, omegn, omkring
…あたり per〔短〕pr. 1人—に pr. person
あたりまえ 当り前(当然) selvfølge —の selvføl′gelig (普通の) almin′nelig (通例の) sedvanlig (適当な) behø′rig, passelig (自然な) natu′rlig (もっともな) rimelig, fornuf′tig
あたる 当る(的中する)(矢・弾丸などが) treffe, ramme (宝くじなどが) vinne〔loddet〕(予想などが) sanne seg, sannes (衝突する) kollide′re (中毒する) bli forgif′tet (人につらく) behan′dle noen ille
あちこち (所々に) hist og her (行ったり来たりする) gå fram og tilba\ke
あちら (方角) i retning av (あそこ) derover (人) den perso′n〔derover〕
あつい 厚い(物が) tykk, tjukk (情が) varm, hjertelig
あつい 熱い・暑い 〔meget〕varm (お湯など) het, heit
あっか 悪化 forver′ring, forrin′gelse (風俗などの) korrupsjo′n —する bli verre, forver′re seg
あつかう 扱う(道具を) handte′re, håndte′re (物・人を) handle, behan′dle, ta seg av (もてなす) bever′te, trakte′re (操作する) behan′dle, betje′ne〔en maskin〕
あつかましい 厚かましい frekk, uforskammet
あつがみ 厚紙 karton′g
あつくるしい 暑苦しい lummer, trykkende, varm og fuktig

あつげしょう 厚化粧 tung sminke
あっけない 呆気ない(物足りない) utilfredsstilt
あつさ 厚さ tykkelse, tjukkelse
あつさ 暑さ varme, hete
あっさり (軽く) lett (単純に) enkelt, på en enkel måte (てみじかに) kort og godt (わけなく) lett, uten vanske〔lighet〕 (淡白に) åpenhjertig (単刀直入に) uten omsvøp
あっしゅく 圧縮 kompresjo′n (濃縮) konsentrasjo′n (凝縮) fortet′ning
あっする 圧する(押す) trykke, presse (威圧する) overvelde, skremme
あっせい 圧制 undertrykkelse
あっせん・する 斡旋する(世話する) formid′le (とりなす) mekle, megle —者 formid′ler
あっとう・する 圧倒する overvelde —的な overveldende (強く印象づける) impone′re
あっぱく 圧迫 press, undertrykkelse, trykk —する presse, undertrykke, trykke
あっぱれな 天晴れな beun′dringsverdig, utmerket
あつまり 集まり forsam′ling, møte
あつまる 集まる(集合する) forsam′les, møtes (群がる) sverme, trenges (集中する) konsentre′re
あつめる 集める 寄せ— samle 呼び— sammenkalle
あつらえ 誂え bestil′ling —の(注文の) bestilt (洋服など)—の skreddersydd —る(注文する) bestil′le
あつりょく 圧力 trykk, press —計 manome′ter, trykkmåler —団体 gruppe som presser poli′tiker
あて 当て(期待) håp, forven′tning —にする vente〔seg〕, lite på —にならない upålitelig, ubereg′nelig
あてな 宛名 adres′se, mottaker —を書く adresse′re
アテネ Athen —人 athe′ner, ate′ner —の athe′nsk, ate′nsk
アデノイド 〈病〉 adenit′t
あてはまる (適用される) være tillempet (適合する) passe, være lempelig, duge til (該当する) motsvare, svare til

あてはめる （適用する） tillempe, anvende
あてる 当てる(充当する) tildele, alloke′re （取りつける） anbringe, monte′re （ぶっつける） treffe, slå 言い— gjette riktig （生徒などに指名する） tildele, anvise
あと 後(後方) bakside （時間・順序の以前） føre, fore （以後）etter （将来）framtid, ettertid （結果）resulta′t, konsekven′s, følge （残り）rest —で etterpå
あと 跡・痕(印跡) stempel, merke （痕跡）spor, merke （遺跡）minnesmerke, gravmæle （廃墟）rui′n
あとあし 後脚 bakbe〔i〕n
あとあじ 後味 ettersmak
あととり 跡取り(人) etterfølger, arvtaker, arving （相続）arv （王位継承者）tronfølger （相続する）arve （引き継ぐ）overta
アトリエ atelier
あな 穴・孔 hol, hull （細長い割れ目・裂け目）rivne, revne, sprekk （笛などの）hol （獣類の）hi, hule, hole （欠損）tap, underskott （欠点）feil, brist （競馬の）outsider —をあける(くり抜く) bore —あけ(パンチ) hull〔e〕maskin
アナウンサー （男）halloman （女）hallodame
あながち ikke nødven′digvis
あなぐま 穴熊〈動〉 grevling
あなた 貴方 De （君）du （夫婦間・恋人同志で）elsker, elskerin′ne
あなどる 侮る(軽蔑する) forak′te, forsmå′ （軽視する）ringeakte （無視する）tilsi\desette
あに 兄 eldre bror, storebror —弟子 eldre lærling —嫁 svigerin\ne
あね 姉 eldre søster, storesøster —むこ eldre søster mann —の娘 søsterdatter —娘 eldre datter
あねったい 亜熱帯 subtropene
アネモネ 〈植〉 anemo′ne
あの den, det （人）han, hun —頃 på den tiden, i sin tid —世 livet etter dette, himmelrike, den anden

verden
アノラック 〔fjell〕anorak′k
アパート leilighet
あばく 発く(暴露する) avsløre, røpe （発掘する) grave opp, åpne 〔en grav〕
あばた 痘痕〈医〉kopparr （傷跡）arr
あばら 肋(横腹) side —骨 ribb-be〔i〕n, ribbein
あばらや 荒家 forfal′len hus
あばれる 暴れる(乱暴する) gjøre vold （暴行する）voldta （荒れ狂う) løpe amok （もがく) vri seg, sno seg （暴動を起こす) gjøre opprør 〔mot〕
あびせる 浴びせる(水など) overhelle 〔med〕, over-øse
あひる 家鴨〈鳥〉and
あびる 浴びる(水などかぶる) ta seg vatn over hodet （冷水に浸る) bade i kaldt vann （風呂を) bade varmt （陽光など) sole seg （非難を) kritise′res, anklages, bebrei′des
あぶ 虻〈虫〉klegg
あぶな・い 危い(危険な) farlig, risika′bel （疑わしい) tvilsom, tvilrådig （冒険的な) eventy′rlig, spennende （危機の) kritisk, alvo′rlig —く(ほとんど) nesten
あぶら 油 olje （脂) fett （潤滑油) smørelse —汗 svette —かす oljekake —絵 oljemaleri —絵の具 oljefarge
あぶらな 〈植〉raps
あぶらむし 油虫〈虫〉(ありまき) bladlus （ごきぶり) kakerlak′k
アフリカ Afrika —人 afrika′ner —の afrika′nsk
あぶる (焼く) riste, ste〔i〕ke
あふれる 溢れる flyte over, oversvømme
あべこべの （反対の) motsatt （間違った) feil, uriktig （上下をさかさまに) på hodet （裏返しにする) vende opp 〔og〕 ned på
アベック par
あへん 阿片 opium

あほ〔う〕 阿呆　dåre, idio′t, dumrian, dummepeter, tåpe　—らしい　idio′tisk, tåpelig, fjollet〔e〕

あま　尼　nonne　—寺　nonnekloster

あま　亜麻〈植〉　lin

あま　海女　kvinnelig dykker

あまい　甘い(味が)　søt　—もの　søtsaker (pl.)　(寛大な) sjenerø′s　(お人よしの) harmløs, skikkelig

あまがさ　雨傘　paraply′

あまがっぱ　雨合羽　regnslag

あまざらし　雨曝し　utsatt for regn　—にする　utsette for regn　—の　værbitt

あまじたく　雨支度　forberedelse til regn　—する　forberede seg til regn

あます　余す(残す)　levne, etterlate

あまだれ　雨垂れ　regndråpe

アマチュア　amatø′r　—無線家(ハム)　radioamatør

あまど　雨戸　skåte, skodde

あまのかわ　天の川　Melkevejen

あまのじゃく　天の邪鬼(人)　motstrebende/perver′s perso′n　(性質) perversite′t

あまみ　甘味　sødme

あまみず　雨水　regnvatn, regnvann

あまもり　雨漏り　—のする　lekkende igjen′nom taket

あまやかす　甘やかす　forkjæ′le, forven′ne　(駄目にする) ø〔y〕delegge

あまやどり　雨宿り　ly mot regnet

あまり　余り(残余)　rest, levning　(剰余) overskott　(予備) behol′dning, forrå′de

あまり〔に〕　(過度の) overdrevet　(あまりにも) så 〔mye〕 at, for mye　(あまりにも…でない) ikke så 〔mye〕

あまる　余る(残る)　bli til overs/rest　(多過ぎる) bli for megen/mye

あまんじ・る　甘んじる　være tilfred′s/fornøy′d　(忍ぶ) utholde, tåle　—て(満足して) med tilfred′shet　(あきらめて) resigne′rt, oppgiende

あみ　網　nett　(魚用) garn　投(と)— kastenot　大—

あらかじめ

not —棚 baga'sjehylle, baga'sjenett
あみばり 編み針 strikkepinne
あみもの 編み物 strikking, strikning —(製品) strikketøy —をする strikke, hekle
あむ 編む(くつ下などを) strikke (髪を) flette hår (編集する) kompile're
あめ 雨 regn —が降っている det regner にわか— regnskur (どしゃぶり) regnskyll, øsregn こぬか— støvregn —模様 tegn til regn
あめ 飴(砂糖菓子) kandis —色 rav farge
アメーバ amø'be
アメリカ Ame'rika —人 amerika'ner —の amerika'nsk —合衆国 Amerikas forente stater 〔短〕USA
あやし・い 怪しい(疑わしい) tvilsom, dubiø's (問題のある) omtvistelig (不確かな) usikker (はっきりしない) utydelig (信じ難い) utrulig, ufattelig —げな beten'kelig, mistenk'som, tvilrådig
あやしむ 怪しむ(疑う) mistenke, tvile (不思議がる) undre seg〔over〕, undres
あやつりにんぎょう 操り人形 marionet't
あやつる 操る manøvre're, manipule're
あやふやな (不確実な) usikker, tvilsom (あいまいな) tvetydig, uviss, vag
あやまち 過ち(過失・間違い) feil, feiltagelse (宗教的・道徳的な) synd (事故) ulykke, uhell —をする begå feil
あやまる 謝る(おわびする) unnskylde〔seg〕
あやまる 誤る(間違える) feile (誤解する) misforstå
あゆむ 歩む gå til fots (散歩する) spase're, flane're
あらい 洗い vask〔ing〕, skylling —のきく vaskbar, vaskeekte
あらい 荒い(乱暴な) vill, rå (激しい) voldsom (粗い) rå, grov
あらう 洗う(洗濯する) vaske (洗い流す) skylle (調査する) undersøke, forske
あらかじめ 予め i forvegen, forut, på forhånd

あらさがし・の あら捜しの dømmesjuk —をする leite etter annen menneskers feil, finne feilaktig

あらし 嵐 storm, uvær

あらす 荒す(荒廃させる) ruineʹre, ø(y)delegge, spoleʹre (害する) skaʹ(de) (略奪する) røve, plyndre

あらすじ 粗筋 skisse, sammendrag

あらそい 争い(論争) disputʹt, tvist (けんか) trette, kiv (競争) kamp, konkurranse, tevling (不和) uenighet (戦い) strid (戦争) krig

あらそう 争う(論争する) disputeʹre, tvistes (けんかする) trette 〔med/om〕, kives (競う) kappes, konkurreʹre

あらた・な 新たな ny, nylig (新鮮な) frisk —に på ny, nytt

あらた・まる 改まる(変更される) bli foranʹdret/endret —め(変更) endring —めて(再び) igjen, på ny- 〔tt〕 (別の時に) en annen gang, ved annet tilfelle

あらためる 改める(変更する) foranʹdre, endre (訂正・修正する) revideʹre (改善する) forbeʹdre (改革する) reformeʹre

アラビア Arabia —人 araʹber —の/語 araʹbisk —数字 araʹbiske tall

あらゆる all, hver

あられ 霰 hagl —が降る det hagler

あらわす 表す(示す)vise, uttrykke, manifesteʹre (暴露する) avsløre, legge for dagen

あらわす 著す(本など著作する) skrive 〔bok〕, forfatʹte

あらわな (公然の) åpen (率直な) oppriktig, ærlig (明瞭な) klar, tydelig

あらわれる 現われる(姿を出す) komme frem, komme til syne, vise seg (舞台などに) opptre〔de〕 (視界に入る) bli synlig

あり 蟻〈虫〉 maur

アリア 〈楽〉 arie

ありあまる 有り余る overflødig, i overskott

ありありと (明瞭に) klart, tydeligvis

ありあわせの 有り合わせの forhåndenværende, foreliggende
ありがたい 有り難い（感謝の）takknem'lig〔for/mot〕（親切な）vennlig, pen
ありがちの 有り勝ちの vanlig, ofte kommende
ありがとう 有り難う takk どうも— Mange/Tusen takk
ありきたりの vanlig, ordinæ'r （陳腐な）bana'l, forslit't
ありさま （状態）tilstand, situasjo'n（事情）omsten'dighet（光景）scene, skueplass, syn
ありそうな trulig, mulig
ありのまま・の （実際の）faktisk, virkelig（率直な）opprik'tig, frank〔og fri〕, likefram （飾らない）enkel, beskjeden, fordringsløs —に opprik'tig, uten overdrivelse
アリバイ alibi'
ありまき 〈虫〉bladlus
ある 有る・在る（存在する）være, eksiste're, befin'ne seg（持つ）ha（…に存する）ligge i
ある 或る en, et, viss, noe〔n〕
あるいは （または）eller（おそらく）kanskje, sannsy'nligvis
アルカリ alka'li —性の alka'lisk
あるきかた 歩き方 gang
あるく 歩く gå〔til fots〕（散歩する）flane're, slentre, spase're
アルコール alkoho'l —を含有する alkoho'lholdig —性の alkoho'lisk —中毒患者 alkoho'liker, alkis
アルジェリア Algerie
アルゼンチン Argentina —人 argenti'ner —の argenti'nsk
アルバイト ekstraarbeid
アルバニア Albania —人 alba'ner —の alba'nsk
アルバム album
アルファベット alfabe't —順に並べる alfabetise're
アルプス Alpene —の alpi'n

アルペンきょうぎ アルペン競技 alpi′ne øvelser/skisport
アルミニウム alumi′nium
あれ （遠方のもの） den der, den ting 〔derover〕 —以来 siden, frå 〔den tiden〕
あれ 荒れ（天候の） storm, uvær （荒廃）ø〔y〕delegging, rui′n
あれち 荒れ地 ø〔y〕demark
あれほど （あんなに）så〔mye〕 （あの程度に）i den måte, i den grad
あれる 荒れる（海・天候が） det blir uvær/stormfullt （土地が）bli øydegard, forfal′le （建物が）forfal′le （放置される）bli forsøm′t
アレルギー 〈病〉allergi′ —性の aller′gisk —患者 aller′giker
アロエ 〈植〉alo′e
あわ 泡（あぶく）boble, skum （石鹸の）såpeboble
あわい 淡い（はかない）forgjeng′elig, flyktig （薄い）tynn （かすかな）svak, maktløs
あわせめ 合わせ目 fuge （縫い目）søm, fuge
あわせる 合わせる（一つにする） legge 〔til〕sammen （加える）tilsette, adde′re （合計する）summe′re opp, legge sammen （結合する）kombine′re, fore′ne, forbin′de （重ねる）stable opp （調和する）harmone′re （適合させる）avpasse, tilpasse （適応する）innrette seg
あわせ・る 合わせる（人に紹介する） presente′re, forestille （物事に）utsette for —て〔til〕sammen, kollektivt
あわただし・い 慌しい（せわしい） jagende, heseblesende （急いだ）travel, hurtig, presse′rende （あわてて）i forvir′ring —く skyndsomt, hurtig
あわて・る 慌てる bli forstyr′ret/forfjam′set （当惑する）bli forvir′ret （急ぐ）skynde seg, ha hastverk —て（まごついて）i forvir′ring （急いで）travel〔t〕, hurtig
あわび 〈魚〉sjøøre

あわゆき 淡雪 puddersnø
あわれ 哀れ (感動) rørelse, beve′gelse (同情) ynk, medfølelse (悲しみ) sorg (みじめさ) elen′dighet, usseldom —な elen′dig, ussel, ynkelig, stakkars
あわれ・む 哀れむ・憐れむ synes synd på, bekla′ge —み medli′denhet, deltakelse
あん 案(提案) forslag (計画) plan, utkast, prosjek′t (議案) proposisjo′n (動議) mosjo′n
あんい 安易(たやすさ) letthet (のんき) sorgløshet —な sorgløs, ugid′delig
あんがいな 案外な uan〔e〕t, uventet (驚いた) forbau′set
あんかんとした 安閑とした doven, ugid′delig, lat
あんき 暗記(の勉強) utenatlæring —する lære 〔seg〕 utenat
アンケート enquête, ankét, rundspørring
あんこう 鮟鱇〈魚〉 breiflabb, marulk
あんごう 暗号 kode, passord
アンコール daka′po, gjentakelse, ekstranummer (かけ声) Daka′po!
あんこく 暗黒 mørke, dunkelhet —街の underjordisk —面(裏面) bakside, vrang
あんさつ 暗殺 snikmord —する snikmyrde —者 snikmorder
あんざん 安産 lettforlø′sning —する få lettforlø′sning
あんざん 暗算 hoderekning —する rekne i hodet
あんじ 暗示 antydning —する antyde
あんしつ 暗室 mørkerom
あんしゅつ 案出 oppfinnsomhet —する finne på
あんしょう 暗唱 opplesning —する beret′te utenat
あんしょう 暗礁 rev, blindt skjær (浅瀬) banke, grunne
あんじる 案じる(心配する) være angstfull, uroa seg (考案する) funde′re 〔på〕, grunne
あんしん 安心(心配のないこと・平静) 〔sinns〕ro, stillhet (ほっとすること) lette —する kjenne seg lette,

あんず 18

slappe av
あんず 杏〈植〉 apriko′s
あんせい 安静 hvile, ro, stillhet —絶対—を命ずる anbefa′le fullsten′dig hvile
あんぜん 安全 sikkerhet, trygghet —な sikker, trygg, farefri, ufarlig —に sikkert, tryggt —ベルト sikkerhetssele —地帯(道路の) refu\ge, trafik′køy —ピン sikkerhetsnål —保障理事会 sikkerhetsrådet
あんちゅうもさくする 暗中模索する famle seg fram gjennom mørket
あんちょくな 安直な billig, lettkjøpt
あんてい 安定 stabilite′t, støhet —する stabilise′re seg
アンテナ anten\ne
あんな den slags, en sånn —もの noe sånnt —に til en viss grad, i den grad
あんない 案内 opplysning, informasjo′n, melding (招待) innbydelse, invitasjo′n —する opplyse, informe′re, guide (通知する) meddele, underrette 旅行—所 turistkontor 旅行— reisehåndbok —所 informasjo′n —書 guide ガイド(案内人) guide, omviser
あんに 暗に antydningsvis, vagt, indirekte —了解する underforstå —に言う antyde, tyde på
あんば 鞍馬(体操用) bøylehest
アンパイア (野球・拳闘などの) dommer
あんぴ 安否 sikkerhet, velbefinnende, velvære (健康) helbred —を問う spørre hvor han/hun må
アンペア ampere
あんま 按摩 (男) massø′r (女) massø\se —する masse′re
あんみん 安眠 djup/stille søvn —する sove som en sten, sove stille
あんもくの 暗黙の tyst, underforstått —うちに i (all) stillhet
アンモニア ammoniak′k
あんらく 安楽 bekvem′melighet, komfort —な bekvem′, komforta′bel —に lett, bekvem′(t) —椅子

lenestol —死 smertefri død

い

い 胃 mage, mave —袋 magesekk —痛 mageknip —病 magesjuke
いあつする 威圧する innjage skrekk, skremme
いあわせる 居合わせる være til stede
いあん 慰安 underholdning, trøst （休養）hvile, vederkvegelse
いい 良い(良好な) god, i orden, aksepta′bel, vennlig （美しい）vakker, fin （気持ちのよい）behagelig, hyggelig （効果的な）effektiv, nyttig （適当な）lempelig, passelig （好都合の）beleilig, passelig, fordelaktig （好運な）lykkelig （役に立つ・間に合う）passe, duge …しても— få, måtte, kunne …しなくて— behøve ikke （…してもかまわない）bry seg ikke om …の方が— foretrekke, være glad i …だと— ønske
いいあい 言い合い(口論) trette, krangel —する trette, kives, krangle
いいあらわす 言い表す uttrykke, formule′re
いいえ （答えが否定のとき）nei （答えが肯定のとき）ja （否定疑問に対し）jo
いいかえる 言い換える uttrykke det med annen ord —と med annen ord, det vil si
いいかげんの 好い加減の(適当な) lempelig, passelig （でたらめな・不適当な）ulempelig, uppasselig （運まかせの）tilfeldig, ubegrunnet
いいつける 言い付ける(命令する) beor′dre, befa′le （告げ口する）angi, avsløre, forrå′de
いいつたえ 言い伝え legen′de, tradisjo′n, sagn
いいなずけ 許嫁 forlo′vet 〔kvinne〕, kjæreste
いいのがれ 言い逃れ utflukt, påskott （言い訳）unnskyldning, foregivende

いいはる 言い張る insiste′re, framheve, fastholde
いいまわし 言い回し uttrykksmåte, talemåte
いいわけ 言い訳(口実) unnskyldning, foregivende ―する unnskylde, bortforklare
いいん 医院 klinik′k
いいん 委員 et medlem av komiteen ―会 komité, råd, utvalg ―長 komitéformann, rådmann 学級― ordensmann
いう 言う(言葉に出す) uttale, si (告げる) tale om, beret′te, fortel′le (言い表す) uttrykke …と―名前だ hete ―までもない det sier seg selv …とか― et eller annet, eller noen 良く/悪く― tale godt/dårlig om
いえ 家 hus (建物) bygning (住居) bolig (家庭) heim
いおう 硫黄 svovel
イオン ion ―化する ionise′re
いか 烏賊〈魚〉 blekksprut
…いか …以下 mindre enn, under (下記の) følgende
いがい・な 意外な uventa, overraskende, forbau′sende ―に uventat, overraskende, forbau′sende
いがいに 以外に(除外) utafor, foruten, bortsett fra (追加) des〔s〕uten
いかいよう 胃潰瘍〈病〉 magesår
いかが hvordan ご機嫌―ですか Hvordan står det til?, Hvordan har du det? ご意見は― Hvad anser du? コーヒーは― Har du lyst på kaffe?
いかがわしい beten′kelig, misten′kelig, mistenk′som, tvilsom
いがく 医学 medisi′n, medisi′nsk vitskap ―士 medisi′n kandidat ―博士 medisi′n doktor ―部 medisi′nsk fakulte′t ―用語 medisi′nsk faguttrykk
いかくちょう 胃拡張〈病〉 mageutvidelse
いかす 生かす la leve, holde i live (生き返らせる) gjenopplive (雰囲気などを) gjøre godt bruk av
いかだ 筏 tømmerflåte ―乗り flåter
いがた 鋳型 støpning

いかめし・い 厳めしい(威厳のある) verdig, statelig (堂々たる) majeste'tisk (厳粛な) alvo'rlig, høyti'delig —く verdig, høyti'delig, statelig

いかり 怒り vrede, indignasjo'n, raseri' —狂った rasende, voldsom (我を忘れて) ute av seg

いかり 錨 anker —をおろす kaste anker, forank're —づな ankerkjetting

いかる 怒る bli arg/sint (すねる) bli fornær'met

いがん 胃癌〈病〉 magekreft

いかん・な 遺憾な bekla'gelig —である jeg bekla'ger at, jeg er vred〔på/over〕

いき 息(呼気) ånde〔drag〕 —をする ånde —を吐く ånde ut —を吸う ånde inn —が切れる bli stakkåndet —を詰める holde ånde —を引きとる oppgi ånden, utånde (動物が) avlive

いき 意気(元気) livlighet (士気) moral (心だて) sinnelag —消沈して i dårlig form, motløst, forstem't —揚々とした triumfe'rende

いぎ 異議(抗議) innvending, innsigelse, protes't —を申し立てる besvæ're seg over —なし！ Enig！

いぎ 意義 bety'dning, mening —のない meningsløs

いきいきと 生き生きと livlig, frisk —した livlig, frisk

いきおい 勢い(力) kraft, styrke (気力) energi' (勢力) innflytelse (はずみ) impul's

いきがい 生きがい formål med ens liv, noe som man lever for

いきかえる 生き返る gjenopplive

いきぎれ 息切れ åndenød, stakkåndethet

いきぐるしい 息苦しい lummer, kvelende

いきじびき 生き字引 levende leksikon

いきする 遺棄する etterlate, la tilba'ke, levne

いきた 生きた levende

いきどまり 行き止まり blindgate

いきな 粋な smart, sveisen, elegan't, stilig

いきなり (突然) plutselig (だしぬけに) uventet (予告なく) uten varsel

いきのこる　生き残る　overleve
いきもの　生き物　levende vesen/skapning
いきょう　異教　hedenskap, kjetteri', vantru　—の hedensk, kjettersk　—徒 hedning, kjetter
イギリス　England, Storbritannia　—人 engelskmann, englender　—の/語 engelsk
いき・る　生きる　leve　—ている være levende, være i live
いく　行く(おもむく)　gå, komme, fare　(訪問する) besøke, helse på　(出席する) være nærværende, være til stede
いくさ　戦　krig, kamp, slag　—をする gå i krig
いくじ　育児　barneoppdragelse　(職業的な) barnepleie
いくせいする　育成する　utdanne, utvikle, oppdra
いくつ　幾つ(個数)　hvor mange　(年齢) hvor gammel　—か en mengde, et eller annet antall　—も utallig
いくど　幾度　hvor ofte, hvor mange ganger　—も gang på gang, mange ganger, ofte
いくどうおんの　異口同音の　enstemmig, samstemmig, overensstemmelse
いくぶん　幾分(いくらか) noe　(一部分) en del　(部分的に) delvis　(ある程度) i viss utstrekning, til en viss grad
いくら　幾ら(数)　hvor mange　(値段・量) hvor mye　(時間) hvor lenge　(距離) hvor langt　—でも en uoversku'elig stor mengd
いけ　池　dam, bassen'g
いけい　畏敬　ærbø'dighet, ærefrykt
いけいれん　胃痙れん〈病〉　magekrampe, konvulsjo'n av mage
いけがき　生け垣　hekk
いけばな　生け花　〔tradisjonel'l japansk〕 blomsterarrangement
いけん　意見 (考え)　idé, mening, synspunkt, oppfatning　(忠告) råd　(いさめ) forma'ning, åtvaring,

advarsel —する(忠告する) gi råd (いさめる) åtvare, forma're —の相違 meningsforskjell
いげん 威厳 verdighet, pondus —のある verdig
いご 以後(今後) heretter, fra nu av そのとき— fra den tid av それ— deretter
…いこう …以降 fra og med
イコール (同類の) like
いこく 異国 utland, fremmed land
いこつ 遺骨 aske, jordiske levninger
いさぎよい 潔い galant, modig, tapper
いさく 遺作 etterlatte skrifter
いささか (少し) lite〔n〕, lite grann —もない ikke det minst
いさまし・い 勇ましい tapper, modig, uforferdet —く tappert, modig
いさむ 勇む være i godt humø'r
いさめ 諫め forma'ning, åtvaring —る forma'ne, åtvare
いさん 遺産 arv, arvegods, arvelott —相続 arv —相続人 arving —管理人 eksekuˈtor
いし 石 ste〔i〕n (砂利) grus
いし 意志(思い) vilje, tanke (意思) hensikt, akt (意図) formål (決意) besluˈtning
いじ 意地(根性) sterk vilje (強情な) stedig, sta —の悪い ondsinnet, ondskapsfull —になって stedig —を張る være stedig
いじ 維持 opprettholdelse, underholdning —する opprettholde, bevaˈre, underholde
いしがき 石垣 steingjerde
いしき 意識 bevisˈsthet, erkjenˈnelse —のない bevisˈstløs
いしけりする 石蹴りする hoppe paradiˈs
いしだん 石段 steintrapp
いしつの 異質の heterogeˈn, uensartet
いしつぶつほかんしょ 遺失物保管所 hittegodskontor
いじめ tyranniseˈring (集団での) mobbing —っ子

brutal fyr —る tirre, erte, terge （集団で）mobbe
いしや 石屋(石工) steinhogger
いしゃ 医者 lege （外科医）kirurg （歯科医）tannlege —を呼ぶ tilkalle en lege —にかかる ha konsultasjo'n hos en lege
いじゅう 移住(転居) flytning （移動・転勤）forflyt'ning （外国への）utvandring （外国からの）innvandring
いじゅつ 医術 medisi'n, legekunst
いしょ 遺書 testamen't〔e〕
いしょう 衣装 kledning （舞台の）kosty\me —室 gardero\be —たんす klesskap
いしょう 意匠 kunstnerisk idé, tegning —登録 paten't kunstnerisk idé
…いじょう …以上 mer enn, 〔ut〕over （…する限り）så lenge〔som〕
いじょう 異状(故障) ulykke, tilfeldig skade 身体が—の utilpass, upasselig
いじょうな 異常な(普通でない) usedva'nlig, abnor'm （不自然な）unaturlig （顕著な）merkelig, merkver'dig
いしょく 衣食 føde og kledning （生計）opphold, levebrød —住 livets fornø'denhet (føde, kledning, bolig)
いしょく 委嘱(委任) betro'else —する betro en til （依頼）anmodning
いしょく 移植 transplantasjo'n —する transplante're, omplante
いじる ta på, røre på
いじわるな 意地悪な ondskapsfull
いしん 維新 omveltning, restaurasjo'n
いしん 威信 pondus, presti\sje, myndighet
いじん 偉人 stormann （英雄）helt
いす 椅子 stol 長— sofa
いずみ 泉 kilde, fonte'ne （池）tjern, tjørn
イスラエル Israel —人(国民) israe'ler —の israe'lsk 古代—人(ユダヤ人) israelit't

いずれか 何れか hvilken （どのみち）hvor som helst, i alle fall （いつかは・早晩）før eller senere
いずれにしても under alle omsten'digheter, likevel
いずれまた en annen gang, ved annet tilfelle
いせい 威勢(勢力) makt, styrke （元気）vigø'r —のいい være i full vigø'r, være i munter stemning
いせい 異性 det motsatte kjønn
いせえび 伊勢えび 〈魚〉 langust
いせき 遺跡 rui'n, minnesmerke
いせきする 移籍する 〔for〕flytte, overføre
いぜん 以前(今から) 〔for〕… siden （その時から）fra tiden （かつて）tidligere, i gamle dager （かつての）fordums, tidlig, foregående
いぜんとして 依然として som vanlig, ennå, fortsatt, vedblivende
いそがし・い 忙しい opptatt, travel, ha hast —く travelt, hurtig
いそぎんちゃく 〈魚〉 sjøanemone
いそ・ぐ 急ぐ ha travelt, skynde seg —げ Skynd deg —いで i hast, travelt med —がす påskynde, skynde på
いぞく 遺族 de etterlevende, de etterlatte
いぞん 依存 avhengighet, uselvstendighet —する bero på
いた 板 （厚板）planke, brett （薄板）skive （金属板）blekk —ガラス speilglass
いたい 痛い vond, smertefull （ひりひりする）øm
いたい 遺体 lik, dødt legeme （死体）kada'ver （ミイラ）mumie
いだい 偉大 storhet —な stor, mektig, høgsinnet
いたいたいびょう 痛い痛い病〈病〉 kvikksølvforgiftning
いたく 委託 konsignasjo'n —する betro', bemyn'dige —販売 salg i konsignasjo'n —生産 konsigne'rt produksjo'n
いたく （とても）mye, utrulig
いだく 抱く・懐く(腕に) omfavne （心に）nære, ta

seg〔kjærlig〕av, ynde （悪意を）bære nag til
いたす 致す gjøre どういたしまして Ingen årsak, Vel bekomme
いたずら 悪戯 uskikk, spillop′per, ugagn, kåthet, skøyerstrek ―な uskik′kelig, skøyeraktig ―する gjøre ugagn （からかう）gjøne, tirre, erte ―小僧 skøyer〔fant〕, ugagnskråke ―半分に på gøy
いたずらに 徒らに(無益に) forgje′ves （無為に）unyttig, gagnløst
いただき 頂 topppunkt 山の― fjelltopp
いただく 戴く(頂戴する) motta, få, erholde （かぶる）bli dekt av, dekke seg
いたち 〈動〉røyskatt
いたみ 痛み(苦痛) smerte, lidelse, plage （心痛）sorg, tung bekym′ring （損傷）skade, beska′digelse
いたむ 痛む(身体が) smerte, gjøre vondt ずきずき― verke （品物が）ta skade av
いためる 痛める(品物を) ska〔de〕, ødelegge
いためる 炒める steke, steike
イタリア Italia ―人 italie′ner ―の/語 italie′nsk
いたる 至る nå fram, ankomme ―ところ overal′t, alle steder, hvor som helst ―まで inntil
いたわる 労わる(世話する) ta seg av, passe på, være forsik′tig med （親切にする）være vennlig, behan′dle vel （慰める）trøste
いち 一 en, ett （第一）det første
いち 位置(場所) posisjo′n, plass, sted （敷地）byggeplass, grunn （地位）rang, posisjo′n, status …に―している være plasse′rt
いちいち 一々(ひとつひとつ) en og en （ことごとく）all, allting
いちおう 一応(一度) en gang （さし当り）for tiden
いちがつ 一月 januar
いちがんレフ 一眼レフ enkeltlinserefleks
いちげき 一撃 ett slag ―のもとに med ett slag
いちご 苺〈植〉jordbær 野― markjordbær
いちじ 一時(時刻)です klokka er ett 1時に klok-

ka ett（かつて）en gang（しばらくしたら）om en liten stund（しばらくの間）i en liten stund（当分の間）inntil videre（現在のところ）for nærværende（臨時に）midlertidig, temporæ′rt —の midlertidig, temporæ′r —解雇 permitering å avskjedige imidlertidig

いちじく 無花果〈植〉（実）fiken —の木 fikentre —の葉 fikenblad

いちじるし・い 著しい merkelig, påfallende, bemer′kelsesverdig —く merkelig, bemer′kelsesverdig

いちずに 一途に helhjertet（盲目的に）ubehersket, blindt

いちだい 一代（一世代）en generasjo′n（一生）hele ens liv igjen′nom, en menneskes levetid —記 biografi′

いちだいじ 一大事 en alvo′rlig affæ′re

いちど 一度 en gang —に på en gang, samtidig —もない aldri もう— en gang til

いちどう 一同 alle

いちにち 一日（日数）en dag（終日）hele dagen igjen′nom —おきに hver annen dag

いちねん 一年 et år —中（じゅう）hele året igjen′nom —おきに hvert annet år —以内に om et år —生（高校の）elev av første gymna′s（大学の）nybakt student

いちば 市場 marknad, marked 青物— grønsakermarknad 魚— fiskemarknad

いちばん 一番（第一）den første, nummer én（最も）den mest ...（最もいい）best,（形容詞の最上級）—列車 det første tog

いちぶ 一部（一部分）en del, del av noe, avdeling（一冊）en kopi′ —の partiell, noe, somme —始終 all, heil histo′rie, fra ende til annen

いちまい 一枚 et ark〔papir〕

いちめん 一面（全面）heil〔over〕flate —に overalt —においては den annen side

いちもん 一文 småpenger

いちゃつ・き kurtise, flørt ―く flørte, kurtise′re

いちよう 一様 likhet, konformite′t ―な(同一の) samme (類似の) lik, tilsvarende (均一な) jamn, jevn, ens〔artet〕

いちょう 銀杏〈植〉 gingko〔tre〕, ginkgo〔tre〕

いちょう 胃腸 mave/mage og tarm

いちらん 一覧(ひと目) kik〔k〕, blikk, øyekast ―する få kik på, sende en et øyekast ―表 liste, forteg′nelse

いちりゅうの 一流の(第一級の) førstklasses, fremragende

いちりょうじつ 一両日中に innen et par dager

いつ 何時 når ―か på et eller annet tidspunkt ―も alltid ―も…しない aldri ―もの通り sedvanligvis, normalt, for det meste ―でも når som helst ―の間にか umerkelig

いつう 胃痛〈病〉 mageknip

いつか 何時か(未来の) et eller annet tidspunkt (過去の) en gang

いっか 一家 en fami′lie, hele familien

いっかい 一階 første eta′sje

いっかげつ 一か月 en måned

いっかん・せい 一貫性 følgeriktighet, konsekven′s ―した konsekven′t, konstan′t ―作業 uavbrutt arbejd

いっきいちゆう・する 一喜一憂する snart bli glad snart bli dyster ―しながら snart med håp snart med fortvi′lelse

いっきに 一気に i ett strekk, i ett kjør

いっきゅうひん 一級品 en førsteklasses vare

いっきょに 一挙に i ett strekk, i ett kjør

いっけん 一見(ひと目) kik〔k〕, blikk, øyekast (見たところ) det synes ―する sende en et øyekast, få kik på ―して ved første øyekast

いっけんや 一軒家(寂しい) et ensomt belig′gende hus

いっこ 一個 et stykke ―当り for/per stykket

いっこう 一行 et selskap/parti' 隨員の— følgje 興行団の— en tropp

いっこうに…でない 一向に…でない ikke det minste

いっこだて 一戸建て〔住宅〕 enebolig

いっさい 一切 i det heil tatt, alt i hop

いっさくじつ 一昨日 i forgårs —の晩に i forgårs aftes

いっさくねん 一昨年 i forfjor

いっしゅうかん 一週間 en uke/veke —以内に om/i en veke

いっしゅん 一瞬 et øyeblikk この—に i dette øyeblikk

いっしょう 一生 et heilt liv, en menneskes livstid, levetid —の på livstid

いっしょうけんめいに 一生懸命に av all 〔sin〕 makt, av alle krefter, hardt

いっしょに 一緒に(共に) sammen med (同時に) samtidig —する sammestille, sammenslutte, samle —なる bli fore'net, knytes sammen (結婚する) gifte seg

いっしん 一身 seg selv —上の都合で på av perso'nlig grunn

いっしんきょう 一神教 monoteisme

いっしんに 一心に ivrig

いっせいに 一斉に(同時に) samtidig

いっそ (むしろ) heller … enn … , bedre … enn … , helst

いっそう 一層 så mye mer, mer og mer, enda mer

いっそく (くつ・くつ下)一足 et par〔sko/strømper〕

いったい 一体(同体) samhørighet, samfunn, fellesskap —全体〔hvad〕i all verden (一般に) i regelen, sedvanligvis, i 〔sin〕almin'nelighet —となって med fore'nede krefter, tillsamnen

いったりきたり 行ったり来たり gå fram og tilba'ke

いっち 一致 overensstemmelse (同意) samtykke (協同) fore'ning, sammenslutning, kooperasjo'n —

いっちょくせんに

する være i overensstemmelse med, komme overens om（同意する）samtykke〔i〕, bifalle（協力する）samarbejde

いっちょくせんに 一直線に i like linje, på rett vej
いっついの 一対の et par
いっていの 一定の fast, vedvarende, stadig
いってきます （自分が家を出るとき）Farve′l, Adjø′
いってくる （遠くへ）行ってくる reise tur-retur, foreta rundtur
いってらっしゃい （見送るとき）Farve′l
いっぱい 一杯(分量) en kopp〔kaffe〕（飲酒）en drikk（充満）å fylle med ―の full, rikelig（満腹の）mett ―機嫌で gladelig av en glas vin ―食わせる narre, bedra′, bløffe ―にする fylle, oppfylle（氾濫させる）oversvømme
いっぱん 一般 allmenhet（概観）oversikt ―の（全般的な）allmenn, almin′nelig, sedvanlig ―的に i〔sin〕almin′nelighet, sedvanligvis ―に通用する vedtatt（有効な）gyldig
いっぴんりょうり 一品料理 à la carte
いっぷうかわった 一風変った origina′l ―人 origina′l/særpreget person
いっぷく 一服(散薬) dose, dosis, porsjo′n（たばこの）røyking（休息）kvil, hvil, pause
いっぷたさい 一夫多妻 polygami′
いっぽ 一歩 skritt, steg, trinn ―一歩 skritt for skritt（少しづつ・段々に）gradvis, etterhånden, litt etter litt
いっぽう 一方(片側) en/annen side av ―では på den annen side ―的な ensidig（相手）motpart, motstander ―通行 ensrettet trafik′k, enveiskjøring
いつまで hvor lenge ―に til når, hvor lenge ―も så lenge som en vil, uendelig（永久に）til evig tid, for tid og evighet
いつも （常に）alltid（例外なく）uten unntak（通常）normal′t（習慣的に）sedvanligvis（絶えず）uavbrutt, stadig ―の sedvanlig, almin′nelig

いつらく 逸楽 vellyst, sanselighet
いつわ 逸話 anekdo'te, fortel'ling
いつわ・り （うそ）løgn, usannhet （作りごと）oppdikt, fiksjo'n （不正行為）bedrageri' ―る bedra', snyte, narre ―りの usann, falsk
イデオロギー ideologi' ―的な ideolo'gisk
いてん 移転 flytning, flytting ―する flytte ―先 ens ny adres'se
いでん 遺伝 arvelighet ―の arvelig ―学 genetik'k, arvelighetslære ―病 arvelig sjukdom ―する nedarves
いと 糸（縫い糸）sytråd （紡ぎ糸）garn （釣り糸）fiskesnøre （ひも）snøre, line （弦）streng ―まき trådsnelle, spole ―まきに巻く spole ―口 ende av tråd
いと 意図 hensikt, formål
いど 井戸 brønn, kjelde ―水 kjeldevatn
いど 緯度 breddegrad
いどう 異動 stillingsskifte
いどう 移動 beve'gelse, overføring, flytning ―する flytte, reise ―図書館 ambule'rende bibliote'k
いとこ 従兄弟 fetter 従姉妹 kusine また― halvfetter, halvkusine
いとなみ 営み bekjef'tigelse, fag
いとなむ 営む holde [seremoni'], utføre [en plikt] drive [hotel'l/forret'ning], praktise're [medisi'n]
いとま 暇（ひまな時間）fritid, ledig tid （解雇）avskjed （離縁）skilsmisse, atskillelse （辞去）farve'l ―ごいする ta avskjed med, si adjø'
いとわしい 厭わしい avsky'elig, forhat't
いない 以内（場所）område inne i en grense ―で inne i ... [herfra] （時間）innom
いなか 田舎 land, bygd （故郷）heimbygd ―の landlig ―訛り dialek't ―者 landsmann
いなご 〈虫〉（ばったの類）gresshoppe
いなずま 稲妻 lyn
いななく 嘶く（馬が）vrinske （ろば・牛などが）skri-

ke
いなびかり 稲光　lyn
いなや 否や　så snart som, med det samme
イニシアチブ initiati′v
にゅう 移入　innførsel, impor′t　—する innføre, introduse′re, importe′re
いにん 委任　tillit　—する delege′re, betro′ （権限を）befullmektige　—状〔skriftlig〕fullmakt
いぬ 犬　hund （猟犬）jakthund （番犬）vakthund　—小屋 hundehus　（まわし者）spio′n
いね 稲〈植〉 risplante
いねむり 居眠り　døs, blund　—する døse, blunde
いのしし 猪〈動〉 villsvin
いのち 命　liv　—がけで på egen risiko　—知らずの dristig, forvoven, modig　—拾いする unnslippe fra/med nød og neppe　—を落とす miste livet
いの・り 祈り　bønn, andakt　—る bønnfalle, be〔de〕〔om〕, håpe på
いばら 茨　torn
いばる 威張る(自慢する)　prale, overdrive　（誇る）være stolt av/over　（偉ぶっている）være fornem/hovmodig/arrogan′t
いはん 違反(法規の)　krenkelse, lovbrott, overtredelse　契約に—する bryte en kontrak′t　—者 lovovertreder
いびき 鼾　snork　—をかく snorke
いびつ・な 歪な(ねじれた)　forvre′den, forvri′dd　—になる bli forvren′gt/krummet
いひん 遺品　etterlatenskap, levning
いぶかる 訝る　undre seg〔over〕, undres
いふく 衣服　kledning, kosty\me　—の裏地 fôr
いぶつ 遺物　levning　（宗教上の）reli′kvie
いぼ 疣　vorte
いぼ 異母　svigermor　—兄弟 halvbror　—兄弟姉妹 halvsøsken
いほう 違法　ulovlighet, forbry′telse　—の ulovlig, illegal, lovstridig　（禁断の）forbu′den　—行為 ulovlig

handling

いま 今 nu, nå〔tid〕 (現在の) nåtidig, nærværende たった— just nu —すぐ straks, snart, umiddelbart —頃 nå for tida, nå til dags —から fra nå av

いま 居間 oppholdsrom, dagligstue

いまいましい 忌々しい(腹立たしい) forar'gelig, fortre'delig, irrite'rende (憎むべき) avsky'elig, forhat't (のろうべき) forban't, fordøm't

いましめ 戒め(教訓) lære (警告)advarsel, åtvaring (訓戒) forma'ning, tilret'tevisning —る tilret'tevise, forma'ne, åtvare

いまだ 未だ(まだ) ennå —…でない ikke … ennå —に(ずっと) fortsatt, vedblivende

いまわしい 忌まわしい avsky'elig, vemmelig, ekkel

いみ 意味 mening, bety'dning (意義) bety'dning —する bety', inneholde —のある bety'dningsfull, viktig ある—では på en viss måte

いみん 移民(移住)(外国への) emigrasjo'n, utvandring —する emigre're, utvandre —者 emigran't, utvandrer (外国からの) immigrasjo'n, innvandring —する immigre're, innvandre —者 immigran't, innvandrer

いも 芋(じゃがいも) kartof'fel (さつまいも) søt kartof'fel

いもうと 妹 lille søster 義理の— svigerin'ne

いもの 鋳物 avstøpning

いや (否定) nei (否定疑問に対して) jo —おうなしに i ethvert tilfelle, under alle omsten'digheter

いやがる 嫌がる hate, avsky

いやく 意訳 fri oversettelse

いやく 違約 avtalebrudd

いやしい 卑しい・賤しい(下賤な) ydmyk, vulgæ'r, nærig (低俗な) gemen (野卑な) vulgæ'r, simpel

いやす 癒す helbre'de, lege, kure're (渇を) slokke sin tørst〔e〕

いや・な 嫌な(不快な) ubeha'gelig, utri'velig, avsky'elig, motby'delig —いやながら motstrebende, uvillig,

motvillig
いやみ 嫌み(皮肉) sarkas′me, ironi′
イヤリング ørering
いよいよ (ますます) mer og mer (やっと・ついに) til slutt/sist
いよう・な 異様な usedva′nlig, besyn′derlig, sær, egen —に usedva′nlig, besyn′derlig, underlig
いらい 依頼(頼み) anmodning, begjæ′r (委任) delege′ring —する be〔de〕, begjæ′re —状 skrevet anmodning/begjæring
いらい 以来 siden, derpå
イラク Irak —人 ira′ker —の ira′k〔i〕sk
いらくさ 〈植〉 brennesle
いらだつ 苛立つ bli irrite′rt
いらっしゃい Velkommen (おはいり下さい) Vær så god, Kom inn
イラン Iran —人 ira′ner —の ira′nsk
いりうみ 入り海(湾) bukt, vik, innsø
いりえ 入り江 fjord, større innsø
いりぐち 入り口 inngang, adgang
いりひ 入り日 nedgående sol, solnedgang
いりみだれ・る 入り乱れる bli forvir′ret, komme i uorden —て i uorden
いりょう 医療 sykepleie, legebehan′dling —保険 sykeforsikring
いりような 入り用な nødven′dig, fornø′den
いる 居る(存在する) eksiste′re, være (滞在する) oppholde seg, bu (居住する) bo, bu (居合わす) være nærværende (在宅している) være/bli heime/hjemme, være inne
いる 要る(必要とする) være nødven′dig/fornø′den, behø′ves (費用が) det koster (時間が) det tar tiden
いる 射る skyte
いるい 衣類 kledning, drakt, klær
いるか 海豚 〈動〉 delfi′n
いれい 異例 unntak〔else〕 —の uvanlig, usedva′nlig, enestående

いれかえる 入れ替える bytte, erstat′te
いれかわり・に 入れ代わりに i stedet for —立ち代わり etter tur
いれずみ 入れ墨 tatove′ring —をする tatove′re
いれば 入れ歯 gebis′s, kunstige tenner
いれもの 入れ物 kar, kasse, eske, futtera′l (どんぶり) skål (コンテナ・タンク) behol′der
いれる 入れる(物を中に) putte i, legge inn (詰めこむ) stoppe 学校などに子供を— sette i〔skole〕病院に— innlegge på sykehus (挿入する) innsette, innskyte
いろ 色(色彩) farge (色合い) fargetone, nyanse 濃い— mørk farge 薄い— lys farge —鉛筆 fargeblyant 顔— ansiktfarge
いろいろ・な 色々な diver′se, forskjellig, ulik, alskens —に på alle mulige måter
いろが・かわる 色が変わる(濃くなる) mørkne〔farge〕—あせる ble〔i〕kne
いろごと 色事 erotik′k, sanselig kjærlighet
いろどる 色取る・彩る farge (染める) farge (化粧する) sminke, legge make-up
いろり 囲炉裏 peis, ildsted
いろん 異論 innsigelse, motsigelse
いわ 岩 klippe〔blokk〕—の多い klippefylt, steinet〔e〕—登り(人) klatrer —屋 grotte
いわ・い 祝い(祝賀) gratulasjo′n, lykkønskning (祝典) feiring, jubile′um (祝宴) fest, festlig sammenkomst —う feire, gratule′re, ønske til lykke —うために for å feire
いわし 鰯〈魚〉 sardi′n
いわば 言わば(たとえば) så å si (ある意味では) på en viss måte (一言でいえば) kort sagt
いわゆる såkalt〔短〕s.k.
いわれのない uforskyldt (不合理な) uri′melig
いわんや for å ikke si
いん 韻 rim —をふむ rime
いんが 因果 årsak og virkning

いんかん 印鑑　segl, personlig stempel
いんき 陰気　dysterhet, melankoli’　—な dyster, melanko’lsk, trøstesløs
いんきょく 陰極　kato\de
インク　blekk　—つぼ blekkhus　—カートリッジ blekkpatron　—でしみをつける blekke　—消し blekkfjerner, blekkviskelær
いんけんな 陰険な　listig, lur, slu
いんげんまめ いんげん豆〈植〉〔hage〕bønne
いんこ 〈鳥〉　ara
いんさつ 印刷　trykning　凸版— boktrykk　—する trykke　—機 trykker　—所 trykkeri’　—物 trykksak
いんし 印紙　frimerke　収入— inntekt frimerke
いんしゅ 飲酒　drikk〔ing〕　—運転 spirituskjørsel
いんしゅう 因習　sedvane, skikk　(伝統) tradisjo’n　—的な konvensjonel’l
いんしょう 印象　inntrykk　—的な bemer’kelsesverdig, påfallende, slående　よい/悪い—を与える gjøre et godt/dårlig inntrykk　—派 impresjonis’me　—派の人 impresjonis’t
いんしょく 飲食　mat og drikk, næring　—する spise　—店 restaurant, spisested, grill　(セルフサービスの) kafete’ria　—物 spisevarer (pl.)
いんすう 因数　〈数〉faktor　—分解 oppløsning i faktorer
インスピレーション　inspirasjo’n, stimulans
いんぜい 印税(使用料)　royalty
いんせき 隕石　meteo’r, meteorit’t
インターチェンジ　trafik’kmaskin
いんたい 引退　tilba\ketredelse　—する trekke seg tilba\ke, la seg pensjone’re
インタビュー　intervju’　—する intervju’e　—者 intervju’er
いんちき　snyteri, svindel
いんちょう 院長(病院の)　sykehusdirektø’r　(学院の) rektor
インド　India　—人 inder　—の indisk　—洋 Indiske

hav
インドネシア Indonesia 　—人 indone′sier 　—の indone′sisk
インフルエンザ 〈病〉 influen′sa
インフレ〔ーション〕 inflasjo′n 　—の（を誘発する）inflasjo′nsdrivende
いんぶん 韻文 vers
いんぼう 陰謀 komplot′t, intri\ge, sammensvergelse 　—を企てる sammensverge seg, intrige′re
いんよう 引用 sita′t 　—する site′re 　—符 sita′ttegn
いんりょう 飲料 drikk〔e〕　—水 drikkevatn
いんりょく 引力(地球の) gravitasjo′n, tyngdekraft, tiltrekningskraft

う

う 鵜〈鳥〉 måke, måse
ヴァイオリン fiolin 　—を弾く spille fiolin
ヴァイキング viking 　—時代 vikingtid
ウイーン Wien
ウイスキー whisky
ウーステッド kamgarn
うえ 上(場所) ovenpå, ovapå （上の方に）ovenover （頂部）den øverste del, topp （上役の）overordnet （年上の）eldre （…以上）mer enn （…の上で）ovenpå （…の上に・さらに）i tilgift （加えるに）des〔s〕uten, foru\ten
うえ 飢え sult, hunger 　—る sulte, svelte, hungre 　—死にする dø av sult
うえき 植木(庭木) hageblomst （はち植えの）potteplant 　—屋(庭師) gartner
ウエスト midje, liv
ウエディングケーキ bryllupskake
うえる （渇望する）lengte 〔etter〕, lenges, smekte 〔etter〕

うえる 植える plante, dyrke
うお 魚(魚類) fisk ―釣り fiskeri' ―釣りする fiske ―市場 fisketorg
うおうさおうする 右往左往する bli forvir'ret
うがい 嗽 gurgling ―する gurgle
うかがう 伺う(質問する) spørre (訪問する) besøke
うかつな 迂濶な(不注意な) uforsiktig, likegyldig (無思慮な) ubetenksom, tankeløs (愚かな) dum, tåpelig
うかぶ 浮かぶ(空中に)sveve〔i luften〕(水面に) flyte (涙が) få tåre i øynene (浮かび上がる) flyte opp, stige opp til overflaten (心に) påminne om
うかれた 浮かれた kåt, overgiven
うき 雨期 regntid
うき 浮き(釣りの) flåte (浮標) bøye,〔sjø〕merke
うきうきと med glede, med godt humør
うきぶくろ 浮き袋(魚の) svømmeblære (救命袋) redningsbelte (水泳用の) svømmebelte
うきぼり 浮き彫り relie'ff
うきよ 浮き世 den flytende verden ―離れのした verdensfjern, virkelighetsfjern
うく 浮く(浮かぶ) flyte på (浮かび上がる) flyte opp (心が) bli opplivende (残る・余る) bli igjen (節約になる) bli sparsom
うぐいす 鶯〈鳥〉 japansk nattergal
うけあう 請け合う(保証する) forsik're, garante're (責任をもつ) svare for (引き受ける) påta seg, ta seg av (約束する) love, gi løfte om
うけうりする 受け売りする(品物を) selge i detal'j (話を) spreie, sladre, gjenfortel'le
うけお・い 請負〔arbeids〕kontrak't, avtale ―業〔者〕entreprenø'r ―う påta seg gjennom å skrive kontrak't
うけつ・ぎ 受け継ぎ overtaking ―ぐ(地位・職・ローンなどを) overta, etterfølge (性質・財産などを) arve
うけつけ 受付 mottakelse, aksept, resepsjo'n ―係

（カウンター）resepsjo'nist　—る motta, aksepte're
うけとる　受け取る（入手する）　motta, få, erholde（受取）kvitte'ring, mottakelse av noe（受取証）kvitte'ring
うけみ　受け身　passivite't　（文法の）passiv
うけも・ち　受け持ち　ansvar, varetekt　—ちの i ens varetekt, ansvarlig　—ちの教師 klasselærer　—つ påta seg
うける　受ける　motta, få　（害など）li　（受諾する）aksepte're, godta, godkjenne　（手術などを）gjennomgå
うげん　右舷　styrbord
うごかす　動かす　beve'ge, flytte　（機械など）starte
うごき　動き　beve'gelse, utvikling　（傾向）tenden's
うごく　動く　beve'ge seg, flytte seg　（運行する）manøvre're, sette/få i gang　（天体が）gjøre kretsgang　（動揺する）bli urolig
うさぎ　兎〈動〉（野性の）hare　（飼育の）kanin
うし　牛〈動〉雌— ku, ko　雄— tyr　去勢— okse　子— kalv　—飼い røkter, cowboy　—小屋（家畜小屋）fjøs, husdyrrom
うじ　蛆〈虫〉mark, larve
うしお　潮　flod, tidevatn
うしなう　失う　tape, miste, sakne　（チャンスなどを逃す）gå glipp av
うしろ　後ろ（場所）bakside　—で/に bakved, tilba\ke, bakover　—向きの baklengs, bakvendt
うず　渦　strømvirvel
うすあかり　薄明り（微光・たそがれ）tusmørke, skumring　（夜明けの）morgengry
うすい　薄い（厚さが）tynn　（色が）bleik, fargelaus（コーヒーなどが）tynn　（興味が）knapp　（印象などが）svak, vag
うずくまる　sitte på huk, huke seg
うすぐもりの　薄曇りの　lettskya
うすぐらい　薄暗い　halvmørk, dunkel
うずま・き　渦巻き　virvel, snurr, malstrøm　—く

virvle, snurre

うすめ・た 薄めた uttynnet, fortyn′net —る tynne ut, fortyn′ne

うずめる 埋める(葬る) grave ned, jorde (埋め立てる・一杯にする) fylle 〔på〕

うずら 鶉〈鳥〉 vaktel

うそ 嘘 løgn —をつく si en løgn —の løgnaktig, falsk —つき løgner (女) løgnerske —発見器 løgndetek′tor

うた 歌(歌謡) sang (詩歌) dikt, poesi (韻文) vers —う synge (朗唱する) recite′re

うたが・い 疑い(疑念) tvil, mistanke (疑問) spørsmål (不信) mistru —う tvile om/på —わしい misten′kelig, mistenk′som —いのない utvilsom, ubestri′delig

うち 内(内部) innside, innerside, indre, interiø′r (家) hus, heim —に(時) innen (場所) innafor (二つの中で) imel′lom (三つ以上の) blant

うちあける 打ち明ける(事情など) betro′, overlate (秘密を) avsløre (告白する) tilstå, bekjen′ne

うちあわせ 打ち合わせ forberedelse, avtale, konsultasjo′n —〔す〕る la avtale, holde et forberedende møte

うちうみ 内海 innsjø (湾) bukt

うちがわ 内側 innside, innerside —の innvendig, innvortes —に innvendig, innvortes

うちきず 打ち傷 støtskade, blått merke (かすり傷) skrubbsår

うちきな 内気な sjene′rt, sky, blyg

うちけ・し 打ち消し benek′telse, negasjo′n —す benek′te, fornek′te, bestri′de

うちこむ 打ち込む(釘を) slå søm (弾丸を) skyte 〔etter/på〕 (テニスなどで) smaske (熱中する) vise entusias′me for

うちとけ・る 打ち解ける være familiæ′r 〔med〕, gjøre seg fortro′lig med —た oppriktig —た話 fortro′lig samtale —て話す tale familiæ′rt

うちのめ・す tilin'tetgjøre, utslette —された tilin'tetgjort, utslettet

うちポケット 内ポケット sidelomme

うちゅう 宇宙 univer's, kosmos —の universa'l, kosmisk —飛行 romfart, romferd —船 romskip —飛行士 romfarer —基地 romstasjon

うちょうてん 有頂天 eksta'se, begei'string, henrykkelse —の eks'tatisk, begei'stret —になる bli henrykt

うちわ 団扇 rund vifte

うちわ 内輪(一家内) innen fami'lie (内部) innerside —から innafra —の priva't

うつ 打つ(たたく) slå på, ramme (撃つ) skyte (討つ) undertvinge, underkue, bekjempe (心を) ha intrykk av (ボールを) slå (テニスで) smaske (時計が5時を) klokka slår fem

うっかり (不注意で) skjødesløs, uforsiktig (軽率に) ubetenksomt (ぼんやりして) fraværende

うつくし・い 美しい skjønn, fager, deilig, vakker, smukk, pen —さ skjønnhet, deilighet

うつ・す 写す(写真を) fotografe're (コピーする) kopie're, skrive av (模写する) reprodus'ere, framstille 〔på ny〕 (投影する) reflekt'ere, avspeile —し avskrift

うつす 移す(移転さす) forflyt'te, overføre (入れ替える) bytte, erstat'te (病気を) smitte, infise're

うったえる 訴える(訴訟する) anklage, saksøke (苦情など) klage (心に) oppfordre

うっとうしい (陰気な) melanko'lsk, dyster, trøstesløs (不愉快な) ubeha'gelig, utri'velig, lei (曇った) skyet〔e〕, uklar

うっとりと (ぼう然とした) fortkommen, fraværende (恍惚とした) henrykt, eksta'tisk

うつぶせに・なる ligge med ansiktet nedad —倒れる falle ned med ansiktet imot

うつむ・いて (眼を伏せて) med nedslåtte øyne, med sunket blikk —く(首を垂れる) senke/bøye hodet

うつりかわり

（眼を伏せる）senke blikket
うつりかわ・り 移り変わり foran'dring, overgang ―る foran'dre seg
うつりぎな 移り気な kaprisiø's, lunefull, ubereg'nelig
うつる 移る（移転する）flytte （転じる）skiftes, bli overflyttet （病気が）bli smittet, infise'res
うつる 写る （投影する）reflekte'res （鏡に）speile seg （写真・映画などが）bli tatt〔opp〕（似合う）passe, anstå seg
うつわ 器（容器）behol'der, kar （才能）evne, bega'velse, anlegg〔for〕
うで 腕 arm 前― underarm 二の― overarm （腕力）styrke, kraft ―を組む legge armene over/i kors ―ずくで med vold〔og makt〕―時計 armbandsur ―まえ dyktighet, bega'velse, behen'dighet
うてん 雨天 regnvær ―順延 oppsettelse〔til første godt vær〕―体操場 gymnastik'ksal
うながす 促す anspenne, anstrenge, oppmuntre
うなぎ 鰻〈魚〉ål ―のかばやき en på japansk vis grillet ålrett, grillstekt ål med soya〔saus〕
うなされる ha/få mareritt
うなずく 頷く nikke〔til〕
うなる （猛獣が）vræle, brøle （犬などが）bjeffe, knurre （うめく）stønne
うに 〈魚〉kråkebolle
うぬぼれ 自惚れ innbilskhet, selvgodhet ―の強い innbilsk, selvglad, selvtilfreds
うね・り （大波）bølg〔j〕e, båre, vove 波が―る bølg〔j〕e （川などが）slynge seg
うのみにする sluke, svelge〔grådig og fort〕
うは 右派〔の人〕høgremann, de konser'vativ （保守派の）konser'vativ
うば 乳母 amme
うばう 奪う frata, røve〔fra〕（略奪する）〔ut〕plyndre （心などを）ero'bre, vinne〔noens hjerte〕
うま 馬 hest 小― ponni めす― hoppe 種― hingst

—小屋 stall —の鞭(㌫) ridepisk —に乗る ri, besti′ge en hest
うまい (おいしい) det smaker, være lekker (上手な) dyktig, fiks, bega′vet
うまく (首尾よく) heldigvis, lykkeligvis
うまれ 生まれ(出生) fødsel, nedkomst (家系) herkomst, ætt (親族) slekt —る være født, fødes —つきの medfødd
うみ 海 hav, sjø (大洋) osea′n —が荒い sjøen er hard —釣り sjøfiske
うみ 膿 puss, mate′rie i et sår
うむ 生む(出産する) føde, nedkomme (動物が) avle (にわとりなどが卵を) legge egg (生じる) frambringe, produse′re
うむ (化膿する) sette mate′rie, bli full av mate′rie (化膿した傷) et beten′t sår
うめ 梅〈植〉 plommetre —の実 frukt av plomme —干し konserve′rt plomme
うめあわせ 埋め合わせ kompensasjo′n, godtgjørelse, erstat′ning —る erstat′te, kompense′re, godtgjøre
うめ・き 呻き stønn (あえぎ) gisp —く stønne, sukke tungt (あえぐ) gispe (息をきらす) hive
うめる 埋める 〔be〕grave, jorde (充てんする) fylle, oppfyl′le, stoppe (肉など詰める) farse′re
うもう 羽毛 fjør, fjær (綿毛) dun
うやうやしい 恭しい ærbø′dig
うやまう 敬う respekte′re, akte, ære, holde i ære
うよくの 右翼の høgreoriente′rt, konser′vativ
うら 裏(裏面) bakside —側 bakside 足の— fotsol —通り bakgate (衣服の) fôr (社会の) vrange —書き endossemen′t —書き人 endossen′t —書きする endosse′re —返しにする vende om —をかく overliste, lure
うらぎる 裏切る forrå′de, svike, bedra′
うらぐち 裏口 bakveg —営業 smughandel
うらな・い 占い spådom —い師(男) spåmann (女) spåkone —う spå

うらにわ 裏庭 bakhage
うらみ 恨み(憎悪) avsky, hat (怨恨) harm, vrede (敵意) fiendskap, uvennskap —をはらす hevne
うらむ 恨む hate, avsky, bære nag til
うらや・む 羨む misunne, avunde —ましい misunnelig, avundsjuk
うららかな 麗らかな livlig, humørfrisk, glad
ウラン ura′n
うり 瓜〈植〉melon —二つ lik
うり 売り(販売) salg —もの til salg —手 selger —子(男) ekspeditø′r (女) ekspeditri′se —値 salgspris —出し utsalg, rabat′t —上げ omsetning, salg —切れ utsolgt —掛金 kredit
うりょうけい 雨量計 regnmåler
うる 売る(販売する) selge (裏切る) svike, forrå′de (けんかを) kives, trette
うる 得る få, oppnå, tjene (知識など) erver′ve [seg]
うるうどし 閏年 skottår, skuddår
うるお・い 潤い(湿気) fukt —う(湿る) bli fuktig —す fukte, gjøre våt (利益を受ける) dra/få/ha nytte av, dra fordel av
うるさ・い (騒々しい) larmende, bråket[e] (しつこい) sta, envis, hardnakket —く言う gjøre vrøvl, plage
うるし 漆 lakkferniss, lakkfarge —塗りの lakke′rt
うれし・い 嬉しい glad, lykkelig, tilfreds —さ lykke, glede —さのあまり overveldet av lykke —がる bli glad/fortryl′let —がらせる gjøre en glad/lykkelig
うれのこり 売れ残り usel′gelig vare (婚期を逸した女) gammal jomfru (婚期を逸する) forbli′ ugift
うれゆき 売れ行き salg, avsetning —がよい/悪い god/dårlig avsetning
うれる 売れる(物が) bli solgt, selge godt (名が) bli populæ′r/kjent/berøm′t
うろうろする være rastlaus

うろこ 鱗 skjell —が眼から落ちる det faller skjell fra mine øyne

うろたえ・る være ute av seg, bli forvir′ret —て i forvir′ring

うろつく gå og drive, vanke〔om〕

うわがき 上書き overskrift（宛名）adres′se —を書く adresse′re, skrive adres′se

うわき 浮気 utruskap —をする være utru —な utru

うわぎ 上着 jakke, frakk（上っ張り）overall

うわぐすり 釉薬 glasu′r

うわさ 噂 rykte, sladder —する fare med sladder, fortel′le rykter —されている ryktes

うわべ 上辺（外面） eksteriø′r, ytterside （表面）overflate（外観）utseende, ytre —の ytre, utvendig, utvortes

うわぬり 上塗り（家具などの） overtrekk

うわのそらの 上の空の åndsfraværende, distré, atspredt

うわまわる 上回る overtreffe, overstige

うわやく 上役 overordnet〔person〕, overordnede

うん 運（運命） skjebne, tilskikkelse, lagnad, lodd —がいい heldig, vellykket —が悪い uheldig, ulyk′kelig

うんえい 運営 ledelse, administrasjo′n —する lede, administre′re

うんが 運河 kana′l（掘り割り）grøft

うんこうする 運行する manøvre′re, få/sette i gang（天体が）kretse, gjøre kretsegang

うんざりした vemmelig, kjedelig

うんそう 運送 transpor′t, frakt —する transporte′re, frakte —会社 transpor′tbyrå transpor′tfirma

うんちん 運賃 fraktrate, takst（旅客の）billet′tpris —精算所 kontor for avgiftsjuste′ring —表 prisliste —無料の avgiftsfri

うんてん 運転（機械の） betjening av maskin（自動車などの）kjørsel —する（機械を）betje′ne en mas-

kin （自動車などを）kjøre〔med bil〕 —手(機械の) operatø'r （自動車などの）kjører
うんどう 運動(物体の) beve'gelse （政治的な）kampan'je （体の）mosjo'n （スポーツ）idrett, kroppsøving （スポーツをする）øve seg idrett, trene —場 idrettsplass （屋内の）gymnastik'ksal —選手 atle't —会 idrettsstemne —不足 mangel på mosjo'n, utilfreds med mosjo'n
うんぱん 運搬 transpor't, befor'dring —する transporte're, befor'dre
うんめい 運命 skjebne, tilskikkelse, lagnad, lodd
うんゆ 運輸 →うんそう・うんぱん（運送・運搬）
うんよう 運用 anvendelse, utnytting —する anvende, utnytte

え

え 柄(道具の) handtak, skaft （ほうきの）kosteskaft
え 絵 bilde, maleri' さし— illustrasjo'n —を画く male —のような malerisk, pittores'k
…へ （…の中へ）i, inn〔i〕（…に向って）til, mot （…の方向へ）i retning av
エア luft, atmosfæ're —ポケット lufthol —メール luftpost —コン luftkondisjone'ring
えいえん 永遠 evighet —の evig, evin'nelig （不死の）udødelig —に for evig
えいが 映画 biogra'f, film —館 biogra'f, kino —化する filmatise're —監督 filminstruktø'r —俳優(スター) filmstjerne, filmskuespiller （女）filmskuesppillerin'ne
えいが 栄華 ære, herlighet
えいかく 鋭角 spiss vinkel
えいかん 栄冠 krone
えいきゅう 永久 evighet （不変）bestan'dighet —磁

石 permanen't magne't —に for evig, bestan'dig
えいきょう 影響 innflytelse, påvirkning —する(結果を与える) påvirke, øve innflytelse 〔på〕, gjøre effek't —力の大きい innflytelsesrik …の—を受けて under innflytelse av
えいぎょう 営業 ervervsmessig aktivite't, forret'ning —部 salgsavdeling —部長 salgssjef —する drive forret'ning
えいご 英語 engelsk〔språk〕
えいこう 栄光 glorie, glans, herlighet
えいこく 英国 England, Storbritannia —人(男) englender, engelskmann (女) englenderin'ne —の engelsk, britisk
えいしゃ 映写 projeksjo'n —する projise're〔på〕—機 prosjektø'r, lysbildeappara't —幕 skjerm
えいじゅう 永住 fast bopel
えいせい 衛生 hygie\ne, sanite't —的な hygie\nisk, sanitæ'r
えいせい 衛星 satellit't 人工— kunstig satellit't —国家 satellit't stat —中継で via satellit't
えいぞう 映像 image, bilde
えいぞく 永続 bestan'dighet, uforgjen'gelighet —的な varig, bestan'dig, langvarig —する bestå, vedvare
えいびんな 鋭敏な skarp, skarpsindig
エイプリルフール aprilsnarr
えいへい 衛兵 hovedvakt
えいみん 永眠 den evige hvile, død —する gå/legge seg til hvile, dø, sove hen
えいゆう 英雄 (男) helt (女) heltin\ne —的な heltemodig
えいよう 栄養 ernæring —価 næringsverdi —物 næringsmiddel —の足りない underernært
えいり 営利 gevinst, fortje'neste, profit't —的な kommersiel'l, utbytterik, profita'bel —主義 kommersialis'me
えいりな 鋭利な skarp, kvass

エース (トランプなどの) ess
エーテル eter
えがお 笑顔 smilende ansikt （ほほえみかける）smile til
えがく 描く（鉛筆・ペンなどで）tegne, avbilde （彩色で）male （描写する）skildre
えき 益(利益) profi't, gevin'st （効用）nytte, fordel —のある fordelaktig, gunstig —する nyttiggjøre seg, gagne, nytte
えき 駅 〔jernbane〕stasjo'n —長 stasjo'nsmester —員 jernbanemann, stasjo'nsbetjent
エキス ekstrak't, essen's
エキストラ ekstra （映画などの）statist
えきたい 液体 væske —燃料 flytende brensel
えくぼ 笑くぼ smilehull
えぐる （のみなどで）uthule
エゴイスト （利己主義者）egois't （自己中心主義者）egose'ntriker
えこじな （つむじ曲がりの）gjenstridig, vanskelig, trassig
えさ 餌 føde （釣りの）agn （疑似餌）sluk （おとり）lokkemat
エジプト Egypt —人 egyp'ter —の egyp'tisk
エスカレーター rulletrapp
エスペラント esperan'to
えぞまつ えぞ松 〔edel〕gran
えだ 枝 gre〔i〕n 小— kvist
エチオピア Etiopia —人 etio'pier —の etio'pisk
エチケット （ラベル）etiket't （礼儀）etiket'te
エックスせん X線 røntgenstråle —写真 røntgenbilde
エッセー essay
えて 得手 ens styrke, sterk side, stolthet
エナメル emal'je —除去剤(マニキュアなどの) neglelakkfjerner
エネルギー energi' —に富んだ ener'gisk
えのぐ 絵の具 farge —を塗る male —箱 fargeskrin

えはがき 絵葉書　prospek'tkort
えび 蝦・海老〈魚〉　いせ— hummer　車—・小— reke　—フライ stekt/innbakt reke
エピソード　episo'de, anekdo'te
えふだ 絵札(トランプの)　bildekort
えふで 絵筆　〔maler〕pensel
エプロン　forkle
えほん 絵本　billedbok, bildebok
エメラルド　smarag'd
えもいわれぬ 得も言われぬ　ubeskri'velig, fortref'felig
えもの 獲物　(狩猟での) vilt　(捕獲高) fangst　(略奪品) bytte
えもん 衣紋(ドレス)　drakt　(スーツ) dress　(婦人用ワンピース) kjole　—かけ knagg
えら (魚の)　gjelle
エラー (野球などの)　feil, feiltagelse　—する ta feil　(取り違える) forvek'sle〔med〕
えらい 偉い　(偉大な) fremtredende, fremragende, eminen't, stor　(非凡な) uni'k, enestående, særegen　(ひどい) avsky'elig, forfer'delig, uhyg'gelig
えらぶ 選ぶ(選択する)　velge　(選び出す) utvelge, utse　(えり分ける) skjelne mellom, sorte're
えり 襟・衿(洋服の)　krage　(シャツの) flipp　—首 nakke　—巻き(スカーフ) halstørkle　(婦人用ストール) stola　(婦人用毛皮などの) boa
えりごのみ 選り好み(好みのうるさい)　kresen, nøye　—する være kresen/kinkig/nøye
えりわける 選り分ける　skjelne mellom, sorte're
える 得る(到達する)　oppnå　(受け取る) erholde　(入手する) få, ha　(勝利を) vinne　(取得する) erverve
エレベーター　eleva'tor, heis
えん 円(円形)　sirkel　—周 sirkel,〔om〕krets　—運動 kretsgang　—盤 diskos, rund skive　—卓会議 rundebordskonferanse
えん 円(貨幣)　yen　—高/安 høj/låg yenkurs　—建て kursnoteringer i yen

えん 縁(関係) relasjo'n, forbin'delse （宿縁）skjebne, bestem'melse
えんいん 遠因 fjern årsak
えんえきほう 演繹法 deduksjo'n
えんえんと （炎が）flammende〔eld〕, luende〔川・道などが〕—続く slynge seg, bukte seg
えんかい 沿海 kyst, strand
えんかい 宴会 fest, banket't, gilde —を開く holde/ha en fest
えんがわ 縁側 veran'da
えんがん 沿岸 kyst, strand —航路 kystfart —警備 kystvakt
えんき 延期 utsettelse, oppsettelse —する utsette, oppsette —になる bli utsatt
えんぎ 縁起(前兆) omen, varsel —の良い gunstig, heldig —物 tradisjo'n
えんぎ 演技 forestilling, fremførelse —者 opptredende
えんきんほう 遠近法 perspekti'v
えんけい 円形 sirkel —の sirkulæ'r
えんけい 遠景 fjern utsikt
えんげい 園芸 hagebruk —家 gartner
えんげい 演芸 underholdning —会 forestilling, varieté —場 tea'ter
えんげき 演劇 skuespill, tea'terstykke
えんこ 縁故 slektskap
えんこん 怨恨 motvilje, nag, hat, antipati'
えんさん 塩酸 saltsyre
えんしの 遠視の langsynt
えんしゅう 円周 sirkel, omkrets
えんしゅう 演習(練習) øving, praksis （軍隊の）manø'ver —する øve, praktise're （軍隊が）manøvre're
えんしゅつ 演出 isce\nesettelse, instruksjo'n, regi —者 isce\nesetter, regissø'r, produsen't —する isce\-nesette, produse're
えんじょ 援助 hjelp, bistand, understøttelse —者

velynder, protek′tor, sponsor ―する hjelpe, understøtte, sponse
えんしょう 炎症 beten′nelse, inflammasjo′n ―を起こす bli beten′t
えんしょうする 延焼する brannen sprer seg〔til〕
えんじる 演じる (劇を)spille, gå til scenen (役を)spille en rolle
エンジン motor ―をかける starte motoren ―を停止する stoppe motoren
えんしん・りょく 遠心力 sentrifuga′lkraft ―〔分離〕機 sentrifu\ge
えんすい 塩水 saltvatn
えんすい 円錐 kjegle
えんぜつ 演説 tale (講義・講演) foredrag, forelesning ―する tale ―家 taler
えんせんの 沿線の langs med〔jernbane〕
えんそ 塩素 klor 塩〔素〕化物 klori′d
えんそう 演奏 musika\lsk oppførelse/forestilling ―する spille, gi/holde konser′t ―会 konser′t
えんそく 遠足 utflukt, ekskursjo′n, piknik ―する gjøre utflukt
えんだん 演壇 tribu\ne, estra\de
えんちゃく 延着 sein ankomst
えんちゅう 円柱 kolon\ne, pille
えんちょう 延長 forlen′gelse, utvidelse ―する forlen′ge, utvide ―戦 ekstra omgang
えんちょくの 鉛直の loddrett, vertika′l
えんとう 円筒 sylin′der
えんどう〔まめ〕 えんどう〔豆〕 ert
えんとつ 煙突 skorstein〔spipe〕
えんばん 円盤 rund skive (競技用の) diskos ―投げ diskoskast
えんぴつ 鉛筆 blyant ―削り blyantspisser ―箱/入れ pennal
えんびふく 燕尾服 kjole og hvitt
えんぽう 遠方 〔stor〕fjernhet, lang avstand ―の fjern ―に på avstand, langtfra

えんまん 円満 fullkommenhet, perfeksjo'n —な perfekt, fullkommen, lykkelig

えんりょ 遠慮 tilba'keholdenhet, reser've （ちゅうちょ）nøling, usikkerhet —する være tilba'keholden/reserve'rt —なく uten å holde seg tilba'ke —しないで下さい Hold deg ikke tilba'ke, Lat som du er hjemme

お

お 尾 hale （くじゃく・鳥などの）stjert

オアシス oa'se

おい 甥 brorsønn, søstersønn, nevø'

おい 老い høj alder, alderdom

おいかける 追いかける forføl'ge, etterstrebe （獲物を）jage

おいかぜ 追い風 medvind

おいこす 追い越す(自転車などで) passe're, kjøre forbi' （より優れる）være fornemere enn, være overlegen

おいしい （美味な）lekker, velsmakende, delika't —もの（ごちそう）delikates'se

おいだす 追い出す jage ut/bort （解雇する）avskjedige （妻を）skille seg fra〔kona si〕

おいつく 追い付く innhente

おいはぎ 追い剝ぎ landeveisrøver

おいる 老いる bli gammal

おう 追う jage, forføl'ge, løpe etter

おう 負う(背負う) bære, ta over skuldrene, aksle （恩義を）stå i takknemlighetsgjeld til （借金を）stå i gjeld til （義務を）være forplik'tet til （罪を）være anklaget for, være beskyl'det for

おう 王(王様) konge, monar'k —国 kongedømme, kongerike —室 kongefami'lie —家/朝 dynasti'

おうい 王位 trone —継承者 tronfølger —につく

trone
おうえん 応援（援助）hjelp, bistand （選挙などの）støtte ―する hjelpe, bistå （競技などの）heie, rope hurra′ （選挙などの）støtte ―団 heiagjeng
おうぎ 扇 vifte ―であおぐ vifte
おうきゅう・の 応急の（急場の）i nødsfall/nødstilfelle ―処置・手当て førstehjelp, nødhjelp
おうごん 黄金 gull ―時代 gullalder
おうし 雄牛 tyr （去勢牛）okse
おう・じ 王子 prins ―女 prinses\se
おうしゅう 欧州 Europa ―人 europe′er ―の europe′isk ―化する europeise′re
おうじる 応じる〔be〕svare （要求に）imøtekomme, tilfredsstille, rette seg etter （受け入れる）akseptе′re, adlyde （反応する）reage′re （募集などに）tegne seg for （出願する）ansøke om
おうしん 往診 sjukebesøk ―する gå på sjukebesøk ―料 honora′r for sjukebesøk
おうせつ 応接 mottakelse, resepsjo′n ―する motta ―室 mottakingsrom ―間 salon′g
おうだん・する 横断する krysse over ―歩道 fotgjengerovergang
おうちゃくな 横着な doven, lat
おうとう 応答 svar ―する svare for/på 質疑― spørsmål og svar
おうねつびょう 黄熱病〈病〉gullfeber
おうねんに 往年に i gamle dager, i forgangne tider
おうふく 往復 tur-retur ―する gå/kjøre fram og tilba\ke （会社と家の間などを）pendle ―切符 tur-returbillet ―葉書 svarbrevkort
おうへい 横柄 hovmod ―な hovmodig, overmodig
おうぼ 応募 søknad, ansøkning ―する ansøke, abonne′re〔på〕
おうむ〈鳥〉papegøj\e
おうよう 応用 praksis,〔praktisk〕anvendelse ―する bruke i praksis, anvende ―化学 anvendt kjemi′
おうらい 往来 fram og tilba\ke （通行）trafik′k （道

路) gate, veg
おうりょう 横領 underslag —する gjøre underslag, underslå, rane til seg, tilta seg
おうりょく 応力 spenning
おうレンズ 凹レンズ konka'v linse (凸レンズ) konvek's linse
おえる 終える 〔av〕slutte, bli ferdig 〔med〕
おおあめ 大雨 øsregn, plaskregn （突然の） skybrudd （にわか雨） bye, byge
おおい 覆い・被い beskyt'telse, skjul （家具などの） overtrekk —をする dekke, beleg'ge, hylle —をとる avdekke, avsløre
おおい 多い(数が) mange, talrik （量が）mye
おおいに 大いに(特別に) særlig, især, spesielt
おおう 覆う・被う （かぶせる） dekke, beleg'ge （おおい隠す） dølge, skjule （さえぎる） skjerme, beskyt'te
おおうりだし 大売り出し realisasjo'n, utsalg
おおおとこ 大男 kjempe, jette
おおかた 大方(多分) kanskje, sannsy'nligvis
おおがた 大型 stor størrelse —の i stor størrelse
おおかみ 狼 〈動〉 ulv
おおかれすくなかれ 多かれ少なかれ mer eller mindre
おおきい 大きい(形) stor （巨大な） jettestor, kolossa'l, kjempemessig （広大な） vidstrakt, utstrakt （強大な） mektig, innflytelsesrik, stor
おおきさ 大きさ størrelse
おおく・の 多くの(数が) mange, talrik, i stor tal （量が） mye —は(たいてい) generelt, almin'nelig, sedvanlig （主として） hovedsakelig
おおくら・しょう 大蔵省 finan'sdepartementet —大臣 finan'sminister
おおげさ・な 大袈裟な overdreven, høyttravende —に overdrevet —に言う overdrive, gjøre blest av
オーケストラ orkes'ter
おおごえ 大声 høgrøst —の høgrøstet, høgrøsta —

で med høgrøst
おおざけのみ 大酒のみ drukkenbolt, dranker
おおざっぱな 大雑把な løselig, flyktig
おおし・い 雄々しい(男らしい) mannlig （勇敢な）modig, tapper （騎士道的な）ridderlig ━くも mannlig, tappert
おおすぎる 多過ぎる være for mange/mye
おおすじ 大筋 sammendrag, resymé
オーストラリア Australsambandet ━人 austra′lier ━の austra′lsk
オーストリア Østerrike ━人 østerriker ━の østerriksk
おおずる →おうじる
おおぜい 大勢 mange mennesker ━の stort antall ━で i stort antall
おおそうじする 大掃除する gjøre storrengjøring
オートバイ motorsykkel
オートミール havremel, havremjøl
オートメーション automasjo′n, automatise′ring ━の automa′tisk ━化する automatise′re
オーバー〔コート〕 overfrakk （婦人用の）kåpe
オーバーシューズ kalos′je
オーバーホール hovedreparasjo′n, overhaling
おおひろま 大広間 storsal
オープンサンド smørbrød
おおみず 大水 oversvømmelse
おおみそか 大晦日 nyttårsaften
おおむかし 大昔(太古) fortid, oldtid （歴史以前）forhistorie
おおむぎ 大麦 bygg
おおむね mestendels, generelt, i regelen, som regel
おおめにみる 大目に見る overse, se gjennom fingrene med, se stort på
おおもじ 大文字 store bokstaver (pl.)
おおもの 大物 bety′dningsfull person
おおや 大家 husvert
おおやけ・の 公の offentlig （公式の）offisie′l （正

式の) formel′l　—に offentlig, offisiel′t
おおゆき　大雪　høg sne
おおよそ　大凡　cirka, omtrent, nesten
オール　（ボートの）　åre
オール　（すべての）　all
オールドミス　gammal jomfru, peppermø〔y〕
オーロラ　nordlys
おおわらい　大笑いする　le skrallende/høgrøstet
おか　丘, 岡　bakke, haug （細長い）ås （丸く, 小さい）tu〔v〕e
おかあさん　お母さん　mor
おかげ　お蔭（恩恵）yndest, gunst （助力）hjelp, bistand （後援）støtte　—で takket være （…の世話で）gennem noe vennlig formidling
おかしい　（おもしろい）morosam, interessant （こっけいな）komisk, lystig （変な）sær, kuriø′s, besyn′derlig （怪しい）misten′kelig, tvilsom
おかす　犯す（罪を）begå, forø′ve （法律・規則を）bryte, overtre （女を）voldta, skjende
おかす　侵す（侵入する）legge besla′g på, gjøre inngrep （権利など侵害する）krenke
おがみたおす　拝み倒す　overtale, beve′ge
おがむ　拝む　tilbe, dyrke
おがわ　小川　bekk, strøm, å
おかわり　お代わり（食事の）påfylling （飲み物の）annen kopp, en kopp til　—する be om
おかん　悪寒　koldfeber, kaldfeber
おき　沖　åpen sjø　—で i åpen sjø
おきあがる　起き上がる　stå opp （元気を取りもどす）ta seg sammen, komme seg
おきかえる　置き換える　erstat′te, utskifte
おきて　掟（規則）regel, forskrift （法律）lov, rett （規定）bestem′melse, statut′t （戒律）bud
おきどけい　置き時計　taffelur
おぎなう　補う（欠損を）erset′te, utfylle, forsy′ne （埋め合わせる）godtgjøre, kompense′re （補充する）komplette′re （補償）kompensasjo′n, godtgjørelse

…おきに …置きに 1時間— hver annen time, annenhver time 1日— hver annen dag, annenhver dag
おきもの 置物 ornamenta′l kunst, ornamente′ring av
おきゃくさん お客さん gjest （顧客）kunde （訪問客）besøkende
おきる 起きる（起床する） stå opp （眼が覚める）vakne opp （事件などが）hende, oppstå
おきわすれる 置き忘れる glemme, etterlate
おく 置く（物を） legge, sette, plasse′re, stille 残して— etterlate 備えて— utruste, forsy′ne〔seg〕そっとして— etterlate i fred 一目— gjøre noe med henblikk, sørge for
おく 措く oppgi, avbryte, sette til side, unnta
おく 奥 innen av noe, noens djup —に入る komme innafor
おく 億 100 millio′ner
おくがい・で 屋外で i fri luft, utadørs —の utadørs, frilufts —生活 friluftsliv —劇場 friluftsteater
おくさん 奥さん 〔din〕kone, husfrue
おくじょう 屋上 tak
おくそくする 憶測する gjette, formo′de
おくち 奥地 landsende
おくない・の 屋内の innadørs —遊戯 innadørs leik
おくびょう 臆病 feighet, nervøsite′t —な feig, umandig: engstelig, bange —者 kujo′n, kryster, usling
おくまんちょうじゃ 億万長者 mangemillionæ′r
おくゆき 奥行き dybde —のある（深い）djup
おくり・さき 送り先 adres′se —状 faktu′ra
おくりもの 贈り物 gave, presan′g, （結婚の）bryllupsgave
おくる 送る（発送する） sende, befor′dre （送金する）remitte′re （使いの者を） skikke （見送る）si adjø′ til, sende av sted （月・日を過ごす）tilbringe
おくる 贈る（贈呈する） gi, overgi, skjenke （授与する）foræ′re

おくれる 遅れる(定刻に) være forsin′ket 乗り—komme〔for〕seint til (時勢に遅れる) falle bakut, ligge etter

おけ 桶 tønne, anker (たらい) balje

おこさん お子さん〔ditt〕barn

おこす 起こす vekke (倒れていたものを) reise …を引き— forårsake, avstedkomme

おこす 興す(組織化する) organise′re (事業などを) etable′re, opprette

おごそかな 厳かな høytidelig, alvo′rlig

おこた・る 怠る forsøm′me, neglisje′re, unnlate —り勝ちの forsøm′melig, etterlatende, glemsom —りない omhyg′gelig, samvit′tighetsfull, vaktsom

おこな・う 行う gjøre (振る舞う) oppføre seg, bære seg at/åt (実施する) avholde, utføre (実行する) gjennomføre, virkeliggjøre —い(行動) handling, aksjo′n, dåd, gjerning (行状) oppførsel, fremtreden

おこなわれる 行われる(実行される) bli virkelig-gjort (教会の行事など) bli forret′tet

おこらせる 怒らせる fornær′me, forar′ge

おご・り 奢り(ぜいたく) luksus, ekstravaganse, ødselhet (高慢) arroganse, overlegenhet —る ødsle (ご馳走する) by, trakte′re med/på, bever′te〔med〕

おこりっぽい 怒りっぽい vredlaten, bråsint

おこる 起こる(事件などが) hende, oppstå (戦争・火事などが) bryte ut

おこる 興る ha framgang, gjøre lykke, være en sukses′s

おこる 怒る bli sint, vredes, bli rasende

おごる 奢る(いばる) være storsnuta/stolt (ご馳走する) bever′te〔med〕, trakte′re med/på

おさえ 押さえ・抑え (重し) tyngd (にらみ) oppsyn, kontrol′l, myndighet (圧力) press, trykk

おさえる 押さえる・抑える holde〔fast〕, presse (押えつける) tvinge, knuge (抑制する) kontrolle′re (鎮圧する) slå ned, underkue, undertrykke (音など) dempe

おさない 幼い(年少の) liten, ung (子供らしい) barnlig, barnaktig
おさなともだち 幼友達 barndomsvenn
おさまる 納まる(納入される) få leve′rt (うまく入る) ha tilpassing
おさまる 治まる(静まる) falle til ro (平和になる) ha fred〔i〕(鎮圧される) bli undertrykket (終結する) komme til en avslutning (気が) bero′lige seg
おさまる 修まる(素行が) bedres, overvinne sine dårlige vaner
おさめる 納める(納金する) beta′le (納品する) leve′re, forsy′ne (収納する) legge på plass, lukke inn (収蔵する) behol′de, oppbevare, lagre (終結する) avslutte
おさめる 治める(統治する) styre, herske, regje′re, undertrykke
おさめる 修める stude′re, gjøre seg ferdig, kontrolle′re
おさらい (復習) gjennomgang av lektie, repetisjo′n —する gå gjennom lektie, repete′re
おし 啞(物の言えないこと) stumhet
おじ 伯父・叔父〔min〕onkel, farbror, morbror
おしあう 押し合う puffes/skubbes hinannen
おしい 惜しい(残念な) bekla′gelig, skuffende
おじいさん お爺さん(祖父)〔din〕farfar, morfar (よその) eldre mann, gubbe, gamling
おしいる 押し入る bryte inn, trenge inn i (侵入する) legge besla′g på, gjøre inngrep
おしいれ 押し入れ skap, gardero\be
おしえ 教え(教訓) lære, leksjo′n (教義) doktori\ne, dogme
おしえご 教え子 ele′v
おしえる 教える lære〔fra seg〕, undervise (教育する) oppdra, utdanne (知らせる) fortel′le, meddele, informe′re (説明する) forkla′re
おじぎ お辞儀 bukk 深く—する gjøre et dypt bukk
おしこむ 押し込む(詰める) pakke, proppe, stoppe

(監禁する) sette i fengsel, innesperre
おしだす 押し出す presse [ut]
おしつける 押しつける presse, tvinge
おしつぶす 押し潰す knuse, klemme (粉々にする) male/slå i stykker
おしどり 鴛鴦〈鳥〉 mandari′nand —夫婦 forelsket par, et par av turtelduer
おしの 啞の(口の不自由な) stum
おしのける 押し退ける skubbe til side, skubbe vekk
おしのつよい 押しの強い pågående, påtrengende
おしべ 雄しべ〈植〉 støvdrager, pollenbærer
おしむ 惜しむ(出し惜しむ) være påholdende, knipe, være nærig (残念に思う) bekla′ge, ynke, angre
おしめ (おむつ) bleie
おしゃぶり bitering
おしゃべり snakk, sludder —の人 snakkesalig person, sludrebøtte —する snakke, passia′re, vrøvle
おしゃれ お洒落 mote, manér —な smart, smukk —をする pryde, pynte, smykke —な人 snobb (軽蔑的な意味も) laps
おじょうさん お嬢さん [din] datter, pike, frøken
おしょく 汚職 bestik′kelse
おしろい お白粉 pudder
おす 押す puffe, skubbe (圧する) presse, trykke (捺印する) stemple (刻印する) prege
おす 推す(推薦する) anbefale, rekommande′re (指名する) utnevne, nomine′re
おす 雄・牡 han —の han-
おせじ お世辞 kompliment, smiger —をいう komplimente′re, smigre —をいう人 smigrer
おせっかい お節介 innblanding, overdreven nidkjærhet —な emsig, geskjef′tig
おそい 遅い(時刻が) sein, sen (速度が) langsom, sendre′ktig (のろい) treg, sendre′ktig, langsom
おそう 襲う(襲撃する) anfalle, atakke′re (病気などが) pådra seg, angripe

おそまつさま （ご馳走さまでしたの答え） Velkommen, Vel bekomme

おそらく 恐らく　formen'tlig, kanskje, sannsynligvis

おそれ 恐れ　frykt, angst, redsel

おそれい・る 恐れ入る（恐縮する） Tusen takk, det er alt for mye （圧倒される）bli overveldet （はずかしい）være forle'gen　—りますが Unnskyld men ...

おそれ・る 恐れる　frykte, gå i angst〔for〕, være bange/redd　…を—て av frykt for

おそろし・い 恐ろしい（こわい）fryktelig, forskrek'kelig, forfer'delig, （いやな）avsky'elig （凶悪な）grusom, bestia'lsk, djevelsk　—く forskrek'kelig, forfer'delig

おそわる 教わる　lære, få undervisning

オゾン ozon

おたがい・の お互いの　gjensidig, innbyrdes　—に innbyrdes

おだて 煽て　egging, tilskyndelse　—る（扇動する）egge, hisse opp, oppvigle, agite're　（追従をいう）smigre

おたふくかぜ おたふく風邪〈病〉kusma

おたまじゃくし 〈動〉rumpetroll

おだやか・な mild, fredelig, rolig　—に fredelig, rolig　—ならぬ alarme'rende, alvo'rlig

おちいる 落ち入る・陥る　falle ut （落城する）falle

おちつき 落ち着き　selvbeherskelse, sinnsro　—のある behers'ket, stille, adsta'dig, rolig　—のない nervø's, rastlaus, urolig

おちつく 落ち着く（心が）bli avslappet/avspent （定住する）busette seg （あらしなど静まる）beda'ge〔seg〕, stilne, legge seg

おちば 落ち葉　falt lauv, lauvfall

おちぶれる 落ちぶれる　bli ruine'rt, blotte seg for penger, synke ned i fattigdom

おちる 落ちる　falle〔ned〕（試験などに）dumpe, stryke （沈む）synke （日が沈む）gå ned

おっちょこちょいの　tankelaus, tanketom

おっと 夫 〔min〕〔ekte〕mann, make
おっとせい 〈動〉 sel
おつり お釣り vekslepenger, småpenger
おてあらい お手洗い toalet′t〔口〕do, dass
おでき (吹き出物) utslett (はれもの) svulst
おてん 汚点 plett, blekkklat
おてんば お転婆 liten villkat, trollete kvinnfolk
おと 音 lyd (騒音・雑音) bulder, støy, ståk, larm (ごう音) knall, brak すごい―をたてる knalle, brake ―をたてる buldre, støye, larme
おとうさん お父さん 〔din〕far
おとうと 弟 〔min/din〕lillebror
おどか・す truge, true (こわがらす) forskrek′ke, skremme ―し trusel
おとぎ・ばなし お伽話 fabel, eventyr ―の国 eventyrland
おとくい お得意(顧客) kunde (弁護士・医者などの) klien′t (常連) stamgjest (得手) ens sterk side, styrke
おどけ (冗談) spøk, skjemt ―た komisk, løyerlig ―て på skjemt
おとこ 男 mann ―の子 gutt, ung mann (奴) kar, fyr ―の mannlig ―やもめ enkemann 女で―のような mannhaf′tig
おとしあな 落とし穴 fallgruve, felle ―にかかる fanges i en felle
おとしだま お年玉 nyårsgave〔til barn〕
おとしもの 落とし物(遺失物) bortkomne gjenstander, hittegods
おとす 落とす droppe, la falle (失う) miste, tape (速度など) synke (品質など) forver′re, forrin′ge
おとずれ 訪れ(訪問) besø′k, visit′t ―る besø′ke, oppsøke, gå på visit′t
おととい 一昨日 i forgårs
おととし 一昨年 for to år siden, i forfjor
おとな 大人 voksen ―の voksen ―びた tidlig moden/utviklet, gammalklok

おとなし・い blid, mild （従順な）lydig, føyelig （行儀のよい）ordentlig （動物など慣れた）tam ―く lydig, ydmykt

おとも お供(従者) ledsager, følg[j]e （貴人の随行員）suite （取り巻き）påheng ―する følgje [med], ledsage

おとり 囮 lokkedue, lokkefugl

おど・り 踊り dans ―る danse

おどりば 踊り場(階段の) avsats

おとる 劣る være underlegen/mindreverdig

おとろえる 衰える svekke, forfal'le （弱まる）bli svak/spinkel

おどろかせる 驚かせる overraske, forskrek'ke （面くらわせる）forbløf'fe （驚嘆させる）forun'dre, forbau'se

おどろくべき 驚くべき forbau'sende, forun'drende

おなじ 同じ(同一の) samme, iden'tisk （同様の）lik [-nende] （同様に）på samme måte （…に相当する）motsvare ―く likeledes, likså, tilsvarende

おなか お腹 mage, mave ―が一杯 være mettet ―が痛い ha mageknip ―をこわす få dårlig mage ―がすく bli sulten

おに 鬼 demo'n, djevel （幽霊）spøkelse, gjenganger ―ごっこをする leike sisten

おにいさん お兄さん [din] storebror

おにぎり risbolle

おね 尾根 fjellkam, bakkekam

おねえさん お姉さん [din] storesøster

おの 斧 øks 手― handøks

おのおの 各々 hver ―みんな enhver

おのぼりさん お上りさん besø'kende fra landet

おのれ 己 en selv ―の egen ―自身を知れ Kjenn deg selv

おば 伯母・叔母 [min] moster, faster （よそのおばさん）tante

おばあさん [din] farmor, mormor （よその）dame （老婆）gammal kvinne/kone, kjerring

オパール opa′l
おはよう お早う God morgen
おび 帯 belte 馬などの腹— gjord
おひとよし お人好し vennlig menneske（だまされやすい人）letttruen〔de〕person —の skikkelig, god, beskje′den
おびる 帯びる ha på, bære
オファー （競売の）bud
オブザーバー （学問的）observa′tor （外交上の）observatø′r
オペラ opera —グラス tea′terkikert —座 opera〔-hus〕
オペレッタ operet\te
おぼえ 覚え minne, ihu′kommelse, erin′dring …した—がある ha en erin′dring om —書き note, memoran\dum, hugselapp —る lære〔utenat〕, hugse, erin′dre
おぼつかない 覚束ない（疑わしい）usikker, tvilsom（不安定な）ustø, vaklevoren
おぼれる 溺れる drukne
おぼろげな vag, utydelig
おまえ お前（きみ）du —の din/ditt —を/と/に deg, dig —ら I
おまけ （追加）noe ekstra —に/で på kjøpet
おまたせしました お待せしました Unnskyld, jeg har latt deg vente, Jeg beklager at du har måttet vente
おまもり お守り amulet′t, lykkeskilling
おまわりさん お巡りさん politibetjent
おみやげ お土産 gave, suveni′r
オムレツ omelet′t
おめでとう Jeg gratule′rer, Hjerteligste lykkønskning
おもい 重い（重量が）tung （重大な）viktig, alvo′rlig（気分が）nedstemt, tungsindig
おもい 思い tanke （感情）emosjo′n, følelse （願望）ønske, lengsel （心の中）hjerte
おもいあがった 思い上った innbilsk, arrogan′t
おもいがけな・い 思い掛けない uventa, overrasken-

de, uforutsett —く tilfel′digvis, overraskende
おもいきった 思い切った　resolut′t, beslut′tsom
おもいきる 思い切る（断念する）oppgi, forla′te
おもいだす 思い出す　erin′dre, hugse, komme i hu〔g〕, minnes
おもいちがい 思い違い　misforståelse, feiltagelse
おもいつき 思いつき　innfall, påhitt
おもいで 思い出　minne, erin′dring
おもいやり 思いやり　hensynsfullhet, omsorg, medfølelse, deltaking　—のある hensynsfull, vennlig, sympa′tisk　—のない usympatisk, uvennlig, sjølvrådig
おもう 思う（考える）tenke, meine（信ずる）tru, tro（想像する）tenke seg til, tenke om　…しようと— overveie å, tenke på å
おもさ 重さ　vekt〔mengde〕—を測る veie, gi vekttall　…のーである veie, vege
おもしろい 面白い　morsom, interessant, fornøy′elig（楽しい）beha′gelig, hyggelig　（陽気な）lystig, gemyt′tlig
おもだった 重立った　ledende, forrest, fornem
おもちゃ 玩具　leiketøy
おもて 表（表面）〔over〕flate（外面）ytre（貨幣などの）forside av（外側）ytterside（前面）forside（建物などの正面）fasa\de（戸外で）ute（戸外の）utadørs, frilufts-
おも・な 主な　viktig〔st〕, hoved-　—に hovedsakelig, vesentlig
おもに 重荷　tung bør/belas′tning　—となる tyngende, overvektig（心の）bedrø′velig, besvæ′rlig
おもむろに 徐に（ゆっくりと）langsomt: sindig（徐々に）etterhånden, litt etter litt, gradvis
おもり 錘（釣りの）søkke
おもわず 思わず　ufrivillig, uforvarende
おもわれる 思われる　tykkes, synes, forekomme（他人に）virke（みなされる）anses〔for/som〕, betrak′tes

おもんじる 重んじる(重視する) vurde're, verdesette, sette pris på (尊重する) ta hensyn til, respekte're

おや 親(両親) foreldre 父— far 母— mor (トランプなどの) utdelere, bankø'r —知らず(歯) visdomstann

おやがいしゃ 親会社 mo[de]rselskap

おやかた 親方 husbond, sjef, mester, formann

おやこ 親子 foreldre og barn

おやじ 親父 [min] far

おやすみ お休み(あいさつ) Godnatt

おやつ お八つ forfrisk'ning, mellommat

おやぶん 親分 sjef, ledere

おやゆび 親指 tommel[tott], tommel[finger] (足の) stortå

およぐ 泳ぐ svømme (浮遊する) flyte

およそ 大凡(大体) omtrent, cirka, nesten, omkring (たいてい) som regel, i regelen

および 及び og, samt

およぶ 及ぶ(達する) nå [fram] (総額が) belø'pe seg til (わたる) strekke seg, utvide seg (広がる) spre[ie] seg, bre[ie] seg

オラトリオ 〈楽〉 orato'rium

オランウータン 〈動〉 oranutan'g

オランダ Nederland —人 nederlender —の nederlandsk

おり 檻(猛獣などの) bur (羊などの) sauekve (家畜の) kve (監房) [fange]celle, fengsel

おり 織り teksti'l, stoff

おり 折り(折り畳み) fold (ひだ) rynke, skrukk[e] (機会) tilfelle またの— en annen gang

おりあい 折り合い gjensidig relasjo'n (妥協) kompromi's

オリーブ 〈植〉 oli'ven —油 oli'venolje

おりかえしへんじする 折り返し返事する svare omgående

おりじ 織り地 teksti'l, vevd tøy

おりたた・む 折り畳む folde, legge sammen —み式の sammenfoldet —み式ドア/壁 foldedør/foldevegg

おりめ 折り目 fold, bukt〔n〕ing (ズボンの)〔presse〕-fold, krøll —をつける folde, krølle (ズボンに) presse —正しい(丁重な) artig, høflig, sømmelig

おりもの 織物 teksti′l, vevd tøy —工場 teksti′lfabrikk

おりる 下りる・降りる(高所から) komme ned fra (階段などを) gå ned ad (乗り物から) stige av (山から) stige ned (霜が) det blir〔rim〕frost (飛行機が着陸する) lande

オリンピック olympia\de —の olym′pisk

おる 折る folde, krølle (木の実・枝などを) knekke, brekke

おる 織る veve (機(はた)を) arbejde ved vevstol

オルガン 〔パイプ〕— orgel —を弾く spille på orgel

オルゴール spilledåse

オレンジ appelsi′n —ジュース appelsinsaft

おろか・な 愚かな dum, tåpelig, fjollet〔e〕—者 idio′t, dåre, fjott —にも dumt, idio′tisk

おろし〔うり〕・で 卸し〔売り〕で en gros —価格 engrospris —業 engroshandel —業者 engrosforretning

おろす 降ろす ta ned (荷を) losse (上陸させる) landsette (いかりを) ankre, kaste anker (下げる) senke (お金を) heve〔penger〕

おろそかな uforsiktig, skjødesløs, overflatisk

おわり 終り 〔av〕slutning, ende (結末) resulta′t, utfall, fasit (年・月などの) utgang —の slutt —に sluttelig, til slutt

おわる 終わる 〔av〕slutte, holde opp〔med〕(…の結果になる) resulte′re i

おわれている 追われている —獣 forfu′lgt villdyr

おん 恩(親切) vennlighet, velgjørenhet (好意) yndest, gunst, bevågenhet —人 velynder, mese′n —知らずの utakknemlig —返し takknemlighetsgjeld, gjengjeld for vennlighet

おんがく 音楽 musik'k —家 musiker, musikan't —会 konser't
おんきゅう 恩給 pensjo'n —生活者 pensjoni'st
おんけい 恩恵 favø'r, yndest, bevågenhet
おんけんな 穏健な modera't, måteholden, rimelig
おんしつ 温室 drivhus, veksthus
おんしゃ 恩赦 amnesti', ettergivelse av straff
おんしょう 恩賞 beløn'ning
おんじょうのある 温情のある varmhjertet, medfølende, godhjertet
オンス unse
おんせい 音声 lyd, røst, stemme —が高い høgrøsta, høylytt, lydelig （かん高い）skrikende, skinger —学 fonetik'k
おんせん 温泉 varm kilde
おんそく 音速 lydens hastighet —の壁 lydmur 超— overlyd 超—の superso'nisk
おんたい 温帯 tempere'rt sone
おんど 温度 temperatu'r —が上がる/下がる temperatu'ren stiger/faller —が高い/低い temperatu'ren er høg/lav —計 termome'ter （体温計）febertermome'ter
おんどくする 音読する lese høgt
おんどり 雄鶏 hane （去勢した食用の）kapu'n
おんどをとる 音頭をとる angi takten
おんな 女(女性) kvinne, dame —らしい kvinnelig 男のくせに—らしい kvinneaktig —主人 vertin\ne —マネージャー bestyrerin\ne
おんぱ 音波 lydbølge
おんぷ 音符 〈楽〉note
オンブツマン ombudsmann
おんわな 穏和な（性格が）mild, blid （天候が）mild （意見が）modera't

か

- **か** 香　lukt, duft　（芳香）vellukt, herlig duft
- **か** 科　（部）avde′ling, departement　（大学の）fakulte′t　―目 emne　（動・植物の）fami′lie
- **か** 課　avde′ling, seksjo′n
- **か** 蚊　〈虫〉moski′to, mygg　―にさされる（食われる）bli stukket av 〔mange〕mygg
- **か** 可　（成績でC）tilfredsstillende
- **か** …か…　（あるいは）eller, enten … eller …
- **が** 蛾　〈虫〉nattsommerfugl, møll
- **が** 我　jeg
- **が** （けれども・しかし）men, 〔al〕likevel, derimot
- **ガーゼ**　gas〔bind〕
- **カーディガン**　kardigan, damejakke av ull
- **カーテン**　gardi′n　―をひく trekke for gardi′nen　―をつるす henge gardi′n opp
- **カート**　（スーパーなど買い物用の）innkjøpsvogn
- **カード**　kort（spille-, visi′tt-)　（電話などの）―度数 tellerskritt
- **カーニバル**　（謝肉祭）karneval
- **カーネーション**　〈植〉nellik
- **カーブ**　kurve, krumning
- **カーフェリー**　bilferge, bilferje
- **カール**　（巻き毛）krøll　―する krølle　―クリップ papiljot′t
- **かい** 回　（度数）teller for ganger, omgang, runde　今― denne gang　次― neste gang
- **かい** 会　（会合）møte, sammenkomst　（集まり）gruppe af mennesker, fore′ning　（研究会）studiegruppe
- **かい** 貝　〈魚〉skaldyr, muslingskal　巻き― konky′lie
- **かい** 櫂　åre, padleåre
- **かい** 界　-verden, gruppe, krets

かい 階 (建物の) teller for eta′sjer 上の/下の— eta′sje ovenover/nedenunder

がい 害 skade, fortre′d, overlast —のある skadelig —する gjøre fortre′d, skade

かいいれる 買い入れる kjøpe inn

かいいん 会員 〔fore′nings〕medlem

かいうん 海運 sjøfart, skipsfart —会社 rederi′

かいが 絵画 maleri′, bilde —のような pittores′k, maleri′sk

がいか 外貨 utenlandsk valut′a —交換率 valut′a-kurs

がいか 凱歌 trium′fsang

かいかい 開会 åpning 〔av et møte〕 —式 åpningshøytidelighet —の辞 åpningstale

がいかい 外界 den ytre verden

かいがい・の 海外の utenlands〔k〕, oversjøisk —事業部 avde′ling for utenlandshandel —旅行 utenlandsrejse

かいかく 改革 refor′m, omdannelse, foran′dring —する reforme′re —者 reforma′tor —の reformato′-risk

がいかく 外角 〈数〉 yttervinkel, utvendig vinkel

かいかつ・な 快活な glad, munter, opprømt —に gladelig, muntert

かいがら 貝殻 muslingskal (巻き貝の) konky′lie

かいかん 会館 forsam′lingshus

かいがん 海岸 kyst, strand —線 kystlinje

がいかん 外観 utseende, ytre

かいき 会期 sesjo′n

かいぎ 会議 møte, konferanse —を開く holde et møte, holde en konferanse 円卓— rundebordskonferanse —場 konferanselokale, møtested

かいぎ 懐疑 tvil, skepsis —的な skeptisk —論者 skeptiker

かいきせん 回帰線 (南) Steinbukkens vendekrets (北) Krepsens vendekrets

かいきゅう 階級(社会の) sosia′l klasse, stand (イン

ドの）kaste（地位・序列）rang（等級）grad（学年）klasse（卒業年次）årgang —闘争 klassekamp
かいきょう 回教 isla′m, muslimis′me —の islamit′tisk, isla′msk, musli′msk —徒 musli′m
かいきょう 海峡 sund, kana′l
かいぎょう・する 開業する åpne forret′ning, starte handel（医師・弁護士が）åpne praksis —医 praktise′rende lege
かいぐん 海軍 flåte, marine —士官 sjøoffiser —の flåte-, marine-
かいけい 会計（出納）rekning, rekneskap —年度 rekneskapsår —簿 rekneskapsbok —係（男）kasse′rer（女）kasse′rerske（勘定）opptelling, rekning（勘定を払う・会計をする）betale rekningen
かいけつ 解決 løysing, utveg, oppgjør —する løyse〔en problem〕, gjøre opp, klare —策 meto\de〔for problemløysing〕, framgangsmåte
かいけん 会見 intervju′ —する intervju′e —する人 intervju′er
がいけん 外見 utseende（様相）aspek′t
かいげんれい 戒厳令 militær unntakstilstand, militærstyr
かいこ 蚕〈虫〉silkeorm —を飼う oppfostre silkeorm
かいこ 回顧 erin′dring, hukom′melse, reminisen′s —する gjenkalle i erin′dringen, reflekte′re, bli et minne for —録 reminisen′ser
かいこ 解雇 avskjedigelse（辞職）avskjed —する avskjedige, avsette
かいご 悔悟 anger, samvit′tighetsnag
かいこう 海溝 dyp, djup
かいごう 会合 møte, sammenkomst, forsamling —する møte
がいこう 外交 diplomati′ —的な diploma′tisk —官 diploma′t —政策 utenrikspolitikk, diploma′tisk framgangsmåte
がいこうてきな 外向的な utadvendt

かいこく

かいこく 戒告 åtvaring, advarsel —する åtvare, advare

がいこく 外国 utland —の utenlandsk —人 utlending, en fremmed —語 fremmedspråk, utenlandsk språk —為替 fremmed valut′a, valut′ahandel —貿易 utenrikshandel —郵便 utenlandspost —旅行 utenlandsreise

がいこつ 骸骨 skjelet′t

かいこん 開墾 landvinning （干拓）tørrlegging, gjenvinning ved drene′ring

かいさいする 開催する holde 〔et møte〕, åpne

かいさつ 改札 billet′tkontroll —する(検札する) kontrolle′re billet′ter （集札する）samle billet′ter —係 billet′tkontrollør 自動—機 billet′tkontrollautomat

かいさん 解散 （会社・議会などの）oppløsning （会合の）oppbrudd （部隊の動員解除）hjemsendelse —する oppløse, bryte opp

がいさん 概算 grov rekning —する vurde′re grovt

かいし 開始 begyn′nelse, start —する begyn′ne, starte, sette i gang

がいし 外資 utenlandsk kapita′l （海外投資）utenlandsk investe′ring —導入 innførsel av utenlandsk kapita′l —系企業 datterselskap av utenlandsk konser′n

がいして 概して i regelen, som regel, i almin′nelighet

かいしめる 買い占める legge kontrol′l over, kjøpe opp

かいしゃ 会社 kompani′, 〔aksje〕selskap （商会）firma 有限— aksjeselskap med begren′set ansvar —員 arbejdstaker, medarbejder, ansatt

かいしゃく 解釈 tolking （判断）omdømme （翻訳）oversettelse, translasjo′n （説明）forkla′ring, tyding —する tolke, forkla′re, tyde

かいしゅう 回収 （撤収）opphevelse, tilba′ketrekning （賃金などの）inndraging （集金）innkassering, innsamling 廃品— innsamling av avfall —する oppheve, inndrage, innkassere, innsamle

かいしゅう 改宗 omvendelse〔til〕 —する omvende〔seg〕til, konverte′re〔til〕

がいしゅつ 外出 utgang —する gå ut —している være ute —禁止 utgangsforbud

かいしょう 解消 oppløsning, opphevelse —する oppløse, oppheve

かいじょう 会場 møtested〔for begi′venhet〕

がいしょう 外相 utenriksminister

かいじょする 解除する avskaffe, oppheve（解禁する）frigi（放免する）frikjenne

かいしん 改心 forbe′dring, introspeksjo′n, selvbetraktning —する be′dre sig（後悔する）angre på, fortry′te

かいしん 改新 refor′m, forny′else

がいじん 外人 utlending, en fremmed

かいず 海図 sjøkart

かいすい 海水 sjøvatn, saltvatn —着 badedrakt —浴 sjøbad —浴場 badested

かいすう 回数 antall ganger（たびたび・ひんぱん）hyppighet, frekven′s —券 kupon′gbillett

がいすうで 概数で i runde tall, rundt reknet

かいする 解する tolke, tyde

がいする 害する skade（感情を）fortre′dige（傷つける）såre

かいせい 改正（修正）revisjo′n, rettelse, forbe′dring, refor′m —する revide′re, rette, reforme′re

かいせい 快晴 godt/fint vær

かいせき 解析〈数〉analy′se —する analyse′re —幾何学 analy′tisk geometri′

かいせつ 解説 forkla′ring, kommenta′r —する forkla′re —者 kommenta′tor

かいせん 海戦 sjøslag

かいぜん 改善 forbe′dring, refor′m —する forbe′dre, reforme′re

がいせん 凱旋 trium′f —する triumfe′re —行進

trium′ftog —将軍 triumfa′tor —門 trium′fboge
かいそう 海草 tang
かいそう 回想 hukom′melse, erin′dring, minne —する minne, tenke på —録 memoa′rer, selvbiografi′
かいぞう 改造 foran′dring, omslag, endring —する foran′dre, endre, omarbeide
かいぞく 海賊 pira′t, sjørøver —版 pira′tutgave —船(不法電波を出す船) pira′tsender
かいたい 解体 (分解) oppløsning, dekomposisjo′n —する oppløse (組織を) deorganise′re (機械などを) demonte′re
かいたく 開拓 dyrkning 〔av nytt land〕 —する dyrke, eksploate′re, kolonise′re —者 kolonis′t, pione′r
かいだん 会談 konferanse, samtale, konversasjo′n —する konfere′re, samtale
かいだん 怪談 spøkelseshistorie
かいだん 階段 trapp —を登る gå opp trapp 回り—rulletrapp —教室 amfi′teatersk forelesningssal
がいたん・する 慨嘆する bekla′ge 〔dypt〕, sørge 〔over〕, bedrø′ve —すべき bekla′gelsesverdig, bedrø′velig
かいちく 改築 gjenoppbygning, ombygging —する gjenoppbygge (修理) istan′dsettelse (修理する) repare′re
かいちゅう 回虫 innvollsorm
かいちゅう 懐中 lomme, barm —電灯 lommelykt —時計 lommeur —物(札入れなど) tegnebok, lommebok
がいちゅう 害虫 skadeinsekt
かいちょう 会長 formann for fore′ning/komitê
がいちょう 害鳥 skadefugl
かいつう・する 開通する (新線が) åpne for trafik′k (不通線が) gjenåpne 〔for servis/trafik′k〕 —式 åpningshøjtidelighet
かいづか 貝塚 kjøkkenmødding
かいて 買い手 kjøper

かいてい 改訂 revisjo′n, omarbejdelse —する revide′re, omarbejde —版 omarbejdet utgave
かいてい 海底 havbotn, havbunn —トンネル undersjøisk tunnel —電線 undersjøisk kabel
かいてき 快適 hygge, velbehag —な hyggelig, velbehagelig （よくない）ikke rar
かいてん 回転 omdreining, omløp, rotasjo′n —する rote′re, snurre —椅子 svingstol —ドア svingdør —技 svingøvelse —資金 driftskapital
がいでん 外電 utenrikstelegram （報道）utenriksnyheter
かいてんする 開店する åpne butik′k/forret′ning
ガイド （人）guide, omviser （道案内）veiviser （本・人）reisefører
かいとう 回答 svar —する svare
かいとう 解答 løsning av et proble′m —する lø〔y〕se
かいどう 街道 landveg, hovedvej
がいとう 外套 〔over〕frakk （婦人用など）kappe
がいとう 街灯 gatebelysning
がいとう・する 該当する motsvare （法令に）anvendes loven
かいどく・する 解読する deciffre′re, tyde 〔håndskrift〕
かいならす 飼い慣らす temme
かいなん 海難 skipbrudd, forli′s —にあう lide skipbrudd —報告書 sjøforklaring
がいねん 概念 forestilling, oppfatning, begre′p, idé —的な begrepmessig 誤った— vrangforestilling, fiks idé
かいはつ 開発 utvikling, forbe′dring —する utvikle, forbe′dre
かいばつ 海抜 …m over havet 〔短〕o.h.
かいひ 会費 medlemskontingent, medlemsavgift
かいひ・する 回避する sky, unngå, slippe 〔unna〕—的な unngåelig, unnvikende
がいぶ 外部 ytre, ytterside —の utvendig, ytre （外

界) den ytre verden

かいふく 回復 (病気の) helbre′delse, bedring (復旧)(絵画などの) restaurering (建物などの) renovering —する helbre′de, bli kure′rt, komme seg (取り返す) få igjen, få tilba‵ke (経済的に) gjenvinne

かいぶつ 怪物 monstrum, uhyre (幽霊) spøkelse, fanto′m (なぞの人) gåtefull person

かいへいたい 海兵隊 mari′neinfanteri

かいほう 解放 befri′else, frigjøring —する befri′, frigjøre, løslate

かいほう 介抱 pasning, pleje, varetaking —する passe, pleje, se etter

かいぼう 解剖 (医学上の)(検死) obduksjo′n, liksyn (切開) disseksjo′n —する obduse′re, sprette opp —学 anatomi′

かいほうにむかう 快方に向う forbe′dre

がいむ 外務 utenrikstjeneste —大臣 utenriksminister —省 utenriksdepartement

かいめい 改名 foran′dring av navn

かいめつ 壊滅 utslettelse —する bli utslettet

がいめん 外面 ytterside, utvendig side

かいもの 買い物 innkjøp —をする kjøpe〔inn〕—に行く gjøre innkjøp —客 innkjøper —カート innkjøpsvogn

がいゆう 外遊 utenlandsreise —する reise til/i utlandet, ta på utenlandsreise

かいよう 潰瘍〈病〉〔kronisk〕sår 胃— magesår

かいよう 海洋 osea′n —学 oseanografi′

かいらいせいけん 傀儡政権 marionet′tregjering

がいらいの 外来の (外国からの) utenlandsk, utalands (輸入の) importe′rt, innført fra utlandet —語 fremmedord —患者 polikli′nisk pasien′t

かいらく 快楽 glede, nytelse, forlys′telse, fornøy′else —主義 epikureis′me —を追う søke etter behag

かいらん 回覧 sirkulasjo′n —する sirkule′re, sette i sirkulasjo′n —状 sirkulæ′re

がいりゃく 概略 skisse, grunnriss, utkast —を示す

skisse′re, lage et utkast
かいりゅう 海流 havstrøm
かいりょう 改良 refor′m, forbe′dring —する reforme′re, forbe′dre
かいるい 貝類 skaldyr （二枚貝）musling （巻き貝）konky′lie
カイロ Kairo
がいろ 街路 gate, aveny′（並木通り）allé（大きな並木通り）bulevar′d
かいわ 会話 samtale, konversasjo′n —する samtale, konverse′re
かう 買う （購入する）kjøpe, handle （買いだめする）hamstre （価値・能力など認める）vurde′re, verdsette, bedøm′me （けんかを買う・挑発する）utfordre
かう 飼う oppdrette, holde, avle
ガウン （夜用）kjole （職業用）〔embets〕kappe, akade′misk kappe
かえす 返す （返却する）levere tilba\ke, returne′re, gi igjen （返送する）sende tilba\ke （返金する）betale tilba\ke （元の位置に）legge tilba\ke （報いる）gjengjelde, beløn′ne
かえす 帰す sende〔en〕tilba\ke （再び…する）gjøre igjen
かえって 却って tvert imot, faktisk
かえで 楓 〈植〉lønn
かえり 帰り hjemkomst （昔にもどること）tilba\kevending —道に på tilba\kevegen
かえり・みる 省みる・顧みる tenke〔tilba\ke〕på, se tilba\ke på （反省する）overveie, få beten′kelighet —みない ignore′re, blåse en en lang marsj, ikke bry seg om
かえる 変える （変更する）foran′dre, endre, gjøre om （改める）reforme′re, forbe′dre
かえる 代える （交換する・交代させる）skifte〔til〕, bytte （着替える）bytte〔om〕, skifte （置き換える）erstat′te
かえる 帰る komme retur, vende tilba\ke（いとまご

い〔を〕する) ta avskjed med
かえる 孵る （卵が) klekke
かえる 蛙 〈動〉frosk （ひきがえる・がま) padde （おたまじゃくし) rumpetroll
かお 顔 ansikt ―つき・―だち ansiktsdrag, ansiktstrekk ―の表情 ansiktsuttrykk ―色 ansiktsfarge （人相) fysiognomi′
かおあわせ 顔合せ （紹介) introduksjo′n, presentasjo′n
かおやく 顔役 mester, sjef, leder, pamp
かおり 香り lukt, duft （芳香) vellukt ―の良い velluktende
がか 画家 〔kunst〕maler
がか 画架 staffeli′
かがい 加害 overfall, angrep （殺害) mord ―者 angriper （殺害者) morder
かがいの 課外の utafor pensum, ekstra〔undervisningskurs〕 ―読み物 bøker utenfor undervisningsplan
かかえる 抱える （持つ) holde noen under armen （難問などを) bære （仕事を) være belastet 〔med〕
かかく 価格 pris （価値) verdi
かがく 科学 vit〔en〕skap ―的な vitenskapelig ―者 vitenskapsmann ―アカデミー vitenskapsakademi
かがく 化学 kjemi′ ―的な kjemisk ―者 kjemiker ―技術者 kjemiingeniør ―薬品 kjemika′lie ―工業 kjemiindustri ―記号 kjemisk symbo′l ―反応 kjemisk reaksjo′n
かかげる 掲げる （掲揚する) heise 〔flagget〕
かかし 案山子 fugleskremsel
かかと 踵 hæl
かがみ 鏡 speil （姿見) større speil
かがむ 屈む bøje seg, lute （うずくまる) sitte på huk
かがや・く 輝く skinne, lyse, stråle ―かしい strålende. utmerket
かかり 係 rolle, verv ―の人 den ansvarshavende

―長 kontorsjef
かかる （時間が）være, ta （お金が）koste （鍵が）smekke （わな・計略に）bli fanget i en snare （電話が）få et 〔telefon〕samtale （病気に）bli syk （医者に）konsulte're en lege　水がはね― bli stenket （疑いが）bli mistenkt　仕事などに取り― begyn'ne å noe （垂れる・ぶら下がる）henge　灰色がかる bli grålig
かがる （靴下などつくろう）stoppe 〔huller i〕 strømper〕
かかわる （関係する）angå, vedrøre, henge sammen, ha relevan's for
かき　柿 〈植〉 kaki　―の実 kakiplomme
かき　牡蠣 〈魚〉 østers　―フライ steikt østers　―がら østersskal
かぎ　鍵 nøkkel　―をかける låse av/ned　―をあける låse opp　―穴 nøkkelhull　―束 nøkkelknippe　―っ子 nøkkelbarn
かぎ　鉤 hake, krok　―形の kroket〔e〕, krum　―鼻 kroket nese
かきかえ　書き換え （書き直し）omskrivning　―る skrive om　（更新）forny'else
かきかた　書き方 （習字・書道）kalligrafi', skrivekunst　（書きぶり）stil
かきとめ　書留〔郵便〕rekommande'rt brev, anbefalt post　―で出す sende anbefalt　―料金 registre'ringsgebyr
かきと・り　書取り dikta't　―る skrive ned　―らせる dikte're
かきなおす　書き直す skrive om　（清書する）renskrive
かきね　垣根 hegn, gjerde　（生け垣）hekk
かきゅう　下級 （社会的に）underklassen, arbejderklasse　―の lavere　（年少の）junior　―生 yngre studen't　―裁判所 underrett
かぎょう　家業 fami'liens næringsveg　―を営む drive sin affæ're, ha en butik'k　―を継ぐ fortsette sin fars affæ're
かぎ・り　限り （限界）begrens'ning, grense　―りなく

ubegrenset, uendelig 私の知っている―りでは så vitt jeg vet ―る begren'se, avgrense
かきん 家禽 høns, fjærkre
かく 欠く （不足する）mangle, sakne （ものの端などこわす）bryte （砕く）knuse, male （怠る）forsøm'me, blåse noe[n] en lang marsj
かく 書く （字を）skrive （描写する）beskri've, skildre （詩を）dikte （書き取らせる）dikte're （文を）forfat'te （スケッチなど描く）tegne （絵を）male
かく 搔く （ひっかく）rispe, ripe, klø [seg] （こする）skrape [opp]
かく （汗を）svette
かく 各 hver
かく 角 （角度）vinkel 四― kvadra't, firkant 将棋の― løpe [i sjakk]
かく 核 （細胞・原子の）kjerne （果物の芯）kjerne ―物理学 kjernefysikk ―家族 kjernefamilie
かく 格 〈文法〉kasus
かぐ （匂いを）lukte [på]
かぐ 家具 møbel ―一式 møblement ―を備えつける møble're ―屋 møbelsnekker
がく 額 （掛額）ramme 絵を―に入れる ramme inn [et] bilde 金― beløp 総― summa
がくい 学位 akade'misk tittel
かくいつ 画一 ensartethet, ensretning ―的な ensartet, ensrettet
かくうの 架空の （想像上の）innbilt, visjonæ'r, tenkt （つくりあげた）fikti'v, oppdiktet, falsk
かくえきれっしゃ 各駅列車 lokaltog
かくぎ 閣議 statsråd
がくぎょう 学業 studie, skolearbejd ―を修める fullføre sine studier
かくげつ 隔月 hver annen måned
かくげん 格言 ordspråk, aforis'me, munnhell
かくご 覚悟 （心構え）bere'dvillighet, bere'dskap （決心）beslut'tsomhet, beslut'ning （あきらめ）resignasjo'n, oppgivelse ―する beslut'te, bestem'-

me seg, resolve′re （観念している）være resigne′rt/oppgitt
かくさいてきな 学際的な　tverrvit〔en〕skapelig
かくざとう 角砂糖　raffina\de〔sukker〕
かくさん 拡散　utspredelse, diffusjo′n　—する spre, diffunde′re
かくじ 各自　（各人）hver person, enhver
がくし 学士　kandida′t〔短〕cand.
がくしき 学識　lærdom, vitende　—ある lærd, kunnskapsrik　—経験者 kyndig og erfaren mann
かくした 隠した　skjult, hemmelig
かくじつ 確実　sikkerhet, trygghet　—な sikker, trygg, bestem′t　—に tryggt　—にする bringe i sikkerhet, garante′re
かくじつに 隔日に　hver annen dag
かくして på denne måte, således
がくしゃ 学者　vit〔en〕skapsmann, forsker　—らしい som sømmer seg for vit〔en〕skapsmann
かくじゅう 拡充　utvidelse, utbredelse　—する utvides, utbres
がくしゅう 学習　læring（研究）studie　—する lære（研究する）stude′re, forske
かくしゅの 各種の　hver slags, forskjellig slags
かくしょうする 確証する　bekref′te
かくしん 確信　overbevisning, fast oppfatning, bestem′t tru　—する overbevise seg om, ha fast tru〔på〕
かくしん 革新　forny′else, refor′m　—党 progressivt parti′
かくす 隠す　（姿・物を）gjemme, dølge, skjule（おおい隠す）tekke, dekke（保護する）beskyt′te
がくせい 学生　studen′t　—時代 studietid　—向けローン studielån　—運動 studen′terbevegelse　—寮 studen′thus, studen′thjem　女子— studi′ne
がくせい 学制　utdannelsessystem
かくせいいでん 隔世遺伝　atavis′me
かくせいき 拡声器　høgtaler（メガフォン）megafo′n

がくせつ 学説 teori′
かくだい 拡大 forstør′relse, ekspansjo′n —する forstør′re, ekspande′re —鏡 forstør′relsesglass, lupe
がくたい 楽隊 musik′korps
がくだん 楽団 orkes′ter (吹奏楽団) messingorkester
かくち 各地 hvert sted, forskjellige steder
かくちょう 拡張 utvidelse, ekspansjo′n —する utvide, ekspande′re (エスカレートする) opptrap′pe
がくちょう 学長 (大学の) rektor
かくてい 確定 (決定) avgjørelse, beslut′ning, fastsettelse —する bestem′me, fastsette
カクテル cocktail —ドレス cocktailkjole
かくど 角度 vinkel (視点) synspunkt
かくとく 獲得 anskaffelse, erver′velse —する anskaffe, erver′ve, oppnå
かくにん 確認 bekref′telse, bevit′nelse, attest —する bekref′te, bevit′ne, atteste′re
がくねん 学年 (学級) 〔skole〕klasse —度 skoleår
かくのうこ 格納庫 (飛行機などの) hangar
がくひ 学費 skolepenger (pl.)
がくふ 楽譜 note 一枚の— noteblad (総譜) partitu′r
がくぶ 学部 fakulte′t —長 dekan
がくぶち 額縁 ramme 〔av bilde〕
かくへいき 核兵器 kjernevåpen
かくべつに 格別に overordentlig, eksepsjonel′l, usedvanlig
かくほ 確保 opprettelse, forsik′ring, trygghet —する 〔for〕sik′re, trygge, garante′re
かくめい 革命 revolusjo′n —的な revolusjonæ′r, epokgjørende 産業— den industriel′le revolusjo′nen
がくめん 額面 (価格) pålydende/nominel′l 〔verdi〕
がくもん 学問 (勉強) studie, vit〔en〕skap —的な akademi′sk, vitenskapelig (学識) vitenskapelige kunnskaper
がくゆう 学友 skolekamerat
かくり 隔離 isolasjo′n

かくりつ 確率 sannsy'nlighet
かくりつ 確立 etablissement, opprettelse —する etable're, opprette
がくりょく 学力 kunnskap —がある kyndig, kunnskapsrik —がない ukyndig
かくれが 隠れ家 gjemmested, skjulested
がくれき 学歴 skolekarriere, akademi'sk bakgrunn
かくれ・る 隠れる skjule seg（避難する）flykte —て skjult —ん坊〔leike〕gjemsel
かけ 賭（かけること）hasard〔spill〕, sjansespill（金などかける）spille hasard, sette penger på —で負ける spille bort, miste（投機）spekulasjo'n（投機する）spekule're
かげ 影（反映）gjenskinn, refleksjo'n —絵 silhuet't, skyggebilde
かげ 陰 skygge —で/に skjult, i skygge —のような skyggeaktig
がけ 崖 blink, steil skråning —崩れ jordskred
…がけ …掛け（割）…掛け ti prosen't 定価の 8 —で til 80 prosen't av den faste prisen …の帰り—に på heimveg
かけあし 駆け足 løpende, springende（馬の）galop'p —で i springende（馬を駆けさせる）gallope're —旅行〔h〕virvelvindstur
かけい 家計（経済）husholdning（生計）utkomme, livsopphold —簿 husholdningsbok
かけうりする 掛け売りする kredite're
かげき 歌劇 opera 小— operet'te —場 operabygning
かげき・な 過激な（極端な）ekstre'm, ytterlig〔gående〕（急進的な）radika'l（乱暴な）voldsom, voldelig —主義者 radika'ler, radika'list
かけきん 掛け金 premie
かげぐち 陰口 baktalelse —をきく baktale, bakvaske
かけざん 掛け算 multiplikasjo'n —をする multiplise're —の記号（×）multiplikasjo'nstegn

かけず 掛け図 （地図）veggkart （絵図）〔vegg〕plansje

かけぢゃや 掛け茶屋 vegkant tehus

かけつ 可決 godkjenning, antakelse —する godkjenne, anta

かけっこ løp —する løpe et løp

かけで 掛けで på kredit′t

かけひき 駆け引き （策略）taktik′k, manø′ver 値段の—する kjøpslå, prute

かけぶとん 掛け布団 dyne —カバー dynetrekk

かけら （破片）fragmen′t, bruddstykke

かけ・る 欠ける （不足する）mangle, sakne （こわれる）rivne, breste （月が）〔måne〕avta/formør′kes —ている mangelfull, rivnende, ufullstendig

かける 掛ける （つるす）henge 〔opp〕 （絵などを）utstille （眼鏡を）ta på 〔brille〕 （カバーなどを）dekke （掛け算をする）multiplise′re, gange (5 ganger 3＝15) （電話を）telefone′re （鍵を）låse 〔av/ned〕 （心配を）besvæ′re （お金を費やす）forbru′ke

かける 駆ける løpe

かげろう 〈虫〉døgnfue

かげろう 陽炎 hetebølge, varmebølge

かこ 過去（過ぎた昔）fortid —の forlø′pen （文法の）prete′ritum （かつての・元の）forhenværende, tidligere

かご 篭(鳥かご) bur くず— papirkorg 編み— kurv, korg —の鳥 burfugl

かこ・う 囲う（取り巻く）omringe, omgi （貯蔵する）lagre, beva′re —い地 innhegning

かこう 加工 bearbejdelse, tilvirkning, fore′dling —する forarbejde, tilvirke, fore′dle

かこう 下降 fall, nedgang 景気などの—期 nedgangstid —する gå ned, stige ned

かこう 河口 〔elve〕munning

かごう 化合 kjemisk fore′ning —する fore′ne kjemisk —物 kjemisk sammensetning

がごう 雅号 pseudony′m

かこうがん 花崗岩 granit′t
かこく 苛酷 grusomhet, hensynsløshet ―な grusom, hård
かこむ 囲む(取り巻く) omringe, omgi (軍隊が) belei′re (さくで) innhegne, gjerde inn
かさ 傘(雨がさ) paraply′ (日がさ) parasol′l ―立て paraply′stativ ―をさす holde en paraply′ opp ―をすぼめる slå en paraply′ ned
かさ 笠(かぶるかさ) halmhatt (電灯の) lampeskjerm
かさ 嵩(容積) volu′m, rominnhold, romfang (船などの) drektighet (量) kvantite′t, mengd ―ばった voluminø′s
かさい 火災 〔ilde〕brann (大火事) stor brann ぼや (小火事) mindre brann ―報知機 brannalarm ―保険 brannforsikring
かざぐるま 風車(おもちゃの・製粉所の) vindmølle
かささぎ 〈鳥〉 skjor, skjære
かさねる 重ねる stable, hope opp, putte noe på noe annet
かざ・むき 風向き vindretning (形勢) situasjo′n (機嫌) humør, sinnsstemning ―見〔鶏〕 værhane, vindfløy
かざ・る 飾る(美しく) dekore′re, utsmykke, pryde (文章などを) forskjøn′ne (陳列する) utstille, skilte med (気取る) anstille seg ―り〔物〕 ornamen′t, pynt
かざん 火山 vulka′n ―の vulka′nsk
かし 樫〈植〉 eik
かし 仮死 skinndød
かし 貸し utlån (売掛金) kredit′t 賃― utleie ―自動車 utleiebil ―出し utlån ―出す utlåne ―切り reser′ve ―切りバス charterbuss ―切る reserve′re, bestil′le
かし 菓子(総称) kondit′orvarer 生―・クッキー類 kake (キャンディー類) godter, sukkertøy ―屋 konditori′, sjokola\debutikk
かじ 舵(かじ板) ror (舵輪) ratt ―を取る styre

かじ 火事 〔ilde〕brann —になる bryte i brann —が起きる en ild bryter ut —を消す slokke en brann

かじ 家事 husholdning, husarbejd —をする skjøtte hjem

がし 餓死 sultedød, sveltihel —する sulte i hel, svelte i hjel

かしこい 賢い intelligen′t, klok, kløktig, gløgg

かしこまりました Det skal jeg gjøre （店員が客に）Ja,〔så〕gjerne

かしこまる （従う）adlyde, lystre （正座する）sitte rett

かしつ 過失（失策）feil, feiltagelse （思い違い）forvek′sling （不慮の）ulykke, uhell （怠慢）forsøm′melighet, skjødesløshet

かしつけ 貸し付け utlån —金 lån —係 lånekasserer

かしま 貸間 utleierom, rom til leie

かしや 貸家 hus til leie

かしゃ 貨車 godsvogn

かじや 鍛冶屋 smed

かしゅ 歌手（男）sanger （女）sangerin′ne

かじゅ 果樹 frukttre —園 frukthage

かじゅう 果汁 saft

かしょ 箇所（場所）plass, sted, punkt （部分）del, porsjo′n （文章・曲などの）passa′sje

かじょう 過剰 overflod, overflødighet —の overflødig, overskytende —人口 overbefolkning

がしょう 画商 kunsthandler （画廊）galleri′

がじょう 賀状 lykkønskningskort

かしら 頭（頭部）hode （首領）ledere, sjef

かじる 噛る tygge, bite （むしゃむしゃと）mumse, gomle （バリバリと）knaske

かしん 家臣（封建時代の）vasal′l, undersått

かす 貸す（金品を）utlåne （賃貸する）leie （土地・農園などを）bygsle

かず 数 tal, antall —を数える telle —の多い mange （無数の）utal′lig —の揃った fulltallig

ガス (燃料・気体) gass (濃霧) tjukk tåke —レンジ gasskomfyr —湯沸し gasskjel〔e〕
かずかずの 数々の mange, forskjellig, atskil′lig
かすか・な 幽かな,微かな uklar, utydelig, vag (遠くの) fjern —に uklart, utydelig
カスタネット 〈楽〉 kastanet′t
カステラ (sukkerbrødkake)
かすみ 霞 dis, tåke —のかかった diset〔e〕, tåket〔e〕
かすむ(かすんで見える) synes 〔å være〕 diset〔e〕
かすれる (声が) bli hås/rusten (ペンが) bli ujamn (文字が) bli uklar, sløre
かぜ 風 vind そよ— bris (強風) kuling (突風) kastevind つむじ— virvelvind —が吹く det blåser 〔opp〕 —がやむ vinden tar av —下 le, leside
かぜ 風邪 forkjø′lelse —をひく forkjø′le seg —声 rusten/hås stemme —薬 medisi′n mot forkjø′lelse
かせい 火星 Mars
かせい 家政 husholdning —婦 husholderske (寮母・家政婦長) husmor
かぜい 課税 beskatning (税) skatt —する 〔be-〕skatte, legge skatt på —品/対象 skatteobjekt —評価 skatteansettelse
かせき 化石 fossi′l
かせ・ぐ 稼ぐ(働く) arbejde 〔hård〕 (生計をたてる) arbejde for sit opphold/levebrød, brødfø, fortje′ne (金を) tjene 〔penger〕 —ぎ(働き) arbejde —ぎ手 fami′lieforsørger —ぎ高 fortje′neste, innkomst
かせつ 仮説 hypote\se, antakelse —的な hypote′tisk
かせつ 架設 anlegg, oppførelse —する anlegge, oppføre
カセット・テープ kasset′tbånd —プレーヤー kasset′t〔e〕spiller
かせん 河川 strøm, elv, flod (小川) å
かせん 化繊(化学繊維) synte′tfiber, synte′tisk fiber
かそう 仮装 forkle′dning, maske′ring —する forkle′, maske′re

かそう 下層 lavere〔stående〕lag —階級 underklasse, arbejderklasse

かそう 火葬 likbrenning —場 likbrenningsanstalt

かぞえ・る 数える telle（計算する）rekne, kalkule′re —切れない uta′l′lig

かぞく 家族 fami′lie —的な familiær —手当て fami′lieunderstøttelse —旅行 fami′liereise

かそくする 加速する akselere′re

かそ・の 過疎の tynn befolket, folkefattig, gris〔s〕grendt —地 grisgrendt område

ガソリン bensi′n —スタンド bensi′nstasjon —エンジン bensi′nmotor

かた 型（形状）form, skikkelse （大きさ）størrelse （模様）mønster （形式）formalite′t （様式・書式）formula′r ひな— model′l 鋳— stø〔y〕peform —にはまった stereoty′p, sedvanlig, konvensjonel′l

かた 肩 skulder, aksel —にかつぐ bære på skuldrer —がこる skuldrene stivner —をすくめる trekke på skuldrene （肩甲骨）skulderblad —幅 skulderbredde —幅が広い bredskuldret, skulderbred

かた 方(方法) måte, meto\de 話し— måte å tale på やり— måte å gjøre noe på 歩き— gangart 漢字などの読み— lesemåte （気付）c/o

かた・い 堅い・固い・硬い（木・石など）hard（肉など）seig（堅固な）fast, sterk, solid（堅実な）stiv（意志の強い）standhaf′tig, viljefast, karakte′rfast（品行方正の）ordentlig, rettskaffen（信頼に足る）påli′telig, samvit′tighetsfull（きつい）stram, trang, tett —くなる stivne, bli hard, herdne

かだい 課題(題目) emne, tema, oppgave, moti′v （練習問題）øving, trening （宿題）lektie, lekse, hjemmearbejd （仕事）oppgave, verv, oppdrag

かたいなか 片田舎 langt ute på landet, avsides landet

かたおもい 片思い ubesvart kjærlighet

かたがき 肩書 tittel

かたき 敵 fiende （競争相手）motstander

かたく・そうさ 家宅捜査 husundersøkelse —侵入

innbrudd〔styveri〕
かたくるしい 堅苦しい(形式ばった) formel′l, seremoniel′l, høyti′delig (ぎこちない) stiv
かたさ 堅さ hardhet
かたち 形 form, stil, skikkelse
かたづける 片付ける rydde〔opp〕(整頓する) bringe i orden (一掃する) tømme, rydde/skaffe av veien (殺す) drepe, ta livet av
かたつむり 蝸牛 〈虫〉snegl, snile
かたて 片手 en hånd/hand —で med en hånd
かたな 刀 sverd, sabel (フェンシングの) kårde
かたまり 塊 klump, klepp (しこり・こぶ) knast, knut〔e〕
かたまる 固まる stivne, bli fast (強固になる) sterkne
かたみ 形見 erindring, minne
かたみち 片道 den ene veg —切符 enveisbillet′t, enkeltbillet′t
かたむく 傾く lute, helle, lene seg, bøye, stille skrått (船が) få slagside, krenge (太陽が) gå ned
かたむける 傾ける lene (耳を) lytte, ta noti′s av
かためる 固める gjøre hårdt/fast (強固にする) forster′ke, styrke, konsolide′re
かたらう 語らう snakke〔med〕, prate, samtale
かたり 語り fortel′ling —手 fortel′ler
かたる 語る fortel′le, beret′te, meddele
カタル 〈病〉katar′r
カタログ katalo′g, forteg′nelse
かたわ 片輪(奇形) legemsfeil, skavan′k (肉体的障害) fysisk handikap
かたわら 傍ら(そば) side (…のほかに) utafor, dessuten (…する一方) mens, imens, under det å (…の横に) ved〔siden av〕
かだん 花壇 blomsterseng
かち 勝ち seier, trium′f —を得る vinne seier, triumfe′re —を譲る avstå seier sin
かち 価値 verdi′ —がある verdi′full —がない verdi′-

…がち laus 高い/低い— stor/liten verdi' —を認める verdsette
…がち (とかく…しがちである) være tilbøy'elig til
かちきな 勝気な viljesterk, karakte'rfast, standhaf'tig
かちく 家畜 husdyr, buskap, kveg —小屋（牛馬の）fjøs （豚小屋）grisehus （鶏小屋）hønsehus —病院 veterinæ'r sjukehus
がちゃがちゃさせる skramle, rasle
かちょう 課長 seksjo'nssjef
がちょう 鵞鳥〈鳥〉gås
かつ 勝つ(勝利を得る) vinne seier, triumfe're （打ち負かす）besei're, slå under seg （克服する）overvinne （優る）overtreffe
かつ 且つ(加えて) dessuten, i tillegg〔til〕（引き続いて）fremde'les
がっか 学科(科目) undervisningsfag, studiefag （授業）leksjo'n
がっかい 学会 institusjo'n, akadmi'
かっかざん 活火山 en vulka'n i virksomhet, virksom vulka'n
がっかり （失望・落胆）skuffelse —する bli skuffet, —させる gjøre motløs, ta motet fra
かっき 活気 styrke, energi', 〔livs〕kraft, vitalite't —のある kraftfull, livfull, aktiv —のない uvirksom, passiv, sløy —づく bli virksom/aktiv
がっき 学期 semes'ter （2学期制の）
がっき 楽器 musik'kinstrument
かっきてきな 画期的な epo'kegjørende
がっきゅう 学級 skoleklasse —委員 ordensmann —担任 klasseforstan'der
かつぐ 担ぐ(になう) bære på skuldrer〔ne〕（迷信を）være overtroisk （だます）bedra', svike, lure
かっけ 脚気〈病〉beriberi
かっこ 括弧(丸の) parente's （角の）klamme,〔hake-〕parente's,「　」japanske parente'ser
かっこう 格好(かたち) form, model'l （見かけ）ut-

seende, ytre —の(適当な) lempelig, passende —よく見える se smart/sunn ut —の悪い klosset〔e〕, plump

かっこう 滑降(スキーなどで) nedstigning (スキー競技の) utforrenn

かっこう 郭公〈鳥〉gjøk, gauk

がっこう 学校(施設) skole (単科大学) høgskole (総合大学) universite′t

かっこく 各国 hvert land, alle land

かっこたる 確固たる resolut′t, bestem′t

かっさい 喝采 applau′s, bifall —する applaude′re, bifalle, hylle

かつじ 活字 type —を組む sette opp typer

かっしゃ 滑車 trinse

がっしゅく 合宿 treningsleir

がっしょう 合唱 kor〔sang〕 —する synge i kor —団/隊 kor

かつじょうする 割譲する overlate〔til〕, avstå

かっしょくの 褐色の(茶色の) brun

かっそう 滑走(飛行機・スキーなどの) svev, glid —する sveve, gli〔de〕 (グライダーなど) glidefly〔ge〕 —路(飛行機の) rullebane

がっそう 合奏 ensemble, samspil —する spille ensemble 二部— duet′t 三部— trio 四部— kvartet′t

かつて 曽て en gang, tidligere, forut, før —の tidligere, forgående, eks-

かって 勝手(台所) kjøkken —口 kjøkkendør (自分の意志) ens egen vilje —な egensindig, selvisk, egenrådig —に selviskt, til egen fordel〔for〕 (無断で) uten tillatelse/tilståelse

カット (木版画・さし絵)〔tre〕snitt (映画などの) beskjæ′ring —する(削除する) klippe〔ut〕, utelate (サッカーなどでボールを) overta ballen

かっとう 葛藤 tvist, vrøvl, uenighet —を生じる tvistes, vrøvle, oppstå forvik′ling imel′lom

かつどう 活動(活躍) aktivite′t, virksomhet —的な

aktiv, virksom, ener'gisk —する være aktiv/virksom, ta aktiv del i —家 aktiv mann —力 energi', kraft, aktivite't

かっと・なる (怒る) bli vred 〔over/på〕, bli rasende 〔på〕 —なって i utbrott av vrede

かっぱつ 活発 livlighet, fyrighet —な livlig, frisk, fyrig —に livlig, friskt, raskt

カップ (優勝杯) mesterskapspokal, trofé (コップ) kopp

がっぺい 合併 sammenslutning inkorporasjo'n, fusjo'n —する fore'ne, sammenslutte, inkorpore're

かつぼう 渇望 lengsel, attrå (待望の/して) lengst —する lengte, attrå

かつやく 活躍 aktivite't, virksomhet, aksjo'n —する være aktiv, delta aktivt i

かつら 鬘 paryk'k —をつける gå med paryk'k

かつりょく 活力 vitalite't, livfullhet

カツレツ kotelet't ポーク— fleskkotelet't

かてい 家庭 hjem, heim (家政) husholdning (家族) fami'lie —を持つ stifte heim —的な heimlig, huslig —生活 fami'lieliv —医 huslege —教師(男) huslærer (女) huslærerin'ne —教育 privatundervisning

かてい 仮定 anta'kelse, hypote\se, postula't —する anta, formo'de, forutsette —的な hypote'tisk, anta'kelig

かてい 過程 proses's, forløp, utviklingstrinn (段階) stadium

かてい 課程 kurs〔us〕, leseplan

かど 角 hjørne, vinkel 町— gatehjørne

かど 過度 overdrivelse, umåteholdenhet —の overdriven, umåteholden —に overdrivent, umåteholdent

かとう・な 下等な underlegen, mindreverdig (下品な) vulgæ'r, tarvelig, simpel —動物 laverestående dyrarter

かとき 過渡期 overgangstid

かとりせんこう 蚊取線香 myggerøkelse

カトリック (教会) kato'lsk kirke —教 katolisis'me —信者 katolik'k

かない 家内 [min] kone

かな・う 適う・叶う(…ができる) kan gjøre, være i stand til å, klare seg 願いなどが—う gå i oppfyllelse, bli til virkelighet —わない(人が主語) sakne kraft å gjøre, være ute av stand til å, kan ikke klare (物が主語) være ute av ens kraft

かなぐ 金具(家具などの) beslag

かなし・い 悲しい sørgelig, bedrø'vet, trist (哀れな) stakkars, misera'bel (沈んだ) nedstemt, melanko'lsk, vemodig —み vemod, sorg (悲哀) bekla'gelse, bedrø'velse (悲嘆) jammer, klagerop —む sørge over, bedrø've

カナダ Canada —人 cana'dier, kana'dier —の cana'disk, kana'disk

かなづち 金槌 hammar —でたたく hamre

かなもの 金物 isenkram[varer], jernvarer(pl.) —屋(人) isenkramhandler (店) isenkramforret'ning (屑鉄) skrapjern

かならず 必ず helt sikkert, uten tvil, uavven'delig (必然的に) nødvendigvis (例外なく) uten unntak, unntakslaus —しも [ikke] nødvendigvis

かなり noenlunde, ret, temmelig (比較的に) forholdvis, relativt (おおよそ) cirka —の ikke ubety'delig, betrak'telig —よい akspeta'bel, temmelig god, ret god

カナリア 〈鳥〉 kana'rifugl

かに 蟹 〈動〉 krabbe —の爪 krabbeklo

かにゅう 加入 tiltredelse, inntredelse (電話などの) abonnement, subskripsjo'n —する(参加する) bli medlem av (電話などに) subskribe're, abonne're (協定などに) tiltre

かね 金 (金属) metal'l (金銭) penge (財産) formue, eiendom, verdier(pl.) (金額) [penge]beløp, summa —を払う betale penger —がない ha ingen penger, være fattig —をなくす miste/tape penger

かね 鐘 klokke （お寺の）gongong —を鳴らす ringe på en klokke —が鳴る klokke ringer —を突く ringe med klokkene

かねかし 金貸し（人）pengeutlåner （高利貸し）ågerkar〔e〕（業）pengeutlånsforret'ning —をする låne ut penger, utlåne penger

かねて 予て（前に）forut, tidligere, ved tidligere lejlighet —の den omtalte

かねもち 金持ち rik person （富豪・大金持ち）millionæ'r （億万長者）milliardæ'r —の rik, formu'ende

かのう 可能〔性〕mulighet —な mulig （実行できる）gjennomførlig

かのじょ 彼女 hun, kvinnelig kjæreste —の hennes —を/に henne

かば 河馬 〈動〉flodhest

カバー （おおい）overdekning, dekke, betrek'k （本の）smussomslag （ベッドの）sengeteppe

かばう 庇う beskyt'te, forsva're

かはん 河畔 område langs flod

かばん 鞄 taske 折り— mappe, porteføl'je 旅行— handkoffert, vadsekk

かはんすう 過半数 flertall, majorite't —を占める være i majorite't —による決定 majorite'tsbeslutning

かび 黴 mugg —のはえた muggen

かび 華美 （はなやかさ）prakt, glans （虚飾）prunk, tant, forfen'gelighet —な praktfull

がびょう 画鋲 stift

かびん 花瓶 vase

かびんな 過敏な følsom, mottakelig, ømfin'tlig

かぶ 株（切り株）stubbe —式 aksje —券 aksjebrev, børspapir —式会社 aksjeselskap —主 aksjenæ'r, aksjeeier

かぶ 蕪 〈植〉roe, nepe

がふ 画布 kan〔e〕vas

かふくぶ 下腹部 underliv

カフス　mansjet'tーボタン mansjet'tknap
かぶと　甲・冑・兜　hjelm　—虫 bille, tordivel
かぶる　被る(帽子などを) ta på seg (ふとんなどを) dra på seg, dra over hode　(水などを) helle/ause vann over seg, skylle seg (ほこりなどを) bli støvet
かふん　花粉　pollen
かべ　壁　vegg　(石・煉瓦などの) mur　(仕切り) atskillelse, skillevegg　—紙 tapet
かへい　貨幣(通貨) penge　(硬貨) mynt　(紙幣) seddel　—価値 pengeverdi
かべん　花弁　kronblad
かぼちゃ　南瓜 〈植〉gresskar
かま　釜　kokekar, gryte　(ソースパン・シチューなべ) kasserol'l[e]　(かまど) omn, ovn
かま　鎌(草刈り用) sigd　(大がま) ljå
がま　蝦蟇 〈動〉padde　蒲 〈植〉dunkjevle
かまう　構う(気にかける) bry seg om, bekym're seg om (注意する) ta noti's av, være varsom om (話し相手する) underhandle/forhan'dle [med]　(見守る) se etter, tilse　(…してもかまいません) Jeg bekym'rer meg ikke selv om, Bry deg ikke om det (なんでもありません) Det gjør ikke noe (…しなくてもかまいません) Det er i orden selvom du ikke …
かまえ　構え(構造) struktu'r, oppbygning　(態度) positu'r, stilling　—る(構造的に) konstrue're, bygge (競技などで特定の姿勢に) stille seg
かまきり　〈虫〉kneler
がまん　我慢　tålmo'dighet, utholdenhet　—する være tålmo'dig　—強い tålmo'dig, tålsom
かみ　神(多神教の) guddom　(一神教の) gud, Faderen, Gud Fader　女—の gudin'ne　—の guddom'melig
かみ　紙　papir　(紙葉) ark　—入れ(札入れ) lommebok, portemoné　—くず papirlapp　—くずかご papirkorg　—袋 papirpose
かみ　髪　hår　—型 frisy're　—油 hårolje　—を刈る klippe noens hår, få sit hår klippet　—を伸ばす la håret gro　—をとかす rede noens/sitt hår　—を洗う

vaske hår —を編む flette

かみそり 剃刀 barbe′rkniv, rakekniv 安全— barbe′r-høvel

かみつな 過密な(建物が) tettbygd （人口が）tettbefolket

かみなり 雷 tore, torden —が鳴る det tordner —が落ちる et lyn slår ned

かみばさみ 紙挟み(クリップ)〔papir〕klemme

かむ （鼻を）pusse nesen, snyte seg

かむ 嚙む(かみつく) bite i （そしゃくする）tygge （かじる）gnage （波が岩を）stø〔y〕te mot

ガム （チューインガム）tyggegummi

カムフラージュ kamufla′sje （偽装する）kamufle′re

かめ 亀〈動〉skilpadde —の甲 skilpaddeskall

かめ 瓶 kar, krus, krukke （つぼ）potte

かめい 仮名 pseudony′m, falsk navn

かめい・する 加盟する(条約などに) bli allie′rt〔med〕—国 medlemsland

カメラ kamera —に収める fotografe′re —マン fotogra′f, kameramann

かめん 仮面 maske —舞踏会 maskera\de, maskeball, karneval

かも 鴨〈鳥〉villand （だまされやすい人）letttruen〔-de〕/godtroende stakkar

かもく 科目・課目 fag, emne 必修— obliga′t fag, obligato′riske kurser 選択— valgfri kurs/fag

かもしか 羚羊〈動〉antilo\pe

…かもしれない kanskje, kan hende

かもつ 貨物 〔frakt〕gods —自動車 lastebil —車 godsvogn —列車 godstog —船 lastebåt —運賃 fraktpris

かもめ 鴎〈鳥〉måke, måse

かや 蚊帳 moskitonett

かやく 火薬 krutt —庫 kruttmagasin

かゆい 痒い kløende （むずむずする）det klør

かよう 通う（往復する）gå fram og tilba\ke （電車・バスなどが）pendle （船が）gå i rute mellom （通学

かようきょく 歌謡曲　pop〔p〕musikk
がようし 画用紙　tegnepapir
かようび 火曜日　tirsdag
かよわい か弱い　sped, spinkel, ømtå′lig
…から (場所) fra, av (原料) av (時) siden, etter å (理由) derfor
から 殻(穀物・果実・貝・卵などの) skal (堅果の) nøttskal〔l〕
カラー (色) farge　―写真 fargefotografi′　―フィルム fargefilm　―テレビ fargefjernsyn
カラー (えり) krage, krave (えり首をつかむ) ta en i kragen
からい 辛い(胡椒などで) skarpt/sterkt krydret　塩― salt (ひどい) bitter, inten′s, streng
からかう gjøre narr av noe〔n〕, erte
がらくた miskmask, skitt, filleri, skrap
からし 辛子　sennep
からす 烏〈鳥〉kråke (不吉の兆とされるわたりがらす) ramn, ravn
ガラス glas〔s〕　―器 glasstøy　―繊維 glas〔s〕fiber　窓― vindusglas〔s〕
からだ 体(身体) kropp, legeme (体格) fysik′k (体質) konstitusjo′n (身長) legemeshøjde　―つき kroppsbygning　―の kroppslig, fysisk
からつゆ 空梅雨　tørr regntid
…からには ettersom, fordi
から・の 空の　tom (空席の) vakant (中空の) hol　―にする tømme　―になる bli tom　―ぶかし tomgang　―びんtomflaske　―ぶくろ tomsekk
からまつ 落葉松〈植〉lerketre
がらん 伽藍　katedra′l
かり 雁〈鳥〉grågås, villgås
かり 狩り　jakt　―をする jakte〔på〕　―に行く gå på jakt
かり 借り　lån, gjeld　―入れる låne/leje〔seg〕　―主

låntaker —がある være skyldig, skylde〔penger〕
カリ　加里　kalium
かりいれ　刈り入れ　innhøsting　—時 høst　—る〔inn-〕høste
かりとる　刈り取る(刈り倒す) slå, meie
かりぬい　仮縫い　prøveti〔k〕ing　—する prøves
かり・の　仮の(臨時の) proviso'risk, midlertidig, foreløpig　(間に合わせの) proviso'risk, kortvarig　—に temporæ'rt, tilfeldigvis　(代理として) som stedfortreder　(試験的に)forsøksvis　—営業所 tilfeldig kontor
カリフラワー　〈植〉blomkål
がりべんか　ガリ勉家(点取り虫)　karakte'rjager
かりゅう　下流　nedre løp　—の som ligger lenger ned langs elven
かりる　借りる(借用する) låne　(賃借りする) leie　(使用する) anvende, benyt'te
かる　刈る(髪・羊毛などを) klippe〔hår, et får〕(穀物を) meie　(樹木を剪定する) trimme　(伐採する) pusse　(形よく切り取る) beskjæ're
かる・い　軽い(重さが) lett (軽微な) mild, lett, ubety'delig　(楽な) lett, enkel　—く lett, enkelt
カルシウム　kalsium
かるた　歌留多　kortspill
かれ　彼　han, mannlig kjæreste　—の〔もの〕hans　—に/を ham, han
かれい　鰈〈魚〉flatfisk, flyndre
カレー　(粉・ソース) karri　—ライス ris med karri
ガレージ　gara'sje
がれき　瓦礫　〔stein〕fyll
かれら　彼等　de　—の deres　—に/を dem
かれ・る　枯れる(草木が) bli tørr, visne　—木 vissent tre　—葉 vissent blad　(熟成した) moden
かれる　涸れる(水が) tørke, tørre　(尽きる) være forbru'kt/uttømt
カレンダー　(こよみ) kalen'der
かろう　過労　overanstrengelse, belas'tning　—になる

bli overanstrengt
- **がろう** 画廊 kunstgalleri′, maleri′samling, utstillingslokale
- **かろうじて** 辛うじて med nød og neppe, til nød
- **カロリー** kalori′ —不足の kalori′fattig
- **かろんじる** 軽んじる(軽視する) forsøm′me, neglisje′re, bagatellise′re, blåse en en lang marsj (軽蔑する) forak′te, se ned på
- **かわ** 河・川 elv (小さい) å, bekk (大きい) flod, elv —端 elvekant, elvebakke —口 elvemunning, elveos —上 øvre løp —下 nedre løp —原 uttørka elveleie
- **かわ** 皮(皮膚) hud (獣皮) skinn (樹皮) bark (果物・じゃがいもなどの) skrell 革(なめしがわ) lær (毛皮) pels —をむく(樹皮を) barke (動物の毛皮などを) flå av (果物などを) skrelle —製品 skinnvarer (pl.) —砥 re〔i〕m
- **がわ** 側 side 左— venstre side 北— den nordlige side 裏/後ろ— bakside (悪い面) vrange
- **かわい・い** 可愛い(愛らしい) søt, sjarmant, elskelig (美しい) vakker, pen —がる holde av, elske (愛撫する) kjæle, kjærtegne
- **かわいそうな** 可哀想な(あわれな) ynkelig, ynkverdig, stakkars (悲しむべき) bedrø′velig, vemodig, sørgelig (みじめな) elendig, ussel
- **かわいらしい** →かわいい
- **かわかす** 乾かす tørke, tørre
- **かわ・く** 乾く tørke〔ut〕, bli tørr —いた tørr
- **かわ・く** 渇く tørste —き tørst〔e〕
- **かわせ** 為替 veksel, postanvisning 外国— postanvisning til utlandet 郵便— postanvisning —レート valut′akurs
- **かわった** 変わった(違った) ulike. avvikende (色々の) forskjellig (特別の) særlig, spesiel′l (異常な) usedvanlig, abnor′m (奇妙な) eiendom′melig, fremmed 一風— sær, origina′l —方法・形の/で annleis
- **かわつり** 川釣り elvefiske
- **かわら** 瓦 tegl, takstein —ぶきの lagt med takstein

かわり 代わり(代役) erstatning for annen person …の—に til erstatning [for], til gjengjeld [for] …する—に i stedet for (後任) avlø[y]ser (代替) erstatning (代理) vika′r

かわり 変わり(変化・変更) endring, foran′dring (修正) modifikasjo′n, tillempning —やすい(気まぐれな) vankelmodig, vegelsinnet, ustadig

かわる 代わる ersette, avlø[y]se, stå i stedet for (交代する) skifte, avlø[y]se —がわるに(交代で) på skift (順番に) i tur og orden (交々至る) skiftes

かわる 変わる (変化する) endre seg, foran′dre seg

かん 缶 dunk

かん 巻(本の) bind (映画の) rull

かん 棺 likkiste

かん 管 rør, tube

がん 癌〈病〉kreft

がん 雁〈鳥〉grågås, villgås

かんい 簡易 enkelhet —な enkel —にする foren′kle —住宅 enkle hus (pl.)

かんか 感化 innflytelse, påvirkning —する påvirke, inspire′re, tilskynde

がんか 眼科 oftalmologi′ —医 oftalmolo′g, øyelege

かんがい 灌漑 overrisling, vatning —する overrisle, vanne, forsy′ne med vann

かんがえ 考え tanke —方 tenkning, tenkemåte (思索) overveielse, meditasjo′n (観念) begrep, idé, forestilling (熟考) ettertanke (意図) hensikt (意見) anskuelse, opinio′n (判断) bedøm′melse, omdømme (期待) forven′tning, forhå′pning (願望) ønske, begjæ′r (想像) innbilning, fantasi′ —深い dypsindig, tankefull, ettertenksom —違い misforståelse, feilaktig begrep —る tenke [over/på] どう—ますか? Hva meiner du [om det]? —直す skifte meining —つく finne på

かんかく 間隔(空間の) avstand (時間の) interval′l, mellomrom

かんかく 感覚 sans, fornem′melse, sansning —的な

sanselig, handgri'pelig
かんかつ 管轄 jurisdiksjo'n —官庁 vedkommende/behø'rig myndighet
かんがっき 管楽器 blåseinstrument
カンガルー 〈動〉 kenguru
かんき 換気 ventilasjo'n, skifte av luft —する ventile're, lufte —扇 ventila'tor
かんき 寒気 kulde, frost
かんきゃく 観客 tilskuere, publikum （聴衆）tilhø-rere —席 sitteplass, benk
かんきょう 環境 miljø', omgivelser
がんきょうな 頑強な iher'dig, stedig, standhaf'tig
かんきん 監禁 fangenskap, fengsel —する fengsle, anholde, sperre inne
がんきん 元金 kapita'l ローンの— hovedstol
かんけい 関係 forbin'delse, relasjo'n （男女の）forhold —する ha forbin'delse med, vedrøre —のない irrelevant, likegyldig, uvedkommende —代名詞 relativt pronomen
かんげい 歓迎 velkomst —する by/hilse/ønske en velkom'men
かんげき 感激 sterk følelse, sinnsbeve'gelse —する bli dypt rørt, føle noen sterkt
かんけつ 完結 avslutning, fullførelse —する gjøre seg ferdig, avslutte, fullende, fullføre
かんけつ 簡潔 korthet —な kortfattet, konsi's
かんげん 諌言 forma'ning —する forma'ne
かんげん 還元 reduksjo'n （化学の）deokside'ring
かんげんがく 管弦楽 orkes'termusikk —団 orkes'ter
かんげんすれば 換言すれば med annen ord, det vil si〔短〕dvs.
かんこ 歓呼 hurrarop —する rope hurra' —の嵐 bifallsrop
かんご 看護 pleie, varetaking, omhug, pasning —する pleie, sørge for, tilse, passe —婦〔syke〕pleierske
がんこ 頑固(強情) halsstarrighet, stedighet, stivsinn

かんこう ―な halsstarrig, stedig, stivsinna, sta

かんこう 刊行 utgivelse, publikasjo'n ―する utgi, publise're 定期―物 tidsskrift, perio'disk publikasjo'n

かんこう 観光 sightseeing, turis'me ―旅行 sightseeingtur ―客 turist, sightseer ―バス turbuss ―する se på sever'digheter, dra på sightseeing

かんこく 勧告 råd〔givning/giing〕, anbefaling ―する rå〔de〕til, anbefale til

かんこく 韓国 Sør-Korea ―人 korea'ner ―の korea'nsk

かんごく 監獄 fengsel

かんさ 監査 inspeksjo'n, revisjo'n ―役 revi'sor

かんさつ 観察 iakttakelse, observasjo'n ―する iaktta, observe're, se på ―者 iakttaker, observa'tor

かんさん 換算 omregning ―率(為替レート) valu't'akurs, omregningskurs ―する omregne i

かんし 監視 overvåkning, oppsyn ―する overvåke, bevok'te

かんし 冠詞 〈文法〉 artik'kel 定― bestem't artik'kel 不定― ubestemt artik'kel

かんじ 感じ følelse, fornem'melse, sanseinntrykk ―やすい følsom, mottakelig, ømfin'tlig ―の鈍い treg, sløv

かんじ 漢字 kinesisk skrifttegn

かんじ 幹事 sekretæ'r

がんしき 眼識 skarpsynthet, innsikt, kritisk øye

がんじつ 元日 nyttårsdag

かんしゃ 感謝 takknem'lighet ―する takke, være takknem'lig 〔for/mot〕 ―の祈り takksigelse

かんじゃ 患者 pasien't

かんしゃくをおこす 癇癪を起こす miste selvbeherskelsen

かんしゅう 観衆 tilskuere, publikum (聴衆) tilhørere

かんしゅう 慣習 〔sed〕vane, skikk ―的な 〔sed-〕vanlig

かんじゅせい 感受性 følsomhet, mottakelighet ―の強い følsom, mottakelig, delika′t
がんしょ 願書 skriftlig ansøkning, søknadsskjema ―を出す ansøke
かんしょう 鑑賞 verdsettelse, vurde′ring, anerkjennelse ―する verdsette, vurde′re
かんしょう 干渉 intervensjo′n, inngrep〔i〕 ―する interven′ere, gripe inn （仲裁する）mekle
かんしょう 感傷 sentimentalite′t, melankoli′ ―的な sentimenta′l, melanko′lsk, følsom, tungsindig
かんじょう 勘定 rekning, opptelling ―を頼む be om rekningen ―をする telle ―を払う betale rekningen
かんじょう 感情 følelse, sinnsbevegelse, humør ―的な følelsesbetona, følelsesladet ―を害した fornær′met
かんしょうき 緩衝器 buffer
かんじる 感じる fornem′me, føle, sanse
かんしん 感心 beun′dring, tilbedelse ―する beun′dre, tilbe ―な beun′dringsverdig
かんしん 歓心 gunst, favø′r ―を買う innsmigre seg
かんしん 関心 interes′se ―を持つ interes′sere seg for
かんすう 関数〈数〉 funksjo′n
かんする 関する(…について) om, angående, hva angår …にーかぎり for så vidt som
かんせい 完成 fullførelse, avslutning ―する fullende, avslutte, bli ferdig ―品(既製品) ferdigvare
かんせい 歓声 jubel, gledesskrik
かんせい 慣性 treghet, inerti′
かんぜい 関税 toll ―保護 tollvern
かんせつ 関節 ledd ―炎 leddgikt
かんせつ・の 間接の indirekte ―税 indirekte skatt ―照明 indirekte lys
かんせん 幹線(鉄道の) hovedlinje ―道路 hovedvei
かんせん 感染 infeksjo′n, smitte ―させる infise′re, smitte ―する bli smittet〔av〕

かんぜん 完全 fullkommenhet, fullsten'dighet ー な fullsten'dig, fullkommen, komplet't ー 無欠 absolut't fullkomenhet
かんそう 感想 tanke, inntrykk
かんそう 乾燥 tørk ー した(乾いた) tørr ー する tørke, tørre ー 器 tørkeapparat, tørker ー 剤 sikkati'v
かんぞう 肝臓 〈医〉 lever
かんそく 観測 observasjo'n ー 者 observatø'r ー する observe're ー 所 observato'rium
かんそん 寒村 avsidesliggende/fattig landsby
かんたい 歓待 hjertelig velkomst
かんたい 寒帯 de kalde soner (極地帯) polarstrøk
かんたい 艦隊 flåte
かんだい 寛大 sjenerøsite't, storsinn, gavmildhet ー な sjenerø's, storsinna, gavmild
かんだかい 甲高い skarp, skinger
かんたく 干拓 gjenvinning ved drene'ring, innvinning av land
かんたん 感嘆 beun'dring, tilbedelse ー する beun'dre, tilbe, forun'dre seg ー すべき beun'dringsverdig, underfull ー 詞(間投詞) utropsord, interjeksjo'n
かんたん 簡単 enkelhet, korthet ー な enkel, lett, simpel (簡明な) kortfattet, lako'nisk (簡潔な) konsi's, fyndig ー にする foren'kle, forkor'te
かんだん 歓談 beha'gelig samtale
がんたん 元旦 nyttårsdag
かんだんけい 寒暖計(温度計) termome'ter
かんちがい 勘違い misforståelse, feiltagelse ー する misforstå, begå en feiltagelse
かんちゅう 寒中 årets kaldeste tid
かんちょう 官庁 embete, departements kontor
かんちょう 干潮 fjære, ebbe, lågvann[e]
かんちょうざい 灌腸剤 〈医〉 klyste'r
かんつう 姦通 ekteskapsbrott, utruskap
かんつう 貫通 gjennomboring ー する gjennombore, spidde

かんづく 感付く ha på fornem′melsen, fornem′me
かんづめ 缶詰 konser′ver —食品 dåsemat, hermetik′k
かんてつ 貫徹 gjennomføring —する gjennomføre, sette igjen′nom
かんてん 観点 synspunkt, meining
かんでんち 乾電池 tørrbatteri′
かんどう 感動 inntrykk, beve′gelse —する bli/være beve′get/rørt —しやすい lettbeve′gelig
かんとく 監督(すること) kontrol′l, overvåkning, instruksjo′n (する人) leder, besty′rer (劇場などの) impresa′rio (スポーツなどの) manager
かんな 鉋 høvel —をかける høvle —屑 høvelspon
かんない 管内 jurisdiksjo′n, virkefelt
カンニング・する fuske —ペーパー fuskelapp
かんぬき 閂 slå, skåte, bom
かんねん 観念(概念) idé, forestilling (あきらめ) resignasjo′n —した resigne′rt —する resigne′re —的な ideolo′gisk, ideel′l —論 ideali′sme
かんぱ 寒波 kuldebølge
かんぱい 乾杯 skål では—しましょう Nå tar vi 〔en〕 skål! (間投詞) Skål!
かんぱい 完敗 totalt nederlag —する lide et knusende nederlag
カンバス (絵画用) lerret
かんばつ 旱魃 tørke —にあった tørkerammet
がんばる 頑張る(努力する) anstrenge seg, gjøre seg den umake (主張する) bli ved med å (耐える) holde ut
かんばん 看板 skilt
かんぱん 甲板 dekk 前— fordekk 後— akterdekk
かんびょう 看病 pleie, omhug, omsorg —する pleie, passe, være omhyg′gelig 〔om/for〕 —人 sjukepleier (看護婦) sjukepleierske
がんびょう 眼病 øyesykdom
かんぶ 幹部 leder, styrer, fører
かんぶつ 乾物 tørr provian′t, tørrmat —屋(雑貨も

かんぶん

扱う) kolonia'lhandel
かんぶん 漢文 klassisk kine'sisk litteratu'r
かんぺきな 完璧な perfek't, feilfri, fullsten'dig
かんぺつ 鑑別 identifikasjo'n
かんべん 勘弁 tilgivelse, unnskyldning —する tilgi, unnskylde, forla'te
かんぼう 監房 celle, fengsel
かんぼう 官房 sekretaria't
かんぽう 官報 lysningsblad, informasjo'nshefte
がんぼう 願望 ønske, begjæ'r (切望) attrå
かんぽうやく 漢方薬 kine'sisk medisi'n
かんぼく 灌木(低木) busk[e] —林 buskas, kratt
かんまん 干満 ebbe og flod, flo og fjære
かんもん 関門 hindring, barriere
がんやく 丸薬 pille (錠剤) tablet't
かんゆう 勧誘 invitasjo'n, agitasjo'n —する invite're, innby, agite're
かんよう 慣用 sedvane, praksis (言語の) språkbruk —の sedvanlig, tradisjonel'l —語句 idio'm —語句の idioma'tisk
かんよう 寛容 toleranse, storsinn —な tolerant, storsinna, høymodig
かんよする 関与する delta [i], ta del i
がんらい 元来 opprin'nelig
かんらくがい 歓楽街 forlys'telsessted
かんらん 観覧(眺め) utsikt, severdighet, synsvidde —する se på, betrak'te —券(入場券) adgangstegn —者 tilskuere (pl.) —席 [sitte]plass, sete —車 pariserhjul
かんり 管理 administrasjo'n, forval'tning, [bedrif'ts]ledelse —職 ledende stilling —者 administra'tor, forval'ter —する administre're, forval'te
がんり 元利 kapita'l og renter
かんりゃくか 簡略化 forkor'telse, foren'kling
かんりゅう 寒流 kald strøm
かんりゅうする 貫流する flyte igjen'nom
かんりょう 官僚 byråkra't —政治 byråkrati'

かんりょう 完了 avslutning, fullførelse —する avslutte, fullføre, gjøre seg ferdig
かんれい 慣例 konvensjo′n, skikk og bruk, sedvane
かんれいぜんせん 寒冷前線 kaldfront
かんれん 関連 forbin′delse, relasjo′n, assosiasjo′n —する henføre til, angå —して angående, i forbin′delse med —性 relevan′s
かんわ 緩和 lindring, lette〔lse〕 —する lindre, mildne, lette

き

き 木・樹 tre —の tre （木製の）av tre
き 気(精神・心) ånd, hjerte —分 humør, sinnsstem′ning —質 temperament （意志）vilje （意向）hensikt, sikte …の—がある være interesse′rt i —が小さい være ikke modig/fryktsom/bange —が散る bli distrahe′rt —が早い være overilet/hissig —がする føle, ha noe på fornem′melse —がつく legge merke til, bemer′ke —が変わる skifte holdning/meining —がきく være beten′ksom/kvikk —が短い være hissig/bråsint —が向く ha lyst til å —がすすまない være uvillig til —が弱い være ubesluttsom —があう komme godt ut av det med hinannen —に入る være tilfreds med, fornøy′e seg —にかかる være bekym′ret for, være sjene′rt —になる være sjene′rt, være urolig over —にさわる bli fornær′met over —にする bekym′re seg —にしない være likeglad med —を失う besvi′me
ギア gear, gir （自動車で）—をセカンドに入れる sette bilen i annen gear —をバックに入れる sette bilen i rever′s
きあい 気合い（空手などの） rop
きあつ 気圧 lufttrykk —計 barome′ter
ぎあん 議案 proposisjo′n （動議）mosjo′n

キー （鍵・かぎ）nøkkel
きいちご 木苺〈植〉bringebær
きいと 生糸 råsilke
きいろ 黄色 gul farge ―の gul
ぎいん 議員(国会の) parlamenta'riker, stortingsrepresentant （府・県会の）fylkestingmedlem （市・町・村の）byråd
きいんする 起因する forårsake, være årsak til
きえる 消える(消失する) forsvin'ne （消滅する）utdø （火・灯などが）slokne, gå ut
ぎえんきん 義援金 donasjo'n, bidrag
きおく 記憶 erin'dring, hukom'melse, minne ―する erin'dre, hugse〔på〕 ―力 hukom'melse ―すべき minneverdig, uforglem'melig
きおん 気温 temperatu'r ―があがる/さがる temperatu'r stiger/faller
きか 幾何 →きかがく(幾何学)
きか 帰化 naturalise'ring ―させる naturalise're ―する oppnå/få statsborgerskap ―人 person med innfødsrett
きかい 機会 sjanse, mulighet, leilighet
きかい 機械 maskin ―類 maskineri' （器械）appara't ―学 mekanik'k ―化 mekanise'ring ―技師 maskiningeniør
きがい 危害 skade, fortre'd, avbrekk ―を与える ska, fortre'dige, gjøre skade på
ぎかい 議会(国会) storting, parlamen't （府・県会）fylkesting （市・町・村の）byråd ―の開会 sesjo'n ―の(大臣への)質問 interpellasjo'n ―を傍聴する besøke stortinget under sesjo'nen
きかえる 着替える skifte〔tøy/klær〕
きかがく 幾何学 geometri' ―的な geome'trisk
きがかり 気懸かり bekym'ring, frykt ―である være bekym'ret for, frykte
きかく 規格 standard, norm ―化する standardise're
きかく 企画 plan, planlegning ―化する legge

planer om å —室 planlegningsavdeling
きがく 器楽 instrumenta'lmusikk
きがね・な 気兼な tilba'keholden —する være tilba'keholden
きがる・な 気軽な glad, bere'dvillig, munter —に gladelig, bere'dvillig
きかん 気管〈医〉luftrør —支 bronkie —支炎 luftrørskatar'r, bronkit't
きかん 期間 perio'de, avgrenset tidsrom
きかん 器官〈医〉organ
きかん 機関 (機械) maskin (手段) middel (道具) redskap (設備) hjelpemidler (組織) system (団体) institusjo'n —車 lokomoti'v —士 lokomoti'vfører, togfører —銃 maskingevær —長 maskinsjef
きかん 汽缶 〔fyr〕kjel〔e〕, dampkjel〔e〕
きかん 旗艦 flaggskip
きき 危機 krise, knipe —に陥った rammet av krise —を脱する komme over en krise
きぎ 木々 flere/hvert tre
きき・いる 聞き入る lytte 〔oppmerksomt〕〔etter/på/til〕 —入れる lytte til, aksepte're
ききちがえる 聞き違える høre galt, misforstå
ききて 聞き手 tilhører (ラジオなどの) lytter (聴衆) audito'rium, tilhørere
ききどころ 聞き処 det springende punkt
ききと・る 聞き取る oppfatte hva noen sier —れない uhørlig
ききもらす 聞き洩らす ikke oppfatte
ききょう 帰郷 hjemkomst —する kjøre/komme hjem
きぎょう 企業 forret'ning, virksomhet, bedrif't (ベンチャー) foretak〔ende〕 —化する organise're som en forret'ning —心に富む foretaksom, virkelysten
ぎきょうだい 義兄弟 svoger
ぎきょく 戯曲 drama, skuespill —化する dramatise're —家 drama'tiker
ききん 基金 fond

ききん　飢饉　hungersnød　(払底) mangel, knapphet
ききんぞく　貴金属　edelmetal'l
きく　聞く　høre, lytte　(質問する) spørre　いうことを—(従う) adlyde　(聞こえる) kan høres　(それはだれから聞いたか) Hvem har du hørt det fra?
きく　菊 〈植〉　krysan'temum
きぐ　器具　appara't
きぐ　危惧　bange aning〔er〕, bekym'ring〔er〕
きぐつ　木靴　tresko
きけい　奇形　misdannelse, vanskapthet, skjevhet — の misdannet, vanskapt, skeiv
ぎけい　義兄　elder svoger
きげき　喜劇　kome'die　—役者 komiker　(軽蔑的に) komedian't　—的な komisk
ぎけつ　議決 (決定)　avgjørelse, beslut'ning　(通過・承認) godkjenning, bifall　—する beslut'te, bestem'me　—権 stemmerett, valgrett
きけん　危険　fare, risiko　—を冒す risike're　—な farlig, risika'bel　—地帯 faresone　—信号 faresignal
きけん　棄権 (投票の)　avståelse 〔fra å stemme〕, unnlatelse av å stemme　(権利の) avståelse 〔fra sin rett〕　—する avstå, unnlate
きげん　起源　opprin'nelse, begyn'nelse
きげん　期限　gyldighetsperiode, tidsfrist　—が切れる (満期になる) utløpe, forfal'le　支払— forfallsdag　有効— gyldighetsperiode
きげん　機嫌　humør, lune　—がいい/悪い i godt/dårlig humør　ご—いかが? Hvordan har du det?, Hvordan står det til?
きげん　紀元　tidsalder, æra　(年数) år　—前/後 før/etter vår tidsrekning, før/etter Kristus
きこう　気候　klima, værlag　(天気) vær
きこう　紀行　reisebeskrivelse, reiseskildring
きごう　記号　tegn, symbo'l, merke　—論 semiotik'k
きこう・ち　寄港地　anløpshavn　—する anløpe
きこえる　聞こえる (人が主語) 〔kan〕 høres　(音が) være hørbar/hørlig　(響く) lyde　(有名である) være

berøm′t/velkjent
- **きこく** 帰国 hjemkomst 〔til ens eget land〕 —の途にある være på hjemvegen fra utlandet —している være hjemvendt fra utlandet
- **ぎごく** 疑獄 bestik′kelsessak, bestik′kelsesskandale
- **きごこち** 着心地 fornem′melse av å ha tøy på
- **ぎこちない** stiv, keitet〔e〕
- **きこり** 樵夫 vedhogger
- **きこんの** 既婚の gift
- **きざし** 兆し tegn, sympto′m, omen
- **きざな** affekte′rt, tilgjort, forstil′t
- **きざむ** 刻む（切り刻む）hogge, hakke, snitte（彫刻する）meisle, grave′re, innrisse 心に— innprente, prege
- **きし** 岸（海・湖の）kyst, strand〔bredd〕（河・川の）elvekant, elvebredd
- **きし** 騎士 ridder —道 ridderskap, riddervesen（騎手）den ridende
- **きじ** 雉〈鳥〉fasa′n
- **きじ** 生地〈布〉tøy, stoff, klede（織布）vev 塗り物の— base
- **きじ** 記事（新聞の）artik′kel 〔i avis/blad〕（ニュース）nyhet
- **ぎし** 技師 ingeniør, tekniker 建築— arkitek′t 土木— sivi′lingeniør
- **ぎし** 義歯 forlo′rne/kunstige tenner, prote\se
- **ぎじ** 議事（日程）dagsorden, agen′da —堂（国会の）parlamentsbygning —録 møtereferat, protokol′l
- **ぎじ-** 疑似- pseud〔o〕-
- **ぎしき** 儀式（式典）seremoni′ （宗教上の）kult〔us〕, gudstjeneste, andakt, ritua′l —をとり行う forret′te
- **きしつ** 気質 tenden′s, temperament, gemyt′t
- **きじつ** 期日 bestem′t dag （期限）frist, forfallsdag
- **きしむ** 軋む knirke, gnisse, rikse
- **きしゃ** 汽車（列車）tog —に乗る/から降りる stige på/av et tog

きしゃ 記者(新聞・雑誌の) journalis′t, redaktø′r 探訪— repo′rter （特派員）korresponden′t —会見 pressekonferanse

きじゅうき 起重機 kran〔e〕

きしゅくする 寄宿する bo, innlosje′re seg

きじゅつ 奇術 tryllekunst, magi′, trolldom —師 tryllekunstner, magiker, trollmann

ぎじゅつ 技術 teknologi′, teknik′k —革新 teknolo′gisk utvikling —者 ingeniør, tekniker —部 avdeling for teknisk utvikling

きじゅん 基準 standard, målestokk（判断の）krite′rium （根拠・基礎）basis

きしょう 記章 metal′je （徽章）merke, emble′m

きしょう 気象 værforhold —学 meteorologi′ —情報 værmelding —衛星 værsatellitt —庁 Meteorolo′gisk Institut′t

ぎしょう 偽証 falskt vitnesbyrd —する vitne falskt, avlegge falsk forkla′ring

キス kyss —する kysse

きず 傷(品物の) skade, feil （けが）sår —つける skade, såre —つけられた skadelidd —を治す lege, helbre′de —つきやすい sårbar, ømtålig —あと arr

きすう 奇数 ulikt tal

きすう 基数 grunntal

きずく 築く oppbygge, konstrue′re, bygge

きずな 絆 band, forbin′delse

きせい 寄生 parasittis′me, snylteri —する parasittise′re, snylte —物(動物・植物) parasit′t, snyltedyr, snylteplante

きせい 規制 kontrol′l, regule′ring —する kontrolle′re, regule′re

ぎせい 犠牲 oppfrelse （いけにえ）offer, syndebukk —にする〔opp〕ofre —になる〔opp〕ofre seg

きせい・の 既製の ferdig —服 ferdigsydd/ferdiglaga klær —料理 ferdigmat —品 fardigvare, fabrikvare

きせき 基石 grunnstein, hjørnestein

きせき 奇跡 mira′kel, under —的な mirakuløs, underfull

きせつ 季節 årstid, seson′g —風 monsu′n —外れ utenfor seson′gen —労働者 seson′garbeider

きぜつ 気絶 besvi′melse, avmakt —する besvi′me, falle i avmakt

きせる 着せる kle på 罪を— legge/kaste skylden på

きせる 煙管(煙草の) pipe

きせん 汽船 damper, dampskip

ぎぜん 偽善 hykleri, forstil′lelse —者 hykler, farise′er —的な hyklersk, forstil′t

きぜんとした 毅然とした ubestik′kelig, uanfektet

きそ 基礎 fundamen′t, grunnlag, basis —的な fundamenta′l, grunnlegende —を置く fundamente′re, legge grunnlaget til, grunne〔på〕

きそ 起訴 tiltale, anklage —する anklage, anlegge sak mot

きそう 競う konkurre′re, kappes

きぞう 寄贈 donasjo′n, gave, bidrag —する done′re, bidra —者 don′ator, bidragsyter —品 gave, presan′g

ぎぞう 偽造 forfal′skning, etterlikning —する forfal′ske, etterlikne

きそく 規則 regel, lov —を守る overholde reglerne —を破る omgå loven/reglerne —的な regelmessig, systema′tisk —正しい regelbunden —違反 lovbrott

きぞく 貴族 adel, aristokra′t —の adelig, aristokra′tisk —の生れ av adel (公爵) hertug (伯爵) greve (男爵) friherre

きた 北 nord —の nordlig —向きの nordvendt —風 nordavind —側 nordlig side

ギター 〈楽〉gita′r —奏者 gitaris′t

きたい 気体 gass, luft —の luftforma, gassformig

きたい 期待 forven′tning, håp —する forven′te, håpe, gle seg til noe

きたえる 鍛える(刀剣・鉄など) smede (体を) trene, øve (訓練する) ekserse're
きたく 帰宅 hjemkomst —する vende hjem
きたす 来たす(…の結果をもたらす) forårsake, føre til
きだて 気立て temperament
きたない 汚い(不潔な) skitten, urenslig (卑しい) nedrig, gemen, låg, stygg
きたる 来たる(次の) nest, kommende
きち 基地 base, støttpunkt
きち 機知 kvikhet, fyndighet —に富んだ kvik, fyndig, vittig
きちがい 気違い(精神病) sinnssjukdom (狂気) galskap, vanvidd —の sinnssjuk, sinnssvak, vanvittig (精神病院) sinnssjukeasyl, sinnssjukehus
きちょう 基調 grunntone, hovedlinje
きちょう 機長 flykaptei'n
ぎちょう 議長 formann, ordfører, ordstyrer
きちょう・な 貴重な verdifull, kostbar —品 verdigjenstand, verdifull gjenstand
きちょうめんな 几帳面な omhyg'gelig, meto'disk, ordentlig (時間的に) punktlig
きちんと ordentlig, ryddig (時間通りに) punktlig
きつい (きびしい) stram, hard (きゅうくつな) stram, trang, innskrenkt (はげしい) intensiv, heftig
きつえん 喫煙 røyking —する røyke —者 røyker —室 røykestue —具 røykesaker —車 røykekupé (禁煙) røyking forbudt!
きづか・い 気遣い uro, engstelse —う ense, bekym're seg om, være omten'ksom
きっかけ anle'dning, leilighet …を—に benyt'te seg av, med … som anle'dning
きっかり just, eksak't, presi'st
きづく 気づく oppfatte, innse, bli oppmerksom på, kjenne
きっさてん 喫茶店(パン屋・ケーキ屋付属の) konditori' (カフェテリア) kafete'ria
きつつき 啄木鳥 〈鳥〉spett[e][fugl]

きって 切手 郵便— frimerke —をはる slikke et frimerke på —収集 frimerkesamling, filateli′ —収集家 frimerkesamler, filatelis′t 記念— minnefrimerke

きっと sikkerlig, sannsy′nlig, nok

きつね 狐〈動〉 rev —の毛皮 revepels

きっぷ 切符 billet′t (切り取り式の) kupon′g —売場 billet′tkontor —自動販売機 billet′tautomat —売場の窓口 billet′tluke

きっぽう 吉報 den glade/gode nyhet

きづよい 気強い oppmuntrende, oppløftende, trøsterik

きてい 規定 regel, forskrift, forordning, bestem′melse —する forskri′ve, foror′dne

きてき 汽笛 dampfløjte (サイレン) sirene —を鳴らす pipe

きてん 起点 utgangspunkt

きてん 機転 slagferdighet —のきく snartenkt, kvikk, adret′t, slagferdig

きと 帰途 heimveg —に på heimveg

きどう 軌道(天体の) omløp (一般の) bane (鉄道の) jernbane —に乗る(人工衛星が) komme inn i sit omløp (仕事が) komme i gang

きどうたい 機動隊 kampgruppe

きとくである 危篤である ligge på sitt ytterste, være kritisk/farlig〔tilstand〕

きどる 気取る være affekte′rt/tilgjort, skape seg

きにいる 気に入る(満足する) være tilfred′s/fornøg′d (好きである) være begei′stret, forel′ske seg i, holde av

きにゅう 記入 innføring, innskriving —する innføre, skrive inn, registre′re —洩れ forsøm′melse, unnlatelse

きぬ 絹 silke —糸 silktråd —の靴下 silkestrømpe

きねん 記念 minnefest …の—に til minne om —する minnes —日 årsdag —品 suveni′r —祭 minnefest —切手 minnefrimerke —碑 monumen′t

ぎねん 疑念　tvil, mistanke
きのう 昨日　igår
きのう 機能　funksjo'n　—的な funksjo'nel
きのう 帰納〔法〕　induksjo'n
ぎのう 技能(能力)　evne, dyktighet　(こつ) handlag　—のある dyktig, dugelig, flink
きのきいた 気のきいた　sinnrik, smart　(的を得た) fyndig　(結構な) fin, utmerkt
きのこ 茸〈植〉sopp　毒— giftig sopp
きのせい 気のせい　innbilning
きのどく・な 気の毒な(あわれな)　stakkars, ynkelig, ynkverdig　(不幸な) ulyk'kelig, bekla'gelig　—に思う bekla'ge, ynke
きのり 気乗り　interes'se　—する være interesse'rt i, ha/få lyst til
きば 牙(象などの)　elfenbe〔i〕n　(いのしし・おおかみなどの) hoggtann
きはく・な 希薄な(薄い)　tynn　(うすめられた) oppspedd, uttynna　—にする(薄める) fortyn'ne
きはつ 揮発　fordamp'〔n〕ing, flyktighet　—させる fordam'pe, gjøre flyktig　—油 flyktig olje
きばつな 奇抜な　særegen, origina'l　(平凡でない) usedva'nlig, sjelden
きばらし 気晴らし　atspredelse, forfrisk'ning, rekreasjo'n　—する more seg 〔over〕, atspre〔de〕 seg
きびし・い 厳しい(厳格な)　streng, striks　(激しい) heftig, inten's　(苛酷な) hard, barsk　—さ strenghet　—く strengt
きひん 気品　gratie, ynde　—のある grasiø's, yndig
きびん・な 機敏な　rask, hurtig, adret't, skarpsindig　—に raskt, hurtig
きふ 寄付　bidrag, donasjo'n　—する bidra, done're　—者 dona'tor, bidragsyter
ぎふ 義父　svigerfar
きふじん 貴婦人　adelsdame
きぶん 気分　humø'r, sinnstilstand, stemning　(雰囲気) atmosfæ're　—が良い/悪い være i godt/dårlig

humø'r —が悪い føle seg sjuk/dårlig
きへい 騎兵〔隊〕 kavaleri', rytteri' —中隊 eskadro'n
きべん 詭弁 sofis'me —の sofis'tisk, spissfin'dig —家 sofis't
きぼ 規模 virkefelt, skala （範囲）virkefelt, ramme —を大きくする utvide rammen 大きな—になる bli i stor skala
ぎぼ 義母 svigermor
きぼう 希望 håp, ønske —する håpe〔på〕, ønske
きほん 基本 basis, fundamen't, grunn （基準）standard, krite'rium —的な fundamenta'l, grunnleggende —給 grunnlønm —法 grunnlov
きまえ 気前 sjenerøsite't, gavmildhet —のよい sjenerø's, gavmild, rundhåndet
きまぐれ 気紛れ nykke, lune —な lunefull, uberegnelig
きまつ 期末 terminsavslutning —試験 semestereksamen —報告（学校の） terminoppgjør, terminsvitnesbyrd
きまま・な sjølvrådig, egenmektig, lunefull —に sjølvrådig, egenmektig
きまり 決まり avgjørelse, regel, beslutning —文句 klisjê, frase
きまりがわるい きまりが悪い sjene'rende, pinlig, ubeha'gelig
きまる 決まる bli besluttet/avgjort/fastsatt （話がつく）komme overe'ns om
ぎまん 欺瞞 svik, bedrageri'
きみ 君（親しい友人）du —の din/ditt/dine —を/に dig
きみ 気味 tenden's, fornem'melse, drag
きみ 黄味 eggeplomme
きみじか 気短か（短気） hissighet —な hissig, irrita'bel, ubehersket （性急な）hissig, utålmodig
きみつ 機密 hemmelighet —の hemmelig
きみつの 気密の lufttett
きみょうな 奇妙な sær, underlig, kuriø's, besyn'der-

lig
きみわるい 気味悪い　vemmelig, uhyg'gelig, ekkel
ぎむ 義務　plikt, forplik'telse　—的な obligato'risk　—を負わせる forplik'te　—教育 obligato'risk utdannelse
きむずかしい 気難しい　kresen, forven't
きめる 決める　beslut'te, avgjøre, fastsette
きもち 気持ち　følelse, fornem'melse, humø'r　—のよい beha'gelig, hyg'gelig　—の悪い utilpas, ubekvem, ubeha'gelig
きもの 着物　kimono（衣服）klær
ぎもん 疑問（疑念）tvil, mistanke（質問）spørsmål（問題）proble'm　—のある tvilsom, usikker　—符 spørsmålstegn
きやく 規約　regel, lov, bestem'melse（協約）overensstemmelse, overenskomst, avtale
きゃく 客　訪問— besøkende　招待— gjest　顧— kunde, stamgjest（聴衆・観客）tilhørere, audito'rium　—間 stasstue, dagligstue
ぎゃく 逆（さかさ）motsetning, det motsatte, det omvendte（裏側）vrange　—の motsatt, omvendt　—にする omvende, vende〔opp og ned på noe〕
きゃくいんきょうじゅ 客員教授　gjestprofessor
ぎゃくさつ 虐殺　slaktning, massa'kre　—する slakte〔ned〕, massakre're, drepe　—者 dreper
きゃくしゃ 客車　passasje'rvogn, perso'nvogn
きゃくしょく 脚色　dramatise'ring　—する dramatise're
ぎゃくせつ 逆説　paradok's　—的な paradoksa'l
きゃくせん 客船　passasje'rskip
ぎゃくたい 虐待　umenneskelig/grusom behan'dling　—する behan'dle umenneskelig/grusomt
ぎゃくてん 逆転　det å snu opp ned på, omgjøring　—させる（機械などを）reverse're（フィルムを）spole tilba\`ke　—する snu〔seg〕opp ned på　—した omvendt, motsatt
きゃくほん 脚本　dreiebok, manuskrip't　—家 drama'-

tiker
きゃしゃな 華奢な spinkel, sped, tynn
きゃたつ 脚立 gardintrapp
きゃっか 却下 avslag —する avslå
きゃっかん 客観 objektivite′t —的な objektiv —的に objektivt
ぎゃっきょう 逆境 motgang, ulykke, vanskelighet
ぎゃっこうか 逆効果 motsatt effekt
ぎゃっこうせん 逆光線 motlys
キャバレー kabaret
キャベツ 〈植〉 kål, hodekål
キャラメル karamel′l
ギャラリー galleri′
ギャング (暴力団員)(1人) gangster (1団) røver
キャンセル avbud —する gi avbud, avbestille, tilba′-kekalle
キャンデー sukkertøy, godter(pl.)
キャンバス (画布) lerret
キャンピングカー campingvogn
キャンプ leir —する ligge i leir —場 leirplass —ファイヤ leirbål
きゅう 急(危急) nødstilfelle, nødsfall, uforutsett hending —な(突然の) plutselig (険しい) steil (流れの早い) hurtig —に umidderbart (いそいで) hastig, hurtig
きゅう 球〈数〉 kule
きゅう 級 klasse, grad
きゅう 九 ni 第一番〔目の〕 niende
きゅうあく 旧悪 gammal forse′else, fortids synder
きゅうか 休暇 ferie —をとる ferie′re, ha/holde/ta ferie
きゅうかく 嗅覚 luktesans
きゅうがく 休学 midlertidig fravær fra skole
きゅうかざん 休火山 sovende vulkan
きゅうかん 急患 pasien′t med akut′t sjukdom
きゅうきゅう 救急 førstehjelp —車 ambulan′se, sykebil —箱 førsthjelpsutstyr —病院 legevakt

きゅうぎょう 休業 lukning 本日— lukket idag —する lukke, stenge

きゅうきょく・の 究極の til det ytterste 一的な endelig, ytterst

きゅうくつな 窮屈な（狭苦しい） trang, smal, snever （格式ばった）formel′l （堅苦しい）stiv

きゅうけい 休憩 pause, kvile, frikvarter —する kvile seg —室 hvilested, lobby

きゅうけい 求刑 rettforfølg〔n〕ing

きゅうげきな 急激な plutselig, abrup′t （過激な）radika′l, ekstre′m

きゅうこう 休講 innstilling av leksjo′n/forelesning

きゅうこう 急行〔列車〕 ekspres′stog, hurtigtog —バス ekspres′sbus —する（いそぐ）ile, haste, skynde seg —券 ekspres′sbillet

きゅうこうか 急降下 stup —する stupe

きゅうこん 求婚 frieri —する fri —者 frier

きゅうこん 球根（ゆりなどの）blomsterløk （じゃがいもなどの塊茎）knoll

きゅうさい 救済 hjelp, redning, støtte —する hjelpe, støtte

きゅうし 休止 avbrytelse, stopp, pause —する avbryte, stoppe, pause′re

きゅうし 急死 plutselig dødsfall

きゅうし 臼歯 kinntann

きゅうじ 給仕（食堂の）oppvarter, servitø′r, kelner （ウェイトレス）〔kvinnelig〕servitø′r, servingsdame, servitri\se （ホテルの）opppasser （事務所の）kontorbud, visergutt （女）viserpike

きゅうしき 旧式 gammal〔dags〕stil, gammal model′l —な gammaldags, umoderne

きゅうじつ 休日 fridag, ferie （祝祭日）helligdag

きゅうしゃめん 急斜面 bratt bakke

きゅうしゅう 吸収 absorpsjo′n （消化）assimilasjo′n —する absorbe′re （吸い取る）oppsuge （消化する）assimile′re

きゅうじゅう 九十 nitti

きゅうじょ 救助 redning, hjelp （解放）befri′else ― する redde, hjelpe （解放する）befri′ ―船（ボート）redningsbåt
きゅうじょう 宮城 keiserpalas′s, kongehus
きゅうしょく 休職 fritaking for tjeneste en viss tid
きゅうしょく 求職 arbeidssøkning ―者 arbeidssøkende ―中である være på jakt etter en jobb
きゅうしょく 給食 skolemat ―時間 skolemåltid
きゅうじん 求人(事務所の窓などの張り紙に) stilling ledig
きゅうしん・てきな 急進的な radika′l, ekstre′m ―思想 radika′l ideer ―主義 radikalis′me ―派 radika′l parti
きゅうしんりょく 求心力 sentripeta′lkraft
きゅうす 急須 tepotte
きゅうすい 給水 vannforsy′ning ―する forsy′ne med vann ―管 forsy′ningslinje
きゅうする 窮する(貧乏する) bli fattig （当惑する）være med tap, gå tapet, være rådvill （言葉を失う）sakne ord til, ikke kunne finne ord
きゅうせい 急性 akut′t ―の akut′t ―病 akut′t sjukdom
きゅうせい 救世 frelse ―軍 frelsesarmé
きゅうせき 旧跡 histo′risk sted
きゅうせん 休戦 våpenstillstand, våpenkvile ―する slutte med fiendtlighet, innleie våpenkvile
きゅうそく 休息 kvile, rist〔og ro〕―する kvile seg, legge seg til kvile
きゅうそくな 急速な hurtig, hastig, rask
きゅうだいする 及第する bestå en eksa′men
きゅうだんする 糾弾する anklage〔for embedesmisbrug/høgforræderi′〕, kritise′re, dadle
きゅうち 旧知 en gammal venn, barndomsvenn
きゅうちょう 級長 ordensmann （クラスでトップの子）duks
きゅうてい 宮廷 hoff 女官 hoffdame ―長(式部官) hoffmarskalk

きゅうでん 宮殿 palas′s （比較的小規模の）palé
きゅうに 急に plutselig, med en gang
ぎゅうにく 牛肉 oksekjøtt
ぎゅうにゅう 牛乳 melk, mjølk —びん mjølkflaske —配達 levering av mjølk
キューバ Cuba —人 cuba′ner —の cuba′nsk
きゅうば 急場 nødstilfelle, nødsfall, nødstilstand —の kritisk, påtrengende —に i nødsfall
きゅうびょう 急病 akut′t sjukdom —人 pasien′t med akut′t sjukdom
きゅうへん 急変 radika′l endring （悪化）forver′ring
きゅうほう 急報 presse′rende rappor′t —する raporte′re hurtig （火災などを）alarme′re
きゅうぼうする 窮乏する treffe i fattigdom, være i pengeknapphet
ぎゆうへい 義勇兵 en frivillige
きゅうめい 究明 utforsk[n]ing, undersøkelse —する utforske, undersøke
きゅうめいぐ 救命具 redningsbelte —胴衣 redningsvest —艇 redningsbåt —ブイ redningsbøye
きゅうやくせいしょ 旧約聖書 Det gamle testamen′t[e]
きゅうゆ 給油（飛行機への）oljeforsy′ning —する（ガソリンを）fylle bensin （燃料油を）forsy′ne med olje
きゅうゆう 旧友 en gammal venn, barndomsvenn
きゅうゆう 級友 klassekamera′t
きゅうよ 給与 lønn —水準 lønnsnivå
きゅうよう 休養 avslapping, rekreasjo′n, kvile —する rekree′re seg, kvile seg
きゅうよう 急用 en hastesak
きゅうり 胡瓜 〈植〉 agur′k
きゅうりょう 給料 lønn, lønning —日 lønningsdag
きよ 寄与 bidrag —する bidra
きよ・い 清い（清らかな）re[i]n, klar （潔白な）uskyl′dig, hederlig （清純な）kysk, re[i]n —まる bli renset —める reingjøre
きよう 器用 handlag, dyktighet —な fingernem,

behen'dig
きよう 紀要 bulletin
きょう 今日 idag —という日 den dag i dag 先週の— idag for en uke siden 来週の— åtte dager fra i dag, i dag neste uke —中に i dagens løp —は何日ですか Hvilken dato er det i dag?
ぎょう 行(文章の) linje
ぎょう 行(僧などの) aske'se, avholdenhet —者 aske't
きょうあくな 凶悪な grum, barba'risk, bestia'lsk
きょうい 驚異 under, mira'kel —的な overraskende, forbau'sende, beun'dringsverdig
きょうい 胸囲 bukgjord/omfang av bryst
きょうい 脅威 trusel, intimidasjo'n
きょういく 教育 utdanning, opplæring —する utdanne, undervi'se, lære opp —者 lærer, pedago'g —大学 lærerhøyskole —法 skolelov —費 skoleavgift, skolepenger
きょういん 教員 〔skole〕lærer (女性の) lærerin'ne
きょうえい 競泳 svømmekonkurranse, kappsvømming —者 svømmer (女性の) svømmerske
きょうかい 協会 fore'ning, selskap
きょうかい 教会 kirke —の墓地 kirkegård
きょうかい 境界〔線〕grense〔linje〕, kant
ぎょうかい 業界 forret'ningsverden, forret'ningsstand
きょうがく 共学 fellesundervisning 〔for piker og gutter〕
きょうがく 驚愕 bestyr'telse, forskrek'kelse, sjokk
きょうかしょ 教科書 tekstbok, lærebok, skolebok
きょうか・する 強化する forster'ke, befes'te —食品 beri'ket mat, 〔vitaminer〕tilsatt føde
きょうかん 共感 sympati', medfølelse —する sympatise're —を得る vinne noens sympati'
ぎょうかん 行間 rekkeavstand, linjeavstand
きょうき 狂気 galskap, avsinn, vanvidd —のような galen, avsindig, vanvittig
きょうぎ 協議 konferanse, rådslagning —する råd-

slå, drøfte, diskute′re —会 konferanse
きょうぎ 競技 〔sports〕kamp, konkurranse （試合）turne′ring —会 konkurranse, sportsstemne —場 møtested, stadion, idrettsplass —選手 idrettsmann
きょうぎ 教義 doktri′ne, dogme, trossetning
ぎょうぎ 行儀 fremtreden, oppførsel, åtferd —のよい veloppdragen, ordentlig, sømmelig —作法 etiket′te, manér, oppførsel —の悪い uoppdragen, uordentlig, uhøftig
きょうきゅう 供給 forsy′ning, tilførsel, leveranse —する forsy′ne, tilføre, leve′re
きょうく 教区 sokn —付きの牧師 sokneprest
きょうぐう 境遇 omsten′dighet, forhold （環境）miljø′, omgivelse （運命）lodd, skjebne
きょうくん 教訓（教え）undervisning （訓話）lærdom —的な lærerik, belæ′rende
ぎょうけつ 凝結 kondens —する bli fast, stivne（気体から液体へ）kondense′re （凍結する）fryse
きょうけん 狂犬 gal hund —病 rabies, hundgalskap
きょうけんな 強健な kraftig, sterk
きょうこう 恐慌 panik′k, frykt, balla\de —の panisk —におそわれる bli grepet av panik′k
きょうごう 強豪 vetera′n
きょうこう・な 強硬な fast, bestem′t, urok′kelig —に fast, bestem′t, uforanderlig
きょうこく 峡谷 dal
きょうこく 強国 stormakt
きょうこな 強固な sterk, holdbar, solid
きょうさい 共済 samvirke —組合 samvirkelag
きょうざい 教材 undervisningsmateria′l
きょうさく 凶作 dårlig/fattig høst/utbytte
きょうさんしゅぎ 共産主義 kommunis′me —者 kommunis′t —の kommunis′tisk 共産党 kommunis′tparti
きょうし 教師 lærer, instruktø′r （女性の）lærerin′ne —をしている være lærer, være ansatt som lærer
ぎょうじ 行事 begi′venhet, hending

ぎょうしする 凝視する glo〔etter/på〕, stirre〔på〕
きょうしつ 教室 klasserom, klasseværelse
ぎょうしゃ 業者 de næringsdrivende, handlende
きょうじゃく 強弱 styrke og svaghet
きょうじゅ 教授(すること) undervisning (人) profes′sor —の職 professora′t 名誉— profes′sor emeritus
きょうしゅう 郷愁 hjemlengsel, nostalgi′
ぎょうしゅく 凝縮 kondensasjo′n, fortetning —する kondense′re, fortette seg —器 kondensa′tor
きょうしゅくする 恐縮する være takknem′lig〔for/mot〕, stå i takknem′lighetsgjeld til en
きょうじゅする 享受する nyte, like seg〔godt〕
きょうしゅつ 供出 levering〔kvote〕
ぎょうじょう 行状 gjerning, dåd, handling
ぎょうしょう・する 行商する drive gatehandel, selge fra dør til dør 一人〔gate〕handelsmann, dørselger
きょうしん 狂信 fanatis′me —の fana′tisk —者 fana′tiker
きょうじん 狂人 den sinnssjuke
きょうせい 強制 tvang, press —する tvinge, presse —収容する tvangsinnlegge —労働 tvangsarbeid
ぎょうせい 行政 administrasjo′n, forval′tning —の adminis′trativ —官 administra′tor —法 forval′tningsrett
きょうせいする 矯正する rette, korrige′re, forbe′dre, reforme′re
ぎょうせき 業績 resulta′t av en innsats
きょうそう 競争 rivalise′ring, kappestrid, konkurranse —する konkurre′re, kappes —に勝つ/負ける vinne/tape en konkurranse —相手 konkurren′t, medbeiler, motpart
きょうそう 競走 kappløp —する løpe om kapp
きょうぞう 胸像 byste (半身像) brystbilde
きょうそうきょく 協奏曲〈楽〉konser′t
きょうそう・な 強壮な sterk, kraftig —剤 styrkemiddel
きょうそん 共存 sameksistens —する sameksiste-

re, eksiste're samtidig, bestå sammen
きょうだい 兄弟 brødre(pl.) (姉妹) søstre(pl.) — 姉妹 søsken 義理の— svoger
きょうだい 鏡台 kommode med speil
きょうだいな 強大な mektig, innflytelserik, overveldende, veldig
きょうたくする 供託する depone're
きょうたん 驚嘆 beun'dring, under —すべき beun'dringsverdig, impone'rende —する beun'dre, bli impone'rt
きょうだん 教壇(学校の) talestol, kate'ter (講堂の) estra\de (教会の聖書台) kate'ter
きょうだん 教団 trossamfunn
きょうちくとう 夾竹桃〈植〉olean'der
きょうちょう 協調 samarbeid, harmoni' —する samarbeide, harmonise're
きょうちょう 強調 ettertrykk, understrekning —する legge ettertrykk på, beto'ne, understreke
きょうつうの 共通の felles —切符(バス・電車などの) fellesbillett
きょうてい 協定 overenskomst, overensstemmelse —する komme overe'ns om
ぎょうてん 仰天 forbløf'felse, forskrek'kelse —させる forbløf'fe, forskrek'ke
きょうど 郷土 hjemstavn, fødested
きょうとう 教頭 rektor, overlærer
きょうどう 協同・共同 samarbeid, fellesskap, partnerskap —の felles, offentlig —経営者 partner —便所 offentlig/felles toalet't —募金 innsamling 協同組合 andelsselskap
きょうばい 競売 auksjo'n —する auksjone're —人 auksjona'rius
きょうはく 脅迫 trusel, intimidasjo'n —する truge, intimide're —状 truselsbrev —的な tru〔g〕ende
きょうはんの 共犯の medskyldig, medansvarlig
きょうふ 恐怖 forskrek'kelse, angst —の forskrek'kelig —症 fobi' —映画 skrekkfilm

きょうぶ 胸部 bryst kasse —疾患 brystsjukdom
きょうふう 強風 kuling （突風）kastevind
きょうほ 競歩 kappgang
きょうぼう 共謀 sammensvergelse, intri\ge —する sammensverge seg, intrige're
きょうぼうな 凶暴な brutal, voldsom
きょうみ 興味 interes'se …に—がある/…に—を持っている være interesse'rt i, interesse're seg for —をさます dempe, svekke
ぎょうむていけい 業務提携 samarbeid
きょうめい 共鳴 resonans —箱 resonanskasse
きょうゆう 共有 sameie, sammenføyning〔seie〕 —の felles —財産 felleseie —する eje sammen
きょうよう 教養 dannelse, kultu'r —のある dannet —のない udanna
きょうらく 享楽 fornøy'else, forlys'telse —する fornø'ye seg, forlys'te seg, more seg —追求の fornøy'elsesjuk —的な fornø'yelig, epikure'isk —主義 epikureis'me
きょうり 郷里 hjemstavn, hjemsted, fødebygd
きょうりょうな 狭量な trangsynt
きょうりょく 協力 samarbeid, samvirke —する samarbeide, samvirke —者 samarbeider, de medvirkende
ぎょうれつ 行列（行進）opptog, prosesjo'n （行進する）parade're （人・車などの列）kø, rekke —をつくる stille seg i kø —に並ぶ stå i kø
きょうれつな 強烈な intensiv, sterk, fryktelig
きょうわ・こく 共和国 republik'k —〔主義〕の republika'nsk —党 det republika'nske parti
きょえい 虚栄 forfen'gelighet, pyntesjukdom —の（見えっぱりの）forfen'gelig, pyntesjuk
きょか 許可 tillatelse, godkjenning, permisjo'n —する tillate, godkjenne 不— underkjenning
きょぎ 虚偽 falskhet, usannhet —の falsk, usann
ぎょ・ぎょう 漁業 fiskeri' —船 fiskebåt —獲 fiskefangst —場 fiskefelt —網 fiskegarn

きょく 曲(楽曲) musik′kstykke, melodi′
きょく 局 avdeling, kontor, byrå —長 leder av et offentligt kontor, avdelingsleder —員 medarbeider på offentligt kontor —外者〔de〕utenforstående, tredjepart
きょくげい 曲芸 akrobatik′k —師 akroba′t
きょくげん 極限 ytterste grense
きょくせつする 曲折する(川などが) slynge seg
きょくせん 曲線 kurve
きょくたん 極端 ekstremite′t, ytterlighet —な ekstre′m, ytterlig —に ekstre′m
きょくち 極地 polarland —探検 polarekspedisjo′n, polarforskning
きょくてん 極点 høgdepunkt, senit
きょくど・の 極度の ytterst, ytterlig —に ytterst, ytterlig
きょくばん 局番 prefiksnummer
きょくびの 極微の mikrosko′pisk, uendelig liten
きょくめん 局面(情勢) fase, stilling, situasjo′n
きょくりょく 極力 etter beste evne, av ytterste evne
きょこう 虚構 oppspinn, fiksjo′n
きょこう 挙行 framføring, oppførelse —する framføre, oppføre
きょしきする 挙式する(結婚などの) vie, innvie
きょじゃくな 虚弱な svak, svakelig, ømtålig
きょじゅう 居住 busetting —する sette bo, busette, oppholde seg —地 oppholdssted, bopel
きょしゅする 挙手する heve handen (挨拶で) røre hatten〔som helsing〕
きょしょう 巨匠 virtuo′s, autorite′t, stor mester
ぎょじょう 漁場 fiskefelt
きょじん 巨人 jette, gigan′t
きょしんたんかいな 虚心坦懐な uforbeholden, oppriktig
ぎょする 御する(馬車を) kjøre (あやつる) manøvre′re, manipule′re (制御する) kontrolle′re, styre
きょぜつ 拒絶 avslag, tilba\kevisning, nekting —す

る avslå, tilba'kevise, nekte
ぎょせん 漁船 fiskebåt
きょだいな 巨大な veldig, kolossa'l
きょっかい 曲解 forvan'skning —する forvan'ske, fordrei'e
ぎょっとする bli forskrek'ket/skremt
きょどう 挙動（振る舞い） åtferd, oppførsel （行為） gjerning, handling, dåd
きょねん 去年 i fjor
きょひ 拒否 avslag, nekting —する avslå, nekte —権 vetorett
ぎょふ 漁夫 fisker
きよめる 清める rense, reingjøre （精神的に） lutre
ぎょらい 魚雷 torpe'do —艇 torpe'dobåt
ぎょらん 魚卵 rogn
きょり 距離 avstand, distanse
きょろきょろする se seg om
きらい 機雷 mine
きらい・な 嫌いな vemmelig, frastøtende, avsky'elig …の—がある ha tendens til å være …しすぎる—がある ha tendens til å gjøre noen for mye
きらう 嫌う avsky, hate
きらきらする glitre, skinne, stråle
きらくな 気楽な ubekymret, sorglaus, optimis'tisk
きり 錐（もみきり）spikerbor （突きぎり）syl （ハンドドリル）hånddrill
きり 霧 tåke, dis(tåkeより薄い) —がかかる det bli tåket —のかかった tåket, diset —が晴れる tåken letter
ぎり 義理 plikt, løfte
きりあげ 切り上げ（平価の） oppskrivning, revaluering —る（数を丸める）runde〔av til〕（やめる）avslutte
きりかえる 切り換える・切り替える skifte over〔til〕, fornye
きりかぶ 切り株 stubb, stump
きりきず 切り傷 kutt

きりぎりす 〈虫〉（いなご・ばったの類） grashoppe, gresshoppe

きりさげ 切り下げ（平価の） nedskrivning, devaluering

ギリシャ Hellas, Grekenland 一人 greker 一の/語 gresk

キリスト Kristus 一教 kristendom 一教の kristen, kristelig 一教徒 kristen

きりたおす 切り倒す felle

きりつ 起立（号令） Stå opp!, Reis! 一する reise seg, stå opp

きりつ 規律 ordning, disipli′n 一正しい ordentlig, ordnet

きりとる 切り取る klippe ut

きりぬき 切り抜き（新聞などの） utklipp 一帳（スクラップブック） utklippsbok

きりぬける 切り抜ける klare seg

ぎりの 義理の 一兄弟 svoger 一姉妹 svigerin′ne 一父/母 sviger・far/mor 一娘 svigerdatter 一息子 svigersønn

きりふき 霧吹き sprøjte

きりふだ 切り札（トランプの） trumfkort

きりゅう 気流 luftstrøm

きりょう 器量（容ぼう） utseende, ansiktstrekk （才能） talent, dyktighet

ぎりょう 技量 dyktighet, dugelighet

きりょく 気力（元気） vitalite′t （活力） energi′ 一のある vita′l, ener′gisk 一を失わせるような nedslående, avskrekkende

キリン 〈動〉sjiraf′f, giraf′f 一児 snill, vidunder〔-barn〕

きる 切る skjære たたき— hogge （樹を切り倒す） felle （手足などを切断する） lemleste （切り刻む） hakke （のこぎりで） sage （はさみで） klippe （切符を） klippe （スイッチを） slokke （電話を） ringe av （トランプを） blande （石などを切り刻む） bryte

きる 着る ta〔tøj〕på, kle seg 罪を— påta seg

skylden
きれ 切れ（布）stoffstykke, klede（小片）stykke, bit（断片）fragment（薄片）skive
きれい・な（美しい）pen, smukk, vakker（清潔な）re〔i〕n（澄んだ）klar（きちんとした）ordentlig, ryddig —にする gjøre pent/rent, gjøre noen fullsten'dig
きれつ 亀裂 sprekk, rivne —が入る sprekke, rivne
きれる 切れる（鋭利である）være skarp, skjære seg, bli kappet〔av〕, brytes（電話が）bli avbrutt（査証などの期限が）utløpe 売り— bli utsolgt（…がつきる）sleppe opp
キロ —メートル kilometer —グラム kilogram
きろ 帰路 heimveg —に på heimveg
きろく 記録 journal, dokumen't, reko'rd, forteg'nelse —する registre're 世界— verdensrekord —をつくる sette reko'rd —保持者 reko'rdholder
ぎろん 議論 argumen't, diskusjo'n, debat't —する diskute're, argumente're, debatte're
きわ 際 rand, kant
きわだたす 際立たす utmerke, kjennetegne
きわだ・つ 際立つ utmerke seg, framtre —った fremtredende
きわまる 極まる nå et endepunkt
きわめて 極めて overordentlig, mye
きわめる 極める gå til det ytterste（マスターする）mestre, beherske
きん 金 gull —の gull-
ぎん 銀 sølv —の sølv-
きんいつ 均一（価格・スタイルなど）enhetlighet（均質の）ensartethet —にする uniforme're, gjøre ensartet
きんえん 禁煙（掲示）røyking forbud —席 ikkerøykerplass
きんか 金貨 gullmynt
ぎんか 銀貨 sølvmynt
ぎんが 銀河 mjølkeveg, melkevei —星雲 melkeveis stjernetåke

きんかい 金塊 gullbarre
きんがく 金額 pengebeløp
きんがん 近眼 nærsynthet —の nærsynt
きんかんがっき 金管楽器 messingblåseinstrument
きんきゅう・の 緊急の kritisk, hastig, presse'rende —動議 presse'rende forslag/mosjo'n —ブレーキ nødbremse —停止 nødstopp —着陸 nødlanding —措置 nødhjelp —の場合に i nødsfall
きんぎょ 金魚 〈魚〉 gullfisk
きんげん 金言 maksi'me, grunnsetning
きんげんな 謹厳な alvo'rlig, streng, høytidelig
きんこ 金庫 pengeskap, safe —破り skapsprenger
きんこう 均衡 balanse, likevekt —をとる balansere, passe til/sammen
きんこう 近郊 forstad, omegn
ぎんこう 銀行 bank —家 bankier —の頭取 bankdirektør —員 bankfunksjonær —預金 〔bank〕innskudd —強盗 bankran —の倒産 bankerot't
きんこんしき 金婚式 gullbryllup
ぎんこんしき 銀婚式 sølvbryllup
きんし 近視 nærsynthet —の nærsynt
きんし 禁止 forbud —する forby'
きんじさん 禁治産 umyndighet —者にする umyn'diggjøre
きんしつ 均質 homogenite't, ensartethet —な homoge'n, ensartet
きんじつ 近日 kort tid —中に en av dagene, innen kort tid
きんしゅ 禁酒 avholdenhet fra alkoho'l
きんしゅく 緊縮(財政的な) finansiel'l poli'tisk hestekur, økono'misk stramning
きんじょ 近所 nabolag, omegn …の—に her i nærheten av
ぎんしょう 吟唱 resitasjo'n —する resite're
きんずる 禁ずる forby', ikke tillate
きんせい 均整 avveining, symmetri', balanse, likevekt —のとれた symme'trisk, balansert, like-

vektig
きんせい 禁制　forbud, tabu　—の forbu'den　—にする forby'　—品 kontrabande
きんせい 近世　nyere tid
きんせい 金星　Venus
きんせん 金銭　penge　—上 pekuniæ'r, monetæ'r　—登録器 kassaaparat
きんぞく 金属　metal'l　—の metal'lisk
きんだい 近代　mode'rne tid　—的な mode'rne　—化する modernise're　—思想 mode'rne tenkemåte/ideologi'
きんちょう 緊張　anspennelse　—する være nervø's/anspent　—した anspent, inten's, nervø's
きんとう 均等　likhet, likevekt
きんにく 筋肉　muskel　—のある muskulø's　—組織 muskulatu'r　—労働者 kroppsarbeider
きんねん 近年　i de seinere år　（近頃）i den seinere tid
きんぱつ 金髪　blonde　—の女性 blondi\ne
きんべん 勤勉　flid, arbeidsomhet　—な flittig, arbeidsom
きんむ 勤務　plikt, oppgave, tjeneste, arbeid　—する gjøre tjeneste, tjene, arbeide　—先 kontorplass, arbeidsplass　—時間 kontortid, arbeidstid
きんメダル 金メダル　gullmedalje
きんめっきする 金めっきする　forgyl'le
きんもつ 禁物　tabu, noen forbudt
きんゆ 禁輸　import- el. eksport-forbud
きんゆう 金融　pengemarknad, finan's　—引き締め finansiel'l stramning, kredit'tstramning　—緩和 finansiel'l lettelse, kredit'tlettelse　—業者 finan's-mann
きんようび 金曜日　fredag
きんり 金利　rente
きんろう 勤労　flid, arbeidsomhet　—者 arbeider　—階級 arbeiderklasse

く

- **く** 九 ni 第一〔の〕niende
- **く** 区 bydel
- **く** 句 uttrykk （陳腐な）frase
- **ぐあい** 具合（状態）tilstand, omsten′dighet （体の）fysisk tilstand, helbred
- **くい** 杭 stolpe, påle
- **クイズ** spørrelek, gjettekonkurranse, quiz
- **くいすぎた** 食い過ぎた overmett
- **くいちがい** 食い違い misforståelse, uoverensstemmelse
- **くいつく** 食いつく bite, snappe
- **くいとめる** 食い止める hindre, stoppe
- **くいもの** 食い物（たべもの）matvarer(pl.), provian′t （犠牲）offer
- **くう** 食う（たべる）spise （常食とする）leve på がつがつ— ete, tylle i seg （消費する）forbru′ke
- **くうかん** 空間 tomt område, rom
- **くうき** 空気 luft （雰囲気）atmosfæ′re —銃 luftgevær —調節 luftkondisjone′ring, klimaanlegg
- **くうきょな** 空虚な tom, hol, forgjeng′elig
- **くうぐん** 空軍 flyvåpen, luftvåpen —基地 flybase —力 luftstridskrefter
- **くうこう** 空港 lufthavn
- **くうしゃ** 空車（タクシーの）ledig taxi/drosje
- **くうしゅう** 空襲 luftangrep —警報 luftalarm
- **ぐうすう** 偶数 like〔tall〕（奇数）odde〔tall〕, ulike tall
- **ぐうぜん** 偶然 tilfeldighet —の tilfeldig —に tilfeldigvis
- **くうぜんの** 空前の uten motstykke, eksem′pelløs
- **くうそう** 空想 fantasi′, dagdrøm, innbilning —する fantase′re, dagdrømme, innbille seg —的な fantas′-

tisk, innbilt —家 dagdrømmer
ぐうぞう 偶像 avgud, ido′l
くうちゅう 空中 luft —の luft- —楼閣 luftkastel′l —戦 luftkamp
クーデター statskupp
くうどう 空洞 utholing
くうはく 空白 tomrom （紙の）ikkebeskrivet/ikkebemalet del av papir
くうふく 空腹 hunger —の hungrig —となる hungre
クーポン kupon′g
くうゆ 空輸 luftfart, lufttransport —する transporte′re ad luftvej
クーラー kjøler
くうろ 空路 luftvej —で ad luftvej
ぐうわ 寓話 fabel, allegori′
くかく 区画 område, seksjo′n, avdeling
くがつ 九月 september
くかん 区間 strekning, seksjo′n
くき 茎(植物の) stilk, stengel
くぎ 釘 nagle （大くぎ）spiker —で止める nagle, spikre
くぎ・る 区切る（文章など）interpunkte′re （仕切る）avmerke, merke av （止める）stoppe, stanse —り interpunksjo′n （中断）opphold （終わり）avslutning, ende
くく 九々 multiplikasjo′nstabell
くぐる komme igjen′nom, passe′re （法を）omgå, gå utenom
くけい 矩形 〈数〉rektan′gel —の rektangulæ′r
くさ 草 gress, gras —花 blomst —の生えた grasgrodd —の根 grasrot —取り lugning —取りする luke 〔ut〕, lugge
くさい 臭い（悪臭の）stinkende （むかつくような）motby′delig （悪臭をはなつ）stinke 汗— svettluktende （怪しい）tvilsom, mistenkelig
くさび 楔 kile —形文字 kileskrift

くさり 鎖 kjede, lenke （犬の）koppel, kobbel —でつなぐ kjede/lenke sammen, binde

く・さ・る 腐る（腐敗する）råtne ned, morkne —った råtten, morken 気が— bli deprime′ret/beklem′mende/nedstemt —りやすい forgjeng′elig, forkren′kelig

くし 櫛 kam —けずる rede

くし 串 spidd —に刺す spidde, stikke

くじ 籤 lotteri′, lodd —引きで ved loddtrekning —を引く trekke lodd om

くじく 挫く（手・足など）vri, forvri′ （気を）gjøre motfallen

くじゃく 孔雀〈鳥〉påfugl〔hane〕 —の羽根 påfuglfjær

くしゃみ nys —をする nyse

くじゅう 九十 niti 第—番〔の〕nittiende

くじょ 駆除 utrydding —する utrydde

くじょう 苦情 klage —の種 klagemål —をいう klage over —委員会 klagenemnd

くじら 鯨〈動〉hval, kval

くしん 苦心 anstrengelse, umak〔e〕 —する gjøre seg anstrengelser/umaker, anstrenge seg

くず 屑 avfall, skrap （ぼろ）fille, klut —かご papi′rkorg —屋 klutehandler, fillekremmer —拾い klutesamler —鉄 skrapjern

ぐずぐずする （のろい）være langsom/ugid′delig （ちゅうちょする）være tvilrådig, betenke seg

くすくす・わらい くすくす笑い fnis —笑う fnise

くすぐ・る kildre —ったい kilden

くずす 崩す（破壊する）øydelegge, nedbryte （両替する）veksle

くすのき 楠〈植〉kamfertre

くすぶる 燻る ryke, ose

くすり 薬 medisi′n, legemiddel （丸薬）pille （錠剤）tablet′t （軟こう）salve —屋 farmasi′, apote′k —指 ringfinger

くずれる 崩れる（こわれる）bli nedbrutt, falle sam-

men, ø〔y〕delegges （形が）bli deforme'rt （天気が）bli omslag i været （相場が）bli kursfall/baisse
くすんだ mørk, dyster
くせ 癖 vane 悪い— uvane （弱味）svakhet
くだ 管 rør, tube
ぐたい・てきな 具体的な konkre't, håndgri'pelig —化 virkeliggjørelse, materialise'ring —化する virkeliggjøre, legemeliggjøre
くだく 砕く slå i småstykker, knuse （粉砕機で）male, pulverise're
くだける 砕ける gå i småstykker
くださる 下さる(与える) gi （…して下さい）Vær så vennlig å 〔gi〕, Må jeg be om
くだす 下す senke （相手に勝つ）vinne
くたびれる bli trøtt/utmatta
くだもの 果物 frukt —屋(人) frukthandler （店）fruktbutikk
くだらない betydningsløs, triviel'l, verdilaus
くだり 下り nedstigning —列車 nedagående tog …が—になる helle 〔seg〕
くだる 下る komme ned 〔fra〕, stige ned （首都から）reise fra hovedstad （降参する)gi seg, overgi 〔seg〕
くち 口(人・動物の) munn （容器の）åpning —に合う passe til munnen —が悪い være sarkastisk
くちえ 口絵 frontispi's〔e〕, tittelbilde
くちがる 口軽 snakksomhet —な snakksom, snakkesalig —な人 sludrebøtte, snakker
くちく・する 駆逐する utvise, utstøte, fordri've —艦 destroyer
くちごたえ 口答え nesevist/uforskammet gjensvar —する svare skarpt/uforskammet
くちごもる 口籠る stamme, mumle
くちづたえ 口伝え(口授) muntlig instruksjo'n/undervisning （伝承）muntlig tradisjo'n
くちばし 嘴 nebb
くちひげ 口ひげ overskjegg
くちびる 唇 leppe, lippe

くちぶえ　口笛　fløjte　—を吹く fløjte
くちぶり　口振り（言い方）talemåte, uttrykk　（ほのめかし）antydning, vink
くちべに　口紅　leppestift
くちまね　口真似　etterlikning　—する etterlikne
くちょう　口調（語調）tone, klang　—のよい velklingende, rytmisk
くち・る　朽ちる　visne, råtne　—た vissen, råtten
くつ　靴（短ぐつ）sko（深ぐつ・長ぐつ）støvel（編上げぐつ）snørestøvel　—ひも skolisse　—底 sål　—べら skohorn　—ずみ skopusser, skokreme, skosverte　—ブラシ skobørste　—屋（職人）skoma′ker　（店）skotøysforret′ning　—をはく/ぬぐ ta sko på/av
くつう　苦痛　lidelse, smerte, pine　—に満ちた pinefull, smertefull　—をやわらげる smertestillende（鎮痛剤）smertestillende middel
くつがえ・る　覆る　velte, kante　—す velte
くっきりと　distink′t, klart　（目立って）merkelig, markant
くつした　靴下（短い）sokk（長い）strømpe
くつじゅう　屈従　underkastelse　—する underkaste seg, gi seg under
くつじょく　屈辱　ydmykelse, vanære　—的な ydmykende, krenkende
クッション　hynne, pute
くっせつ　屈折（光などの）〔lys〕brytning, refraksjo′n
くったく　屈託　bekym′ring, engstelse　—のない sorgfri, ubekymret, bekym′ringsløs
くっつける　feste　（にかわなどで）lime　（のりなどで）klistre　（結びつける）binde〔fast〕, knyte
くっぷくする　屈服する　underkaste seg, gi seg
くつろぐ　寛ぐ　gjøre seg heimvant, kople av, slappe av, hygge seg
くとう　句読　interpunksjo′n　—法 tegnsetning　—点 skilletegn
くどく　口説く　fri til, smiske, legge an på en, forfø′re
ぐどん　愚鈍　dumhet, dårskap, tåpe　—な dum,

tåpelig
くなん 苦難 lidelse, plage, pine
くに 国 land（国家）stat（故国）heimland
くねる（道・川など）bukte seg, slynge seg
くのう 苦悩 smerte, plage, pine
くばる 配る（分配する）utdele, forde′le, distribue′re（配達する）leve′re（カードを）dele ut
くび 首 hals（うなじ）nakke ―飾り halsbånd 打ち―にする halshogge ―になる få sparken ―にする（解雇する）avskjedige ―を絞める kvele, kverke
ぐびする 具備する være forsy′nt/utrustet med, besit′te
くびわ 首輪（犬の）halsband
ぐぶ 供奉〔の一行〕følg〔j〕e, suite
くふう 工夫 oppfinnelse, påfunn ―する oppfinne, tenke ut, finne opp
くぶん 区分〔opp〕deling（分類）klassifikasjo′n ―する dele〔av〕（分類する）klassifise′re, inndele
くべつ 区別 forskjell ―する gjøre forskjell på, skjelne〔mellom〕, skille〔fra〕
くぼ・み 窪み fordypning, grav, gruve, hol ―んだ hol, konka′v ―める gjøre hol, uthule
くま 熊 〈動〉bjørn 白― isbjørn
くまで 熊手 rive ―でかく rive
くみ 組（学級）skoleklasse（グループ）gruppe, hold, lag（…団）bande（茶器などのセット）sett
くみあい 組合〔fag〕forening, unio′n, forbund ―幹部 fag〔forenings〕leder 同業― laug
くみあわせ 組み合わせ kombinasjo′n, sammenstilling〔av flere ting〕―る kombine′re, sammenføye, stille sammen
くみたて 組み立て sammensetning（機械の）monte′ring ―る sammensette（機械を取りつける）monte′re, installe′re
くみつく 組み付く brytes〔med〕, kjempe〔med〕
くむ 汲む（ひしゃくで）ause（ポンプで）pumpe
くむ 組む（足などを）krysse（手を）folde（髪・麥な

くも 　どを編む) flette　(競技で対戦する) kappes med
くも 　雲　sky　(暗雲) skydekke　—のない skyfri
くも 　蜘蛛 〈虫〉 edderkopp　—の巣 edderkoppnett
くもつ 　供物　offer　—台 alter
くもりぞら 　曇り空　overskya himmel　—になる bli overskya
しやし・い 　悔しい　forar′gelig, bekla′gelig　—がる bli forar′get [over], føle seg fornær′met over
くやみ 　悔み(哀悼) kondolanse　—をいう kondole′re (お悔み申し上げます) Må jeg kondole′re　—状 kondolansebrev
くやむ 　悔む (後悔する) fortry′te　(深く悲しむ) sorge over
くよう 　供養　minnehøgtidlighet for den avdøde, minnegudstjeneste　—する holde minnegudstjeneste
くよくよする 　gremme seg [over], bekym′re seg om
くら 　倉・蔵　lager[hus], magasi′n　穀— silo
くら 　鞍 [ride]sadel, sal　—をおく/はずす sa[d]le på/av
くらい 　位(階級) klasse, grad, rang
くらい 　暗い　mørk　薄— dunkel　(不案内である) være fremmed for
くらい 　位(およそ) cirka, omkring, omtrent　(ほとんど) nesten　…と同じ— så ... som
グライダー 　glidefly, svevefly
グラインダー 　slipemaskin, slipeapparat
グラウンド 　idrettsplass
くらがり 　暗がり　mørke
くらげ 　〈魚〉 mane′t, gople
くらし 　暮らし　[daglig]liv, eksisten′s
グラジオラス 　〈植〉 gladio′lus
クラシックおんがく 　クラシック音楽　klassisk musi′kk
くらす 　暮らす　leve, tjene til livets opphold　経済的になんとか— klare seg
クラス 　klasse　(級友) klassekamera′t
グラス 　glas[s]　台付き— glass med tynt beger
クラッカー 　kjeks

クラッチ kløtsj〔pedal〕, clutch
くらに 倉荷 lagervare
グラビア gravy'r
クラブ (団体) klub'b (トランプの) kløver (ゴルフの) golfkølle
グラフ diagram' ―用紙 millimeterpapir, rutepapir
くらべる 比べる sammenligne, jamføre (対比して) i motsetning til
くらむ 眩む svimle, bli fortum'let (目まいがする) føle seg svimmel 目の―ような svimlende, svimmel
グラム (重さの) gram
くらやみ 暗闇 mørke
クラリネット 〈楽〉klarinet't
グランドピアノ 〈楽〉flygel
くり 栗〈植〉kastan'je ―色の kastan'jebrunn
くりあわせる 繰り合わせる arrange're, tilret'telegge
クリーニング (洗濯) vask ―屋 vaskeri'
クリーム (食品) flø〔y〕te シュー― vannbakkels〔e〕アイス― iskrem (化粧品の) hudkrem
くりかえ・す 繰り返す gjenta, repete're ―して gjentagne ganger, gang på gang ―し文句 refren'g
クリスチャン kristen
クリスマス jul ―イブ julaften ―の翌日 annen juledag ―から大晦日まで(12月27日〜31日) romjul, romhelg ―カード julekort ―プレゼント julegave
クリップ (紙をとめる) papirklemme, binders (髪用の) hårklemme
くりぬく くり抜く uthule, bore ut
くる 来る komme (到着する) ankomme〔til〕, nå (近づく) nerme seg (季節など) komme tilba'ke もどって― vende tilba'ke
くるう 狂う bli gal/vanvit'tig (機械などが) bli i ulag〔e〕
グループ gruppe ―をつくる gruppe're ―で gruppevis

くるし・い 苦しい smertefull, smertelig, pinefull ―み kval, lidelse, plage ―む li av, føle smerte ―める torture're, pine, plage, sjene're
くるぶし 踝 ankel
くるま 車（車輪）hjul（乗り物）kjøretøy〔med hjul〕, vogn（自動車）bil ―椅子 rullestol
くるまえび 車えび〈魚〉〔stor)reke
くるみ 胡桃〈植〉valnøt't ―割り nøtteknekker
くるむ （赤ん坊などを）svøpe
くれ 暮れ（一日の）mørkning, solnedgang （年の）årets slutning
クレーム （苦情）reklamasjo'n ―をつける reklame're
クレーンしゃ クレーン車 kranbil
クレジット kredit't ―カード kredit'tkort
クレヨン tegnekrit't, fargeblyant, oljekrit't
くれる 暮れる bli mørk, mørkne, komme til en avslutning 日が― sola går ned〔i vest〕
くれる （与える）gi, done're, skjenke, betenke med〔penger〕…して― 〔en underordnet〕gjør noen for meg
ぐれんたい 愚連隊 〔gate)bande, sleng
くろ 黒 svart〔farge〕―い svart ―字 overskott ―幕 perso'n bak scene, innflytelsesrik perso'n der holder seg i kulis'sene
くろう 苦労 slit, besvæ'r, lidelse, bekym'ring, møye ―する ha det hardt, slite ―の多い slitsom, besvæ'rlig, møysom'melig
くろうと 玄人 eksper't, vetera'n, spesialis't
クローネ krone
クローバー 〈植〉kløver
クロール （水泳の）crawl, krål
くろしお 黒潮 den varme Kuroshio-strømmen
クロスワード kryssord〔oppgave〕
クロッカス 〈植〉krokus
くろビール 黒ビール bokkøl
くわ 鍬 hakke ―を入れる hakke

くわ 桑〈植〉morbær 　—の木 morbærtre
くわえる 加える auke, [for]øke （合計する）summe′re opp （含める）inklude′re　AにBを— tilføye/legge B til A　危害を— ska[de]　打撃を— slå et slag for　—に dessuten, enn videre
くわし・い 詳しい detalje′rt, utfø′rlig, minutiø′s　—く i detaljer, utfø′rlig
くわせる 食わせる（動物などに）mate, fôre
くわだて 企て（企画）plan, prosjek′t planlegning （試み）forsøk, prøve　—る prosjekte′re, planlegge （試みる）forsø′ke, prøve
くわわる 加わる（加入する）bli medlem av, melde seg inn i （参加する）ta del i, delta
ぐん 群（家畜などの）flokk, hjord （人の）folkemengd[e], opptløp, vrimmel　—をなす flokkes, flokke seg, vrimle
ぐんい 軍医 militær lege
くんいく 訓育 skoling, trening, oppdragelse, tukt, disipli′n
くんかい 訓戒 tilret\tevisning, forma′ning （戒告）åtvaring　—する tilret\tevise, forma′ne （戒告する）åtvare
ぐんかん 軍艦 krigsskip, orlogsskip
ぐんこう 軍港 flåtehamn, flåtehavn
ぐんこく・しゅぎ 軍国主義 militaris′me　—化する militarise′re
くんじ 訓辞 forma′ning　—する forma′ne
ぐんじ 軍事 militære affæ′rer(pl.)
くんしゅ 君主 monar′k, hersker　—国 manarki′
ぐんしゅう 群集・群衆 folkemengde, vrimmel, oppløp
ぐんしゅく 軍縮 nedrusting, avrusting　—する nedruste, avruste
くんしょう 勲章 orden, medal′je
ぐんじん 軍人（兵士）soldat （歩兵）infanteri′ （海軍の）marinegast, orlogsgast （士官）offiser
ぐんたい 軍隊 hær, tropp, militær　—に入る la seg

ぐんとう

verve som soldat
ぐんとう 群島 arkipela′g, øysamling
ぐんとう 軍刀 sverd （騎兵などの使う）sabel
ぐんび 軍備 utrustning —拡張 opprustning —縮小 nedrustning
くんれい 訓令 instruksjo′n, forholdsordre
くんれん 訓練 øving, trening —する øve, trene

け

け 毛 hår —皮 pels 綿— dun（羽毛）fjør（羊毛）ull —深い〔sterkt〕håret〔e〕
けい 刑 straff（処罰）sanksjo′ner, straffetiltak
けいい 敬意 aktelse, respek′t —を表わす ha aktelser for, respekte′re
けいえい 経営 administrasjo′n, ledelse, forval′tning, styrelse —する drive, lede —者 perso′n i ledende/toppstilling —学 administrasjo′n, bedrif′tsøkonomi
けいえんする 敬遠する unngå, holde seg på lang/tilbø′rlig avstand fra noe
けいおんがく 軽音楽 lettmusikk
けいか 経過 forløp 時が—する gå, li
けいかい 警戒 vakt〔post〕 —する bevokte, holde vakt, se på
けいかい・な 軽快な lett, glatt （しなやかな）spenstig —に lett, spenstig
けいかく 計画 plan, prosjek′t, arrangement, program′ —する planlegge, prosjekte′re —的な planmessig —された planlagt —者 planlegger —経済 planøkonomi
けいかん 警官 politimann, politibetjent （お巡りさん）politi〔en〕 —立合いの上で i nærvær av en politimann
けいき 景気 konjunktu′rer(pl.), 〔økono′misk〕kli-

ma （活気）livaktighet, livlighet　—をつける stimule′re, opplive　—後退 lavkonjunktu′r, vikende konjunktu′r, tilba\kegang
けいき　契機　tilfelle, sjanse, vendepunkt
けいき　計器　måleinstrument, måleapparat
けいきんぞく　軽金属　lettmetall
けいく　警句　epigram′
けいぐ　敬具　Med vennlig hilsen, Deres ærbø′dige, Beste hilsen til …
けいけん　経験　opplevelse, erfaring　—がある ha opplevd　—的な erfaringsmessig　—する oppleve, erfare, gjøre erfaringer
けいげん　軽減　innskrenking, nedsettelse　—する innskrenke, nedsette　（和らげる）lindre, mildne
けいけんな　敬虔な　from, gudfryktig, andaktsfull
けいこ　稽古（練習）　øving, trening　—する øve, trene　—場 øvingsplass
けいご　敬語　ærbø′dig/respek′tfull språk/uttrykk
けいこう　傾向　tenden′s, tilbøy′elighet　…の—がある være tilbøy′elig til å （好み）lyst （性向）disposisjo′n
けいこうぎょう　軽工業　lettindustri
けいこうとう　蛍光灯　lysstoffrør
けいこく　警告　varsel, forma′ning, varsku　—する varsle, forma′ne, varsku 〔om〕
けいざい　経済　økonomi′　（財政）finan′s　—的な økono′misk, finansiel′l　—状態 økono′misk situasjo′n　—政策 økono′misk politik′k　—学 økonomi′　—成長 økono′misk vekst　—欄（新聞などの）finan′sspalte
けいさいする　掲載する　innføre, sette inn i 〔avis〕, publise′re
けいさつ　警察　politi′　—官 politi′mann　—署 politistasjon　—犬 politi′hund　—の取り締まり politi′grep （交番）〔lokal〕 politistasjon
けいさん　計算　beregning, rekneskap, kalkulasjo′n　—する kalkule′re, rekne　—機 reknemaskin　—尺 reknestav, glideskala

けいし 罫紙 linje′rt papi′r
けいじ 刑事 detektiv, krimina′lbetjent ―上の krimina′l ―事件 krimina′lsak, straffesak
けいじ 掲示 oppslag, oppmerksomhet, meddelelse ―する bemer′ke, anmelde, vise oppmerksomhet ―板 oppslagstavle
けいしき 形式 måte, form, formalite′t ―的な formel′l, formali′stisk, stiv ―主義 formali′sme ―主義者 formali′st
けいじじょう・の 形而上の metafy′sisk ―学 metafysik′k
けいしゃ 傾斜 skråning, helling ―した skrå, hellende ―する skråne, helle ―面 skråplan
げいじゅつ 芸術 kunst ―〔作〕品 kunst〔hånd〕verk（美術品）de skjøn′ne kunster ―家 kunstner, artist ―写真 kunstfoto
けいしょう 軽傷 lett skade ―を負う bli lett skadet
けいしょう 継承 etterfølgelse, suksesjo′n, arv ―する arve ―者 etterfølger, arving, arvtaker ―権 arverett ―順位 arvefølge
けいじょうひ 経常費 løpende utgifter(pl.)
けいず 系図 stamtre
けいすう 係数 〈数〉koeffisien′t
けいせい 形成 utforming, dannelse ―する utforme, danne, utgjøre
けいせい 形勢 forhold, omsten′dighet, tilstand, vilkår
けいせき 形跡 spor
けいそう 係争 strid, uenighet
けいぞく 継続 fortsettelse, videreføring ―する fortsette, videreføre ―的な uavbrutt, kontinue′rlig, vedvarende, konstan′t
けいそつ 軽率 hastverk, lettsindighet ―な lettsindig, hensynsløs, uoverlagt, ubetenksom
けいたい 形態 form, skikkelse
けいだい 境内 helligdoms grunn, tempels grunn
けいたい・する 携帯する bære, ha på seg, gå med

—用の bærbar, transporta′bel —品〔perso′nlige〕eiendeler —品預り所 gardero\be —電話 trådløs telefo′n

けいだんれん 経団連（ノルウェーの） Norsk Arbeidsgiverforening

けいちょうする 傾聴する høre etter, lytte etter/på

けいてき 警笛 alarm, pipe （自動車の）〔tute〕horn —を鳴らす alarme′re, pipe （自動車が）tute

けいと 毛糸 ull —のくつした ullstrømpe —製品 ullvarer (pl.)

けいど 経度 lengdegrad

けいとう 系統（組織）syste′m （血統）stamtre, avstamning, nedstamning —的な systema′tisk, planmessig

けいとう 鶏頭〈植〉hanekam

けいば 競馬 〔heste〕veddeløp, kappløp —馬 veddeløpshest —場 veddeløpsbane —に賭ける vedde på

けいはくな 軽薄な（浮薄な）lettsindig, frivo′l （不誠実な）uærlig, uhederlig （移り気な）omskiftelig, uberegnelig

けいはつ 啓発 opplysning —する opplyse

けいばつ 刑罰 straff —に処する straffe, avpasse til straffen

けいはんざい 軽犯罪 mindre/små forbry′telse, forse′else

けいひ 経費 utgift, kost

けいび 警備 vakt, garde —する vokte, garde′re —員 vokter

けいびな 軽微な lett, ikke særlig, ubety′delig, mild

けいひん 景品 premie, gave

げいひんかん 迎賓館 gjestehus

けいふ 継父 stefar

けいぶ 警部 politi′inspektør

けいべつ 軽蔑 forak′t, ringeakt, hån —する forak′te, ringeakte, nedvurdere —的な forak′telig, hånlig, spotsk

けいぼ 継母 stemor
けいほう 刑法 straffelov
けいほう 警報 alarm, varsel
けいぼう 警棒 politistav
けいむしょ 刑務所 fengsel
けいもう 啓蒙 opplysning —する opplyse, undervise —的な opplysende (18世紀欧州の)—時代 opplysningstiden
けいやく 契約 avtale, kontrak′t —者 kontrahen′t —する skrive kontrak′t, kontrahe′re —を結ぶ inngå〔kontrak′t〕—を守る stå ved sine kontraktmessig forplik′telse —を破る bryte en kontrak′t
けいゆ・する 経由する passe′re, gå/kjøre forbi —で via, over, gjennom
けいよう 形容(修飾) modifikasjo′n, tillempning (比喩) metafo′r (叙述) beskri′velse —する(修飾する) modifise′re, lempe på, tilpasse (比喩的にいう) omskrive (叙述する) beskri′ve —詞 adjektiv
けいり 経理 regnskapsførsel —部 regnskapsavdeling
けいりゃく 計略(戦略) stategi′, krigslist —にかける forle′de, lure
けいりん 競輪 sykkelløp —場 veddeløpsbane〔for sykkel〕—選手 sykkelrytter
けいるい 係累 byrde, klamp om foten (扶養家族) perso′n som man har forsør′gelsesplikt overfor
けいれい 敬礼(軍隊の) honnø′r, salut′t (お辞儀) bukk, bøying —する salutte′re
けいれき 経歴 karriere, persona′lhistorie
けいれん 痙れん krampe〔trekning〕—の krampaktig
ケーキ kake ウエディング— bryllupskake
ケース (場合) tilfelle (事件) sak (申し立て) påstand (箱) kasse, ask
ゲートル gama′sje
ケーブルカー taubane, kabelbane
ゲーム spill (スポーツの) kamp

けおりもの 毛織物 ulltøy
けが 怪我(負傷) sår, skade ―をした sår ―をさせる såre, ska ―をする komme til skade, ta skade av ―人 den såre, den tilska\dekomne
げか 外科 kirurgi′ ―医 kirur′g
けがわ 毛皮 pels ―のコート pelskåpe ―の帽子 pelslue ―製品 pelsvarer(pl.) ―商人 pelshandler
げき 劇 skuespill, drama ―場 skueplass, tea′ter ―作家 drama′tiker ―映画 tea′terfilm
げきか 激化 intensive′ring ―する intensive′re
げきする 激する(興奮する) hisse/egge seg opp (怒る) bli arg, rase, vredes
げきせん 激戦 heftig slag
げきたいする 撃退する slå/drive tilba\ke
げきど 激怒 raseri′, vrede ―した rasende ―する rase, vredes
げきむ 激務 hard arbeid
げきりゅう 激流 stri[d]e strømmer(pl.)
げきれい 激励 oppmuntring [til] ―する oppmuntre, kvikke [opp]
げきれつ 激烈 heftighet ―な heftig, framfusende, svært pågående
けさ 今朝 i [dag] morges
げざい 下剤 [sterkt] avføringsmiddel, laksati′v
げざん 下山 nedtur
けし 罌粟〈植〉 valmue ―粒 valmuefrø
げし 夏至(6月24日頃) sommersolverv, midtsommer, sankthans
けしいん 消印 poststempel ―を押す poststemple
けしかける (犬などを) pusse [en hund] på, hisse opp (扇動する) opphisse
けしき 景色 utsikt [over], landskap, sceneri′
けしゴム 消しゴム viskelær ―で消す viske [av]
げしゃ・する 下車する stige av [toget] 途中―する gjøre et opphold på
げしゅく 下宿 losji′, foreløpig bolig ―する losje′re ―人 losje′rende, pensjonæ′r ―屋 pensjona′t

げじゅんに 下旬に mot slutten av

けしょう 化粧(顔の) make-up, sminke —品 kosmetik'k, kosme'tisk prepara't —品店 kosmetik'kbutikk —室 toalet't —台 toalet'tbord

けす 消す(火・照明・電気などを) slokke 吹き— blåse (削除する) slette ut (根絶する) utrydde ぬぐい— rade're (ふき取る) viske ut

げすい 下水 avløp, dren —溝 kloak'k, avløpskanal —管 avløpsrør (排水する) drene, drene're

けずる 削る(刃物で) skjære 〔ned〕 (かんなで) høvle (鉛筆などを) kvesse (こする・みがく) gnage, skave (削除する) slette ut, utelate, utelukke

けだかい 気高い verdig, edel, nobel

けだもの 獣 dyr, be〔i〕st

けち daddel —をつける dadle, kritise're, klandre —をつけたがる dømmesjuk (物惜しみ) gjerrighet —な nærig, gnieraktig, gjerrig —ん坊 gnier (卑しい) simpel, gemen, vulgæ'r

ケチャップ ketchup

けつあつ 血圧 blodtrykk —計 blodtrykksmåler

けつい 決意 beslu'tning, vedtak —する beslutte seg 〔til〕

けついん 欠員 ledig stilling

けつえき 血液 blod —型 blodtype —銀行 blodbank —検査 blodprøve

けつえん 血縁 kjødelig slektning

けっか 結果 resulta't, utfall (成果) frambringelse, produk't

けっかいする 決壊する bryte/falle sammen

けっかく 結核〈病〉 tuberkulo\se —性の tuberklø's —菌 tuber'kelbasill —療養所 tuberkulo\sesanatorium

けっかん 血管 blodkar, blodåre (動脈) arte'rie (静脈) vene

けっかん 欠陥 feil, mangel, brist —商品 feilvare —のある feilaktig, defek't

げっかん・し 月刊誌 månedsskrift, magasi'n —の

månedlig

けつぎ 決議 vedtak, beslut'ning, resolusjo'n —する beslut'te, vedta —を採択する vedta en beslut'ning

げっきゅう 月給 månedslønn

けっきょく 結局 når alt kommer til alt, til sist, endelig, til sjuende og sist

げっけい 月経 menstruasjo'n, menses (pl.)

げっけい・かん 月桂冠 laurbærkrans —樹 laurbær

けっこう 結構(もう十分です) Nei takk, Takk jeg er vel forsy'nt —な utmerket, god (おいしい) lekker, velsmakende

けつごう 結合 forbin'delse, fore'ning —する forbin'de, fore'ne

げっこう 月光 månelys, måneskinn

けっこん 結婚 ekteskap —する inngå ekteskap, gifte seg —式 bryllup, vigsel —式をあげる holde bryllup —行進曲 bryllupsmarsj —披露宴 bryllupsfest

けっさく 傑作 mesterstykke, mesterverk

けっさん 決算 〔års〕regnskap 〔for firma/stat〕

けっして 決して(…ない) aldri, overhodet ikke, under ingen omsten'digheter, slett ikke

げっしゃ 月謝 〔måneds〕honorar 〔for undervisning〕, semesteravgift

けっしゅう 結集 konsentrasjo'n (活動の) 〔virksomhets〕sammenslutning

けっしゅつした 傑出した framstående, prominen't

けっしょう 決勝 fina'le —点 mål 準— semifina'le

けっしょう 結晶 krystal'l —化する krystallise're —化 krystallisasjo'n

げっしょく 月食 månemørking

けっしん 決心 beslut'ning, resolusjo'n —する beslut'te seg, foresette seg, resolve're

けっせき 欠席 fravær, uteblivelse —する være fraværende —者 de fraværende

けつぞく 血族 kjødelig slektning

けっそん 欠損 underskott, tap

けつだん 決断 avgjørelse, bestem'melse, beslut'ning —する avgjøre, bestem'me, beslut'te〔seg〕

けっちん 血沈〈医〉 blodsenkning

けってい 決定 beslut'ning, avgjørelse —する beslut'te, avgjøre, bestem'me —的な avgjørende, bestem't

けってん 欠点 feil, mangel, brist, ulempe (弱点) svakhet —のある feilaktig, forkjæ'rt —のない feilfri, daddelløs

けっとう 血統 stamme, ætt, slekt

けっとう 決闘 duel'l —する duelle're

けっぱく 潔白(無罪) uskyldighet (無垢・清廉) renhet (無罪の) uskyldig (無垢な) uskyldig (清廉な) rein〔ferdig〕

げっぷ 月賦 månedbetaling (分割払い) avdrag —で買う avbetale noen i månedlige rater (分割払いで払う) avdra, betale av på

ゲップ rap —をする rape

けっぺきな 潔癖な forvent, pirket〔e〕, overdrevent nøyaktig, alt for nøye

けつぼう 欠乏(不足) mangel, sakn〔ad〕, brist —する sakne, mangle (なしですます) unnvære

げっぽう 月報 månedsoversikt

けつまつ 結末(終わり) avslutning, ende, fina'le, slutt (落着) avgjørelse, beslut'ning (和解) forlik, forso'ning —がつく bli bilagt, få/gjøre slutt på

げつようび 月曜日 måndag

けつろん 結論 konklusjo'n, slutning —する konklude're, slutte —に達する nå til en konklusjo'n

げねつざい 解熱剤 febernedsettende midler

けねん 懸念 engstelse, frykt, uro —する engste seg, frykte, bekym're seg om

けばけばし・い fargerik, prunkende, pyntet, broket〔e〕 —さ prunk, pynt

けびょう 仮病 finge'rt sjukdom —を使う finge're/hykle sjukdom

げひん 下品 vulgarte't —な vulgæ'r, gemen, nærig

けぶかい 毛深い 〔sterkt〕 håret〔e〕

けむし 毛虫 larve, kålorm
けむ・り 煙 røyk ―る røyke （くすぶる）ulme
けもの 獣 dyr, be〔i〕st ―のような dyrisk （野獣）udyr, villdyr （猛獣）rovdyr
げらく 下落 fall, nedsetting
げり 下痢〈病〉diaré, løs mage ―である ha løs mage
けりがついた være løyst/avsluttet
ける 蹴る sparke （拒絶する）nekte, avslå, forkas′te
けれども men, imidlertid, dog
ゲレンデ skibakke
けわしい 険しい(山など) bratt, steil （状況など）bratt, streng （顔付きなど）stram, streng
けわたがも 〈鳥〉ær〔fugl〕
けん 券(切符) billet′t
けん 県 fylke
けん 剣 sverd （軍刀）sabel 銃― bajonet′t 短― dagger
けん 腱〈医〉sene
けん 兼 samtidig, og, dessuten, enn videre
げん 弦(弓の) bogestreng 〈数〉korde ―楽器 strengeinstrument
けんあくな 険悪な （事態が）alvo′rlig, beten′kelig, urolig （天候が）truende, foruroligende （危険な）farlig, risika′bel
げんあん 原案 opprin′nelig utkast/plan （議案）lovforslag
けんい 権威 makt, autorite′t, myndighet （大家）mester, autorite′t, eksper′t, vetera′n
げんいん 原因 årsak, anledning （発端）utspring, kjelde （根源）kjelde, grunnlag …の―となる forårsake
けんいん・する 牽引する trekke, hale, dra ―車 traktor, tilhenger, trailer
げんえい 幻影 hallusinasjo′n, blendverk
けんえき 検疫 karante¹ne ―する holde/sette i ka-

rante'ne
けんえつ 検閲（点検） inspeksjo'n, undersøkelse, mønstring 軍隊などが―する holde mønstring（出版物・映画などの）streng kritik'k
けんお 嫌悪 avsky, avsmak, aversjo'n, hat ―する avsky, hate, vemmes〔over/ved〕 ―すべき avsky'elig, forban'na
けんおんき 検温器 klinisk, termome'ter
けんか 喧嘩（口論） trette, ordstrid, munnhuggeri（口論する）trette, krangle, munnhugges, kives（なぐり合い）slagsmål〔med〕（つかみ合いする）slåss〔med〕 ―早い trettekjær, kivaktig
げんか 原価 kostpris, kostnad, produksjo'nspris, innkjøpspris
げんが 原画 origina'l
けんかい 県会 fylkesting
けんかい 見解（意見） anskuelse, meining, synsmåte（見地・視点）standpunkt, synspunkt
げんかい 限界 begrens'ning, grense ―の begren'set ―値 grenseverdi
けんがく 見学 besøk, tur （野外研究）feltundersøkelse ―旅行 studiereise ―する studiebesøke, observe're（体操の時間などに）―する se på, være tilskuer
げんかく 厳格 strenghet, rigidite't ―な streng, hard, rigorø's, rigi'd, striks
げんかく 幻覚 hallusinnasjo'n, blendverk, illusjo'n
げんかしょうきゃく 減価償却 avskriv〔n〕ing ―費 avskriv〔n〕ingsbeløp
げんかん 玄関 inngang, entré 張り出し― vindfang ―の間 vestiby'le, hall ―番 portvakt, dørvokter
けんぎ 嫌疑 mistenksomhet, mistillit, mistru ―をかける ha mistanke til, gjøre en mistenkt ―を受ける bli mistenkt for
げんき 元気 kraft, sunnhet, vitalite't ―な høysinnet, sprek, sunn, vita'l ―のない nedstemt, kraftlaus ―づける oppmuntre, stimule're ―を回復させる

vederkvege お—ですか Hvordan har du det？ Er du i fin form？ —です Bare bra, takk　お—で Ha det godt, Ha det bra

けんきゅう　研究　studium, forsk〔n〕ing　—する　stude′re, forske　—費　forskningsutgifter　—所　forskningslaboratorium, forskningsinstitutt　—室　laborato′rium, arbeidsværelse　—資料　forskningsmateria′l〔e〕　—活動　forskningsaktivite′ter　—会　studiegruppe, fore′ning til studium av noen　—報告　forskningsrapport

げんきゅう　減給　lønningsreduksjo′n

げんきゅう　言及　hentydning, omtale　—する　hentyde til, omtale

けんぎょう　兼業（副業）　biarbeid

けんきょな　謙虚な　beskje′den, fordringsløs, måteholden

げんきん　現金　kontan′ter (pl.)　—払い　kontan′t betaling　—にする　heve, innløse　（現なま）gryn

げんきん　厳禁　strengt forbud

げんけい　原型　prototy′p, grunnform

けんげん　権限　autorite′t, makt, bemyn′digelse　—を与える　bemyn′dige, beret′tige, autorise′re

げんご　言語　språk　—学　språkvitskap, lingvistik′k, filologi′　—学者　filolog, lingvis′t　—に絶した　uutsi′gelig, ubeskri′velig

けんこう　健康　helbred, helse, sunnhet　—状態　helbredstilstand　—診断　helbredsundersøkelse　—保険　sykeforsikring, sjuketrygd　—な　sunn, frisk, karsk, helsesterk　—でない　usunn

げんこう　原稿　manuskrip′t, handskrift　（草案）utkast, konsep′t　—用紙　manuskrip′tpapir

けんこうこつ　肩甲骨　skulderblad

げんこうはんで　現行犯で　på fersk gjerning

げんこく　原告　sakfører, klager

げんこつ　拳骨　knyttneve

けんご・な　堅固な　sterk, solid, holdbar, kraftig, sikker　—に　sterkt, solidt, sikkert, kraftig

けんさ 検査 inspeksjo'n, kontrol'l, ettersyn, prøve —する undersøke, kontrolle're, granske 会計— revisjo'n 会計—官 revi'sor

げんざい 現在 nå〔tid〕 (ちょうど今) i dette øyeblikk —の nåværende, nåtidig, moderne 〈文法〉 —の nåtids —完了 perfektum, førnåtid

げんさく 原作 origina'l —者 forfat'ter

げんさんち 原産地 opprin'nelses sted/land

けんし 検死 liksyn —する holde liksyn

けんし 絹糸 silketråd

けんじ 検事 statsadvokat, 〔offentlig〕 anklager —総長 riksadvokat

げんし 原子 ato'm —核 ato'mkerne —爆弾 ato'm-bombe —力 ato'mkraft, ato'menergi —物理学 ato'mfysikk —量 ato'mvekt —力船 ato'mskip —炉 ato'mreaktor

げんじつ 現実 realite't, fakta, virkelighet —の reel'l, faktisk, virkelig —に faktisk, virkelig —化する realise're, virkeliggjøre —主義 realis'me

けんじつ・な 堅実な stadig, fast, stabi'l, sikker —に stadig, sikkert

げんし・てきな 原始的な primitiv, opprin'nelig —時代 urtid —林 urskog —人 urmenneske

げんしゅ 元首 monar'k, hersker, regen't

けんしゅう 研修 praksis, kurs〔us〕 —生 praktikan't, kursdeltager —期間 praksisperiode, kursusperiode —旅行 studietur

けんじゅう 拳銃 pisto'l (連発の) revol'ver

げんじゅう・な 厳重な striks, streng, hard —に strikte

げんじゅうみん 原住民 de innfødte, urbefolkning

げんしゅく 厳粛 høytidelighet —な høytidelig —に høytidelig, verdig

けんじゅつ 剣術 fektning —士 fekter —をする fekte

けんしょう 懸賞 pris, premie, beløn'ning —をかける verdsette, sette pris på

けんしょう 憲章 charter, pakt, erklæ'ring
けんしょう 検証 verifikasjo'n, inspeksjo'n
げんしょう 現象 fenome'n, foreteelse
げんしょう 減少 avtak, nedgang, fall —する avta, falle, gå ned
げんじょう 現状 nåværende forhold/situasjo'n
げんしょく 原色 grunnfarge
けんしん 検診 medisi'nsk undersøkelse
けんしん 献身 hengivenhet, oppofrelse —する hengi seg i, oppofre seg〔for〕 —的な oppofrende, uegois'tisk
けんじん 賢人 klok mann, vismann
けんしんれい 堅信礼 konfirmasjo'n —を受ける人 konfirman't —を施す konfirme're
げんすい 元帥(陸軍の) armégeneral （海軍の) flåtegeneral
げんせ 現世 denne verden, dette liv
げんぜい 減税 skattenedsettelse
げんせいりん 原生林 urskog
けんせき 譴責 repriman\de, irettesettelse —する gi en repriman\de
けんせつ 建設 oppførelse, konstruksjo'n, anlegg —する oppføre, anlegge, konstrue're —工事 anleggsarbeid —的な konstruktiv, oppbyggelig
けんぜん 健全 sunnhet, helbred —な sunn, karsk
げんせんちょうしゅうぜい 源泉徴収税 forskuddsskatt
げんそ 元素 elemen't, grunnstoff
けんそう 喧噪 larm, 〔konstant〕 støj
けんぞう 建造 konstruksjo'n, bygning —する konstrue're, bygge
げんそう 幻想 hallusinasjo'n, fantasi', illusjo'n, visjo'n —的な fantas'tisk, visjonæ'r, illuso'risk
げんぞう 現像(写真の) framkalling —する framkalle —液 framkaller
げんそく 原則 regel, prinsip'p, grunnsetning —として i regelen, som regel, av prinsip'p

げんそく 減速 hastighetssenking, oppbremsing
けんそん 謙遜 ydmykhet, underdanighet —する ydmyke seg, være beskjeden/fordringsløs
げんそんする 現存する eksiste're, finnes
けんたい 倦怠 tretthet, slapphet —した trett, mødig, kei〔d〕 —を感じる trettes, bli trett
げんたい 減退 formin'skelse, nedgang, fall —させる reduse're, formin'ske, nedsette 食欲が—する avta appetit't
げんだい 現代 nåtid, mode'rne tid —の nåtidig, nåtids- —的な mode'rne —人 mode'rne menneske, nåtidensmenneske —劇 mode'rne spill
けんち 見地 synspunkt, standpunkt
けんちく 建築 bygning, arkitektu'r —する bygge —学 arkitektu'r —技術 bygningsteknik'k —家 arkitek't —許可 byggeløyve, byggetillatelse —様式 byggestil —工事 byggearbeid
けんちじ 県知事 fylkes〔råd〕mann
けんちょな 顕著な framstående, framtredende, merkelig, utmerket
けんてい 検定 offentlig godkjenning, autorisasjo'n, sanksjone'ring —する autorise're, sanksjone're —試験 eksamen med henblik på oppnåelse av autorisasjo'n
けんてい 献呈 dedikasjo'n, tilegnelse —する dedise're, tilegne
げんてい 限定 begren'sning (制限) grense, ramme —する begren'se, avgrense
げんてん 減点 nedsettelse (注意点) anmerkning —する nedsette attes't/bevi's, gi〔ve〕 anmerkning
げんど 限度 grense, begren'sning —を設ける sette en grense for
けんとう 検討 undersøkelse, granskning —する undersøke, granske
けんとう 見当 mål —をつける anse for —違いの irrelevant, uvedkommende
けんとう 拳闘 boksing —する bokse —選手 bokser

―の試合 boksekamp
けんどう 県道 fylkevej
けんどう 剣道 〔japansk〕 sverdkamp
げんとう 幻灯 lysbilde ―器 lysbildeapparat
げんどうりょく 原動力 drivkraft （推進力）framdrift
げんば 現場 sted （殺人の）mordsted （犯罪などの）åsted （建築の）byggeplass ―作業 feltarbeid
げんばく 原爆 ato'mbombe
けんび 兼備 kombinasjo'n ―する kombine're
けんびきょう 顕微鏡 mikrosko'p
けんぷ 絹布 silkestoff, silketøj ―の av silke
けんぶつ 見物 sightseeing （ガイド付きの）omvisning ―する se på severdigheter ―人（名所などの）sightseer, turist, de tilreisende （観客）tilskuere, tilhørere（いずれも pl.）
けんぶん 見聞 （知識）viten, kunnskap, kjennskap 〔til〕 （経験）opplevelse, erfaring （観察）iakttakelse, observasjo'n
けんぺい 憲兵〔隊〕 militæ'rpoliti
けんぽう 憲法 grunnlov, konstitusjo'n ―上の konstitusjonel'l
げんぽう 減法 subtraksjo'n, fratrekk
げんみつ・な 厳密な striks, streng, rigorø's ―に言えば strengt tatt, egentlig talt
けんめい 賢明 forstan'd, intelligen's ―な forstan'dig, intelligen't, klok （思慮のある）fornuf'tig, ettertenksom, omtenksom （得策な）fordelaktig, nyttig
げんめい 言明 erklæ'ring, uttalelse ―する erklæ're, uttale
げんめつ 幻滅 desillusjo'n, skuffelse ―する desillusjone're, skuffe
げんや 原野 villmark
けんやく 倹約 sparsomhet, sparsommelighet ―な sparsom, sparsommelig, økono'misk
げんゆ 原油 råolje
けんり 権利 rettighet, privile'gium （請求権）krav,

げんり 　fordring　(特権) privile′gium　—を与える bemyn′dige　借家などの—金 penger under bordet

げんり　原理　prinsip′p, teori′

けんりつの　県立の　fylkes

げんりょう　原料　råmaterial〔e〕, råvarer(pl.)

けんりょく　権力　makt, innflytelse　—をつかむ ta makten　—欲 maktbegær　—欲の強い maktsjuk　—闘争 maktkamp

けんろうな　堅牢な　solid, holdbar, slitesterk

げんろん　言論　ytring, utsagn　—の自由 ytringsfrihet　—機関 massemedium

げんわく・される　眩惑される　la seg blende av, bli blendet av　—するような blendende

こ

こ　子　barn, unge　(男児) gutt　(女児) pike　—犬 valp　—猫 kattunge

こ　個　stykke

こ　故　avdød　—B氏 avdøde hr. B.

こ　弧〈数〉segmen′t

ご　五　fem　第—〔の〕femte　第—列 femtekolonne

ご　語　ord　専門— term　言— språk

ご　後　etter　以— siden　(遅く) senere　1 時間—に en time senere, om en time　数年— etter/om et par år

こい　恋　kjærlighet　—する elske, forel′ske seg i, ha noen kjær　(好きだ) holde av　—人(男) elsker　(女) elskerin′ne　—がたき(男) riva′l　(女) rivalin′ne

こい　鯉〈魚〉karpe

こい　濃い(色が) mørk, djup　(味などが) sterk　(霧などが) tett, tyktflytende

ごい　語彙　ordforråd

こいし　小石　småstein　(砂利) grus

こい・の　故意の　forset′tlig, overlagt, tilsiktet　—に med hensikt/vilje, forset′tlig　—でない utilsiktet,

uforset′tlig
こいびと 恋人 kjæreste（男）elsker（女）elskerin︱ne
こう 請う be〔om〕, ansøke, anmode om
ごう 壕 vollgrav
ごう 業(仏教の) karma
こうあつ 高圧(電気の) høgspenning ―危険 høgspenning !, berøring av ledningen er livsfarlig （空気・蒸気などの）høgtrykk （圧制）undertrykkelse ―的な egenmektig
こうあん 公安 offentlig orden/sikkerhet
こうあん 考案 idé, innfall, oppfinnelse ―する oppfinne, finnne på, uttenke ―者 oppfinner
こうい 好意 god vilje, vennlighet ―ある vennlig, vennskapelig
こうい 校医 skolelege
こうい 行為 handling, oppførsel
こうい 皇位 keisertrone
ごうい 合意 enighet, overenskomst, avtale ―に達する inngå/slutte/treffe en avtale
こういう denne slags, en sådan
こういん 工員 fabrik′karbeider
ごういんに 強引に(力ずくで) med makt/vold （権力で）med myndighet （無理に）ufornuftig
こうう 降雨 regn, nedbør （夕立）bye, skyll （雷雨）torebye （みぞれ）sludd （こぬか雨）støvregn ―計 regnmåler
ごうう 豪雨 sterk regn, kraftig regnbye, plaskregn
こううん 幸運 hell, lykke, glede ―な heldig, lykkelig, glad （この上なく幸福な）lykksa′lig ―にも heldigvis, lykkelig
こうえい 光栄 ære, heder （名声）berøm′melse ―ある ærefull, hederfull （名声のある）berøm′melig
こうえき・の 公益の allmen〔n〕nyttig ―事業 offentlige verker/foretagender(pl.)
こうえん 公園 〔offentlig〕park 国立― nasjona′lpark

こうえん 講演 forelesning, foredrag, tale ―する holde foredrag om
こうえん 公演 forestilling
こうえん 後援 støtte, beskyt'telse ―する støtte, beskyt'te, sponse ―者(芸術などの) sponsor, mese'n
ごうおん 轟音 knall, detonasjo'n, smell
こうか 効果 effek't, virkning (結果) resulta't ―のある effektiv, virkningsfull
こうか 硬貨 mynt
こうかい 後悔 anger ―する angre, fortry'te
こうかい 公海 åpent hav ―で på det åpne hav
こうかい 航海 skipsfart, sjøfart (巡航) krysning, sejltur ―する navige're, segle ―士 navigatø'r, styrmann
こうかい 公開 offentliggjørelse ―する offentliggjøre, bekjen'tgjøre (陳列する) utstille, fremvise
こうがい 公害(汚染) forurensning
こうがい 郊外 forstad, omegn ―電車 forstadsbane ―交通機関 pendelkjøring
こうがい 口蓋〈医〉 gane
ごうがい 号外 ekstranummer
こうかいどう 公会堂 offentlig hall, rådhus
こうがく 工学 ingeniø'rvitskap ―部 teknisk fakulte't
こうがく 光学 optik'k ―器械 optisk instrumen't
ごうかく 合格 godkjenning ―する bestå 〔eksa'men〕, stå 〔bra〕 til 〔eksa'men〕 不―となる stryke 〔eksa'men〕, bli avvist/diskvalifisert (落第する) dumpe
こうかくどうぶつ 甲殻動物 skaldyr
こうかする 硬化する(硬くする) herde (強くなる) sterkne (態度など) gjøre/bli forher'det, bestyr'kes
こうかつな 狡猾な listig, snedig
こうかてきな 効果的な effektiv, virkningsfull
ごうか・な 豪華な (すばらしい) strålende, storartet, prektig, luksuriø's (きらびやかな) prunkende, praktfull ―版 luksusutgave

こうかん 好感 godvilje —を持つ legge godviljen til
こうかん 交換 utveksling, bytte —する utveksle, bytte 物々— byttehandel, tuskhandel
こうかん 鋼管 stålrør
こうがん 厚顔 frekkhet, påtrengenhet, uforskammethet —な frekk, påtrengende, uforskammet
こうがん 睾丸〈医〉 testik'kel
こうき 好機 lykketreff, heldig sammentreff
こうき 香気 vellukt, duft
こうぎ 抗議 protes't, innsigelse（反対）opposisjo'n —する proteste're, imø'tegå
こうぎ 講義 forelesning, foredrag —する forelese, holde foredrag om
こうきあつ 高気圧 høgtrykk
こうきしん 好奇心 nysgjer'righet, nyfikenhet —の強い nysgjer'rig, nyfiken
こうきな 高貴な edel, nobel
こうきゅう 高級 høg rang —の av høg klasse, førstklasses —官吏 fornem embetsmann
こうきゅうび 公休日 〔regelrett〕fridag
こうきょ 皇居 keiserpalass
こうきょう 好況 høgkonjunktu'r
こうきょう 公共 almin'nelighet, publikum —の almin'nelig, offentlig —事業 tjensteyrke〔for offentlighet〕, allmen(n)nyttig foretagende —料金 allmen(n)nyttigavgift
こうぎょう 工業 industri' —の industriel'l —化する industrialise're —界 industri'verden
こうぎょう 鉱業 gruveindustri
こうぎょう 興業 industriel'l virksomhet —銀行 industriel'l bank
こうぎょう 興行(芝居などの) oppførelse, spill（公演）forestilling —主 impresa'rio
こうきょうがく 交響楽〈楽〉 symfoni' —団 symfoni'orkester
ごうきん 合金 legering —をつくる lege're
こうくう 航空 luftfart, flyvning —〔郵〕便 luftpost,

flypost ―路 flyrute, luftrute, luftlinje ―機 fly ―母艦 hangarskip
こうけい 光景 utsikt, synsvidde, syn
こうけい 口径 kali′ber
こうけい 後継 etterfølgelse（王位の）tronfølge（相続の）arvefølge ―者 etterfølger（王位の）tronfølger（遺産の）arvtaker, arving
こうげい 工芸 teknologi′ 手― kunsthandverk ―の teknolo′gisk ―品 teknolo′giske produk′ter(pl.) 手―品 kunsthandverk
ごうけい 合計 total, sum ―する oppsummere, sammenfatte
こうけいき 好景気 høgkonjunktu′r, oppsving
こうげき 攻撃 angrep, anfall（急襲）razzia, rassia ―する angripe, anfalle ―的な offensiv, angreps-, fornær′melig
こうけつ 高潔 edelhet, nobles\se ―な edel, nobel
こうけつあつ 高血圧〈病〉 høyt/forhøy′et blodtrykk
こうけん 貢献 bidrag, medvirkning, tjeneste ―する bidra til, medvirke〔til〕, tjene ―的な medvirkende
こうげん 高原 høgslette, platå′
こうげん 公言 offentlig erklæ′ring, redegjørelse〔for〕
こうけん・にん 後見人 formyn′der, verje ―(すること) formy′nderskap, verjemål
こうご 口語 uttrykk fra hverdagsspråket ―の som brukes i dagligtale ―で i dagligtalen
ごうご 豪語 pral, stolthet ―する prale〔med〕, bryste seg
こうこう 孝行 〔barns〕lydighet/hengivenhet
こうこう 高校 gymna′s, videregående skole ―生 gymnasias′t
こうごう 皇后 〔Japans〕keiserin\ne ―陛下 Hennes Majeste′t
こうこがく 考古学 arkeologi′ ―の arkeolo′gisk ―者 arkeolo′g
こうこく 広告 annon′se, rekla\me（宣伝）publisite′t

—する annonse′re, reklame′re, publise′re —欄 rekla\mespalte, annon′sespalte —主 annonsø′r

こうこく 公告 tilkjen\negivelse, kunngjøring —する tilkjen\negi, kunngjøre

こうこつ 恍惚 eksta\se, sterk henrykkelse —とした eksta′tisk, henrykt —となる komme i eksta\se

こうさ 交差 krysning, skjæring —する krysse —点 vegkryss, skjæringpunkt 立体— overgang

こうざ 口座 konto —を開く åpne en konto i en bank

こうざ 講座 forelesning, foredrag, kurs〔us〕

こうさい 公債 offentlig lån （国債）statslån （地方債）kommuna′llån

こうさい 交際 omgang, samvær （深く）—する omgå〔e〕s

こうさく 耕作 dyrking, jordbruk —する dyrke opp —物 jordens produk′ter(pl.)

こうさく 工作 konstruksjo′n, framstilling （製作）fabrikasjo′n —する konstrue′re, framstille （学科の）handarbeid, handverk —機械 verktøjmaskin （策動）manipulasjo′n

こうさつ 考察 overveielse, ettertanke —する overveie, tenke igjen′nom

こうざん 高山 høgfjell —植物 fjellflora, alpin vegetasjo′n —病 fjellsjuke

こうざん 鉱山 mine, gruve

こうし 子牛 kalv

こうし 格子 gitter —細工 gitterverk —戸 gitterport —窓 gittervindu

こうし 講師 lektor, foredragsholder

こうし 公使 minis′ter —館 legasjo′n

こうじ 工事(建築の) byggearbeid —現場 byggeplass （道路の）vegarbeid （補修の）reparasjo′n —中 under konstruksjo′n

こうしき 公式(数式などの) formel （儀礼）seremoni′, ritua′l —的な formel′l

こうしつ 皇室 〔Japans〕keiserfamilie

こうじつ　口実　påskott　…の―で under påskott av
こうしゃ　後者　sistnevnte
こうしゃ　校舎　skolebygning
こうしゃく　侯爵　marki'　―夫人 marki\se　公爵 hertug　公爵夫人 hertugin\ne　公爵の領地 hertugdømme
こうしゃほう　高射砲　luftvernskanon
こうしゅう　講習〔会〕　〔kort/intensivt〕kurs
こうしゅう　公衆　allmennhet　―の allmenn（一般の）almin\nelig　―衛生 folkehelse, offentlig sanite't　―心 samfunnsånd　―電話 telefo'nkiosk
こうじょ　控除　avdrag
こうじょ　皇女　keiserlig prinses\se
こうしょう　交渉　forhan'dling, underhandling　―する forhan'dle〔med〕, underhandle〔med〕
こうしょう　考証　〔histo'risk〕forskning, undersøkelse　―する forske, stude're, undersøke
こうじょう　工場　fabrik'k　修理― verksted　―長 fabrik'ksjef　―製の fabrik'kfremstilt　―廃棄物 fabrik'kavfall
こうじょう　向上　oppstigning, forbe'dring, framskritt, utvikling　―心 ambisjo'n　―心のある ambisiø's
ごうじょう　強情　stedighet, stahet　―な stedig, påstå'elig, sta
こうじょうせん　甲状腺〈医〉　skjold〔brusk〕kjertel
こうしょうな　高尚な　edel, subli'm, fornem（上品な）nobel, forfi'net, raffine'rt
こうしょうにん　公証人　nota'rius pub'licus
こうしょく・の　好色の　ero'tisk, elskovs-　―文学 pornogra'fisk litteratu'r
こうしん　行進　marsj, para\de　―する marsje're, parade're　―曲 marsj
こうしん　後進（学生の後輩）　yngre elev　―の（発展途上の）uutvikla, underutvikla
こうしんりょう　香辛料　krydder　―を加える krydre
こうすい　香水　parfy\me　―をつける parfyme're　―びん parfy\meflaske
こうすい　硬水　hardt vatn

こうずい 洪水 oversvømmelse —が起きる oversvømme ノアの— syndfloden
こうせい 厚生 velferd —省 Sosia'ldepartementet —施設 velferdsfasilite'ter(pl.)
こうせい 校正 korrektu'r —する lese korrektu'r
こうせい 構成 struktu'r, sammensetning, konstruksjo'n, komposisjo'n —する sammensette, konstrue're —分子 bestan'ddel, komponen't
こうせい 攻勢 offensiv, angrep —的な offensiv, angreps- —に出る ta offensiven, angripe, gå til angrep
こうせい 後世 etterverdenen
こうせい 公正 rettferdighet（公平）upartiskhet —な rettferdig（公平な）upartisk（客観的な）objektiv（合理的な）rimelig, fornuf'tig
こうせい 更正(社会復帰) gjenopptagelse —させる gjenoppta
こうせい 恒星 fiksstjerne
ごうせい 合成 sammensetning（化学的な）synte\se —する sammensette（化学的に）syntetise're —の（化学的な）synte'tisk —繊維 synte'tfiber
こうせき 功績 bedrif't, heltedåd
こうせき 鉱石 malm, erts（鉱物）minera'l（昔のラジオの）krystal'l
こうせん 光線 stråle
こうせん 鉱泉 minera'lkjelde
こうせん 口銭 provisjo'n, meklergebyr
こうぜん・の 公然の offentlig, åpen —と offentlig, åpent
こうそ 公訴（訴追）stemning, påtale, anklage —する stemne, påtale, anklage
こうそ 控訴 appel'l —する appelle're —状 ansøkning om appel'l
こうそ 酵素 gjær
こうそう 構想 idé, plan, skisse, utkast
こうぞう 構造 sammensetning, oppbygging, struktur, konstruksjo'n

こうそく　校則　skolereglement
こうそく　拘束　restriksjo′n, begrens′ning　―する begren′se, innskrenke　―力 bindende kraft/virkning
こうぞく　皇族　keiserfami′lier (pl.)
こうそく・ど　高速度　stor/høg hastighet　―で med stor hastighet, i stor fart　―度映画 høghastighetsfilm　―道路 motorveg, høghastighetsveg
こうたい　交代　skifte, avløs〔n〕ing　―する skifte, avløse　―者 avløser, etterfølger　(代理人) vikar
こうたい　後退(退却)　tilba′ketog, retret′t　―する dra tilba′ke, gjøre retret′t
こうたいごう　皇太后　enkedronning, enkekeiserin′ne
こうたいし　皇太子　kronprins　―妃 kronprinses′se
こうだい・な　広大な　enor′m, kolossa′l, gigan′tisk　―無辺の grenseløs, uendelig
こうたく　光沢　glans, skjær　―のある blendende, skjærende　―を出す pole′re, pusse
こうち　耕地　dyrkbar jord, dyrkingsfelt
こうちゃ　紅茶　te　―茶碗 tekopp　―1杯 en kopp te
こうちょう　校長(中学・高校)　rektor, skoleinspektø′r
こうちょうかい　公聴会　høring, avhøring
こうちょく・する　硬直する　stivne, størkne　―した stiv, størknet
こうつう　交通(往来)　trafik′k, ferdsel (運輸) transpor′t　―機関 transpor′tmiddel　―信号 trafik′klys　―事故 trafik′kulykke　―違反 brudd på trafik′kreglene, trafik′kovertredelse　―整理 trafik′kregulering　―渋滞 trafik′kork, trafik′ksammenbrudd　―巡査 trafik′konstabel
こうつごうな　好都合な　passende, belei′lig, hensiktsmessig, egnet
こうてい　皇帝　keiser　―の keiserlig
こうてい　工程　proses′s
こうてい　肯定　bekref′telse, samtykke　―する bekref′te, samtykke　―的な bekref′tende
こうでいする　拘泥する　være fordringsfull/kresen

こうていぶあい 公定歩合 diskon′to
こうてつ 鋼鉄 stål
こうてん 公転 omløp, omdreining ―する dreie rundt
こうてん 好転 forbe′dring（経済的な）oppsving ―する bli bedre, bli mere favorise′rt
こうてんてきな 後天的な erver′vet
こうど 高度(高さ) høgd ―な(進んだ)framskutt, avansert ―計 høgdemåler
こうどう 行動 handling, aksjo′n, dåd ―する handle, bære seg at/åt ―半径 aksjo′nsradius
こうどう 講堂 audito′rium, foredragssal
ごうとう 強盗(人) røver, innbrottstyv, bandit′t（行為）røveri′, innbrott ―を働く røve, stele
ごうどう 合同 sammenslutning, fore′ning（政党の）koalisjo′n（共同体）fellesskap ―する sammenslutte, fore′ne, sammensmelte
こうとうさせる 降等させる degrade′re
こうとう・の 口頭の muntlig ―試問 muntlig eksa′men/prøve ―試問を受ける være oppe i muntlig eksamen
こうとう・の 高等の avansert, høyerestående ―学校 videregående skole, gymna′s〔ium〕 ―学校の生徒（高校生）gymnasias′t ―裁判所 lagmannsrett ―動物 høyerestående dyrearter
こうどく 購読 abonnement, subskripsjo′n ―料 abonnementsavgift ―者 abonnen′t, subskriben′t ―する abonne′re, subskribe′re
こうとくしん 公徳心 samfunnsånd
こうない 構内（鉄道の）jernbaneområde（大学などの）universitetsområde
こうない 港内 i hamn/havn
こうにゅう 購入〔inn〕kjøp ―する kjøpe ―者 kjøper
こうにん 公認 offentlig erkjen′nelse/innrømmelse ―する autorise′re, gi fullmakt/autorisasjo′n/bevil′ling, bemyn′dige ―会計士 autorise′rt, revi′sor ―記

録 offentlig〔erkjent〕reko′rd　—候補者 en nomine′rt kandida′t
こうにん　後任　etterfølger
こうねん　光年　lysår
こうねんき　更年期　overgangsalder
こうのとり　〈鳥〉stork
こうは　光波　lysbølge
こうば　工場　fabrik′k（主として修理の）verksted
こうはい　後輩(学生の)　yngre elev, ens junior
こうはい　荒廃　ø〔y〕deleggelse, rui′n　—させる ødelegge, ruine′re　—した ødelagt
こうばい　購買　kjøp　—力 kjøpekraft
こうばい　勾配(傾斜)　skråning　けわしい— skrent skråning（鉄道・道路の上りの）stigning
こうはん　公判　rettssak, rettshandling, rettslig behandling　—に付する foreta rettssak
こうはん　後半　annen halvdel, siste halvdel〔av〕, andre omgang
こうばん　交番　〔lokal〕politistasjon
こうひょう　公表(公布) kunngjøring, offentlig tilkjen′negivelse（発表）kunngjøring, offentliggjørelse　—する kunngjøre, offentliggjøre
こうひょう　好評　god kritik′k, velvillig kritik′k　—を博する gjøre populæ′r, vinne〔almin′nelig〕bifall　—である være populæ′r
こうふ　坑夫　gruvearbeider
こうふく　幸福　lykke, glede　—な lykkelig, gledelig
こうふく　降伏　kapitulasjo′n, underkastelse, overgivelse　—する kapitule′re, underkaste seg, overgi seg
こうふする　公布する　kunngjøre, tilkjen′negi
こうぶつ　好物　éns livrett, yndlingsrett
こうぶつ　鉱物　minera′l　—の minera′lsk　—学 mineralogi′　—資源 minera′lressurser (pl.)
こうふん　興奮　sinnsbeve′gelse, spenning, opphisselse　—している heftig, hissig, ubehersket　—させるような(映画・本など) spennende, nervepirrende　—さ

せる opphisse, egge, anspore　—する hisse seg opp, bli spent
こうへい　公平　rettferd, upartiskhet　—な rettferdig, upartisk
こうほ　候補(立候補) kandidatu'r　—者 kandida't, ansøker　—に立つ kandide're, stille opp som kandida't
こうぼ　酵母　gjær
こうほう　公報　kommunike, 〔offentlig〕 meddelelse
ごうほう　合法　legitimite't　—的な lovlig, rettferdig　—化する legitime're, gjøre lovlig
こうま　小馬　ponni (子馬) fole, føl 雄の— fole 雌の— ung hoppe
こうまん　高慢　stolthet, arrogan'se, hovmod　—な stolt, arrogan't, hovmodig
ごうまん　傲慢　hovmod, arrogan'se　—な hovmodig, arrogan't
こうみょう　光明 (光) lys (希望) et svagt håp
こうみょう　功名　heder, berøm'melse, 〔godt〕 ry　—心 ambisjo'n, ærgjer'righet　—心のある ambisiø's, ærgjer'rig
こうみょう・な　巧妙な　fyndig, skikkelig, sinnrik　—に fyndig, skikkelig
こうみん　公民　medborger
こうむ　公務　offentlig verv, tjenesteplikt　—員 tjenestemann, embetsmann
こうむる　被る(罰など受ける) pådra seg, li (危険などに曝される) utsette seg〔for〕, underkaste seg
こうめい　高名　berøm'melse, heder　—な berøm't, hederfull
こうもく　項目　artik'kel (論文・文学などの章) kapit'tel (簿記の) post
こうもり　蝙蝠 〈動〉 flaggermus　—がさ paraply'
こうもん　肛門 〈医〉 endetarmsåpning, anus
ごうもん　拷問　tortu'r, pinsel
こうやく　膏薬(はり薬) plaster (ぬり薬) salve
こうやく　公約　offentlig løfte　—する gi offentlig

løfte
- **こうゆう** 校友 skolekamerat —会 ele'vforening
- **こうよう** 公用 offentlig verv —で på embets vegne, i embets medfør
- **こうよう** 紅葉 etterårslauv
- **こうよう** 効用 nytte, anvendelse (効能) nytte, effek't, virkning
- **こうようじゅ** 広葉樹 lauvtre
- **こうらく** 行楽 utflukt, tur, ekskursjo'n —地 utfluktområde, feriested —に行く ture
- **こうり** 小売り detal'jsalg —店 detal'jhandel —価格 detal'jpris —する selge i detal'j
- **こうり** 高利 høg rente, ågerrente —貸し〔業者〕ågerkar —貸しをする ågre, drive åger
- **こうり** 功利 nytte —的な nyttig (目的にかなった) formålstjenlig —主義 utilitaris'me
- **ごうり・か** 合理化 rasjonalise'ring —化する rasjonalise're —性 rasjonalite't —主義 rasjonalis'me —的な rasjonel'l, fornuf'tig, fornuf'tmessig
- **こうりつ** 効率 effektivite't —的な effektiv (機能的な) funksjonæ'r —化する effektivise're
- **こうりつ** 公立 det offentlige —の offentlig (国立の) statlig, statens- (市立の) kommuna'l
- **こうりゅう** 交流 (電気の) vekselstrøm (文化の) kulturel'l veksling
- **ごうりゅうする** 合流する flyte sammen, fore'ne seg
- **こうりょ** 考慮 overveielse, omtanke —する overveie, tenke over
- **こうりょう** 香料 (化粧品の) parfy'me (香辛料) krydder
- **こうりょうとした** 荒涼とした øde〔lagt〕
- **こうりょく** 効力 effek't, virkning —のある effektiv, virkningsfull
- **こうりん** 後輪 bakhjul
- **こうりんせつ** 降臨節 advent
- **こうろ** 航路 sjøveg
- **こうろう** 功労 fortje'neste, fortrinn

こうろん 口論 trette, krangel, kjekl, kiv ー する trette, krangle, kjekle, kives ー好きの kivaktig
こうろん 公論 almin'nelige/folks omdømme
こうわ 講和 fred〔sslutning〕(和解) forso'ning, forlik ーする slutte fred, forli'ke ー条約 fredsavtale
こえ 声 stemme, røst, mæle 小ーで話す tale lågmælt 大ーで話す tale høglytt 叫びー skrik ー変わり〔stemmes〕overgang (小鳥のさえずり) kvitter 虫などのー surr
ごえい 護衛 livvakt, eskor'te, garde ーする beskyt'te, forsva're, holde vakt ー(する人) beskyt'ter, vokter ー兵 vakt
こえだ 小枝 kvist, liten gren
こえび 小えび〈魚〉reke
こえ・る 肥える bli fe〔i〕t (土地が) bli fruktbar ーた(体の) fe〔i〕t, tjukk (土地の) fruktbar
こえる 越える krysse〔over〕, gå over 跳びー springe over
こえる 超える overstige, overgå (一線を) overskride
コークス koks
ゴーグル (スキー用の) snøbrille
コース (道) veg, vei (軌道・ゴルフコース) bane (行程) løp (進路) kurs (学習などの) kurs〔us〕, fag
コースター (ジョッキなどの) ølbrikke
コート (上衣) frakk レインー regnfrakk (婦人用) kåpe (テニスなどの) tennisbane
コード (ひも・綱) re〔i〕p, snøre (電話などの) snor, ledning (ロープ) tau
コーヒー kaffe ー豆 kaffebønne ーポット kaffekanne ー茶碗 kaffekopp
コーラ cola
コーラス 〈楽〉kor
こおり 氷 is ーすべり(スケート) skøyting ー水 isvatn ーのような(冷たい) iskold, isnende ーで覆われた islagt ー枕 ispose
こおる 凍る fryse

ゴール (目的) formål (スポーツなどの) mål —キーパー målvakt, målmann

コールタール steinkoltjære

こおろぎ 〈虫〉siris′s

コーンフレーク corn-flakes

ごかい 誤解 misforståelse —する misforstå —をまねくような villledende

こがいしゃ 子会社 datterselskap

こがい・の 戸外の utendørs, til utendørs bruk —に/で i fri luft

コカイン kokain

ごがく 語学 språk〔studier〕, språkforskning, lingvistik′k (言語学) filologi′, språkvitskap

こかげ 木陰 skygge av tre —で i skyggen av tre, under et tre

こが・す 焦がす svi, brenne 日光浴で皮膚を—した solbrent

こがたな 小刀 kniv, lommekniv

こがたの 小形の av liten størrelse, lomme-

ごがつ 五月 mai

こがねむし 黄金虫〈虫〉bladbille, gullbille

こがらな 小柄な liten av statur

こがれる 焦がれる(あこがれる) lengte〔etter〕, hige etter/mot (恋をする) forelske seg i

こがわせ 小為替 postanvisning —を組む skrive ut en postanvisning

ごき 語気 tone やさしい— sakte tone —を強めて話す tale ettertryk′kelig

こぎって 小切手 sjekk —帳 sjekkhefte —で払う betale med sjekk —に裏書きする skrive bak på en sjekk —を振り出す trekke/utstede en sjekk

ごきぶり 〈虫〉kakerlak′k

こきゃく 顧客 kunde (購入者) avtaker (弁護士などの) klien′t

こきゅう 呼吸 ånde —する ånde, dra ånde —作用 åndedrag —器 åndedrettsorgan —運動 pusteøvelse —が苦しい ha åndedrettsbesvær

こきょう　故郷　fødested, hjemsted, fødehjem　—に帰る komme hjemsted
こぐ　漕ぐ　ro　ボートを— ro en båt
ごく　overordentlig, ytterst, særdeles
こくおう　国王　konge　(君主) monar'k, suvere'n
こくがい・に　国外に　utalands　—追放 deportasjo'n　—の utalandsk, utenriks
こくご　国語　det nasjona'le språk　(母国語) morsmål
こくさい　国債(負債) statsgjeld　(債券) statsobligasjo'n
こくさい・の　国際の/的な　internasjonal　—電話 internasjonal telefonsamtale　—人 kosmopolit't　—問題 internasjonalt problem, diploma'tisk sak　—連合 De forente nasjo'ner〔短〕FN　—空港 internasjonal flyplass　—結婚 giftermål mellom to personer fra forskellige land
こくさん　国産〔品〕　varer framstilt innalands
こくじ　告示　bekjen'tgjørelse, kunngjøring　—する bekjen'tgjøre, kunngjøre
こくじん　黒人　neger　(女) negres'se　—系の negroid　—霊歌 negro spiritual
こくせい　国勢　nasjona'l tilstand　—調査 folketelling, manntal　—調査を行なう føre/oppta manntal over
こくせき　国籍　nasjonalite't, statsborgerskap　—を取得する erholde nasjonalite't　—を喪失する tape/miste nasjonalite't　—を与える nasjonalise're
こくそ　告訴　anklage, saksanlegg　—する anklage, legge sak an
こくそう　穀倉　kornsilo, kornkammer
こくそう　国葬　statsbegravelse
こくたん　黒檀〈植〉ibenholt
こくてん　黒点　mørk plett　(太陽の) solplett
こくど　国土　landområde
こくどう　国道　hovedvej, landeveg
こくない　国内　innland　—の innalandsk, innenlands

(旅客機の)—線 innenlandsk flyrute —郵便 innenlandspost
こくはく 告白 tilståelse, bekjen′nelse —する tilstå, bekjen′ne
こくはつ 告発 klage, anklage, siktelse —する klage, anklage, reise siktelse mot —人(原告)klager, saksøker
こくばん 黒板 veggtavle —ふき viskelær
こくひ 国費 statsutgifter(pl.)
こくびゃく 黒白 svart og kvit, rett og urett
こくひん 国賓 statsgjest
こくふく 克服 overvinnelse, indre kamp —する overvinne, besei′re
こくべつ 告別 avskjed, farve′l —する ta avskjed [med], si farve′l —式 begra′velsesritual
こくほう 国宝 nasjona′lt kleno′die, nasjona′lskat 人間— levende nasjona′lt kleno′die, levende nasjona′lskat
こくほう 国法 landslov
こくぼう 国防 forsvar, defensiv, landsvern —大臣 forsvarsminister
こくみん 国民 borger, nasjo′n, folk —総生産 bruttonasjonalprodukt —感情 nasjona′lfølelse —年金 folkepensjon —投票 folkeavstemning
こくもつ 穀物 korn (hvete・ris etc), sæd
こくゆう・の 国有の statslig, nasjona′l —化する nasjonalise′re
ごくらく 極楽 paradi′s —の[ような]paradi′sisk —鳥 paradi′sfugl
こくりつ・の 国立の stats-, nasjona′l —公園 nasjona′lpark —劇場 nasjona′l tea′ter
こくれん 国連 De fore′nte nasjo′ner [短] FN —本部 FNs hovedkvarter —総会 FNs genera′lforsamling
こけ 苔 〈植〉 mose —むした mosegrodd, moset[e]
こけい・の 固形の solid, fast —食品 fast føde —燃料 fast brennstoff

こげちゃいろ 焦茶色 mørkbrun
こげ・る 焦げる svi〔s〕 —た svidd, brent
ごげん〔がく〕 語源〔学〕 etymologi′
ここ (場所) her —の herav —から herfra —に/へ hit —で her i —かしこに hist og her
ここ 個々 indivi′d —の enkelt, individuel′l —に individuelt, enkeltvis (別々に) hver for seg
こご 古語 gammaldags/gammalmodig uttrykk
ごご 午後(普通4時頃から8〜9時頃) ettermiddag —に i ettermiddag, om ettermiddagen
ココア kakao
こごえ・る 凍える fryse —死ぬ fryse i hel —た forfros′sen
ここく 故国 heimland, hjemland, fedreland
ここち 心地(感じ) følelse (気分) humø′r —よい beha′gelig, yndig, hyggelig
こごと 小言(おしかり) skjenn, tilrettevisning (不平) klage, jammer (とがめ) daddel —をいう skjenne på —をいわれる bli skjent
こごむ 屈む bøye seg, sitte på huk
こころ 心(心情) hjerte, sinn (感覚) sans (感情) følelse, humø′r, fornem′melse (精神) mentalite′t, ånd (考え) idé —がけ sinnelag —細い hjelpeløs, motfallen —をうつ(感動する) røre seg, ha intrykk av —を奪う erobre/vinne 〔noens〕 hjerte
こころざ・し 志(大望) ambisjo′n, aspirasjo′n (目的) hensikt, formål, forsett (希望) ønske (強い願望) begjæ′r (決意) beslut′ning (好意) vennlighet, velvilje (贈物) gave, presan′g —す ha til hensikt
こころづけ 心付け drikkepenger(pl.), beløn′ning
こころみ 試み test, forsøk, prøve —る forsøke, prøve, eksperimente′re —に forsøksvis
こころもち 心持ち(感じ) følelse (気分) humø′r, sinnsstemning (少し) smule, 〔lite〕 grann
こころゆくまで 心行くまで tilstrek′kelig, nok
こころよ・い 快い beha′gelig, bekvem′ —く gjerne, villig

ござ 蓙 tynn stråmatte
ごさい 後妻 kone i annet ekteskapet, éns annen kone
こざいくする 小細工する gå krokveier, intrige′re, forfal′ske
こさく 小作 forpak′tning ―人 forpak′ter ―する forpak′te 〔en gård〕 ―料 forpak′tningsavgift
こさめ 小雨 støvregn, småregn
こざら 小皿 asjet′t
ごさん 誤算 feilvurdering ―する feilvurdere, misrekne seg
こし 腰(身体の) hofte, liv, midje (ウェストライン) talje ―をかける sitte ned, sette seg 〔ned〕 ―を抜かす lamme, paraly′se ―の低い beskje′den, tilba\-keholden (女性で) ærbar ―痛 lumba′go, hekseskott ―元 terne
こじ 孤児 det foreldrelaus 〔barn〕 ―になる bli foreldrelaus
こじあける こじ開ける bryte opp
こしかけ 腰掛け stol (長いす) benk (ソファー) sofa ―る sitte ned, sette seg 〔ned〕
こじき 乞食(人) tigger (行為) tiggeri′ ―する tigge ―根性 nedrighet
こしつ 固執 fastholding ―する fastholde, holde fast ved
ゴシック・スタイル gotik′k ―の gotisk
ごじゅう 五十 femti
ごじゅうそう 五重奏 kvintet′t
ごじゅん 語順 ordstilling
ごじょ 互助 gjensidig hjelp
こしょう 胡椒 pepper ―入れ pepperbøsse ―をきかす pepre
こしょう 故障(破損) skade (欠陥) feil (瓦解) sammenbrudd (支障) hindring ―する gå i stykker, bryte sammen
ごしょく 誤植 trykkfeil ―表 trykkfeilslist
こしらえる framstille, framskaffe

こじん 個人 én person, indivi′d （私人）priva′t —の individuel′l —的な personlig, priva′t —教授 priva′tundervisning —教授を受ける lese priva′t —教授をする priva′tundervise —企業 enmannsvirksomhet —主義 individualis′me

こす 越す（越えて行く）gå over, krysse〔over〕, passere （年・月を）tilbringe （優る）overstige, overgå, overskride

こす 濾す filtre′re, sive

こすい 湖水 innsjø, sjø

こずえ 梢 trekrone, tretopp

こする 擦る gni, gnugge, skrubbe （ブラシで）børste （擦り取る）skrape

こせい 個性 individualite′t, perso′nlighet

ごせい 悟性 forstan′d, forstå′else

こせき 戸籍 folkregister

こせき 古跡 historisk plass, minnesmerke （廃墟）ruin

こぜに 小銭 småpenger(pl.), småmynt

ごぜん 午前 formiddag 今日の— i formiddag —中に om formiddag

こせんきょう 跨線橋 stålbro, bjelkebro

こせんしゅうしゅう 古銭収集 myntsamling

ごそう 護送（護衛）eskor′te —する eskorte′re

こそこそと i smug, i det skjulte （隠れて）i skjul （忍び足で歩く）snike —話す tale i hemmelighet

こたい 固体 fast legeme —の fast, soli′d

こだい 古代 fortid, oldtid —の i/fra fortiden, fortids-, eldgammel —の遺物 fortidslevning

こだいもうそう 誇大妄想 storhetsvanvidd

こたえ 答え（返答）svar （応答）gjenmæle, svar （解答）løysing, besva′relse —る svare〔på〕（解答する）løse, besva′re （反論する）gjendrive, imø′tegå

こだま 木霊 ekko, gjenlyd —する gi ekko, gjenlyde

こだわる forhin′dre, være imot

ごちそう 御馳走（祝宴）festmiddag （おいしい料理）lekker rett, delikates\se （もてなし）underholdning

―する(もてなす) bever'te, trakte're, by gjester på ―になる bli bever'tet ―さま Takk for maten

こちゃく・する 固着する sette fast （糊で）klistre ―剤（定着液など）fiksati'v

ごちゃごちゃ・の forvir'ret, konfu's, fortum'la ―に i uorden ―にする bringe i uorden, volde virvar

こちょう 誇張 overdrivelse （修辞の）hype'rbel ―する overdrive, gjøre blest av ―的な overdreven, umåteholden

こちょう 胡蝶 sommerfugl

こちら・に （場所）her, på dette sted ―側 denne side ―から herfra （当方）vi, jeg ―さま denne person

こつ håndlag, knep

こっか 国家 stat, nasjo'n, land ―主義 nasjonalis'me ―公務員 statsembetsmann, statsansatte

こっか 国歌 nasjona'lsang

こっかい 国会 parlame'nt （ノルウェーの）Stortinget ―議員 parlamenta'riker （ノルウェーの）stortingsrepresentant ―議事堂 parlamen'tsbygning

こづかい 小遣〔銭〕 lommepenger (pl.) nålepenger (pl.)

こっき 国旗 nasjona'lflagg ―を掲げる heise nasjona'lflagget

こっきょう 国境 riksgrense, landegrense ―線 grenselinje

コック （料理人）kokk （女の）kokke （水道・たるなどの）hane ―見習い（男）kokkegutt （女）kokkejente

こっけい 滑稽 skjemt, morskap （悪ふざけ）narrestrek ―な komisk, latterlig, morsom

こっこ 国庫 statskasse ―補助 statshjelp

こっこう 国交 diploma'tisk forbin'delse

こっこくと 刻々と hver time

こっせつ 骨折 be[i]nbrudd, be[i]nbrott, fraktu'r

こっそり〔と〕 i det skjulte, stjålent, i hemmelighet （そっと）tyst

こづつみ 小包 pakke ―郵便 pakkepost

こっている 凝っている være hengiven/absorbe′ret/tilbøy′elig

こっとう 骨董〔品〕 antikvite′t —屋/店 antikvite′tshandler —収集家 antikvite′tssamler

こつばん 骨盤〈医〉 bekken

コップ glas〔s〕 (台付きの) beger (大型の)〔drikke-〕krus

こて 鏝 (裁縫用) strykejern (理髪用) krølltang (左官用) murskei

こてい 固定 fastlegning, fastsetting —する fastne, bli fastnet, sette fast, fikse —観念 fiks idé, beset′telse, tvangstanke —資産税〔kommuna′l〕 formuesbeskatning

こてん 古典(作品・研究者) klassiker —的な/の klassisk —音楽 klassisk musik′k

こと 事(事柄) sak, ting (…すること) det å … (問題) spørsmål (事実) faktum, omsten′dighet (事情) omsten′dighet (出来事) hending, begi′venhet, tilfeldighet (事故) ulykke, ulykkestilfelle (面倒) besvæ′rlighet, bekym′ring, kludder, vrøvl

ことう 孤島 fjern ø, øde ø

こどう 鼓動 hjerteslag

こどうぐ 小道具(劇場などの) rekvisit′t

こどく 孤独 ensomhet —な ensom, e〔i〕nslig —で ale′〔i〕ne

ことごとく 悉く alt, aldeles

ことさらに 殊更に spesiel′lt, særegent, særde′les

ことし 今年 i år —の夏 i sommer

ことづけ 言付け 〔muntlig〕 beskje′d —を送る gi beskje′d om

ことなる 異なる være annleis/forskjellig/usedvanlig (等しくない) være ulike

ことに 殊に(とりわけ) isæ′r, spesiel′lt, særegent (なによりも) framfor alt (格別に) overordentlig

…ごとに hver 日— hver dag …ある— for hver gang noe skjer

ことば 言葉(単語) ord (文章) setning (言語) språk

(表現) uttrykk

こども 子供　barn　(赤ん坊) baby　(幼児) spedbarn, pusling (男の子) gutt　(女の子) pike　(息子) son　(娘) datter　―らしい barnlig　―の頃 barndom　―部屋 barneværelse

ことり 小鳥　småfugl

ことわざ 諺　ordspråk, ordtak　(格言) maksi'me, aforis'me　(伝説) legen'de

ことわ・り 断り　avslag, forkas'telse, vegring　―る (拒絶する) avslå, forkas'te, vegre seg　(取り消す) annule're, tilba'kekalle　(放棄する) avstå　(辞退する) si nei takk, sende/gi avbud　(言い訳) unnskyldning

こな 粉　(穀類の) mel　(米の) rismel　(小麦の) hvetemel　(粉末) pulver　―石鹸 såpepulver, vaskepulver　―薬 pulver　―おしろい ansiktspudder　―屋 møller

こなごなに・する 粉々にする　smuldre, pulverise're　―なる smuldres i stykker

こなゆき 粉雪　puddersnø

こにもつ 小荷物　småpakke, stykkgods　―取扱所 stykkgodskontor, pakkeekspedisjo'n

ごにん 誤認　misforståelse, feiltakelse　―する misforstå, ta feil av

こねこ 子猫　kattunge 〈幼児語〉 pusekatt

こねる 捏る　elte　(理屈を) anvende spissfin'dighet

この denne, dette　―間 den annen dag, for noen tid siden　―頃 nå om dagen, nylig　―頃の nærværende　―まえの siste〔gang〕　―つぎ neste〔gang〕, en annen gang　―へんに i nærheten

このましい 好ましい　ønskelig, god, attråverdig

この・み 好み　forkjærlighet　(食べ物の) smak　(楽しみ) behag　(傾向) tilbøy'elighet　(興味) interes'se　―む like, synes godt om, holde av　―んで frivillig

こばいにん 故買人　heler

こはく 琥珀　rav

こばむ 拒む (拒絶する)　avslå, vegre seg, forkas'te

（反対する）oppone′re, motarbeide
ごはん 御飯 〔kokt〕 ris ―を炊く koke ris （食事） mat
コピー kopi ―する kopie′re
こひつじ 子羊〈動〉 lam
こびと 小人 dverg（ガリバー旅行記の）lilleputt（幼児）pusling
ごびゅう 誤謬 feil, feiltakelse
こぶ 瘤(打撲などによる) bule （らくだの背中などの）pukkel（木の）knast（結節・しこり）knute（はれもの）svulst, byll
こふう 古風(風習が) gammel skikk （スタイルが）gammel stil ―な gammaldags
ごふくや 呉服屋(人) kleshandler （店）klesbutikk
こぶし 拳 neve にぎり― knyttneve ―を固める knyte neve
こぶとりの 小太りの buttet〔e〕, trinn
こぶね 小舟 jolle, eike （はしけ）pram
こべつ・に 戸別に fra dør til dør ―訪問販売する selge på dørene ―訪問販売人 dørselger
コペンハーゲン København
ごほう 誤報 falsk meddelelse （虚報）avi′sand
ごぼう 〈植〉 borre
こぼす 零す(水などを) spille, dryppe （涙を）felle tårer （不平を）klage, påtale
こぼれる 零れる(溢れる) flyte over （したたる）dryppe （こぼれ落ちる）falle
こま 独楽 snurrebass
ごま 胡麻〈植〉 sesam 開け― Sesam lukk deg opp! ―油 sesamolje
こまかい 細かい(小さい) liten （微細な）mikrosko′pisk （詳細な）detalje′rt （あら探しの）smålig （ささいな）ubety′delig, uviktig （金銭に）nærig
ごまかす 誤魔化す narre, snyte （だまし取る）bedra′ （着服する）begå′ underslep （隠す）dølge, gjemme （小細工する）forfal′ske
こまぎれ 細切れ(肉などの) hakket kjøtt

こまく 鼓膜 trommehinne
こまた 小股 tripp —に歩く trippe —をすくわれる〔få til å〕snuble/falle
こまどり 駒鳥〈鳥〉 rødkjelk, rødstrupe
こまもの 小間物 kortevare, galanteri′varer (pl.) —屋/店 kortevarehandel
こまやかな fin, elegan′t
こま・る 困る bli forle′gen/bekym′ret, falle vanskelig …しては—ります Det vil sjene′re mig hvis du …, Det er et problem hvis … —りました Jeg har et problem それは—りましたね Det var da trist, Det var synd —らす forvil′le, gjøre forle′gen
ごみ 芥(ごみ) skrot, skrap 生— søppel, kjøkkenavfall (かす) avfall (ほこり・ちり) støv —たてる støve —箱 avfallstønne —袋 avfallspose
こみあげる 込み上げる(感情が) bli rørende, være fylt av sinnsbevegelse (むかつく) kvalme
こみいる 込み入る(紛糾する) være komplise′rt, vikle seg sammen, bli innviklet
こみち 小道 sti, gangsti (路地) strede
こむ 込む・混む bli fylt〔av mennesker〕, være full
ゴム gummi —ボート gummibåt —ボール gummiball —輪 gummiring —ひも elastik′k 消し— viskelær
こむぎ 小麦 hvete —束 kornbånd —粉 hvetemel —色の lysebrun
こめ 米 粒〔rå〕ris —粒 risgryn
こめかみ 〈医〉 tinning
ごめん・なさい 御免なさい(すみません) Unnskyld, jeg beklager —下さい(入ってもいいですか) Må jeg komme innafor? (どなたかいらっしゃいますか) Hallo, er der noen heim?
こもじ 小文字 småbokstaver
こもり 子守(人) barnepleierske, barnejente (仕事) barnepleie —歌 voggesang, voggevise
こもん 顧問 rådgiver, veileder —弁護士 en juri′disk rådgiver

こや 小屋 hytte, brakke （納屋）skur, bod （牛・馬の）fjøs （鶏の）hønsegard, hønsehus （見世物の）telt （芝居の）liten tea′ter

こやぎ 子山羊 〈動〉 geit[e]kje

ごやく 誤訳 gal oversettelse, oversettelsesfeil

こやし 肥やし(肥料) gjødsel, gjødning ―をやる gjødsle

こやす 肥やす（地味を）gjø, fe[i]te opp （家畜などを）meske, gjø （富ませる）beri′ke

こやま 小山 haug, bakke

こゆう・の 固有の karakteris′tisk, egen, spesia′l （生来の）medfødd （本来の）origina′l ―名詞 egennavn

こゆび 小指 （手の）lillefinger （足の）lilletå

こよう 雇用 beskjef′tigelse, ansettelse, sysselsetting ―する ansette, sysselsette ―主 arbeidsgiver ―主連盟 arbeidsgiverforening

コヨーテ 〈動〉 prærieulv

こよみ 暦 kalen′der, almanak′k

こらえる 堪える(がまんする) utholde, utstå, bære （対処する）klare

ごらく 娯楽 fornøy′else, forlys′telse, glede ―場 spillehall （屋外の）forlys′telsessted, tivoli

こらしめ 懲らしめ straff, sanksjo′n ―る straffe, sanksjone′re

こりしょうの 凝り性の（一つのことに）målbevisst （細かい）kresen, forven′t

こりつ 孤立 isolasjo′n, avstengning ―した isole′rt, avstengt, ensom ―する være isole′rt/avstengt ―させる isole′re, utskille

こりょする 顧慮する ta hensyn til, legge vekt på

ゴリラ 〈動〉 goril′la

こる 凝る（硬直する）stivne, bli stiv （打ちこむ）hellige seg til, vie seg : konsentrere seg （服装などに）snobbe seg

コルク kork ―抜き korketrekker

コルセット korset′t

ゴルフ golf ―場 golfbane ―クラブ(打棒) golfkølle

—をする spille golf —をする人 golfspiller
これ denne, dette —で hermed —から fra nå av, framover —からの framtidig, kommende —から先 heretter —まで(今まで) hittil, inntil nå（ここまで）hit（呼びかけ）Se her, Hal(l)oi'

コレクション samling, kolleksjo'n

コレクトコール note'ringsoverføring

コレラ 〈病〉 kolera

ころ 頃(時) sirka, omkring

ごろ 語呂(よい) velklang, vellyd —のよい velklingende —が悪い uharmonisk —合せ ordspill

ころがす 転がす trille（回転させる）snurre（倒す）felle, slå ned

ころがる 転がる rulle, trille（つまずいて）falle om

ころす 殺す drepe, slå i hel, avlive（虐殺する）myrde（屠殺する）slakte（抑制する）avholde〔seg fra〕

コロッケ kroket't

ごろねする ごろ寝する ta en lur

ころぶ 転ぶ ramle, trille（つまずいて）falle om（つまずく）snuble

こわい 怖い・恐い forskrek'kelig, forfer'delig, fryktelig（気味が悪い）avsky'elig, fæl, uhyg'gelig

こわいろ 声色 imitasjo'n av en annens stemme

こわが・る 怖がる・恐がる være bange/redd for, bli skremt —らせる skremme, forskrek'ke

こわす 壊す(破壊する) bryte, ødelegge, tilin'tetgjøre（損害を与える）skade（狂わす）bringe i ulag〔e〕（健康を）ha en dårlig helbred, bli sjuk

こわば・る 強張る stivne, herdne —った stiv, herdet

こわれる 壊れる(砕ける) gå i stykker（破損する）bli skadet

こん 紺〔色〕 marineblå

こん 根 〈数〉 rot

こんいな 懇意な fortro'lig, intim, familiæ'r

こんがらかる bli innviklet, bringe i urede

こんがん 懇願 oppfordring, 〔innstendig〕 bønn, an-

dragende 〔om〕 —する andra〔om〕, anmode〔om〕
こんき 根気 utholdenhet, iher'dighet —のよい utholdende, iher'dig
こんき 婚期 gifteferdig alder —を逸した女性 gammal jomfru
こんきゅう 困窮(貧困) fattigdom, armod (不法な損失による) avsavn (困苦) nød, knipe —している være fattig/arm/armodslig, li nød
こんきょ 根拠 grunnlag, grunnvoll, basis (実例) eksem'pel, forbilde (典拠) kjelde —のある velbegrunnet, velfundert —のない grunnlaus, urimelig (不合理な) ubillig —地 base, basis
ごんぎょう 勤行 andaktsøvelse, gudstjeneste
こんく 困苦 nød, knipe, besvæ'r, umak〔e〕
コンクール konkurranse, tevling
コンクリート beton'g 鉄筋— arme'rt beton'g —ミキサー beton'gblander
ごんげ 権化 personifikasjo'n
こんけつ 混血 raseblanding (黒白人) mulat't (欧亜人) eura'sier —の halvblods, av blandet rase
こんげつ 今月 denne måned —中に i〔løpet av〕denne måned
こんげん 根元・根源 opprin'nelse, opphav, kjelde
こんご 今後 〔i〕 tiden framover, heretter —の framtidig, kommende —は i framtiden —も fremdeles
こんごう 混合 blanding —する blande
コンサート 〈楽〉konser't
こんさい 根菜 rotfrukt
こんざつ 混雑 trengsel, vrimmel (混乱) forvir'ring, uorden (乱雑) uorden —する trenges, flokkes
こんしゅう 今週 denne veke/uke
こんすい 昏睡 koma, djup bevis'stløshet
こんせき 根跡 spor, merke
こんぜつ 根絶 utslettelse, utrydding —する utslette, utrydde
コンソメ buljon'g

こんだて 献立(食事の) meny', spisekart
こんちくしょう こん畜生！ Pokker〔ta ham〕!, Fanden er løs!, Gå fanden i vold!
こんちゅう 昆虫 insekt ―学 entomologi' ―採集 insektsamling
こんど 今度 denne gang（この次）næste gang, snart （最近）nylig, i det siste
こんどう 混同 forvir're: feiltakelse （混乱）forvir'ring, uorden ―する blande sammen
ゴンドラ gondo'l
コントラバス〈楽〉kontrabass
こんとん 混沌 kaos, forvir'ring ―とした kao'tisk, forvir'ret
こんな denne slags, sådan〔som〕
こんなに så mye som, så, i den grad
こんなん 困難 besvæ'r, vanskelighet ―な besvæ'rlig, vanskelig ―に打ち勝つ overvinne〔en vanskelighet〕
こんにち 今日 idag, nå til dags （現今の）nåværende, nåtidig ―は(挨拶) Goddag
コンパ sammenskuddsfest
コンパス（両脚器）passer（羅針盤）kompas'〔s〕
こんばん 今晩 i aften ―は(挨拶) Godaften
コンビーフ sprengt oksekjøtt
コンピューター datamaskin
こんぼう 棍棒 knortekjepp
こんぽん 根本 grunn〔lag〕, basis, rot （根元）kjelde, opphav （本質）vesen ―的な vesentlig, grunnleggende, fundamenta'l ―的に i bunn/botn og grunn
コンマ komma
こんや 今夜 i aften, i natt
こんやく 婚約 forlo'velse ―する forlo've seg〔med〕 ―者 forlo'ver ―指輪 forlo'velsesring
こんらん 混乱 uorden, kaos, forvir'ring ―する bli forvir'ret ―させる forvir're
こんりゅう 建立 oppbygging ―する bygge opp, konstrue're

こんわく 困惑 forle′genhet, bryderi′ —させる bringe en i forle′genhet

さ

さ 差 forskjell, atskillelse —がある der er forskjell —がつけられる atskille seg
さあ 〔間投詞〕 Nå! Kom nå! (ためらい) Tja
サーカス sirkus
サークル sirkel, krets
サービス (奉仕) god betje′ning, service —する betje′ne, varte opp, serve′re —料(レストランなどの) drikkepenger(pl.), (ホテルなどの) serviceavgift
さい 犀〈動〉neshorn
さい 再〔接頭語〕gjen-, om-, re-
さい 際 hvor, når, da あの—に ved den leilighet, i det tilfelle …に—して ved …, på et tidspunkt hvor
さい 才(才能) talent, evner —がある ha evner —のある dyktig, bega′vet, talentfull (天才) geni
さいあいの 最愛の 〔min〕høgst elskede
さいあく 最悪 det verste —の場合に i verste fall
ざいあく 罪悪(宗教・道徳的な) synd (法律上の) forbry′telse, brøde
さいえん 菜園 kjøkkenhage
さいかい 再会 gjensyn —する møtes igjen
さいかい 再開 gjenopptakelse —する gjenoppta
さいがい 災害 ulykke, uhell 大— katastro'fe —保険 ulykkesforsikring
ざいかい 財界 finan′sverden
ざいがく・する 在学する gå i skolen, studere ved universite′tet —中に mens ens skoletid
さいかくにん 再確認 bekref′telse
さいきん 最近 nylig, i det siste (現代的な) mode′rne, nåtidig (軽蔑的に) nymotens
さいきん 細菌 bakte′rie, basil′l, virus —学 bakte-

riologi′
さいく 細工 handverk （手工芸）〔kunst〕handverk, handarbeid （術策）trikk, list, knep （術策を用いる）bruke knep, bedra′, forbry′te seg mot
サイクリング sykling —道路 sykkelsti
さいくん 細君 〔ens〕kone
さいぐんび 再軍備 〔gjen〕opprusting —する ruste opp〔igjen〕
さいけつ 裁決 dom, avgjørelse
さいけつ 採決 avstemning —する stemme, sette under avstemning
さいげつ 歳月 tiden
さいけん 再建 gjenoppbygning —する gjenoppbygge
さいけん 債権 obligasjo′n, fordring tilgodehavende —者 fordringshaver, kreditor
さいけん 債券 obligasjo′n
ざいげん 財源 inntektskjelde （資金）kapita′l, fond
さいご 最後 den siste —の siste, endelig —に ultimo, til siste —まで til de siste, til ende —通牒 ultima′tum
ざいこ 在庫 lager —品 varelager, varer på lager —調べ beholdningoppgjørelse, lageropptelling
さいこう 最高 det høgste, maksimum —の høgste, ekstre′m, maksima′l —裁判所 høyesterett —学府 universite′t, høgste læreanstalt —速度 maksima′l-hastighet
さいこう 再興 gjenopplivelse （建築物などの）restaure′ring, gjenoppbygging
さいこう 再考 gjenoverveielse —する gjenoverveie, ta opp tll revisjo′n
さい・ころ 骰子 terning —を振る kaste terninger —は投げられた terningerne er kastet
さいこん 再婚 annet ekteskap —する gifte seg igjen
さいさん 再三 igjen og igjen
さいさん 採算 profit′t

ざいさん 財産 formue, eiendom, aktivum, verdier ―目録 inventa′rliste ―税 formuesbeskatning ―家 rikmann, millionæ′r
さいし 妻子 fami′lie, 〔ens〕 kone og barn
さいしあい 再試合 omkamp
さいじつ 祭日 〔nasjona′l〕 helligdag
さいして 際して på et tidspunkt 〔hvor〕
さいしゅう 採集 samling 〔av f.e. sommerfugle〕 (植物の) plukning ―する samle 〔på/sammen〕 (花などを) plukke
さいしゅう 最終 den siste ―の siste, endlig ―に ultimo, til siste ―的には ytterst
さいしゅつ 歳出 årlige utgifter(pl.)
さいしょ 最初 den første, begyn′nelse ―の først, opprin′nelig ―に for det første ―は i begyn′nelsen
さいしょう 最小 minimum, den minste ―の minste ―公倍数 minste felles multiplum ―公分母 laveste felles nevner
さいしょう 宰相 premierminister, statsminister
さいじょう 最上 den beste ―の best〔e〕 ―品 kvalite′tsvare
さいしょく 菜食 vegetarkost ―主義者 vegetar〔ia′ner〕
さいしん 最新 den nyeste ―の nyeste ―式 nyeste mote/stil
サイズ mål, størrelse (服・靴など) nummer (本など) format
ざいせい 財政 finan′s〔saker〕, økono′miske forhold ―の finansiel′l
さいせいき 最盛期(全盛期) gullalder (出さかり) seson′g
さいせん 再選 gjenvalg ―を目指す søke gjenvalg
さいぜん 最善 ens beste ―をつくす gjøre sitt beste
さいそく 催促 anmodning, begjæ′r, etterspørsel ―する presse, framheve, anmode, begjæ′re
サイダー sider
さいだい 最大 den største, maksimum ―の størst

—限度にする maksime′re —公約数 største fellesdivisor

ざいたくする 在宅する være heim
さいたん 最短 den korteste —の kortest —距離 korteste avstand
さいだん 祭壇 alter
さいだん 裁断(洋服などの) skjæring (裁決) dom, avgjørelse —する skjære (裁決する) dømme, avgjøre —師 tilskjærer
ざいだん 財団 fond, stiftelse
さいちゅうに 最中に midt på/under, midt 〔i〕mellom
さいてい 最低 den laveste, minimum (最悪) den verste —賃金 minima′llønn —価格 minima′lpris
さいてい 裁定 rettskjennelse
さいてき 最適 den beste, den meste passende
さいてん 採点 anmerkning (競技の) antall, poen′g, stilling —する gi karakte′r for, sensure′re
さいなむ 苛む pine, plage, torture′re
さいなん 災難(不幸) ulykke, uhell (災禍) katastro\-fe
さいにゅう 歳入 årlige 〔stats〕innkomst/〔stats〕inntekt
ざいにん 罪人(法律上の) forbry′ter, lovbryter (未決の) den anklagede (既決の) fange, innsatt (宗教上の) synder
さいねんちょうしゃ 最年長者 eldste person, den eldste
さいのう 才能 talen′t, evne —がある ha talen′t —のある dyktig, talen′tfull, bega′vet —を伸ばす dyrke sine evner
さいばい 栽培 dyrking, kultive′ring, avl
さいはつ 再発(病気などの) tilba\kefall
ざいばつ 財閥 finan′sgruppe (富裕階級) plutokrati′ (資本家) kapitalis′t, pengemann
さいはっこうする 再発行する trykke opp igjen
さいばん 裁判 rettssak, dom —する dømme —官 dommer —長 rettsformann, rettspresident —所

domhus, rettsbygning （法廷）domstol （判決）dom （裁定）rettskjennelse

さいひょうせん 砕氷船　isbryter

さいふ 財布　〔penge〕pung, portemoné

サイフォン sifong'

さいへん 細片・砕片　stykker, fragmen't （木・骨・ガラスなどの）splint

さいへんせい 再編成　omorganise'ring ―する omorganise're

さいほう 裁縫　syning ―する sy ―台 sybord （仕立て）skredderi'

さいぼう 細胞　celle ―核 cellekjerne ―組織 cellevev ―膜 cellemembran

さいまつ 歳末　års ende, ende av år

さいみん 催眠　hypno\se ―をかける hypnotise're ―術師 hypnotisø'r ―剤 sovemiddel

さいむ 債務　obligasjo'n, gjeld, skyld ―者 skyldner

ざいもく 材木　tømmer, tre

さいよう 採用　adopsjo'n, opptaking （雇うこと）antakelse, ansettelse ―する antake, ansette

ざいりょう 材料　materia'l〔e〕, stoff （原料）råmaterial〔e〕,（料理・菓子などの）ingredien's （資料）data, kjeldeskrift

さいれい 祭礼　ritua'l, høgtid （祝賀会・パーティー）fest ―の rituel'l, høytidelig festlig

サイレン sire\ne

サイロ silo

さいろく 採録　notering, nedskrivning ―する note're

さいわい 幸い　lykke, hell, glede ―な lykkelig, heldig, glad ―にも heldigvis

サイン （署名）underskrift, signatu'r （合図）signa'l, tegn （暗号）sifferskrift （正弦）〈数〉sinus （署名する）underskrive, signe're （合図する）signale're, gi tegn ―ペン merkepenn

…さえ selv, enda …―すれば hvis bare

さえぎる 遮る　forhin'dre, avbryte

さえずる 囀る kvitre, trille —声 kvitter

さお 竿 stang, stakk, stav 竹— bambusstav —秤 bismer

さか 坂 skråning, helling 上り— oppadgående skråning, stigende veg 下り— nedadgående skråning, fallende veg

さかい 境（境目） grense （国境）statsgrense —を接する grense opp til

さかえ 栄え（繁栄） velstand, blomstring —る blomstre, trives （栄華）ære, herlighet, glans

さがく 差額 margi'n

さかさま・の 逆さまの omvendt, inverte'rt 上下が—の vendt opp og ned —にする vende opp〔og〕ned på （うしろまえの）omvendt med bakdel fram

さがす 探す・捜す le〔i〕te etter, søke〔etter〕, se etter （捜索する・追跡する）spore

さかずき 杯・盃 vinglas〔s〕, beger （優勝杯など）poka'l —を干す tømme vinglas〔s〕

さかだち 逆立ち（両手だけで） handstand —する stå på hendene

さかだつ 逆立つ（毛が） reise børster

さかな 魚 fisk —を取る fange fisk —を釣る fiske —釣り fisketur —屋 fiskehandler, fiskebutik'k —料理 fiskerett —の卵 rogn （肴・酒のつまみ）noe å spise til vin

さかのぼる 遡る（川を） gå opp ad floden, gå mot strømmen （昔に）gå tilba'ke〔til〕

さかば 酒場 pub, skjenkested, verthus, kro （場末の）kneipe

さからう 逆らう（反対する） oppone're〔mot〕, motsette seg （反ばくする）bestri'〔de〕, motsi （従順でない）være ulydig

さかり 盛り（絶頂） højdepunkt （人生の）〔livets〕beste tid （花の）i full flor —場 forlys'telseskvarter

さがる 下がる（垂れ下がる） henge nedad （低下する）gå ned, falle （うしろに）tre tilba'ke/bakut

さかん 左官 murer

さかん・な 盛んな(隆盛の) blomstrende, framgangsrik (活気のある) livaktig, virksom —になる blomstre, gjøre framgang, trives (活発になる) bli livaktig/virksom

さき 先(先端) spiss, kvass ende (目的)mål (未来) framtid (以前に) tidligere, forutgående (前の) forhenværende —に først (おさきにどうぞ) Værsågod å gå først (おさきに失礼) Unnskyld jeg [gjør noe] først

さぎ 鷺〈鳥〉 heire, hegre

さぎ 詐欺 bedrageri', bedra'g, svindel (偽造) falskneri' —をする bedra', svindle —師 bedra'ger, svindler

さきおととい 一昨昨日 for tre dager siden

さきがけ 先駆け initiati'vtaker, pione'r

さきごろ 先頃 for noen tid siden (先日) forle'den dag (近頃) nylig

さきどりする 先取りする ta på forskott

さきばらい 先払い(前払い) betaling forut —する betale forut, gi forskott

さきほど 先程 for en liten stund siden

さきゅう 砂丘 sandbanke, dyne

さぎょう 作業 verk, arbeid —場 verksted, arbeidsplass —服 arbeidstøy

さきん 砂金 gullstøv

さきんずる 先んずる komme/gå forut for, komme en i forkjøpet

さく 咲く(花が) blomstre, stå/være i blomst/flor

さく 裂く(引き破る) rive [av], flenge [i] (はぎ取る) flekke (割る) kløyve, splitte

さく 柵 gjerde, hegn —で囲う omgjerde —の戸・木戸 led

さくいん 索引 indeks, regis'ter, innholdsfortegnelse —をつける forsy'ne med regis'ter/innholdsfortegnelse

さくげん 削減 nedskjæring, reduksjo'n —する skjære ned, reduse're [til]

さくし 作詩 dikting —する dikte …— dikt av
さくじつ 昨日 i går
さくしゃ 作者(著者) forfat'ter (作曲者) komponis't (芸術作品の) kunstner
さくしゅ 搾取 utnytting (資源の) rovdrift —する eksploite're, utnytte, utbytte
さくじょ 削除 elimine'ring, utelukkelse, utelatelse —する elimine're, utelukke, utelate
さくせん 作戦(戦術) strategi', taktik'k (軍隊の) militæ'r manø'ver —計画 taktisk/strate'gisk planlegning
さくどう 策動 poli'tisk manøvre'ring, manipule'ring —する manipule're
さくねん 昨年 i fjor, siste år, forrige år
さくばん 昨晩 i går aftes, i natt (今晩の意味もある)
さくひん 作品 verk, arbeid, produk't 芸術— kunstverk
さくぶん 作文(文章) essay, skrift (作ること) forfat'terskap (学科の) stil
さくもつ 作物(農作物) landbruksproduk't (収穫) høst, innhøsting, —をつくる kultivere, avle, produse're, frambringe
さくや 昨夜 i går aftes, i natt (今晩の意味もある)
さくら 桜〈植〉(木) kirsebær[tre] (花) kirsebær
さくらそう 桜草〈植〉kusymre
さくらんぼ 桜桃 [spansk] kirsebær
さくりゃく 策略 list, lureri, trikk (戦略) strategi' —家 intri\gemaker (戦略家) strate'g
ざくろ 柘榴〈植〉grana'teple —石 grana't
さけ 鮭〈魚〉laks
さけ 酒 spiritus, spirituø's drikk (日本酒) risvin, sake (焼酎) japansk [ris]brennevin (ぶどう酒) vin —を飲む drikke sake —飲み en drikkende person, dranker —屋 spiritusforretning —醸造所 sake bryggeri'
さけい・する 左傾する helle til venstre —的な venstreoriente'rt, venstrevendt

さけ・び 叫び(大声での) 〔ut〕rop (高い声の) skrik, hvin (怒号) vræl —ぶ 〔ut〕rope, skrike, hvine (わめく) vræle

さけ・め 裂け目 rivne, sprekk, kløft, spalte —る rivne, sprekke, kløfte, spalte (破裂する) breste, knekke

さける 避ける(よける) unnvike, unngå (嫌って) sky (近づかない) holde seg fra

さげる 下げる(つるす) henge (綱で降ろす) fire ned (音を) dempe, senke (値段などを) nedsette (位を) degrade′re (軍刀などを) bære, holde (片付ける) ta noen bort, rydde

さげん 左舷 babord

さこつ 鎖骨 〈医〉kragebe〔i〕n

ささいな 些細な ubety′delig, uviktig, uanselig —こと ubety′delighet, bagatel′l, småsak

ささえ 支え(支持) støtte, hjelp (支柱) støtte, avstiver, søyle —る støtte, holde opp, understøtte

ささげ・る 捧げる(いけにえなどを) ofre, hellige, gi (献呈する) dedise′re, tilegne 〔til〕 —物 offer

ささつ 査察 etterforsk〔n〕ing —する etterforske

さざなみ 細波 krusning, bølgjeslag

ささやかな liten, ubety′delig

ささや・く 囁く hviskre, mumle —き hvisk, mummel

さじ 匙 skei 茶— teskei 一杯 skeifull 加減(手加減) toleranse, hensyn (処方) ordinasjo′n

さしあげる 差し上げる(持ち上げる) løfte, heve (進呈する) gi, overrekke, overgi

さしあたり 差し当たり(当分) foreløpig (目下のところ) for tiden, for øyeblikket

さしえ 挿絵 illustrasjo′n —入りの illustre′rt

さしおさえ 差し押さえ arrest, besla′gleggelse —る arreste′re, besla′glegge

ざしき 座敷 loka′le (客間) gjestværelse, salon′g

さじきせき 桟敷席 balkon′g

さしこ・み 差し込み(挿入) innsettelse (電気の)

propp, plugg （病気の）krampetrekning （腹痛の）kolik′k —む（挿入する）sette inn, innføre （光が）skinne〔inn〕（痛む）ha kolik′k/krampe

さししめす 指し示す vise, peke〔på〕

さしず 指図 instruk′s, ordre, befaling —する instrue′re, befale

さしせま・る 差し迫る være nær på/ved å —った overhengende, presserende （経済的に）trengende

さしだ・す 差し出す（提出する）overlate, overgi, forelegge （腕を）strekke （手紙などを）sende〔av〕（為替を）oversende —し人〔av〕sender

さしつかえ 差し支え（支障）〔for〕hindring （不便）ulempe, besvæ′r, ulei′lighet （困難）vanskelighet, møje —る（支障がある）legge seg hindringer i veien for, sperre （不便を感じる）ulei′lige seg〔med〕（困難がある）ha vanskelig ved å gjøre noen —なければ hvis der ikke er noe til hinder for det, hvis du ikke har noen innvendinger

さしでがましい 差し出がましい geskjef′tig, påtrengende, nærgående

さしひかえる 差し控える avholde seg fra

さしひ・き 差し引き（勘定）balanse （控除）fradrag —く trekke fra, diskonte′re —き残高 saldo

さしものし 指物師 snekker

さしょう 査証 visum —が必要である der kreves visum

ざしょうする 座礁する grunnstø〔y〕te, støtte/sette på grunn

さす 刺す gjennombore, stikke （虫などが）prikke, bite （縫う）sy

さす 指す（指摘する）peke på, utpeke 指— peke med, rette

さす 差す（水などを）helle〔i〕, tømme〔i〕（日が）skinne （潮が）stige

さす （傘を）slå opp/holde〔paraply′〕（刀を腰に）ta på〔sverd〕

さす 砂州 sandmel

さすが tross alt —に som man kan forven'te
さずかる 授かる motta, få （聖職など）bli innviet
さずける 授ける gi〔tilla'telse〕（教える）instrue're, undervise
ざせき 座席 〔sitte〕plass （教会の）kirkestol —に着く ta plass, sette seg ned —〔指定〕券 plassbillet —の予約 plassbestilling —数 antall sitteplasser
ざせつ 挫折 tilba\keslag, bakslag 計画などが—する bli tilin'tetgjort, mislykkes 気力が—する bli nedslående / nedslått, føle seg skuffet —させる tilin'tetgjøre, skuffe
…させる （強制して）tvinge noen å gjøre, la noen gjøre, få noen til å （許可して）få/gi lov til å, tillate noen å gjøre
ざぜん 座禅 sittende meditasjo'n
させんする 左遷する relege're forvi'se （降格させる）degrade're
さぞ （きっと）uten tvil, utvilsomt
さそう 誘う （招く）invite're, innby （誘惑する）lokke, （迷わせる）forle'de
さそり 〈虫〉 skorpio'n
さだめ 定め regel, lov （運命）lodd, skjebne
さだめし utvilsomt
さだ・める 定める（決める）bestem'me, avgjøre （規則などを）stifte, innrette, fastsette —まる（決まる）bli bestem't/avgjort/beslut'tet/fastsatt —まった fastslått, fastsatt
ざだん 座談 konversasjo'n〔ved bordet〕 —会 samkvem med diskussjo'n
さつ 札 〔penge〕seddel —入れ lommebok, seddelbok
さつ 冊(本の部数) kopi, eksem'pel
さつえい 撮影 fotografe'ring, 〔film〕opptak —する fotografe're （映画を）filmatise're —技師/者 fotogra'f
ざつおん 雑音 støy, bulder, larm, spetak'kel
さっか 作家 forfat'ter, skriben't （作詩家）dikter

ざっか 雑貨 dagligvarer(pl.) —店 kolonia′lbutikk, kolonia′lhandel

サッカー fotball —場 fotballbane

さつがい 殺害 mord, drap —者 dreper, morder —する myrde, drepe

さっかく 錯覚 misforståelse, illusjo′n, hallusinasjo′n

さっき for et øyeblikk siden, for noen tid siden

ざっきちょう 雑記帳 noti′sbok (生徒用の) glosebok

さっきょく 作曲 komposisjo′n —する kompone′re —家 komponis′t

さっきん 殺菌 desinfeksjo′n, sterilisasjo′n 低温— pasteurise′ring —する desinfise′re, sterilise′re 低温—する pasteurise′re —剤 desinfeksjo′nsmiddel

ざっくばらんの åpen, oppriktig, uforbeholden, åpenhjertig

さっこん 昨今 den seneste tid, nylig

ざっし 雑誌 tidsskrift, blad, magasi′n 月刊誌 månedsskrift

ざつじ 雑事 diver′se, diver′se anliggender(pl.) 身辺— all slags priva′tanliggender(pl.)

さっしゅ 雑種 krysning (動・植物の) hybri′d (動物の) bastar′d —の av blandet avstamning, hybri′d, bastar′d —をつくる krysse

さっしん 刷新 forny′else, refor′m

さつじん 殺人 mord, drap —者(犯人) morder, dreper —事件 mordsak

さっする 察する gjette, anta, tippe på

ざつぜんと 雑然と i uorden, i urede —した uordentlig, rotet〔e〕

ざっそう 雑草 ugress, ukrutt —をとる rense for ukrutt

さっそく 早速 straks, øyeblik′kelig

ざったな 雑多な all slag〔s〕, allehånde, diver′se

ざつだん 雑談 〔små〕snakk, sludder, prat —する 〔små〕snakke, sludde, prate

さっちゅうざい 殺虫剤 insektmiddel, insektici′d

さっと straks, øyeblik′kelig, plutselig

ざっと (大略) omtrent, omkring, cirka (簡単に) i korthet, kort sagt

ざっとう 雑踏 trengsel, stimmel ―する trenges, stimle sammen

ざつな 雑な skjødesløs, sjusket〔e〕, tankeløs, nonchalant

さっぱり overhovedet 〔ikke〕

ざっぴ 雑費 diver′se utgifter(pl.)

さっぷうけい 殺風景 smakløshet, vulgarite′t ―な smakløs, vulgæ′r (わびしい) trist, bedrø′velig (退屈な) kjedelig, trøtt

さつまいも 薩摩芋 søtpotet, bata′te

ざつよう 雑用 diver′se, diver′se anliggender (pl.)

さて nå, men

さてい 査定 vurde′ring, takse′ring (評価) verdsettelse ―する vurde′re, takse′re, verdsette

さと 里 landsby (結婚した女性の) barndomsheim ―子 pleiebarn ―心 heimlengsel

さとう 砂糖 sukker (グラニュー糖) strøsukker 角― raffina\de ―大根 sukkerroe ―きび sukkerrør

さと・る 悟る forstå, innse, erkjen′ne ―りを開く bli åndelig oppvakt

さなぎ 〈虫〉 puppe

さなだむし 〈虫〉 bendelorm

サナトリウム sanato′rium

さは 左派 venstre (ノルウェー議会の) Venstre ―の venstreorientert

さば 鯖〈魚〉 makrel′l

さば・く 裁く(裁決する) dømme, avsi/forkyn′ne dom〔over〕―き (判決) dom,〔rettslig〕avgjørelse

さばく 捌く(処理する) behan′dle, handle (売る) selge, avhende

さばく 砂漠 ørken

さび 錆 rust ―る ruste ―がつく bli rusten ―止め (処理) rustbeskyttelse

さびし・い 寂しい øde, forlat′t (孤独な) ensom, avsides ―さ ensomhet ―がる føle seg ensom

ざひょう 座標 〈数〉 koordina't　—系 koordina't-system
サファイア safi'r
ざぶとん sittepute
サフラン 〈植〉 safra'n
さべつ 差別 diskrimine'ring　—待遇 forskjellsbehandling　（偏見）fordom　—する diskrimine're, forskjellsbehandle
さほう 作法 etiket'te, gode manérer
サボタージュ sabota'sje　—する sabote're, drive sabota'sje, forha'le
さぼてん 〈植〉 kaktus
さぼる （仕事を）forsøm'me sitt arbeid, skul'ke arbeidet, forha'le　（学校を）skul'ke skolen
ざぼん 〈植〉 kjempesitron
サマースクール sommerskole
さまざまな 様々な dive'rse, forskjellig, allehån'de
さます 冷ます（冷却する）kjøle, avkjøle, sva'le　（興味を）dempe, nedslå, avkjøle
さます 覚ます（眼を）vakne, våkne　（酔いを）bli edru/nøktern　（迷いを）besin'ne seg
さまたげ 妨げ forhin'dring, hemning　—る forhin'dre, hemme
さまよう 彷徨う vandre, streife omkring, flakke〔omkring〕
さむ・い 寒い kald　（冷たい）kjølig　—気 forkjø'lelse, kuldegysning　—気がする fryse　—さ kulde
さめ 鮫〈魚〉 hai
さめる 冷める（冷たくなる）bli kald, kjøle〔seg〕（熱心さが）svale seg, bero'lige seg, falle/komme til ro
さめる 褪める（色が）ble〔i〕kne, miste sin farge
さめる 覚める（目が）våkne, bli vaken/våken　（酔いが）bli edru/nøktern　（迷いから）vakne av illusjo'n
さも （…のように）som om
さもないと ellers
さもん 査問 utforsk〔n〕ing, undersøkelse, forhør　—する utforske, forhøre

- **さや** 莢〈植〉（えんどうなどの）belg （十字科植物の2室の）skulpe
- **さや** 鞘（刀の）skjede —を抜く trekke av skjeden —におさめる stikke i skjeden —取り（業）meklerforret′ning （人）mekler
- **さやいんげん** 〈植〉snittebønne
- **ざやく** 座薬 stikkpille
- **さよう** 作用（はたらき）〔på〕virkning, aksjo′n （影響）påvirkning, effek′t （機能）funksjo′n —する påvirke, gjøre effek′t
- **さようなら** farve′l, adjø′, ha det bra —する si farve′l/adjø′
- **さよくの** 左翼の venstreorientert
- **さら** 皿（深い）djup taller′ken （浅い）taller′ken （どんぶり）skål 肉— flat taller′ken 紅茶などの受け—skål —に分ける legge mat på taller′kenen —洗い（仕事）oppvask （人）oppvasker —洗い機 oppvaskmaskin
- **さらいげつ** 再来月 måneden etter neste måned
- **さらいしゅう** 再来週 veken etter neste veke
- **さらいねん** 再来年 året etter neste år
- **ざらざらする** grov, ujamn, ru
- **さらさらという** （木の葉などが）pusle （小川が）piple, risle
- **さら・す** 晒す（漂白する）bleike, avfarge —し粉 bleikemiddel, avfarg〔n〕ingsmiddel
- **さらす** 曝す（風雨・日光に）utsette for
- **サラダ** salat —菜 salat
- **さらに** 更に（接続詞として）om igjen, forfra, på ny, nytt （副詞として）videre, ennå, igjen
- **サラリー** lønn, avløning —マン lønnarbeider
- **ざりがに** 〈動〉kreps
- **さりげなく** latende som ingenting, likegyldig, ubekymret, nonchalant
- **さる** 去る（離れる）forla′te, evakue′re, rømme （見捨てる）etterlate, forla′te, svikte （時が）forløpe, hengå, li

さる 猿〈動〉 ape —ぐつわ munnkorg —まねする etterape
サルビア 〈植〉 salvi\e
サロン (客間) salon′g
サロン (腰布) saron′g
さわ 沢 sump, moras′s
さわかい 茶話会 teselskap, teinnbydelse
さわがしい 騒がしい larmende, bråket〔e〕
さわ・ぎ 騒ぎ(騒音) bråk, larm, rabal′der (騒動) tumul′t, balla\de —ぐ bråke, larme, la balla\de
ざわつく være larmende/bråkende (木の葉などが) pusle, rasle (パチパチ音がする) knitre
さわやかな 爽やかな forfris′kende, frisk (弁舌が) veltalende
さわり 障り forhin′dring
さわ・る 触る røre〔ved〕, berø′re —り(聞かせどころ) det springende punkt
さん 三 tre 第一の tredje —回 tre ganger —倍の trefoldig —重の tredobbelt —次元 tredimensjo′n —位一体 treenighet
さん 酸 syre —性の syrlig, sur
さんいん 産院 fødselsklinikk
さんか 参加 deltaking, inntredelse —する deltake, ta del i, inntre —者 deltaker
さんか 産科 obstetrik′k —医 obstetriker
さんか 酸化 oksidasjo′n —する okside′re
さんかく 三角 trekant —形 trian′gel —法 trigonometri′ —関数 trigonome′trisk funksjo′n —定規 vinkelhake —関係(男女の) trekant
さんがく 産額 produksjo′n〔smengd〕, tilvirknings størrelse
ざんがく 残額 balanse, saldo
さんかくす 三角州 delta
さんがつ 三月 mars
さんかてつ 酸化鉄 jernoksid
さんかん 参観 besø′k —する besø′ke, anlegge〔et〕 besø′k hos

さんぎいん 参議院 overhus
さんきゃく 三脚 〔foto〕stati'v
さんぎょう 産業 industri' —の industriel'l —革命 〔den〕 industriel'le revolusjo'n —スパイ industri'spiona'sje
ざんぎょう 残業 overtid —する arbeide ekstra —手当 overtidlønn
ざんきん 残金 balanse, overskott
サングラス solbrille
ざんげ 懺悔（告白） bekjen'nelse, tilståelse —する bekjen'ne, tilstå（悔悟）anger og ruelse
さんご 珊瑚 koral'l —礁 koral'lrev —島 koral'løy
さんこう 参考 henvisning, referanse —にする henvise, refere're —書 oppslagsbok, handbok —人 vitne（目撃者）øyevitne
ざんこく 残酷 grusomhet, brutalite't —な grusom, bestia'lsk, bruta'l
さんざいした 散在した spredd（あちこちに）hist og her
さんざいする 散財する kaste/ødsle〔penger〕bort
さんざし 山査子〈植〉hagtorn
さんし 蚕糸 silketråd
さんじ 賛辞 lovord（賞賛）ros, anerkjennelse
さんじ 惨事 katastro\fe
ざんじ 暫時 stund,〔kort〕tidsrom
さんじかん 参事官（大使館の） ambassa\deråd
さんじせいげん 産児制限 fødselskontroll
さんじゅう 三十 tretti 第一〔の〕trettiende
さんじゅう・の 三重の tredobbelt —奏/唱 trio
さんしゅつする 産出する produse're, tilvirke
さんしょ〔う〕 山椒〈植〉japansk pepper
さんしょう 参照 henvisning, referanse（比較）jevnføring —する henvise, refere're til（比較する）jevnføre
さんしょく 蚕食 inntrengen〔i〕
さんしょくすみれ 三色すみれ〈植〉stemorsblomst
さんすい 山水 landskap —画 landskapsmaleri

さんすう 算数（計算）kalkulasjo'n, bereg'ning （算術）aritmetik'k

さんせい 賛成（同意）bifall, godkjenning （一致）enighet, overenskomst （支持）støtte 〔til et synspunkt〕 —する bifalle, godkjenne （支持する）støtte —を得る få/finne bifall —者 velynder

さんせい 酸性 surhet —の syrlig, sur —にする syrne

さんせいけん 参政権 stemmerett, valgrett 婦人— stemmerett for kvinner

ざんせつ 残雪 gjenstående/forblitt sne

さんそ 酸素 oksyge'n

ざんそん 残存 overleving —する overleve, forbli, gjenstå

ざんだか 残高 balanse, saldo

サンタクロース julenisse

サンダル sanda'l

さんだん 散弾 hagl

さんだんとび 三段跳び tresteg

さんだんろんぽう 三段論法 syllogis'me

さんち 山地 fjell-land, fjelland

さんち 産地（産物の） produksjo'nssted

さんちょう 山頂 fjelltopp, fjelltind

ざんてい・てきの 暫定的の proviso'risk, temporæ'r —予算 proviso'risk budsjett —協定 modus viven'di

サンドイッチ sandwitch （オープンサンド）smørbrød —マン sandwitchmann

ざんねん 残念 skuffelse —な skuffende, bekla'gelig —に思う bekla'ge, skuffe, fortry'te —ですが Desser're, men ...

さんば 産婆 jordmor

さんばし 桟橋 anløpsbrygge, landgangsbro （突堤）kaj

さんぱつ 散髪 klipp —する（床屋で）bli klipt —用はさみ saks

さんび 賛美 lovprising, forher'ligelse —する lovprise, forher'lige —歌 salme

さんぴ 賛否 bifall eller avslag —を問う foreta til avstemning, vote′re

さんぷく 山腹 fjellskråning

さんぶつ 産物 produk′t（成果）resulta′t, frukt

さんぶん 散文 prosa —的な prosaisk —詩 prosadikt

さんぽ 散歩 promena\de, spase′rtur —する promene′re, flane′re, gå en tur（のんびりと）slentre

さんぼう 参謀 stabsoffiser —本部 generalstatskontor（相談役）rådgiver

さんみ 酸味 surhet〔sgrad〕, syrlig smak —がある syrlig, sur

さんみゃく 山脈 fjellkjede

さんめんきじ 三面記事 loka′l, diver′se loka′le nyheter

さんめんきょう 三面鏡 trefløyet speil, speil med tre sider

ざんよ 残余 rest, overskott

ざんりゅうする 残留する forbli, oppholde seg

さんりんしゃ 三輪車 trehjulssykkel

さんれつ 参列 tilste\deværelse, nærvær —する være til sted, delta —者 de tilste\deværende, de nærværende, deltaker

し

し 四 fire 第一〔の〕fjerde

し 市 by, stad（地方自治体）kommu\ne —の（地方自治体の）kommuna′l

し 詩 dikt, poesi′ —作する dikte, skrive et dikt —人 dikter, poet

し 死 død, dødsfall, bortgang —んだ død, utdødd —後の posthu′m（仮死の）skinndød

…し …氏 hr. …

じ 字（文字）skrifttegn, tegn, boksta′ver (pl.),

symbo′ler (pl.) —が上手/下手 ha en god/dårlig handskrift —をくずして書く skrive skråskrift

じ 時 8時 kl. 8 （時間）time　10時5分まえ 5〔minut′ter〕på 10　9時25分 fem på halv ti　10時5分過ぎ 5〔minut′ter〕over 10　9時35分 fem over halv ti

じ 痔〈病〉hemorroide

じぁ nå, men så

しあい 試合 〔sports〕kamp, konkurranse, kappestrid （ボクシングなどの）match （トーナメント）turne′ring　—する kappes〔med〕, matche　—結果 kamputfall

しあ・げ 仕上げ avslutning　—げる gjøre ferdig, fullføre, avslutte, fullbringe　—がる bli ferdig/fullført

しあわせ 幸せ lykke, hell　—を願う ønske noen hell og lykke　—な lykkelig, heldig

しあん 思案 overvejelse, ettertanke　—する overveie　—している være ettertenksom

じい 侍医 livlege

じいうんどう 示威運動 demonstrasj′on　—行進 demonstrasjo′nstog　—する demonstre′re　—者 demonstran′t

しいか 詩歌 poesi′

しいく 飼育 oppdrett, avl, oppfostring　—する oppdrette, avle, oppfostre　—場 avlsgard（馬の）stutteri′

じいしき 自意識 sjene′rthet　—の強い（人前を気にする）sjene′rt, opptatt av eget feil （自分本位の）selvopptatt

シーズン seson′g

シーソー vippe　—で遊ぶ vippe

しいたけ 椎茸 sopp 干し— tørket sopp

シーツ laken

シート （切手などの）ark

ジーパン （ジーンズ）olabukse, dongeribukse

しいる 強いる tvinge, nø〔de〕, presse　（強制的に）under tvang, press på

しいれ 仕入れ lagring, innkjøp （在庫）lager, behol′d-

ning —る lagerføre, innkjøpe
しいん 子音 konsonan't
じいん 寺院 katedra'l
ジーンズ → ジーパン
しうんてん 試運転 prøvetur —する prøvekjøre
しえい 市営(市当局) kommu'ne —の kommuna'l —電車 kommuna'l sporvogn
じえい 自衛 selvforsvar, nødverge —隊 selvforsvar [-styrke]
じえいの 自営の selvstendig næringsdrivende (自給自足の) selvforsynende
ジェット・き ジェット機 jetfly —戦闘機 jetjager
ジェットコースター berg og dalbane
シェパード (犬) schæfer[hund]
ジェリー gelé —状の geléaktig
しお 塩 salt —辛い salt —気のある saltholdig —入れ saltbøsse, saltkasse —味をつける salte —水 saltvatn
しお 潮 (潮水) tidevatn 高— høyvann[e], flo 引き— ebbe —の干満 ebbe og flo —時 leilighet, sjanse
しおくり 仕送り forsen'delse av penger [fra foreldre]
しおり 栞(本挟み) bokmerke (案内) veiledning
しおれ・る 萎れる(植物が) visne (花が) avblomstre —た vissen, avblomstret (心が) bli motfallen/nedslått
しか 鹿 ⟨動⟩ hjort (のろじか) rådyr (へらじか) elg —の角 hjortetakk
しか 市価 marknadspris
…しか kun, bare
じか 時価 gangbar pris, någjeldende pris
しかい 市会 kommu'nestyre, byråd —議員 byråd
しかい 歯科医 tannlege —院 tannklinik
しかい 視界 synsfelt —に入る bli synlig
しかい 司会 dirige'ring —者 ordstyrer, seremonimester, dirigen't —する dirige're
しがい 市外 forstad —の住民 forstadsbeboer —通

話 loka'lsamtale
しがい 市街 stad, kommu'ne（街路）gate, veg —電車 sporvogn —戦 gatekamp
しがい 死骸 lik, dødt legeme
しがいせん 紫外線 ultrafiolett stråle
しかえし 仕返し hevn, gjengjeld —する hevne, ta hevn over, gjengjelde
しかく 四角 firkant —の firkanta 真— kvadra't
しかく 視角 synsvinkel（視点）synspunkt
しかく 資格 kapasite't, kvalifikasjo'n, kompetanse …の—で i kapasite't av …の—がある ha kompete'nt til, være kvalifise'rt
じかく 自覚 bevis'sthet, selverkjennelse —させる vekke en til selverkjennelse —のある bevis'st, opptatt av egne feil —する bevis'stgjøre
しかけ 仕掛け mekanis'me, mekanik'k（トリック）knep
しかざん 死火山 slokte vulka'n
しかし〔ながら〕 men,〔men〕ikke desto mindre,〔al-〕likevel, imidlertid
じがぞう 自画像 selvportrett
しかた 仕方 meto'de, måte å gjøre noen på, utveg, middel —がない det er der ikke noen å gjøre ved —なく ugjerne
しがつ 四月 april —ばか aprilsnarr
しがみつく klynge seg〔tett〕til, holde fast i
しかめっつら forvreden ansikt, grima'se —をする gjøre/skjære grima'ser, grimase're
しかも （その上）〔og〕dessuten, i tilleg（…にもかかわらず）og〔al〕likevel
じかよう 自家用 til priva't〔bruk〕—車 priva'tbil
しかる 叱る skjelle, iret'tesette, bebrei'de
しかるに 然るに〔men〕ikke desto mindre,〔al〕likevel
シガレット sigare't —ケース sigare'ttetui
しかん 士官 offise'r —学校 militæ'rakademi, krigsskole

しがん 志願（願望） ønske, lengsel, attrå （申し込み） ansøkning, anmodning〔om〕 —する ansøke, anmode —者 ansøker, aspiran′t, kandida′t

じかん 次官 viseminister

じかん 時間 tid, tidspunkt, tidsrom, time —表 timetabel′l （学校の）timeplan, skema —を守る være punktlig —に間に合う ha god tid —を延ばす utsette, forlen′ge et tidsrom —に遅れる være for seint —の正確な punktlig —通りに punktlig, i tide

しき 四季 de fire årstider

しき 式（儀式） seremoni′, højti′delighet, ritua′l, ritus （型・風）-stil, -type （数学の） likning （化学の） kemisk formel —場 seremoniel′l hall

しき 指揮 komman′do, befa′ling, ledelse （命令） komman′do, befa′ling （指図） ledelse, direkti′v —する kommande′re, befa′le —者（楽団の） dirigen′t, kapel′lmester —台 podium —棒 taktstokk

しき 士気 mora′l

じき 時期・時季 seson′g, årstid

じき 磁気 magnetis′me

じき 磁器 porsele′n

じき 直き〔に〕（すぐに） straks, umiddelbart, på øyeblikk （即座に）på stående fot （間もなく）snart, innen kort tid

じぎ 時宜 —を得た belei′lig, passende

しきい 敷居 terskel

しききん 敷金 innskot′t〔til bolig〕, depo′situm

しきさい 色彩 farge, lød

しきしゃ 指揮者 → しき（指揮）

しきそ 色素 pigmen′t

しきたり （慣例） skikk og bruk, sedvane

しきち 敷地 byggeplass, tomt

しきふ 敷布 laken

しきぶかん 式部官 seremoni′mester

しきふく 式服 høytidsdrakt

しきべつ 識別 skjelning, sonde′ring —する skjelne, sonde′re, oppfatte

しきもう 色盲 fargeblindhet —の fargeblind
しきもの 敷物 lite teppe
しきゅう 子宮〈医〉livmor —がん livmorkreft
しきゅう 支給 tilførsel, forsy′ning —する tilføre, forsy′ne
しきゅう 至急 hast —の hastig, hurtig —に i hast, straks —電報 iltelegram
じきゅう 持久〔力〕utholdenhet —する utholde, fordra′ —力のある uthol′delig, fordra′gelig, tålelig
じきゅう 自給 sjølvhjelp, selvforsyning —の selvhjulpen, selververvende —自足 selvforsyning
しきょう 市況 økono′misk situasjo′n, konjunktu′r
しきょう 司教 biskop
しぎょう 始業 start〔på arbeid e.l.〕—時間 åpningstid —式 åpningsfest
じぎょう 事業（仕事）forehavende, foretagende, virksomhet（計画）prosjek′t —家 forret′ningsmann —団 organisasjo′n som opprettes i henhold til særlov under statslige/lokale myndighet
じきょく 時局 situasjo′nen（情勢）konjunktu′r（危機の情勢）kritisk situasjo′n
しき・り 仕切り deling, delevegg, skillevegg —る dele, skille（放射線などを）skjerme〔mot〕
しきりに（しばしば）ofte, gang på gang, hyppig（絶えず）stadig, uopphør′lig（熱心に）ivrig, entusias′tisk
しきん 資金 kapita′l, fond
しきんせき 試金石 prøvestein
しく 敷く（じゅうたんなどを）bre〔ie〕〔ut〕, dekke（鉄道などを）vide ut, utvide（石など道に）brulegge, steinsette
じく 軸（心棒）aksel（植物の）stilk, stengel（巻物の）rull
しぐさ 仕草 gest〔us〕, geber′de
しくじる（失敗する）mislykkes, feile, begå feil
じぐち 地口（語呂合わせ）ordleik, vits
しくはっくする 四苦八苦する pines, li〔de〕 mye/

kval, være oppskaket
シクラメン 〈植〉 alpefiol
しけい 死刑 dødsstraff —執行 henrettelse —執行人 bøddel —台 galge
しげき 刺激〔すること〕 stimulus, spore —する stimule′re, pirre, tilskynde（鼓舞する）egge opp —をうける bli stimule′rt av —剤 stimulans, pirringsmiddel
しげ・み 茂み tett kratt （木立ち）lund, småskog —る vokse tett/frodig, trives
しけん 試験 eksa′men, prøve, undersøkelse, test （実験）eksperimen′t, forsøk —する eksamine′re, prøve, teste —を受ける ta en eksa′men —に受かる bestå en eksa′men —官 eksamina′tor
しげん 資源 naturres〔s〕urser (pl.)
じけん 事件 (できごと) hending, begi′venhet, tildragelse （訴訟）sak, proses′s （事故）ulykke, uhell
じげん 次元 dimensjo′n
しご 死後 tiden etter noen død —の posthu′m
しご 死語 dødt språk
じこ 自己 selv, sjøl, jeg selv —中心 egois′me, selvopptatthet, egosentrisite′t —批判 selvkritik′k —満足 selvtilfredshet —紹介 presentasjo′n av én selv —主張 selvhevding
じこ 事故 ulykke, uhell
じご 事後の/に ex post facto —承認 ex post facto sanksjo′n
しこう 志向 hensikt, intensjo′n
しこう 施行 iverksettelse, utføring, utøvelse
しこう 思考 overveielse, beten′kning （黙想）kontemplasjo′n —する overveje, beten′ke, pøns〔k〕e på
じこう 時効 preskripsjo′n —にかかる preskribe′re, erklæ′re ugild
じこく 時刻 tidspunkt —表 tidsplan （列車などの）togtabell, kjøreplan —は？ Hva er klokken nå？
じごく 地獄 helvete —のような helvetes —に落ちろ！ Gå til helvete！

しごせん 子午線 meridia′n
しごと 仕事（労働）arbeid（職）jobb, profesjo′n, stilling, syssel（天職）kall —をする jobbe, arbeide
しごの 死後の posthu′m
しさ 示唆 forslag —する foreslå, antyde
じさ 時差 tidsforskjell
しさい 司祭 prest
しさく 思索 meditasjo′n, djup overveielse —する medite′re, spekule′re over/på —的な tenksom, medite′rende, kontem′plativ
じさくのう 自作農 selvstendig landmann
しさつ 視察 inspeksjo′n, ettersyn, mønstring —する inspise′re, etterse —者/官 inspektø′r, kontrollø′r
じさつ 自殺 selvmord —未遂 selvmordforsøk
しさん 資産 eiendom, formue, aktivum
じさん・する 持参する（持っていく）ta noen med（持ってくる）komme med, føre med seg —金（女から男への）medgift（結婚の翌朝夫から妻への贈物）morgengave —人 overbringer（小切手などの）ihen¦dehaver
しし 獅子〈動〉løve 雌の— løvin¦ne
しじ 支持 støtte, understøttelse（助力）bistand —する støtte, understøtte（助ける）bistå —者 tilhenger, meiningsfelle
しじ 私事 priva′tsak
しじ 指示 anvisning, direkti′v（勧告）forskrift（指図）instruksjo′n, befa′ling —する anvise, instrue′re, befa′le
じじ 時事 aktuel′le begi′venheter/hendinger, aktualite′t —の aktuel′l —解説者 kommenta′tor
しじする 師事する studere hos
じじつ 事実 faktum（真実）sannhet（現実）realite′t, virkelighet —を話す si sannheten —を伝える beret′te faktum —の faktisk, virkelig
ししゃ 支社 filia′l, avde′ling
ししゃ 使者 sendebud, budbringer（使節）gesan′dt
ししゃ 死者 den avdøde

じしゃく	磁石	magne′t (羅針盤)kompas′s
じしゅ	自主	selvstendighet, uavhengighet —的な selvstendig, uavhengig —規制 selvjustis
ししゅう	刺繡	broderi′ —する brode′re
ししゅう	詩集	diktsamling
しじゅう	四十	førti 第一番の førtiende
しじゅう	始終	(いつも) alltid (しばしば) ofte, titt (絶えず) stadig, konstan′t, uavbrott (ときどき) av og til
じしゅう	自習	selvstudium, studie på eigen hand —する studere selv, lese seg selv
じじゅう	侍従	kammerherre
しじゅうから	四十雀	〈鳥〉 meis[e]
しじゅうそう	四重奏	kvartet′t
ししゅつ	支出	utgift, bekos′tning —する beta′le, spande′re, legge ut —額 utgift[er], omkostning[er]
ししゅんき	思春期	puberte′t
ししょ	司書	biblioteka′r
じしょ	辞書	ordbok, leksikon
じしょ	地所	fast gods/eiendom
じじょ	次女	éns annen datter
ししょう	師匠	læremester
しじょう	市場	marknad, marked —占有率 marknadsandel —価格 marknadspris, markedspris
しじょう	詩情	poetisk stemning
しじょう	史上	i histo′rie —に名をとどめる gå over i histo′rien, fore′vige i histo′rien
じしょう	自称の	som gir seg ut for [å være], som kaller seg selv —する påstå seg være, forkla′re seg være
じじょう	事情	situasjo′n, omsten′digheter, tingens tilstand (状況) forhold —に通じた velunderrettet
じじょう	自乗	〈数〉 kvadra′t
ししょうしゃ	死傷者	de tilskaˋdekomne (pl.), de sårede
ししょく	試食	prøve —する prøve, smake på
じしょく	辞職	tilbaˋketredelse, avskjedsansøkning

—する gå av, trekke seg tilba\ke, si opp
じじょでん 自叙伝　selvbiografi
ししょばこ 私書箱　postboks
ししん 私心　egosentrisite'␣t, selvopptatthet
ししん 私信　brev, priva'␣t meddelelse
しじん 詩人　dikter
じしん 地震　jordskjelv　—計 seismogra'␣f　—学 seismologi'␣
じしん 自信　selvtillit, selvsikkerhet　—がつく få selvtillit　—を失う tape selvsikkerhet
じしん 自身　selv, sjøl〔v〕　私— jeg selv
しすう 指数　indekstal〔l〕　物価— prisindeks　（数学のベキ）eksponen'␣t
しずかな 静かな（音のたたない）stille, tyst　（平穏な）rolig, fredelig
しずく 滴　dråpe
しずけさ 静けさ　stillhet, tysthet　（平静）ro, stillhet
じすべり 地滑り　jordskred
しずまる 静まる　falle til ro, stilne〔av〕　（嵐など）beda'␣ge〔seg〕
しずむ 沈む（水中などに）gå ned, søkke, synke　（気分が）nedstemme, bli nedslått/bedrø'␣velig
しずめる 静める　bero'␣lige, dempe　（なぐさめる）trøste
じする 辞する　tre tilba\ke fra
しせい 市政　kommu'␣ne
しせい 施政　administrasjo'␣n　—方針 poli'␣tiske prinsip'␣p
しせい 姿勢　stilling, holdning　（態度）attity\de
じせい 時勢　tenden'␣s av tiden
じせい 時制〈文法〉tempus　—変化 tempusbøyning
じせい 自制　selvkontrol'␣l, selvbeherskelse　—する behers'␣ke seg　—を保つ bevare sin selvbeherskelse　—を失う miste sin selvbeherskelse
しせいじ 私生児（婚外児）illegitim barn, uekte barn, barn født uten ekteskap
しせき 史跡　histo'␣risk sever'␣dighet/plass, minnes-

merke

じせき 事蹟(成果・業蹟) prestasjo'n, innsats

しせつ 使節 gesan'dt, minis'ter —団 delega't

しせつ 施設 anlegg 公共— anstalt, institusjo'n (設備) utrusting

しせん 支線(鉄道の) sidebane

しせん 視線 blikk, øyekast

しぜん 自然 natu'r —の/な natu'rlig —に/と natu'rligvis 超—な overnaturlig —現象 natu'rfenomen —科学 natu'rvitenskap —淘汰 natu'rlig utvelgelse

じぜん 慈善 velgjørenhet, barmhjer'tighet, velde'dighet —の barmhjer'tig, velde'dig —行為 barmhjer'tighetsgerning —家 velgjører

じぜん・に 事前に forut, i forvegen —通告 forhåndsmelding —警告 varsku på forhånd

しそう 思想 tanke, idé, tenkning —家 tanker, filoso'f

しそうのうろう 歯槽膿漏〈病〉pyoré[a]

じそく 時速 hastighet/fart i timen

じぞく 持続 bestå'en, fortsettelse —する bestå', fortsette, holde seg, vedvare —的な vedvarende, fortsatt

しそん 子孫 etterkommer, avkom, ætling

じそんしん 自尊心 selvaktelse, stolthet

した 下 under, nedenunder

した 舌 tunge —を出す stikke tungen ut —打ちする smekke med tungen —を嚙む bite seg i leppen

したい 死体 lik, avsjelet legeme (死骸) kada'ver (ミイラ) mumie

…したい ville, ønske, håpe

しだい 次第(順序) rekkefølge —に gradvis, litt etter litt

じたい 辞退 vegring, nekting —する frabe [seg], si nei takk til, vegre seg (招待などを)melde/gi avbud

じたい 字体 skrifttype

じたい 自体 ens egen kropp, selv

じだい 時代(時期) tidsalder, perio\de 学生— student[er]tid 明治— Meijiperio\den —劇 histo'risk drama/spill —遅れの umoderne, gammaldags, gammalmodig —の要求に合った tidssvarende —錯誤 anakronis'me

したう 慕う være hengiven, nære hengivenhet for (好きだ) holde av (思い焦がれる) lengte〔etter〕, smekte〔etter〕

したうけ 下請け〔業者〕underentreprenø'r

したが・う 従う (後に続く) følg〔j〕e〔etter〕(服従する) adlyde, etterkomme (屈服する) underkaste seg —える(服従させる) underkaste

したがき 下書き kladd, utkast —する kladde, lage utkaste til

したがって 従って og derfor, så, følgelig …に— adlydende, ifølge, i henhold til, under

したぎ 下着 undertøy

したく 支度 forberedelse, arrangement —する forberede, arrange're 身— utrusting, utstyr 身—する utruste seg, utstyre, kle seg

じたく 自宅 mitt eget hus/hjem

したし・い 親しい (人間関係で) nær, intim (密接な) tett (友好的な) vennska'pelig —み vennskap, intimite't, vennlighet —く vennska'pelig, intimt —む (誰かと) bli venner med (何かに) synes om

したじき 下敷き underlag

したしらべ 下調べ forundersøkelse —する forberede

したたる 滴る dryppe (汗・涙など) rinne (しみ出る) sive ut

したて 仕立て skredderi' (裁縫) syning —の skreddersydd —る skreddere're (縫う) sy —屋 skredder

したはら 下腹 buk, underliv

したびらめ 舌鮃〈魚〉sjøtunge

したまち 下町 forret'ningskvarter, sentrum

したまわる 下回る være mindre enn, undergå

しだん 師団 divisjo'n

じだん 示談 ikke-rettslig overenskomst/ordning, akkor'd —にする gjøre akkor'd med, akkorde're

しち 七 sju 第一〔の〕sjuende
しち 質 pant —屋 pantelåner〔forretning〕—に置く pantsette
じち 自治 selvstyre, selvstendighet —の autono'm —権 autonomi'
しちがつ 七月 juli
しちけん 質権 hypote'k, priorite't
しちじゅう 七十 sytti 第一番〔の〕syttiende
しちめんちょう 七面鳥〈鳥〉kalku'n
しちゅう 支柱 støtte
シチュー ragu', lapskaus
しちょう 市長 borgermester
しちょうかく 視聴覚 syns og høresans —教育 audio-visuel'l undervisning
しつ 室 rom, værelse, lokale
しつ 質(品質) kvalite't, egenskap (性質) natu'r
じつ 実 —の/に virkelig, sannelig —は faktisk —を言えば sant å si
しつい 失意 skuffelse, fortvi'lelse
じっか 実家 fedreheim
しっかく 失格 diskvalifikasjo'n —させる diskvalifise're
しっかり fast, solidt —した人 person med begge beina på jorden, en standhaf'tig perso'n —と持つ ta et solidt grep om noen
しっかん 疾患 sjukdom, sykdom (発作) anfall (伝染病) epidemi'
しっき 湿気 fuktighet, fukt —のある fuktig
しつぎ 質疑 spørsmål (国会で大臣への) interpellasjo'n
しつぎょう 失業 arbeidsløshet —者 de arbeidsløse, de arbeidsledige —する bli arbeidsløs —中である være uten arbeid —の arbeidsløs, arbeidsledig —保険 arbeidsløshetstrygd
じっきょう 実況 stedfinnende hending/begi'venhet —放送 radio/TV-spreding av stedfinnende hending
じつぎょう 実業 (商業) forret'ning, handel (産業)

industri′ ―の forret′nings-, handels-, forret′ningsmessig ―家 forret′ningsdrivende, forret′ningsmann, handelsmann ―界 handelsverdenen

しっくい 漆喰 mørtel ―を塗る mure

しつけ 躾 oppdragelse, sosialise′ring (訓練) øving, trening

しっけ 湿気 fukt, fuktighet ―のある fuktig

じっけん 実験 forsøk, eksperimen′t ―する teste, eksperimente′re ―室 laborato′rium

じっけん 実権 verklig makt

じつげん 実現 realisasjo′n, iver′ksettelse ―する bli realise′rt ―させる realise′re, oppfylle

しつこい vrangvillig, hardnakka (しつような) stivsinna, stivnakka (うるさい) besvæ′rlig (音が) støyende, larmende (色が) skrikende, brokete[e], sterk (味が) tung, vammel, kvalmende

しっこう 執行 utføring 死刑の― henrettelse (遂行) gjennomføring ―する utføre (遂行する) gjennomføre, fullbyrde ―猶予 prøveløslatelse ―猶予中 under tilsyn

じっこう 実行 virkeliggjørelse, realise′ring, effektue′ring, gjennomføring, utføring ―する utføre, gjennomføre, realise′re

しっこうする 失効する bli ugildig, utløpe, bortfalle

じっさい 実際 (現実) virkelighet, realite′t, faktisk tilstand (真実) sannhet ―の/に virkelig, faktisk

じつざい 実在 eksisten′s (存在) tilværelse ―論 realis′me

しっさく 失策 feil, feiltakelse ―する feile, begå feil

じっし 実施 gjennomføring, utføring ―する gjennomføre, utføre

じっし 実子 livsarving

じっしつ 実質 (本質) vesen, substan′s ―的な substansiel′l, reel′l ―上 i praksis

じっしゅう 実習 praksis ―する/させる praktise′re

じつじょう 実情 de virkelige forhold, belig′genhet, situasjo′n

しっしょく 失職 arbeidsløshet —する bli arbeidsløs

しっしん 失神 bevis'stløshet, besvi'melse, trance —する besvi'me, falle i trance

しっせき 叱責 bebrei'delse, iret'tesettelse, daddel —する bebrei'de, iret'tesette, dadle

じっせん 実践 praksis, iver'ksettelse —する praktise're, sette i verket, iver'ksette

しっそ 質素 fordringsløshet, enkelhet —な fordringsløs, enkel （控え目な）selvutslettende

しっそう 失踪 forsvin'ning —する forsvin'ne

しっそうする 疾走する løpe〔i full fart〕, fare

じつぞん 実存 eksisten's, tilværelse —主義 eksistensialis'me

じったい 実体 substan's, opprin'nelig form

じっち 実地 praksis, utøvelse

じっちょくな 実直な ærlig, sannfer'dig, opprik'tig

しっている 知っている vite

しっと 嫉妬 sjalusi' —深い sjalu'〔på〕 —する være sjalu' på

しつど 湿度 fuktighet —計 fuktighetsmåler

じっと （静かに）rolig, stille （我慢強く）tålmo'dig —している være stille, forbli rolig

しつない・の 室内の innendørs —で heim, innendørs —楽 kammermusikk

じつに 実に（真に）virkelig, faktisk （確かに）sikkert, trygt （非常に）mye, ytterst

じつ・は 実は faktisk så, virkelig —を言えば når jeg skal si sannhet

しっぱい 失敗 uhell, nederlag 大— fiasko —する mislykkes, ta/slå feil

じっぴ 実費 virkelig utgift （原価）innkjøpspris （原価で）til innkjøpspris

しっぷ 湿布 kompres's

しっぷう 疾風 kuling（10.8～20.7m/sec）

じつぶつ 実物 riktig vare （本物）ekte vare —大の i natu'rlig størrelse

しっぽ 尻尾 hale （末端）ende

しつぼう 失望 skuffelse, fortvi′lelse, håpløshet ― する skuffe, fortvi′le

しつむ 執務 arbeid ―する arbeide ―時間 arbeidstid

しつめいする 失明する bli blind

しつもん 質問 spørsmål（国会で大臣への）interpellasjo′n ―する spørre, forhøre （くわしく）utfritte ―者 spørrer

じつよう 実用 praksis, anvendelse ―的な praktisk

じつり 実利 virkelig fordel （有用性）nyttiggjøring, anvendelse

しつりょう 質量 masse

じつりょく 実力 evne, styrke, dyktighet ―のある dyktig, bega′vet, kapa′bel

しつれい 失礼 uhøflighet, brøde ―な uhøflig, ubehøvlet, grov ―ですが, … Unnskyld, men … ―します Du må ha meg unnskyldt〔jeg må gå nå〕（もう帰らねばなりません）Unnskyld jeg ulei′liger deg（誰かの家にお邪魔するとき）

じつれい 実例 eksem′pel ―で説明する illustre′re

しつれん 失恋 ulykkelig kjærlighet ―する ha kjærestesorg

してい 指定 utpeking ―する utpeke ―席 reser′vert plass （指名）utnevnelse

してい 師弟 lærer og elev

…しているあいだ mens, imen′s, i løpet av

してき 指摘 utpeking, påpeking ―する utpeke, påpeke, poengte′re

してきな 詩的な poe′tisk

してきな 私的な priva′t, perso′nlig, enkelt

してつ 私鉄 priva′t jernbane

…しても selv om

してん 支店 filia′l, avde′ling ―長（銀行などの）filia′lbestyrer, filia′lsjef

しでん 市電 sporvogn ―路線 sporveg

じてん 時点 tidspunkt

じてん 事典 oppslagsbok, encyklopedi′

じてん 辞典 ordbok, leksikon
じてんしゃ 自転車 sykkel —に乗って行く sykle —競走 sykkelløp
しと 使徒 apos'tel —行伝 Apos'tlenes gjerninger
しどう 指導 veiledning, ledelse —する veilede, lede —者 leder
じどう 児童 barn, gutt og pike —図書 ungdomsbok, barnebok
じどう 自動の automa'tisk —化する automatise're —化 automasjo'n —販売機 automa't —改札 billet't kontrollautomat
じどうしゃ 自動車 bil, automobi'l —を運転する kjøre bil —運転者 bilist —専用道路 motorveg —事故 bilulykke —修理工場 bilverksted
じどうしょうじゅう 自動小銃 automa'tgevær
しとうな 至当な rimelig, forsva'rlig
しとげる 仕遂げる utføre, fullføre, avslutte
しとやかな 淑やかな grasiø's, yndig
しな 品 vare, artik'kel (品質) kvalite't
しない 市内 innen for bygrensen —に/で innen i byen
…しない gjøre ikke
しなう 撓う være bøyelig/smidig
しなび・る 萎びる visne (しぼむ) skrumpe [inn/sammen] —た vissen
しなもの 品物 (pl.) varer, artikler
しなやかな smidig, bøyelig (柔軟な) blaut, myk
シナリオ filmmanuskript
…しにくい vanskelig å, svær å
しにものぐるいの 死に物狂いの despera't, rasende (気違い沙汰の) vanvittig
しぬ 死ぬ dø, avlide, gå bort, forgå, falle fra
じぬし 地主 godsejer
しのぐ 凌ぐ(耐える) utholde, utstå, tåle (切り抜ける) klare seg (防ぐ) beskyt'te (越える) overtreffe, overskride
しのび・あしで 忍び足で med snikende skritt —こ

む snike seg —泣く hulke —寄る smyge seg inn til
しのぶ 忍ぶ(忍耐する) utholde, utstå, bære （隠れる）gjemme seg, skjule seg
しのぶ 偲ぶ erin′dre, minnes, hugse
じば 磁場 magne′tfelt
しはい 支配 kontro′l, ledelse, styring —する styre, lede —人 leder, direktø′r —者 regen′t, guvernø′r
しばい 芝居(演劇) drama, teaterstykke, skuespill （演技）teaterforestilling —好き teatergjenger —をする(演ずる) spille, opptre （ふりをする）foregi, late som 〔om〕...
じはく 自白 tilståelse, bekjen′nelse —する tilstå, bekjen′ne
しばしば ofte, av og til, titt （ときどき）nå og da
しはつ・えき 始発駅 avgangsstasjon —列車/バス først 〔morgen〕tog/buss
じはつてきに 自発的に frivillig, godvillig
しばふ 芝生 〔gras〕plen
しはら・い 支払 innbetaling, utbetaling, beta′ling —う beta′le （手形などを）honore′re —不能 insolven′s
しばらく （少しの間）et øyeblikk, stund （当分）inntil videre, framover —してから etter et kort øyeblikk —したら om en liten stund —の間 i en liten stund —でしたね Det er nok lenge siden
しばる 縛る binde fast （拘束する）innskrenke, begren′se （捕える）fange, arreste′re
しはん 師範 mester, lærer —学校 semina′r
しはん 市販 markedsføring —する markedsføre
じばん 地盤（基礎）grunn〔lag〕（勢力範囲）virkefelt, interes′sesfære
じひ 慈悲 barmhjer′tighet, miskunn, medfølelse （神などの）nåde —深い barmhjer′tig, miskunnelig, medfølende, nådig
じひ 自費 eigne utgifter, eigne bekos′tninger (pl.)
じびき 字引き ordbok
じびょう 持病 kronisk sjukdom
しびれ 痺れ lammelse, paraly\se —る bli lammet

(けいれん) krampe〔trekning〕 (けいれんを起こす) få krampe
しぶ 支部 underavdeling, undergruppe
じふ 自負 stolthet, selvtillit ―する være stolt, ha selvtillit
しぶ・い 渋い(味が) bitter, besk (ぶどう酒など) ru (気むずかしい顔の) trist, mutt (地味な) adstadig, fredelig, stille ―み elegan'se, smakfullhet
しぶき 飛沫 plask, stenk ―を飛ばす plaske, stenke
しふく 私服 sivi'lt tøy ―の(刑事など) sivi'lkledd
ジプシー sigøy'ner ―の女性 sigøy'nerske
しぶつ 私物 perso'nlig eiendom
じぶつ 事物 saker og ting
ジフテリア 〈病〉 difteri'
じぶん 自分〔自身〕 en selv, seg selv, selv ―で(ひとりだけで) alei'ne (個人的に) perso'nlig (独立して) uavhengig ―勝手な selvisk, egois'tisk
しへい 紙幣 seddel ―用財布(札入れ) lommebok
じへん 事変 hendelse, hending
しほう 司法 rettspleie, justi's ―の rettslig, juri'disk ―権 rettslig/juri'disk makt, domsmyndighet
しぼう 死亡 død, bortgang ―する dø, avlide, gå bort, forgå, falle fra ―者 de døde, den døde ―証明 dødsattest ―率 dødelighetsprosent ―公告 dødsannonse
しぼう 志望 ønske, lyst (強い願い) begjæ'r, attrå (大望) ambisjo'n ―する ønske, ha/få lyst til, begjæ're ―者 ansøker
しぼう 脂肪 fett (獣脂) talg ―含有量 fettinnhold ―酸 fettsyre
しぼむ 萎む visne (風船などが) lukke luft ut〔av〕 (自信が) miste selvsikkerheten (景気が) utsette for deflasjo'n
しぼ・り 絞り(染める) farging inn i broket mønster (写真の)〔iris〕blender ―る(レンズを) blende (搾る) vri (果物など) presse〔saft av frukt〕 (乳を) mjølke (叱る) skjenne, skjelle

しほん 資本〔金〕kapita'l （基金）fond ―家 finan's-mann, kapita'list ―主義 kapitalis'me

しま 島 øy （岩礁）skjær （小島）holme ―国 øyrike（島民）øybu〔er〕

しま 縞 stripe ―の stripet〔e〕 （木目模様の）året〔e〕 ―馬 sebra

しまい 姉妹 søstre (pl.) ―都市 vennskapsby, søsterby ―編 det andre bindet, det bindet som hører til

しまう 仕舞う（終える） avslutte, slutte （片づける）legge på plass （仕上げる）gjøre noe fullsten'dig ferdig 不注意で…して― gjøre noe uforsiktig

しまつ 始末（物事の結果）tingenes resulta't ―する（処理する）handte're, rydde opp （整理する）ordne en sak

しまった！ （失敗だ・畜生） For pokker, Gi pokker i noe, Det var som pokker

しまり 締まり 取― kontrol'l, regule'ring 戸―する låse, skyve slåa for ―のない løsaktig, slapp （だらしない）lettferdig ―屋 sparsom person

しまる 締まる（錠が） bli låst （気持が）være/stå i spenn （節約する）spare, spinke og spare, legge opp

じまん 自慢 stolthet, pral ―する være stolt av, prale med ―料理 spesialite't

しみ 染み（汚点） plet, klatt ―をつける plette, klatte ―のない plettfri

しみ 紙魚〈虫〉 bokorm

じみな 地味な enkel, ensfarget （控え目な）diskre't, beher'sket

シミュレーター simula'tor

しみる 染みる（しみこむ） sive inn

しみん 市民 borger, bybefolkning

じむ 事務 konto'rarbejd ―員 kontoris't ―室/所 konto'r ―所長 konto'rsjef （国連などの）―総長 genera'lsekretær ―局 konto'r, sekretaria't ―的な forret'ningsmessig, praktisk （実際の）saklig

しめい 使命 misjo'n （天職）kall （義務）plikt

しめい 氏名 full navn

しめい 指名 nomine′ring, utnevnelse ―する nomine′re, utnevne

じめいの 自明の 〔selv〕innlysende, umiddelbart forstå′elig ―の理 grunnsetning,〔selv〕innlysende sannhet

しめき・り 締め切り（原稿などの）〔siste〕frist（期限）frist（扉などの）stenging ―りの掲示 stengt ―り日（手形などの）forfallsdag, sist frist ―る（原稿などを）〔fristen〕går ut（扉などを）stenge

しめす 示す vise, fremvise, gi seg uttrykk（指摘する）peke på, påvise

しめだす 閉め出す lukke ut, utelukke

しめつ・さす 死滅さす tilin'tetgjøre, utslette ―する dø ut

しめる 占める innta, oppta（占領する）okkupe′re, beset′te

しめる 湿る bli fuktig

しめる 締める（ベルトなどを）stramme, gjøre stram, spenne（扉など）lukke, stenge

しめん 紙面 rom, plass ―の都合で på grunn av plassmangel, av plasshensyn

じめん 地面 overflate av jord

しめんに 四面に på alle fire

しも 霜 rimfrost ―がおりる det blir〔rim〕frost

しもん 指紋 fingeravtrykk

しや 視野 synsfelt, synskrets

じゃあく 邪悪 ondskap : lastefullhet ―な ondskapsfull, ondsinnet : lastefull

ジャーナリ・スト journalis′t ―ズム journalistik′k

しゃいん 社員 medarbeider, arbeidstaker, ansatt

しゃかい 社会 samfunn ―的な samfunnmessig, sosia′l ―環境 sosia′lt miljø′ ―問題 samfunnsproblem ―生活 samfunnsliv ―主義 sosialis′me ―復帰 rehabilite′ring （学科の）―科 samfunnsfag ―科学 samfunnsvitskap

しゃかいがく 社会学 sosiologi′ ―部 sosiolo′gisk institut′t

じゃがいも (馬鈴薯) 〈植〉 potet ―粉 potetmjøl すりつぶした― potetmos

しゃがむ sitte på huk

しゃがれごえ 嗄れ声 hås røst, rusten stemme

じゃき 邪気 ondskap, arrigskap ―のない uskyldig, troskyldig, naiv

じゃきょう 邪教 kjetteri′ ―徒 kjetter （異教信奉） hedenskap （異教徒） hedning

しゃく 癪〈病〉 spasme, krampe ―な/にさわる ergerlig, provokato′risk: utfordrende ―にさわる（感ずる）bli fornær′met/forar′get/irrite′rt

しゃくざい 借財 lån, gjeld

しやくしょ 市役所 rådhus

じゃくたい 弱体 skrøpelighet, svakhet ―の/な skrøpelig, kassa′bel （老いぼれの）utlevd, seni′l

じゃぐち 蛇口 〔tappe〕kran, hane

じゃくてん 弱点 svakt/ømt punkt, akil′leshæl （欠点）feil, mangel, ulempe

しゃくどう 赤銅 kobber- og gull-legering

しゃくねつ 灼熱 hvitglø〔d〕ing ―の hvitglødende

しゃくはち 尺八 bambusflø〔y〕te

しゃくほう 釈放 løslatelse, frigivelse ―する løslate, frigi

しゃくめい 釈明 forkla′ring, rettfer′diggjøring ―する forkla′re, rettfer′diggjøre

しゃくや 借家 leiet hus, hus til leie ―人 leier

しゃくやく 芍薬〈植〉 peo′n

しゃくよう 借用 lån （借金）gjeld ―する låne （借金する）stå i gjeld til ―証書 gjeldsbrev, gjeldsbevis

しゃげき 射撃 skytning ―する skyte （射殺する）skyte ned ―術 skyteferdighet ―練習場 skytebane

ジャケツ trøye, vest, pullover

しゃこ 車庫 gara′sje

しゃこう 社交 selskap, sosia′lt samkvem ―的な selska′pelig ―家 selskapsmann ―界 selskapsliv ―ダンス selskapsdans

しゃさい 社債 〔langsiktig〕 obligasjo′n 〔til fast

rente〕
しゃざい 謝罪 unnskyldning —する unnskylde, be om unnskyldning（ごめんなさい）Unnskyld!
しゃさつする 射殺する skyte ned
しゃじつ 写実〔派〕realis'me（現実）virkelighet —的な realis'tisk, natu'rtro, virkelig
しゃしょう 車掌 konduktø'r
しゃしん 写真 foto —屋 fotobutik'k —をとる fotografe're, ta et bilde —機 kamera, fotoapparat —帳（アルバム）album
ジャズ 〈楽〉jazz, jass
ジャスミン 〈植〉sjasmin, jasmin
しゃせい 写生 skisse —する skisse're
しゃせつ 社説 lederartikkel
しゃぜつ 謝絶 avslag, forkas'tning —する avslå, avvise, betak'ke seg for
しゃせん 斜線 skrå linje
しゃせん 車線 kjørebane
しゃたい 車体〔bil〕karosseri'
しゃたく 社宅 firmabolig
しゃだん 遮断 avskjæring, isolasjo'n —する avskjære, isole're —器（電気の）avbryder —機（踏切の）jernbaneovergang
しゃち 〈動〉spekkhogger
しゃちょう 社長 direktø'r, presiden't
シャツ ワイ— skjorte（下着）undertrøye
じゃっかん 若干の noen, noe
しゃっきん 借金 lån, gjeld, skyld —する låne, stå i gjeld, skylde〔bort〕penger —取り pågående innkasserere/kreditor
ジャック （トランプの）knekt —ナイフ〔stor〕foldekniv〔med ett blad〕
しゃっくり hikke —する hikke
シャッター （カメラの）lukker —を切る lukke（よろい戸）skodde —を閉める sette skodder〔for vinduene〕
しゃどう 車道 kjørebane

じゃどう 邪道 last, synd, misbruk
しゃないはんばい 車内販売 togserve′ring
しゃべ・る 喋る snakke, prate —りの声がする skvatre
シャベル skovl, skuffe —ですくう skovle, skuffe
じゃま 邪魔 hindring, innblanding, avbrytelse（迷惑）uleilighet —になる bli til besvæ′r/uleilighet —をする sjene′re, hindre, obstrue′re —な sjene′rende, sperrende, hemmende お—します Unnskyld at jeg avbryter deg お—しました Unnskyld at jeg avbrøt deg〔da du har meget å gjøre〕
ジャム syltetøy, marmala′de —にする sylte
しゃめん 斜面 skråning, helling（山の）bakkehell
じゃり 砂利 grus —を敷く gruse（砂を）sande
しゃりょう 車両 kjøretøy, befor′dringsmiddel
しゃりん 車輪 hjul
しゃれ 洒落（冗談）skjemt, vits, vittighet 駄— brander（語呂合わせ）ordspill —をいう skjemte
しゃれい 謝礼（感謝）takk（報酬）honora′r, beløn′ning —する beløn′ne, honorare′re
シャワー dusj —室 dusjkabinett —を浴びる dusje
シャンソン chanson
シャンデリア lysekrone
ジャンパー vindjakke
シャンペン champagne
ジャンボき ジャンボ機 jumbofly
しゅ 種 slag, sort（動・植物などの）art, spesies
しゅ 主（主人）herre, husbond（キリスト）gud, Jesus Kristus（君主）monar′k, konge, suvere′n（首領）sjef, leder, høvding —として hovedsakelig, fortrin′nsvis
しゅい 首位 førsteplass —を守る beset′te førsteplass
しゅう 私有 priva′teie
しゅう 州（大陸の）kontinen′t, verdensdel（行政の）stat（県）fylke
しゅう 週 veke, uke

じゆう 自由 frihet —な fri, libera'l —に frivillig, av eigen vilje —意志 fri vilje, spontanite't —時間 fritid, ledig tid —化 liberalise'ring —経済 libera'l/ åpen økonomi' —主義 liberalis'me

じゅう 十 ti 第—〔の〕tiende

じゅう 銃 rifle, gevær

…じゅう …中 he〔i〕l 世界—〔over〕hele verden 1日— hele dagen 1年— hele året

…じゅう …重の -fold, dobbelt 二—の tofold, dobbelt 三—の trefold, tredobbelt

しゅうい 周囲（環境）omgivelser(pl.), miljø' （外周）periferi' （周辺）omkrets

じゅうい 獣医 veterinæ'r, dyrlege

じゅういち 十一 elleve 第—〔の〕ellevte

じゅういちがつ 十一月 november

しゅうえき 収益 utbytte, vinning, gagn, profi't —のある lukrativ, profita'bel

じゅうおく 十億 milliar'd

しゅうかい 集会 møte, forsam'ling, sammenkomst —する holde møte, komme sammen —所 møtelokale, forsam'lingslokale

しゅうかく 収穫 høst, utbytte, skurd, innhøstning —する høste （刈り取る）meie —機械（刈り取り機）meieapparat —高 avgrøde, avl —期 skurd

しゅうがく・する 就学する gå i skole, begyn'ne skole —年齢 skolealder —児童 skolebarn —義務のある skolepliktig

しゅうがくりょこう 修学旅行 skolereise

じゅうがつ 十月 oktober

しゅうかん 習慣（習性）vane, sedvane （しきたり）sed, skikk —的な sedvanlig

しゅうかん 週間 veke, uke

しゅうかん・の 週刊の ukentlig —誌 vekeblad —紙 vekeavis

しゅうき 秋気 etterårsluft

しゅうき 臭気 stink, stinkende lukt —消し deodora'nt —を消す fjerne ubeha'gelig lukt fra

しゅうき 周期 perio'de, kretsgang, syklus —的な perio'disk

しゅうぎ 祝儀 festlighet （心付け）drikkepenger (pl.)

しゅうぎいん 衆議院 Representan'tenes hus （イギリスなどの）Underhuset

しゅうきゅう 週給 vekelønn

しゅうきゅう 蹴球 fotball —場 fotballbane —チーム fotballlag —の試合 fotballkamp

じゅうきょ 住居 bolig, bopel （滞在地）oppholdssted

しゅうきょう 宗教 religio'n —の自由 religio'nsfrihet —団体 religio'nssamfunn —的な religiø's —家（牧師）prest （修道僧）munk （尼僧）nonne —改革 Reformasjo'nen —の派 sekt

しゅうぎょう 修業 streben etter viten, studie —する studere, få en utdanning —証書 diplo'm

しゅうぎょう 終業 fyraben〔d〕 （学校の）skoleslutt

しゅうぎょう 就業 arbeid —時間 arbeidstid —規則 regler på en arbeidsplass

じゅうぎょういん 従業員 medarbeider, ansatt

しゅうきょく 終局 slutt, ende, fina'le —の slutt, endelig, sist

しゅうきん 集金 oppkreving, innkassering —する kreve inn, innkreve —人 oppkrever

じゅうく 十九 nitten 第一番〔の〕nittende

しゅうけい 集計 samlet antall, tota'l, sum —する beløpe seg til, utgjøre〔i alt〕, legge sammen, samle opp

しゅうげき 襲撃 angrep, anfall, aggresjo'n —する angripe, anfalle

じゅうご 十五 femten 第一番〔の〕femtende

しゅうごう 集合 forsam'ling, møte —する forsam'les, møtes —場所 møtested

じゅうこうぎょう 重工業 tungindustri

しゅうごうろん 集合論 mengdelære

しゅうさい 秀才 geni, bega'velse, talen't

じゅうさん 十三 tretten 第一番〔の〕trettende
しゅうし 収支 balanse, saldo
しゅうし 修士(文科系の) cand. mag, M.A. (理科系の) cand. scient, M.S.
しゅうし 終止 slutt, avslutning —する slutte, avslutte
しゅうし 終始 fra begyn'nelsen til enden
しゅうじ 習字 kalligrafi', skjønnskrift
じゅうし 十四 fjorten 第一番〔の〕fjortende
じゅうじ 十字 kors, kryss —架(キリストの) krusifik's —軍 korstog —路 korsveg
じゅうじさせる 従事させる ansette, engasje're
じゅうしち 十七 sytten 第一番〔の〕syttende
しゅうじつ 終日 hele dagen
しゅうじつ 週日 vekedag
しゅうじほう 修辞法 retorik'k
じゅうしゃ 従者 tilhenger, følgesvenn, ledsager
しゅうしゅう 収集 〔inn〕samling, kolleksjo'n —する samle, plukke sammen —家 samler
しゅうしゅく 収縮 krymping, svinn —する krympe, svinne inn
じゅうじゅん 従順 lydighet, lojalite't —な lydig, som følger påbud (ぺこぺこしている) underda'nig
じゅうしょ 住所 heimstad (滞在地) oppholdssted (宛名) adres'se —録 adres'sebok
じゅうしょう 重傷 alvo'rlig såret/kvestelse —を負う bli stygt kvestet, bli påført store kvestelser
しゅうしょうする 就床する gå til sengs
しゅうしょく 修飾 utsmykning —語 bestem'melsesord —する utsmykke, bestem'me
しゅうしょく 就職 finning av en ansettelse/jobb —する finne en jobb, bli ansatt
しゅうしん 終身 hele livet —の livslang
しゅうじん 囚人 fange (逮捕者) anholdt, arrestan't
じゅうしん 重心 tyngdepunkt
ジュース (果汁) saft (テニスでの) like 40-40 (ゲームでの) toer

しゅうせい 修正 modifikasjo'n, revisjo'n, korreksjo'n —する modifise're, revide're, korrige're, endre —案 endringsforslag
しゅうせい 習性 vane, sedvane, skikk
じゅうぜい 重税 høge skatter —を課す legge høge skatter på
しゅうせん 終戦 krigsavslutning —後の etterkrigs
しゅうぜん 修繕 reparasjo'n, overhaling, istandsettelse —する istandsette, repare're (改善する) bedre
じゅうぞく 従属 underordning, undergivelse —的な underordna, undergitt —させる underordne, underkaste —する underkaste seg (文法の)—節 bisetning
じゅうたい 渋滞 forsin'kelse 交通— trafikkork —する forsin'ke seg
じゅうたい 重体 alvo'rlig tilstand —である være alvo'rlig/svær sjuk
じゅうだい・な 重大な viktig, bety'dningsfull —事件 alvo'rlig hendelse —性 bety'dning, viktighet
じゅうたく 住宅 hus, bolig —地 boligområde —事情 boligforhold —不足 bolignød
しゅうだん 集団 gruppe (群衆) folkemasse (動物などの) hjord, flokk —をつくる gruppe —で i massevis
じゅうたん 絨毯 〔golv〕teppe (通路の) løper
しゅうち 羞恥 sjene'rthet, unnse'else —心 blygsel
しゅうちの 周知の som alle vet, som er almin'nelig kjent, velkjent
しゅうちゃく 執着 iher'dighet, vedholdenhet —心の強い iher'dig, vedholdende
しゅうちゃく 終着 endelig bestem'melsessted, endemål —駅 endestasjo'n, termina'l
しゅうちゅう 集中 konsentrasjo'n —する konsentre're seg〔om〕—講義 intensivt kurs〔us〕
しゅうちょう 酋長 høvding
しゅうてん 終点(駅) termina'l, endestasjo'n (端末)

endepunkt
じゅうてん 重点 viktigt punkt …に—をおく legge vekt på
じゅうてん 充填 fylling, stopp —する fylle, stoppe（歯などに）plombe′re
じゅうでん 充電 〔opp〕ladning
しゅうでんしゃ 終電車 siste tog
しゅうと 舅 svigerfar
しゅうと 宗徒 tilhenger, en troende
しゅうどう・いん 修道院 kloster （女の）nonnekloster —士 munk —尼/女 nonne
しゅうとくする 習得する lære, behers′ke
しゅうとくぶつ 拾得物 hittegods —取扱所 hittegodskontor
しゅうとめ 姑 svigermor
じゅうなんな 柔軟な blaut, myk （フレキシブルな）bøjelig
じゅうに 十二 tolv 第一番〔の〕tolvte
…じゅうに under, i løpet av
じゅうにがつ 十二月 desember
じゅうにしちょう 十二指腸 〈医〉tolvfingertarm
しゅうにゅう 収入 innkomst （給料）lønn （売り上げ）salg —が多い/少ない innkomst er høg/lav —印紙 stempelmerke
しゅうにん 就任 innsettelse〔i offentlig embete〕—する tiltre —させる innsette
じゅうにん 住人 innbygger, beboer
しゅうねん 執念(執着) sterk tilbøy′elighet （復讐心）hevn, gjengjeld —深い(しつこい) iher′dig, stedig, stivnakka （復讐心に燃えた）hevngjerrig, hatsk
しゅうは 周波 svingning, kretsløp —数 frekven′s
しゅうは 宗派 sekt
しゅうはいにん 集配人(郵便の) postbud
じゅうはち 十八 atten 第一番〔の〕attende
じゅうひ 獣皮 skinn （毛皮）pels
じゅうびょう 重病 alvo′rlig/svær sjukdom —患者

alvo'rlig sjuk pasien't
しゅうぶん 秋分 høstjevndøgn
しゅうぶん 醜聞 skanda'le, dårlig rykte
じゅうぶんに 十分に nok, helt igjen'nom, fullt
しゅうへん 周辺 omgivelser(pl.), utkant
しゅうまつ 週末 weekend, ukeslutt, helg
じゅうみん 住民 beboer, innbygger —登録 folkeregister
しゅうや 終夜 hele natten, natten igjen'nom
じゅうやく 重役 direktø'r, leder, styremedlem —会 besty'relsesmøte, direksjo'nsmøte
じゅうゆ 重油 tungolje（原油）råolje
しゅうゆう 周遊 rundtur —券 rundreisebillett
しゅうよう 収容 innkvartering, innlosjering —する innkvartere, innlosjere —所 innkvarteringssted
しゅうよう 修養 selvdisiplin, utdanning, øving —する gjøre kultive'ring/utdanning, øve seg〔i〕
じゅうよう 重要 viktighet, bety'dning —な viktig, bety'dningsfull —書類 viktige papir〔er〕—産業（基幹産業）nøkkelindustri
しゅうらい 襲来 inntrengen, invasjo'n, angrep, overfall
じゅうらい 従来 hittil, som før —の tidigere, gammel, sedvanlig, tradisjonel'l
しゅうり 修理 reparasjo'n, overhaling, istandsettelse —する repare're, lappe, istandsette —工場 reparasjonsverksted
しゅうりょう 終了 avslutning, slutt, ende —する slutte, ende, konklude're, ta slutt
じゅうりょう 重量 tyngd〔e〕, vekt —挙げ vektløfting
じゅうりょく 重力 tyngdekraft, gravitasjo'n
シュールレアリズム surrealis'me
しゅうれっしゃ 終列車 siste tog
じゅうろく 十六 seksten 第一番〔の〕sekstende
しゅうわい 収賄 mottaking av bestik'kelse/korrupsjo'n —する motta bestik'kelser

しゅえい 守衛 vaktmann, portner
じゅえき 樹液 saft
しゅかく 主格 〈文法〉 nominativ
しゅかん 主観 subjektivite′t —的な subjektiv —論 subjektivis′me
しゅき 手記 note （回想録）memoa′rer
しゅぎ 主義 prinsip′p （教義）doktri′ne, dogme … — …is′me 共産— kommunis′me
じゅきゅう 需給 tilbud og etterspørsel
しゅぎょう 修行 〔religiø′s〕 skoling, trening, disipli′n —する øve seg 〔i〕
じゅきょう 儒教 konfusianis′me
じゅぎょう 授業 leksjo′n, undervisning, time 〔i skole〕 —時間 timer 〔i skole〕 —料 skolepenger (pl.)
しゅぎょく 珠玉 edelste〔i〕n, juve′l, kleno′die, perle
じゅく 塾 terpeskole （予備校）forberedelsesskole
しゅくえん 祝宴 bankett, gjestebud, festmiddag, gilde
しゅくが 祝賀 festligholdelse, festivite′t —する feste, gratule′re, feire
じゅくご 熟語 idio′m —集 parlø′r
しゅくさいじつ 祝祭日 →しゅくじつ(祝日)
しゅくじ 祝辞 hyllest〔tale〕
じゅくしする 熟視する glo 〔etter/på〕, stirre 〔på〕
しゅくじつ 祝日 〔nasjona′l〕 helligdag
しゅくしょう 縮小 nedskjæring, avkorting —する skjære ned, avkorte, minske （抜粋）sammendrag （短縮）forkor′tning （省略）forkor′telse 軍備— nedrustning
しゅくず 縮図 miniaty′r 人生の— livet i miniaty′r
じゅくすい 熟睡 djup søvn —する falle i djup søvn, sove godt, sove som ste〔i〕n —している ligge i djup søvn
じゅく・する 熟する bli moden, modne〔s〕 —してない umoden
しゅくせい 粛正 utrens〔k〕ing
じゅくせい 熟成 modenhet —する bli moden,

modne〔s〕 —した moden
しゅくだい 宿題 lekse, hjemmearbeid —を出す gi lekse for —をする gjøre leksene
じゅくたつ 熟達 dyktighet, kyndighet —する bli dyktig/kyndig
しゅくちょく 宿直 nattevakt —する ha/være nattevakt
しゅくてん 祝典 fest —を挙行する feste
しゅくでん 祝電 festtelegram, lykkønskningstelegram —を打つ sende festtelegram
しゅくはい 祝杯 lykkønskningsskål
しゅくはく 宿泊 overnatning, innkvartering —する oppholde seg, bo, overnatte, innkvartere —所 losje 簡易—所〔natt〕herberge, billig nattelosji —者カード gjesteprotokol′l
しゅくふく 祝福 velsig′ning —する velsig′ne, ønske velsig′nelse over
しゅくめい 宿命 skjebne, tilskikkelse, lodd —的な skjebnesvanger, skjebnebestemt, fata′l
じゅくりょ 熟慮 overveielse, beten′kning, betrak′tning —する overveie, beten′ke, betrak′te (考えこんでいる) ettertenksom, tankefull
じゅくれん 熟練 dyktighet, kyndighet —した dyktig, kyndig —者/工 kyndig mann, eksper′t
しゅげい 手芸 kunsthandverk, handarbeid, handverk —品 handarbeid, handverk
しゅけん 主権 suverenite′t, hegemoni′ —のある suvere′n —者 suvere′n, hersker —在民 makten ligger hos folket
じゅけん・する 受験する gå opp til eksa′men, ta en eksa′men —生 eksaminan′d
しゅご 主語〈文法〉subjek′t
しゅこう 手工 handarbeid, handverk —品 handarbeid, handverk
しゅさい 主催 sponsor, fadder —する støtte, sponse —者 sponsor (発起人) forslagsstiller
しゅざい 取材 datainnsamling —する innsamle

data
しゅさんち 主産地 hovedprodukts distrik′t/område
しゅし 趣旨 bety′dning, hovedinnhold, egentlig mening
しゅし 種子 frø
じゅし 樹脂 harpiks —を含む harpiksholdig
しゅじゅう 主従 hersker og vasal′l, herre og dreng, mester og læredreng/lærling
しゅじゅつ 手術 operasjo′n, kirurgi′ —する opere′re, gjennomgå en operasjo′n —を受ける få utført operasjo′n av, bli opere′ret —医 kirur′g
しゅじゅの 種々の forskjellig, diver′se, alle slags
しょしょう 主将(スポーツの) kaptei′n
しゅしょう 首相 premierminister, statsminister
じゅしょう 受賞 mottakelse av pris/premie —する vinne en pris, motta en premie —者 premievinner, prisvinner
しゅしょく 主食 viktigste levnetsmidler(pl.), hovednæringsmidler(pl.)
しゅじん 主人 herre (雇い主) arbeidsgiver (一家の) husbond (宿屋などの)(男)vert (女) vertin′ne (夫) ektemann —公(小説などの) hovedperson (男) helt (女) heltin′ne
じゅしん 受信 mottakelse av et telegram′ —する ta imot beskje′d —機 mottakerapparat —人 adressa′t
しゅす (織物) atlas〔k〕, saten′g
じゅず 数珠 perleband, perlekjede, rosenkrans —つなぎにする binde band om, perle
しゅせい 守勢 defensiv, forsvar, beskyt′telse —的な defensiv, forsva′rlig —に立つ være i difensiven
しゅせき 首席(席) sjefstilling (クラスの) nummer ett av éns klass, duks
しゅぞく 種族 (人種) rase, stamme, slekt (動・植物の) art
しゅたい 主体 〈哲〉subjek′t (中核) kjerne —性 selvstendighet, uavhengighet

しゅだい 主題 tema, emne ―歌(映画などの) gjennomgående musika′lsk tema (テーマ音楽) kjenningsmelodi

じゅだく 受諾 godkjenning, aksepte′ring ―する akseptére, godta, godkjenne

しゅだん 手段 middel, meto'de, framgangsmåte (便法) utveg

じゅちゅう 受注 mottakelse av bestil′ling〔på noe〕―する ta imot bestil′ling

しゅちょう 主張 påstand (立場) synspunkt, standpunkt (強調) framheving, ettertrykk, emfa'se ―する påstå, insiste′re på

しゅつえん 出演 opptreden, framtreden ―する fremføre, oppføre ―者 deltaker ―料 skuespillerhonorar

しゅっか 出荷 forsen′delse, sending ―する〔for-〕sende

しゅっか 出火 utbrudd av ild ―する det bryter ut brann

しゅっきん 出勤 nærvær, frammøte på arbeid ―する gå/være på arbeid

しゅっけつ 出血 blødning ―する blø〔de〕―多量で死ぬ forblø′ ―販売 salg til underpris

しゅつげん 出現 fremtreden, opptreden ―する framtre, opptre, vise seg

じゅつご 述語 teknisk uttrykk〈文法〉predika′t

じゅっこう 熟考 overveielse, beten′kning ―する overveie, beten′ke, ta i beten′kning å, funde′re

しゅっこうする 出港/出航する seile ut fra

じゅっさく 術策 knep, kunstgrep

しゅっさつ 出札 billet′t salg ―口 billet′tluke ―係 billet′tkontrollør

しゅっさん 出産 fødsel, barsel (分娩) nedkomst, forlø′sning ―する føde, nedkomme ―証明 fødselsattest

しゅっし 出資 investe′ring, finansie′ring ―する investe′re, finansie′re ―者 inves′tor, finan′smann

しゅつじょう 出場 deltaking (出席) nærvær —する delta, ha/ta del i —者 deltaker

しゅっしん 出身 det å utgå〔fra universitet〕私はオスロの—です jeg er fra Oslo

しゅっせ 出世 framskritt, framgang (昇進) forfrem'melse, opprykning —する bli forfram't til, bli utnevnt til

しゅっせい 出生 fødsel, barsel —する føde, barsle —率 fødselsprosent, fødsel tal —地 fødeby〔gd〕

しゅっせき 出席 frammøte, tilstedeværelse, nærvær —する møte opp/fram, delta —者 deltaker, de tilste\deværende

しゅっちょう 出張 forret'ningsreise —で…にいる være i … på forret'ningsreise —所 avdelingskontor

しゅっぱつ 出発 avgang, start (旅行の) avreise —する avgå, starte, avreise〔til〕, reise av sted —点 startplass, startpunkt —係(競技の) starter

しゅっぱん 出帆 segl —する segle〔ut/bort〕

しゅっぱん 出版 utgivelse, publikasjo'n —する utgi, publise're —社/者 forlag, forlegger —物 trykksaker, publikasjo'n —の自由 trykkefrihet

しゅっぴん 出品 utstilling, oppvisning —する utstille, oppvise —物 utstillingsgjenstand

しゅと 首都 hovedstad

しゅとう 種痘 vaksine'ring (予防接種) innpoding —する vaksine're (予防接種する) innpode

じゅどう・てきな 受動的な passiv (文法の)—態 passiv

しゅとく 取得 anskaffelse, erver'velse —する anskaffe seg, erver've seg (購入する) kjøpe

しゅとして 主として hovedsakelig, fortrinnsvis, i hovedsaken

しゅにん 主任 arbeidsleder, formann

ジュネーブ Gene\ve

しゅび 守備 forsvar, beskyt'telse, defensiv —をする forsvare, beskyt'te

しゅび 首尾(結果) resulta't, utfall (始めから終わり

まで) fra begyn'nelsen til enden —よく heldigvis, lykkelig
じゅひ 樹皮 bark
しゅひつ 主筆 sjefredaktør
しゅひん 主賓 hedersgjest
しゅふ 主婦 husmor （妻）kone （女主人）vertin'ne
しゅふ 首府 →しゅと（首都）
しゅぼうしゃ 首謀者 anstifter （反乱の）opprørsleder
しゅみ 趣味 hobby, yndlingsbeskjeftigelse （好み）smak —を持つ ha interes'se for
シュミーズ serk, undertrøye for kvinner
じゅみょう 寿命 livstid, levetid
しゅもく 種目(種類) sort, slag〔s〕（分野）sektor（競技の）idrettsgren
じゅもく 樹木 tre
しゅやく 主役(役) hovedperson （役者)(男）skuespiller （女）skuespillerin'ne
じゅよ 授与 tildelning〔av en pris〕—する tildele, foræ're, skjenke
しゅよう 腫瘍〈病〉svulst
じゅよう 需要 etterspørsel —と供給 forsy'ning og etterspørsel これらの品物の—は大きい disse varer er mye etterspurt
しゅよう・な 主要な hoved-, viktig, vesentlig —産業 nøkkelindustri —産物 hovedprodukt —人物(ドラマ・小説などの)（男）helt （女）heltin'ne
ジュラルミン duralumi'n
しゅりゅう 主流 hovedstrømning —派 hovedfraksjo'n
しゅりょう 狩猟 jakt —に行く gå på jakt, jakte —犬 jakthund —地 jaktmark, jaktterreng —権 jaktrett
しゅりょう 首領 sjef, leder, høvding
しゅりょく 主力 hovedstyrke —を注ぐ konsentre're seg om
しゅるい 種類 art, slags 色々の—があるder er for-

skjellig slags 〔av〕 —別にする sorte′re, inndele, klassifise′re
しゅろ 棕櫚〈植〉palme
じゅわき 受話器（電話の) telefonrør　—をとる ta telefon　—を置く legge røret på
しゅわん 手腕 evne, kraft, bega′velse, dyktighet　—のある dyktig, kyndig　(機敏な) behen′dig　—家 talen′t, talen′tfull person
じゅんい 順位 rangorden, rang, grad
じゅんえき 純益(金) nettofortjeneste
しゅんが 春画 pornografi′
じゅんかい 巡回 patrul′je, runde　—する patrulje′re, runde　(パトカー) patrul′jevogn　—図書館 ambule′rende bibliote′k
しゅんかしゅうとう 春夏秋冬 vår, sommer, høst og vinter
じゅんかつゆ 潤滑油 smøreolje, smøremiddel
しゅんかん 瞬間 øyeblikk, momen′t　—な/の øyeblik′kelig, momenta′n　—に øyeblik′kelig, på øyeblikket
じゅんかん 循環 sirkulasjo′n, rotasjo′n　(天体などの) omløp, kretsløp　—する sirkule′re, rote′re, kretse　—小数 perio′disk desima′lbrøk
じゅんきゅう 準急 loka′lt hurtigtog
じゅんきょう 殉教 marty′rium　(殉死) martyrdød　—者 martyr
じゅんぎょう 巡業 turné　—する gå/reise på turné
じゅんきん 純金 re〔i〕n/ekte gull
じゅんけっしょう 準決勝 semifinale　準— kvartfinale
じゅんさ 巡査 〔politi〕betjent, politi′konstabel
じゅんじょ 順序 rekkefølge, orden　(手順) fremgangsmåte　(訴訟の) prosedy′re　—だった ordentlig, systema′tisk　—正しく i god orden, ordentlig, systema′tiskt
じゅんしん 純真 naivite′t, godtroenhet　—な naiv, godtroende

じゅんすい 純粋 renhet —な ren, ekte （本当の）sann （動物の純血種の）fullblods

じゅんちょう・な 順調な gunstig, belei′lig, fordelaktig —に gunstig, belei′lig

じゅんな 純な uskyl′dig, naiv

じゅんのう 順応 tilpassing —する tilpasse —力 tilpassingsevne —困難な tilpassingsvanskelig

じゅんばん 順番 tur, rad —に på omgang, etter tur, i tur og orden （交代で）skiftevis, vekselvis

じゅんび 準備 forberedelse, foranstaltning —する forberede, foranstalte, prepare′re, bela′ge seg på

しゅんぶん 春分 vårjevndøgn

じゅんもう 純毛 ren ull —の av ren ull

じゅんゆうしょう 準優勝 annen plass

じゅんよう 巡洋 krysning —艦 krysser

じゅんれい 巡礼〔の旅〕pilegrimsreise, pilegrimsvandring —者 pilegrim —する valfarte

じゅんれつ 順列〈数〉ombytting, permutasjo′n

じゅんろ 順路 ordinær veg

じょい 女医 kvinnelig lege （婦人科医）kvinnelege

しよう 使用 anvendelse, bruk —する anvende, bruke —済みの avlagt —者 forbruker, konsumen′t —人 arbeidtaker —〔方〕法 bruksanvisning —中（トイレ・電話など）opptatt —料 leie

しよう 私用（自分用）priva′t bruk （私事）priva′tsak —の priva′t

しょう 賞 pris, beløn′ning —をとる vinne prisen —を与える prisbelønne

しょう 省（官庁の）regje′ringskontor, ministe′rium, departement

しょう 章（本の）kapit′tel （記章）merke, emble′m

じょう 滋養 næring —のある nærende —物 næringsmiddel

じょう 情（感情）følelse, stemning （愛情）kjærlighet, hengivenhet （同情）medfølelse, sympati′ （情緒）emosjo′n —のある godhjertet

じょう 錠（錠前）lås 南京— hengelås （留め具）lukke

—をかける låse av/ned —を開ける låse opp (錠剤) tablet (丸薬) pille (トローチ) pastil′l

じょう 条 (個条) artikler (pl.)

しょうだん 焼夷弾 brannbombe

じょういん 上院 overhus, sena′t

じょうえい 上映 forevisning —する forevise en film

じょうえん 上演 oppførelse 〔av et tea′terstykke〕 —する oppføre

しょうか 唱歌 sang

しょうか 消化 fordøy′else —する fordøy′e —のよい fordøy′elig —器官 fordøy′elseskanal, fordøy′elsesorgan —剤 fordøy′elsesmiddel

しょうか 消火 brannslokking —器 brannslokkingsapparat —栓 brannhydrant —する slokke en brann

しょうか 商科 (学科の) handelsfag —大学 handelshøgskole

しょうが 生姜 〈植〉 ingefær

ジョーカー joker

しょうかい 商会 firma

しょうかい 紹介 presentasjo′n, introduksjo′n AをBに—する introduse′re/presente′re A for B —状 introduksjo′nsbrev

しょうかい 照会 forespørsel, henvendelse —する forespørre

しょうがい 生涯 liv, karriere, hele livet —の på livstid, livsløps —教育 livsløpsutdannelse

しょうがい 渉外 PR, informasjo′nsvirksomhet

しょうがい 障害 forhin′dring (身体上の) handikap —〔物〕競走 hinderløp (競馬の) steeple-chase —者 (身体上の) en handikappet

しょうがい 傷害 legemsbeskadigelse, skade —保険 ulykkesforsikring

しょうがく 商学 handelsvitskap —士 sivi′løkonom —部 handelsvitenskapelig fakultet

しょうがく・きん 奨学金 stipen′d〔ium〕 —生 (—金受給者) stipendia′t

しょうがつ 正月 nyttår (元旦) nyttårsdag
しょうがっこう 小学校 grunnskole, barneskole (小学生) barneskoleelev, grunnskoleelev
しょうかん 召喚 innkalling, tilsigelse ―する innkalle, tilsi (外交官など本国へ) hjemkallelse
しょうかん 償還 refusjo'n, tilba\kebetaling
しょうき 正気 bevis'sthet, fornem'melse, sans ―の (意識の確かな) nøktern, normal, fornuf'tig (酔ってない) nøktern, edru
しょうぎ 将棋 〔japansk〕 sjakk ―をする spille sjakk ―盤 sjakkbrett ―の駒 sjakkbrikke
しょうぎ 床几(足おき) skammel
じょうき 蒸気 damp ―機関 dampmaskin ―機関車 damplokomotiv ―缶(ボイラー) kjel〔e〕, kokekar
じょうぎ 定規 linja/l 三角― trekant, vinkelhake ―で線を引く linje're
じょうきげん 上機嫌 godt humør/lune ―で i godt humør/lune
じょうきの 上記の ovennevnt, ovenstående
しょうきゃく 償却(返金) tilba\kebetaling 減価― avskriving ―する betale tilba\ke, avskrive
じょうきゃく 乗客 reiser, passasje'r
しょうきゅう 昇級 forfrem'melse, opprykkstilling ―する bli forfrem't
しょうきゅう 昇給 lønnspålegg ―する få lønnspålegg
じょうきゅう 上級 høg rang, overklasse ―の høgre ―学校 høgre læreanstalt ―生 eldre studen't, elev på høgre trinn
しょうぎょう 商業 handel ―の handels-, kommersiel'l ―学校 handelsskole ―大学 handelshøgskole ―会議所 handelskammer ―倫理 forret'ningsmoral
じょうきょう 状況 omsten'dighet, tilstand, forhold
しょうきょくてき・な 消極的な passiv, negativ ―に passivt, negativt
しょうきん 賞金 premie, 〔penge〕pris, beløn'ning
じょうきん 常勤 fast ansettelse ―の fastansatt

じょうくう 上空 himmel —で på himmelen
しょうぐん 将軍 genera'l
じょうげ 上下 foroven og forneden
しょうげき 衝撃 stø〔y〕t, slag, impul's —を与える gi stø〔y〕t til —をやわらげる ta stø〔y〕t av
しょうけん 証券 verdipapir —取引所 fondbørs
しょうげん 証言 vitneforklaring, vitneutsagn —する bevit'ne, vitne om, avgi bevis
じょうけん 条件 vilkår, betin'gelse, forhold —つきの betin'get 無—の betin'gelsesløs, ubetinget —反射 betin'get reflek's
しょうこ 証拠 bevi's, vitnesbyrd, holdepunkt —をたてる bevi'se, bekref'te, påvise —書類/物件 bevi'smateriale
しょうご 正午 middag, kl.12
じょうご 漏斗 trekt, trakt
しょうこう 将校 offise'r
しょうこう 症候 symptom' 〔på〕
しょうこう 商工(商工業) handel og industri', erverv —会議所 handels- og industrikammer
しょうごう 称号 beteg'nelse, tittel 〔på person〕
しょうごう 照合 kollasjo'n, sammenlikning —する kollasjone're, sammenlikne
じょうこう 条項 artikler(pl.), bestem'melse
しょうこうぐち 昇降口(船室の) luga'rtrapp
しょうこうぐん 症候群 〈病〉 syndro'm
しょうこうする 焼香する tenne røkelse
しょうこうねつ 猩紅熱 〈病〉 skarla'gensfeber
じょうこく 上告 apel'l —する apelle're
しょうさい 詳細 detal'j, enkelthet —の/に detalje'rt
じょうざい 錠剤 tablet't (丸薬) pille
しょうさん 称賛 ros, berøm'melse, pris —する rose, berøm'me, prise, beun'dre
しょうじ 障子 papirdør, papirvindu, papirskjerm
じょうし 上司 overordnede
しょうじき 正直 ærlighet, redelighet, opprik'tighet

じょうしき　248

—な ærlig, redelig, opprik'tig —に言えば ærlig talt
じょうしき 常識　sunn fornuft　—的な fornuf'tig, ordinær, praktisk
しょうしつ 焼失　ødeleggelse ved brann　—する brenne ned, bli brannskade
しょうしみん 小市民　småborger　—的な småborgerlig
しょうしゃ 商社　handelskompani, handelshus
しょうしゃ 勝者　vinner, triumfa'tor
じょうしゃ・する 乗車する　stå på toget, stige på　—券 passasje'rbillett　—賃 billet'tpris
じょうじゅ 成就　fullbyrding, oppfyllelse, gjennomføring　—する fullbyrde, oppfylle, gjennomføre
しょうしゅう 召集　innkalling, tilsigelse　(召喚) stemning　—する sammenkalle, innkalle, tilsi
しょうじゅう 小銃　gevær　(猟銃) børse　—弾 geværkule
じょうしゅう 常習　vane, sedvane　—の vanemessig, sedvanlig　—犯 vaneforbryter
じょうしゅびの 上首尾の　lykkelig, heldig
じょうじゅんに 上旬に　i begyn'nelsen av
しょうしょ 証書　dokumen't, papir, skrift　(証明書) sertifika't, attes't〔for〕
しょうじょ 少女　jente, pike
しょうしょう 少々　smule, liten　—お待ち下さい Vent et øyeblikk
しょうじょう 症状(容態)　pasien'ts tilstand　(徴候) sympto'm
しょうじょう 賞状　diplo'm, sertifika't for fordel　(推薦状) anbefalingsbrev
しょうじょう 猩猩〈動〉　orangutang'
じょうじょう 情状　—しゃくりょうの余地のある formil'dende〔omsten'dighet〕
じょうしょく 常食　daglig kost　—とする leve mest på〔ris〕
しょうしん 昇進　forfrem'melse, opprykkstilling　—する bli forfrem't〔til〕

しょうしん 傷心 sorg, bedrø′velse —の sorgtung, bedrø′vt, nedslått

しょうじん 精進 omhyg′gelighet, konsentrasjo′n, flid —する konsentre′re seg —料理 vegeta′rkost

じょうしんする 上申する henstille 〔til〕, forelegge

しょうしん・な 小心な(憶病な) bange, engstelig, redd (用心深い) forsik′tig, omsorgsfull, omhyg′gelig —者 kujo′n, kryster

じょうず 上手 dyktighet, behen′dighet —な dyktig, behen′dig —な人 mester, eksper′t —になる bli dyktig

しょうすう 小数 desima′lbrøk —点 desima′ltegn, desima′lkomma

しょうすう 少数 liten antal, minorite′t, mindretal, fåtal —派/党 minorite′t —意見 minorite′ts/fåtals mening/anskuelse

しょうする …と称する(呼ぶ) kalle, nevne (…と見せかける) foregi (病気のふりをして) under foregivende av sjukdom (主張する) påstå, insiste′re på

しょうずる 生ずる(産出する) produse′re, framstille (発生する) hende, inntreffe, oppstå (ひき起こす) foranledige, forårsake

じょうずる 乗ずる(倍する) multiplise′re, mangfol′diggjøre (2倍にする) fordoble (つけこむ) utnytte, dra/få/ha/ nytte av

じょうせい 情勢 tingens tilstand, situasjo′n, stilling

しょうせつ 小説(長編の) roman (短編の) histo′rie, novel′le (物語) fortel′ling —家 forfat′ter 短編—家 novellis′t

しょうせん 商船 handelsskip —隊 handelsflåte —学校 sjømannsskole

じょうせん 乗船 om bord —中の ombo′rdværende —客 de ombo′rdværende —する gå ombord —させる(人を) ta … ombord (貨物を) laste ombord

しょうぞう 肖像 portret′t, brystbilde, kontrafei′

じょうそう 上層(地層などの) øvre lag (大気の) det øvre luftlag (建物の) øvre etasjer —階級 overklas-

se
じょうそう 情操 følelse, følesesuttrykk
じょうぞう 醸造 brygging —する brygge (蒸留する) destille're —所 bryggeri'
しょうそく 消息 nyhet, underretning, informasjo'n —がある høre fra en, få underretning om —通の velunderrettet, godt underrettet
しょうたい 正体 ens rett egenskap, ens sann jeg —を現わす avsløre seg som, vise ens rett egenskap
しょうたい 招待 innbydelse, invitasjo'n —する innby, invite're —を受ける motta en invitasjo'n —状 skriftlig invitasjo'n, innbydelseskort —客 de innbudte (pl.)
しょうたい 小隊 (歩兵の) peloton'g, underavdeling
じょうたい 状態 tilstand, situasjo'n, forhold
じょうたい 常態 normal tilstand
しょうだく 承諾 godkjenning, samtykke, bifall —する godkjenne, være enig med en, bifalle
しょうたくち 沼沢地 sumpland
じょうたつ 上達 framskritt, forbe'dring —する gjøre framskritt, forbe'dre seg, dyktiggjøre seg —している være dyktig/dugende/flink
しょうだん 商談 forret'ningssamtale, forhan'dling
じょうだん 冗談 vittighet, spøk, vits, skjemt —をいう spøke, skjemte —に i/for spøk, på skjemt
しょうち 承知 (知っていること) kjennskap〔til〕(許可) tilla'telse (同意) samtykke —する få å vite, gi tilla'telse til, samtykke i
じょうちゅう 条虫〈虫〉bendelorm
じょうちょ 情緒 sinnsbevegelse, rørelse, emosjo'n —的な rørende, emosjonel'l
しょうちょう 象徴 symbo'l —する symbolise're —的な symbo'lsk
しょうちょう 小腸〈医〉tynntarm
しょうてん 商店 butik'k, forret'ning (売店) kiosk (百貨店) varehus (露店) salgbod, stand〔plass〕på fortauet —街 forret'ningskvarter, butik'ksarkade,

butik′ksstrøket —主 butik′kinnehaver
しょうてん 焦点 brennpunkt, fokus —を合わす bringe i fokus, fokuse′re —距離 brennvidd〔e〕
じょうてんき 上天気 godt vær, klarvær
じょうと 譲渡 overdragelse（放棄）oppgivelse —する overlate, overdra（放棄する）oppgi
しょうとう 小刀 kort sverd
しょうどう 衝動 tilskyndelse, impul′s —的な impul′siv —買い impul′skjøp
しょうどう 唱道 anbefaling〔for〕
しょうとうする 消灯する slokke lys
じょうとうな 上等な fortref′felig, utmerket, førstklasses
しょうどく 消毒 desinfeksjo′n, sterilisasjo′n —する desinfekse′re, sterilise′re —薬/剤 desinfeksjo′nsmiddel, sterilise′rende middel
しょうとつ 衝突 sammenstøt, kollisjo′n（交通事故）trafik′kulykke（紛争）konflik′t —する kollide′re med, støte sammen（意見が）krangle med
しょうにかい 小児科医 barnelege
しょうにん 使用人 arbeidstaker, de ansatte, lønnstaker
しょうにん 承認 godkjenning, approbasjo′n（承諾）samtykke, tilla′telse（認可）tilla′telse（賛同）medhold, samtykke —する godkjenne, approbe′re, godta
しょうにん 商人 kjøpmann,〔for〕handler
しょうにん 証人 vitne —審問 vitneavhøring
じょうにん・の 常任の permanen′t —委員 medlem av stående komité（国連の）—理事国 faste medlemmer i FN
じょうねつ 情熱 lidenskap, mektig følelse —的な lidenska′pelig
しょうねん 少年 gutt, guttunge —時代 ungdomsalder —時代の思い出 ungdomserindring —犯罪 ungdomskriminalitet
しょうのう 樟脳 kamfer

しょうのう 小脳 〈医〉 lillehjerne
じょうば 乗馬 ridning ―馬 ridehest ―する ri(de) ―の ridende (騎手)(男) rytter (女) rytterske
しょうはい 勝敗(勝負などの結果) utfall, seier eller nederlag
しょうばい 商売 handel, forret'ning ―する handle, drive forret'ning ―人 handler, kjøpmann ―感覚 forret'ningssans
しょうばつ 賞罰 beløn'ning og straff
じょうはつ 蒸発 fordam'ping ―する fordam'pe (消え去る) forsvin'ne
しょうひ 消費 forbruk, konsu'm ―する forbru'ke, konsume're ―者 forbruker, konsumen't ―税 moms (merverdiomsetningsavgiftの〔短〕) ―財 konsu'mvare
じょうひ 冗費 unød〔vend〕ig utgift, ødselhet
しょうひょう 商標 varemerke
しょうひん 商品 vare, handelsvare ―見本 vareprøve ―券 gavekort ―開発 produk'tsutvikling
しょうひん 賞品 premie, pris ―を与える premie're ―獲得者 premievinner
じょうひんな 上品な elegan't, fornem, grasiø's
しょうぶ 勝負 avgjørelse 〔i en kappestrid〕, match, kamp ―する matche, konkure're 〔med〕 ―がつく nå til en avgjørelse (決闘) duel'l (決闘する) duelle're
しょうぶ 菖蒲 〈植〉 kalmus はな― iris
じょうふ 情婦 elskerin'ne
しょうふく 承服 innrømmelse, underkastelse ―する underkaste seg, anerkjenne, innrømme
しょうふだ 正札 prislapp
じょうぶな 丈夫な (体が) sterk (健康な) sunn, frisk (頑丈な) solid, fast (耐久力のある) holdbar
しょうぶん 性分 lynne, sinnelag
しょうへいする 招聘する innby, invite're
じょうへき 城壁 slottsmur
しょうべん 小便 urin, piss 〈幼児語〉 tiss ―する

urine're, pisse, late vatnet 〈幼児語〉 tisse
じょうほ 譲歩 innrømmelse, kompromis's —する innrømme, kompromis'se
しょうほう 商法 handelskodeks
しょうぼう 消防 brannslokkingstjeneste (消火) slokking —署 brannstasjo'n —車 brannbil —士 brannmann —演習 brannøvelse
じょうほう 情報 informasjo'n, underretning, opplysning —処理 elekro'nisk databehandling
じょうほう 乗法 multiplikasjo'n
じょうまえ 錠前 lås —屋 låsesmed
しょうみの 正味の netto —重量 nettovekt
じょうみゃく 静脈〈医〉 vene, blodåre —注射 innsprøytning inn i en blodåre
じょうむ 常務〔取締役〕 ledende direktø'r
じょうむいん 乗務員 (鉄道の) togpersonell, togmannskap
しょうめい 証明 bevis, vitnesbyrd —する bekref'te 〔utsagn〕, bevise —書 diplo'm, sertifika't, bevis, attes't
しょうめい 照明 bely'sning, opplysning, illuminasjo'n —する bely'se, opplyse, illumine're 舞台— scenebelysning
しょうめつ 消滅 (消失) forsvin'ning (絶滅) utslettelse, tilin'tetgjørelse —する forsvin'ne, slokkes (死滅する) dø ut (失効する) forfal'le (崩壊する) forfal'le
しょうめん 正面 front, forside (建物の) fasa\de …の—に foran —衝突 fronta'lt sammenstøt
しょうもう 消耗 forbruk —する forbru'ke —した utslit't, forslitt —品 forbruksartikkel
しょうもん 証文 forskri'vning, avtale, kontrak't 借用— gjeldsbevis, gjeldsbrev
じょうやく 条約 trakta't, pakt —を結ぶ inngå/slutte en pakt —国 signata'rmakt
しょうゆ 醬油 soyasaus
しょうよ 賞与 lønnstillegg, bonus

じょうよ 剰余 overskott, overmål（差引残高）saldo
しょうよう 商用 erverv, forret′ning —で i forret′ningsanliggende —語 handelsuttrykk
じょうようしゃ 乗用車 perso′nbil
しょうらい 将来 fremtid, ettertid —の framti′dig —計画 fremtidsplan —有望な lovende, håpefull
しょうり 勝利 seier, trium′f —を得る vinne seier, triumfe′re —者 seierherre, vinner
じょうり 条理 logik′k, fornuf′t
じょうりく 上陸 landing —地 landingsplass, landingssted —する lande, gå/sette i land
しょうりゃく 省略 unnlatelse, forkor′telse —する unnlate, utelate, sløyfe, forkor′te
じょうりゅう 上流（川の）øvre strekning av flod, øvre løp （社会の）overklasse, fornemhet
じょうりゅう 蒸留 destillasjo′n —する destille′re —水 destille′rt vatn —酒 spiritus
しょうりょう 少量 en smule, en liten kvantite′t
しょうりょくか 省力化 arbeidsbesparelse
じょうりょく・の 常緑の vintergrøn〔n〕, eviggrøn〔n〕 —樹 eviggrøn plante （針葉樹）bartre
しょうれい 奨励 oppmuntring —する oppmuntre
じょうれん 常連 stamgjest
じょうろ 如露 vannkanne, hagekanne
しょえん 初演 førsteoppførelse, uroppførelse
じょえん 助演 birolle
じょおう 女王 dronning —蜂(ばち) bidronning
ショーウインドー utstillingsvindu
ショート （電気の）kortslutning —する kortslutte
ショール sjal
しょか 初夏 forsommer
しょか 書架 stati′v
じょがい 除外 unntak, diskvalifikasjo′n —する gjøre en unntak, unnta, diskvalifise′re （免除）befri′else （免除する）befri′
しょがくしゃ 初学者 nybegynner, novi\se
じょがくせい 女学生 skolepike （女学校）pikeskole

しょかん 所感　inntrykk　—を述べる beret'te sitt inntrykk

しょかん 書簡　brev　—箋 brevpapir　(文通) korrespondanse

じょかん 女官　hoffdame

しょき 初期　begyn'nelse　—の tidlig　—に i førstningen/begyn'nelse

しょき 書記　sekretæ'r, kontoris't

しょき 暑気　hetebølg[j]e

しょきゅう 初級　begyn'nelsestrin, begyn'nerklasse

じょきゅう 女給　oppvartningsjomfru, servitø'r

じょきょうし 女教師　kvinnelig lærer, lærerin'ne

じょきょうじゅ 助教授　assiste'rende profes'sor　準教授(助教授と教授の間) dosen't

じょきょく 序曲〈楽〉forspill, prelu'dium, ouverture

じょきょする 除去する　fjerne, bli av med

しょく 職(仕事)　arbeid, jobb, erverv, ansettelse　—業 yrke, erverv　(天職) kall　官公— embete, tjeneste　—務 plikt, verv　—の自由 næringsfrihet　—を探す søke sin jobb　—を失う miste sin jobb

しょくいん 職員　personel'l, stab

しょくえん 食塩　bordsalt　—入れ saltbøsse　—水 saltvatn

しょくぎょう 職業　profesjo'n, stilling, erverv　—安定所 arbeidsformidling　—病 ervervssjukdom　—教育 ervervsutdannelse, yrkesutdannelse　—訓練所 yrkesskole

しょくじ 食事　måltid　(正餐) middag　—の用意をする lave mat, dekke på bordet　—をする få seg et måltid, innta et måltid　—中である sitte til bords　—の後片付けをする rydde bordet

しょくしゅ 触手　tentak'el, følehorn

しょくだい 燭台　lysestake

しょくたく 食卓　spisebord　—につく sitte til bords, sette seg til bords　—塩 bordsalt

しょくどう 食堂　spisestue　(軍隊・会社などの) kanti\-ne　(ホテルなどの大きな) spisehal　(セルフサービス

の) kafete′ria 学生— studenternes spisehal（レストラン）restaurant（パブ）vertshus —車 spisevogn

しょくどう 食道〈医〉spiserør

しょくにん 職人 dyktig fagmann, handverker —気質 fin handverksmessig utførelse, faglig dyktighet

しょくば 職場 arbeidsplass, arbeidsværelse（工場の）verksted —大会 verkstedmøte

しょくひ 食費 matutgift （宿屋などの）matpris

しょくひん 食品 næringsmiddel —店(雑貨も扱う) kolonia′lbutikk —産業 næringsmiddelindustri

しょくぶつ 植物 plante, vekst —界 planteverden —群 flora —園 bota′nisk hage —学 botanik′k

しょくみん 植民 kolonisasjo′n —する kolonise′re —者 nybygger —地 koloni′

しょくむ 職務 arbeid, plikt, verv, oppgave —を怠る forsøm′me sin plikt —質問〔politi〕avhør

しょくもつ 食物 fødemiddel, næringsmiddel, kost, føde

しょくよう・の 食用の spiselig —油 matolje

しょくよく 食欲 appetit′t —がある/ない ha god/dårlig appetit′t —をそそる appetit′tvekkende

しょくりょう 食料 matvare, fødemiddel —品 fødemiddel, mat —品店(雑貨も扱う) kolonia′lbutikk, dagligvareforretning

しょくりょう 食糧 mat, næringsmiddel, provian′t —を供給する proviante′re, forsy′ne med næringsmiddel

しょくりん 植林 skogplanting —する plante tre/skog

しょくん 諸君(呼びかけ) Mine〔damer og〕herrer

しょけい 処刑 henrettelse, eksekusjo′n —する henrette, eksekve′re —場 retterstedb

しょけん 所見 synspunkt, anskuelse, meining —を述べる uttrykke sin anskuelse

じょげん 序言 prolo′g, forord

じょげん 助言 forslag, rådslagning, et litet råd —する rå〔de〕, foreslå

じょこう 徐行(掲示) Minske farten ―する sette farten ned, saktne〔på〕farten
しょこく 諸国 forskjellige/alle/mange land
しょさい 書斎 stude'rkammer, leseværelse
しょざい 所在(人の) oppholdssted (物の) gjemmested ―をつきとめる stedfeste, finne ―地 hjemsted, oppholdssted
じょさいない 如才ない taktfull (愛想のよい) elskver'dig (交際上手な) selska'pelig (世話好きな) imø'tekommende
じょさんぷ 助産婦 jordmor
しょじ 所持 å ha på seg, besit'telse, eie ―する ha på seg, besit'te, eie
しょじ 諸事 forskjellige anliggender (pl.)
じょし 助詞〈文法〉partik'kel
じょし 女子 pike, kvinne, hunkjønn ―の kvinnelig ―大学 kvinneuniversitet ―学生 kvinnelig studerende, studi'ne ―寮 kvinnelig kolle'gium ―店員 ekspeditri'se ―事務員 konto'rdame
しょしき 書式 formula'r, bestem't form ―通りに i behø'rig form
じょじし 叙事詩 epos
じょしゅ 助手 hjelper, assisten't
しょしゅう 初秋 tidlig etterår/høst
じょじゅつ 叙述 beskri'velse ―する beskri've, skildre
しょじょ 処女 jomfru (純潔) uskyld ―航海/運行 jomfrutur ―膜 jomfruhinne ―作(小説の) debutroman
じょじょう・し 叙情詩 lyrik'k ―的な lyrisk
じょじょに 徐々に gradvis, etterhån'den, litt etter litt
しょしんしゃ 初心者 nybegynner, novi\se
じょすう 序数〈数〉ordenstal
しょする 処する ta seg av, handte're (刑を) avsi dom over, dømme
じょせい 女性 kvinne, hunkjønn ―の kvinnelig ―

的な feminin —解放運動 kvinnebevegelse —事務員 konto′rdame —主人公 heltin'ne
しょせき 書籍 bøker(pl.) —店 bokhandel, boklade
しょせつ 諸説 forskjellige teori′er/meninger/syner
じょせつ 序説 innleiing, forord
じょせつ・する 除雪する kaste/rydde/skovle sne —車 snøbil
じょそうする 除草する luke〔bort〕, renske ugress
しょぞく・する 所属する høre til〔i〕, tilhøre, være tilknyttet —の tilhørende
しょたい 所帯 husholdning, heim —主 husfar —道具 husholdningsartikler(pl.)
しょたいめん 初対面 første møte
しょち 処置 behan′dling, forholdsregel —する ta sine forholdsregler, behan′dle
しょちゅう 暑中 høysommer, midsommer
じょちゅう 女中 tjenestepike, husassistent
しょちょう 所長 leder, sjef
じょちょうする 助長する fremme, hjelpe fram
しょっかく 触覚 følesans
しょっかく 触角 følehorn, tentak′el, anten'ne
しょっき 食器 〔bord〕servise —棚 skap, skjenk
しょっき 織機 vevstol
ジョッキ krus
ショック stø〔y〕t, sjokk —を与える gi støyten til noe —を受ける ta støyten, få et sjokk
しょっけん 食券 matbillet
しょっこう 職工 faglært arbeider (職人) handverker (職長) formann
ショッピングセンター butik′ksenter
しょてん 書店 bokhandel, boklade
じょてんいん 女店員 ekspeditri′se, butik′kjomfru
しょとう 初冬 tidlig vinter
しょとう 諸島 øygruppe, arkipela′g
しょどう 書道 kalligrafi′, skjønnskrift
じょどうし 助動詞〈文法〉hjelpeverb〔um〕
しょとう・の 初等の elementæ′r, primæ′r —教育

grunnskoleutdanning
しょとく 所得 innkomst 　—税 innkomstskatt 　—税の確定申告 selvangivelse
しょばつ 処罰 avstraffelse 　—する avstraffe〔for〕, straffe
しょはん 初版 først utgave/opplag
しょはん 初犯 først forse′else/lovovertredelse
しょひょう 書評 bokanmeldelse
しょぶん 処分(処置) rådighet, disposisjo′n 　(廃棄) avskaffelse, kassasjo′n 　(処罰) straff 　—する rå〔de〕〔over〕, ta seg av, ordne 　(廃棄する) kasse′re, skaffe av veien 　(処罰する) straffe
じょぶん 序文 forord, innledning, fortale
しょほ 初歩 〔de〕 første skritt, begyn′nelsesstadium 　—の grunn-, elementæ′r
しょほう 処方 ordinasjo′n 　—する ordine′re 　—箋(ｾﾝ) resep′t
じょほう 除法〈数〉 divisjo′n, deling
じょまく 除幕 avsløring, avdekking 　—する avsløre, avdekke 　—式 avsløringsseremoni
しょみん 庶民 〔almin′nelig〕 folk 　—的な folkelig, populæ′r
しょむ 庶務 almin′nelig anliggende, konto′r gjøremål
しょめい 署名 underskrift, signatu′r 　—する underskrive, signe′re (頭文字だけで) parafe′re 　—国(調印国) signatu′rmakt 　—運動 underskriftskampanje
しょめい 書名 boktittel
じょめい 除名 eksklusjo′n, utstø〔y〕ting 　—する eksklude′re, utstø〔y〕te
しょもつ 書物 bok
じょやく 助役(駅の) assisten′t til stasjonsmester
しょゆう 所有 eie, besit′telse 　—する eie, besit′te 　—権 eiendomsrett 　—者(男) eier 　(女) eierin′ne 　—物 eiendeler (pl.)
じょゆう 女優 skuespillerin′ne
しょよう 所用 ærend, oppdrag

しょようの 所要の nødven'dig, fornø'den
しょり 処理 handte'ring, behan'dling, ordning —する handte're, behan'dle, ordne（改良する）bedre（加工する）bearbeide
じょりゅう・の 女流の kvinnelig, feminin —作家 kvinnelig forfat'ter, forfatterin'ne
じょりょく 助力 hjelp, bistand —する hjelpe, yte bistand（協力）samarbeid
しょるい 書類 dokumen't, papir
じょろん 序論 innleiing, forord
しらが・の 白髪の kvithåret —まじりの gråhåret
しらかば 白樺〈植〉bjørk, bjerk
しらける 白ける bli ødelagt
しらこ 白子〈魚〉melke, mjølke
じらす 焦らす irrite're, ergre, tirre
しらずに 知らずに utilsiktet, uforvarende
しらせ 知らせ(公表) bekjen'tgjørelse, erklæ'ring, annon'se —る informe're, bekjen'tgjøre, annonse're（個人的に）fortel'le, meddele
しらふの 素面の edru, nøktern, sober
しらべ 調べ(調査) undersøkelse, inspeksjo'n（調子）tone, melodi' —る undersøke（見つけ出す）finne ut av（聞きただす）forhø're（下調べする）forberede
しらみ 虱〈虫〉lus —つぶしに en etter en, enkeltvis
しられる 知られる bli kjent
しり 尻(体の) bakdel, hofte（動物の）gump（おしまい）ende（船尾）akter（尻尾）hale —ごみする nøle 子供の—をたたく smekke/klappe〔barnet〕på bakdel
シリア Syria
しりあい 知り合い bekjen'tskap, en bekjent —です kjenne noe …と—になる gjøre/stifte bekjen'tskap med
じりき 自力 sjøl〔v〕hjelp, eigen anstrengelser(pl.) —で med eigen anstrengelser, ved eigen hjelp —本願 forlø'sning gjennom sjølvhjelp

しりごみ 尻込み beten'kning —する nøle〔med å〕, beten'ke seg på å

しりぞく 退く(後退する) trekke seg tilba'ke (退却する) foreta et tilba'ketog, retire're (引退する) avgå, trekke seg tilba'ke

しりぞける 退ける(追い払う) drive tilba'ke/ut (除外する) eksklude're (拒絶する) avslå, vegre seg, nekte (否決する) forkas'te, tilba'kevise (保留する) oppholde

じりつ 自立(独立) uavhengighet (自活) sjølvforsyning —する bli uavhengig (自活する) forsør'ge seg selv

しりつの 市立の bymessig, by-, stad-, kommuna'l

しりつ・の 私立の priva't —学校 priva't skole —大学 priva't universite't —病院 priva't sjukehus

しりゅう 支流 bielv, sideelv

しりょ 思慮 beten'kning, hensyn, ettertanke (慎重さ) forsik'tighet —のある beten'ksom, hensynsfull, fintfølende —深い diskre't, forsik'tig

しりょう 資料 data, materia'l (文書) dokumen't —を集める samle materia'l

しりょう 飼料 fôr, mat til husdyr

しりょく 視力 syn, synsevne —の optisk —検査 synsprøve

しりょく 資力 kapita'l, fond (個人的な) midler(pl.)

しりょく 死力 despera't/ytterst anstrengelse —をつくす gjøre sitt ytterste, anstrenge seg til det ytterste

シリング shilling

しる 知る erkjen'ne (見出す) finne ut av (知っている) kjenne, vite (判る) forstå, oppfatte (知られている限りは) så vidt man vet

しる 汁(果実などの) saft (吸い物) suppe

シルエット silhuet't

シルクハット flosshatt

しるし 印 tegn, merke (商標) varemerke (表象) symbo'l (記章) medal'je (痕跡) spor (徴候) symp-

しるす to'm （記念）ihu'kommelse, minne …の—として som/til tegn på —をつける merke, marke're

しるす 記す skrive opp, note're （記述する）beskri've

しれい 司令 komman'do —官 befa'lingsmann —長官 kommande'rende admira'l —部 komman'dosentral, hovedkvarter

しれい 指令 ordre, direkti'v, instruksjo'n （布告）foror'dning —する ordre, instrue're

じれったい 焦れったい irrite'rende, oppirrende, utå'lelig

しれる 知れる bli kjent （発覚する）bli avslørt （…だと判る）befin'ne seg

しれん 試練 gjenvor'dighet, vanske, fortre'delighet

ジレンマ dilem'ma, knipe, bryderi, klemme —に陥る være i et dilem'ma

しろ 白（白色）hvit/kvit farve —い hvit, kvit —っぽい hvitaktig （顔など青白い）ble〔i〕k （髪が）hvithåret TVなど—黒の svart-hvitt —ブドー酒 hvitvin （無罪の）uskyl'dig

しろ 城 slott, borg

しろうと 素人 amatø'r, dilettan't （初心者）nybegynner, novi\se （門外漢）lekmann —考え amatø'raktig tankegang

しろくま 白熊〈動〉isbjørn

じろじろみる glo〔etter/på〕, stirre〔på〕

シロップ sirup

じろん 持論 ens avholdt me〔i〕ning

しわ 皺（顔の）rynke 小— fold （すじ・みぞ）fure, renne, rille —がよる rynke, folde

しわがれ・る 嗄れる bli rusten —声 rusten/hes stemme

しわざ 仕業 handling, dåd, gjerning （愚行）dårskap, tåpelighet

しん 芯（果物の）kjerne （鉛筆の）bly （ろうそくの）veke

じんあい 仁愛 velvilje, menneskekjærlighet

しんい 真意 virkelig hensikt

じんいん 人員 persona'le ー整理 persona'le innskrenking
じんえい 陣営 leir 保守ー konser'vativ parti/krets
しんえんな 深遠な djup, dypsindig, ettertenksom
しんおう 震央(震源地) seismisk sentrum
しんか 真価 virkelig verdi'/fortje'neste
しんか 進化(生物の) evolusjo'n, utvikling ーする utvikle seg ー論 utviklingslære
しんか 臣下 undersått (家来) vasal'l
しんがい 侵害 krenkelse, fornær'melse ーする krenke, fornær'me
しんがく 神学 teologi' ー者 teolo'g
しんがく 進学 opptaking på høyere læreanstalt
じんかく 人格 perso'nlighet, karakte'r
しんがっき 新学期 nytt skoleår
しんかん 新刊 ny publikasjo'n, nyutkommen skrift ー書 ny bok
しんかん 森閑 taushet, stillhet ーとした taus, stille
しんかんせん 新幹線 ny supereksprass
しんぎ 審議 overveielse, drøftelse, ettertanke ーする overveie, undersøke, drøfte
じんぎ 仁義 rettferd, humanis'me (義理) plikt
しんきいってんする 心機一転する bli et nytt menneske, skifte me[i]ning, komme på andre tanker
しんきじく 新機軸 ny dannelese, forny'else, nyskapning
しんきゅう 進級 opprykning [til neste klasse], forfrem'melse ーする flytte opp til
しんきゅうの 新旧の nye og gamle
しんきょう 新教 protestantis'me ー徒 protestan't
しんく 辛苦 besvæ'r, gjenvor'dighet, møde
しんぐ 寝具 sengetøy, sengeklær
しんくう 真空 vakuum ー管 vakuumrør ー包装 vakuumpakning
しんくの 深紅の karmosi'nrød
しんけい 神経 nerve ー系 nervesystem ー質な nervø's ーが鈍い være ufølsom/sløv/uskarp ーが鋭

い være følsom/nervø′s/tynnhudet —痛 neuralgi′, nervesmerte

しんげき 新劇 nytt drama
しんけん 真剣(真面目) alvor —な alvo′rlig, seriø′s
しんけん 親権 foreldremyndighet —者 perso′n med foreldremyndighet
じんけん 人絹 kunstsilke, rayon
じんけん 人権 menneskerettighet —じゅうりん undertrykkelse av menneskerettighet —剥奪 fredløshet —剥奪する gjøre fredløs
じんけんひ 人件費 persona′leutgifter, lønnutgifter (pl.)
しんご 新語 nytt ord/uttrykk
しんこう 信仰 tro —する tro på —告白 trobekjen′nelse —心の厚い gudelig, gudfryktig
しんこう 進行 framskritt, avansement, framdrift —する beve′ge seg fremad, gå fremad, avansere —中の pågående —係 program′leder —形〈文法〉progressiv form
しんごう 信号 signa′l 交通— trafik′ksignal, trafik′kfyr —を送る signale′re —機 alarm〔apparat〕
じんこう 人口 befol′kning —密度 befol′kningstetthet —調査 folketelling —過剰 overbefol′kning
しんこう・の 新興の oppblomstrende —国の utviklingsland
じんこう・の 人工の kunstig, uekte —衛星 kunstig satellit′t
しんこきゅう 深呼吸 djup åndedrag
しんこく 申告 erklæ′ring, uttalelse —書(税の) selvangivelse —する erklæ′re, uttale
しんこくな 深刻な alvo′rlig, bety′dningsfull, seriø′s
しんこん・の 新婚の nygift —夫婦 et nygift par —旅行 bryllupsreise
しんさ 審査 undersøkelse, inspeksjo′n —する undersøke, inspise′re —員 undersøker, eksamina′tor, inspektø′r
じんざい 人材 menneskelige ressur′ser (pl.) (多才

な人) talentfull person
しんさつ 診察 legeundersøkelse, legebehandling —する undersøke, foreta en legeundersøkelse —を受ける gå til lege —室 konsultasjo′nsværelse —料 legehonorar
しんし 紳士 gentleman —的な ridderlig, artig, høvisk —服 herreklær —録 hvem er hvem
じんじ 人事 persona′leadministrasjon —部 persona′lavdeling —移動 persona′lskifte
しんしき 新式 ny model, ny stil —の mode′rne, nåtids- (新しがりの) nymotens
しんしつ 寝室 soverom, soveværelse
しんしつ 心室 〈医〉(心臓の) hjertekammer
しんじつ 真実 sannhet, virkelighet —の sann, virkelig (本物の) ekte
しんじゃ 信者 en troende (キリスト教の) kristen (仏教の) buddhist (崇拝者) tilbeder (支持者) tilhenger
じんじゃ 神社 〔shinto〕helligdom, shintotempel
しんじゅ 真珠 perle —貝 perlemusling —の首飾り perlehalsband
じんしゅ 人種 rase —的偏見 rasefordom —差別 rasediskriminasjo′n —隔離 raseatskillelse
しんじゅう 心中 dobbelt kjærlighetssjøl〔v〕mord
しんしゅてきな 進取的な progressiv
しんじょう 心情 hjerte, emosjo′n
しんじょう 身上(みのうえ) skjebne, lodd (とりえ) fortje′n〔e〕stfullhet
しんしょうしゃ 身障者 en handikappet
じんじょう・の 尋常の ordinæ′r, norma′l, almin′nelig —でない ualmin′nelig, ekstraordinær
しんしょく 浸食 erosjo′n, etsning —する erode′re, etse
しんじょたい 新所帯 ny husholdning, ny husstand
しんじ・る 信じる (本当と思う) tru, tro (信仰する) tru〔på〕 (信用する) tru, tro (信頼する) stole på, tru, ha tillit til —難い utrulig

しんしん 心身 krop og sjel/sinn —障害の handikappet —障害者 de handikappede (pl.)
しんじん 新人 nytt ansikt, frisk mann
しんしん・の 新進の oppadgående, framgangsrik (末頼もしい) lovende —気鋭の dyktig og strevsom
しんすい 進水 sjøsetting, stabelavløpning —させる sjøsette, la et skip løpe av stabelen —する løpe av stabelen —式 sjøsettingseremoni
しんずい 真髄 kjerne, essen's
しんすい・する 浸水する senke seg 〔under vann〕, bli oversvømt —家屋 oversvømt hus
しんせい 申請 ansøkning, andragende —する ansøke, andra, be〔de〕
じんせい 人生 liv, tilværelse —観 livsanskuelse, livsfilosofi —の縮図 livet i miniaty'r
しんせいな 神聖な hellig, guddom'melig
しんせいひん 新製品 nytt produk't
しんせき 親戚 slektning
しんせつ 親切 vennlighet —な vennlig, blid, hyggelig
しんせつ・の 新設の ny opprettet, nystiftet —する opprette, stifte, etable're
しんぜん 親善 vennskap
しんせんな 新鮮な ny, frisk
しんそう 真相 sannhet, riktighet
しんぞう 心臓 〈医〉 hjerte —病 hjertesjukdom —麻痺 hjertelammelse —発作 hjerteanfall （図太さ） frekkhet
じんぞう 腎臓 〈医〉 nyre —病 nyresjukdom —結石 nyregrus, nyrestein —移植 nyretransplantasjon
じんぞうの 人造の kunstig, kunstlet （模造の） imite'rt, etterliknet （合成の） synte'tisk
じんそく・な 迅速な hurtig, snar, rask （機敏な） rask, prompt〔e〕 （回復など） snarlig —に hurtig, raskt, prompt〔e〕
しんたい 身体 kropp, legeme —の kroppslig, fysisk —検査 legeundersøkelse, legeeksamen （警察など

の）kroppvisitasjon　—障害 legemefeil　—障害の handikappet, vanfør
しんだい　寝台　seng（子供用の）barneseng（船・列車などの）køy　—車 sovevogn　—券 soveplassbillett
しんたく　神託　ora'kel（予言）profeti'
しんたん　薪炭　〔husholdnings〕brensel
しんだん　診断　diagno\se, diagnostise'ring　—書 legeattest, legeerklæring（処方箋）resep't
しんちく　新築〔家屋〕nybygg　—する bygge hus（増築する）bygge til/på〔et hus〕
しんちゅう　真鍮　messing
しんちゅう・する　進駐する　stasjone're, anbringe　—軍 okkupasjo'nsmakten
しんちょう　身長　høyde, høgd, statur　—を測る måle statur
しんちょう　慎重　forsik'tighet, varlighet, varsomhet　—な/に forsik'tig, varlig
しんちんたいしゃ　新陳代謝　metabolis'me, stoffskifte
しんてい　進呈　foræ'ring, donasjo'n, overlatelse　—する gi, foræ're, done're, overlate
しんてん　親展（封筒の表書きに）priva't, konfidensiel'l　—書 et konfidensiel'lt brev
しんてん　進展　utvikling, evolusjo'n
しんでん・ず　心電図　〔elektro〕kardiogram'　—計 kardiogra'f
しんど　震度　seismisite't　—計 seismome'ter
しんど　深度　djup, dyp　—を測る lodde djupet
しんとう　浸透　gjennomtrenging, inntrengen　—する gjennomtrenge, trenge igjen'nom, trenge inn i
しんどう　神童　vidun'derbarn
しんどう　振動　sving, vibrasjo'n, oscillasjo'n　—する svinge, vibre're, oscille're
しんどう　震動　skjelv, vibre'ring, dirring　—する skjelve, dirre, riste
じんどう　人道（人倫）menneskelighet, humanite't　—主義 humanis'me, menneskelighet

しんと・した dødsstille —する være dødsstille
しんにち 親日 projapanis'me —の projapansk
しんにゅう 侵入 innfall, invasjo'n —する falle inn, invade're （泥棒など）bryte inn —者 fremmed undertrykker （暴行者）overfallsmann
しんにゅうせい 新入生（大学の）nyimmatrikule'rt
しんにん 信任 tillit, fortrøs'tning —状 krediti'v —投票 tillitvotum
しんねん 新年 nyttår （元日）nyttårsdag
しんねん 信念 overbevisning, tru
しん・の 真の virkelig, sann, faktisk （本物の）ekte —に virkelig, sannelig, faktisk
しんぱい 心配 bekym'ring, frykt, uro （配慮）omsorg, omtanke …に—をかける volde bekym'ringer for —する bekym're seg, frykte
シンバル 〈楽〉 bekken
しんぱん 審判（すること）dom —員 dommer 最後の—の日 den ytterste dag （仲裁）voldgift
しんぴ 神秘 myste'rium （なぞ）gåte —的な mysteriø's, mystisk （なぞにみちた）gåtefull
しんぴん 新品 ny vare —の ny
しんぷ 神父 kato'lsk prest
しんぷ 新婦 brud〔ved bryllupet〕, brur
じんぶつ 人物（人）perso'nlighet （人柄）karakte'r, karakte'regenskap, perso'nlighet （人材）dyktig person, talen't, bega'velse —画 portret't
しんぶん 新聞 avi's, blad —記事 avi'sartikkel —記者〔avi's〕journalist —社 avisekspedisjo'n, telegram'byrå —配達人 avi'sbud —売り子 avi'sgutt, avi'sselger
じんぶん・かがく 人文科学 humanio'ra —主義 humanis'me
しんぺんざつじ 身辺雑事 alle hande/al slags priva't-anliggende
しんぽ 進歩 framskritt, framgang （発展）utvikling （改善）forbe'dring —する gjøre framskritt —的な framskrittsvennlig （革新主義の）refor'mvennlig

しんぼう 心棒 aksel (軸) skaft
しんぼう 心房〈医〉(心臓の) atrium
しんぼう 辛抱 tålmodighet, utholdenhet —する være tålmodig/utholdende
じんぼう 人望 popularite′t —のある populær
シンボル symbo′l —とする symbolise′re
しんまい 新米 ny〔årets〕ris
じんましん 蕁麻疹〈病〉elveblest
しんみつ 親密 intimite′t, fortro′lighet —な inti′m, fortro′lig, vennska′pelig —になる bli inti′m/fortro′lig med
じんみゃく 人脈 perso′nlige forbin′delser
しんみん 臣民 undersått
じんみん 人民 folk
じんめい 人名 perso′nlig navn —辞典 biogra′fisk oppslagsbok —録 adres′sebok
しんもん 審問 rettslig forhør/undersøkelse —する ransake
じんもん 尋問・訊問 forhør, inkvisisjo′n, avhøring —する forhøre, spørre, eksamine′re
しんや 深夜 midnatt, mørk natt —タクシー drosje som driver nattkjøring
しんやくせいしょ 新約聖書 Det nye testamen′t〔e〕
しんゆう 親友 god/trofast/inti′m venn
しんよう 信用 tillit, tiltru, fidus Aに—がある nytte A′s tillit —できる påli′telig, truverdig —する stole på en, lite på, sette sin lit til —を失う ta ens tillit av —組合 kredit′tforening —状 remburs
しんようじゅ 針葉樹〈植〉nåletre
しんらい 信頼 tillit —する ha tillit til, stole på, lite på —できる påli′telig, truverdig
しんらつな 辛辣な bitter
しんらばんしょう 森羅万象 univer′s, verden, all-natur
しんり 心理(状態) mentalite′t, psykolo′gisk tilstand —的な menta′l, psykolo′gisk —学 psykologi′ —学者 psykolo′g 群集— massepsykose

しんり 真理 sannhet —の探究者 sannhetssøker
しんりゃく 侵略 invasjo'n, angrep, anfall —する invade're, angripe, anfalle —者 inntrenger, angriper
しんりょうじょ 診療所 klinik'k(療養所) sanato'rium
しんりょく 新緑 frisk grønt/løvverk
じんりょく 人力 menneskelig kraft/styrke
じんりょく 尽力(努力) anstrengelser(pl.), bestre'belser(pl.), streben —する anstrenge seg, bestre'be seg, strebe
しんりん 森林 skog
しんるい 親類 slektning —関係 slektskap
じんるい 人類 menneskelighet, humanite't, menneskerasen —学 antropologi'
しんろ 進路 retning, kurs, sikting
しんろう 新郎 brudgom
しんわ 神話 myte —学 mytologi'

す

す 州 sandbanke
す 巣(鳥の) rede, reir (獣の穴) hole (冬眠用の) hi (くもの) spindelvev (はちの) bikube —をつくる bygge rede
す 酢 eddik
ず 図 tegning, diagram' 設計— plan (さし絵) illustrasjo'n
すあし 素足 bare føtter
ずあん 図案 formgivning, tegning, mønster, design
すい 酸い sur, syrlig —ミルク pisket tykkmelk
すい 粋(精華) essen's, ekstrak't
すいい 水位 vannstand —計 vannmåler (標準) standard, nivå'
ずいい・な 随意な fri, frivillig —に etter behag
ずいいん 随員 følg〔j〕e, ledsager, suite (腰巾着) påheng

すいえい 水泳 svøm (水浴) bade —する svømme —着 badedrakt —パンツ badebukse —プール svømmebasseng (屋内の) svømmehall (泳者) svømmer

すいか 西瓜〈植〉 vannmelon

すいがい 水害 flomkatastrofe, skade ved vann (洪水) oversvømmelse —地 de flomherjede områder

すいかする 誰何する anrope "vem der?"

すいがら 吸殻(たばこの) sigaret′tstump

すいぎゅう 水牛〈動〉 bøffel (野牛) visent

すいぎん 水銀 kvikksølv

すいげん 水源 utspring, kilde

すいこう 遂行 fullbyrding, fullførelse, oppfyllelse —する fullbyrde, fullføre, oppfylle, gjennomføre

ずいこう 随行 ledsagelse —する ledsage, følg〔j〕e, eskorte′re —員 ledsager, følg〔j〕e, suite

すいこうする 推敲する pusse på, forfi′ne, forbe′dre

すいこむ 吸い込む(気体を) ånde inn, innånde, inhale′re (液体を) suge opp, absorbe′re

すいさい・が 水彩画 akvarel′l, vannfarge —絵の具 akvarel′lfarge, vannfarge —画家 akvarel′lmaler

すいさつ 推察 gjetting, antakelse —する gjette, anta

すいさん 水産 fiskeri′ —物 fiskeri′produkt

すいじ 炊事 matlaging —する lage mat —場 kjøkken

すいしゃ 水車 vannhjul —小屋 vannmølle

すいじゃく 衰弱 svekkelse, svakhet —する bli svekt/svak/uttært

すいじゅん 水準 nivå′, standard (水位) vannstand

すいしょう 水晶 krystal′l —のよう〔に透明〕な krystal′lklar —のような krystalli′nsk

すいじょうき 水蒸気 damp, vassdamp —を出す dampe, eime (蒸気) eim (窓ガラスなどにつく)凝縮した— dogg, dugg

すいじょうスキー 水上スキー vannski

すいしん 推進 framdrift —する drive〔fram〕, fram-

skynde, forfrem′me　—力 drivkraft　船の—機 propel′l〔er〕
スイス　Sveits　—人(男) sveitser　(女) sveitserin′ne　—の sveitsisk
すいせい　水星　Merkur
すいせい　彗星　kome′t
すいせん　推薦　anbefaling〔for〕, innstilling　—する anbefale, innstille　—状 skriftlig anbefaling, introduksjo′nsskriv
すいせん　垂線〈数〉loddrett linje
すいせん　水仙〈植〉(一般的に) narsis′s　ラッパー(黄色) påskelilje　(白の) pinselilje
すいそ　水素　hydroge′n　—爆弾 hydroge′nbombe
すいそう　水槽　vannbasseng, cister′ne
すいぞう　膵臓〈医〉bukspyttkjertel
すいそう・がっき　吹奏楽器〈楽〉messingblåseinstrument　—楽団 hornorkester
すいそく　推測　gjetting, formo′dning　—する gjette, formo′de, anta
すいぞくかん　水族館　akva′rium
すいたい　衰退　forfall, svekkelse, nedgang　—する forfal′le, avkreftes, svekkes
すいちょく・の　垂直の　loddrett, vertika′l　—線 loddrett linje
スイッチ　strømbryter　—を入れる slå/skru〔e〕på　—を切る avbryte, skru〔ve〕av
すいてい　推定　forutsetning, antakelse, formo′dning　—する forutsette, anta, formo′de (推論) deduksjo′n, logisk slutning
すいでん　水田　rismark
すいとう　水筒　vannflaske　(魔法びん) termosflaske
すいどう　水道　vannledning, vannforsyning　—設備 vannverk　(海峡) sund
すいとう・ぼ　出納簿　kassebok　—係 kasse′rer
すいとりがみ　吸取紙　trekkpapir
すいはんき　炊飯器　riskoker
すいび　衰微　tilba′kegang, forfall　—する forfal′le,

avkreftes

ずいひつ 随筆 essay 一家 essayis′t

すいふ 水夫 sjømann 一になる gå til sjøs

ずいぶん 随分(かなり) temmelig, noenlunde, relativ (とても) ganske, mye (極端に) overor′dentlig (とても良い) utmerket, fortref′felig

すいへい 水平 vannlinje 一な vannrett, vassrett, horizonta′l 一線 horizon′t

すいへい 水兵 sjømann

すいみん 睡眠 søvn 一をとる sove, falle i søvn (うたたね) blund, lur, slummer (熟睡) djup søvn 一薬/剤 sovetablet′t, sovemiddel

すいめん 水面 vannflate, vassflate

すいもの 吸い物 suppe

すいもん 水門 sluse

すいようび 水曜日 onsdag

すいり 推理 resonnement, logisk tenkning 一する resonne′re, utlede 一小説 detektivroman, krimina′lroman

すいりきがく 水力学 vannkraftlære, hydraulik′k

すいりょう 推量 gjetting, formo′dning 一する gjette, formo′de

すいりょく 水力 vannkraft 一発電所 vannkraftanlegg

すいれん 睡蓮〈植〉 vannlilje 白一 nøkkerose

すいろん 推論 resonnement, logisk tenkning 一する resonne′re, utlede

すう 吸う(タフィー・指などを) sutte på (たばこの煙などを) inhale′re

すう 数 nummer, antall, tal〔l〕 一字 siffer 一日 noen dager 一千人 flere tusen mennesker

スウェーデン Sverige 一人 svenske 一の/語 svensk

すうがく 数学 matematik′k 一の matema′tisk 一者 matema′tiker

すうききょう 枢機卿 kardina′l

すうきな 数奇な ulyk′kelig, stakkars, bedrø′vet, ulykksalig

すうこうな 崇高な edel, subli'm, verdig, nobel
すうし 数詞〈文法〉 talord
すうじ 数字 talltegn, nume'risk tegn, siffer
すうじつ 数日 noen dager ―来 like siden noen dager, i de seneste dager ―中に om noen dager
すうじゅうの 数十の i snesevis
ずうずうしい 図々しい skamløs, frekk, uforskammet
スーツ dress, kjole 婦人用― drakt, kosty\me ―ケース koffert
スーパー〔マーケット〕 supermarked, selvbetjeningsbutikk
すうはい 崇拝 tilbedelse, dyrkelse ―する tilbe, ære, dyrke ―者 tilbeder, dyrker
スープ suppe
すえ 末(時間的な) slutning （行為の）avslutningen av en handling
すえつける 据え付ける monte're, installe're
すえっこ 末っ子 yngstebarn
すえる 据える sette, plasse're （ある地位に）utnevne
ずが 図画 tegning （絵）bilde ―を描く tegne ―用紙 tegnepapir （スケッチブック）tegnebok, skissebok
スカート skjørt ドレスの一部分 nederdelen av en kjole
ずかい 図解 diagram', illustrasjo'n ―する illustre're
ずがい 頭蓋 kranium ―骨 hodeskalle, kranium
すがお 素顔 usminket ansikt
すかし 透かし vannmerke
すがすがしい 清々しい frisk （風など）oppfriskende
すがた 姿 utseende, form, figu'r ―見 stor speil
すがる 縋る(まといつく) klynge seg〔til〕 （依存する）være avhengig （哀願する）be noe innsten'dig〔til〕, bønnfalle
すかれる 好かれる være populær

スカンディナビア Skandinavia —人 skandina′v —の skandina′visk

すき 隙(すきま) åpning, glugg （割れ目・裂け目）rivne, sprekk （余地）plass, råderom （機会）tilfelle, sjanse —間風 gjennomtrekk

すき 鋤 spade, plog

すき 好き(好み) tilbøy′elighet, interes′se

すぎ 杉〈植〉〔japansk〕seder

すぎ …過ぎ(時間) over 10時5分— fem 〔minut′ter〕over ti 遠—もせず近—もしない være verken for fjern eller for nær

スキー ski （運動）skiløp（器具）skistøvel —に行く dra på skitur, stå på ski —場 skiterren′g（ゲレンデ）skibakke —ヤー skiløper

すきとおる 透き通る bli gjennomsiktig （透明な）gjennomsiktig, klar （半透明な）gjennomskinnelig

すきま 隙間 åpning, glugg （割れ目・裂け目）rivne, sprekk （余地）plass, råderom —風 gjennomtrekk

すきみする 隙見する(ちらと見る) kikke （のぞき見する）titte

すぎる 過ぎる(時が) li, forlø′pe 通り — passe′re, gå for vid, overskride …し— overdrive, være for mye 食べ— forspi′se seg, proppe seg med mat 値が高— være for dyr 高さが高— være for høy …に過ぎない ikke annet enn, ikke mer enn

ずきん 頭巾 hette

すく 好く holde av, synes om

すく 梳く(髪を) rede

すく 空く(からになる) bli tom （ひまになる）bli ledig

すく・い 救い redning, unnsetning, hjelp —う(救助する) redde, unnsette （助ける）hjelpe, bistå （宗教的に）frelse

すくう 掬う(ひしゃくなどで) ause, øse

スクーター scooter, motorsysykkel

すくない 少ない(数が) få, ikke mange （二・三の）et par, noen （量が）liten, smule （乏しい）knapp,

すくなくとも 276

ring （めったにない）sjelden
すくなくとも 少なくとも i det minst, i hvert fall
すぐに 直ぐに（直ちに）umiddelbart, straks, øyeblik′-kelig （まもなく）snart, om kort tid （容易に）lett, ikke vanskelig
すぐり 〈植〉stikkelsbær
スクリーン skjerm （映画の）fremvisningsskjerm
スクリュー （ねじ）skrue, bolt （船の）propel′l
すぐれ・る 優れる（まさる）være overlegen, overtreffe （気分が）befin′ne seg godt, ha det godt —た（傑出した）framstående, viktig, framskutt, prominen′t
スケート skøyte —をする løpe på skøyte —場 skøytebane —をする人 skøyter, skøyteløper
スケジュール plan, tidsramme, program′ （仕事の）arbeidsplan （輸送などの）ruteplan, kjøreplan
スケッチ （写生）skisse, tegning （草案）utkast —する skisse′re, tegne
すごい 凄い（恐ろしい）redselsfull, forfer′delig, uhyg′gelig （びっくりするような）forbløf′fende （すばらしい）praktfull, fortref′felig, vidun′derlig
すごく （極端に）ekstrem′, ytterliggående
すこし 少し（数が）få, ikke mange （量が）liten, smule （時間）øyeblikk （距離）kort stykke veg
すごす 過ごす（時を）tilbringe, fordri′ve tiden （くつろぐ）slappe av （度を）overdrive, gå for vidt
スコットランド Skottland —人 skotte —の skotsk
スコラてつがく スコラ哲学 skolastik′k
すじ 筋（線）linje （条）strimmel, rand （繊維）fiber （腱）sene （小説などの）plot （話の）grunntrekk 血— herkomst, avstamning （条理）logikk, fornuf′t （方面）retning, sikting
すしづめにされる stå som sild i en tønne
ずじょう 頭上 over hode, foroven
すす 煤 sot —だらけの sotet[e] —を払う sote
すず 鈴 klokke ドアの—を鳴らす ringe på dørklokke
すず 錫 tinn —箔 stannio′l

すずかけ すずかけ〔の木〕platan
すすぐ 濯ぐ skylle（洗う）vaske（洗い流す）spyle
すずしい 涼しい kjølig, sval（寒い）kald
すす・む 進む（前進する）beve'ge seg fram, avanse're（進歩する）forbe'dre seg, utvikle seg, gå fram（進級する）bli forbe'dret（時計が進む/遅れる）uret går sterkt/dårlig（気が）være tilbøy'elig/sinnet til å —んだ framskutt, avanse'ret —んで frivillig, på eget initiati'v
すずめ 雀〈鳥〉spurv
すすめる 進める（前進させる）flytte/rykke fram（推進する）befor'dre（促進する）fremme, stimule're
すすめる 勧める（推薦する）rekommende're, anbefale〔til〕（提案する）foreslå, innstille（忠告する）rå〔til〕（奨励する）oppmuntre, fremme（提供する）tilby（差し出す）framlegge
すずらん 鈴蘭〈植〉liljekonvall
すすりな・き 啜り泣き hulk —く hulke
すする 啜る nippe〔til〕, suge
すそ 裾（婦人服の）slep（ズボンの）buksebrett
スター stjerne（映画の）filmstjerne
スタート start, begyn'nelse, igan'gsetning —ライン startlinje —係 starter, igan'gsetter —する starte, begyn'ne, innleie
スタイル stil（姿）figu'r, skikkelse, gestal't
スタジオ studio
ずたずたに i stykker, i laser —切る skjære i stykker
すたれる 廃れる（習慣・流行などが）bli umoderne（不用になる）bli avskaffet, gå av bruk
スタンド（観覧席）tilskuerplass（ランプ）bordlampe —プレーする føre seg frem〔på påfallende måte〕
スタンプ（日付印）datostempel（日付印を押す）datostemple 記念— minnestempel（郵便切手）frimerke
スチュワーデス flyvertinne
…ずつ pr., for hver

ずつう 頭痛 hodepine
すっかり fullsten'dig, tota'lt, helt
ズック (帆布) seglduk (テント用) teltduk (絵のカンバス) lerret
ずっと (形容詞を強めて) langt, mye ―古い mye eldre ―良い langt best, mye bedre (継続して) heil tiden, helt
すっぱい 酸っぱい sur, syrlig
すてきな 素敵な fin, deilig, utmerka, underbar
すてご 捨子 forlat't barn (拾った) hittebarn
ステッキ kjepp, stokk, stav
すでで 素手で med bare hender
すでに 既に allerede, tidligere, for
すてる 捨てる 投げ― kaste bort, slenge, smi bort (廃棄する) kasse're
ステレオ stereo ―の stereofo'nisk ―セット stereoanlegg
ステンドグラス kulø'rt glas(s)
ストーブ ovn, (kakkel)omn, peis ―を燃す fyre oppi omnen, legge i omnen
ストックホルム Stockholm
ストップ (停止) stopp (止まれ！) Stopp!, Hold!
ストライキ streik, arbeidsnedleggelse ―する streike, gå til streik, nedlegge arbeidet (スト破り)(人) streikebryter ―を中止する avblåse streiken
ストレプトマイシン 〈医〉 streptomycin
すな 砂 sand ―場(子供の遊び場) sandkasse ―嵐 sandstorm ―浜 sandstrand
すなお・な 素直な(従順な) lydig (mot) (行儀のよい) artig, høflig (温和な) mild, blid ―に mildt, blidt
すなわち 即ち det vil si (短) dvs., nemlig
すねる bli sur, være fornær'met
ずのう 頭脳 hjerne, hode (知性) forstand (思考能力) tenkeevne (脳みそ) pære ―明晰な bega'vet, klok, intelligen't ―労働者 åndsarbeider
スパイ spio'n ―する spione're
スパゲッティ spaget'ti

ずばぬけた ずば抜けた overlegen, storslått （とても）langt, mye
すばや・い 素早い hurtig, snar, hastig, rask —く snart, hurtig
すばらしい 素晴らしい praktfull, vidun'derlig, strålende
スパン （橋梁の支柱間隔）〔bru〕spenn （飛行機などの翼長）vingespenn
スピード hastighet, fart —を出す/落とす sette farten opp/ned フルーで for/i full fart —制限 hastighetsgrense, fartsgrense —メーター hastighetsmåler, fartsmåler —違反 overtredelse av hastighetsgrense, fartoverskridelse
ずひょう 図表 diagram', tabel'l
スプーン skje, skei —一杯 skjefull
ずぶと・い 図太い frekk, uforskammet —さ frekkhet
ずぶぬれ・の gjennomvåt, drivvåt, drivende våt —になる bli gjennomvåt/drivvåt
スペイン Spania —人（男）spanier （女）spanierin'ne —の/語 spansk
スペード （トランプの）spar
すべて・の all —に（完全に）fullsten'dig （まったく）alt, helt （少しも…ない）slett ikke
すべらす 滑らす la gli〔ned〕（足を）miste fotfestet （口を）（失言する）forsnak'ke seg, si for mye
すべりだい 滑り台 rutsjebane （ジェットコースターも）
すべる 滑る glide スケートで— løpe på skøyter スキーで— stå på ski
すべる 統べる（統括する）kontroller're, behers'ke
スポーツ sport, idrett —大会 idrettsstemne —マン idrettsmann, sportsmann —精神 sportsånd
すぼめる gjøre smalere, fold〔seg〕samman （傘を）slå ned〔paraply'〕（肩を）trekke på skuldrene
ズボン bukser(pl.) —下 underbukser(pl.) （下着）underklær, undertøy —をはく/ぬぐ ta bukser på/av
スポンサー sponsor, velynder （黒幕）〔økono'misk〕

bakmann
- **すまい** 住居 heim, hjem, bolig （住所）bopel, oppholdssted, adres′se
- **すまう** 住まう bo, bu, leve
- **すます** 済ます（終える）avslutte, gjøre [en] ende på, opphøre（完成する）fullbringe, fullføre（片付ける）ordne（返済する）tilba'kebetale（間に合わす）klare seg med
- **すます** 澄ます（水など）rense, lutre（耳を）lytte, høre etter/på（気どる）være affekte′rt/tilgjort（平気でいる）være uberørt/likegyldig
- **すみ** 炭 trekol ―を焼く(つくる) framstille trekol
- **すみ** 隅 hjørne （内側からの）krok （角）vinkel
- **すみ** 墨 tusj ―絵 tusjtegning
- **すみごこち** 住み心地 komfort ―のよい komforta′bel
- **すみません** Unnskyld, Pardong, Tilgi ―が Unnskyld men
- **すみやか・な** 速やかな hurtig, rask （即座の）omgående, prompt[e] （機知に富んだ）vittig ―に straks, snart
- **すみれ** 菫〈植〉fio′l 三色― stemorsblomst
- **すむ** 住む bo, bu, leve
- **すむ** 済む（終る）avsluttes, ende, bli ferdig（解決する）være lø[y]set/oppklart（到達する）nå, komme fram til
- **すむ** 澄む bli re[i]n/klar （澄んだ）rein, klar （透明な）gjennomsiktig, klar
- **ずめん** 図面 tegning, bild （概略図）skisse （設計図）plan
- **すもも** 李〈植〉plomme
- **スライド** lysbilde
- **すらすらと** （順調に）glatt （よどみなく）flytende （容易に）lett
- **すらりと** （順調に）glatt （容易に）lett ―した slank （やせた）spinkel, tynn
- **スランプ** nedgang i interes′se （経済的な）lavkon-

junktur
すり 掏摸 lommetjuv —をやる begå lommetjuven, st〔j〕ele fra ens lomme
すりきず 擦り傷 〔hud〕skrubbsår, klor —をつくる få et klor
すりきれ・る 擦り切れる slite ut/opp —た nedslitt, utslitt
スリッパ tøffel
すりなおす 刷り直す trykke om/gjen
すりへる 擦り減る slite ut, bli utslitt
スリランカ Sri Lanka —人 srilan'ker —の srilan'kisk
スリル 〔velbehagelig〕 gys, spennende opplevelse (スリラー) grøsser, gyser —のある meget spennende
する (行う) gjøre, utføre (つくる) lage (試みる) forsøke (遊ぶ) le〔i〕ke, spille 練習— øve, trene 行動— handle, age're 従事— engasje're seg i, ansette 〔for〕 病気— bli sjuk (…の価格である) koste (…にきめる) beslut'te seg for 1時間— når det er gått/lidd en time
する 刷る trykke
する 擦る(こする) gni, gnage (やすりで) file 〔på〕 (マッチを) tenne 〔en fyrstikk〔e〕〕 (失う) tape, miste
ずるい 狡い listig, fiffig, lur
…するかぎり …する限り for så vidt som, så lenge som
…すると og så
するどい 鋭い(鋭利な) skarp, kvass (先のとがった) spiss (考えなど) hurtig tenkende, skarpsindig (辛らつな) kvass
…するやいなや så snart som
ずるやすみ ずる休み(学校で) skulk〔ing〕 —する skulke (仕事場で)—する人 fraværende 〔person〕, skulker
ずれ divergen's
スレート skifer (屋根など)—で覆う tekke med skifer

すれすれに (距離的に) nær (時間的に) nettopp, for et øyeblikk siden
すれちがう 擦れ違う passe're hinannen
すれる 擦れる bli gnidd
スローガン slagord, fyndord, motto
すわる 座る sitte ned, sette seg〔ned〕 (度胸が) være dristig/beslut'tsom
ずんぐりした undersetsig, kortvokst og kraftig
すんだ 澄んだ klar
すんなりした bøyelig, slank (ほっそりした) slank, spinkel (しなやかな) smidig
すんぽう 寸法 mål, utstrekning, omfang —をとる ta mål av en

せ

せ 背(背部) rygg 山の— fjellrygg —たけ høgd —が高い/低い være høg/liten —が伸びる〔noens〕høgd auke, man vokser —骨 ryggbein
せい 生 liv (存在) eksisten's, vesen, tilværelse
せい 性 kjønn, sex 本— natur, vesen —差別 kjønn-diskrimine'ring —交 samleie, kjønnslig omgang (セクハラ) kjønnslig plage, sexpress
せい 姓 familienavn, etternavn, tilnavn
せい 背 →せ(背)
せい 精(精霊) ånd, sjel —力 energi', vitalite't —を出す arbeide ener'gisk/hardt, anstrenge seg
…せい の—で (理由・原因で) på grunn av, for ens skyld —だ skyldes —にする skylden ligger hos
…せい …製(材料を示す) være lavet av〔plast〕(場所を示す) være framstilt i〔et land〕
ぜい 税 skatt —金 avgift, skatt —込み給料 bruttolønn, lønn med skatt —引き給料 nettolønn 課—する legge skatt på —を払う betale skatt —率 skatteprosent 脱— skattesnyteri

せいい 誠意 opprik′tighet, ærlighet, god tro, trofasthet —のある opprik′tig, ærlig —をもって opprik′tig, ærlig
せいうけい 晴雨計 barome′ter
せいえき 精液 sæd, sperma
せいえん 声援 støtte, oppmuntring, hurrarop —する støtte, oppmuntre, rope hurra′, hylle
せいおう 西欧 Europa —人 europe′er —の europe′isk
せいか 青果 grøn(n)saker og frukt
せいか 盛夏 mid(t)sommer, høy sommer
せいか 成果 resulta′t, utfall, fasit （効果）virkning —をあげる resulte′re, falle ut, ende med at
せいかい 正解 korrek′t/rett svar 〔間投詞〕Korrek′t!, Ja!
せいかい 政界 poli′tisk verden/krets
せいかがく 生化学 biokjemi′
せいかく 正確 nøyak′tighet, presisjo′n —な nøyak′tig, presi′s, eksak′t （時間的に）punktlig —に nøyak′tig, presi′st
せいかく 性格 perso′nlighet, gemyt′t, karakte′r, natu′r —が良い god 〔person〕—が合う kunne enes, komme godt ut av det med hinannen
せいがく 声楽 〈楽〉voka′lmusikk, sang —家（男）sanger, vokalis′t （女）sangerinne
せいかつ 生活 liv, daglig liv —する tjene til føden, leve …で—する leve i/på/ved —が苦しい ha svært ved å få økonomi′en til å holde —費 leveomkostninger(pl.)
ぜいかん 税関 tollvesen, tollstasjon —吏 tollbetjent —申告書 tollangivelse —検査 tollvisitasjon
せいがんする 請願する ansøke, sende bønneskrift
せいき 世紀 århundre sekel, 21— enogtjuende århundre —末 århundreskifte
せいき 生気 vitalite′t, vigø′r —のある vita′l, i 〔full〕vigø′r, livaktig —のない treg, sløv, matt
せいぎ 正義 rett, rettferd —の rettfer′dig, rimelig

(合法の) rettmessig, lovlig
せいきゅう 請求 etterspørsel, rekning —する sende rekning〔til〕, avkreve —を受ける motta en rekning —書 nota, rekning
せいきゅうな 性急な overilt, ubetenksom, forhastet
せいぎょ 制御 kontrol'l, regule'ring —する kontrolle're, regule're, styre
せいきょう 生協(生活協同組合) samvirkelag
せいきょうと 清教徒 purita'ner
せいきょく 政局 poli'tisk situasjo'n
ぜいきん 税金 skatt, avgift —逃避 skatteflyktning
せいけい 生計 levebrød, utkomme —をたてる tjene til livets opphold —費 leveomkostninger(pl.)
せいけい 西経 vestlig lengd〔e〕
せいけいげか 整形外科 ortopedi' —医 ortope'd —手術 ortope'disk behan'dling
せいけつ 清潔 renhet (衛生) hygie\ne —な re〔i〕n (衛生上の) hygie\nisk
せいけん 政見 poli'tisk anskuelse
せいけん 政権 poli'tisk makt —を握る få/ta/gripe makten —を失う miste/tape makten
せいげん 制限 begrens'ning, grense —する 〔be-〕grense, innskrenke, limite're —時間 tidsgrense —速度 hastighetsbegrens'ning
せいげん 正弦〈数〉 sinus
せいご 正誤 rettelse, beriktigelse, korreksjo'n —表 trykkfeilsliste
せいこう 性行 〔menneskes〕 åtferd, handlemåte, karakte'r
せいこう 性交 samleje, kjønnslig omgang
せいこう 精巧 noe kunstferdig〔handarbeid〕—な utarbeidet, kunstferdig, utsøkt
せいこう 成功 sukses's, medgang, hell, framgang —する ha sukses's〔med〕, ha medgang —を祈ります Jeg ønsker deg hell og lykke
せいざ 星座 stjernebilde, konstellasjo'n —表 stjernekart

せいさい 制裁 avstraffelse, straff —する avstraffe, straffe

せいざい 製材 sag —所 sagbruk —する sage

せいさく 政策 politik'k, strategi' —をたてる formule're en politik'k —をとる føre en politik'k

せいさく 製作 framstilling, produksjo'n —する framstille, produse're —費 produksjo'nsomkostning —所 fabrik'k

せいざする 正座する sitte på kne med rank ryg

せいさん 生産 produksjo'n —する produse're —高 produksjo'nsmengde (収穫) utbytte —技術 framstillingsteknologi —性 produktivite't —者 produsen't —物 produkter (pl.) —費 produksjo'nsomkostning —過剰 overproduksjon

せいさん 清算(会社などの整理) avvikling (お金の) likvidasjo'n —する avvikle, likvide're, gjøre opp (運賃の) 精算所 kontor for avgiftsjustering, bomstasjon

せいさん 正餐 middag

せいさんかくけい 正三角形〈数〉likesidet trian'gel

せいさんな 凄惨な forfer'delig, fryktelig

せいし 生死 liv og død (運命) skjebne, bestem'melse (安否) sikkerhet

せいし 製紙 papi'rframstilling —業 papi'rindustri —工場 papi'rfabrikk, papi'rmølle

せいし 制止 stopp, stans —する stoppe, stanse (ブレーキをかける) bremse

せいし 静止 stillstand, ro

せいじ 政治 politik'k, regje'ring —的な poli'tisk —を行う føre politik'k, regje're —団体 poli'tisk organsasjo'n —家 poli'tiker —活動 poli'tiske aktivite'ter (pl.) —運動 poli'tisk beve'gelse

せいしき 聖式(洗礼などの) sakramen't

せいしき・の 正式の offisiel'l, formel'l, passende til høyti'delighet —に offisiel'lt, formel'lt, passende

せいしつ 性質(生れつきの) temperament, natu'r, karakte'r (物の) egenskap, kvalite't (気質) sinn, sinnelag, gemyt't

せいじつ 誠実 opprik'tighet, trofasthet, ærlighet ― な opprik'tig, trofast, ærlig, samvit'tighetsfull

せいじゃ 聖者(男) helgen (女) helgenin'ne

ぜいじゃくな 脆弱な skjør, skrøpelig (はかない) forgeng'elig

せいしゅく 静粛 stillhet, ro, taushet ― な stillfer'dig, rolig, taus ― に stillfer'dig, rolig, taust

せいじゅく 成熟 modenhet ― した moden (成長した) voksen (早熟の) veslevoksen, fremmelig ― する bli moden, modne

せいしゅん 青春 ungdom, ungdom'melig vår ― の ungdom'melig, ung ― 時代の思い出 ungdomserindring

せいじゅん 清純 renhet, kyskhet ― な ren, kysk

せいしょ 聖書(一般に) bibel (キリスト教の) Bibelen

せいしょ 清書 re[i]nskrift

せいしょう 斉唱 enstemmig sang ― で歌う synge enstemmig

せいじょう 正常 norma'l, det almin'nelige ― な norma'l, regelrett ― 化する normalise're, gjøre norma'l

せいしょうねん 青少年 unge mennesker, ungdommen, den unge generasjo'n

せいしょく 生殖 gjengivelse, reproduksjo'n, forplan'tning ― する gjengi, reproduse're, forplan'te ― 器 kjønnsorgan

せいしん 精神 sinn, ånd (意志) vilje ― 状態 sinnstilstand ― 病 sinnssjukdom ― 的な åndelig, menta'l

せいじん 成人〔の〕 voksen, utvokst ― する bli voksen, bli myndig ― 教育 voksenopplæring

せいじん 聖人(男) helgen (女) helgenin'ne

せいしんせいいで 誠心誠意で opprik'tig, inderlig

せいず 製図 tegning ― する tegne ― 板 tegnebrett

せいすい 清水 rent vatn

せいすい 盛衰 medgang og motgang

せいずい 精髄 vesen, ånd, kjerne, kvintessen′s
せいすう 正数〈数〉 positivt tall
せいすう 整数〈数〉 helt tall
せいぜい 精々 til det ytterst, til grensen av de mulige, i aller høyeste grad
せいせい・する 精製する raffine′re, rense —所(石油などの) raffineri′
せいせいどうどうと 正々堂々と ærlig og redelig, med rette
せいせき 成績 resulta′t, fasit, utfall (学校の) karakte′rer(pl.) —があがる få bedre karakte′rer 良い— gode karakte′rer 抜群に良い— utmerket godt —が下がる få dårligere karakte′rer —表(通信簿) karakte′rbok
せいぜん・とした 整然とした ordentlig, ordnet, meto′disk, systema′tisk, regelmessig —と systematisk, regelmessig
せいぞう 製造 framstilling 〔av et produkt〕, produksjo′n, fabrikasjo′n —元 produksjo′nssted —所 fabrik′k —する framstille, fabrikke′re, produse′re
せいそうけん 成層圏 stratosfæ′re
せいぞん 生存 eksisten′s, tilværelse —する eksiste′re, opprettholde livet (生き残る) overleve
せいたい 声帯 stemmebånd
せいだいな 盛大な praktfull, storslått (繁栄している) framgangsrik, blomstrende, heldig
ぜいたく 贅沢 luksus, ødselhet, ekstravagan′se —な luksuriø′s, ødsel, ekstravagan′t —品 luksusartikkel
せいだす 精出す anstenge seg, arbeide ener′gisk
せいちょう 成長(主として植物以外の) vekst, oppvekst 生長(主として植物の) vekst, gro (進化・発展) utvikling —する vokse opp (発展する) utvikle
せいつうする 精通する være bevandret 〔i〕, være fortro′lig med, være heimevant
せいてい 制定 forordning, bestem′melse —する foror′dne, bestem′me

せいてつ 製鉄　jernproduksjon　—業 jernindustri —所 jernverk

せいてん 晴天　godt/fint/klart vær

せいと 生徒　elev　(男) skolegutt　(女) skolepike

せいど 制度　syste'm, institusjo'n, innretning　教育— undervisningssystem

せいとう 正当　rett, sannhet, rettferd　—な rett, riktig, rettfer'dig, sann　—防衛 nødverge〔srett〕　—性 beret'tigelse

せいとう 政党　〔poli'tisk〕 parti'　—政治(議会政治) parlamentaris'me　—〔党〕主 parti'formann

せいどう 青銅　bronse　—〔器〕時代 bronsealder

せいどう 聖堂(カトリックの)　domkirke

せいとうは 正統派　ortodoksi', ret〔t-〕troenhet　—の ortodok's, ret〔t-〕troende

せいとん 整頓　ordning, rydning　—する ordne, rydde opp, gjøre i stand　—されている være smukt ordnet

せいねん 成年　myndighetsalder　—に達する bli myndig, oppnå myndig alder

せいねん 青年　yngre menneske, ungdom　—らしい (若々しい) ungdom'melig

せいねんがっぴ 生年月日　fødselsdato

せいのう 性能　kapasite't, evne　(効率) effektivite't　(能力) kompetanse　(性質) beskaf'fenhet, egenskap

せいばつ 征伐　straffeekspedisjon

せいはんたい 正反対　diametra'l motsetning　—の diametra'lt motsatt

せいび 整備　arrangement, utrusting　—する arrange're, utruste, forsy'ne　地上—員 grunn persona'le

せいびょう 性病 〈病〉　kjønnssjukdom, vene'risk sjukdom　(梅毒) syfilis　(淋病) gonorē

せいひれい 正比例 〈数〉　direkte proporsjo'n

せいひん 製品　〔framstilt〕 produk't, frambringelse　輸入— importe'rte varer(pl.)

せいふ 政府　regje'ring, administrasjo'n　—機関 regje'ringsorgan　(内閣) kabinet't

せいふう 西風 vestavind
せいふく 制服 unifor′m
せいふく 征服 ero′bring〔av〕, besei′ring —する ero′bre, besei′re, beset′te —者 ero′brer, seierherre
せいぶげき 西部劇 western, cowboyfilm
せいぶつ 生物 levende vesen,〔planter og dyr〕—学 biologi′ —界 biolo′gisk verden/gruppe
せいぶつ〔が〕 静物〔画〕〔kunst〕stilleben
せいふん 製粉 kverning, maling —所 mølle〔bruk〕, kvernhus —機械 mølle, kvern —する male, knuse, forma′le
せいぶん 成分 komponen′t, bestan′ddel, ingredien′s
せいへん 政変 regje′ringsforandring
せいぼ 聖母 Jomfru Maria
せいぼ 歳暮(贈り物)〔クリスマスプレゼント juleklapp, julegave〕
せいほう 西方 vestlig retning: Vesten
せいほう 製法 produksjo′nsmiddel
せいぼう 制帽 unifor′mslu〔v〕e
せいほうけい 正方形 〈数〉〔regelbundet〕 kvadrat (四辺形) firkant
せいほん 製本 bokbinding —所 bokbinderi′ —された heftet
せいみつ 精密 presisjo′n, nøyak′tighet —な presiø′s, nøyak′tig —に presiø′st, nøyak′tig —機械 finmekanikk
ぜいむしょ 税務署 skattevesen
せいめい 生命 liv (魂) sjel (存在) vesen, tilværelse —保険 livsforsikring
せいめい 声明 erklæ′ring, proklamasjo′n —する erklæ′re, proklame′re
せいめい 姓名 full navn
せいもん 正門 hovedinngang
せいもんへいさ 声門閉鎖(デンマーク語の) støt
せいやく 誓約 ed, løfte —する avlegge ed〔på〕, sverge
せいゆじょ 製油所 〔olje〕raffineri′

せいよう 西洋 Vesten —の vestlig —人 vesterlending —料理 vestlig mat

せいよう 静養 kvil, avspenning, rist〔og/eller ro〕 —する kvile, legge seg til kvile, rekree're seg（病後に）gjenvinne

せいよく 性欲 kjønnslig lyst, seksua'ldrift

せいらいの 生来の ifølge sin natu'r（持って生れた）medfødd（自然の）natu'rlig

せいり 生理(月経) menstruasjo'n —帯 menstruasjo'nsbind —がある menstrue're —休暇 fravær på grunn av menstruasjo'n —学 fysiologi' —学的な fysiolo'gisk —的要求 fysiskt beho'v

せいり 整理 ordning, arrangement （書き直す）omarbeide —する ordne, omarbeide, arrange're 人員を—する minske persona'le 交通を—する ordne/regule're trafik'k 会社を—する likvide're —たんす kommode, dragkiste

せいりつ 成立(存在) eksisten's, bestå'en —する eksiste're, bestå'（締結）slutning, konklusjo'n

せいりょういんりょうすい 清涼飲料水 alkoho'lfri drikk

せいりょく 勢力(権力) makt, innflytelse （権威）autorite't （力）styrke, kraft —のある maktfull, innflytelsesrik —闘争 maktkamp —範囲 maktområde

せいりょく 精力 energi', vitalite't, vigø'r —的な ener'gisk, vita'l

せいれい 精励 flid, iver —する gjøre seg flid med, være arbeidsom

せいれいこうりんせつ 聖霊降臨節/祭 pinse

せいれき 西暦 vestlig tidsrekning, tiden etter Kristus

せいれつする 整列する stå i rekke og rad, ligge på linje

せいれんな 清廉な ren, ukrenkelig

セイロン Ceylon(Sri Lankaの旧名)

セーター sweater, ullgenser （プルオーバーの）genser

セールスマン selger
せおう 背負う bære på ryggen, ta noe på ryggen
せおよぎ 背泳ぎ ryggsvømming
せかい 世界 verden（地球）klode —地図 verdenskart —記録 verdensrekord —選手権 Verdensmesterskap〔短〕V.M. —大戦 verdenskrig —平和 verdensfred —史 verdenshistorie —観 verdensanskuelse —的な internasjonal
せき 席（座席）sete, plass —につく innta sin plass, sette seg, sitte ned —について下さい Vær vennlig å innta jeres plass —を立つ reise seg fra sin plass —を離れる forlate sin plass —にもどる vende tilba'ke til sin plass —を譲る overlate sin plass til en annen
せき 咳 hoste —をする hoste —止め（錠剤）hostepastil （シロップ）hostesaft
せき 堰 dam〔anlegg〕
せきえい 石英 kvarts
せきがいせん 赤外線 infrarøde stråler
せきさいする 積載する laste （船に）innlate （積荷を下ろす）losse
せきじゅうじ 赤十字 Røde Kors
せきしょ 関所 vakt
せきずい 脊髄〈医〉ryggmerg
せきたてられる være oppjaget
せきたん 石炭 kol, kull —産業 kullindustri
せきつい 脊椎〈医〉ryggvirvel —動物 virveldyr
せきどう 赤道 ekva'tor —の ekvatoria'l
せきにん 責任 ansvar, forplik'telse （義務）plikt —がある være ansva'rlig〔for〕, være ansva'rshavende —感 ansva'rsfølelse
せきはん 石版〔画〕litografi'
せきむ 責務 plikt
せきめんする 赤面する rødme
せきゆ 石油 petro'leum （原油）jordolje, råolje —資源 oljeressurs —精製 oljeraffine'ring —化学 petrokjemi' —タンカー oljetanker
せきり 赤痢〈病〉dysenteri'

セクハラ →せい(性)

せけん 世間 samfunn, sivilisasjo′n （公衆）offentlighet, folk （一般大衆）allmennhet ―話をする småsnakke

せこ 世故 verdslighet ―にたけた verdsligsinnet

…せざるをえない kunne ikke la være med å

せすじ 背筋 ryggsøyle ―を冷たいものが走った det løper kaldt ned over ryggen på meg

ゼスチュア gestus, geber′de

ぜせい 是正 korreksjo′n, forbe′dring, revisjo′n, berik′tigelse ―する korrige′re, forbe′dre, revide′re, berik′tige

せたい 世帯 husstand ―道具 husholdningsartikkel

せだい 世代 generasjo′n, slektledd 若い/古い― yngre/forrige generasjo′n ―交代 generasjo′nsskifte

せつ 説(意見) oppfatning 学― teori′ （うわさ）rykte

せつ 節(場合) tilfelle 季― seson′g, årstid （文章の）setning, paragra′f （詩の）strofe ―義 trofasthet, plikttruskap

ぜつえん 絶縁(電気の) isole′ring ―する isole′re （縁を切る）avbryte forbin′delser med, skille

せっかい 切開〈医〉 inngrep

せっかい 石灰 kalk ―石 kalkstein 生― brent kalk 消― lesket kalk

せつがい 雪害 sneskade, skade forvol′dt av snefall

せっかく 折角 med stor besvæ′r/ulei′lighet ―です が Det er snilt av deg, men ―の besvæ′rlig, slitsom （親切な/に）vennlig, snill〔t〕 （わざわざ）med vilje/flid

せっかちな 性急な overilt, ubetenksom, forhastet

せっかん 折檻 pryl, bank, juling ―する pryle, banke, jule opp

せっき 石器 steintøy ―時代 steinalder

せつぎ 節義 trofasthet, plikttruskap ―のある påli′telig

せっきょう 説教 preken ―する holde〔en〕preken,

preke —師 predikan′t —壇 prekestol
せっきょく・てきな 積極的な aktiv, aggressiv, positiv, handlekraftig —性 foretaksomhet —的に aktivt, positivt, uten nøling
せっきん 接近 tilnærmelse, tilnærming —する nærme seg, tilnærme （目的などに）komme i nærheten av
ぜっくする 絶句する forstum′me
せっけい 設計 design, plan —図 plan, tegning （建築などの）bygningstegning —する legge/tegne en plan
せっけっきゅう 赤血球〈医〉 rødt blodlegeme
せっけん 石鹸 såpe （固形の）hand såpe, toalet′t-såpe 粉— såpepulver 洗濯— vaskepulver
せっこう 石膏 gips —像 gipsfigur
せつごうさせる 接合させる feste （取りつける）anbringe
ぜっこうする 絶交する avbryte forbin′delsen med （関係を絶つ）sette ut av forbin′delse
ぜっこうの 絶好の fortref′felig, utmerket —機会 en enestående sjanse/leilighet
せっし 摂氏 Celsius —温度計 celsiustermometer
せっしゅ 接種〈医〉 innpodning, vaksinasjo′n —する innpode, vaksine′re
せっしゅ 節酒 måteholden drikk
せっしゅする 摂取する innta （取り入れる）oppta （文化などを）assimile′re
せつじょ 切除〈医〉 bortskjæring, bortoperering —する skjære bort, opere′re bort
せっしょく 接触 berø′ring, kontak′t —する berø′-re, kontak′te —感染 smitte〔i kontak′t〕
せっする 接する berø′re, komme i kontak′t med （隣接する）grense opp til （お客に）betje′ne （応接する）ta imod, motta
せっせい 節制 måtehold, tilba\keholdenhet —のある måteholden, tilba\keholden —のない umåteholden

せっせと (一生懸命に) flittig, iher'dig (しばしば) ofte, titt

せっせん 接線〈数〉 tangen't

せっせん 接戦 nesten jambyrdig strid

ぜっせん 舌戦 ordstrid, hissig ordskifte

せつぞく 接続 forbin'delse, sammensetning, sammenføyning —する sammensette, ha forbin'delse med —駅 jernbaneknutepunkt —詞 konjunksjo'n, bindeord

せったい 接待 velkomst, mottakelse, traktement —する bever'te, trakte're

ぜったい 絶対〔権力〕 maktfullkommenhet —の/的な absolut't, ubetinget —に absolut't, uten diskusjo'n, heilt〔og holdent〕 —多数 absolut't flertall —安静 komplet't kvile —論 absolutis'me

ぜつだいな 絶大な kolossa'l, enor'm, umå'telig

せつだん 切断 skjæring, kutt —する skjære, kutte (たたき切る) hogge

せっち 設置 grunnlegging, anlegging, etable'ring —する grunnlegge, anlegge, etable're

ぜっちょう 絶頂 (山頂) fjelltopp (頂点) høgdepunkt, klimaks

せってい 設定 etable'ring, opprettelse, installasjo'n —する etable're, opprette

セット (道具だて) sett (テレビなどの) appara't (食品などの) bestik'k, servi'se (テニスなどの) sett

せっとう 窃盗 tjuveri' —犯 tjuv, røver —を働く st〔j〕ele, opptrede som tjuv

せっとうご 接頭語〈文法〉 forstavelse, prefik's

せっとく 説得 overtalelse —する overtale, overbevise —力 overtalelseskunst

せつない 切ない smertelig, smertefull, pinlig

せっぱく 切迫 påtrengenhet —した påtrengende, innsten'dig

せっぱん 折半 halve'ring —する halve're

せつび 設備 utstyr, utrusting —する utstyre, utruste

せつびご 接尾語 〈文法〉 ending, suffik's
せっぷん 接吻 kyss —する kysse
ぜっぺき 絶壁 stup, skrent (急坂) skråning (急坂の) steil, bratt
せっぺん 雪片 snefnugg
せつぼう 切望 lengsel (渇望) tørste —する lengte/tørste etter
ぜつぼう 絶望 fortvi'lelse, håpløshet —する fortvi'le over, oppgi håpet —的な fortvi'lt, håpløs, despera't
せつめい 説明 forkla'ring, redegjørelse —する forkla're, redegjøre (実例をあげて) illustre're, bely'se —書 beskri'velse
ぜつめつ 絶滅 utslettelse, utrydding, tilin\tetgjørelse —させる utslette, utrydde, tilin\tetgjøre (死に絶える) dø ut, forgå'
せつやく 節約 bespa'relse 〔av〕, sparsomhet —する spare, være sparsom, økonomise're
せつりつ 設立 etablissement, grunnlegging, stiftelse —する etable're, grunnlegge, stifte —者 grunnlegger, stifter
せともの 瀬戸物 porsele'n, keramik'k
せなか 背中 rygg —を伸ばす strekke seg, ranke seg
ぜにん 是認 billigelse, godkjenning, bifall
ゼネスト genera'lstreik
せばまる 狭まる bli trang/smal
ぜひ 是非(善悪) godt eller ondt, riktig eller forkjæ'rt (かならず) for enhver pris, av all 〔sin〕 makt —ない uunngå'elig, ufravi'kelig
せびろ 背広 almin'nelig dress
せぼね 背骨 ryggbein, ryggrad
せまい 狭い(場所的に) trang, liten (細い) smal, snever (心などの) snever (限られた) begren'set
せまる 迫る(押しつける) tvinge, presse, trenge (近づく) nærme seg (限界にある) være like på grensen
せみ 蟬 〈虫〉 sika'de

せむし pukkelrygg —の pukkelrygga
せめて i det minste, minst
せめる 攻める angripe, anfalle （攻めこむ）invade're, overfalle
せめる 責める（非難する）bebrei'de, dadle, klandre （さいなむ）pine, torture're
セメント semen't —工場 semen't fabrik
せり 競り auksjo'n —で売る auksjone're, selge ved auksjo'n —手 auksjona'rius, leder av auksjo'n
せりあ・う 競り合う（賞などを）kappes [med], konkurre're [med/om] （せりで値を）by [ved auksjo'n] —い（スポーツの）kamp （コンクールでの）konkurranse
せりふ 台詞 replik'k —をつける suffle're —をつける人（男）sufflø'r （女）sufflø\se
セルロイド celluloid
セレナーデ 〈楽〉serena\de
ゼロ 〈数〉null —点 nullpunkt
セロファン cellofa'n
セロリー 〈植〉selleri'
せろん 世論（意見）opinio'n, offentlig mening —調査 opinionsmåling, gallup
せわ 世話（めんどう）hjelp, tjenste —をする ta vare [på], ta seg av —人（発起人）initiati'vtaker （調停者）mekler （保護者）beskyt'ter （後援者）velynder, patro'n （代弁者）fortaler お—になりました Du har vært meget vennlig imot meg, Mange/Tusen takk for din vennlighet
せん 千〈数〉tusen —当りの数値 promil'le
せん 栓（コルクの）kork （びんの）propp （水道の）hane, tapp （たるの）tapp —抜き（コルク用）korktrekker （一般の）flaskeåpner
せん 腺〈医〉kjertel 甲状— skjoldbruskkjertel
せん 線 linje （軌道）bane, spor, veg （航路）sjøveg （電線）ledning —を引く trekke opp, tegne, linje're
ぜん 善 godhet （美徳）dyd
ぜん… 全… all （部分に対して）heil, hel （完全な）

fullsten′dig —世界 heil verden
ぜん… 前…（以前の）tidligere, forhenværende, eks-
ぜんあく 善悪 godt og ondt, riktig eller forkjæ′rt dyd og synd
せんい 繊維 fiber 化学— kjemisk fiber —工場 teksti′lfabrikk —産業 tekstilindustri —製品 teksti′lvarer (pl.)
ぜんい 善意 god mening/hensikt —で i god tru
せんいん 船員 sjømann（乗組員）mannskap
ぜんいん 全員 alle medlemmer （全社員）alle ansatte
せんえつ 僭越 formas′telse, uforskammethet —な formas′telig, uforskammet, overmodig
せんおうな 専横な egenmektig, vilkå′rlig
せんか 専科 spesiel′l kurs〔us〕
せんか 戦禍 krigsskade
せんかい 旋回 omdreining
ぜんかい 全快 fullsten′dig helbre′delse —する bli helbre′det fullsten′dig
ぜんかい 前回 siste gang —の se〔i〕nest, foregående
せんがく 浅学 overflatisk kunnskap
ぜんがく 全額 hele beløpet, i alt
ぜんがくれん 全学連 Nasjona′l Studen′t Federasjo′n
せんかん 戦艦 slagskip
ぜんきの 前記の ovennevnt, ovenstående
せんきゃく 船客 passasje′r på et skip —名簿 passasje′rlist, forteg′nelse over passasje′rer
せんきょ 選挙 valg —する velge, stemme —権 stemmerett —運動 valgkamp〔anje〕総— stortingsvalg —人 velger
せんきょうし 宣教師 misjonæ′r
ぜんけい 全景 panora′ma
せんげつ 先月 siste måned
せんけん 浅見 overflatisk betrak′tning
せんけん 先見 forutseenhet, framsyn —する forutse —の明のある forutseende, framsynt —の明のな

い kortsynt
せんげん 宣言 erklæ'ring, manifes't —する erklæ're, manifeste're, kunngjøre —書 manifes't, kunngjøring
ぜんけん 全権 fullmakt —大使 befullmektiget ambassadø'r —を委任する befullmektige
せんご 戦後 etterkrigstid
ぜんご 前後(場所) fram og tilba`ke (文章の) kontek'st (時) før og etter (おおよそ) omkring, cir'ka —不覚になる bli bevisstløs
せんこう 専攻 hovedfag 〔på universite'tet〕, spesia'le —する spesialise're seg, fordype seg 〔i〕, studere
せんこう 線香 røkelse —をたく ofre en røkelse —花火 leiketøyfyrverkeri —花火のような kortvarig, kortliva
せんこう 選考 valg, utvelgelse, utvalg
ぜんこう 全校 hele skolen —生徒 samtlige elever
ぜんこう 善行 god gjerning
せんこく 宣告 dom —する avsi dom over, dømme (有罪を) domfelle
ぜんこく 全国 he〔i〕le landet 日本— hele Japan —民 hele folket 〔i et land〕 —的な landsomfattende, nasjona'l —紙 landsavis
せんさい 戦災 krigsskade —地 krigsskadeområde —孤児 forel'dreløst barn gjennom krig, krigsforeldreløst barn
せんざい 洗剤 vaskemiddel, vaskepulver, re〔i〕ngjøringsmiddel
ぜんさい 前菜 forrett, hors d'oeuvre
ぜんざいさん 全財産 total/hele formue
せんさいな 繊細な fin, subti'l, delika't (感じやすい) følsom, mottakelig
せんし 戦死 krigsdødsfall —者 falt soldat 〔i krig〕, falne soldater(pl.)
せんじ 戦時 krigstid —中 i krigstid, under krigsforhold
せんしじだい 先史時代 forhistorie, forhistorisk tid

せんしつ 船室　luga′r, kahyt′t, kabi′n　—係（女）luga′r-pike

せんじつ 先日　her om dagen, forle′den〔dag〕, den annen dag　—はどうも Takk for sist　（最近）for nylig

せんしゃ 戦車　stridsvogn

ぜんしゃ 前者　den førstnevnte, den første

せんしゅ 船首　forstavn, forstamn

せんしゅ 選手　spiller, sportsmann, atle′t, idrettsmann　—権 mesterskap

せんしゅう 先週　siste veke　—の今日 i dag for en veke siden

せんしゅう 選集　utvalgte stykker〔av〕, seleksjo′n （主として詩の）antologi′

ぜんしゅう 全集　samlede verker

せんじゅつ 戦術　taktik′k, strategi′　—上の taktisk, strate′gisk　—家 taktiker, strate′g

せんしゅつする 選出する　utvelge, utse

ぜんじゅつの 前述の　ovennevnt, ovenstående

せんじょう 戦場　slagmark, krigsskueplass　—に臨む gå til krigsskueplass

ぜんしょうする 全焼する　brenne ned

せんじん 先人　foregangsmann, pione′r, banebryter

ぜんしん 全身　hele kroppen

ぜんしん 前進　framgang, framskritt （改善）forbe′dring　—するgå frem, gå videre, skri〔fram〕　—基地 framskutt base

ぜんしん 漸進　stigende framskritt　—する gå fremad trinnvis　—的に trinnvis, gradvis

せんしん・の 専心の　helhjertet（徹底的に）med hele sin sjel　—する konsentre′re seg om

せんしん・の 先進の　utviklet　—国 utviklet land, industrialise′rt land （発展途上国）utviklingsland

センス　sans （好み）smak （精神）ånd　…の—がある ha sans for

せんす 扇子　vifte

せんすい 潜水　dykking　—する dykke　—夫 dykker

―艦 ubåt, undervannsbåt
せんせい 先生(男) lærer （女）lærerin'ne （教師）underviser, instruktø'r （医者）lege, doktor
せんせい 専制 enevelde, diktatu'r （全体主義）totalis'me （暴政）voldsherredømme
せんせい 宣誓 ed ―する avlegge ed, sverge （偽誓）falsk ed
ぜんせい 全盛 høgdepunkt〔av framgang/lykke〕 ―を極める nå høgdepunktet av framgang ―時代 blomstringstid, glansperiode, gullalder （人生の）sin beste alder
せんせいじゅつ 占星術 astrologi', horosko'p
センセーショナルな oppsiktsvekkende, drama'tisk
ぜんせかい 全世界 hele verden
せんせん 宣戦 krigserklæring （布告）erklæ'ring ―する erklæ're krig
せんせん 戦線 〔krigs〕front
せんぜん 戦前 førkrigstid
ぜんぜん 全然 fullsten'dig, heilt og holdent （否定）slett ikke, ikke overho'det, ingenlunde
せんぞ 先祖 stamfar, forfedre (pl.) ―伝来の財産 fedrearv
せんそう 戦争 krig ―している være i krig ―する krige〔med〕（戦闘）slag （闘争）strid ―放棄 det å ta avstand fra krig
ぜんそうきょく 前奏曲〈楽〉prelu'dium
ぜんそく 喘息〈病〉astma
ぜんそくりょくで 全速力で i full fart
ぜんたい 全体 det heile, alt ―の all, heil
せんたく 洗濯 vask ―する vaske ―機 vaskemaskin ―物 vasketøy ―屋 vaskeri' ―婦 vaskekone
せんたく 選択 valg ―する velge ―科目 valgfri kurs/fag
せんだって 先達て forle'den〔dag〕, den annen dag, for ikke lenge siden
せんたん 先端 topp, høgdepunkt, spiss ―の（最新の）mode'rne, nåtids- （流行の）fasjona'bel ―技術

høgteknologi
せんち 戦地 front —勤務 felttjeneste
ぜんちし 前置詞〈文法〉 preposisjo'n
センチ〔メートル〕 centimeter〔短〕cm
せんちょう 船長 kaptei'n, skipsfører
ぜんちょう 前兆 forbud, varsel, omen （病気の）sympto'm
ぜんてい 前提 premis's, forutsetning （出発点）utgangspunkt
せんてつ 銑鉄 råjern
せんでん 宣伝 propagan'da, rekla\me, annon'se —する reklame're, annonse're —ビラ flygeblad, brosjy\re
せんてんてきな 先天的な medfødt, aprio'risk （遺伝的な）nedarva, arvelig
ぜんと 前途 framtid, kommende tid —有望な lovende, løfterik
せんとう 銭湯 offentlig badeanstalt
せんとう 先頭（の人） den forreste〔leder〕（先端）spiss —に立つ(スポーツで) ligge forrest （行列で）gå forrest i opptog （指導する）gå forrest, lede
せんとう 尖塔 tårnspir
せんとう 戦闘 slag, trefning, sammenstøt —員 kriger —機 jagerfly, kampfly
せんどう 扇動 anstifting, agitasjo'n —する anstifte, agite're —者 anstifter, agita'tor
せんどう 船頭 båtfører
セントラルヒーティング sentra'lfyringssystem
せんにゅうかん 先入観 fordom, forutfattet mening
ぜんにん 善人 god perso'n
ぜんにんしゃ 前任者 forgjenger
せんにん・の 専任の heltidsansatt —講師 ordinæ'r lærer
せんぬき 栓抜き flaskeåpner （コルク用）korktrekker
せんねん 先年 for noen år siden
ぜんのうする 前納する betale på forhånd

ぜんのうの 全能の allmektig
せんばい 専売 monopo'l, enerett ―権を得る monopolise're
せんぱい 先輩 ens senior, eldre kolle'ga
せんぱく 浅薄 ansvarløshet, lettsindighet ―な ansvarløs, lettsindig （表面的な）perife'risk, overfladisk
せんばつ 選抜 〔ut〕valg ―する 〔ut〕velge, utta （スポーツの）―チーム elitelag, utvalgte spillere
せんばん 旋盤 dreiebenk ―で削る dreie ―工 dreier
ぜんぱん 全般 det heile ―の allmenn
ぜんぱん 前半 første omgang/delen
ぜんぶ 全部 det heile, til sammen, alle i hop ―の all, heil ―で（合計で）i alt, alt iberegnet （一緒で）alt i alt, sammenlagt
せんぷう 旋風 virvelvind
せんぷうき 扇風機 〔elek'trisk〕vifte
せんぷく 潜伏 hemmeligholdelse
せんべつ 餞別 avskjedsgave
ぜんぺん 前編 første delen
せんぼう 羨望 misunnelse, skinnsyke ―の misunnelig, skinnsyk ―する misunne
せんぽう 先方 motpart
ぜんぽう 前方 front ―の fronta'l ―に/へ fremad, fram
ぜんまい 発条（ばね）fjær ―を巻く drive med en fjær ―仕掛け urverk
せんむ 専務〔取締役〕administre'rende direktø'r
せんめい 鮮明 klarhet, tydelighet ―な klar, tydelig （TVなど）skarp
ぜんめつ 全滅 utslettelse, tilin'tetgjørelse, ødeleggelse ―する bli utslettet/tilin'tetgjort/ødelagt
ぜんめん 全面 fasa\de, forside
せんめん・する 洗面する vaske ansikt ―所 toalet't, vaskerom ―台 vaskeservant ―器 vaskefat
ぜんめんてき・な 全面的な gjennomgående, altom-

fattende —に tota′lt, gjennomgående
せんもん 専門 spesia′le, spesialite′t —の spesiel′l —家 spesialis′t, eksper′t —用語 term, terminologi′ —書 fagbok —学校 høyskole, fagskole
せんやく 先約 tidligere løfte —がある være opptatt av tidligere løfte
せんゆう 専有〔権〕monopo′l, privile′gium
せんゆう 占有 beset′telse (所有) besit′telse —する beset′te (所有する) besit′te
せんよう 専用 enerett, noen priva′t —の priva′t
ぜんよう 善用 god anvendelse —する anvende godt/vel
せんりつ 旋律 〈楽〉 melodi′ —の melo′disk —的な (調子の美しい) melodiø′s
せんりつ 戦慄 gys, grøss, skjelv —する gyse, grøsse, skjelve —的な gyselig, grøssen, skjelven
せんりゃく 戦略 strategi′ (戦術) taktik′k —家 strate′g —的な strate′gisk
ぜんりゃく 前略(手紙で) i hast
せんりょう 占領 okkupasjo′n, beset′telse —する okkupe′re, beset′te —者/国 okkupa′nt —軍 okkupasjo′nshær, beset′telsestropper
せんりょう 染料 fargestoff (顔料) pigmen′t
ぜんりょう 善良 godhet —な god, dyktig (親切な) vennlig
ぜんりょく・で 全力で av alle krefter —をつくす gjøre sitt beste
せんれい 先例 preseden′s, prejudika′t —をつくる skape preseden′s —のない uten preseden′s, eksem′pelløs
せんれい 洗礼 dåp —を受ける bli døpt —を施す døpe, kristne —名 døpenavn
ぜんれい 前例 →せんれい (先例)
せんれん・する 洗練する pole′re, forfi′ne, raffine′re —された pole′rt, forfi′net, raffine′rt
せんろ 線路 jernbane —工夫 sporlegger, banearbeider —を敷く anlegge jernbane (レール)〔jern-

bane)skinne
ぜんわん 前腕 underarm

そ

そあくな 粗悪な dårlig, grovkornet
そう (返事)(肯定) ja (否定) nei —ですか Jaså (そんなに) sånn, på den måte
…そう (…のように見える) synes, se ut (…とのうわさ) det sies at, man si at, det forly'der at
そう 僧 munk, buddhis'tisk prest/munk —正 biskop 大—正 erkebiskop, erkebisp
そう 層 lag 社会— samfunnsklasse 知識— intelligen't klasse, de intellektuel'le
ぞう 象 〈動〉 elefan't —皮病 elefan'tsjuke —牙 elfenbe[i]n
ぞう 像 statue [av], figu'r 肖— portret't
そうあん 草案 utkast, skisse
そうい 相違 forskjell, uoverensstemmelse, ulikhet (対照) motsetning (変化) variasjo'n …に—して i uoverensstemmelse med, til forskjell fra …に—ない det er ingen tvil om at det er —する skille seg ut fra
そうい 創意 originalite't, opprin'nelighet —に富む origina'l, rik på originalite't, opprin'nelig
そういん 総員 full mannskap, heile besetningen, alle mann
ぞういんする 増員する forø'ke persona'ler
そうえん 荘園 herregård
ぞうお 憎悪 hat, avsky —する hate, avsky
そうおうな 相応な(適した) passende (穏当な) lempelig (妥当な) rimelig, forsva'rlig, tilbø'rlig
そうおん 騒音 bulder, støy, ståk, larm (騒動) oppstandelse, ståhei —を出す støye, gjøre ståhei, la støy
ぞうか 増加 forø'kelse [av], stigning —する auke,

stige —率 stigningstakt
ぞうか 造化 skapelse
ぞうか 造花 kunstige blomster
そうかい 総会 〔genera'l〕forsamling 臨時— ekstraordinær genera'lforsamling
そうかいてい 掃海艇 minesveiper
そうかい・な 爽快な oppfriskende, forfris'kende —になる bli oppfrisket/forfris'ket
そうがく 総額 heilt beløp —で tota'lt (総計) totalite't
ぞうがく 増額 forø'kelse av belø'p —する forø'kes, tilta, øke
そうかつ 総括 sammendrag, resymé —する sammenfatte, resyme're —して言えば i det store og heile, stort sett —的な tota'l, genera'l
そうかん 壮観 storartet/storslått syn/utsikt —を呈する tilby storartet syn
ぞうかん 増刊 ekstranummer
そうがんきょう 双眼鏡 〔prisme〕kikkert
そうかんする 送還する repatrie're, sende hjem, skikke tilba'ke
そうぎ 争議(ストライキ) streik 労働— arbeidskonflikt, arbeidstvist (紛争) konflik't, tvist, strid (不和) uenighet
そうぎ 葬儀 begra'velse, jordferd —屋 begra'velsesforretning (埋葬する) begra've, jordfeste
ぞうきばやし 雑木林 kratt〔skog〕, tykning
そうきゅうに 早急に mye hurtig, straks, med én gang
ぞうきょう 増強 forster'kning —する forster'ke (コンクリートなど) arme're
そうきん 送金 remis'se, forsen'delse av penger, anvisning〔på penger〕 —する remitte're, oversende —人 avsender〔av remis'se〕 (受取人) remitten't
ぞうきん 雑巾 støvklut, golvklut
そうぐうする 遭遇する møte, støyte på, komme til å
ぞうげ 象牙 elfenbe〔i〕n —細工 elfenbeinsarbeid —

の塔 elfenbeinstårn

そうけい 総計 heile summen, tota'l —する summe're opp, sammenfatte

そうけい 早計 forhas'tning, ubetenksomhet —な forhas'ta, ubetenksom, overil〔e〕t

ぞうけいびじゅつ 造形美術 plastisk kunst

そうげん 草原 eng, grasmark (北米の) prærie (南米の) pampas (中央アジアの) steppe

ぞうげんする 増減する auke eller minske (河川の水が) stige eller senke

そうけんな 壮健な frisk, sunn, med god helse

そうこ 倉庫 lager〔hus〕, lagerplass, magasi'n

そうこう 操行 oppførsel, åtferd

そうごう 総合 samling, synte\se, syntetise're —的な synte'tisk —大学 universitet

そうご・の 相互の gjensidig —作用 gjensidig virke —援助 gjensidig hjelp

そうごん 荘厳 høyti'delighet, sublimite't —な høyti'delig, subli'm

そうさ 操作 handte'ring, manipulasjo'n —する handte're, manipule're, manøvre're

そうさい 総裁 presiden't

そうさく 創作 〔litteræ'rt〕 verk, skapende arbeid —する skape (詩など) dikte —的な skapende —力 skaperkraft, skapende evner

そうさく 捜索 ettersøking, ransaking —する ettersøke, leite etter, ransake —隊 ettersøkingshold, ransakingsekspedisjon —令状 ransakingskjennelse

ぞうさん 増産 produksjo'nstilvekst, produksjo'nsstigning —する auke produksjo'nen

そうし 創始 grunnlegning, skapelse (設立) innstiftelse —する grunnlegge, skape (設立する) innstifte —者 grunnlegger, skaper

そうじ 掃除 re〔i〕ngjøring, renselse —する gjøre reint, rense, reingjøre, rydde —婦 reingjøringskone (家庭の) reingjøringsdame —機 støvsuger, reingjøringsmaskin

ぞうし 増資 kapita'lforøkelse
そうしき 葬式 begra've1se, gravferd（埋葬）jordfestelse
そうじしょく 総辞職 fratredelse/tilba'ketredelse på en gang ー する frasi seg på en gang
そうしつ 喪失 tap, spille ー する tape, miste, forspil'le, spille bort
そうじて 総じて i〔sin〕almin'nelighet, for det meste
そうしゃ 走者 løper
そうしゃじょう 操車場 sporveksel
そうじゅう 操縦 manøvre'ring, styring ー する manøvre're, styre（自動車を）kjøre bil（船を）styre skip（飛行機を）føre fly ー 士（飛行機の）pilot ー 席（飛行機の）førerkabin
そうじゅく・の 早熟の fremmelig, gammalklok ー である være moden/utviklet tidlig
そうしゅけん 宗主権 overhøyhet
そうしゅん 早春 tidlig vår, tidlig på våren
そうしょ 叢書 serie, rekke
そうしょ 草書 simplifise'rt/løpende kanji-skrift
ぞうしょ 蔵書 boksamling ー 家 boksamler ー 票 eksli'bris
そうしょう 宗匠 mester, lærer
ぞうしょう 蔵相 finan'sminister
そうしょく 装飾 ornamen't, utsmykning, dekorasjo'n ー する ornamente're, utsmykke, dekore're
そうしれいぶ 総司令部 hovedkvarter
ぞうしん 増進 forfrem'melse, opphøyethet, opprykning ー する forfrem'me, opphøye, la rykke opp
そうしんぐ 装身具 smykke, prydelse, rekvisi'ta, tilbehør
そうすう 総数 heile antallet
そうすると／そうすれば og så, og videre, i så fall
ぞうぜい 増税 forhøy'else av skatt ー する heve skattene
ぞうせん 造船 skipsbygging ー 所 skipsbyggeri'
そうせんきょ 総選挙 stortingsvalg

そうぞう 創造 skapelse, skapning, kreering —する skape, kree′re —力 skaperevne
そうぞう 想像 innbilning, fantasi′ —する forestille seg, tenke seg —力 innbilningskraft, forestillingsevne —的な fantasi′full, fantasi′rik, innbilt, imaginær
そうぞうしい 騒々しい støyende, larmende
そうそうに 早々に straks, tidlig, snart
そうぞく 相続 arv —する arve —権 arverett —人 arving, arvtaker
そうそ・ふ 曾祖父 oldefar —母 oldemor —父母 oldeforeldre
そうだい 壮大 prakt, herlighet —な praktfull, pompø′s, storartet, storslått
ぞうだい 増大 stigning, forø′kelse, forstør′relse —する auke, forø′ke, forstør′re, stige
そうたい・てきな 相対的な relativ —的に relativt —性原理 relativite′tsteori —主義 relativis′me
そうだつせん 争奪戦 konkurranse
そうだん 相談 rådføring, konsultasjo′n (談話・おしゃべり) samtale, snakk, sludder —する rådføre seg [med], konsulte′re —役 rådgiver, konsulen′t
そうち 装置 apparatu′r (設備) utstyr, utrusting —を据え付ける installe′re (設備を取りつける) utstyre, monte′re
ぞうちく 増築 påbygging, tilbygg —する bygge til/på
そうちょう 早朝 tidlig morgen —に tidlig på morgenen
そうちょう 総長 rektor, presiden′t 事務— genera′lsekretær
ぞうちょう 増長 overmot, arrogan′se
そうちょうな/に 荘重な/に høyti′delig, alvo′rlig
そうてい 装丁 bind[ing] 豪華—本 prakteksamplar
そうてい 想定 hypote\se, antakelse, forutsetning
ぞうてい 贈呈 foræ′ring, gave —する foræ′re, gi som gave, presente′re
そうてん 争点 stridspunkt

そうでんせん 送電線 kraftledning, overføringslinje
そうどう 騒動(騒ぎ) oppstan'delse, balla'de, tumul't (混乱) forvir'ring, uorden (争議) konflik't (暴動) opprør, oppstand —を起こす la tumul't, gjøre opprør
そうとう・な 相当な(適当な) passende, belei'lig (かなりの) bety'delig, ansten'dig, temmelig (よく似た) like, motsvarende (充分な) tilstrek'kelig, tilfred'stillende —する motsvare, svare til
そうなん 遭難 ulykke〔stilfelle〕, tilfel'dighet (船の) skibbrudd —する bli utsatt for en ulykke, forulykke, komme til skade (船が) li skibbrudd —者 de skadelidende etter ulykken, de forulykkede (生存者) overlevende
そうにゅう・する 挿入する innsette, innskyte —句 parente's
そうねん 壮年 manndom〔salder〕, mannfolk
そうば 相場(市価) markedspris (時価) løpende pris, gangbar pris (投機) spekulasjo'n (評価) vurde'ring, verdsettelse
そうはく・の 蒼白の ble〔i〕k —になる ble〔i〕kne
そうばん 早晩 før eller siden, med tiden
そうび 装備 utrusting —する utruste
そうべつ 送別 avskjed, farve'l —会 avskjedsfest
そうほう 双方 de begge —の begge (相互の) gjensidig
ぞうほばん 増補版 forstør'ret utgave
そうほん 草本 urt, plante
そうめいな 聡明な klok, forstan'dig, klartenkt
ぞうよする 贈与する gi, foræ're (寄付する) bidra〔med〕, done're
ぞうり 草履 sanda'l
そうり〔だいじん〕 総理〔大臣〕 premierminister
そうりつ 創立 etablissement, stiftelse, grunnlegging —する etable're, stifte, grunnlegge
そうりょう 送料 porto (貨物の) frakt
そうりょうじ 総領事 genera'lkonsul —館 genera'l-

そうりょく　総力　sammenlagte krefter　—で av alle krefter

そうれい　壮麗　prakt, pryd　—な praktfull, pompø's

そうろ　走路　〔løps〕bane

そうろん　総論　hovedtrekk, resymé

そうろん　争論　disput't, trette　—する dispute're, trette

そうわ　挿話　episo\de, innskudd

ぞうわい　贈賄　bestik'kelse　—する bestik'ke

そえる　添える　vedlegge

そえんになる　疎遠になる　bli fremmed for hinannen, komme bort〔fra〕

ソース　saus

ソーセージ　pølse　フランクフルト— wienerwurst

ソーダ　soda　—水 sodavatn　苛性— kaustisk soda

そかい　疎開　evakue'ring, rømning　—する evakue're, rømme

そがい　疎外　fjernelse, kjølig forhold, misstemning —する fjerne, bli fremmed for en, gi/få en kald skulder

そがい　阻害　hindring, sperring　—する hindre, sperre, sette bom for noe

そきゅう・する　遡及する　gjøre tilba\kevirkende　—力のある法律 en lov med tilba\kevirkende kraft

ぞく　属(分類の)　slekt, genus

ぞく　賊　盗— tjuv, røver　海— sjørøver, pira't　山— bandit't （ギャング）bande （反徒）rebel'l, opprører

そくい　即位　kroning　—させる krone〔en til konge〕 —する arve krone　—式 kroning

ぞくご　俗語(口語)　daglig tale, daglig uttrykk （卑語）slang

そくざ・に　即座に　straks, umiddelbart, øyeblik'kelig, med det samme　—の umiddelbar, øyeblik'kelig

そくし　即死　øyeblik'kelig død　—する bli drept momenta'n

そくじ 即時 straks, umiddelbart —払い kontan't betaling
そくじつ 即日 samme dag
そくしん 促進 fremme, aktivering —する fremme, aktive're, aktivise're
ぞくじん 俗人(僧に対して) lekmann (俗物) vulgæ'r person (紳士気どりの) snobb
ぞくする 属する(所属する) tilhøre, høre til, være en del av (分類上) klassifise'res 〔som〕
そくせいさいばい 促成栽培 drivhusdyrking
そくせき 即席 øyeblikk, improvisasjo'n —の improvise'rt —曲/演奏 improm'ptu —料理 hurtigmat, minut'tmat
そくせん 側線(スポーツ・鉄道などの) sidelinje
ぞくぞくと 続々と i følge med, en etter en
そくたつ 速達 ekspres'sforsendelse —郵便 ekspres's-brev
そくてい 測定 mål —する måle (探索する) sonde're (深さを) lodde
そくど 速度 hastighet, fart (高/低速) høg/lav hastighet —をあげる/落す øke/sakne farten —制限 hastighetsgrense —計 hastighetsmåler
そくとう 即答 omgående svar —する svare omgående
そくばく 束縛 lenke, tvang, press, undertrykking —する lenke, tvinge, sperre
ぞくへん 続編 fortsettelse, (連載物) føljeton'g
そくめん 側面 side, flanke (横顔) profi'l (局面) aspek't —攻撃する anfalle fienden i flanken
そくりょう 測量 mål, landmål, oppmåling —する måle, oppmåle (水深を) lodde —士 landmåler
そくりょく 速力 hastighet, fart 全—で i full fart
そくろう 側廊(教会の) gang
ソケット (電気の) stikkkontakt
そこ 底 bunn, botn 〔av〕 (海の) 〔havets〕 djup (くつの) såle —知れない botnlaus (深遠な) djuptenkt —力 potensia'l energi' —値 laveste/botn pris

そこ 其処 der —にだれがいるのか？ Hvem er der? —にいるのはだれか？ Hvem der? —から derfra（したがって）derfor —ここに her og der, rundt omkring

そこう 素行 oppførsel, åtferd —がおさまる bedre seg, overvinne sine dårlige vaner

そこく 祖国 fedreland —愛 fedrelandskjærlighet

そこなう/そこねる 損なう/損ねる skade（相手の感情を）krenke, fornær'me（健康を）skade sin helbred …し— mislykkes, feile

そこひ 内障〈病〉katarak't

そさい 蔬菜 grøn[n]saker —畑 kjøkkenhage —の vegeta'risk

そざい 素材 materia'le, emne, stoff

そし 阻止 sperring, hinder（保留）opphold —する sperre, hindre（保留する）oppholde

そしき 組織（集まり）organisasjo'n（体系）syste'm（構造）struktu'r（構成）konstruksjo'n（生物の）vev, vevnad —する sette i syste'm, danne en struktu'r —的な systema'tisk

そしつ 素質〔menneskes〕natu'r, karakte'r, anlegg（才能）evne（本質）vesen（体質）konstitusjo'n（傾向）tenden's

そして og så, deretter

そしゃく 咀嚼 tygge —する tygge

そしょう 訴訟 sak, søksmål, påtale, anklage —を起こす påtale, anklage, anlegge sak

そし・り 謗り(非難) baktalelse, bakvaskelse, inju'rie —る baktale, bakvaske, injurie're, tale ondt om

そせい 組成 komposisjo'n, sammensetning

そぜい 租税(税金) skatt, avgift（課税）beskatning（課税する）legge skatt på

そせん 祖先 stamfar, forfedre(pl.)

そそぐ 注ぐ(注ぎこむ) skjenke i（こぼす）spille（流れる）flyte, rinne（はねかける）stenke（集中する）konsentre're seg〔om〕

そそっかしい overilt（軽率な）ubetenksom（早過ぎ

る) forhas'ta
そそのかす 唆す oppvigle, opphisse
そだち 育ち(誕生) fødsel (素性) herkomst (家系) byrd —のよい veloppdragen
そだつ 育つ vokse opp, bli eldre
そだて・る 育てる(養育する) pleie (子供を) oppdra (動物などを) holde —の親 pleieforeldre
そち 措置 foranstaltning, forholdsregel —をとる foranstalte
そちら・へ derhen —に der —の方角 den retning —の方(ᵏᵗ) den person
ぞっか 俗化 vulgarise'ring —する vulgarise're, gjøre vulgæ'r, forfla'te
そっき 速記 stenografi' —者 stenogra'f —する stenografe're
そっきょう 即興 improvisasjo'n —でやる improvise're —曲 improm'ptu
そつぎょう 卒業〔式〕eksamenshøytidelighet, eksamensfest —する ta avsluttende eksamen —試験 avgangseksamen —論文 avhandling som man skriver som en del av avgangseksamen —証書 avgangsbevis, eksamensvitnesbyrd
そっきん 側近〔者〕nær bekjenner, fortrolige (取り巻き) påheng
ソックス et par sokk
そっくり (全部) det heile, tota'lt, full (よく似た) fullsten'dig likesom, akkura't det samme
ぞっこう 続行 fortsettelse —する fortsette〔med〕
そっこうしょ 測候所 vær〔varslings〕stasjon,〔meteorologisk〕observato'rium
ぞっこく 属国 vasa'llstat
そっちゅう 卒中〈病〉hjerneblødning, slagtilfelle, apopleksi'
そっちょく 率直 åpenhjertighet —な likefram, åpenhjertig, opprik'tig
そって 沿って(平行に) parallel'lt〔med〕…に— langs med, ad

そっと (静かに) stille, rolig (おだやかに) blidt (こっそり) hemmelig, i smug

そっとう 卒倒 besvi′melse —する besvi′me, falle i avmakt

ぞっと・する (恐怖・嫌悪・寒さなどで) gyse (恐怖で) frykte, dirre (震える) sitre, skjelve —させるような gyselig

そっぽをむく 外方を向く vende en ryggen

そで 袖 erme —口 mansjet′t —にする slå opp med

そと 外(外側) ytterside (最も外側の) ytterst (外面) eksteriø′r (戸外で) utafor, i det fri

そなえ 備え(準備) forberedelse (防備) forsvar —る(準備する) forberede (防備する) forsva′re (たくわえる) lagre, spare

そなえる 供える ofre 〔til guddom〕

ソナタ 〈楽〉 sona′te

そなわる 備わる være forsy′net med, ha

その den/det der (前述の) ovenstående, ovennevnt —他の øvrig

そのうえ その上 dessuten, dertil

そのうちに その内に(近いうちに) om kort tid, snart (他日) i nær/nærmaste framtid

そのかんに その間に i mellomtid, imens, i den tid (時がくれば) i tidens fylle

そのくせ その癖 til tross for, trass, dog, ikke desto mindre, likevel

そのご その後 deretter (以来) siden —の etterfølgende, påfølgende

そのこと その事 den/det der, dette faktum

そのころ その頃 på den tiden, da

そのため その為(理由) derfor, på grunn av (結果) følgelig (目的) for å, med 〔den〕 hensikt

そのとおり その通り presi′s 〔like〕 så

そのとき その時 da, i det tilfelle

そば 側・傍 side, nærhet (付近) nærhet, nabolag (人々) naboskap —に ved siden av, i nærheten av

そばかす fregne

そびえる 聳える tårne seg opp
そびれる gå glipp av 〔en sjanse for å〕
そふ 祖父 〔min〕bestefar, morfar, farfar
ソファー sofa
ソプラノ 〈楽〉sopra′n
そぼ 祖母 〔min〕bestemor, mormor, farmor
そぼく 素朴 enkelhet, simpelhet —な enkel, bramfri, simpel, prunkløs
そまつな 粗末な tarvelig, knapp, fattig, ringe —にする blåse noen en lang marsj, være likeglad（仕事などいい加減にする）sløse, sjuske, unnlate（無視する）forsømme, neglisje′re
そむく 背く（従わない）være ulydig mot, ikke adlyde（違反する）overtre, krenke（裏切る）bedra′, svike（反逆する）gjøre opprør〔mot〕（反論する）imøtegå, proteste′re
そめる 染める farge 顔を— rødme
そや 粗野 grovhet, råhet —な grov, rå, ukultivert
そよかぜ 微風 bris（3.4〜10.7 m/s）
そよぐ （さらさら鳴る）rattle, rasle（ゆらぐ）svaie, vaie, gynge
そら 空 himmel —色〔の〕himmelblå 心も—で（うれしくて）henrykt, i den sjuende himmel（ぼんやりして）åndsfraværende, distré —で（暗記して）utenat —涙 krokodil′letårer(pl.) —笑い forstil′t latter —とぼける forstil′le seg/anstille seg uvitende/uskyldig, la som om en ikke visste det
そらす 逸らす（注意などを他に）avlede, bortlede, distrahe′re（受け流す）pare′re, avverge
そらまめ 蚕豆 〈植〉bønnevikke
そり slede, kjelke（馬そり）kane
そりゅうし 素粒子 elementæ′rpartikkel
そる 反る bøye tilba\ke（偉がる）være oppblåst
そる 剃る（ひげを）barbe′re seg, rake seg（剃ってもらう）bli barbe′rt
それ den, den/det der —の dens, dets, sin, sitt —だから følgelig, og derfor —で og derfor, som følge

derav, derpå, og så —でも likevel —では men så, nå —どころか tvert imot, omvendt —じゃ også det —から deretter, og derpå, og så —も også det —なら i så fall —に og dessuten —はそうと for resten —ゆえ〔に〕følgelig, og derfor —はいけませんね Nei, det går 〔skam〕 ikke an, Det er sannelig også for galen, Det var ergerlig 〔for deg〕, Det var sannelig ikke så godt

それいらい それ以来 siden, deretter

それがし 某(ある人) en eller anden, en viss person 鈴木— en viss hr. Suzuki

それぞれ 夫れ夫れ hver især, respektiv, enhver —の enhvers

それどころか tvert imot, omvendt

それとなくいう antyde forblom′met/ubemerket å

それとも eller

それる 逸れる vende seg 〔bort〕 (話などが) avvike fra (弾丸などが) skyte feil, ikke ramme

ソれん ソ連 Sovjetunionen

そろ・う 揃う(集まる) samles, møtes (一様になる) bli jamn/unifor′m (つり合う) passe til, stå til (完全になる) bli komplet′t/fullsten′dig (音楽など調和する) være i harmoni′ —える(並べる) plasse′re 〔side om side〕 (商品を) utstille (集める) samle (人を) sammenkalle (寄付・資料などを) innsamle (まとめる) sammenfatte, resume′re

そろそろ gradvis, litt etter litt, så smått (間もなく) snart

そわそわする være rastlaus/nervø′s

そん 損(損失) tap, å miste (不利) ugunst, ulempe (損害) skade, fortre′d, tap —な ugunstig —する li 〔et〕 tap (失う) gå tapt, gå glipp av, tape

そんえき 損益 gevin′st og tap

そんがい 損害 tap, skade, fortre′d —賠償 skadeserstatning

そんけい 尊敬 beun′dring, aktelse, respek′t —する beun′dre, akte, respekte′re —すべき aktver′dig,

respekta′bel
そんざい 存在 tilværelse, eksisten's —する være til, eksiste′re
ぞんざいな (雑な) skjødesløs, sjusket〔e〕 (不注意な) likegyldig, ubetenksom (失礼な) uartig, nærgående
そんしつ 損失 tap, å miste
そんしょう 損傷 skade, sår
そんぞく 存続 fortsettelse —する fortsette, vare ved
そんだい 尊大 hovmod, stolthet, arrogan′se, overlegenhet —な arrogan′t, hovmodig, overlegen
そんちょう 村長 leder av landsby
そんちょう 尊重 respek′t, høyaktelse —する respekte′re, høyakte
そんとく 損得 gevinst og tap —ずぐで for penger, for berek′nende grunn
そんな en sådan, den slags —に i den grad, i en sådan grad —にない ikke så mye/mange
ぞんぶんに 存分に så mye man lyster
そんみん 村民 landsbybeboer

た

た 田 rismark
た 他 fremmed-, en annen —の annen, annet, andre, øvrig —に dessuten
ダース dusi′n
タール tjære —を塗る tjære
タイ Thailand —人 thailender —の thailandsk
たい 鯛〈魚〉brasme
たい 対(互角の) like, i likevekt, jambyrdig (同点) samme poeng/punkt (競技・訴訟などで) mot, versus
たい 隊(一団) kompagni′ (団体・軍隊) korps, tropp (仲間) selskap, gruppe —を組む gruppe′re

だい 題(主題) tema, emne 表— tittel 話— samtaleemne

だい 台 足おき— skammel —座 pidesta′l 支え— støtte

だい 代(支払うお金) betaling, pris 部屋— værelsesleie (料金) takst 世— generasjo′n 時— alder, tid〔salder〕

だい 大(大きいこと) storhet —の stor, anse′lig 巨—な uhyre, veldig, kolossa′l —問題 alvo′rlig spørsmål —計画 storartet prosjek′t

だいあん 代案 alter′nativ, annen mulig utvei

たいい 大意(要旨) sammendrag, resumé, oversikt

たいい 退位 abdikasjo′n —する abdise′re —させる avsette, detronise′re

たいいく 体育 kroppsøving, gymnastik′k —館 gyma′s, gymnastik′ksal

だいいち 第一 nummer et, den første —の/に først —楽章 første sats —幕 akt en

たいいん 退院 utskriving —する bli utskrevet〔fra hospita′let〕, skrives ut av sykehus

たいいん 隊員 deltaker i〔en ekspedisjo′nsgruppe〕

たいおう 対応 overe′nsstemmelse, korrespondanse —する svare til, korresponde′re〔med〕

たいおん 体温 kroppstemperatur —計 febertermometer —を測る ta ens temperatu′r

たいか 大火 〔ilde〕brann

たいか 大家(権威者) autorite′t, stor mester

たいか 退化 degenerasjo′n, tilba′kegang —する degenere′re, utarte

たいかい 大会 møte med mange deltakere, konferanse (スポーツの) sportsstemne (総会) almin′nelig møte, generalforsamling

たいがい 大概 for det meste, genera′lt, i regelen (たぶん) kanskje, formo′dentlig, formen′tlig

たいがい・てきな 対外的な utenriks, utalands —政策 utenrikspolitikk —貿易 utenrikshandel

たいかく 体格 fysisk form,〔kropps〕bygning

たいがく 退学 det å droppe ut av skole（大学から）relegasjo'n　—する droppe ut av skole　—させる relege're
だいがく 大学(総合の) universite't （単科の）høgskole　—生 universite'tsstudent　—院 videregående studium, hovedfagsstudium　—院生 hovedfagsstudent（学部長）deka'n（学長）〔universite'ts〕rektor　—受験生 russ
たいかく・の 対角の diagona'l　—線 diagona'l
たいか・の 耐火の eldfast, brannsikret　—れんが eldfastmurstein　—建築 brannsikret bygning
たいがん 対岸 motsatt strand
たいかんしき 戴冠式 kroningsseremoni
たいき 大気 atmosfæ're, luft
だいぎいん 代議員 representan't, delega't, ombudsmann
だいきぎょう 大企業 stor virksomhet
だいぎし 代議士(ノルウェーの) stortingsmedlem（スウェーデン・デンマークの）riksdagsmann（一般的に）parlamentsmedlem
たいきする 待機する avvente, være para't til〔å〕
たいきゃく 退却 tilba'ketog, retret't　—する tilba'ketrekke, trekke seg tilba'ke
だいぎゃくざい 大逆罪 høgforræderi
たいきゅう 耐久 utholdenhet　—力 motstandskraft（持久力）varighet, holdbarhet（持久力のある）uthol'delig, holdbar
たいきん 大金 mange penger
だいきん 代金(代価) pris （費用）utgift （謝礼）honora'r （勘定書）rekning, nota
だいく 大工 tømrer,〔bygnings〕snekker, tømmermann　—仕事をする tømre, snekkere're
たいぐう 待遇 behandling（ホテルなどの客あつかい）service （接待）mottakelse
たいくつ 退屈 kjedsomhet, kjedelighet　—な kjedelig, kjedsom'melig　—する kjede seg, være trett　—させる trøtte

たいぐん 大群(人の) en flokk/hop mennesker, skare (動物の) en stor hjord/flokk〔dyr〕

たいけい 体系 syste′m —的な systema′tisk, meto′disk, skjema′tisk —化する systematise′re, organise′re

たいけい 体刑 korpo′rlig straff

たいけい 隊形(編成) forme′ring

たいけつ 対決 konfrontasjo′n —する konfronte′re med, stå ansikt til ansikt med

たいけん 体験 erfa′ring, opplevelse —する erfa′re, oppleve —的な erfa′ringsmessig

たいこ 太鼓 tromme —を打つ slå på tromme, tromme, spille tromme —腹 tykk mage, trommemage

たいこ 太古 forhistorisk tid

たいこう 対抗 opposisjo′n, konfrontasjo′n —する oppone′re, motstå —策 mottrekk, motforanstaltning〔mot〕

だいこう 代行 stedfortreder, vikar —する tre i stedet for en annen

だいこん 大根 〈植〉reddik

たいざい 滞在 opphold —する opphhlde seg —地 oppholdssted —許可 oppholdstillatelse

だいざい 題材(絵画などの) moti′v (小説などの) materia′le

たいさく 対策 motforholdsregel, mottiltak

だいさん・の 第三の tredje —者 tredjemann —世界 den tredje verden (局外者) utenforstående

たいし 大使 ambassadø′r —館 ambassa\de (特使) spesiel′l sendebud/utsending/envoyé

たいし 大志 ambisjo′n, ærgjer′righet

たいじ 退治(征服) underleggning, undertvingelse (支配) overvinnelse (撲滅) utryddelse —する underlegge seg, undertvinge, utrydde

たいじ 胎児 foster

だいし 台紙(写真などの) underlagskarton (厚紙) papp

だいじ 大事(重大事) alvo′rlig hending (危機) krise

たいしょく

—な(大切な) verdifull, viktig —をとる behandle en alvo'rlig

だいしきょう 大司教 erkebis(ko)p

たいした 大した(多くの) mange, mye (重要な) bety'delig, viktig (非常な) overor'dentlig, ekstraordinær —事 ting av stor bety'dning, stor ting —事ではない det er ikke noen særlig

たいしつ 体質 konstitusjo'n, kroppsbygning —が弱い (noens) konstitusjo'n er svakelig/svekt

たいして 大して (ikke) mye, (ikke) særlig

たいして 対して →たいする(対する)

だいじゃ 大蛇 〈動〉 stor slange

たいしゃく 貸借 inn- og utlån, lejer og utlejer —対照(表) regnskap, statusoppgjør

たいしゅう 大衆 masse, folk, almin'nelige mennesker —向きの populæ'r —文学 populæ'r litteratu'r 一般— allmenheten, publikum

たいじゅう 体重 (legemes)vekt —を測る vege, veie —計 vekt

たいしょう 対称 symmetri' —的な symme'trisk

たいしょう 対照(比較) sammenligning, jamføring —する kontraste're, danne motsetning

たいしょう 対象 emne, objek't, gjenstand

たいしょう 大将(陸軍) genera'l (海軍) admira'l (首領) sjef, leder

たいしょう 隊商 karava'ne

だいしょう 代償 erstat'ning, vederlag (代用品) surroga't —する erstat'te, oppveie …の—として til vederlag for

たいじょうする 退場する levne lokalet, gå sin veg

だいじょうぶな 大丈夫な(安全な) sikker, uten risiko, trygg (確実な) sikker, bestem't

たいしょく 大食 forslu'kenhet, grådighet —の forslu'ken, grådig —する forslu'ke —家 slukhals

たいしょく 退職 avgang, fratredelse (年金生活への) pensjone'ring —金 engangsbeløp der utbetales ved pensjone'ring, fratredelsesløn —する fratre (定

年で) avgå

だいじん 大臣 minis'ter

たいじんかんけい 対人関係 perso'nlige forbin'delser/forhold, tilknytning

だいず 大豆〈植〉soyabønne

たいすう 対数〈数〉logarit'me

だいすう 代数〈数〉algebra —方程式 algebraisk likning

だいすきな 大好きな yndlings-, avholdt

たいする 対する(面する) vende mot (お客さんに) motta (対決させる) konfronte're, stille en ansikt til ansikt med (比較する) sammenligne〔med〕(反抗する) motsette seg, oppone're〔mot〕…に対して(…に関して) angående (対比して) i motsetning til (相対して) overfor

たいせい 体制 samfunnssystemet

たいせい 大勢(形勢) allmenn tilstand/stilling (趨勢)〔tids〕tenden's/tilbøy'elighet/retning

たいせいよう 大西洋 Atlanterhavet 北—条約機構 Det nordatlantiske forsvarsforbundet〔短〕NATO

たいせき 体積 kubik'kinnhold, volu'm (容積) romfang (容量) kapasite't

たいせき 堆積 opphoping, lagring —する opphopes, samles, akkumle're

たいせつ・な 大切な viktig, verdifull, bety'dningsfull (重要な) alvo'rlig, viktig —にする(尊重する) respekte're, verdsette (注意する) være forsik'tig/varsom/oppmer'ksom

たいせん 大戦 stor krig, verdenskrig 第一次世界— Første verdenskrig (1914〜1918) 第二次世界— Annen verdenskrig (1939〜1945)

たいせんする 対戦する kappes〔med〕, konkurre're

たいぜんとした 泰然とした rolig og fattet

たいそう 体操 gymnastik'k 器械— redskapsgymnastikk, redskapsøvelse —する gymnastise're, turne —教師/選手 gymnas't

たいそう 大層(非常に) overor'dentlig, ekstra-

ordinær（すばらしく）utmerket, fortref′felig —な数 et stort antal —な量 store mengder, masse
たいだ 怠惰 dovenskap, latskap —な doven, lat
だいたい 大体(全体的に) i det store og hele, stort sett (要点) hovedpunkt (草案・原案) utkast —の(一般の) allmenn (主要な) hovedsakelig —において (概して) i almin′nelighet, overhodet (およそ) omtren′t, nesten
だいだい 橙〈植〉pomeran′s
だいだい 代々 gjennom generasjo′ner
だいだいてき・な 大々的な praktfull, storslått —に i stor skala, stort anlagt, i stor stil (大規模) stor skala
だいたすう 大多数 majorite′t, flertal〔l〕
たいだん 対談 samtale, dialo′g (会話) konversasjo′n (会見) intervyu′ —する samtale〔med/om〕
だいたん 大胆 dristighet, freidighet —な dristig, vågsom, freidig, kjekk, modig (進取的な) foretaksom (厚顔な) frekk, uforskammet —に dristig, freidig, uten frykt
だいち 大地 mark, jord
だいち 台地(高原) høgslette, platå′ (高台) teras′se, høgd, bakke
たいちょう 隊長 kaptei′n, leder, befa′lingsmann
だいちょう 大腸〈医〉tjukktarm, tykktarm
たいてい 大抵(通常) i regelen, som regel, almin′nelig, i〔sin〕almin′nelighet, genera′lt, sedvanligvis (たぶん) formo′dentlig, sannsy′nligvis, kanskje (ほとんど) nesten —の allmenn, mest (多数の) flertal〔l〕et av, de fleste
だいていたく 大邸宅 herskapsbolig, herskapshus
たいど 態度 attity′de, holdning, stilling 気どった— positu′r (行儀) oppførsel, åtferd
たいとう 台頭 fremtreden, opptreden —する framtre, opptre
たいとう 対等 likestilling, jamning —の likestilt, jamn, jambyrdig, like —に likelig —で på like

vilkår/fot
だいとうりょう 大統領 presiden't
だいどころ 台所 kjøkken —用品 kjøkkentøy, husgeråd —のごみ kjøkkenavfall, skyller
だいなしにする 台無しにする spole're, ruine're, forø'de, ødelegge
ダイナマイト dynamit't
だいに 第二 annen, annet —に for det annet
ダイニングキッチン spisekjøkken
たいのう 滞納 uteblitt betaling, reste'rende skyld —する være i restanse, forsin'ke sin betaling —金 forsin'kelsesavgift
だいのう 大脳〈医〉storhjerne —の cerebra'l
たいはい 退廃(堕落) dekadanse, korrupsjo'n (衰退) forfall, undergang —する forfal'le, bli korrup't, svekkes
たいはする 大破する forø'de grundig, bli skadet alvo'rlig
たいばつ 体罰 legemesstraff, pryl —を加える tukte, straffe korpo'rlig
たいはん 大半 størstedelen
たいひ 対比 kontras't —する kontraste're
タイピスト maskinskriver, skrivemaskindame
たいひせん 待避線 sidespor
たいびょう 大病 alvo'rlig sjukdom —になる bli arvo'rlig sjuk
だいひょう 代表(事) representasjo'n (人) representan't, delege'rt —する represente're —的な typisk —団 delegasjo'n
だいぶ 大分 en heil del, det meste : mye, temmelig
たいふう 台風 tyfo'n, orka'n, virvelstorm
だいぶぶん 大部分 det meste, størstedelen, en stor del …の— en stor del av, flertal〔l〕et av —は for det meste
タイプライター skrivemaskin —を打つ skrive på maskin
たいへいよう 太平洋 Stillehavet

たいへん 大変(大いに) mye（まったく）helt（多くの）mange（大量の）mye（深刻な）alvo'rlig, vanskelig, svær（恐ろしい）forfer'delig（圧倒的な）overveldende

だいべん 大便 ekskremen'ter(pl.), avføring

たいほ 逮捕 arrestasjo'n, anholdelse —する arreste'- re, anholde（押収する）beslaglegge —者 arrestan't —状 arrestordre

たいほ 退歩 tilba'kegang

たいほう 大砲 kano'n, artilleri'

だいほん 台本 manuskrip't, dreiebok

たいま 大麻〈植〉hamp（麻薬）hasj, marihua'na

たいまつ 松明 fakkel —行進 fakkeltog

たいまん 怠慢 forsøm'melighet, sjuskeri —な forsøm'melig, etterlatende, sjusket[e]（不注意な）uaktsom, uforsiktig

タイム (時間) tid —をとる beregne tid —カード kontrol'lkort, stemplingskort

だいめいし 代名詞〈文法〉prono'men, stedord

たいめん 対面 møte, samtale

たいめん 体面(名誉) ære, heder（名声）godt rykte, anseelse（威厳）verdighet（体裁）utseende, stil —にかかわる det gjelder ens heder

タイヤ (自動車の)〔bil〕dekk

ダイヤ (列車の) tidsplan（トランプの）ruter（宝石の）diaman't

ダイヤル (電話の) nummerskive

たいよ 貸与 utlån, utleie —する låne ut

たいよう 太陽 sol —系 solsystem —の黒点 solplett

たいよう 大洋 osea'n —航路の havgående —航路の船 osea'ndamper

だいよう・する 代用する erstat'te, få erstat'ning for —品 erstatningsvare, substitut't, surroga't

たいらかな 平らかな(平面的な) flat, glatt（安らかな）fredelig

たいらげる 平らげる(平定する) ero'bre, besei're（飲食する）spise og drikke, innta et måltid

たいら・な 平らな(平滑な) jamn, glatt (水平な) horisonta'l, vassrett (偏平な) flat, jamn —にする gjøre flat〔ere〕(地面を) jevne med jorden

だいり 代理 representasjo'n, vika'r —人 representan't, stedfortreder, befullmektiget —の represen'tativ, befullmektiget —となる represente're, tre i stedet for en annen —店 agen't, forhan'dler

たいりく 大陸 kontinen't, fastland —の kontinenta'l —棚 kontinenta'lsokkel

だいりせき 大理石 marmor —像 marmorskulptur

たいりつ 対立 konfrontasjo'n, opposisjo'n, motstand —者 opponen't, motstander —する oppone're, konfronte're

たいりゃく 大略(概要) sammendrag, oversikt, sammenfatning (摘要) resumé, sammenfatning (おおよそ) omtrent, nesten, cirka

たいりゅう 対流 konveksjo'n

たいりょう 大量 store mengder, store kvantite'ter, masse —生産 masseproduksjon —生産する masseprodusere, serieprodusere (流れ作業によって) la på samleband

たいりょう 大漁 en god fangst

たいりょく 体力 fysisk styrke/kraft

タイル tegl, flise —を張る fliselegge —張りの fliselagt

たいわ 対話 samtale, konversasjo'n, dialo'g —する tale med, samtale med, konverse're

たいわん 台湾 Formosa —人 formosa'ner —の formosa'nsk

たうえ 田植 utplantning av risplanter, risdyrking

だえき 唾液 spytt —を吐く spytte

たえず 絶えず uavbrutt, uopphør'lig, konstan't, ustan'selig (いつも) alltid, heile tiden

たえま 絶え間 avbrytelse, pause, opphold

たえ・る 耐える(がまんする) utholde, bære, motstå (適する) passe, være passende for —られない uli'delig, uuthol'delig

たえる 絶える(死滅する) dø ut, utslettes, bli tilin\tetgjort (終わる) opphøre, avslutte (中断する) avbryte

だえん 楕円 ellip\se, ova′l —〔形〕の ellip′tisk, ova′l

たおす 倒す(転倒させる) velte 切り— felle (滅ぼす) tilin\tetgjøre, ødelegge

タオル håndkle —かけ håndklestang

たおれる 倒れる falle sammen, falle om kull, velte (病気などで) bli sjuk, segne (死ぬ) dø, avgå ved døden (滅びる) gå under, forgå′, forfal′le (破産する) bli ruine′rt, gå konku′rs

たか 鷹〈鳥〉 hauk (はやぶさ) falk

だが (しかし) men, imidlertid, likevel, men ikke desto mindre (一方では) på den annen side (同時に) samtidig

たか・い 高い(地位・家・山・温度など) høy, høg (背が) lang (値段が) dyr, kostbar (音声が) høylytt (かん高い) skarp —める høyne —まる stige

たがい 互い hinannen, gjensidig, begge/alle parter —に gjensidig —の gjensidig, felles

だかい 打開 utveg, gjennombrott

たかくてき・な 多角的な mangesidig, forskjelligartet —農業 varie′rt landbruk

たがくの 多額の et stort belø′p av

たかさ 高さ høgd …の—がある stå på høgd på

たかだい 高台 høyde〔drag〕, bakke, forhøyning

だがっき 打楽器〈楽〉 slaginstrument

たかとび 高飛び(逃亡) flykting, rømning (逃亡者) flyktning —する flykte, rømme

たかとび 高跳び høgdehopp 棒— stavsprang —選手 høgdehopper

たかね 高値 høg pris

たかぶる 高ぶる(いばる) prale, være stolt/overmodig (心が) bli løftet opp, bli hevet til

たか・まる 高まる stige, auke (気分が) bli opphøyet —める heve, løfte

たがやす 耕す pløye

たから 宝 skatt, noen verdifull, kleno'die (財宝) rikdom —くじ offentlig lotteri'

だから og derfor, så, fordi' (…のために) på grunn av, ettersom

たかんな 多感な følsom, fintfølende

たき 滝 foss, vassfall 大— katarak't 小— kaska\de

だきあう 抱き合う omfavne hinannen/hverandre

たきぎ 薪 ved

タキシード smoking

だきすべき 唾棄すべき forkas'telig

だきょう 妥協 kompromis's, enighet, overenskomst —する ingå et kompromis's —のない kompromis's-laus

たく 焚く(火を) tenne (炊く) koke 〔ris〕

たく 卓 bord

だく 抱く omfavne

たくえつした 卓越した overor'dentlig, utmerket, fortref'felig

たくさんの 沢山の(多量の) store mengder, masse-, mye (多数の) mange, flertal〔l〕s- (充分の/に) tilstrek'kelig (充分に) nok

タクシー drosje, taxi —運転手 drosjesjåfør —乗り場 drosjeholdeplass —メーター taksame'ter

たくじじょ 託児所 dagheim

たくち 宅地 byggeplass

たくましい 逞しい modig, kjekk, robus't

たくみ・な 巧みな dyktig, fiks, behen'dig —に dyktig, behen'dig —さ dyktighet, dugelighet

たくら・み 企み plan (悪計) komplot't, intrige, konspirasjo'n —む plane're (陰謀を) intrige're, konspire're

たくわえ 貯え(貯蔵) behol'dning, lager (在庫) forråd (貯金) oppsparing —る lagre, spare 〔opp〕

たけ 丈 lengd, høgd

たけ 竹 bambus —林 bambuskratt —やぶ bambuslund —細工 bambusarbeid —かご bambuskorg —馬 kjepphest

…だけ （…ばかり） kun, blot, bare, ene og alene できる— så mange/mye man kan/vil, alt hva man kan …すればする— jo 〔flere〕, jo 〔bedre〕 …—しか ikke mer enn

だげき 打撃（たたくこと） slag （精神的な） sjokk （損害） skade —を与える slå til: sjokke′re

だけつ 妥結 overenskomst, forlik —する komme overens, slutte forlik med

たこ 凧 drake —をあげる sende opp en drake 〔i lufta〕

たこ （皮膚などにできる） liktorn （まめ） vable

たこ 蛸〈魚〉 blekksprut

だこうする 蛇行する bukte seg, slynge seg

たこく 他国（外国） annet land —のfremmed, utalandsk

たさいな 多彩な broket〔e〕, mangefarga, fargerik

ださんてきな 打算的な bereg′nende, egois′tisk

たしか・な 確かな（確実な） sikker, trygg （疑いのない） utvi′lsom （確定的な） bestem′t, defin′itiv （正確な） riktig （時間に正確な） punktlig （信頼できる） påli′telig, tilforla′telig （安全な） sikker —に sikkert, bestem′t, riktig （疑いなく） utvi′lsomt （必ず） ufeilba′rlig, absolut′t

たしかめる 確かめる verifise′re, sjekke, forvis′se seg om

たしざん 足し算 addisjo′n, sammenlegging —する adde′re, legge sammen

たじつ 他日 en 〔vakker〕 dag, noen dag （近日中） om kort tid, en av dagene

だしぬけに 出し抜けに（突然） plutselig （思いがけずに） uventa （予告なしに） uten oppmerksomhet/advarsel

だしゃ 打者（野球などの） slåer

だしゅ 舵手 styrmann, rormann

たしょう 多少（数） noen （量） liten （金額） småbelø′p （多かれ少なかれ） mer eller mindre （かなり） temmelig, i stor grad, nokså

たしんきょう 多神教 polyteis′me
だしんする 打診する sonde′re, undersøke med sonde
たす 足す adde′re, plusse〔på〕（つけ加える）tilføye（補う）kompense′re（補正する）erstat′te
だす 出す 手などさし— strekke（手渡す・提出する）overlate, innlevere 取り— ta ut 送り— sende ut, sette ut（提示する）vise, framlegge（出品する）utstille, fremvise（ショーウィンドーに）stille ut, vise frem（声を）uttale, ytre（料理を）serve′re mat（…し始める）begyn′ne å
たすう 多数 stort antall, flertal〔l〕（過半数）majorite′t —決 flertalsavgjørelse —党 største parti′ —の mange, flertals-
たすか・る 助かる bli reddet/hjulpet —りました Det var vel nok godt
たすけ 助け hjelp, bistand（解放）befri′else（後援）støtte, understøttelse —る hjelpe, bistå（救助する）unnsette, redde（後援する）understøtte —合う hjelpes hveran′dre
たずさえる 携える medbringe, ta med〔seg〕
たずねる 訪ねる besøke, oppsøke（立ち寄る）avlegge〔et〕besøk hos en, ta inn〔hos〕
たずねる 尋ねる(捜索する) søke/le〔i〕te etter（求める）kreve, ønske, strebe/trakte etter（問う）spørre, få underretning om
だせい 惰性(物理の) inerti′ （たるんでいること）treghet, slapphet
たそがれ 黄昏 skumring, tusmørke, halvmørke
ただ 唯(単に) kun, ale〔i〕ne（普通の）vanlig, ordinæ′r, almin′nelig（無料の）fri（無料で）gratis
ただいの 多大の anse′lig, bety′delig, bemer′kelsesverdig
ただいま 只今(現在) nå, for tiden, for nærværende（すぐに）straks, med det samme, på øyeblikket（帰宅したとき）Hei, så er jeg her igjen
たたか・い 戦い(戦争) krig （戦闘・闘争）strid, kamp

(一騎打ち・決闘) duel′l —う kjempe, stri (戦争する) krige, føre krig

たたく 叩く(打つ) slå på, banke (太鼓などを) tromme (シロフォンなどを) spille 軽く—(拍手する) klappe 劇しく— dunke (ハンマーなどで) hamre (攻撃する) anfalle (酷評する) kritise′re (非難する) angripe, dadle

ただごと ただ事ではない 〔det〕 er ikke triviel′lt, 〔det〕 er noe særlig

ただし 但し men, imidlertid, dog, likevel —書き forbehold, vilkår

ただしい 正しい riktig, rett, korrek′t (公正な) rettfer′dig, rettmessig (正直な) opprik′tig, ærlig (真実の) sann, ekte (正確な) eksak′t, presi′s

ただす 正す rette, korrige′re (調整する) juste′re, avpassse (矯正する) reforme′re (修正する) revide′re

ただちに 直ちに øyeblik′kelig, straks, med det samme

たたみ 畳 tatami-matte —を敷く dekke med matte

たたむ 畳む 折り— folde, legge sammen (閉じる) lukke (畳んだものを広げる) folde ut/opp

ただよう 漂う svømme, flyte

たた・り forban′nelse —る forban′ne

ただれ・る 爛れる(傷が) bli øm —目 beten′te øyne

たち 太刀 langt sverd

たちあう 立ち合う være til stede

たちあがる 立ち上がる(起立する) reise seg, stå opp (奮起する) streve, beflit′te seg, skjerpe [seg]

たちいり 立ち入り adgang —禁止 adgang forbudt

たちおうじょうする 立ち往生する(立ち止まる) stanse, stoppe (当惑する) være forvir′ret/perplek′s

たちぎき 立ち聞き tyvlytting —する(偶然) høre tilfel′digvis (こっそり) lytte ved dørene

たちさる 立ち去る levne, etterlate seg

たちせき 立ち席 ståplass

たちどまる 立ち止まる stoppe, holde hvil, stanse

たちなおる 立ち直る　komme seg　（意識が）komme til bevis'sthet igjen　（相場などが）bli bedre

たちの・く 立ち退く（引っ越す）flytte　（撤退する）evakue're, rømme　（軍隊が）foreta et tilbaˈketog　（避難する）finne beskyt'telse mot, flykte　—き flykt, evakue'ring, rømning

たちば 立場（立脚地）posisjo'n, ståsted　（状態）situasjo'n, status　（見地）synspunkt, standpunkt　（態度）holdning, innstilling

たちはだかる 立ちはだかる（面と向かう）stille en ansikt til ansikt med　（ふさがる）være i veien

たちばな 橘〈植〉mandari'n

たちまち 忽ち　om et øyeblikk, plutselig, med ett　（急に）hastig　（すぐに）straks, umiddelbart

たちむかう 立ち向かう（直面する）stille en ansikt til ansikt med, konfronte're med　（反対する）motsette seg, oppone're mot　（戦う）kjempe, stri〔de〕

だちょう 駝鳥〈鳥〉struts

たちよる 立ち寄る（ちょっとのぞく）kikke〔innom/i〕, se opp til en　（訪問する）besøke, avlegge besøk hos

たつ 建つ（建てられる）bli bygd

たつ 経つ（時が）forlø'pe, li

たつ 裁つ（裁断する）skjære　（たたき切る）hogge, hugge

たつ 断つ（切断する）hogge av, skjære av　（遮断する）avsperre, lukke　（やめる）slutte, avstå fra

たつ 絶つ（関係を）avskjære forbindelsen〔med〕, bryte med　（たばこなど控える）avholde seg fra, avstå fra　（抹殺する）utslette, utrydde

たつ 立つ（起立する）reise seg, stå opp　（建立する）bygge, konstrue're　（設立する）stifte, opprette, innrette　（出発する）starte　（計画が）utforme, utarbeide　（とげが）stikke　（波が）bølg〔j〕ene går høgt　（さざなみが）kruse

だつい・する 脱衣する　kle av seg　—所 gardeloˈbe

たついの 達意の　forstå'elig, begri'pelig　（わかりや

すい) tydelig, klar
たっきゅう 卓球　bordtennis, ping-pong
だっこく・する 脱穀する　treske　—機 tresker, treskeverk
だっしめん 脱脂綿　absorberende〔sanitær〕bomull
たっしゃな 達者な(壮健な) sunn, ha en god helbred, sterk　(巧みな) dyktig, øvd
だっしゅつ 脱出　rømning, flyktning　—する rømme, flykte, unnslippe〔fra〕, sleppe bort
たつじん 達人　eksper′t, vetera′n
だっすいする 脱水する　dehydre′re　(乾かす) tørke　(排水する) drene, drene′re
たっする 達する(到達する)　nå〔fram〕(金額が) belø′pe seg til　(達成する) oppnå, oppfylle, fullbyrde
だっする 脱する(脱け出る)　sleppe bort, rømme, flykte　(除外する) lukke ut, eksklude′re
たっせい 達成　oppnåelse, erver′velse, fullbyrdelse　—する oppnå, erver′ve, fullbyrde
だつぜい 脱税　skattesvik, skattesnyteri
だっせん 脱線(列車の)　avsporing　—する avspore, spore av　話の— avvikelse 話が—する avvike fra
だっそう 脱走　rømning, flykt　(兵・船員などの) desersjo′n　—する deserte′re, rømme, flykte　—兵 desertø′r
たった kun, bare, ene　—今 nettopp nå, for øyeblikket
だったい 脱退　uttredelse　—する uttrede, lausrive seg
だって (だが) men, dog, likevel, skjønt　(やはり) stadig, også, som tidligere　(なぜなら) ettersom, fordi, derfor　(…でさえ) endog, til og med　(…もまた) likeledes
たづな 手綱　tøyle　—であやつる tøyle
たっぷり (充分) tilstrek′kelig, nok　(沢山) rikelig, frodig
たつまき 竜巻　torna′do
たて 縦(長さ) lengd〔e〕(高さ) høgd, høyde　—の loddrett, vertika′l

たて 楯 skjold
たてかえ 立て替え(前貸し) forskottsbetaling (代って払う) bestri'[de] til annen
たてかける 立て掛ける lene (もたれかかる) støtte seg, lene seg〔på〕
たてこう 縦坑 skaft
たてごと 竪琴 〈楽〉 lyre
たてじまの 縦縞の vertika'l stripet
たてまえ 建て前(棟上げ祝い) reisegilde (原則) grunnprinsipp
たてまし 建て増し tilbygning, annek's, utbygning —する tilbygge, utbygge
たてもの 建物 bygning, hus
たてる 建てる bygge, konstrue're, reise
たてる 立てる(起こす) reise/sette opp (旗などを) heve (計画などを) plane're, utforme, projekte're
だとうする 打倒する felle, styrte om (ひっくりかえす) velte, rulle over ende
だとうな 妥当な rimelig, beret'tiget, fornuf'tig, rettfer'dig
たとえ selv om, om også, forutsatt at, skjønt
たとえ 例え(隠喩) metafo'r (直喩) liknelse (寓話) allegori', fabel (ことわざ) ordspråk, talemåte
たとえ・ば 例えば for eksem'pel, såsom —る sammenlikne med, likne med, tale metafo'risk[t]
たどたどしい 辿々しい vaklende, stolprende
たどる 辿る følge 〔etter〕, spore
たな 棚 網— baga'sjenett, baga'sjehylle 書— reo'l (ぶどうなどの) hylle —上げする henlegge, utsette
たなおろし 棚卸し lageroppgjør
たに 谷〔間〕 dal —底 avgrunn, botn av en dal/kløft —川 flod i botnen av en dal
だに 〈虫〉 blodmidd
たにん 他人 annen menneske (未知の人) fremmed 赤の— person uten pårørende
たぬき 狸 〈動〉 grevling
たね 種(種子) frø (核種) kjerne —をまく sette frø,

frø seg （種畜）avlsdyr （血統）ætt, stamme （仕掛け）trikk, knep （トランプ・手品の）kunststykke （材料）〔rå〕materia′l〔e〕（原因）årsak, anle′dning （主題）tema, emne

たねうま 種馬 hingst

たの 他の annen, annet, andre

たのし・い 楽しい fornøy′elig, beha′gelig （面白い）morosam, morsom （陽気な）munter （こっけいな）komisk, spøkefull —み morskap, fornøy′else （趣味）hobby —む more seg〔godt〕, nyte〔godt〕, fornøy′e seg —ませる underholde, more, fornøy′e

たの・み 頼み（依頼）anmodning, ansøkning, forlan′gende —む anmode, ansøke, be〔de〕om, forlan′ge （委託する）betro′

たのもしい 頼もしい（頼みになる）påli′telig, troverdig, tilforla′telig （有望な）lovende, forhåpningsfull

たば 束 knippe, bunt （バナナ・ぶどうなどの房）klase （穀物の）nek —ねる knippe, bunte sammen

たばこ 煙草 tobak′k —の木 tobak′kplante 紙巻— sigaret′t 葉巻き— siga′r 刻み— skåret tobak′k —を吸う ryke —屋 tobak′kskiosk

たはた 田畑 mark

たび 旅 reise, tur, ferd （巡業）turné —に出る gjøre en reise —をする reise —人 reisende —の目的地 reisemål, destinasjo′n

たび 度 gang …する—に hver gang この— denne gang …の—に hver gang, når som helst

たびたび 度々 gang på gang,〔titt og〕ofte

だぶだぶの （服について）for store〔klær〕（ゆったりした）rommelig

ダブル dobbelt （ブリッジで）dobling —ベッド dobbeltseng

たぶん 多分（おそらく）kanskje, sannsy′nligvis, anta′kelig, formo′dentlig —の（多くの）mye, mange —に overmå′te, overor′dentlig

たべもの 食べ物 mat, matvare(pl.), kost （食事）måltid （食事する）innta et måltid （食欲）matlyst, appetit′t （料理する）lage mat （糧食）føde, provian′t （飼料）fôr

たべ・る 食べる spise, innta et måltid がつがつ―る proppe seg med mat （常食とする）leve på/av, ernæ′re seg av ―られる spiselig ―過ぎる forspi′se seg たらふく―る spise seg mett

たほう 他方 en annen side/retning, motsatt side/retning, på den anden side （相手）motpart

たぼうな 多忙な opptatt, travel, beskjef′tiget

だぼくしょう 打撲傷 kroppsskade, kvestelse （青いあざ）blått merke

たま 球 ball, globus ―を打つ slå til, ramme en ball （球根・玉ねぎ）løk （電球）〔lys〕pære （珠玉）edelstein, juve′l （弾丸）kule （小銃弾）geværkule （散弾）hagl

たまげる 魂消る bli skremte/forskrem′t, være blek av skrekk

たまご 卵 egg ―を産む legge egg, verpe〔egg〕 ―がかえる klekke ut, ruge ut ―形の eggformet, ova′l ―の黄味 eggeplomme ―の白味 eggekvite （魚介類の）rogn

たましい 魂 sjel, ånd ―を入れかえる omvende seg ―を奪う fortryl′le, fascine′re, bedå′re

だます 騙す（あざむく）bedra′, narre, svike （裏切る）svike, forrå′de （あばく）røpe, avsløre （密告する）angi

たまたま 偶々（偶然）tilfel′digvis, uventa ―の uforutsett

たまつき 玉突き biljard

だまって 黙って taust, uten å si noen, uten varsel

たまに 偶に leilighetsvis, nå og da, en gang imellom

たまねぎ 玉葱〈植〉løk

たまもの 賜物 gave, presan′g （天の賜）velsig′nelse

たまらない 堪らない（耐えられない）uuthol′delig, utå′lelig, uli′delig （押えきれない）kan ikke la være med å （渇望する）lengte etter, hige etter/mot

たまる 溜る（蓄積する）akkumule′re, opphope （宿

題・家賃などが) hope seg opp （物品が) samle seg, samles, lagres （お金が) bli〔stadig〕rikere （借金が) komme i stadig djupere gjeld

だま・る 黙る　bli tyst, tie　—っている tie stille　—って i taushet, taust　（こっそり) i smug　—らせる bringe til taushet　（無断で) uten lov/tilla′telse　（説明もなく) uten forkla′ring

ダム dam　—をつくる anlegge en dam

ため （理由・原因) grunn, årsak　（目的) formål　…の—に på grunn av/å, for å, med det formål å, for noens skyld

だめ 駄目！(間投詞)　Fy!

ためいき 溜息　sukk　—をつく sukke

ためし （先例) eksem′pel, forbilde　…した—がない ha aldri

ため・す 試す　forsø′ke, teste, prøve　—し forsøk〔på〕, prøve, eksperimen′t　（実験する) eksperimente′re

だめ・な 駄目な(役に立たない)　ubru′kelig, uanve′ndelig, unyttig　（望みのない) despera′t, fortvi′lt　（不可能な) umu′lig　—にする forder′ve　甘やかして—にする skjemme bort　計画などが—になる mislykkes, feile, klikke

…のために …の為に(利益) for ens skyld, til fordel for, på noens vegne　（目的) for å　（この目的で) med denne hensikt　（原因・理由) på grunn av, med det formål å　（結果) til følge av

ためら・う være i tvil, beten′ke seg, vakle　—わずに uten tvil, beslut′tsom　—い betenkning, ubeslut′tsomhet

ためる 溜める(貯蔵する)　forva′re, lagre　（貯蓄する) spare　（集める) samle　（寄付などを) innsamle　（蓄積する) samle sammen, opphope

たもつ 保つ(保持する)　opprettholde, vedli′keholde, beva′re　（支える) støtte　（経済的に支える) understøtte

たもと 袂　erme　（橋の) bruhode　—を分つ ta avskjed med, skilles

たやす 絶やす utslette, utrydde

たやす・い 容易い lett, enkel —く lett, enkelt, uten vanskelighet

たよう・な 多様な varie'rt, forskjellig —性 variasjo'n, forskjelligheter (pl.)

たより 便り(手紙) brev （新聞などでの）nyheter (pl.) （文通）korrespondanse （情報）informasjo'n —をする skrive et brev til en, korresponde're —がある få brev fra, høre fra

たよ・る 頼る avhenge av, motta hjelp fra, ty [til] —り(信頼) tillit, tiltro —りになる påli'telig, tilforla'telig

たら 鱈〈魚〉torsk —釣り torskefiske —こ torskerogn

たらい 盥 vaskebalje

だらく 堕落 degenerasjo'n, forfall —する degenere're, forfal'le, utarte —した degenere'rt, forfal'len （身を落す）søkke ned til （無思慮に生きる）leve lettsindig —させる føre på avveg, føre/lede i fristelse

…だらけ full av （ごみなどで）sølet[e]

だらしない sjusket[e], uordentlig （不注意な）skjødesløs, uaktsom （服装など）sjusket[e], slurvet[e]

たらす 垂らす(こぼす) spille, dryppe

たらふくたべる たらふく食べる spise seg mett

ダリア 〈植〉dahlie

たりょう 多量 store mengder, en heil del

たりる 足りる være nok/tilstrek'kelig

だりん 舵輪 hjul, ror

たる 樽 tønne （ワイン用）vinfat 小— anker

だる・い føle seg trøtt/sløv —そうな trøtt, sløv

たる・む 弛む(気分的に) bli dvask/ugid'delig, slappe av —ませる(ベルドなど) spenne av, løsne —んだ treg, ugid'delig, sløv

だれ 誰 —が/に/を hvem —の hvis —も alle sammen —もない ingen —でも hvem som helst, alle —

か en eller annen, noen
たれる 垂れる(ぶら下がる) henge med (滴が) dryppe
だろう være sannsy'nligvis, nok, visstnok (…かしら) mon (おそらく) kanskje, kanhende
たわみ 撓み bøy[n]ing
たわむれ 戯れ(遊戯) le[i]k, spill (冗談) spøk, skjemt (気まぐれ) nykke, lune (男女の) flørt, kurti'se —る leike, spille: spøke, skjemte (男女が) flørte
たわめる 撓める bøye
たわら 俵 taske av strå
たん 痰 slim —を吐く kaste opp slim —つぼ spyttebakk[e]
だん 段(階段) trapp (階段・はしごの) trinn (新聞の欄) kolum'ne, spalte (階級) klasse, rang, grad (文の段落) interpunksjo'n (句読点) skilletegn
だん 壇(台) podium, estra'de, plattform 演— talerstol, tribu'ne 教— plattform 祭— alter
だんあつ 弾圧 undertrykkelse —する undertrykke, tyrannise're —的な undertrykkende, tyngende, trykkende
たんい 単位(測定の) [måle]enhet (講義の) poeng
たんいつ 単一 enhet, enkelhet —の ene-, enkelt (個々の) individuel'l (均質の) homoge'n
たんか 単価 stykkpris 生産— produksjo'nsomkostninger pr. stykk
たんか 担架 sjukebåre
タンカー tankbåt, tankskip
だんかい 段階 stadium, fase (発展の) utviklingstrinn
だんがい 断崖 stup, skrent (険しい) steil, bratt
だんがい 弾劾 beskyl'dning, anklage —する beskyl'de, anklage, klandre
たんがん 嘆願 bønn, andragende, anmodning —する gjøre/holde bønn, andra [om], bønnfalle, påkalle —書 skriftlig ansøkning, bønnskrift
だんがん 弾丸 kule (小銃の) geværkule (砲弾)

grana't （発砲）skott, skudd
たんき 短気 utålmodighet —な utålmodig, brålynt （おこりっぽい）hissig, bråsint （おこっている）fornær'met （敏感な）ømfin'tlig —を起こす tape tålmodighet, gjøre ondt, bli hissig
たんき 短期 kort tid —間 kort perio\de —大学 2-årigt universitet/college
たんきゅう 探究(研究) forsk[n]ing, studium （追求）undersøkelse —する stude're, forske, undersøke
たんきょり 短距離 kort avstand/distanse —競走 kortdistanseløp, sprint
タンク （戦車）stridsvogn （油槽）oljetank （貯槽）beholder, reservoa'r
たんぐつ 短靴 sko
だんけつ 団結 solidarite't, enhet （協調）sammenhold （連合）sammenslutning —する solidarise're seg, fore'ne [seg med] —権 fore'ningsrett
たんけん 探検 ekspedisjo'n, oppdagelsesferd —する ta på oppdagelsesferd[er] i
だんげん 断言 erklæ'ring —する hevde, bedy're, erklæ're
たんご 単語 ord, glose （語い）ordforråd, ordliste
タンゴ 〈楽〉tango
たんこう 炭鉱 kolgruve
だんことした 断固とした bestem't, resolut't
ダンサー （男）danser （女）danserin\ne —達 de dansende
たんさん 炭酸 kolsyre —ガス karbo'ndioksid —水 sodavann
たんし 端子 koplingspunkt, termina'l
だんし 男子 gutt —の若者 knekt
だんじき 断食 faste —する faste
たんしゅく 短縮 nedsettelse, innskrenkning, avkorting —する nedsette, innskrenke, avkorte
たんじゅん 単純 simpelhet, naivite't, enkelhet —な simpel, naiv, enkel
たんしょ 短所(弱点) svakhet, svak side （欠点）feil

だんじょ 男女　mann og kvinne, begge kjønn, han- og hunkjønn　—平等 likestilling〔mellom kjønnene〕　—同権 likerett〔mellom kjønnene〕

たんじょう 誕生　fødsel　—日 fødselsdag　—地 fødested

だんしょう 談笑　beha′gelig samtale　—する føre en beha′gelig samtale

たんしょうとう 探照灯　lyskaster, søkelys

たんしん 短針(時計の)　timeviser

たんしんの 単身の　ensom, uten fami′lie

たんす 箪笥　skap, kommo′de, dragkiste

ダンス dans　—をする danse　—ホール dansesal, ballsal　—パーティ dansemoro, ball

たんすい 淡水　ferskvann　—魚 ferskvannsfisk

だんすい 断水　avsettelse av vannforsyning

たんすう 単数〈文法〉ental(l)

だんせい 男性　mann, hankjønn〈文法〉maskulinum　—の mannlig　—的な mandig　(女性で男っぽい) mannhaftig

たんせき 胆石〈病〉gallestein

たんせん 単線(鉄道の)　enkeltspor

だんぜん 断然(明確に)　avgjort, ubestri′delig, bestem′t

たんそ 炭素　kolstof　含水—(炭水化物) kolhydrat

たんそく 嘆息　sukk　—する sukke

だんぞく・する 断続する　vise seg med mellomrom　—的な som viser med mellomrom, perio′disk tilba′kevendende　(不規則な) uregelmessig

だんたい 団体　selskap, gruppe av mennesker　(組織) organisasjo′n　—旅行 gruppereise, selskapsreise　—交渉 kollektiv forhan′dling　—競技 lagspill

だんだん 段々(次第に)　gradvis, litt etter litt, skritt for skritt　(ますます多く) mer og mer　(ますます少なく) mindre og mindre

だんち 団地　boligkompleks

たんちょう 単調　ensformighet, monotoni′　—な ensformig, monoto′n, innholdsløs　(退屈) kjedsomhet,

kjedelighet (退屈な) kjedsom′melig, kjedelig
たんてい 探偵(人) detektiv, oppdager (せんさく好きの人) snushane (事) etterforskning, avsløring ―小説 detektivroman, krimina′lroman
だんてい 断定 fastsettelse, bestem′melse ―する fastsette, bestem′me (結論) avslutning, konklusjo′n
たんとう 担当 ansvar ―する være ansva′rlig for, ta seg av ―者 ansva′rhavende ―当局 vedkommende myndighet
たんとう 短刀 dolk, daggert, kort sverd
たんどく 単独 uavhengighet, selvstendighet ―の uavhengig, separa′t, solo-, enlig ―で ale\ne, selvstendig, uten hjelp
たんに 単に kun, blot, bare
たんにん 担任 oppdrag, oppgave ―する påta seg 〔å〕―の先生 klasslærer
だんねん 断念 avkall, frasigelse ―する gi opp, gi avkall, frasi seg ―させる frarå〔de〕
たんのう・な 堪能な dyktig, behen′dig ―する være full tilfred′s med, tilfred′sstille med
たんぱ 短波 kortbølg〔j〕e ―放送 kortbølgesending
たんぱくしつ 蛋白質 protein, eggekvitestoff (卵白) eggekvite
たんぱくな 淡白な åpen (素直な) opprik′tig (無関心な) likeglad, likegyldig (率直に) uten omsvøp, åpenhjertig
だんぱん 談判 forhan′dling (私的な・秘密の) underhåndsforhandling ―する forhan′dle (協定を結ぶ) avtale
ダンピング (商売で) dumping ―する dumpe, selge til dumpingpriser
ダンプカー tippvogn, lastebil med tipp
たんぺん 短編〔小説〕 novel\le ―小説家 novelli′st
だんぺん 断片 stykke, fragmen′t (パンなどのかけら) bit (小銭) skjerv ―的な fragmen′tarisk
たんぼ 田圃 rismark
たんぽ 担保 pant, sikkehet, kausjo′n ―に入れる

だんぼう 暖房 oppvarming, varme ―をつける tenne for varmen ―している varmen er tent ―設備 oppvarmingsapparat ―装置 oppvarmingssystem

たんぽぽ 蒲公英 〈植〉løvetann

たんめい 短命 kort liv ―の kortvarig, flyktig

だんめん 断面 tverrsnitt, seksjo'n ―積 tverrsnittsareal

たんもの 反物 tøy, teksti'l

だんやく 弾薬 ammunisjo'n

だんらく 段落（文章の）slutning av avsnitt （句読点）interpunksjo'n, skilletegn （物事の）trinn, skritt

だんりゅう 暖流 varmstrøm

だんりょく 弾力・弾性 elastisite't （融通性）fleksibilite't, bøyelighet ―のある elas'tisk, bøyelig

たんれん 鍛錬（心身の）disipli'n, trening （金属の）smedning, herding ―する（心身を）disipline're, trene, øve （金属を）smede, herd[n]e

だんろ 暖炉 kami'n （壁炉）ildsted

だんわ 談話 samtale, snakk, konversasjo'n ―する samtale [med], snakke, konverse're ―室 salon'g, selskapslokale

ち

ち 血 blod ―が出る blø[de] ―の/染めの blodig ―走った blodskutt ―の気の多い hissig, oppfarende ―の気のない bleik, askegrå, fargeløs ―に飢えた blodtørstig

ち 地（土地）jord, mark 陸― land ―形（地勢）terren'g, topografi'

ちあん 治安 offentlig ro og orden

ちい 地位 rang, posisjo'n, status

ちいき 地域 regio'n, område （地区）distrik't ―的な loka'l, regiona'l ―差 regiona'l avvikelse, loka'l

forskjell
ちいさい 小さい(形が) liten (微細な) mikrosko′pisk (ささいな) uvesentlig, bagatel′lmessig, ubety′delig (幼い) barnslig, infanti′l, pueri′l
チーズ ost
チーム lag, gruppe, hold —メイト lagkamerat —プレー lagspill
ちえ 知恵(理知) intelligen′s, forstan′d (賢明) klokskap, skarpsindighet (機知) vidd —のある intelligen′t, forstan′dig, klok, kvikk
チェス (西洋将棋) sjakk —をする spille sjakk —の駒 sjakkbrikke —盤 sjakkbrett
チェック・する kontrolle′re, sjekke —イン(ホテルなどの) innsjekking —アウト utsjekking —模様の ternet〔e〕 (ひし形模様の) rutet〔e〕
チェロ 〈楽〉 cello —奏者 cellis′t
ちえん 遅延 forsin′kelse, forha′ling —する forsin′ke, forha′le
ちか 地下 under jordens overflade, undergrunn —2階 2 eta′sje under jorden —鉄 undergrunn —道 fotgjengertunnel —室 underetasje, kjeller —水 grunnvatn —運動 undergrunnsbevegelse
ちか・い 近い(時間的に) snart, nær (距離が) nær (関係が) nær, tett (ほとんど) nesten —く nær, tett (近傍) nærhet, nabolag —ごろ nylig, i det siste —道 gjenveg, snarvei
ちか・い 誓い ed —う avlegge ed, sverge (約束する) love (保証する) forsik′re
ちが・い 違い (相違) forskjell, ulikhet (間違い) feiltagelse —う(相違する) være forskjellig/uenig/ annleis (間違えた) feilaktig, usann, uriktig, falsk
ちかく 地殻 jordskorpe
ちかく 知覚 (認識) fornem′melse, sansning, persepsjo′n (意識) bevis′sthet —する fornem′me, sanse, oppfatte
ちかけい 地下茎 underjordisk stilk
ちかごろ 近頃(近来) nylig, i det siste —の seinere

(近代の) mode′rne, nåtidig
ちかづき 近付き å gjøre bekjen′tskap ―になる gjøre/stifte bekjen′tskap med ―にくい utilgjengelig, umedgjørlig ―やすい tilgjen′gelig, medgjø′rlig
ちかづく 近付く(場所・時間が) nærme seg (親しくなる) gjøre seg fortro′lig med, bli〔gode〕venner med
ちかしつ・ちかてつ →ちか(地下)
ちかみち →ちかい(近い)
ちから 力(体力) fysisk kraft/styrke (物の) kraft, styrke (能力) evne (才能) bega′velse, talen′t ―強い mektig (影響力のある) innflytelsesrik ―持ち kraftkar
ちきゅう 地球 jord, jordkloden ―物理学 geofysik′k ―儀〔jord〕globus, terres′trisk jord
ちぎ・る 契る(誓う) avlegge ed, sverge (約束する) love (保証する) forsik′re ―り forsik′ring, løfte (友誼) vennskap
チキン (料理に使う) kylling ―カレー høns i karri〔med ris〕
ちく 地区 distrik′t (地域) regio′n, område
ちくおんき 蓄音機 grammofo′n
ちくごやく 逐語訳 ordrett/boksta′velig oversettelse
ちくしょう 畜生(動物) dyr (家畜) krøtter ―のような bestia′lsk, dyrisk (ののしり) fan〔den〕, djevel, pokker
ちくせき 蓄積 innsamling, oppsamling, opphoping ―する samle sammen, innsamle, opphope, akkumle′re
ちくちく・する bli stikkende ―刺す stikke
ちくでんき 蓄電器 kondensa′tor
ちくでんち 蓄電池 akkumula′tor
チケット billet′t ―売り場/窓口 billet′tluke
ちこく 遅刻 forsin′kelse ―する komme se〔i〕nt
ちじ 知事 fylkesmann

- **ちしき** 知識 kunnskap, viten （情報）informasjo'n ―人 de intellektuel'le (pl.), dannet person ―階級/層 det dannede selskap
- **ちしつ** 地質 geolo'gisk egenskap, jordens beskaf'fenhet ―学 geologi'
- **ちしゃ** 知者 vis/klok mann
- **ちじょう** 地上 jordens overflate 農業などの―権 jordbruksrett
- **ちじょく** 恥辱 skam, vanære, skanda'le （侮辱）fornær'melse, inju'rie, krenkelse ―を与える gjøre skam på, vanære
- **ちじん** 知人 bekjen't
- **ちず** 地図 kart ―書 atlas （海図）sjøkart
- **ちすじ** 血筋 （家系）slektskapslinje, stamme, ætt （血族）kjødelig slektning
- **ちせい** 知性 intelligen's, forstan'd
- **ちそう** 地層 geolo'gisk lag
- **ちたい** 地帯 sone, område, regio'n
- **ちち** 父〔親〕 far, fader ―らしい faderlig ―方の på fedrene side
- **ちち** 乳 mjølk, melk, ―を飲ませる amme, die, gi die （乳房）bryst,〔口〕patte （牛・山羊などの）jur （乳首）brystvorte （動物の）patte （おしゃぶり）sutt
- **ちぢ・む** 縮む krympe〔seg〕, trekke seg sammen （短くなる）bli kortere （紙・布にしわがよる）krølle seg ―める（短縮する）avkorte, forkor'te （縮小する）innskrenke, nedsette （省略する）forkor'te, utelate （衣服などを）gjøre mindre, forkor'te
- **ちちゅうかい** 地中海 Middelhavet
- **ちぢれる** 縮れる （髪が）bli lokket〔e〕, kruse seg （紙などしわになる）krølle〔seg〕（しわを寄せる）rynke
- **ちつ** 膣 skjede, vagina
- **ちつじょ** 秩序 orden （規律）disipli'n, orden （体系）syste'm ―のある ordentlig, ordinæ'r
- **ちっそ** 窒素 nitroge'n, kvelstoff
- **ちっそく** 窒息 kvelning ―する kveles〔av〕, bli kvalt

チップ (心づけ) tips, drikkepenger(pl.) (報酬) beløn'ning (野球の) lett slag
ちてきな 知的な intellektue'l, forstan'dig, fornuf'tig, klok
ちてん 地点 punkt, plass, sted
ちどうせつ 地動説(太陽中心説) heliosen'trisk teori'
ちのう 知能 intellek't, intelligen's, forstan'd —検査 intelligen'sprøve —指数 intelligen'skvotient
ちぶさ 乳房(婦人の) bryst, 〔口〕patte (牛・やぎなどの) jur
チフス 〈病〉 tyfus
ちへいせん 地平線 horison't
ちほう 地方 område, regio'n, provin's (いなか) land, provin'sen —自治体 kommu'ne, lokal/autono'm organisasjo'n —公務員 kommu'neansatte —裁判所 underrett, byrett
ちみ 地味 fruktbarhet av jord —の肥えた fruktbar
ちみつ 緻密 nøyak'tighet, presisjo'n —な nøyak'tig, presi's (正確な) eksak't, nøyak'tig (詳細な) detalje'rt, utfø'rlig
ちめい 地名 stednavn
ちめい・てきな 致命的な fata'l, dødelig —傷 dødelig sår
ちゃ 茶(木) tebusk (飲料) te —を入れる tilberede te, skjenke te —の湯 teseremoni' —色 brun
ちゃかす 茶化す spøke med, gjøre narr av en
ちゃくがんする 着眼する legge merke til, feste oppmer'ksomheten på, ta hensyn til
ちゃくじつ・な 着実な stabi'l, soli'd, stadig, fast (頼りになる) påli'telig (忠実な) trufast (信頼できる) troende (健全な) sunn —に stadig, stabi'lt
ちゃくしゅする 着手する sette i gang, starte
ちゃくせきする 着席する sette seg 〔ned〕, sitte ned, ta plass
ちゃくだんきょり 着弾距離 skuddvidde
ちゃくちゃくと 着々と skritt for skritt, stadig
ちゃくようする 着用する bære, iføre seg, ikle 〔seg〕

ちゃくりく 着陸 landing —する lande 不時— nødlanding 胴体— magelanding
ちゃさじ 茶匙 teskei —一杯 teskeifull
ちゃしつ 茶室 terom〔til teseremoniʼ〕
ちゃのま 茶の間 dagligstue
ちゃぶだい ちゃぶ台〔låg〕spisebord
ちゃ・や 茶屋(茶商) tehandler —店 tehus (料理屋)〔japansk〕restaurant
ちゃわん 茶碗 tekrus〔uten hank〕, risskål
チャンス sjanse, tilfelle, leilighet 絶好の— god sjanse, gunstig leilighet
ちゆ 治癒 helbreʼdelse —する(病気が治る) komme seg, bli frisk/sunn (病気を治す) legeʼ, helbreʼde, kureʼre
ちゅう 注 anmerkning, kommentaʼr
…ちゅう …中(…の間) under 進行— i løpet av (…のうちで) blant, mellom
ちゅうい 注意(注目) oppmerʼksomhet, forsikʼtighet (用心) påpasʼselighet, varsomhet, åtvaring —する være oppmerʼksom/forsikʼtig/påpasʼselig —深い oppmerʼksom, forsikʼtig —を引く vekke oppmerʼksomhet
チューインガム tyggegummi
ちゅうおう 中央 sentrum, midt —の sentraʼl
ちゅうがえり 宙返り saltomartaˈle, rulle (飛行機の) loop —する gjøre saltomartaˈle (飛行機が) loope
ちゅうかく 中核 kjerne
ちゅうがくせい 中学生 ungdomsskoleelev
ちゅうがっこう 中学校 ungdomsskole
ちゅうかりょうり 中華料理 kineʼsisk mat〔kunst〕
ちゅうかん 中間 midt, 〔i〕mellom (場所的な) mellomrom (期間的な) mellomtid —の mellomliggende (中位の) middelmåtig (途中で) på halvveis
ちゅうぎ 忠義 lojaliteʼt, trofasthet —な lojaʼl, trofast
ちゅうきんとう 中近東 Midtøsten —諸国 de

midtøstlige stater
ちゅうくらいの 中位の(能力的に) middelmåtig （まあまあの）modera′t （適当な）passende （平均的な）gjennomsnittlig, middel-
ちゅうけい 中継 relé —局 reléstasjo′n
ちゅうこく 忠告 〔godt〕 råd, veiledning （訓戒）forma′ning （叱責）tilrettevisning —する rå〔de〕, veilede, tilrå〔de〕
ちゅうごく 中国 Kina —人(男) kine′ser （女）kineserin′ne —の kine′sisk —語 kine′sisk språk
ちゅうこ・の 中古の brukt （本の）antikva′risk 〔bok〕（使用ずみの）avlagt —車 bruktbil
ちゅうさい 仲裁 mekling, mellomkomst （裁判所などによる）voldgift, voldgiftskjennelse —する mekle, forli′ke —人 mekler （調停委員）forli′ksnemnd
ちゅうざいしょ 駐在所 politi′ets avdelingskontor
ちゅうさんかいきゅう 中産階級 middelklasse
ちゅうし 中止 avbrytelse, avbrott, stopp —する avbryte, stoppe
ちゅうじえん 中耳炎 〈病〉 ørebetennelse
ちゅうじつ 忠実 trufasthet, ærlighet —な trufast, ærlig
ちゅうしゃ 注射 innsprøyt〔n〕ing —する innsprøyte —器 sprøyte
ちゅうしゃ 駐車 parke′ring 〔av bil〕 —する parke′re —場 parke′ringsplass —禁止 parke′ringsforbud —違反 feilparke′ring
ちゅうしゃく 注釈 anmerkning
ちゅうしょう 中小 små til mellomstore —企業 små og mellomstore virksomheter/bedrif′ter
ちゅうしょう 中傷 baktalese, bakvaskelse: sladder —する baktale, bakvaske: sladre —者 baktaler, sladrekjerring
ちゅうしょう 抽象 abstraksjo′n —的な abstrak′t —画 abstrak′t maleri′ —名詞 abstrak′t
ちゅうしょく 昼食 (正餐) middag〔smat〕, middagsmåltid （弁当などの軽食）lunsj

ちゅうしん 中心 midtpunkt, sentrum (中核) kjerne ―線 midtlinje 円の― sirkels sentrum ―人物 leder, anfører

ちゅうすいえん 虫垂炎 〈病〉 blindtarmsbetennelse

ちゅうせい 忠誠 lojaliteʹt, troskap

ちゅうせい 中世 middelalder

ちゅうせい 中性 〈文法〉 intetkjønn, nøytrum

ちゅうぜつ 中絶 aborʹt (犯罪的な) fosterfordrivelse ―する aborteʹre, få foretatt aborʹt

ちゅうせん 抽せん lotteriʹ ―する trekke lotteriʹet ―で当る vinne i lotteriʹet ―券 lotteriʹseddel

ちゅうぞうする 鋳造する stø〔y〕pe (硬貨を) mynte, prege

ちゅうだん 中断 avbrytelse, opphold, avbrudd ―する avbryte ―される bli avbrutt

ちゅうてつ 鋳鉄 støypejern (鋳鋼) støypestål

ちゅうどく 中毒 forgiftʹning ―する forgifʹtes, bli forgifʹtet

ちゅうとで 中途で halvveg〔e〕s, halvveis

ちゅうとはんぱな 中途半端な som befinner seg midtveis

ちゅうにゅう 注入 injeksjoʹn

ちゅうねんの 中年の middelaldrende

ちゅうぶ 中部 sentraʹldelen ―地方 sentraʹlt distrikʹt

チューブ (歯みがきなどの) tube (ガス管などの) rør (自転車・ホースなどの) slange

ちゅうぶるの 中古の brukt ―車 bruktbil, bruktvogn (古本を買う) kjøpe antikvaʹrisk bok

ちゅうもく 注目 oppmerʹksomhet ―する bemerʹke ―すべき bemerʹkelsesverdig, merkelig

ちゅうもん 注文 (誂え) bestilʹling, ordre ―する bestilʹle (要求) begjæʹring, anmodning, krav (要求する) begjæʹre, anmode, gjøre krav på (願望) ønske, attrå (願望する) ønske, attrå ―を受ける oppta bestilʹlinger

ちゅうや 昼夜 dag og natt, døgn ―兼行で働く arbeide døgnet rundt

ちゅうよう 中庸 (適度) måtehold, moderasjo′n —の徳 den gylne middelvei —を得た måtelig, passelig

ちゅうりつ 中立 nøytralite′t, upartiskhet —の nøytra′l, upartisk

チューリッヒ Zürich

チューリップ 〈植〉 tulipa′n

ちゅうりゅうかいきゅう 中流階級 middelklasse

ちゅうわ 中和 nøytralise′ring —する nøytralise′re

ちょう 兆(兆候) sympto′m, tegn, varsel (数の) billio′n (米では 10^{12})

ちょう 長(首長) høvding, sjef, leder (長所) merit′t, ens sterke side

ちょう 腸 tarm (内臓) innvoller(pl.) 大— tykktarm 小— tynntarm 直— endetarm 盲— blindtarm

ちょう 蝶〔々〕 sommerfugl (蛾) nattsvermer, møll, nattsommerfugl

ちょういん 調印 signatu′r, underskrift —する signe′re, underskrive —国 signata′rmakt

ちょうえき 懲役 straffarbeid, fengselsstraff —に服する komme i fengsel —・兵役などを務めあげる ha uttjent

ちょうおん・ぱ 超音波 overlydbølge —速の superso′nisk

ちょうか 超過 overskott, overmål (重量の) overvekt —する bli over, overskride —額(余剰額) overskott —の overskytende —勤務 overtid〔sarbeid〕

ちょうかく 聴覚 hørsel, høreevne

ちょうかん 朝刊 morgenavis, morgenblad

ちょうかん 長官 sekretæ′r

ちょうかんず 鳥瞰図 fugleperspektiv

ちょうき・の 長期の langtid- (ローンなど) langfristet —療養 langtidsmedisinsk behan′dling —計画 langtidsplan

ちょうきょりの 長距離の langdistanse-

ちょうけし 帳消し stryking 〔av rekneskap〕, sletning

ちょうこう 兆候(病気の) sympto'm (一般の) tegn, varsel (暗示) antydning, hint

ちょうこう 聴講 nærværelse av en forelesning ―生 tilhører

ちょうこく 彫刻 skulptu'r, billedhoggerkunst ―する skulpte're, lage en skulptu'r av ―家 skulptø'r, billedhogger (影像) statue (小像) statuet't (胴体の) torso

ちょうさ 調査 undersøkelse (踏査) utforsk(n)ing ―団 undersøkelseskommisjon ―報告 undersøkelsesrapport

ちょうし 調子(音色) tone (旋律) melodi' (音のピッチ) tonehøyde (リズム) rytme (体などの状態) tilstand, kondisjo'n ―のよい harmo'nisk, rytmisk (体の) frisk

ちょうじかん 長時間 lang tid

ちょうしゅ 聴取 lyttning, hørsel ―する lytte [etter/på/til], høre

ちょうしゅう 徴収 oppebørsel, innkassering ―する oppebære, innkassere (徴税する) beskat'te

ちょうしゅう 聴衆 tilhører, audito'rium

ちょうしょ 長所 [noens] sterke side, styrke, merit't

ちょうじょ 長女 eldste datter

ちょうしょう 嘲笑 hånlatter, hånlig smil ―する hånle, håne, forak'te ―的な hånlig, forak'telig

ちょうじょう 頂上(山などの) topp (頂点) høgdepunkt (天頂) senit

ちょうしょく 朝食 frokost, morgenmat

ちょうしん 長針(時計の) minut'tviser

ちょうじん 超人 supermann

ちょうしんき 聴診器 stetosko'p

ちょうぜい 徴税 skatteoppkrevning ―する oppebære skatte, beskat'te

ちょうせいする 調整する juste're, avpasse, ordne (楽器を) stemme

ちょうせつ 調節 regule'ring, juste'ring ―する regule're, juste're ―できる innstillbar, juste'rbar,

regule′rbar
ちょうせん 朝鮮 Korea —人 korea′ner —の/語 korea′nsk
ちょうせん 挑戦 utfordring, utesking —する utfordre, uteske
ちょうぞう 彫像 statue (小像) statuet′t
ちょうたつ 調達 forsy′ning (供給) tilførsel, leveranse, utbud —する forsy′ne, skaffe til veie
ちょうたんぱ 超短波 ultrakortbølg〔j〕e
ちょうちょう 蝶々 sommerfugl (蛾)→ちょう(蝶)
ちょうちょう 町長 borgermester for mindre by
ちょうちん 提灯 papirslykt —(たいまつ)行列 fakkeltog
ちょうつがい 蝶番 hengsel
ちょうてい 調停 mekling, mellomkomst —する mekle, megle —者 mekler, mellommann
ちょうてん 頂点 høgdepunkt, topp, klimaks
ちょうでん 弔電 kondolansetelegram
ちょうど 丁度 nettopp, akkura′t, presi′s, just
ちょうない 町内 by, gater, kvarter
ちょうなん 長男 eldste sønn
ちょうにん 町人 (江戸時代の) handelsmenn(pl.), handverkere(pl.)
ちょうば 帳場(店・ホテルなどの) kasse (事務所) kontor
ちょうはつ 挑発 provokasjo′n, tilskyndelse —する provoke′re, tilskynde —的な provokato′risk, utfordrende, uteskende —者 provokatø′r, fredsforstyrrer
ちょうばつ 懲罰 avstraffelse, straff —する avstraffe, straffe, iret′tesette
ちょうふく 重複 (繰り返し) gjentakelse (二重) fordobling (余計) overflødighet —する gjenta, fordoble
ちょうへい 徴兵 utskriving, verneplikt —する utskrive, innkalle〔til militæ′rtjeneste〕—制度 vernepliktsystem —を忌避する unndra seg sin verneplikt
ちょうへんしょうせつ 長編小説 roma′n

ちょうぼ 帳簿 regnskap〔sbok〕 —に記入する bokføre —をつける føre regnskap

ちょうぼう 眺望 (見晴らし) utsikt, utsyn, synsvidde

ちょうほうけい 長方形 rektan'gel —の rektangulæ'r, avlang

ちょうほう・な 重宝な bekvem', brukbar, nyttig, praktisk —がる finne en sak bekvem'

ちょうみ・する 調味する smake (薬味をきかす) krydre —料 smakstilsetning (薬味) krydder〔i'〕

ちょうみん 町民 innbygger

ちょうめい 長命 langt liv

ちょうめん 帳面(帳簿) regneskap〔sbok〕 (雑記帳) skrivebok, opptegnelse

ちょうやく 跳躍 hopp —する sprette, hoppe

ちょうり 調理 matlaging (料理法) kokekunst —する lage mat —人(男) kokk —(女) kokkejente —台 kjøkkenbord —場 kjøkken

ちょうりゅう 潮流(海流) tidevann, ebbe og flod (風潮) tenden's, trend

ちょうりょく 張力 spenning

ちょうりょく 聴力 hørsel, høreevne

ちょうろう 長老 senior, de eldre (教会の) de eldste

ちょうろう 嘲弄 hånlatter —する latterliggjøre, håne —的な hånlig

ちょうわ 調和 harmoni', samklang —する harmone're (音楽的に) harmonise're

チョーク kritt

ちょきん 貯金(すること) sparing, bespa'relse (お金) sparepenger(pl.) —する spare opp/sammen (預金する) innsette〔penger〕 —箱 sparebøsse (豚の形の) sparegris —通帳 bankbok

ちょくご 直後 (時間的に)〔øyeblikket〕like etter (場所的に)〔stedet〕like bakved

ちょくせつの 直接の/に direkte, likefram (私的な/に) perso'nlig

ちょくせん 直線 rett linje —の rett, rettlinjet

ちょくちょう 直腸 〈医〉endetarm

ちょくつう・の 直通の gjennomgående —列車 gjennomgående tog

ちょくばい 直売 direkte salg —店 direkte salgsbutikk

ちょくめんする 直面する stille en ansikt til ansikt med, konferte're med

ちょくやく 直訳 ordrett oversettelse

ちょくゆ 直喩 liknelse

ちょくりつの 直立の loddrett, oppretts (人の) oppreist

ちょくりゅう 直流 (電気の) likestrøm

チョコレート sjokola'de

ちょさく 著作(著述) forfat'terskap —活動 skriben't-virksomhet (著書) skrift, bok —権 opphavsrett

ちょしゃ 著者 forfat'ter, skriben't

ちょじゅつ 著述 →ちょさく(著作)

ちょしょ 著書 〔litterært〕 verk, skrift, bok

ちょすいち 貯水池 vannbasseng

ちょぞう 貯蔵 lager, lagring —する lagre, magasine're —室 lagerplass —庫 lagerhus, magasi'n

ちょちく 貯蓄(お金の) bespa'relse, sparepenger (pl.) —する spare penger, spare opp/sammen —銀行 sparbank

ちょっかく 直角 rett vinkel —の rettvinkla —三角形 rettvinkla trekant/trian'gel

ちょっかん 直観 intuisjo'n —的な intu'itiv —する oppfatte intu'itivt/umiddelbart

チョッキ vest

ちょっけい 直径 diameter, tverrmål

ちょっと (呼びかけ) Hallo' (少し・わずか) liten, en smule (しばらく) en liten stund, et øyeblikk (かなり) temmelig

ちょめい・な 著名な berøm't, velkjent —になる bli berøm't/velkjent

ちらか・す 散らかす(物を) bringe i uorden, rote til —る komme i uorden

ちらし 散らし(ビラ) brosjy're, flygeblad

ちらす 散らす(まき散らす) spreie (ふりまく) utbre (ふりかける) strø, pudre
ちり 塵(ほこり) støv (ごみ) avfall (屑) skrap
ちり 地理 geografi′ —〔学〕の geogra′fisk
チリ Chile —人 chile′ner —の chile′nsk —硝石 chilesalpeter
ちりがみ 塵紙 toalet′tpapir, renseserviet′t
ちりぢりになる 散り散りになる (バラバラになる) spreies, fordele seg, separe′re
ちりめん 縮緬〔silke〕krepp —じわ fine rynke/fold
ちりょう 治療 medisi′nsk/lege behan′dling —する kure′re, helbre′de (看護する) pleie —法 behan′dlingsmåte, legemiddel
ちる 散る (枯葉などが) falle (散らばる) spredes, bli strødd 気が— bli distrahe′rt
ちんあげ 賃上げ lønnsforhøyelse
ちんあつする 鎮圧する nedslå, undertrykke, underkue
ちんがし 賃貸し utleie —する leie ut
ちんかする 鎮火する slukkes, gå ut
ちんかする 沈下する synke
ちんぎん 賃金 lønn (給料) gasje, 〔års〕lønn —労働者 lønnsarbeider, lønnsmottaker —をあげる øke lønnen
ちんしごと 賃仕事 jobb, stykke arbeid, akkor′darbeid (出来高払いの) akkor′dlønnet —をする få noen i akkor′d, arbeide på akkor′d
ちんしもっこう 沈思黙考 meditasjo′n, djup overveielse —する medite′re, gruble 〔over〕, grunne 〔over〕
ちんじゅつ 陳述 forkla′ring, framstilling —する forkla′re, framstille
ちんじょう 陳情 andragende, anmodning (告訴) appel′l, påtale (抗議) protes′t —する andra, anmode, appelle′re
ちんせいざい 鎮静剤 bero′ligende middel
ちんたい 沈滞 stagnasjo′n, stillstand (停止) stans-

ning —する stagne're, deprime're —した stillstående (気分が) deprime'rt

ちんちゃく 沈着 åndsnærværelse, besin'dighet, beher'skelse —な åndsnærværende, besin'dig, beher'sket, adsta'dig

ちんちょうする 珍重する verdsette, vurde're

ちんつうざい 鎮痛剤 smertestillende middel

ちんでん 沈澱 avleiring, utfelling —する avleire seg, utfelle —物 bunnfall, sedimen't

チンパンジー 〈動〉 sjimpan'se

ちんぼつ 沈没 senkning, forli's —する senke, forli'se

ちんみ 珍味 lekkerbisken —の lekker (調理ずみのご馳走) delikates'se

ちんもく 沈黙 taushet, stillhet (無口) ordknapphet —した taus, tyst —する tystne —させる gjøre en taus —は金 tausheten er gull

ちんれつ 陳列 utstilling, fremvisning —する utstille, fremvise, skilte med —窓 utstillingsvindu —室 utstillingslokale —物 utstillingsgjenstand

つ

つい (うっかり) ubevisst, tankeløst, ubetenksomt (このまえ) forle'den, nylig

つい 対 par —で parvis

ついか 追加 tilføyelse, tillegg, supplemen't —する føye til, legge til

ついきゅう 追求 forføl'gelse, streben —する forføl'ge, strebe etter

ついきゅう 追究(学問などの) undersøkelse, forskning —する undersøke, forske (尋問) forhør (尋問する) forhø're, holde opp forhør

ついしけん 追試験 komplette'ringseksamen

ついしょう 追従(へつらい) smiger —する smigre, innsmigre seg 〔hos〕 —する人 smigrer

ついしん 追伸 etterskrift, postskrip'tum〔短〕ps
ついせき 追跡 forføl'gelse, jakt —する forføl'ge, jage, sette etter —者 forføl'ger
ついたて 衝立 skjerm —で仕切る skjerme〔mot〕
ついて …に就いて(関して) om, angående (…と共に) med (一緒に) til sammen (…に従って) etter (…の下に) under (ごとに) per, i〔veke〕, om〔året〕 …に—は i forbin'delse med
ついで 序(機会) leilighet, sjanse —に for øvrig, 〔gjøre noe〕ved leilighet, i forbi'gående —の節 når det passer deg
ついとう 追悼 sorg, bedrø'velse —する bære sorg, bedrø've, sørge〔over〕
ついとつする 追突する kjøre inn i bilen bakfra
ついに 遂に(とうとう) sluttelig, endelig (最後に) til slut/sist
ついばむ 啄む hakke, pikke, plukke, ribbe
ついほう 追放(国外へ) eksi'l, deportasjo'n, utvisning —する deporte're, utvise
ついやす 費やす bruke〔penger〕, spande're (消費する) forbru'ke, konsume're (浪費する) ødsle, flotte seg
ついらく 墜落 fall (飛行機の) flyulykke —する falle ned〔i〕
つうか 通貨 valut'a —の膨張 inflasjo'n 強い— hard valut'a
つうか 通過 passa'sje, overgang —する passe're, gå gjennom 議案が—する godkjenne
つうかいな 痛快な(愉快な) spennende, fornøy'elig
つうがく 通学 skolegang —する gå i skole
つうかん 通関 tollklare'ring この品は関税を払わなくてはいけませんか？ Skal der betales toll av denne vare?
つうかんする 痛感する føle inten'st
つうぎょうしている 通暁している behers'ke, være bevan'dret i, være〔godt〕underrettet〔om〕
つうきん 通勤 pendling —する pendle, gå/køre til

kontoret/arbeidet （定期券で）med månedskort/seson'gkort

つうこう 通行 passa'sje, trafik'k —する passe're, trafikke're —人 de vegfarende, forbi'passerende （歩行者）fotgjenger 右側— hold til høgre —止め gjennomgang forbud

つうさん・しょう 通産省 handelsdepartment —大臣 handelsminister

つうじて …を通じて 一週間を— en hel veke igjen'nom （…の助けで）ved hjelp av

つうしょう 通商 utenrikshandel —する engasje're i utenrikshandel —条約 handelsavtale

つうじょう 通常 almin'nelig, i almin'nelighet —の almin'nelig, sedvanlig —国会（ノルウェーの）ordinæ'r storting （その他の国の）ordinæ'r riksdag

つうじる 通じる（物事をよく知る） være vel fortro'lig med, være kjent （意志が）være forstå'elig/begri'pelig （道が）passe're, komme igjen'nom, være framkom'melig （電気を）elektrifise're, elektrise're （電話が）det går å ringe〔opp〕

つうしん 通信 kommunikasjo'n, korrespondanse —する kommunike're （文通）brevveksling （文通する）korresponde're, brevveksle〔med〕 —機関 kommunikasjo'nsmiddel —社 nyhetsbyrå —員 korre sponden't —簿（生徒の）meddelelsesbok, kontak't-bok, vi'tnemål, karak'terbok

つうせつ・な 痛切な inten's, skarp, gjennomtrengende, heftig （熱烈な）entusias'tisk, lidenska'pelig —に intensivt, skarpt

つうぞく・てきな 通俗的な populæ'r, almin'nelig —的に på hverdagsspråk, populæ'rt —小説 populæ'r roma'n/novel'le

つうち 通知 informe'ring〔om〕, meddelelse, annon'se —する informe're〔om〕, meddele, advise're, underrette —表（生徒の）vitnemål →つうしん（通信簿）

つうふう 通風（部屋などの）ventilasjo'n, luftning —

する ventile′re, lufte ut ―装置 ventila′tor
つうふう 痛風〈病〉ekte gikt, podagra
つうやく 通訳(すること) tolking ―する tolke ―者 tolk
つうよう 通用 almin′nelig bruk (貨幣の) pengesirkulasjo′n (流通) sirkulasjo′n, omløp ―する gjelde, være i omløp (お金などが) være gangbar/gyldig (言葉が) være gangbar
つうれい 通例 sedvane, bruk, skikk, vane ―の vanlig, ordinæ′r, sedvanlig ―は vanligvis, i regelen
つうろ 通路 passa′sje, gang (廊下) korrido′r (教会などの) midtgang
つうわ 通話 samtale i telefo′n ―口 telefo′nrør
つえ 杖 stokk, kjepp (ささえ) støtt
つか 塚(古墳) gravhaug (推積) dynge, bunke 貝― skalgravhaug
つかい 使い(用件) ærend, oppdrag, bud ―の者 bud (持参人) overbringer, bærer
つか・う 使う avvende, bruke ―い方 anvendelsesmåte ―い捨てカメラ(レンズ付きフィルム) engangskamera
つかえる 仕える oppvarte, betje′ne, serve′re for
つかま・える 捕まえる fange (逮捕する) arreste′re, pågripe ―る bli pågrepet
つかむ 摑む gripe, fatte, fange (理解する) begri′pe, forstå′, fatte
つかれ 疲れ trøtthet ―た trøtt ―る trøttes, bli trøtt
つき 月(天体の) måne (暦の) måned ―ロケット månerakett
つき 突き puff (乱暴な) skubb (突く) puffe, skubbe
つぎ 継ぎ(布) lapp ―を当てる lappe
つぎ 次 den neste, den følgende ―の neste ―に dernest, deretter (隣接の) tilstøtende, tilgrensende (第二の) annen, annet (第二に) for det annen/annet (次々と) på rad, etter hverandre (順番に) etter tur
つきあ・い 付き合い(交際) selskap (性的な意味も)

omgang —う holde en med selskap, omgåes
つきあた・る 突き当たる(衝突する) kollide′re, stø-〔y〕te sammen (行き止まる) være blindgate —り enden av gaten
つきがけ 月掛け månedlig avbetaling
つぎき 接ぎ木 〔inn〕podning —する 〔inn〕pode
つきさす 突き刺す stikke (突き通す) gjennombore (刺し殺す) stikke i h〔j〕el
つきそ・う 付き添う pleie, passe, være omhyg′gelig 〔for/om〕(奉仕する) betje′ne, oppvarte (護衛する) eskorte′re (あとに従う) følge —い(仕事) pleie, oppvartning, betje′ning (従者) oppvarter, følge (随行員) suite (病人・子供の) (男) pleier (女) pleierske (護衛) eskor′te, beskyt′ter
つきだす 突き出す drive ut, skyte (警察などに) overlate (引き渡す) utleve′re (テラスなど突き出たもの) framspring
つきとおす 突き通す bore igjen′nom, stikke noe igjen′nom
つきはなす 突き放す stø〔y〕te fra seg (追い出す) utstøte (見捨てる) svikte, oppgi
つきみそう 月見草〈植〉nattlys
つぎめ 継ぎ目 fuge (関節) ledd (縫い目) søm —のない(鋼管などの) sømløs
つきる 尽きる(無くなる) være slutt (終わる) slutte, ende
つく 付く(付着する) klistre, klebe (くっつける) henge fast, klebe (一緒になる) henge sammen, sitte fast 〔på〕, følg〔j〕e med (よごす) plette 火が— eld bryter ut …に気が— legge merke til 気が—人 hensynsfull mann
つく 突く stø〔y〕te, puffe (乱暴に) skubbe, stikke (刃物で) gjennombore (針で) prikke (頭で) stø〔y〕te (攻撃する) anfalle, angripe
つく 着く・就く(身を置く) innta plass (地位など占める) besette (到着する) ankomme til (到達する) nå 〔opp til〕, oppnå (従事する) være sysselsatt med,

drive〔handel〕（始める）starte, sette i å　（値が）koste　（目に）kan ses av　（席に）ta sin plass, sitte ned　（根が）slå rot, feste rot　（解決が）løysing nås
- **つく**　（決心が）beslut′ning tas　（話が）enighet oppnås（電灯などが）bli tent
- **つぐ**　注ぐ（ミルクを）tømme　（お茶などを）skjenke （一杯に）fylle〔på〕
- **つぐ**　継ぐ（継承する）etterfølge　（遺産を）arve　（継ぎ布をあたる）lappe
- **つぐ**　接ぐ（接合する）sammenføye　（接ぎ木する）pode
- **つぐ**　次ぐ（次ぎの地位につく）rangere etter
- **つくえ**　机　skrivebord　—に向う sitte ved sitt skrivebord
- **つくす**　尽す（無くす）uttømme　（消費する）forbru′ke　売り—få solgt ut, selge ut　（尽力する）anstrenge seg, gjøre sitt ytterste
- **つくづく**　fullkommen, intensivt
- **つぐなう**　償う godtgjøre, kompense′re, erstat′te　（罪を）sone
- **つぐみ**　〈鳥〉trost, trast
- **つくり**　造り　oppbygning, struktu′r
- **つくりごと**　作りごと　fiksjo′n, oppdikt　（工夫）påfunn
- **つくりばなし**　作り話　oppdiktet histo′rie　（物語）histo′rie, saga
- **つくる**　作る・造る（製造する）framstille, fabrike′re （建造する）bygge, konstrue′re　（創造する）skape （鋳造する）stø〔y〕pe　（硬貨を）prege　（書類などを）avfatte, sette opp, skrive　（栽培する）dyrke　（子をこしらえる）avle　（形を）forme, utgjøre　（食事を）lage mat　（養成する）fostre, utdanne　（設立する）grunnlegge, stifte, etable′re　（規則を）fastsette　（最高記録を）sette reko′rd
- **つくろう**　繕う（修理する）repare′re, lappe, utbedre （くつ下などがかる）stoppe〔strømpe〕（つぎをあてる）lappe　（ごまかす）sminke, glatte〔over〕
- **つけ**　付け（勘定書）rekning, nota　—で買う kjøpe på

kreditt 日— 5月3日付けの手紙 et brev date′rt den tredje mai

つげ 柘植〈植〉 buksbom

つげぐちする 告げ口する forrå′de, sladre （秘密をばらす）avsløre

つけくわえる 付け加える tilføye, tilsette

つけこむ 付け込む（無知などに） utnytte, dra nytte av

つけもの 漬物 syltet/saltet grøn〔n〕saker (pl.)

つける 付ける（取り付ける） fastne〔til〕, hefte〔på〕, monte′re 縫い— sy〔på〕塗り— smøre〔på〕（にかわで）lime （電灯などを）tenne （バッジなどを）ta på, bære （味を）smake til （気を）passe på, være forsik′tig （名前を）gi et navn （値段を）sette en pris på, prise （点数を）gi karakte′r （ラジオ・テレビを）sette på （尾行する）skygge （乗り物を）kjøre fram for

つける 着ける（服など身に） ta〔tøy〕på, bære

つげる 告げる informe′re, meddele （公表する）annonse′re, bekjen′tgjøre, forkyn′ne （忠告する）åtvare, advise′re

つごう 都合（事情） omsten′digheter(pl.) （機会）leilighet （手配）arrangement （融通）tilpassing —がいい/悪い passe〔meg〕godt/dårlig —する arrange′re, ordne （お金を）låne〔penger〕（調達する）skaffe, erver′ve

つた 蔦〈植〉 eføy

つたう 伝う（たどって行く） gå langs med

つたえる 伝える（伝達する） fortel′le〔om〕, meddele, rapporte′re （伝授する）formid′le （熱・電気などを）lede （新しいものなどを）innføre （後に残す）etterlate （宗教を伝道する）preke

つたない 拙い（不器用な） keitet〔e〕, plump, klosset〔e〕

つたわる 伝わる（伝承される） bli videre formid′let （広がる）spredes, utbredes （熱・電気などが）ledes （循環する）sirkule′re （伝来された）innført

つち 土 jord, mark (腐葉土) mold, muld (粘土) ler (泥) dynn, mudder —を起こす pløye opp

つち 槌(金属製の) hammer (木製の) klubbe

つつ 筒 (管) rør, pipe (円筒) sylinder

つっきる 突っ切る(道路など) gå tvers over

つつく (鳥が) pikke, hakke (そそのかす) oppvigle, egge (こらしめる) tukte, straffe

つづく 続く(継続する) fortsette med (後継する) etterfølge, avlø[y]se (持続する) bestå, vare, holde seg (維持する) vedli'keholde (隣接する) grense opp til

つづ・ける 続ける fortsette —ている fortløpende, uavbrutt

つっこむ 突っ込む stikke inn, trenge seg inn (貫く) gjennombore, trenge gjennom (没頭する) vie seg [til]

つつじ 〈植〉 asa'lea

つつしみ 慎み(謙譲) fordringsløshet, beskje'denhet (慎重) forsik'tighet, beten'ksomhet (自制) selvbeherskelse —深い fordringsløs, beskje'den

つっつく 突っ突く →つつく

つつましい 慎ましい →つつしみぶかい(慎み深い)

つつみ 包み (小さい) pakke (手荷物) kolli (大きな) balle (束) bunt, bylt —紙 innpakningspapir

つつみ 堤 〔elve〕bredd

つつむ 包む pakke inn i (梱包する) emballe're

つづめる 約める sammentrekke, forkor'te

つづ・る 綴る(語を) stave, bokstave're (文章を) skrive, avfatte, kompone're (とじる) binde —り stavning, stavemåte

つどう 集う møtes, samles

つとめ 勤め(任務) tjeneste, plikt (職業) erverv, arbeid, yrke (仕事) job, arbeid (勤行) andakt, gudstjeneste —先 arbeidsplass —口 ansettelse, plass —人 kontoris't, arbeidstaker, de ansatte(pl.)

つとめる 勤める・努める(勤務する) tjene, være ansatt (尽す) utføre service (役を) spille en rolle (努

力する）anstrenge seg, gjøre seg den umak〔e〕, beflit'-te seg på, streve〔etter〕
つな 綱 line, tau （細い）reip （ひも）snor, streng （弦）streng —引き drakamp —引きする trekke tau
つながる 繋がる bli forbundet
つなぐ （結ぶ）binde, knyte （馬などを）tjore （船を）fortøye （電話などを）kople til （車両を）kople〔sammen〕（鎖で）kjede, lenke （維持する）bibeholde, opprettholde （手を）gripe noe med hånden
つなげる →つなぐ
つなみ 津波 〔seismisk〕flodbølg〔j〕e
つね・の 常の vanlig, ordinæ'r, allmenn （習慣的な）sedvanlig —に alltid, bestan'dig （絶えず）uavbrutt （通例）sedvanligvis, i regelen （習慣的に）av〔gammal〕vane
つねる 抓る knipe
つの 角(動物の) horn （触角）tentak'el, følehorn
つば （へり）kant, rand, brem
つば 唾 spytt —を吐く spytte
つばき 椿〈植〉kame'lia
つばさ 翼 vinge —のある vinget
つばめ 燕〈鳥〉svale
つぶ 粒 korn, partik'kel （水滴）dråpe
つぶす 潰す(砕く) smadre, knuse, slå ned
つぶやく mumle, kviskre, hviske
つぶれる 潰れる(砕ける) smadres, knuses （倒産する）gå konku'rs, bli ruine'rt （抹消される）utslettes （全滅される）tilin'tetgjøres
つぼ 壺 krukke, potte 骨— urne （花びん）vase
つぼみ 蕾 knopp
つま 妻(家内) hustru （一般的に）kone
つまさき 爪先 tåspiss —で歩く gå på tærne/tå
つましい （倹約した）sparsom, økono'misk （けちな）karrig, gnieraktig （乏しい）knapp, knepen
つまずく 躓く snuble〔over〕（失敗する）mislykkes, feile （大失敗する）gjøre fiasko
つまだつ 爪立つ stå på tærne

つまみ （軽い食べ物）snacks （酒の）munnfull mat, smakstilsetning

つまみだす 摘み出す kaste bort/ut, trekke ut

つまむ 摘まむ plukke （味見する）smake på

つまようじ 爪楊枝 tannpirker, tannstikker

つまらない 詰まらない（取るに足らない）triviel′l, bagatel′lmessig, ubety′delig, ringe （無価値の）verdløs （役に立たない）udyktig, uanve′ndelig （面白くない）uinteressant, kjedelig （ばかげた）dum, tåpelig （くだらぬ）sjofel, ussel, tarvelig

つまり （結局）til sist, endelig, når alt kommer til alt （要するに）kort sagt, kort og godt （すなわち）det vil si〔短〕dvs.

つまる 詰まる（一杯になる）bli full/proppet, stoppes （ふさがる）sperres, blokke′res （短縮する）forkor′te （減少する）formin′skes （縮む）krympe （窮乏する）gjøre fattig 行き— komme galt av sted

つみ 罪 （法律上の）forbry′telse, kriminalite′t （宗教・道徳上の）synd （落ち度）skyld （冒瀆）ugu′delighet （とがめ）daddel 軽い— brøde, forse′else —な syndig, skyldig, forbry′tersk —人 synder, forbry′ter —を負う anklages

つみかさねる 積み重ねる staple, bunke, hope opp/sammen

つみき 積み木 byggekloss

つみに 積み荷 last, ladning

つむ 摘む/摘み集める plukke （はさみなどで）klippe, trimme

つむ 積む stakke, hope sammen （積載する）laste, lade （貯える）spare （蓄積する）akkumule′re （貯槽に積み込む）fylle〔på〕

つむぎいと 紡ぎ糸 garn

つむぐ 紡ぐ spinde

つむじかぜ （旋風）virvelvind

つむじまがりの つむじ曲がりの stedig, sta

つめ 爪 negl （猛禽・ねこ・かになどのかぎのような）klo （牛・馬などの）hov （琴などの）plekter —切り

negleklipper —切りはさみ neglesaks
つめこ・む 詰めこむ proppe, stoppe （人を）fylle til trengsel （腹に）spise seg mett, sluke grådig —み勉強する terpe, streve med å lære/lese
つめたい 冷たい kold, avkjølt, kjølig
つめ・る 詰める proppe, stoppe （満たす）fylle （缶に）konserve're （びんに）skjenke i flaske （息を）holde pusten —綿 vatt
つもり 積り（意志）hensikt, vilje, me[i]ning （目的）formål, øyemed （目標）sikte, mål, øyemed （動機）motiv, årsak, beve'ggrunn （予期）forven'tning, forhå'pning …の—である ville, gidde, ønske
つもる 積る（推積する）hope seg opp/sammen （利息などが）løpe på （雪が）snø faller tett
つや 通夜 [døds]nattevagt —をする holde vagt
つや 艶（光沢）glans, skinn —のある glansfull, skinnende —を出す gi glans （磨いて）pole're, pusse
つゆ 梅雨 regntid
つゆ 露 dogg, dugg —でぬれた doggvåt
つよ・い 強い （強力な）sterk, mektig, kraftig （強健な）robu'st, basta'nt （堅牢な）holdbar, soli'd 英語などに—い god til （耐火性の）brannsikker, eldfast （健康な）sunn, frisk —さ styrke, kraft （長所・えて）forse[i] —まる bli sterkere —める forster'ke, bestyr'ke, befes'te —く sterkt, mektig, kraftig （元気よく）ener'gisk, livlig （激しく）voldsomt, voldelig, heftig
つら 面 ansikt （前面）forside
つら・い 辛い pinlig, hard, besvæ'rlig, smertelig, bitter （耐え難い）uuthol'delig （要求のきびしい）krevende —さ（苦痛）pine, lidelse, smerte, plage —くあたる behandle noe dårlig/uvennlig/grusom
つらなる 連なる ligge/stå på rekke
つらら 氷柱 istapp
つり 釣（魚つり）fiske —をする fiske —道具 fiskeutstyr —糸 fiskesnøre —ざお fiskestang —針 fiskekrok —人 fisker —銭 vekselpenger, småpen-

ger
- **つりあ・い** 釣り合い(均衡) balanse, likevekt (均整) symmetri′ (平均) gjennomsnitt, middel (比例) proporsjo′n, forhold —う balansere 〔med〕, bringe i likevekt (似合う) passe, anstå seg
- **つりかわ** 吊り革 stropp
- **つりばし** 吊り橋 hengebru
- **つる** 蔓(つるくさ) ranke (ぶどうなどの) vinranke (眼鏡の) brillestang
- **つる** 鶴〈鳥〉 trane
- **つるす** 吊るす henge
- **つるつるした** glatt, sleip
- **つるはし** 鶴嘴 hakke
- **つれ** 連れ følgesvenn, ledsager —る ta noen med, få til følge —て i takt med, i overe′nsstemmelse
- **つんぼ** 聾(耳が不自由) døvhet —の(耳の不自由な) døv, dauv

て

- **て** 手 hand, hånd (腕) arm (犬・猫など) pote (くまなどの) labb (人手) arbeider, hjelp (手段) middel, måte (悪だくみ) knep, list (将棋などの) trekk (技量) evne, bega′velse (種類) slags, art (手数) besvæ′r, bryderi′ (世話) omsorg, pleie (書き方) kalligra′f, handskrift (方向) retning (側) side —を洗う(引く) vaske sine hander av —を引く(連れる) føre ved handen —を振る vinke —を叩く klappe —が届く man kan nå
- **…で** (場所) i, ved, hos (時間) innan, på (価格) for (基準) etter (原因) av, på grunn av (原料) av, fra (手段) gjennom, med, på
- **であ・う** 出会う(人と) møte (なにかと) treffe 〔på〕 (よくないこと) ramme, falle
- **てあたりしだいに** 手当り次第に på måfå, på 〔en〕

slump, usystematisk
てあて 手当て（治療）medisi'nsk behan'dling, legebehandling —する behan'dle en pasien't （包帯を巻く）bandage're, forbin'de （給与）lønn （日当）dagpenger(pl.) 夏期などの特別の— bidrag, tilskott （用意）forberedelse （余計な準備）anstalter
てあらい 手洗い toalet't
てあら・い 手荒い rå, grov （乱暴な）voldsom, heftig —く råt, heftig, voldsom〔t〕
ていあん 提案 forslag, oppfordring —する foreslå, gjøre framlegg 〔om〕
ていいん 定員 fast antall, fast ansettelse （職員の）antallet av ordinæ'rt persona'le （乗物・劇場などの）sitteplasser(pl.)
ていえん 庭園 hage （大きな）park —師 gartner
ていおう 帝王 keiser, konge （君主）sovere'n —切開 keisersnitt
ていか 定価〔fast〕pris —表 prisliste
ていか 低下 fall, nedgang （急落）tilba\kegang （沈下）senking （価格の）nedgang （品質・環境などの）forrin'gelse, verdiforringelse —する falle, senke, forver're seg
ていがく 停学 inndraging fra skole
ていかん 定款 vedtakter(pl.), artik'ler av fore'ning
ていかんし 定冠詞〈文法〉 den bestem'te artik'kel
ていき 定期 fast perio\de, regelmessighet —の perio\disk, regelmessig —に perio\devis, regelmessig —券 månedskort, seson'gkort —検査 regelmessig inspeksjo'n/undersøgelse/sjekk —刊行物 tidsskrift, perio\disk skrift —船 linjebåt, rutebåt —旅客機 rutefly —預金 fast konto
ていぎ 定義 definisjo'n —する define're
ていぎ 提議 forslag —する foreslå'
ていきあつ 低気圧 lågtrykk
ていきゅう 庭球 tennis —をする spille tennis —コート tennisbane （ラケット）racket
ていきゅうな 低級な låg, lavtstående （下劣な）

vulgæ'r, geme'n, ukultivert

ていきゅうび 定休日 fast fridag

ていきょう 提供 tilbud, utbud 特価— billig tilbud —する tilby, utby 証拠を—する leve're bevi's, skaffe bevi'ser imot

ていくう 低空 låg høgd

ていけい 提携 samarbeid —する samarbeide, kollabore're, handle i overe'nsstemmelse med

ていけつ 締結 slutning, konklusjo'n —する slutte, konklude're

ていこう 抵抗 （反抗）motstand, motverje （防御）forsvar, nødverge （反対）opposisjo'n —する yte motstand, sette seg til motverje —を受ける møte motstand —力 motstandevne, motstandkraft —運動 motstandbevegelse —し難い uimotstå'elig

ていこく 帝国 keiserdømme, keiserrike, impe'rium —の keiserlig —主義 imperialis'me

ていさい 体裁(みなり) påkledning （外見）utseende, ytre [form] —のよい nydelig, pyntelig, passende, pen —の悪い upassende, uanstendig

ていさつ 偵察 rekognose'ring —する rekognose're —機 speiderfly

ていし 停止 stopp, stansning （中断）avbrytelse, opphold —する stoppe, stanse, gå i stå （休止する）innstille

ていじ 定時 fast tid —の perio\disk, regelbundet

ていじ 提示 framlegg, fremvisning —する fremlegge, fremvise

ていしゃ 停車 opphold, stopp —する stanse [ved en stasjo'n] 10分間—する gjøre en opphold på 10 minut'ter —場 jernbanestasjo'n

ていしゅ 亭主 ektemann （旦那）herre, mester

ていじゅう 定住 boset'telse —する boset'te seg, feste bo, slå seg ned —地 oppholdssted —許可 oppholdstillatelse

ていしゅつ 提出(論文の) framlegg av avhandling （申請書の）innsendelse av ansøkning —する fremlegge, fremvise, fremsette, innsende (辞表を) inngi sin avskjedsansøkning (答案を) overlate (証拠を) skaffe bevi′ser imot

ていしょう 提唱(提議) forslag ―する foreslå (唱道する) forfek′te, forsva′re

ていしょく 定食 dagens rett

ていしょくする 抵触する være ufore′nlig [med], stride imot noen

ていしょとく 低所得 låginnkomst

ていじろ 丁字路 T-kryss

でいすい 泥酔 drukkenskap (アルコール中毒) drikkfel′dighet ―した fordruk′ken (アル中の) forfal′len ―者 dranker, drukkenbolt

ていせい 訂正 korrektu′r, revisjo′n ―する rette på, korrige′re, forbe′dre, berik′tige

ていせいちょう 低成長 lågvekst

ていせつ 定説(確立された) fastslået teori′ (一般の) almin′nelig anerkjent teori′

ていせつな 貞節な trofast, kysk

ていせん 停戦 våpenstillstand (休戦) våpenhvile ―する slutte våpenstillstand

ていそう 貞操 truskap, kyskhet

ていそくすう 定足数 beslut′ningsdyktigt antall ―に達している være beslut′ningsdyktigt antall

ていたい 停滞 stagnasjo′n, stillstand ―する stagne′re, forsum′pe, stå i stampe

ていたい 手痛い hard, svær, vanskelig (きびしい) streng

ていたく 邸宅 herregård, hovedgård

でいたん 泥炭 torv

ていち 低地 lågland (沼地) søkkemyr

ていちゃくする 定着する slå/sette/skyte rot, slå seg ned

ていちょう 丁重 artighet, høflighet ―な artig, høflig

ていちょう 低調(低い音調) låg stemme/tone/røst (不振) treghet, matthet ―な treg, matt, langsom

ていでん 停電 strømavbrytelse
ていど 程度 (度合い) grad, omfang (標準) nivå′, standard (限度) grense, begrens′ning (等級) grad あの—に på den måte, i sånn utstrekning 高い/低い — høg/låg grad
ていとう 抵当〔物件〕sikkerhet, hypote′k, pant —流れ ejendom hvis innløsningsrett forkla′rts opphevet, overtaking〔av pant til eje〕—借りする belå′ne
ていとく 提督 admira′l
ていとんする 停頓する stagne′re, gå i stå, stå i stampe
ていねい 丁寧 artighet, høflighet —な artig, høflig (うやうやしい) ærbø′dig (注意深い) forsik′tig, oppmer′ksom
ていねん 定年 pensjo′nsalder
ていねん 丁年(成年) myndighetsalder
ていのう 低能 dumhet, ufornuftighet, tåpelighet —な dum, tåpelig, ufornuftig —者 idio′t, tosk
ていはく 停泊 ankring, fortøy′ning —する ankre, ligge for anker, fortøy′e —地 ankerplass
ていひょう 定評 verdsettelse, vurde′ring, påskjønnelse —のある erkjen′t, vurde′rt, verdsatt 悪評で—のある noto′risk, beryktet
ていぼう 堤防〔elve〕bredd, voll, demning
ていぼく 低木(茂み) busk
ていり 定理〈数〉teore′m, læresetning
でいり 出入り til- og avgang, kommen og gåen, trafik′k
ていりゅうじょ 停留所(バスなどの) stoppested
ていれ 手入れ(修繕) reparasjo′n, erstat′ning, oppreisning (維持) vedli'kehold (世話) omsorg, omhu〔g〕—する repare′re, vedli'keholde 警察の—politi′razzia 警察が—する foreta razzia/rassia
デート stevnemøte —の約束をする avtale〔stevne-〕møte med —をする gå ut med
テープ (競走のゴール) målsnor —を切る løpe i mål (接着用の) limbånd (絶縁用の) isolasjo′nsbånd (録

音用の)〔lyd〕bånd —レコーダー båndopptaker — レコーダーに録音する oppta/innspille på bånd

テーブル bord （ベッドの横の）nattbord —クロス bordduk —マナー bordskikk

テーマ tema, emne

ておくれの 手遅れの uhelbre'delig 〔fordi der er gått for lang tid〕, som er for seint

ておけ 手桶 spann, balje

てがかり 手掛かり(つかみ所) feste, takk （事件の）nøkkel, ledetråd （痕跡）spor

てがける 手掛ける(取り扱う) handle, foreta seg （経験がある）ha erfa'ring （養育する）oppfostre, ha noe 〔-n〕i sin varetekt （世話する）vareta, ta seg av

でかける 出かける gå, dra av sted 散歩に— ta ut og gå en tur

てかげん 手加減 diskresjo'n, oppmer'ksomhet （考慮）overveielse

てがた 手形(お金に関する) veksel, gjeldsbrev （手の形）handavtrykk

てがみ 手紙 brev （簡単な）billet't —を書く skrive et brev〔til〕 —を出す sende/poste et brev

てがら 手柄 bragd, bedrif't, storverk —をたてる utmerke seg, eksselle're

てがるな 手軽な(容易な) lett, enkel （簡単な）enkel, ukomplise'rt （略式の）uformell, fordringsløs （安値の）billig, rimelig （とるに足らない）uanselig, ubety'delig —に lett, uformelt

てき 敵 fiende （相手）motpart, motstander （競争者）medbeiler （男）riva'l （女）rivalin\ne —を追う forføl'ge fiende —と戦う bekjem'pe en fiende —国 fiendeland —意 fiendskap, fiendtlig innstilling —意を感じている fiendtligsinnet （悪意）ondskap, ond hensikt

できあがる 出来あがる bli ferdig （用意が）være rede/forberedt

てきおう 適応 tilpasning, avpasning （適合）tillempelse —させる tilpasse, avpasse, tillempe

〔etter〕

てきかくの 適格の kvalifise′rt, passende, belei′lig

てきごう 適合 tillempelse, avpasning —させる tillempe, avpasse

できごと 出来事 hendelse, begi′venhet, tilfelle (イベント) merkelig/viktig begi′venhet, stor opplevelse

できし・する 溺死する drukne —者 en druknende

てきしゅ 敵手 motstander, opponen′t

テキスト tekst

てきする 適する passe, være belei′nlig/fore′nlig

てきせい 適性 egnethet, evne (素質) talen′t —検査 egnethetsprøve

てきせいな 適正な passende, korrek′t

てきせつ 適切 relevan′s, belei′lighet, hensiktmessighet —な relevan′t, belei′lig, hensiktmessig, velvalgt, rammende, passende —に passende

できそこない 出来損い misfoster (恥知らず) usling (やくざ) avskum —の(形が) vanskapt

てきたい 敵対 fiendtlighet —する være fiendtlig, bekjem′pe

できたての 出来立ての ny, nydannet, frisk (パンなど焼きたての) nybakt (卵など産みたての) nylagt

てきちゅうする 的中する treffe, ramme 夢などが— gå i oppfyllelse/oppfylling 想像が— gjette rett, bli bekref′tet

てきど 適度 passende mengd/grad —の modera′t, passende, måteholden

てきとう・な 適当な passende, skikket, hensiktsmessig (妥当な) skjellig, rimelig (時宜にかなった) belei′lig, passende —に belei′lig, hensiktsmessig〔t〕

てきにん 適任 egnethet —の egnet, kvalifise′rt, behø′rig

てきぱき・と hurtig, skyndsomt —した hurtig, rask, skyndsom

てきはつ 摘発 avsløring (告発) påtale, tiltale —する avsløre

てきよう 適用 anvendelse, bruk —する anvende

てきよう 摘要 sammenfatning, sammendrag, resymé
でき・る 出来る(可能である) kunne, være mulig, være i stand til å (将来) bli gjørt/laget/bygget ここに家が—る her vil der bli bygget et hus (生産・製造される) produse′res, framstilles —ている(完了) være ferdig/avsluttet/laget/bygget (成績がよい) få gode karakte′rer (上達している) være dyktig/behen′dig, behers′ke
できるだけ så ... som mulig —多く så mye som mulig
てぎわ 手際 behen′dighet, smidighet (細工の) faglig dyktighet, kyndighet (かけひきの) taktik′k, manø′ver —よい behen′dig, smidig
でぐち 出口 utgang
テクニック teknik′k
てくび 手首 handledd, håndledd
てこ 梃子 løftestang, vektstang —入れする støtte —台 støttepunkt for løftestang —でこじ開ける brekke opp
でこぼこ 凸凹 ujevn′het —の ujamn, knudret〔e〕, ru
てごろな 手頃な handte′rlig, makelig, (便利な) passende, lettstelt, hendig (値段が) måteholden, rimelig, overkommelig (サイズが) egnet, hensiktmessig
デザート dessert
デザイナー formgiver, tegner, designer
デザイン formgivning, tegning, design
…でさえ endog, til og med
てさき 手先 (指先) fingerspiss (お先棒(人)) redskab (スパイ) spio′n, hemmelig agent
てさげ 手提げ(婦人用) handveske (学童用) skoleveske —金庫 bærbar pengeskap
でし 弟子 (門弟) ele′v, disip′pel, lærling (徒弟) læregutt
てした 手下 de underordnede(pl.), tilhenger
てじな 手品 tryllekunst, trylleri (妖術) trolldom —師 tryllekunstner —をする lage tryllekunst, trylle

でしゃば・る 出しゃばる trenge seg på, være påtrengende　—り påtrengenhet　—り屋 påtrengende mann （おせっかいな）emsig, geskjeftig

てじゅん 手順 rekkefølge, trinn, ruti\ne

てじょう 手錠 håndjern　—をかける legge håndjern på en

…でしょう tro, formo'de

てすう 手数 besvæ'r, bry（骨折り）plage, gjenvor'dighet, veer (pl.), vanske　—料 kommisjo'n, avgift, salæ'r（口銭）meklergeby'r

ですぎた 出過ぎた påtrengende, nærgående　—こと påtrengenhet, nærgåenhet

テスト test, prøve　—する teste, prøve　—ケース prøvesak, prinsipiel'l sak

てすり 手摺 gelen'der, rekkverk　（らんかん）balustra\de

てだすけ 手助け hjelp, assistanse　—する hjelpe, assiste're

でたらめ sjuskeri, upålitelighet　（たわごと）vrøvl, vås　—な sjusket[e], upålitelig　—に sjusket, upålitelig, på måfå　—を言う snakke vrøvl, vrøvle, våse

てちがい 手違い（まちがい）feil, mistak（さしさわり）hindring　—を生ずる gå feil〔av veien〕

てぢか・な 手近な（近くの）nærliggende（よく知っている）bekjen't　—に nær, like/tett ved

てちょう 手帳 lommebok

てつ 鉄 jern（鋼鉄）stål　—棒（体操の）svingstang　—板 jernblekk　—筋コンクリート jernbetong, arme'rt betong

てっかい 撤回 tilba\kekallelse, opphevelse　—する tilba\kekalle, oppheve, trekke tilba\ke

てっかく 的確 presisjo'n, nøyak'tighet　—な presi's, eksak't, nøyak'tig　—に nøyak'tig

てつがく 哲学 filosofi'　—者 filoso'f　—的な filoso'fisk

デッキ （船の）dekk

てっきじだい 鉄器時代 jernalder

てっきょう 鉄橋 jernbru
てっきん 鉄筋 arme'rings〔jern〕, forster'knings〔-jern〕 —コンクリート arme'rt betong
てづくりの 手作りの håndlagd, håndgjort
てつけきん 手付金 håndpenger (pl.)
てっこう 鉄鉱〔石〕 jernmalm
てっこう 鉄鋼 jern og stål
てっこうじょ 鉄工所 jernverk
デッサン utkast, skisse
てつじょうもう 鉄条網 piggtråd〔sperring〕, piggtrådgjerde
てっする 徹する(没頭する) fordy'pe seg i, sette seg inn i 夜を— gjøre noe he〔i〕l natten
てつせい・の 鉄製の jern-(鋼製の) stål- —品 jernvarer (pl.) (金物) isenkram
てったい 撤退 evakue'ring, rømning —する evakue're, rømme
てつだ・い 手伝い hjelp, assistanse (人)〔med-〕hjelper, assisten't (店員) kommis —う hjelpe, assiste're
てつづき 手続き framgangsmåte, prosedy're, saksgang —する følge en prosedy're
てってい 徹底 grundighet, fullsten'diggjørelse —的な/に grundig, fullsten'dig —する være grundig, fullsten'diggjøre
てつどう 鉄道 jernbane —の駅 jernbanestasjon —便で med jernbane/tog —網 jernbanenett —事故 jernbaneulykke, togulykke
てっとうてつび 徹頭徹尾(ことごとく) grundig (終始) fra begyn'nelsen til enden (どの点から見ても) i alle henseender
てっぱい 撤廃 avskaffelse, nedleggelse, oppheving —する avskaffe, nedlegge
てっぺん topp, tind
てつぼう 鉄棒(体操の) svingstang
てっぽう 鉄砲 gevæ'r, rifle (猟銃) børse (ピストル) pisto'l

てつめんぴな　鉄面皮な　frekk, nesevis, uforskammet

てつや　徹夜　he〔i〕l natten　―で natten igjen'nom ―する gjøre noe hel natten

てづる　手蔓(関係)　perso'nlig forhold, forbin'delse mellom (世話) varetekt (引き) god behan'dling …の―で gjennom noes innflytelse

てどり　手取り　nettolønn

…でなければ　ellers, i motsatt fall

てなずける　手なずける　(動物を) temme (人を) vinne ens hjerte

テニス　tennis　―コート tennisbane　―をする spille tennis　―選手 tennisspiller　―ラケット racket

てにもつ　手荷物　baga'sje (スーツケース) reisekoffert (所持品) effek'ter (pl.)　―預かり所 gardero'be, baga'sjeoppbevaring

てぬぐい　手拭い　handkle (おしぼり) minihandkle　―を絞る vri handkle　―掛け handklestang, handklestativ

テノール　〈楽〉teno'r

てのひら　掌　handflate

デパート　〔stort〕varemagasin, varehus

てはじめ　手始め　begyn'nelse, start　―に i begyn'nelsen, til å begyn'ne med

てはず　手筈　forholdsregel, foranstaltning, anordning

てばな・す　手放す(持ち物を) gjøre det av med, avhende, avsette (仕事などを) frasi seg〔sitt arbeid〕(家族などを) etterlate seg, la seg skille fra　―で (露骨に) åpent, uten reservasjo'n (自転車など手を放して) 〔sykle〕uten å holde seg i〔styrestang〕

てびき　手引(指導) veiledning, oriente'ring, opplysning (紹介) introduksjo'n, presentasjo'n (案内書) katalo'g (旅行の) reisehåndbok (参考書) håndbok (入門書) begyn'nerbok

てひどい　手酷い　ubarmhjertig, skånsellaus

デビュー　debut　―する ha en debut

てびろ・い 手広い omfattende, omfangsrik （家など）stor, rommelig ー**く** i vid utstrekning, vidt og bredt

てぶくろ 手袋（革・ゴムなどの）hanske （革でない5本指の）vante （ミトン）vott ー**をはめる/とる** ta hanske på/av

でぶの korpulen′t, tjukk （丸ぽちゃの）buttet〔e〕

てぶらの 手ぶらの tomhendt

てぶり 手振り 身振りー gestus, geber′de

デフレ deflasjo′n, nedgang

てほん 手本（模範）model〔til etterfølgelse〕, mønster, eksem′pel〔på〕（見本）eksem′pel （商品見本）vareprøve （習字の）mønster

デマ demagogi′, løse rykter

でまど 出窓 karnap′p〔vindu〕

てまね 手真似 gestus, geber′de ー**する** gestikule′re

てまわし 手回し（準備）forberedelse （手はず）forholdsregel, foranstaltning ー**する** forberede

てまわりひん 手回り品（所持品）effek′ter（pl.）（手荷物）baga′sje （スーツケース）reisekoffert

てみじかに 手短に kortvarig, kort og godt, kort sagt

でむかえ 出迎え møte, velkomst （要人の）resepsjo′n ー**る** motta〔gjest〕, møte〔med den beste vilje〕

デモ demonstrasjo′n ー**をする** demonstre′re ー**行進** demonstrasjo′nstog ー**参加者** demonstran′t

…でも （でさえ）endog, til og med それー likevel, dog, enda, men （…もまた）selv 先生ー間違える selv lærer tar feil 雨ー行きます selv i tilfelle av regn kommer vi av sted だれー hvem som helst, alle og hver どこー hvor som helst, allesteds いつー når som helst, alltid （同様のもの）eller liknende コーヒーーいかが Har du lyst til kaffe eller liknende Aー Bーかまいません Jeg er likeglad med om det er A eller B Aーなんー A og alt mulig

てもとに 手元に ved handen

てら 寺 tempel

てらう 衒う(誇示する) prale [av], berøm′me seg av (装う) hykle, late som [om], foregi

てらす 照らす(光が) bely′se, lyse opp (点灯する) tenne (劇場で照明を) sette lys

テラス terras′se —ハウス rekkehus

デリケートな ømfin′tlig, ømtå′lig, sart

テリヤ (犬) terrier

てる 照る skinne, stråle (晴天である) det er pent/godt vær

でる 出る(外に) gå ut (出現する) komme fram, vise seg, opptre (出席する) være nærværende ved, overvære (参加する) delta i (勤務する) gjøre tjeneste, arbeide (道が…に通じる) lede/føre til (出版される) publise′res (売れる) selges godt (産出する) produse′res, fabrike′res, framstilles (出発する) starte, reise av sted (風が) blåse (洪水になる) oversvømme (芽・葉が) spire, skyte, vokse (料理が) bli betje′nt

てれくさい 照れ臭い sjene′rt, forle′gen

テレタイプ fjernskriver

テレビ fjernsyn —受像機 fjernsynsapparat —を見る se fjernsyn —に出る komme/opptre i fjernsyn

てれる 照れる skamme seg, være forle′gen, bli forvir′ret

テロ terror —リスト terroris′t

てわたす 手渡す overlate [til], overdra, avstå

てん 天(空) himmel —の himmelsk —にも昇るような himmelhenrykt

てん 点(記号の) punkt, prikk (句読点のコンマ) komma (競技の) point, poen′g (斑点) plett, flekk (品物の数) antall, stykke (学校の成績) poen′g, karakte′r —がいい/悪い gode/dårlige karakte′rer (観点) standpunkt, synspunkt どの—から見ても i alle henseender

てん 貂〈動〉 くろ— sobel くろ—の皮 sobelskinn しろ— hermelin しろ—の皮 hermelinskinn

でんあつ 電圧 spenning —計 spenningsmåler, voltme′ter —降下 spenningsfall 高— høgspenning 高—危険 Høgspenning !, Berøring 〔av ledningen er〕livsfarlig !

てんいん 店員 kommis（男）ekspeditø′r（女）ekspeditrise

でんえん 田園 mark（郊外）forstad —の idyl′lisk, pastora′l —都市 hageby —生活 landliv —風景 idyl′l

てんか 転嫁 å gi en skylden i stedet for den skyldige

てんか 天下 he〔i〕lt land, hele verden

てんか 点火 antening —する antenne, tenne

てんか 転化 foran′dring —する foran′dre

でんか 電化 elekrifise′ring —する elekrifise′re

てんかい 展開(進展) utvikling —する utvikle, sprede, utbre

てんか・する 添加する tilsette —物 tilsetning

てんかん 癲癇〈病〉 epilepsi′ —患者 epilep′tiker

てんかん 転換 omdanning, forvan′dling（改宗・転向）omdanning, konverte′ring, omvendelse —する omdanne, forvan′dle（改宗・転向する）omvende seg 気分—する kople av, slappe av —期 vendepunkt（換気する）ventile′re, lufte（思春期）puberte′tsalder

てんき 天気(天候) vær（晴天）godvær, klarvær（悪天候）dårligt vær —の話をする snakke om vind og vær —概況 værforhold —予報・情報 værutsikt, værmelding —図 værkart

でんき 電気 elektrisite′t —の elek′trisk（電灯）elek′trisk lys/lampe（電灯をつける）tenne på lyset（電灯を消す）slokke/slå av lyset —かみそり elek′trisk barbe′rmaskin —機関車 elek′trisk lokomoti′v —工学 elek′troteknikk —分解 elek′trolyse —器具 elek′triske appara′ter (pl.) —製品 elek′triske artikler (pl.) —炊飯器 elek′trisk riskoker —調理器 elek′trisk komfyr —時計 elektrisk klokke/ur —暖房 elek′trisk oppvarming —ストーブ elek′trisk omn/ovn

でんき 伝記 biografi′, levnetsbeskrivelse —作家

biogra′f, levnetsskildrer　―物語/小説 biogra′fisk roma′n
てんきょ　転居　flytting, flytning　―する flytte　―通知する anmelde flytting　―先 ny adres′se（引っ越し会社）flytteforretning, flyttebyrå
てんきょ　典拠　kilde, kildeskrift
てんぎょう　転業　skifte av arbeid〔splass〕　―する skifte arbeid
てんきん　転勤　forflyt′ning　―する forflyt′te〔til〕
でんぐりかえる　でんぐり返る　velte, vende seg
てんけい　典型　type, model　―的な typisk（模範的な）mønstergyldig, mønsterverdig, eksempla′risk
てんけん　点検　inspeksjo′n, tilsyn
てんこ　点呼　navneopprop
てんこう　天候　vær　→てんき（天気）
てんこう　転向　omvendelse, konverte′ring　―する omvende seg, konverte′re
てんこう　転校　skoleskift　―する flytte til en annen skole, skifte skole/utdannelsessted
てんごく　天国　himmelrike, Guds rike（極楽）paradi′s
でんごん　伝言　meddelelse, beskje′d, bud　―する sende bud etter en
てんさい　天才(才能) geni, talen′t, bega′velse（人）geni, snille　―的な genia′l, talen′tfull, bega′vet
てんさい　天災　naturkatastro′fe（不可抗力）uunngå′elighet
てんさい　甜菜〈植〉sukkerroe　―糖 roesukker
てんさく　添削　korrige′ring, rettelse　―する korrige′re, rette（目を通す）granske, se over
てんし　天使　engel　―の〔ような〕engleaktig
てんじ　点字　punktskrift, blindeskrift
てんじ　展示　utstilling, fremvisning　―する utstille, fremvise, skilte med　―会 utstilling, oppvisning（家畜などの）〔dyr〕skue
でんし　電子　elektro′n　―の elektro′nisk　―工学 elektronik′k　―計算機 elektro′nreknemaskin　―顕

微鏡 elektro'nmikroskop —レンジ mikrobølgeovn
でんじは 電磁波 elektromagnetisk bølge
てんしゃ 転写 avskrift, kopi —する skrive av, kopie're
でんしゃ 電車 elek'trisk tog （市街電車）sporvogn —の停留所 sporvognsstoppested
てんしゅかく 天守閣 borgtårn
でんじゅする 伝授する innføre/innlede et hemmelig evne, undervise
てんじょう 天井 loft, tak —桟敷 galleri'
てんじょういん 添乗員 reiseleder
てんしょく 天職 kall, beskjef'tigelse, erverv
てんしょくする 転職する skifte arbeid
でんしょばと 伝書鳩 brevdue
でんしん 電信 telegra'f —を送る telegrafe're —局 telegra'fkontor
てんしんらんまんな 天真爛漫な naiv, troskyldig
てんすう 点数(成績) poen'g, karakte'r （競技の）〔antall〕point, stilling, skåre （サッカーなどの）〔antall〕score, skåre
てんせい 天性(性質) natu'rlig anlegg, talen't —の natu'rlig, medfødd, a prio'ri
でんせつ 伝説 legen\de, saga, overlevering —的な legenda'risk, tradisjonel'l
でんせん 電線 elek'trisk ledning （高圧線）kraftledning 海底— undervannskabel
でんせん 伝染（接触・間接共）smitte —病 smittsom sjukdom —する(病気が) smitte （病気をうつされる）bli smittet av en sjukdom —性の smittende —病患者 smittebærer, smittespreder —源 smittekilde
でんそう 電送 elek'trisk overføring —する overføre bilde —写真 telefoto〔grafering〕
てんたい 天体 himmellegeme —観測 astrono'misk observasjo'n/iakttakelse
でんたく 電卓 lommekalkulator, regnemaskin
てんち 転地 luftforandring —する flytte til luftforandring

でんち 電池 〔elek′trisk〕batteri′
でんちく 電蓄 〔elek′trisk〕grammofo′n
でんちゅう 電柱 telefo′nstolpe,〔elek′trisk〕ledningsmast
てんてつ・き 転轍器 sporskifte —する rangere, kjøre inn på annet spor
テント telt —を張る slå opp telt, reise et telt —生活をする kampe′re, ligge i telt —をたたむ ta et telt ned
でんとう 伝統 tradisjo′n, overlevering, sedvane —的な tradisjonel′l, sedvanlig
でんとう 電灯 elek′trisk lys/lampe —をつける tenne på lyset —を消す slokke/slå av lyset
でんどう 伝導(熱などの) ledning〔sevne〕
でんどう 伝道 misjo′n, forkyn′nelse —する misjone′re, forkyn′ne —師 misjonæ′r, forkyn′ner, predikan′t
てんどうせつ 天動説 geosen′trisk teori′
てんとうむし てんとう虫〈虫〉marihøne
てんとりむし 点取り虫 bokorm, karakte′rjeger
てんにん 転任 plasse′ring på ny post
でんねつき 電熱器(調理用) elek′trisk varmeelement/kokeplate
てんねん 天然 natu′r —の/に natu′rlig (野生の) viltvoksende —記念物 natu′rminnesmerke —資源 natu′rresurser
てんねんとう 天然痘〈病〉kopper
てんのう 天皇 keiseren〔av Japan〕—陛下 Hans Majeste′t Keiseren〔av Japan〕
てんのうせい 天王星 Uranus
でんぱ 電波 elek′trisk bølge —探知機 radar
でんぱする 伝播する utspre〔de〕
てんぴ 天火 omn, ovn
でんぴょう 伝票 gjeldsbevis, gjeldsbrev
てんびん 天秤 vekt —棒 vektstang 上皿— vektskål
てんぷく 転覆 omstyrtelse —する kantre, velte, gå

rundt 　—させる velte, omstyrte, felle
てんぷする 　添付する 　vedføye, tilføye
てんぶん 　天分 　(天性) natu'r 　(天賦の才) medfødd bega'velse, talen't 　—のある bega'vet, talen'tfull
でんぷん 　澱粉 　stivelse 　—質の/を含む stivelseholdig
てんぼう 　展望 　utsikt, panora'ma 　—台 utsiktspunkt, utsiktstårn, observato'rium 　—車 utsiktsvogn, observasjo'nsvogn 　—する ta et oversikt over, ha utsikt 〔over〕
でんぽう 　電報 　telegram' 　—を打つ sende et telegram', telegrafe're 　—用紙 telegram'blankett 　—料 telegram'avgift
デンマーク 　Danmark 　—人 danske 　—の/語〔の〕 dansk
てんもんがく 　天文学 　astronomi' 　—の astrono'misk 　—者 astrono'm 　—台 observato'rium
でんらいした 　伝来した 　innført
てんらん・する 　展覧する 　utstille, vise, skilte med 　—会 forestilling, utstilling 　—会場 utstillingsloka'le 　—物 utstillingsgjenstand
でんりゅう 　電流 　elek'trisk strøm 　—計 amperemeter
でんりょく 　電力 　elek'trisk kraft 　—会社 elek'trisk kraft kompani'
でんわ 　電話 　telefo'n 　—をかける/する telefone're, ringe opp 　—を切る legge på røret, ringe av 　—番号 telefo'nnummer 　—帳 telefo'nkatalog 　—料 telefo'navgift 　—料を払う betale for telefo'nen 　公衆— telefo'nkiosk 　(内線) skjøteledning

と

と 　(および) og 　(それに加えて) samt 　(と共に) med, sammen med 　…と比較して sammenliknet med 　…と

同じ samme …として som …としても selv om …とすると når, da, hvis … så …といっても men likevel …とはいえ imidlertid …と違って til forskjell fra

と 戸(扉) dør 引き— skyvedør (窓の) vindu (柵などの)木— grind 格子— gitterdør —を開ける/閉める åpne/lukke døren

ど 度(温度・角度など) grad (度数・回数) gang 適— måtehold —を過ごす overdrive, drive for vidt

ドア dør

とあみ 投網 kastegarn, kastenot

とい 樋 vassledning, rørledning fra tak

とい 問い spørsmål, forespørsel —かける gjøre/stille et spørsmål, forespørre〔om〕—に答える besva′re et spørsmål

といあわせ 問い合わせ forespørsel, henvendelse —る forespørre om, forhø′re seg〔om〕

といし 砥石 bryne, slipestein

といただす 問いただす utspørre, forhø′re

ドイツ Tyskland —人 tysker —の/語〔の〕tysk 反—の tyskfiendtlig

トイレット toalet′t

とう 問う forespørre (問題にする) sette et proble′m under debat′t (罪を) anklage noe for

とう 党(党派) poli′tisk parti′ (徒党) fraksjo′n (派閥) klikk —員 parti′felle, parti′mann

とう 等(等級) grad, klass —々(など) og så videre〔短〕osv.

とう 塔 tårn (教会の) kirketårn (回教寺院の) minare′t

とう 籐〈植〉rotting, spanskrør —椅子 rottingstol

とう 頭 hode

とう 十 ti

どう 胴 bol, kropp (船・飛行機などの) skrog

どう 銅 kobber

どう 同(同一の) den samme (同様の) liknende —人 samme perso′n

どう (いかに) hvordan, hvorledes, på hvilken måte —あろうとも for enhver pris —いたしまして Ingen årsak, Det var så litt, Det gjør ikke noe …か—か〔om det er sådan …〕eller ikke —かしましたか Er det skjedd noe?, Er det noe galt? —しましたか Hva er der som er i veien?, Hva er der hendt deg? —ですか Hvordan går det?, Hva mener du om det? —なりましたか Hva er der skjedd med? —にか på en eller annen måte —にも・—しても på ingen måte —みても uten hensyn til

とうあ 東亜 Øst-Asia, Aust-Asia (極東) Det fjerne østen

とうあつせん 等圧線 isoba'r

とうあん 答案 eksa'mensbesvarelse, eksa'menspapir

どうい 同意 (賛成) samtykke, godkjenning —する samtykke, godkjenne, stemme overe'ns, være enig —語 synony'm

どういげんそ 同位元素 isoto'p

どういつ 統一 (単一) enhet (一様) ensformighet (単一化) fore'ning, ensretting (標準化) ensretting, standardise'ring —する (観点などを) fore'ne (国などを) samle (精神を) konsentre're〔seg om〕

どういつ 同一 identite't —の iden'tisk, samme (同様の) liknende

どういん 動員 mobilise'ring, oppbud —する mobilise're, oppby

とうえい 投影 skygge, projeksjo'n —する skygge〔over〕, projise're —器 (スライドなどの) prosjektø'r

とうおんせん 等温線 isoter'm

とうか 灯火 bely'sning —管制 mørklegning

どうか 同化 assimilasjo'n —する assimile're —作用 anabolis'me

どうか 銅貨 kobberdank

どうか (ぜひ・なんとか) for enhver pris …か—か〔om det er sådan å …〕eller ikke —かしている være gal/forkjæ'rt

とうかいする 倒壊する falle sammen
どうかせん 導火線 lunte, tennrør （誘因）årsak: tilskyndelse
とうかつ 統括 generalise'ring ―する generalise're
とうがらし 唐辛子 kajen\nepepper
どうがん 童顔 guttaktig ansikt
とうかんする 投函する postlegge
とうき 冬期 vintertid
とうき 陶器 keramik'k, leirtøy ―の kera'misk ―工場 kera'mikerverksted, kera'misk fabrik'k （陶芸）den kera'miske kunst
とうき 登記 registre'ring ―する registre're, få registre'ring ―所 registre'ringsbyrå, registre'ringskontor
とうき 投機 spekulasjo'n ―する spekule're ―で på spekulasjo'n, i spekulasjo'nshensikt ―師 spekulan't
とうき 騰貴 prisstig〔n〕ing ―する stige, gå opp
とうぎ 討議 drøftelse, diskusjo'n, debat't ―する diskute're, debatte're, drøfte
どうき 動悸 hjertebank ―がする banke
どうき 動機 motiv, grunn, beve'ggrunn ―を与える motive're ―のない umotivert
どうぎ 動議 〔lov〕forslag, mosjo'n 緊急― presse'rende mosjo'n ―を提出する vekke mosjo'n om
どうぎ 道義 moralprinsip'p, etik'k
どうぎご 同義語 synony'm
とうきゅう 等級 grad, klasse ―をつける grade're, inndele i grader （分類する）klassifise're, inndele i grupper, sorte're
とうきゅう 投球 ballkastning （野球の投手）ballkaster
とうぎゅう 闘牛 tyrefekt〔n〕ing ―士 tyrefekter, matado'r
どうきゅう 同級 samme klasse ―生 klassekamerat
とうぎょ 統御 regje'ring, forval'tning, kontrol'l
どうぎょう 同業 samme slags forret'ning, like for-

ret'ningsvirksomhet —組合 handelsforening, handelsforbindelse 〔innen samme virksomhet〕 —者 (総称)(医者・弁護士ら) profesjo'n (商人・職人ら) handel, yrke

とうきょく 当局　ansva'rlige myndigheter, autorite't

どうきょ・する 同居する　bu sammen, dele bolig　—人 losje'rende, leieboer (間貸しする) losje're

どうぐ 道具　verktøy, redskap (器械) appara't (器具) instrumen't (家具) møbel (家具のセット) møblement　—箱 verktøykasse　—棚 verktøyskap

どうくつ 洞窟　grotte

とうげ 峠　fjellovergang (危機) krise (絶頂) top, høgdepunkt　—を越す gå over et pass (危機を過ぎる) komme over en krise

どうけ 道化　krumspring, narrestreker (おどけた) bajasaktig, pussig　—師 klovn　—師を演ずる spille klovn　—芝居 farse

とうけい 東経　austlig lengd〔e〕

とうけい 統計〔学〕　statistik'k　—上の statis'tisk　—学者 statis'tiker

とうげい 陶芸　keramik'k, den kera'miske kunst

どうけん 同権　likestilling, like rettighet　男女— likestilling mellom kjønnene, kjønns likeberettigelse

とうこう 投稿　innlegg (寄稿) bidrag　—する bidra med artikler, skrive artikler for　—者 bidragsyter

とうこう 登校　skolegang　—する gå på/i skole　—拒否 skoleforbi

とうごう 統合(統一)　enhet (結合) sammensetning　—する fore'ne, sammensette

どうこう 瞳孔　pupil'l

どうこう・する 同行する　gjøre en selskap, gå tilsammen　—者 selskap (お供) følgesvenn

とうさ 踏査　utforsk〔n〕ing　—する utforske

どうさ 動作　rørelse, beve'gelse (振る舞い) oppførsel, manér

とうざいなんぼく 東西南北　øst, vest, sør og nord
とうさく　盗作　plagia′t
どうさつ　洞察　innsikt, innblikk　―力のある framsynt, forutseende
とうざ・の　当座の(一時の)　leilighetsvis, midlertidig (今の) nåværende　―は for nærværende　―しのぎに som leilighetsvis hjelp, for å klare seg framover　―預金 sjekkkonto
とうさん　倒産　konku′rs, insolven′s　―した insolen′t　―する gå konku′rs
どうさん　動産　lausøre　不― fast eiendom
どうざん　銅山　kobberverk, koppergruve
とうし　投資　investe′ring, plasse′ring〔av penger〕―する investe′re, plasse′re penger　―信託 investe′ringsforening
とうし　凍死　død av kulde　―する fryse i hjel, dø av kulde
とうし　闘志　kamplyst　―満々の kamplysten
とうじ　冬至　vintersol〔h〕verv
とうじ　当時　dengang, på den tid　―の daværende, datidig　―は da, dengang
とうじ　答辞　helsing til svar　―を述べる besvare en helsing
とうじ　湯治　kurbad〔ved varm kjelde〕
どうし　動詞〈文法〉verb　他― transitiv verb　自― intransitiv verb
どうし　同志　kamera′t (仕事上の同僚) kolle′ga
とうじしゃ　当事者　vedkommende, den pågjeldende (利害関係者) de interesse′rte, interessen′ter(pl.)
どうじだい・に　同時代に　under samme tidsalder　―の samtidig　―の人 hans samtidige, en samtidig
とうじつ　当日　den pågjeldende dag
どうじ　同時　samtidighet　―に samtidig, på samme tid, ved samme leilighet　―の simulta′n, samtidig (一時に) på en gang, på samme gang　―通訳 simulta′ntolking　―通訳する simulta′ntolke　―性の synkro′nisk

どうして (なぜ) hvorfor, av vilken grunn (どうやって) hvordan, hvorledes, på vilken måte —も(ぜひ) for enhver pris, uansett (無条件で) uvilkårlig (必ず) ufeilba'rlig

とうしゅ 党主 parti'formann, parti'leder

とうしゅ 投手(野球の) 〔ball〕kaster

とうしょ 投書 innlegg 〔i avis/blad〕, innsendelse —欄 leserspalte —する innsende —者 innsender

とうしょう 凍傷 forfry'sning

とうじょう 登場 〔scene〕opptreden, fremtreden —する opptre 〔på scenen〕, fremtre —人物 de opptredende 初—(デビュー) første opptreden

とうじょう 搭乗 ombo'rdstigning —券 ombo'rdstigningkort —手続き innsjekking

どうじょう 同上 ditto —の ens, ensarta, like

どうじょう 同情 medfølelse, medli'denhet, sympati' —する ha medli'denhet, sympatise're 〔med〕 —者 sympatisø'r —心のある varmhjertet, medli'dende

とうしん 答申 refera't, melding, bere'tning

どうしん 童心 barnesinn

とうすい 陶酔 beru'selse, rus, eksta\se —する beru'se, være i en rus

どうせ (結局) til slut, i alle fall, hvor som helst

とうせい 統制 regule'ring, kontrol'l —する regule're, kontrolle're —経済 planøkonomi'

とうせい 当世 nåtid, vor tidsalder —風の nåtidig, mode'rne

どうせい 同棲 samliv —相手 samboer

とうせつ 当節 nå til dags, nå for tiden, i disse dager

とうせん 当選 —する(選挙で) vinne valget, bli valgt inn (懸賞に) vinne pris —者 valgt kandida't (懸賞の) pristaker

とうぜん 当然 natu'rligvis, selvføl'gelig —の(適した) tilbø'rlig, behø'rig (自然の) natu'rlig

どうせん 銅線 kobbeltråd

どうぞ værsgo, vær så god —お座り下さい Værsgo å ta plass —よろしく det er meg en fornøj'else

とうそう 逃走 flukt, rømning —する flykte, rømme, slippe bort, deserte're 〔fra〕 —者 desertø'r, flyktning（亡命者）avhopper

とうそう 闘争 kamp, strid —する kjempe, stri

どうそう 同窓 skolekamerat —会 fore'ning av gamle elever

どうぞう 銅像 bronsestatue

とうそつ 統率 kommande'rende, herredømme —する kommande're, herske, styre —者 hersker, leder, styrer

とうた 淘汰 utvalg 自然— det natu'rlige utvalg —する velge〔seg〕ut（解任）avskjed

とうだい 灯台 fyr〔tårn〕 —守 fyrvokter

どうたい 胴体 kropp, legeme（手足のない）torso（船・飛行機などの）skrog

とうたつ 到達 ankomst（達成）oppnåelse —する ankomme, oppnå, nå〔fram〕

とうち 統治 herredømme, regje'ring —する herske, regje're —権 suverenite't —者 hersker, regen't（総督）guvernø'r

とうちゃく 到着 ankomst, framkomst —する ankomme, nå〔fram〕

とうちょう 盗聴 telefonavlytting （ラジオなど）tjuvlytting

とうちょうする 登頂する besti'ge〔et fjell〕

とうてい 到底（どうしても）ingenlunde, slett ikke（まったく）fullkommen, totalt, absolu't（どうせ）til slutt, i alle fall, hvor som helst

どうてん 同点 utligning …と—にする utligne

とうと・い 尊い（尊敬すべき）fornem, respekta'bel（高貴な）edel, nobel（神聖な）hellig（貴重な）verd, verdig, dyr —ぶ（尊敬する）beun'dre, respekte're, akte（価値を認める）verdsette, sette pris på

とうとう 到頭（ついに）endelig, til slutt/sist, omsi'der

どうとう 同等 likestilling —の likestilt, sidestilt, like —に like

どうどう・たる 堂々たる statelig, praktfull, storslått ―と(公然と) åpent, offentlig 正々―と ærlig, verdig

とうとうと 滔々と(流暢に) veltalende (水が) hurtig, hastig, flyende ―しゃべる tale flyende/veltalende/ustanʼselig

どうとく 道徳 moraʼl, dyd, sedelighet ―的な moraʼlsk, dydig, sedelig ―家 moralisʼt

とうとつに 唐突に plutselig, med ett, brått, uventet

とうとぶ 尊ぶ(尊敬する) beunʼdre, respekteʼre, akte

とうなん 東南 søraust ―の søraustlig

とうなん 盗難 tjuveri (強奪) røveriʼ (盗人) tjuv ―に遭う bli stjålet ―保険 tjuveriforsikring ―品 tjuvegods

とうに (以前に) for lenge siden (すでに) allerede

どうにゅう 導入 innføring, introduksjoʼn, innleiing ―する innføre, introduseʼre

とうにゅうこう 投入口(コインの) myntåpning (カードの) kortåpning

とうにょうびょう 糖尿病〈病〉sukkersjuke, diabeʼtes

とうにん 当人 den pågjeldende person

どうねん 同年 samme år (年齢が) samme alder ―である være like gammel, være jevnaldrende

とうの 当の førnevnt, pågjeldende

とうは 党派 klikk, fraksjoʼn

とうばん 当番 tur, vakt ―の vakthavende, tjenstgjørende ―である være på vakt

どうはんが 銅版画 kobberstikk

どうはん・する 同伴する følge med, ledsage ―者 følgesvenn, ledsager

とうひ 逃避 flukt, rømning ―する flykte, rømme (消え去る) forsvinʼne

とうひょう 投票(行為) avstemning, stemmegivning (票) stemme ―権 stemmerett ―する stemme, avgi sin stemme ―用紙 stemmeseddel ―数 stemmetall

とうふ 豆腐 soyakake

とうぶ 頭部 hode

どうふう 同封〔物〕 vedlegg —する vedlegge
どうぶつ 動物 dyr (獣) beist, villdyr —園 dyrepark, zoolo'gisk hage —学 zoologi' —的な dyrisk
とうぶん 当分(しばらく)〔like〕for tiden, gjennom noen tid —の(当座の) midlertidig, proviso'risk
とうぶんする 等分する dele likt
とうべん 答弁 svar
とうぼう 逃亡 flukt, rømning —する flykte, rømme (消え去る) forsvin'ne —者 rømningsmann, desertø'r
とうみつ 糖蜜 honning
どうみゃく 動脈 arte'rie, pulsåre
とうみん 島民 øybu〔er〕
とうみん 冬眠 overvintring —用の穴 hi —する ligge i hi
とうめい 透明 gjennomsiktighet, klarhet —な gjennomsiktig, klar 半—な halvgjennomsiktig, gjennomskinnelig
どうめい 同盟 allian'se, forbund (連合) unio'n —を結ぶ allie're〔seg med〕, inngå forbund med
どうも —ありがとう Mange takk, Tusen takk 先日は— Takk for sist (とても) mye, helst
とうもろこし 玉蜀黍〈植〉mais
どうやら —こうやら på alle〔mulige〕måter, på enhver måte (かろうじて)knapt, nesten ikke (どうも…らしい) formo'dentlig være så
とうよう 東洋 Orien'ten, Østen —人 orienta'ler, asia't —の orienta'lsk —史 orienta'lsk histo'rie
とうよう 登用 utnevnelse —する utnevne〔til〕
どうよう 動揺 rystelse, dirr (心の) sinnsbevegelse, sinnsopprør —する ryste, dirre (船がたて揺れする) hogge (船が横揺れする) rulle, slingre (心が) ryste, få sjokk, sjokke're, opprøres
どうよう 童謡 barnerim (子守歌) voggesang, voggevise
どうよう・の 同様の liknende, like, samme … som —に likeledes, likså, det samme

どうらく 道楽(放蕩) utsvevelse ―者 utsvevende person (浪費) ødselhet (浪費する) ødsle [bort/vekk], spille (趣味) hobby

どうらん 動乱 oppløp, opptøyer(pl.), tumul′ter(pl.) ―を起こす gjøre opptøyer

とうり 通り → とおり

どうり 道理(条理) rimelighet, fornuf′t ―のある rimelig, fornuf′tig ―で derfor, følgelig, altså

どうりょう 同僚 kolle′ga, kamera′t

どうりょく 動力 kraft, drivkraft ―計 kraftmåler

とうる 通る → とおる

どうろ 道路 veg, vei, gate ―工事 vegarbeid, veganlegg ―図 vegkart ―標識 vegviser, vegskilt ―公団 vegvesen

とうろく 登録 registre′ring, innskriving ―する registre′re, innskrive ―商標 registre′rt varemerke

とうろん 討論 debat′t, diskusjo′n ―する debatte′re, diskute′re ―会[場] forum

どうわ 童話 eventyr, fabel (北欧伝説) saga

とうわく 当惑(困惑) forle′genhet, knipe (迷惑) besvæ′r, fortre′delighet, bryderi ―する bli forvir′ret/forle′gen, være rådlaus/rådvill ―した forle′gen, pinlig ―させる forvir′re, desoriente′re

とおあさ 遠浅 [sand]grunne, grunnstrand

とおい 遠い(距離的に・時間的に) fjern, langt borte (片田舎の) avsides

とおく 遠く(場所) fjernt sted ―に fjernt

とおさ 遠さ avstand

とおざかる 遠ざかる fjerne seg

とおざける 遠ざける holde [en] på avstand, fjerne (締め出す) lukke [en] ut

とおしきっぷ 通し切符 gjennomgangsbillett

とおす 通す la passe′re, la komme forbi, sleppe forbi 突き― trenge gjennom (貫徹する) gjennomføre, virkeliggjøre (案内する) vise [gjest] til (入れる) sleppe inn (目を) se/kikke gjennom (継続する) fortsette

トースター brødrister
トースト ristet brød, toast
ドーナツ berli′n(er)bolle, smultring
トーナメント turne′ring
とおまわし・に 遠回しに antydningsvis, indirekte, omveg(e)s —の forblom′met, dunkel
とおまわり 遠回り omveg, sideveg —する gå /gjøre en omveg
ドーム kuppel （アーチ）kvelb
とおり 通り gate, veg （並木のある）allé …の言う—にする gjøre som noen sier
とおりがかりに 通りがかりに i forbi′gående
とおりかかる 通りかかる passe′re
とおる 通る passe′re, gå igjen′nom （試験に）bestå 〔en prøve〕
とか og/eller sådan noe, såsom, for eksem′pel, et eller annet A—B— A og B og den slags
とかい 都会 storby
とかく ofte, titt, hyppig — …する være tilbøyelig til å —の tvilende, tvilsom
とかげ 蜥蜴〈動〉firfisle
とかす 溶かす(熱で) smelte （水など液体で）oppløse
とかす 梳かす(髪を) rede〔håret〕
どかた 土方 kroppsarbeider
とがめ 咎め beskyl′dning, bebrei′delse —る beskyl′de, bebrei′de, kritise′re, dadle
とがらす 尖らす skjerpe, kvesse （口を）surmule, være sur （神経を）bli nervø′s
とき 時(時間・時刻) tid, tidspunkt, tidsrum …した— da …する— når （場合）leilighet, i fall （時代）tidsalder —がくれば i tidens fylle
ときおり・ときどき 時折り・時々 av og til, nå og da, somme tider （たびたび）ofte, titt
どぎまぎする bli forvir′ret/rådvill
どきょう 度胸 〔manns〕mot —のある tapper, modig, fryktlaus —のない fryktsom, bange

とぎょうそう 徒競走 løpekonkurranse
とぎれ・る 途切れる bli avbrutt —とぎれの(断続的な) uregelmessig, tilba'kevendende —とぎれに sporaʹdisk, rykkevis
とく 解く(ほどく) løsne, lø〔y〕se (鎖などをはずす) løyse av (問題・疑問を) løyse (疑念を晴らす) klare, gjøre tydelig (取り除く) oppheve (武装を解除する) avvæpne (解放する) frigjøre (取り消す) annuleʹre
とく 説く(説明する) forklaʹre, opplyse, gjøre rede for (説得する) overtale, overtyde (述べる) tale om, beretʹte (説教する) preke, forkynʹne
とく 得 profitʹt, fortjeneʹste —する profitteʹre, tjene, ha utbytte —な fordelaktig, profitaʹbel, gunstig
とく 徳 dyd —のある dydig, sedelig, sømmelig
とぐ 研ぐ(砥石で) slipe, kvesse (磨く) poleʹre, blanke, pusse お米を— vaske/poleʹre ris
どく 退く(のく) gå ut, vike (後ろへ) bakke ut.
どく 毒 gift —のある giftig —を盛る legge gift for —ガス giftgass —ガスにやられる bli gasset —草 giftblomst —へび giftslange
とくい 得意 styrke, sterk side (失意に対して) triumʹf, framgang (自慢) stolthet —になって triumfeʹrende, stolt av お—さん fast kunde, stamgjest
どくがく 独学 selvstudium —の selvlært
とくぎ 特技 spesialiteʹt, utmerkende kraft/evne —の持ち主 spesialisʹt, eksperʹt
どくさい 独裁 diktatuʹr —的な diktatoʹrisk —者 diktaʹtor
とくさく 得策 en god politikʹk, klok framgangsmåte —な tilråʹdelig, velbetenkt
どくさつ 毒殺 dødende med gift, forgiftʹning —する døde med gift, forgifʹte
とくさん〔ぶつ〕 特産〔物〕 spesiaʹlprodukt〔er〕
とくしつ 特質 karakteristikʹk, særegenhet, særpreg, egenart (個性) individualiteʹt
とくしゃ 特赦 amnestiʹ, tilgivelse —を与える gi

〔en〕amnesti′

どくしゃ 読者 leser（新聞・雑誌の購読者）abonnen′t, subskriben′t —欄 innsendersspalte

とくしゅ・な 特殊な spesia′l, egen, origina′l, spesiel′l —化する spesialise′re —性 spesia′le, karakteristik′k, originalite′t

どくしょ 読書 lesning —する lese bøker —家 en som elsker å lese bøker（本の虫）leshest, bokorm

どくしょう 独唱 voka′l solo —者 solo vokalis′t —会〔solo〕konsert

とくしょく 特色 særpreg, kjennetegn —のある spesia′l, karakteris′tisk —のない fargelaus

とくしんする 得心する være tilfred′s med, være fornøy′et

どくしん・の 独身の ugift —者（男）ugift mann, ungkar （女）ugift kvinne, ungkarskvinne

どくせん 独占 monopo′l, privile′gium —する ha monopo′l på, monopolise′re

どくぜんてきな 独善的な selvrettferdig

どくそう 独創 originalite′t, opprin′nelighet —的な original, opprin′nelig —力 skaperevne, skaperkraft

とくだね 特種 kupp

どくだん 独断 egenmektig beslut′ning （学説の）dogme, selvsikkerhet —的な egenmektig, dogma′tisk, selvsikker

とぐち 戸口 inn-/utgang, ytre dør

とくちょう 特徴 særligt kjennetegn/trekk, karakte′r-egenskap （個性）individualite′t —のある karakteristisk, egenartet, framtredende

とくてん 特典 privile′gium, priorite′t, særrett

とくてん 得点（競技の）point, poen′g （サッカーなどの）score, skåre

とくとう 特等 spesia′l grad —品 førstklassesvarer (pl.) —席 den beste plassen （指定席）reserve′rt plass

とくとう 禿頭 håravfall, skallethet

どくとく 独特 særegenhet —の særlig, særegen,

origina′l
- **とくとくの** 得々の stolt, storsnuta
- **とくに** 特に særlig, spesiel′t
- **とくばい** 特売 utsalg, realisasjo′n —場 utsalgsdisk —品 realisasjo′nsvarer (pl.) —価格 realisasjo′nspris
- **どくはく** 独白 monolo′g
- **とくは・する** 特派する utsende en journalis′t —員 〔spesia′l〕 korresponden′t
- **とくべつ** 特別 noe særlig/spesiel′l —の/な særlig, spesiel′l (例外的な) ekstraordinær, eksem′pellaus (余分の) ekstra, overflødig —に særlig, spesiel′t —号 særnummer —手当 spesiel′l understøttelse
- **とくぼう** 徳望 mora′lsk innflytelse
- **とくほん** 読本 lesebok (教科書) lærebok
- **とくめい** 匿名 anonymite′t —の anony′m —で anonym′t, inkog′nito
- **どくやく** 毒薬 gift (へびなどの毒液) edder (毒素) toksi′n
- **とくゆうの** 特有の karakteris′tisk, særegen
- **とくよう・の** 徳用の økono′misk, sparsommelig —品 økono′miske artik′ler (pl.)
- **どくりつ** 独立 selvstendighet, uavhengighet, frihet (自活) selvforsørgelse —の selvstendig, uavhengig —する bli selvstendig/uavhengig —心 selvstendighetsfølelse
- **どくりょく・の** 独力の selvstendig, uavhengig —で med egen kraft, uten annen hjelp, selv
- **とげ** (バラなどの) torn (金属の) pigg (木・竹などの細片) splint —のある tornet〔e〕, pigget〔e〕
- **とけい** 時計 ur 掛け—/置き— klokke 腕— armbåndur 懐中— lommeur —の針 urviser —屋 urmaker
- **とける** 溶ける (熱で) smelte (雪・氷・冷凍食品などが) tø 〔opp〕 (水などに) lø〔y〕se opp 〔i〕
- **とける** 解ける (ほどける) løsne seg, gå løs (疑いが) bli spredt (問題が) bli løst (怒りが) bli formil′det
- **とげる** 遂げる fullbringe, fullbyrde, gjennomføre

とこ 床(寝床) seng —につく gå til sengs —の間 alko've (壁のくぼみ・へきがん) nisje

どこ 何処 hvor —か et eller annet sted —へ/に hvorhen —から hvorfra —まで hvortil —も overalt, alle steder —もない ingen steder —でも hvor som helst

とこう 渡航 sjøreise —する reise til utlandet —者 sjøreisende

どごう 怒号 vræl (野獣の) brøl (歓呼などの) hyl —する vræle, brøle

とこや 床屋 barbe'r, frisø'r

ところ 所(場所) plass, sted (地方) distri'kt, område (現場) skueplass, scene (住所) adress, boplass (時点) tidspunkt (場合) fall, leilighet —が(しかし) men, likevel, imidlertid —で forres'ten, apropos —どころ her og der —により雨 det regner i visse strøk

…どころか (反対に) omvendt, langt fra, snarere

どさくさ urede, uorden, forvir'ring —まぎれに i øyeblikkets forvir'ring, i broket[e] forvir'ring

とざす 閉ざす lukke, sperre (鍵をかける) låse

とさつ 屠殺 slakting —する slakte —場 slakteri'

とざん 登山 fjellklatring, tindebestigning —する klatre i fjellet, besti'ge [et fjell] —家 fjellklatrer, fjellbestiger

とし 年(年齢) alder (暦の) år —をとる bli gammel —下 en der er yngre, junior —上 en der er eldre, senior —寄り eldre person, den gamle

とし 都市 by —計画 byplanlegging —生活 byliv —開発 byutvikling, byutnyttelse

とじこめる 閉じ込める sperre inn, fengsle

としごろ 年頃(年配) alder (婚期) gifteferdig alder (思春期) puberte't (青春) ungdom

として som …の印— som tegn på, som et uttrykk for (…の資格で) i egenskap av

とじまり 戸締り dørlukking

どしゃぶり 土砂降り øsregn, skybrudd (豪雨)

styrtregn —に降る øsregne, styrtregne
としゅ・の 徒手の tomhendt —空拳の ubemidlet —体操 fristående øvelse
としょ 図書 bøker —閲覧室 lesesal —室/館 biblioteʼk —館員/司書 bibliotekaʼr
どじょう 土壌 jord （野原）mark
とじる 閉じる lukke, stenge （終える）slutte
とじる 綴じる(本を) binde〔bøker〕med, hefte （縫う）sy
どすう 度数 frekvenʼs, antall av ganger —計 frekvenʼsmåler
どせい 土星 Saturn
どだい 土台 grunn, fundamenʼt, basis
とだな 戸棚(食器・本などの) skap〔med hylle〕（納戸）garderoʼbe （整理たんす）kommoʼde
どたばたきげき どたばた喜劇 grov farse
トタン galvaniseʼrt jern, sinktekker —ぶきの lagt med sinktekker
とたんに 途端に samme øyeblikk〔som〕
とち 土地 mark, stykke land, grunn （宅地）byggeplass （地所）gods （不動産）fast egendom/gods （地方）distrikʼt, område
どちゃくの 土着の innfødt, innalandsk —人 en innfødt （原住民）de innfødte
とちゅう・で 途中で på veg, underveis —で引き返す snu midtveis （中途で）halvveges, midtveis —下車する gjøre opphold/avbrytelse
どちら hvilken ... eller —の方向 hvilken retning —へ hvorhen —か en av de to, enten ... eller ... —も begge de to —も…でない ingen av dem, verken ... eller ... —に hvorhenne —さま Hvem〔er du〕?
とっか 特価 spesielʼl pris 割引き— nedsatt pris —売り出し realisasjoʼn
とっかんこうじ 突貫工事 hurtig/presserende arbeid, hastverk —をする haste arbeid
とっきゅう 特急 lyntog,〔spesiaʼl〕ekspresʼs〔tog〕
とっきょ 特許 patenʼt —を取る patenteʼre, ta pa-

ten't på —を出願する anmelde et paten't —権 paten'trettighet —料 paten'tavgift —庁 paten't byrå
とつぐ 嫁ぐ gifte seg med, bli gift
ドック dokk —に入る gå i dokk
とつげき 突撃 stormangrep, stormløp —する angripe hardt, gå til stormløp mot —隊 stormtropper (pl.)
とっけん 特権 privile'gium, særrettighet —階級 privilege'rt klasse
とっしゅつ 突出 framspring —する skyte fram, rage fram —した framspringende, utstående
とっしん 突進 tilstrømning —する styrte, fare, skynde〔seg〕på/med
とつぜん・に 突然に plutselig, uventet (唐突に) tvert —変異(生物の) mutasjo'n
とって 取っ手 handtak
とっておく 取って置く(保存する) beva're, behol'de (予約する) reserve're (別にしておく) legge fra noe til, legge hen (貯える) spare, beva're
とってかわる 取って代わる erstat'te (補償する) oppveie
とってくる 取って来る hente
とっぱつ 突発 utbrott —する bryte løs/fram —的な plutselig, uventet
とっぴな 突飛な ekstravagan't, merkverdig (風変りな) besyn'derlig, underlig, eiendom'melig (向う見ずの) hensynsløs, freidig, forvoven
トップ topp, høgdepunkt —に立つ toppe
とっぷう 突風 vindkast, kastevind
とつめん 凸面 konvek's flate —の konvek's (ふくらんだ) utbuet, krum〔utover〕, svulmet
どて 土手 banke, bredd
とてい 徒弟 lærling —学校 lærlingskole
とても (どうしても…ない) under ingen omsten'digheter, ingenlunde (まったく) alde'les, ytterlig (非常に) mye, særde'les —よい utmerkt, fortref'felig

ととう 徒党　bande, gjeng
とど・く　届く(到着する) ankomme〔til〕, nå (到達する) nå〔fram/opp til〕(願いなどが) gå i oppfyllelse, bli realise′rt　—ける leve′re, avlevere, sende　—け先 mottaker
とどこおる　滞る　bli forsin′ket
ととの・う　整う(準備が) bli forarbeidet/forbere′dt, være ferdig　(整頓される) bli arrange′rt/brakt〔i orden〕(調整される) bli regule′rt/juste′rt　—える (準備する) forarbeide, forbere′de (整頓する) ordne, bringe i orden, arrange′re　(調整する) regule′re, juste′re　(まとめる) sammenfatte
とどまる　(止まる) standse, oppholde〔seg〕(残留する) stå tilba\ke, forbli′, være tilba\ke
とどろ・く　轟く drønne, dundre　(反響する) gjenlyde, runge (胸が高鳴る) hjertet banker/slår　—き bulder, brak, knall
となえる　唱える　resite′re, si fram, lese opp
となかい　〈動〉　rein
どなたですか　(電話で) Hvem snakker jeg med？ (訪問客に対して) Hva er dit navn？
となり　隣 nabo, den ved siden av　(隣人) naboskap　—近所 nabolag
どなる　怒鳴る　brøle, rope, skrike
とにかく　i alle/alt fall, i hvert fall　(…は別として) bortsett fra, med unntak av, unntatt
どの　hvilken, hva　—も hver, hvilken som helst, alle　—…もない ingen　—くらい(数) hvor mange (量) hvor mye　(距離) hvor lang　(時間) hvor lenge
どのみち　hvor som helst, i alle fall
…とは　(…としては) for å være　(それほどは…ない) ikke så mye　—意外 hva skulle …　—遺憾 jeg beklager at, jeg har ondt av　—いえ ikke desto mindre, uaktet, skjønt
とばく　賭博　hasar′dspill　—者 hasar′dspiller (山師) jobber, spekulan′t
とばす　飛ばす(揚げる) fly, la fly　(風が) blåse opp

とばっちり (まき散らす) spre〔de〕, strø (水を) stenke, skvette (省略する) utelukke, utelate (急がす) skynde〔fram/på〕

とばっちり stenk (そばづえ)å bli innblandet i ―を食う bli innblandet i〔besvæ′r〕

とび 鳶〈鳥〉glente ―の者(火消し) brannmann ―職人 bygningsarbeider

とびあがる 飛び上がる(空に) svinge seg opp i luften, sveve i luften (飛行機が) flykte opp, løfte (鳥が) fly, flykte (驚いて) springe opp (はねあがる) hoppe

とびいし 飛び石(水面を) vadestein

とびおりる 飛び降りる hoppe ned/av

とびかかる 飛びかかる springe på

とびこ・む 飛びこむ hoppe inn (水中に) stupe seg (潜る) dykke ned ―み(水上競技の) stup ―み選手 stuper ―み台 stupebrett

とびだす 飛び出す(いそいで) skynde seg ut, fare ut av (飛行機が) løfte, starte (逃げる) flykte, stikke av (突出する) skyte fram, springe fram (走り出す) springe ut, løpe opp

とびたつ 飛び立つ fly opp (鳥が) flagre, baske〔med vingene〕

とびのく 飛び退く(後ろへ) trekke seg tilba'ke, rygge (わきへ) hoppe til side

とびはねる 飛び跳ねる hoppe〔opp og ned〕

とびひ 飛び火 gnist, eld der springer〔fra et hus til et annet〕

とびまわる 飛び回る(空中を) fly omkring (はねまわる) hoppe omkring (駆けまわる) springe omkring

とびら 扉 dør (本の) tittelblad

どびん 土瓶 tepotte av leir

とぶ 飛ぶ fly〔opp〕(風で) blåse bort 跳ぶ・とびはねる hoppe, springe (跳びこえる) hoppe over

どぶ 溝 dike, renne (排水溝) avløpskanal, avløpsgrøft

とふする 塗付する smøre på

とほ 徒歩(散歩) spase′rtur —で行く gå〔til fots〕 —旅行者 fotturist

とほう・もない 途方もない overor′dentlig, enor′m, umå′telig (すばらしい) utmerket, fortref′felig (ばかげた) absur′d, uri′melig, dum —にくれる være forvir′ret/rådvill

どぼく・こうがく 土木工学 byggteknik′k —技師 bergingeniør, bygningsingeniør, sivi′lingeniør —工事 byggearbeider(pl.), anleggsarbeider(pl.) —機械 byggteknisk maskin, anleggsmaskin

とぼしい 乏しい knapp, snau (不足) utilstrekkelighet, mangel (欠けている) mangelfull, ufullstendig

とぼとぼ —歩く traske, gå tungt og langsomt

どま 土間 jordgulv (劇場の) parket′t〔golv〕

トマト toma′t —ジュース tomat juice/jus

とまりぎ 止まり木 (sitte)pinne

とまる 止まる(停止する) stoppe, stanse (とどまる) oppholde seg, være anbrakt på (鳥などが) slå seg ned

とまる 泊まる overnatte, oppholde seg, bu, losjere (投宿する) ta inn på et hotel′l

とみ 富 rikdom, verdi′er (富裕) velstand

とむ 富む bli rik/formu′ende (豊富である) være rik på, være velhavende (富ませる) beri′ke

とむら・い 弔い begra′velse (葬式・埋葬) begra′velse, jordferd (埋葬する) begra′ve, jordfeste —う/—いに行く deltake i begra′velse

とめる 止める(停止させる) stanse, bringe til opphør (機械など) kople av (電気など) bryte av, slokke (ランプなど) slokke (固定する) feste (抑止する) forhin′dre, hemme (引き留める) oppholde, holde tilba\ke (禁止する) forby′

とめる 泊める la overnatte, gi ly for natten

とめる 留める holde tilba\ke

とも 友(友人) venn (女の) vennin\ne (同志) kamera′t (伴侶) medeier, partner

とも 供(従者) følgesvenn, ledsager (随行員) suite お—する ledsage
とも (船尾) aker〔dekk〕, hekk —の方に/で akterut
ともかくも i hvert fall
ともす 点す(火を) tenne (燃やす) brenne
ともだち 友達 venn (女の) venninˈne (同志) kameraˈt (伴侶) medeier, partner —になる bli venner〔med〕
ともなう 伴う …に— ledsage, følge〔med〕(伴奏する) akkompagneˈre …を— være i følgeskap med, ta noe med seg (歩調を合わせる) holde tritt〔med〕
ともに 共に(一緒に) sammen med (両方共) begge (同様に) likeledes, på samme måte
ともばたらき 共働き at begge ektefolk har utarbeid
ども・る 吃る stamme —りの stammende
どようび 土曜日 lørdag
とら 虎〈動〉 tiger
どら 銅鑼 gongˈg
とらいする 渡来する innføres
ドライブ kjøretur med bil —する ta seg en kjøretur
ドライヤー (髪の) hårtørrer, tørkeapparat (乾燥機) tørkemaskin
とらえる 捕える fange, gripe (逮捕する) aresteˈre (捕虜にする) ta til fange
トラクター traktor
トラスト (企業合同) trust
トラック (貨物自動車) lastebil (競争路) løp, bane (競馬などの) veddeløpsbane
トラホーム 〈病〉 trakoˈm
ドラマ drama
ドラム 〈楽〉 tromme ドラマー trommer
トランク (スーツケース) koffert (自動車の) bagaˈsjerom
トランジスター transisˈtor —ラジオ transisˈtorradio
トランプ spillkort —遊び kortspill —をする spille kort —占い/ひとり— kabaˈl
トランペット 〈楽〉 trompeˈt —奏者 trompeˈter,

trompetis't —を吹く blåse i trompe't, trompete're
- **とり** 鳥 fugl (にわとりなどの家禽) høns(pl.) (めんどり) høne (鶏小屋) hønsehus (養鶏場) hønseri —かご fuglebur —の巣 fuglereir
- **とりあげる** 取り上げる(手に) ta opp (採用する) anta, motta (導入する) innføre (聞き入れる) aksepte're, godkjenne (奪う) snuppe, stele (没収する) konfiske're, besla'glegge
- **とりあつか・う** 取り扱う(人を) behan'dle, motta (物を) handte're (面倒を見る) pleie, sørge for (処理する) utøve, handte're, ta hand om (利用する) anvende (行う) handle, bære seg at —い(人の) behan'dling, mottagelse (物の) handte'ring —い注意 Handte'res med forsik'tighet
- **とりいれる** 取り入れる oppta i (引きとる) overta
- **とりえ** 取り柄(長所) fordel, fortrinn (強み) styrke (価値) verdi, verd
- **トリオ** 〈楽〉trio
- **とりかえ・す** 取り返す ta tilba'ke, gjenvinne (埋め合わす) erstat'te, kompense're —し gjenvinning, restitusjo'n —しのつかない ugjenkal'lelig, uoppret'telig
- **とりかえる** 取り替える(交換する) bytte [noe for noe annet], utskifte (新しくする) fornye (修理する) sette i stand, repare're (代りを入れる) erstat'te [noe med noe annet]
- **とりかこむ** 取り囲む omringe, omgi, kretse inn (兵力で) belei're
- **とりきめ** 取り決め arrangement, bestem'melse
- **とりく・み** 取り組み(相撲などの) match, tvekamp (取り組み表) program' —む stile opp imot (組みつく) brytes, kjempe med
- **とりけ・す** 取り消す(約束・会合などを) avlyse (命令・注文などを) avbestille (撤回する) tilba'kekalle (やめる) inndra —し avlysing, avbestilling (行事などの) inndraging (免許などの) tilba'kekallelse
- **トリコット** trikot

とりこわ・す 取り壊す(家など) slå i stykker, øydelegge, rive ned (破壊する) øydelegge, destrue′re —し destruksjo′n, øydelegging

とりさる 取り去る ta bort, flytte〔fra/ut〕

とりしまりやく 取締役 direktø′r

とりしま・る 取り締まる kontrolle′re, styre (監督する) overvåke —り kontrol′l, styre

とりしらべ 取り調べ undersøkelse, gransking —る undersøke, granske

とりだす 取り出す ta ut

とりたてる 取り立てる(集金する) innkassere (税金など) inndrive (任用する) utnevne, ansette (昇進させる) forfrem′me

とりちがえる 取り違える(間違える) ta feil, forvek′sle (誤解する) mistenke, misforstå

とりつ・ぐ 取り次ぐ(仲介する) formid′le (来客を) vise en inn i —ぎ formid′ling, agentu′r (仲介人) formid′ler, agen′t (玄関番) vaktmann

とりつける 取り付ける monte′re, installe′re (配置する) oppstille

とりで 砦 festning, fort

とりなし 執り成し formid′ling, mekling

とりのぞく 取り除く flytte〔fra/ut〕, ta av, fjerne

とりひき 取引 handel, transaksjo′n —先 kunde, forret′ningsforbindelse〔株式〕—所 børs —高税 omsetningsavgift, omsetningsskatt

とりもどす 取り戻す ta tilba′ke, ta i besit′telse igjen

どりょうこう 度量衡 vekt og mål

どりょうのある 度量のある libera′l, gavmild, sjenerø′s

どりょく 努力 anstrengelse, strev —する anstrenge seg, beflit′te seg på, streve —家 strever

とりよせる 取り寄せる få, erverve (注文する) bestil′le

とりわけ (特に・中でも) særlig, framfor alt, spesiel′t

とる 取る(手に) ta opp (つかむ) gripe, holde, fatte

(得る) få, erholde 受け— motta （賞を）vinne （採用する）ansette （導入する）innføre （占領する）innta （奪う）berø′ve, frata （盗む）stele （除く）ta bort, flytte 〔ut/fra〕（選ぶ）velge, utse （購読する）abonne′re （買う）kjøpe （採取する）samle 〔på〕, plukke （必要とする）behø′ve （要求する）fordre （予約する）reserve′re （解き明かす）tolke, forstå 事務を— utføre konto′rarbeid —ものも取りあえず over hals og hode, hodekulls

ドル $ dollar

トルコ Tyrkia —人 tyrker —の tyrkisk

どれ （どちら）hvilken —くらい hvor mye —か en eller annen —も alt sammen, alle —もない ingen av dem —でも hvilken som helst （さて）nå

どれい 奴隷 slave, træl （女の）slavin′ne —の身分/制度 slaveri′, trældom —的な slavisk

トレーラー trailer

とれる 取れる（ボタンなど）gå løs, gå av （熱など）forsvin′ne （得られる）utvinne （収穫がある）få/ha utbytte

どろ 泥 mudder, dynn, gjørme （川底の）slam, gjørme —だらけの mudret〔e〕

とろう 徒労 forgje′ves anstrengelser —に帰す være forgje′ves, bli uten resulta′t

ドロップ （菓子）drops

どろぬま 泥沼 dynn, mudder, slam

トロフィー （賞牌）trofé

どろぼう 泥棒 tyv, tjuv, stjeler —する st〔j〕ele （山賊）bandit′t （強盗）røver

トロリーバス trolleybuss

トン （重量）tonn —数 tonna′sje

どんかく 鈍角〈数〉stump vinkel

とんかつ 豚かつ svinekotelett

どんかんな 鈍感な følelsesløs, bevis′stløs, ufølsom

どんぐり 団栗〈植〉eikenøtt

とんち 頓知 snartenkthet, slagferdighet —のある snartenkt, slagferdig

とんちんかんな (頓珍漢な) usammenhengende, ulogisk (見当違いの) uvedkommende (理に合わない) absur'd, uri'melig, ufornuftig

とんでもない uten'kelig〔形〕, overhodet ikke〔副〕

どんどん hurtig

どんな hvilken slags —に i hvilken grad —に…でも hvor som helst —ことがあっても under alle omsten'digheter

トンネル tunnel

とんび 鳶〈鳥〉 glente

どんぶり keramik'kskål

とんぼ 蜻蛉〈虫〉 øyestikker, gullsmed —がえり(体操の) saltomorta'le, kollbøtte —がえりする slå saltomorta'le/kollbøtte

とんま 頓馬 dumrian, fehode, tosk〔ehode〕

とんや 問屋 grossis't, grosse'rer

どんよく 貪欲 gjerrighet, grådighet —な gjerrig, nærig, grådig

な

な 名（氏名）navn （個人名）persona'lnavn （姓）fami'lienavn —が売れる bli populæ'r/berøm't

なあて 名宛 adres'se —人 adressa't

ない 無い(否定) nei, ikke まったく— slett ikke, aldri 存在し— det finnes ikke 見当ら— ha forsvunnet（欠けている）sakne, mangle （失う）miste, tape

ないおうする 内応する(裏切る) forrå'de, røpe

ないか 内科〈医〉〔avdeling for〕inter'n medisi'n —医 lege

ないかい 内海 innlandssjø （湖）innsjø

ないがいの 内外の inn- og utlands〔-〕

ないかく 内閣 kabinet't, ministe'rium （政府）regje'ring —総理大臣 statsminister, regje'ringssjef 連立— samlingsregjering —改造 regjeringsreorganisering —をつくる danne regje'ring —が倒れる regje'-ringen faller/går av

ないこうてきな 内向的な innadvendt

ないしょ 内緒 hemmelighet —の hemmelig, priva't —で i all hemmelighet, priva't

ないじょう 内情 fami'liehemmelighet, priva't anliggende

ないしょく 内職 ekstraarbeid, bibeskjef'tigelse —をする utføre ekstraarbeid

ないしん 内心(心の中) hjerte, sinn —は i sitt〔inste〕hjerte （真意）virkelig hensikt

ないしんしょ 内申書 skolevitnemål

ないせん 内線(電話の) skjøteledning

ないぞう 内臓 indre organer(pl.) （はらわた）innvoller(pl.)

ないち 内地 innland

ナイチンゲール 〈鳥〉 nattergal

ないてい 内定 uformell/inter'n avgjørelse

ナイフ kniv ジャック— stor foldekniv

ないぶ 内部 interiø'r, indre —の indre, innvendig, innvortes —に inne i

ないふく・の 内服の til innvortes bruk —薬 medisin til innvortes bruk

ないふん 内紛 indre konflik't （陰謀）intri\ge

ないめん 内面 indre, interiø'r —的な innvortes, innvendig

ないよう 内容(中味) innhold （意味）bety'dning, mening （実質）substan's, hovedsak —見本(本の) prøveside

ないらん 内乱 borgerkrig （反乱）opprør

ナイロン nylon

なえ 苗(種からの) frøplante, spire —木 frøtre, ung plante —床 frøbed

なお （さらに）mer, ennå〔mere〕（否定で）mindre, ennå〔mindre〕（まだ）ennå

なおざりにする forsøm'me, blåse en lang marsj i

なおす 直す(修正する) rette （修理する）repare're

なおす (やり直す) gjøre om igjen〔så det blir bedre〕(正す) råde bot på
なおす 治す(治療する) helbre're, kure're
なおる 直る bli rettet, bli repare'rt
なおる 治る bli helbre'det, bli kure'rt
なか 中 indre —で inne, innvendig, innen i/for —でも for eksem'pel, blant annet —側 innerside AとBの—で rummet/tiden mellom A og B —に inne〔i〕—から inne i fra —が空の hul, hol —の詰まった massiv
なか 仲 forhold mellom mennesker, relasjo'ner —が良い/悪い stå på god/dårlig fot med
なが・い 長い lang —めの langaktig —く(時間的に) lenge —びいた langvarig —たらしい langtrukken, langsom'melig, langstrakt, —い間には(時がたてば) med tiden
ながいき 長生き langt liv —の langlivet, som lever lenge —する leve lenge (他人より) overleve, leve lenger enn
ながいす 長椅子 sofa (ベンチ) benk
ながく 長く(時間的に) lenge, i lang tid (永遠に) i alle evighet —する(延ばす) forlen'ge —なる bli lenger —かかる ta lang tid
ながぐつ 長靴 støvel ゴム— gummistøvel —下 strømpe
ながさ 長さ lengd〔e〕—方向 lengderetning (全長で) etter hele sin lengde
ながし 流し oppvaskkum
ながす 流す(注ぐ) skjenke, helle opp (流れさす) la flyte (汚水を) drene're
ながそで 長袖 lang erme
なかたがい 仲違い uenighet (割れ目) kløft, spalte
なかだち 仲立ち(仲介) formid'ling —人 formid'ler, mellomhandler
なかなおり 仲直り forlik, forso'ning —する forlike seg med, forso'ne seg med
なかなかの betrak'telig (かなり) temmelig, ganske

なかにわ 中庭 gårdsplass
ながねぎ 長ねぎ〈植〉 purreløk
ながねん 長年 mange år
なかば 半ば(半分) halvdel (中頃) midt —に midt i
ながび・く 長引く trekke i langdrag, forlen'ges (ぐずぐずする) nøle [med å], betenke seg [på å] (居残る) bli tilba'ke (遅れる) bli forsin'ket —かせる forlen'ge, forha'le
なかま 仲間(交友) omgangskrets (知人) bekjen't (同僚) kolle'ga (同志) kamera't —に入る delta [i] —に入れる anta en som medlem
なかみ 中味 innhold (実体) substan's
ながめ 眺め utsikt (風景) scene (全景) panora'ma —る betrak'te, se på, se ut over
ながもちの 長持ちの(耐久力のある) holdbar, hardfør (忍耐力のある) tålmo'dig (衣類など摩耗に強い) slitesterk (病人など) leve lenge
なかゆび 中指 langfinger 〈幼児語〉 langemann
なかよ・く 仲良く på god fot med —し god venn, vennskap, kamera't
…ながら (同時に) på samme tid som, mens, samtidig med å (けれども) selvom, skjønt, trass [det at] (共に) begge ... og ..., til sammen
ながれ 流れ(水流) strøm [av noe] (風潮) trend, tenden's (流派) skole (宗教上の) sekt (家系) nedstamning —る flyte, renne, strømme (計画などが) tilin'tetgjøre, gi opp —星 meteo'r, stjerneskudd —弾 villfaren kule
なき 亡き avdød
なぎ 凪 havblikk, vindstille
なきごえ 鳴き声(小鳥の) kvitter (獣の) brøl, vræl
なきごえ 泣き声 gråtetone
なく 鳴く(小鳥が) kvitre, synge (おんどりが) gale (めんどりが) kakle (犬などが) hyle (ほえる) gjø (ねこが) mjaue (虫が) summe
なく 泣く(声をあげて) gråte (すすり泣く) hulke (嘆き悲しむ) sørge over (泣き言をいう) jamre (う

なぐさみ　慰み　atspredelse, fornøy'else
なぐさめ　慰め　trøst, lindring i sorg　—る trøste（落ちつかせる）bero'lige（怒りを鎮める）formil'de（楽しませる）beha'ge, atspre〔de〕　—ようのない utrøs'telig, despera't, fortvi'lt
なくす　無くす　tape, miste（廃止する）avskaffe（休止する）opphøre（解体する）hogge opp（取り除く）fjerne, rydde av veien, rydde til side
なくて　—も selvom ikke　—もいい/結構です/かまいません behøver ikke　—はなりません bli nødt til å　—はいけません det må du
なくなる　亡くなる　dø, forgå', falle fra, gå bort, avgå ved døden
なくなる　無くなる（使ってしまう）bli oppbrukt（電池・色・時計などが）løpe ut（消え去る）forsvin'ne, komme vekk
なぐ・る　殴る　slå（平手でパチンと）smekke（頬を）gi ørefik（むちなどで）piske　—り合い slagsmål
なげ・く　嘆く（悲しむ）sørge〔over〕, bedrø've, gremme seg〔over〕（慨嘆する）ynkes over, synes synd på（溜息をつく）sukke　—き sorg, bedrø'velse, gremmelse　—かわしい（悲しい）sorgfull, bedrø'velig, sørgmo'dig（慨嘆すべき）ynkelig, bekla'gelig
なげや　投げ矢（子供の遊び）pilespill
なげやり　投げ槍　kastespyd（槍騎兵の）lanse（競技の）槍投げ spydkast
なげやり　投げ遣り　uaktsomhet, forsøm'melse, skjødesløshet　—な uaktsom, forsøm'melig, skjødesløs　—にする（怠る）være uaktsom, forsøm'me（中途でほったらかす）avbryte〔arbeidet〕
なげる　投げる（ほうる）kaste, smi〔bort〕（投げつける）slenge, hive（断念する）gi opp, overgi〔seg〕
なこうど　仲人（すること）giftermålsarrangement, ekteskapsstiftning（人）ekteskapsmekler　—する mekle/formidle et ekteskap
なごやかな　和やかな　mild, bløt, blaut（落ち着いた）

bero′ligende （おだやかな）saktmo′dig （静かな）stille, tyst （平和な）fredelig

なごり 名残り　levning, etterlatenskaper(pl.)　—を惜しむ være motvillig/motstrebende å skilles fra

なさけ 情け　medfølelse, sympati′, medli′denhet （親切）vennlighet （愛情）kjærlighet （容赦）tilgivelse （慈悲）barmhjer′tighet, filantropi′　—深い（同情的な）medfølende, sympa′tisk, medli′dende （親切な）vennlig （愛情のある）kjærlig （慈悲深い）barmhjer′tig　—のない hjerteløs （哀れな）ynkelig

なし 梨〈植〉pære

なしで 無しで　uten　—すます klare seg uten, unnvære

なしとげる 成し遂げる　utføre, gjennomføre, fullbyrde （成功する）lykkes, ha framgang

なじみ 馴染み（懇意）fortro′lighet, intimite′t （人）en god venn, en inti′m, bekjen′tskap　—の fortro′lig, inti′m　—客 stamgjest

なす 為す（行う）gjøre, utføre （し遂げる）fullbyrde, gjennomføre （試みる）forsø′ke

なす 成す（形成する）forme, utforme （構成する）utgjøre, bilde

なす 茄子〈植〉eggplante

なぜ 何故　hvorfor, av hvilken/hva grunn/årsak　—か en eller annen grunn　—なら det er fordi, det skyldes at

なぞ 謎　gåte （ジグソーパズル）puslespill （クロスワード）kryssord （判じ絵）rebus （神秘）myste′rium （暗示）vink, antydning

なた 鉈　lille øks

なだかい 名高い　berøm′t, feiret, cele′ber （悪名高い）noto′risk, beryk′tet

なたね 菜種〈植〉raps

なだめる 宥める　trøste, bero′lige, overtale

なだらか・な （勾配の）svak/jamn 〔helling/skråning〕　—に svakt, jamnt

なだれ 雪崩　snøskred, snøras, lavi′ne　—を打つ（殺

なつ

到する) strømme til, styrte —こむ styrte inn i

なつ 夏 sommer —場 sommertid —物/服 sommer-klær —休み sommerferie —時間 sommertid

なついん・する 捺印する sette (sitt) segl under (切手に消印を押す) stemple

なつかし・い 懐しい kjær, elsket, savnet, nostal′gisk —がる lengte (etter), hige (etter/mot), smekte (etter)

なづけ・る 名付ける navngi, kalle (本などに題名をつける) gi tittel til (bok) (洗礼を施す) døpe —親 gudfar, gudmor …の名を貰う oppkalle en etter

なっとう 納豆 gjæret soyabønne

なっとく 納得(了解) forstå′else, oppfatning (承諾) bifall, samtykke —する bli overbevi′st, billige (不本意ながら) innvilge (同意する) være enig (折り合う) avfinne seg med

なでる 撫でる(かわいがる) stryke, kjæle, klappe (ømt) (髪を) stryke, klappe (平らにする) glatte

…など …等 og så videre (短) o.s.v., og liknende, et cetera (例えば) for eksem′pel, blant annet (短) bl. a.

ナトリウム natrium

なな 七 syv, sju 第一番(の) sjuende

ななかまど 〈植〉 rogn

ななめ・の 斜めの skrå, skeiv (対角線の) diagona′l (傾いた) skrånende (前にかがんだ) foroverbøyd —に(på) skrå —の風に向って seile på kryss og tvers mot vinden —になる(傾く) lute

なに 何 hva —か noen et eller annen —も(ない) ingen som helst —ごとも hva som helst —もない ingenting, ingen —もかも allesammen, enhver —しろ i alt/alle/hvert fall, egentlig —はさておき først og fremst, framfor alt

なにげな・い 何気無い ubevisst, utilsiktet, uforvarende —く utilsiktet, uforvarende (無関心な) uinteressert

なによい 何曜日 hvilken dag (i veke)

なによりも framfor alt
ナプキン （テーブル用）serviet't （生理用）sanite'tsbind, damebind
なふだ 名札 navneskilt （ステッカー）merkelapp, klistremerke
ナフタリン naftali'n
なべ 鍋(浅い) kasserol'le （深い）gryte （やかん）vasskjel
ナポリ Napoli
なまあたたかい 生暖かい(なまぬるい) lunken （天気など）lun, mild
なまいき 生意気(うぬぼれ) frekkhet, innbilskhet （出しゃばり）nesevishet, uforskammethet ―な frekk, innbilsk, nesevis
なまえ 名前 navn AにBという―をつける gi A navnet B
なまける 怠ける forsøm'me, være doven/lat
なまこ 〈魚〉sjøpølse
なまず 〈魚〉havkatt
なまにえの 生煮えの halvkokt
なまぬるい （お湯が）lunken （気乗りのしない）halvhjertet, lunken
なま・の 生の(料理してない) rå （新鮮な）frisk, ny （熟してない）umoden ―魚 rå fisk ―野菜 friske grønsaker(pl.) ―ビール fatøl
なまり 鉛 bly
なまり 訛 aksen't （方言）dialek't
なみ 波 bølg[j]e, vove （さざなみ）krusning 笑いの― lattersalve （笑いのさざなみ）perlende latter ―乗り surfing （する人）surfer
なみきみち 並木道 allé, bulevar'd
なみだ 涙 tåre 眼に―を溜める bli fylt av tårer 眼に―が浮かぶ få tårer i øynene ―もろい være tåremild, ha lett for å ta til tårene ―ぐんだ tårefull
なみ・の 並の almin'nelig, middelmåtig （通常の）vanlig, sedvanlig （平均の）gjennomsnittlig ―以上の over middel ―はずれた usedvanlig, ekstra-

なめくじ

ordinær —に(作家並みに) som enhve'r annen forfat'ter

なめくじ 〈虫〉 nakensnegl〔e〕

なめ・しがわ 鞣し革 lær 革を—す garve

なめらか・な 滑らかな glatt, jevn (つるつるした) slibrig —に glatt, jevnt

なめる 嘗める(舌で) slikke (味わう) smake (経験する) erfa're, oppleve, føle (試みる) prøve (侮る) forak'te, ringeakte, forsmå'

なや 納屋 låve, uthus (貯蔵室) opplagstomt, lagertomt

なや・み 悩み(苦悩) pine, plage (苦痛) smerte, verk (窮乏) sakn, mangel, fattigdom —ます(困らせる) besvæ're, bekym're (苦しめる) pine, plage —む være bekym'ret (病気などで) li〔de〕

なら 楢〈植〉 japansk eik

…なら hvis

ならう 習う lære (経験する) erfa're, oppleve (研究する) stude're, forske (暗記する) lære utenat

ならす 鳴らす(音を出す) (鐘などを) ringe på〔klokke〕, klemte (サイレン・自動車のクラクションなどを) tute (評判をとる) være berøm't/navnkundig (不平を) klage over, bekla'ge seg

な・らす 慣らす(習慣をつける) venne〔til〕(飼い慣らす) temme, dresse're (訓練する) trene, øve〔opp〕 —れる venne seg〔til〕

ならす 均らす(地面などを) jamne, glatte (平均する) utgjøre i gjennomsnitt, bestem'me middeltallet

ならびに og, samt

ならぶ 並ぶ(列を作る) stå i rekke〔og rad〕, være ordnet, stå side om side (匹敵する) være likestilt, motsvare

ならべる 並べる(配列する) stille opp i en rekke, bringe i orden (整頓する) ordne, innrette (陳列する) skilte med, utstille (列挙する) rekne opp (比較する) jamføre〔med〕

ならわし 習わし skikk, sedvane

なりあがりもの 成り上がり者 oppkomling, parvenyˊ
なりきん 成り金 oppkomling
なりた・つ 成り立つ（構成される） bestǻ av, være sammensatt av （締結される） sluttes ―ち（由来） oppriṇ́nelse, opphav （組織） organisasjóˊn
なりゆき 成り行き（経過） forløp （進展）utvikling （転換）vending （変化）foraṇ́dring （結果） resultáˊt
なる 成る（…になる） bli 〔til〕 （生ずる・起こる） komme til å/at （変わる） foráṇ́dre （完成する） fullføre （…し始める） starte, begyṇ́ne （季節が） komme igjen （経過する） forflyṭ́te, passéˊre （結局…に） resultéˊre i （成り立つ） bestǻ av （年齢が） nå, oppnå （成功する） lykkes いくらに― beløpe seg til
なる 鳴る（鐘などが） ringe, klemte, kime, klinge （音がする） lyde, tone （反響する） gjenlyde, gjalle （とどろく） drønne, dundre, buldre （きしむ） knirke （お腹などが） knurre
なる （木が実をつける） bære frukt
なるべく så … som mulig ―なら om mulig
なるほど nå sådan, nå forståˊr jeg
なれあい 慣れ合い（親密） intimitéˊt （共謀） sammensvergelse
なれ・る 慣れる（習慣づけられる） venne seg 〔til〕, bli vant 〔til〕 （経験がある） være erfáˊren ―にくい sky ―た（経験を積んだ） erfáˊren, dreven （なじみのある） intíˊm, fortroˊlig
なれ・る 馴れる（動物が） bli temt/dresséˊrt ―た tam
なわ 縄 reip （ひも） snor ―をかける binde et reip （結びつける） feste （捕える） arrestéˊre, anholde ―とび hoppetau
なんぎ 難儀（困難） vanskelighet, besvǽˊrlighet （苦境） nød, eleṇ́dighet
なんきょく 南極 Sydpolen, Antáˊrktis ―の antáˊrktisk
なんきんじょう 南京錠 hengelås
なんきんまめ 南京豆 jordnøtt
なんきんむし 南京虫〈虫〉 veggedyr, veggelus

なんこう 軟膏 salve —を塗る salve
なんこうふらくの 難攻不落の uinnta'kelig
なんじ 何時 hva tid 今—ですか Hva er klokken nå?
なんしきテニス 軟式テニス softball tennis
ナンセンス nonsens, dumhet —な dum, meningsløs, idio'tisk, tåpelig
なんだい 難題 vanskelig oppgave, uri'melig betin'gelse
なんたいどうぶつ 軟体動物 bløtdyr
なんだか 何だか på en eller annen måte, på en vis måte
なんちょうの 難聴の tunghørt
なんでも 何でも（どれでも）hva som helst（すべて）all（とにかく）under alle omsten'digheter
なんと 何と（疑問）hva（本当?）Nei da!（何だって?）Hva for noe? —なく på en eller annen måte
なんど 納戸 kott, skap
なんぱ 難破 skipbrudd, forli's, havari' —する lide skipbrudd, forli'se, havare're（転覆する）kantre
なんびょう 難病 dødelig sjukdom, uhelbre'delig sjukdom
なんぶ 南部 sørlig/sydlig del
なんべん 何べん（いく度）hvor mange ganger, hvor ofte —も mange ganger, ofte
なんみん 難民 flyktning

に

に 二 to 二・三冊の本 to-tre bøker, et par bøker —度 to ganger 第一番〔の〕annen, annet
に 荷（積み荷）last, frakt〔gods〕船— skipslast 鉄道の—〔frakt〕gods —を積む laste —を運ぶ frakte
に （場所）i, på, ved（…の方に）hen til, til, inn i, på（変化の結果）til, som（行為の目的）for å（時点）i

(ある数量の中で) blant, iblant （原因）på grunn av, da （考慮）til, for, av ―しろ(A―しろ B―しろ) hva enten det er A eller B, uansett ―従って ifølge, i henhold til, under ―しても selv〔hvis〕―しては for nå å begyn'ne med, av en … å være ―は for〔at/å〕, hva angår

にあいの 似合いの passende, belei'lig, formålstjenlig （服が）kledelig

にあ・う 似合う(服などが) passe med （つり合う）passe til ―わしい →にあいの(似合いの)

にえ・る 煮える koke （沸騰する）syde ―かえる koke over

におい 匂い(香り) lukt, duft （臭気）odø'r （悪臭）stank いい― god lukt 嫌な― dårlig lukt/odø'r くさい― ubehagelig lukt/odø'r ―がする lukte, avgi duft （悪臭が）stinke

にかい 二階 overetasje, først etasje

にが・い 苦い(食物の) bitter （からい）beisk （苦しい）plagsom, hard, lidende ―る se gnaven ut ―手 svakt punkt …は―手だ være dårlig til

にかいバス 二階バス dobbeltdekker

にがお 似顔 portret't, 〔portret'ts〕likhet

にがす 逃がす(放す) sleppe løs, frigi （失う）tape, miste （財産・権利などを）forskjer'tse （機会などを）forspil'le

にがつ 二月 februa'r

にかよう 似通う likne på

にかわ 膠 lim ―でつける lime

にがんレフ 二眼レフ dobbeltlinserefleks

にきび filipen's

にぎやか・な 賑やかな(繁盛している) florisan't, blomstrende （雑踏している）myldret, vrimlet （陽気な）munter, lystig

にぎ・る 握る gripe, holde, fatte ―り（把握）grep, tak （とって）handtak, hank, feste

にぎわ・う 賑わう(繁盛する) blomstre, flore're （雑踏する）myldre, vrimle ―い（雑踏）mylder, vrim-

にく 肉 kjød, kjøtt 牛— oksekjøtt 豚— svinekjøtt, flesk 魚— fisk 鶏— kylling —団子 kjøttbolle —体 kropp, legeme

にく・い 憎い(いやな) avsky′elig, forhat′t (いじの悪い) ondskapsfull, hatefull —らしい avsky′elig, forhat′t —しみ hat, avsky —む hate, avsky

にくがんで 肉眼で uten briller

にくしん 肉親 〔kjødelig〕 slektning, slektskap (近親者) de pårørende

にくたい 肉体 kropp, legeme —の kroppslig, fysisk —労働者 kroppsarbeider

にくづきのよい 肉付きのよい(太った) tjukk, feit (果物など) kjøttfull

にくひつ 肉筆 handskrift

にくや 肉屋(人) slakter (店) slakterbutikk

にくよく 肉欲 attrå, begjæ′r

にくりょうり 肉料理 kjøttrett, kjøttmat

にぐるま 荷車(二輪の) kjerre (手押し車) handkjerre (荷馬車) diligence

にげる 逃げる flykte, løpe bort, rømme, stikke av, unnkomme (鳥が) fly〔ve〕 (離れる) komme bort (回避する) unnvike, unngå

にげん・せつ 二元説〈哲〉 dualis′me —的な dobbel〔t〕, todelt

ニコチン nikoti′n

にこにこ 〔して〕 i et stort smil —する smile stort, stråle av glede —顔 leende ansikt

にこみ 煮込み 〔sammensatt〕 lapskaus

にこやかな vennlig, elskver′dig

にご・り 濁り(混濁) grumsethet, uklarhet (不純) urenhet, ukyskhet usedelighet —る bli mudret〔e〕/skitten (水・空気などが) bli forurenset/urenslig —った grumset〔e〕 —す gjøre grumset〔e〕 (ごちゃごちゃにする) forvir′re

にさんの 二・三の to eller tre, et par (少数の) få (若干の) noen

にし 西 vest —の vestlig, vestre —へ/に vestpå —向きの vestvendt —風 vestavind

にじ 虹 regnbue

にしき 錦 broka\de

にじむ 滲む(インキなどが) klatte （しみをつける）plette, klatte

にじゅう 二十 tjue 第一〔の〕 tjuende

にじゅう・の 二重の dobbel〔t〕 —に dobbelt —国籍 dobbelt nasjonalite′t —人格 dobbelt menneske —奏/唱 duet′t

にしん 鰊〈魚〉 sild くん製の— røykt sild

ニス fernis′s —を塗る fernisse′re

にせ 贋(模造品) imitasjo′n, etterlikning —金 forfal′sket penge —る imite′re, etterlikne —の(偽の) forfal′sket, falsk-, etterliknet, uekte

…にたいして …に対して imot, i motsetning til （…に相対して）overfor

にたき 煮炊き kokning, matlaging —する koke, lage mat （自炊する）lage sin mat

にちげん 日限(期日) forfallsdag, fastlagt dag

にちじょう 日常(毎日)の daglig, dagligdags, hverdagslig （ウイークデー）hverdag （日ごろ）til daglig （普通の）vanlig, ordinæ′r

にちぼつ 日没 solnedgang

にちよう・の 日用の i daglig bruk, til hverdagsbruk —品 daglige fornø′denheter(pl.)

にちよう・び 日曜日 søndag —学校 søndagsskole

にっか 日課(授業) daglig leksjo′n/time （仕事）daglig arbeid

にっかん 日刊 daglig utgivelse —新聞 dagblad, dagsavis （夕刊）aftenavis

にっき 日記 dagbok —を書く skrive dagbok

…につき （ごとに）per （関して）angående, med hensyn til, om, vedrørende （理由）på grunn av, i anle′dning 〔av〕

にっきゅう 日給 daglønn —で働く arbeide for daglønn

にづくり 荷造り pakning av baga′sje/pakke —する pakke
ニッケル nikkel —メッキ fornik′ling
にっこう 日光 solskinn （光線）solstråle —浴 solbad
にっこりする smile〔av/til〕（笑う）le
にっしゃびょう 日射病〈病〉 solstikk
にっしょく 日食(太陽の) solformørkelse
にっちゅう 日中 om dagen
にってい 日程 dagsprogram 議事— dagsorden
にっとう 日当 daglønn
になう 担う bære〔på skuldrer〕, aksle
にのうで 二の腕 overarm
にばい 二倍 to ganger, fordobling —にする fordoble （ブリッジなどで）doble
ニヒル〈哲〉 nihilis′me ニヒリスト nihilis′t
にぶ・い 鈍い(動き・ナイフなど) sløv （頭が）dum, tungnem （のろい）treg —る bli sløv
にふだ 荷札 følg〔j〕eseddel, pakkseddel
にぶね 荷船 (はしけ) lastepram, lekter （貨物船）fraktdamper
にほん 日本 Japan —人 japa′ner —の/語 japansk —風 japansk stil —料理 japansk mat, japansk kokekunst —製品 japansk vare —史 japansk historie —酒 japansk vin, sake —刀 japansk sverd —脳炎 japansk hjernebetennelse
にまいめ 二枚目(芝居などの) elskerrolle
…にも —また selv om, også —かかわらず på trass av, til tross for, trass, uaktet
にもつ 荷物(積荷) last （貨物）frakt〔gods〕, gods （手荷物）baga′sje （船荷）skipslast —を積む laste —を下ろす losse —車 baga′sjevogn
にゃーにゃー （ねこの鳴き声）mjau
ニュアンス nyanse, skiftning, anstrøk
にゅういん 入院 innleggelse på et sjukehus —する legges inn på sykehus —中である være/ligge på sykehus —患者 innlagt pasien′t —費 sykehustakst

にゅうか 入荷 forsy'ning, leveranse
にゅうかい 入会 inntredelse〔i〕 —する bli medlem〔av〕
にゅうがく 入学 opptaking på en utdanningsinstitusjo'n（大学などの）immatrikule'ring —する komme inn på skole（大学などに）immatrikule're —願書 ansøkning om opptaking på〔universite'tet〕 —試験 opptaksprøve〔ved universite'tet〕 —式 opptakingsseremoni〔på universite'tet〕
にゅうぎゅう 乳牛 melkeku
にゅうこう 入港 innløpende i hamn —する hamne, komme i hamn —中である ligge i hamn
にゅうこく 入国 innreise（移民の）innvandring, immigrasjo'n —する komme inn i et land（移民が）innvandre〔i〕, immigre're —許可 innreisetillatelse
にゅうさつ 入札〔auksjo'ns〕bud —する by på
にゅうし 入試 →にゅうがく（入学試験）
にゅうしゅする 入手する erver've, oppnå, erholde
にゅうじょう 入場 adgang, inntredelse —券 adgangsbillett —料 inngangspenger —する gå inn〔i〕, trede inn —者（聴衆・観客）tilhørere(pl.), tilskuere(pl.)
にゅうしょう・する 入賞する vinne en pris/belønning —者 pristaker, vinner〔i〕
ニュース nyhet —放送 nyhetssending
にゅうせいひん 乳製品 meieriprodukt
にゅうもん 入門 inngang —する bli disip'pel —書 begyn'nelsesbok, elementæ'rbok
にゅうよく 入浴 badning, bad —する bade, ta et bad 幼児を—させる bade〔en baby〕 —剤 badesalt
にょう 尿 uri'n —道 uri'nrør —検査 uri'nprøve —素 ure'a, uri'nstoff
にょうぼう 女房〔min〕kone
にら 韮〈植〉purre〔løk〕
にら・む 睨む（にらみつける）stirre〔på〕, glo〔etter/på〕（目をつける）holde øye med（目星をつける）sette merke på/i —み stir, skarpt blikk —み合う stirre på hinannen（反目し合う）være uenig, kran-

gle, trette〔med/om〕
にりゅうの 二流の annenklasses, sekun′da（群小の）mindre, mindreverdig（より劣る）verre（安っぽい）tarvelig
にる 煮る koke（料理する）lage mat
にる 似る likne（等しい）være lik（よく似た）liknende
にれ 楡〈植〉alm
にわ 庭 hage 中— gårdsplass —師 hagearkitekt, gartner
にわか・の 俄かの(突然の) plutselig, uventa —に plutselig —雨 plutselig skyll, regnskur
にわとり 鶏（雄）hane（めんどり）høne（ひなどり）kylling（集合的に）høns —小屋 hønsehus
にんい 任意 valgfrihet, frivillighet —の valgfri, frivillig —に valgfrit, frivillig
にんか 認可 billigelse, sanksjo′n, tillatelse —する billige, tillate, sanksjone′re（公認する）godkjenne, autorise′re, bemyn′dige
にんき 人気 popularite′t —がある være populæ′r
にんき 任期 ansettelsesperiode
にんぎょ 人魚（女）havfru〔e〕（男）havmann
にんぎょう 人形 dokke —の家 dokkestue あやつり— marionet′t —劇 marionet′tspill —劇場 dokketeater
にんげん 人間 menneske —的な mennesakelig（人類）menneskehet, menneskeslekt —性 menneskelighet —嫌い menneskehat（個性）karakte′r（人格）perso′nlighet —国宝 levende nasjona′lt kleno′die, levende nasjonalskat′t
にんしき 認識 erkjen′nelse, bevis′sthet（理解）forstå′else —する erkjen′ne, forstå′
にんしょう 人称〈文法〉perso′n —代名詞 perso′nlig stedord/prono′men
にんじょう 人情 menneskenatur, menneskelighet, kjærlighet —のある vennlig, human, kjærlig
にんしん 妊娠 gravidite′t, svangerskap —する bli

gravid/svanger —中絶 abor′t, fosterfordrivelse —中絶する foreta abor′t （不妊の）steri′l （不妊にする）sterilise′re
にんじん 人参〈植〉 gulrot
にんずう 人数 antallet av mennesker i en gruppe
にんそう 人相 utseende 外人風の— et fremmedartet utseende —書き beskri′velse av en perso′nsutseende —見(事) fysiognomi′ （人）fysiognomi′st
にんたい 忍耐 utholdenhet, tålmod —強い tålmo′dig, langmodig —する holde ut, bære over med, motstå
にんち 認知 anerkjennelse —する anerkjenne
にんてい 認定 autorisasjo′n, billigelse, anerkjennelse —する autorise′re, godkjenne, anerkjenne, bemyn′dige
にんにく 〈植〉 hvitløk
にんむ 任務 plikt, verv —を課す overdra et verv —を果たす gjøre sin plikt —につく ha plikt til, tiltre
にんめい 任命 utnevnelse —する utnevne —される få sin utnevnelse （雇う）ansette 〔i en stilling〕
にんよう 認容 innrømmelse, tilståelse —する medgi, godta, tilstå
にんよう 任用 utnevnelse, ansettelse —する utnevne, ansette

ぬ

ぬいとり 縫い取り broderi′ —をする brode′re
ぬいばり 縫い針 synål
ぬいめ 縫い目 søm （傷の）sutu′r, sammenbinding av sår
ぬいもの 縫い物 sytøy, sysaker
ぬう 縫う sy （傷口を）binde sammen （人ごみを）trenge seg fram, trenge igjen′nom
ぬかあめ 糠雨 støvregn

ぬかす 抜かす(はぶく) utelate （無視する）forsøm'me, forbi'gå （飛ばす）springe over

ぬかるみ 泥濘　myr, sump

ぬきとりテスト 抜き取りテスト　stikkprøve

ぬく 抜く(引き抜く)　(歯などを) trekke ut　(除去する) fjerne, ta vekk, rydde bort　(省く) utelate　(仕事の手を) sjuske　(ごまかす) snyte, svindle, jukse　(栓を) åpne〔en øl〕

ぬぐ 脱ぐ　ta av　着物を— kle av seg　かぶとを— gi opp, overgi seg til sin skjebne

ぬぐう 拭う　tørke av, pusse　汚名を— rense seg for

ぬけあな 抜け穴(法律などの)　smutthull　(税などの) utveg

ぬけがら 抜け殻(へびなどの)　〔avkastet〕ham

ぬけめな・い 抜け目ない　kløktig, kvikk, snedig, fiffig　(注意深い) forsik'tig, varsom, ettertenksom　(如才ない) taktfull　—く kløktig, kvikkt, fiffig

ぬける 抜ける(脱落する)　gå løs, falle av　(脱漏する) utelates, overses　(離脱する) trekke seg ut av, bryte med　(脱退する) uttrede　(脱出する) unnslippe 〔fra〕, fly, flykte 〔fra〕　通り— gå gjennom, passe're　側を通り— forbi'gå　抜けている　være fraværende, mangle, være forsvin'nende

ぬし 主　herre　持ち— eier

ぬす・む 盗む　stele, stjele　—み tjuveri　—人 tjuv

ぬの 布〔切れ〕　klede, stoff　—を織る veve

ぬま 沼　myr, sump

ぬらす 濡らす　gjøre våt　(しめらす) fukte　(水などにひたす) blø〔y〕te

ぬりぐすり 塗り薬　salve

ぬる 塗る(ペンキなどを)　male　(AにBを) male B på A/A med B　(バターなどを) smøre på　(ニスを) fernisse're　(しっくいなどを壁に) kalke, gipse　(お白粉を) pudre　(薬を) stryke

ぬるい (微温の) lunken　手— dorsk, treg

ぬれる 濡れる　bli våt　(しめる) bli fuktig　ずぶぬれになる bli bløtte, bli drivende våt, bli gjennomvåt

ね

- **ね** 根(植物の) rot (根源) opprin'nelse, opphav —が出る/はえる slå rot, rotfeste seg —こそぎ抜く utrydde —も葉もない grunnløs, ubegrunnet —に持つ ville ha hevn, gå med hevntanker
- **ね** 音 lyd (楽音) tone, stemme (小鳥などの) kvitter —のよい melo'disk, melodiø's
- **ね** 値 pris (費用) bekostning —が上がる prisene er stigende —が下がる prisene faller —の高い dyr, dyrebar, kostbar, høy —の安い billig, lav —上がり prisstigning —上げ prisforhøyelse —下がり prisnedslag —下げ prisnedsettelse
- **ね** 寝 søvn —入る falle i en søvn —不足 søvnunderskott —椅子 [sove]sofa
- **ねあがり** 値上がり → ね(値)
- **ねうち** 値打ち verdi (評価) verdsettelse, vurdering —のある verdifull, dyrebar —のない verdilaus
- **ネーブル** 〈植〉 navelappelsin
- **ネオン** neo'n —サイン neo'nreklame
- **ねが・い** 願い ønske, håp 強い— begjæ'r (懇願) begjæ'ring, oppfordring (出願) ansøkning, henstilling (祈願) bønn —う ønske, håpe [på], anmode お願いします Jeg ber deg om, Vær så vennlig å/at —ってやまない jeg håper hjertelig —いがかなう/届く gå i oppfyllelse, bli til virkelighet —いをきく godkjenne
- **ねかす** 寝かす(眠らす) få noen til å sove, la en få sove (横にする) la ligge (商品・金などを) legge stille, legge ubrukt hen
- **ねぎ** 葱 〈植〉 長— purreløk 玉— løk
- **ねぎる** 値切る prute [av [ned] på prisen]
- **ネクタイ** slips —をする/しめる ta slips på —をしている ha slips på —をはずす ta slips av —ピン

slipsnål

ねこ 猫 katt 〈幼児語〉 pusekatt, kattepus 子— kattunge

ねごとをいう 寝言をいう snakke i søvne

ねこやなぎ 〈植〉 (一般的にやなぎ) pil

ねさげ 値下げ →ね(値)

ねじ 螺子 skrue —を締める skru for/til —をはずす skru av —がはずれる skrue går løs 時計の—を巻く trekke et ur opp —回し skrutrekker

ねじ・る dreie, vri (より合わせる) sno —れる sno seg, bli snott/vridd —れ dreining, vri

ねずみ 鼠 〈動〉 rotte はつか— mus —色 grå

ねた・み 妬み sjalusi′, misunnelse —む være sjalu′ på, misunne

ねだん 値段 pris →ね(値) —をつける sette en pris på en vare —はいくら Hva er prisen?

ねつ 熱 varme, hete (病気の) feber (温度) temperatu′r —情 mani′, lidenskap —を測る ta noens temperatu′r —がある ha feber —が出る få feber —湯 kokende vatn —帯 tropisk sone, tropene —病 feber, sjukdom som forårsaker høg feber

ネッカチーフ halstørkle

ねっきょう 熱狂 entusias′me —する (夢中になる) bli entusias′tisk/begei′stret —的な entusias′tisk, begei′stret

ネックレス 〔hals〕kjede

ねつじょう 熱情 lidenskap, pasjo′n, begei′string

ねっしん 熱心 iver, begei′string —な ivrig, alvo′rlig —に ivrig, alvo′rlig

ねっ・する 熱する (温める) oppvarme (夢中になる) bli ivrig/opptatt —しやすい påvir′kelig, pirrelig

ねったい 熱帯〔地方〕 tropisk sone, tropene —の tropisk 亜—の subtropisk

ねっちゅう 熱中 iver, nidkjærhet —する bli entusias′tisk/begei′stret

ねっとう 熱湯 kokende vatn

ねつびょう 熱病 feber, sjukdom som forårsaker

høg feber
ねつぼう 熱望 ivrigt ønske/begjæ′r —する ønske/begjæ′re ivrig
ねづよい 根強い djupt rotfestet, fast forank′ret
ねつりょう 熱量 kalori′
ねつれつ・な 熱烈な lidenska′pelig, entusias′tisk, brennende —に entusias′tisk, brennende, ivrig
ねどこ 寝床 seng (船・列車の) køj〔e〕寝椅子(ソファーベッド) sofabenk, sovesofa (獣などの) leie (鳥などの) reir —につく gå i seng, gå til sengs, legge seg〔på senga〕(病気などで寝ている) ligge til sengs, ligge syk —から起き上がる stå opp fra sengen, komme seg opp
…ねばならない må, måtte, burde
ねば・る 粘る (粘着性がある) klistre, holde fast ved (執着する) henge fast i —りのある seig, klebrig —り強い utholdende, standhaf′tig 粘着テープ klebebånd
ねびき 値引き rabat′t〔på〕, prisnedsettelse —する gi rabat′t, sette ned prisen
ねびらき 値開き margi′n, prisforskjell
ねぶくろ 寝袋 sovepose
ねぶそく 寝不足 søvnunderskudd
ねぼう 寝坊 sjusover —する sove lenge, sove over seg
ねまき 寝巻き nattkjole, nattserk, pyja′mas
ねまわし 根回しする skaffe seg støtte hos sine kolle′ger ved korrido′rarbeid
ねむ・い 眠い/眠たい søvnig, døsen —る sove —くなる bli søvnig/døsen —気 søvnighet
ねら・う 狙う (銃などで獲物を) få øye på et bytte (目標を定める) sikte på —い sikte, mål, formål
ねりはみがき 練り歯みがき tannpasta
ねる 寝る (横になる) legge seg, ligge (床につく) gå i seng, gå til sengs (病気などで) ligge til sengs, ligge syk (寝入る) sove, falle i søvn
ねる 練る (粉などを) elte (絹など柔らかくする) gjøre bløt/mykt (金属を) bearbeide (文章・技術

を) bearbeide, finpusse (訓練をする) trene, øve (計画を) utarbeide
ネル flanel′l
ねん 年 år ―数 årstal ―年 år for år 3―まえに for tre år siden 毎― hvert år ―中 heil året rundt, gjennom årene
ねん 念 (観念) idé (感情) følelse (希望) ønske, begjæ′r (注意) forsik′tighet, varsomhet ―の入った omsorgsfull, gjennomtenkt, omhyg′gelig ―を入れる være omsorgsfull/gjennomtenkt ―入りに omhyg′gelig
ねんが 年賀 nyttårshelsing ―状 nyttårskort
ねんがっぴ 年月日 dato
ねんかん 年鑑 årbok
ねんかん 年間 gjennom årene, om året, hvert år
ねんがん 念願 inst/innerst ønske
ねんきゅう 年給 årslønn
ねんきん 年金 pensjo′n 終身― livrente ―生活者 pensjoni′st ―基金 pensjo′nskasse
ねんげつ 年月 år og måned
ねんこうじょれつ 年功序列 ansiennite′t〔sprinsipp i lønnsskalaen〕
ねんしゅう 年収 årsinntekt
ねんじゅう 年中 året gjennom ―行事 året fast tilba\kevendende begivenheter ―無休 være åpen heile året
ねんしょう 年商 årsomsetning
ねんしょう 燃焼 forbren′ning ―する brenne ―性の brennbar, anten′nelig
ねんしょう・の 年少の ung, ungdoms- (子供・獣の子) unge (若者) ungersvenn (未成年者) en umyndig, en mindreårig
ねんだい 年代(時代) tidsalder, epo\ke, perio\de ―記 krønike ―記作家 krønikeskriver
ねんちゃく・する 粘着する klistre, holde fast ved ―させる klistre (結びつける) feste ―性の klisset〔e〕, klebrig

ねんちょう 年長 ansiennite'␣t —の senior, eldre —者 senior, eldre medlem

ねんど 年度 år 暦— kalenderår 学— skoleår 財政— finan'sår —末 årets slutning

ねんど 粘土 leir〔e〕 —質の leiret〔e〕

ねんとうに・おく 念頭におく(忘れない) hugse, beten'ke, erin'dre (考慮に入れる) ta hensyn til 何事かが—浮ぶ komme på, tenke på

ねんのため 念の為 for sikkerhets skyld

ねんぱい 年配 ansiennite'␣t —の eldre, gammal

ねんぴょう 年表 kronolo'gisk tabel'l (年代記) krønike

ねんぶつ 念仏 påkallelse av Buddha

ねんまつ 年末 årets slutning (大晦日) nyttårsaften

ねんりょう 燃料 brennstoff, brensel (まき・たきぎ) brenne, brensel, ved 液体— flytende brennstoff 固形— fast brensel

ねんりん 年輪 årring

ねんれい 年齢 〔perso'ns〕 alder —順 aldersorden —制限 aldersgrense (年功序列) ansiennite'␣t

の

の 野 mark, jorde —原 grasmark (平野) slette (田畑) landbruksjord, dyrkbar jord, åker (牧草地) eng

ノアのこうずい ノアの洪水 syndfloden

ノイローゼ 〈病〉 neuroˈse, nevroˈse

のう 脳 hjerne (知力) hjerne, intelligen'␣s, forstan'd —病 sinnssjukdom —病院 sinnssjukehospital —溢血 hjerneblødning —炎 hjernebetennelse —死 hjernedød —膜炎 hjernehinnebetennelse —震盪 hjernerystelse

のうえん 農園 farm, bondegard (大規模な) planta'sje

のうか 農家(家族) landsmannsfamilie (家) vånings-

hus （農場）bondegard
のうがく 農学 landbruksvit〔en〕skap —校 landbruksskole, jordbruksskole
のうき 納期 beram't leve'ringsdato
のうぎょう 農業 landbruk, jordbruk —大学 landbrukshøgskole —技術 landbruksteknologi —技術者 landbrukstekniker —政策 landbrukspolitikk
のうぐ 農具 landbruksredskap
のうさくぶつ 農作物 landbruksprodukt
のうさんぶつ 農産物 →のうさくぶつ（農作物）
のうしゅく 濃縮 konsentrasjo'n —する konsentre're （凝縮する）fortet'te〔seg〕, kondensere〔s〕
のうじょう 農場 →のうえん（農園）
のうぜい 納税 skattebetaling, betaling av skatt —者 skattyter, skatteborger —義務のある skattepliktig —する betale skatt, skatte〔til〕
のうそん 農村 landsby —地区 landkommune —の landlig, land-
のうたん 濃淡 lys og mørke, skiftning
のうち 農地 jordbruksland, landbruksjord —改革 landbruksreform
のうてん 脳天 isse, topp
のうど 濃度 konsentrasjo'n, tetthet
のうにゅう 納入（品物の）leve'ring〔av varer〕 —する leve're
のうひつ 能筆 dyktig skrivekunst
のうひん 納品 leve'ring, leveranse —する leve're —者 leverandø'r
のうふ 農夫 landmann, landbruker, bonde
のうまくえん 脳膜炎 →のう（脳）
のうみん 農民 →のうふ（農夫） （総称）bønder
のうむ 濃霧 tett tåke
のうやく 農薬 landbrukskjemika'lier (pl.)
のうりつ 能率 effektivite't —がいい effektiv —があがる/さがる bli mer/mindre effektiv —が悪い ineffektiv
のうりょく 能力 evne, dyktighet, bega'velse —のあ

る evnerik, dyktig, bega'vet
のうりん 農林 jordbruk og skogbruk
ノート noti'sbok（メモ）opptegnelse —をとる note're, skrive/tegne opp
ノーベルしょう ノーベル賞 nobelpris —受賞者 nobelpristaker
のがれる 逃れる unnslippe, unnkomme
のき 軒 takskjegg —並みに訪ねる gå fra dør til dør —並みに売り歩く handle ved dørene
のけものにする 除け者にする lukke ut, utelukke, holde ute
のける 退ける・除ける（のかす）ta vekk（邪魔にならないように）flytte, overflytte（除く）bli av med, kvitte av（省く）utelate, hoppe/springe over
のこぎり 鋸 sag —を引く sage —屑 sagflis（微粉の）sagmugg, sagmjøl
のこ・す 残す etterlate, forla'te, levne（節約して）spare（遺産として）testamente're, etterlate（留め置く）behol'de, tilba'keholde —る bli igjen, bli tilba'ke, forbli'（生き残る）overleve（残存する）bli stående, holde, forbli' —りもの rest, levning, overskott
のじゅく 野宿 bivuak'k
のせる 乗せる・載せる（運ぶ）bære, frakte, befor'dre（乗車させる）la kjøre med（乗船させる）ta om bord（荷物を）laste（途中で人を）ta opp/med, hente（記載する）skrive opp, tegne opp（新聞に）sette annonse i avis（だます）lure, narre, bedra'
のぞく 除く（除外する）utelukke, utelate, fjerne（取りのける）ta vekk, flytte ut（省く）utelate, hoppe/springe over（廃止する）avskaffe（没収する）inndra, konfiske're（まぬがれる）slippe, unngå
のぞく 覗く kikke, titte（ちょっと立ち寄る）kikke innom
のぞみ 望み ønske, håp —溢れる håpefull —のない håplaus（望ましい）ønskelig
のぞむ 望む ønske, håpe（渇望する）lengte [etter],

hige, lenges, attrå （期待する）forven'te, vente seg
（好む）holde av, synes om
…のたびに hver gang, når som helst
のち・に 後に（…の後で）etter （後日）seinere, baketter （将来）i framtiden —の seinere, følgende （将来の）framtidig （後者の）sistnevnt
ノック bankning —する banke〔på døren〕
ノット （船舶の速度の単位）knop
のっとる 乗っ取る innta （旅客機などを）kapre〔fly〕
…ので ettersom, fordi（…の理由で）på grunn av, i anledning av
のど 喉 hals, strupe （声）røst, stemme —がかわく bli tørst —が痛い ha vondt i halsen —ぼとけ strupehode
ののし・り 罵り forhå'nelse, fornær'melse, krenkelse —る forhå'ne, fornær'me, krenke （陰でけなす）baktale, bakvaske
のばす 伸ばす・延ばす（延期する）oppsette （ほっておく）legge bort （遅らせる）forsin'ke, seinke （ずるける）skulke （延長する）forlen'ge, strekke （髪・ひげ・爪など）la gro （しわなどを）glatte, jamne （薄める）tynne ut, spe opp i （やっつける）slå ut, knuse
のはら 野原 grasmark, åpent land （平野）slette （牧草地）eng
のびる 延びる・伸びる（長くなる）bli lengere （延長される）bli forlen'get （増える）auke, tilta （成長する）gro, vokse opp （進歩する）gjøre framskritt （ぐったりする）trøttes, utmattes
のべ 延べ sum, total
のべつに uopphør'lig, uavbrutt
のべる 述べる（表明する）uttrykke, uttale （物語る）beret'te, fortel'le （陳述する）meddele （言及する）omtale, berø're （説明する）forkla're, redegjøre
のぼり 上り oppstigning （よじ登ること）klatring —坂 oppadgående veg —列車 oppadgående/ankommende tog —下り opp- og nedstigning, stigning og

fall
のぼる 登る gå opp, stige（よじ登る）klatre, klavre（太陽などが昇る）stige（蒸気が立ちのぼる）dampe（昇進する）bli beforfrem′met, avansere（上京する）reise til〔Tokyo〕（川を）segle oppad på flod
のみ 蚤〈虫〉 loppe ―を駆除する loppe
のみ （彫る道具）meisel ―で彫る meisle
…のみ bare, kun, blott ―ならず ikke alene, men også
のみぐすり 飲み薬 intern medisin
のみこ・む 飲み込む（飲みくだす）svelgje（理解する）forstå′, fatte, begri′pe ―み svelgjende（理解）forstå′else（理解力）fatteevne
のみすぎ 飲み過ぎ overdreven drikking ―る drikke for mye, drikke seg fra sans og samling
のみみず 飲み水 drikkevatn
のみもの 飲み物 drikkevare, drikke（清涼飲料水）alkoholfri drikk （アルコール性の）drikk, drikkevarer(pl.)
のむ 飲む(飲用する) drikke （のみ下す）svelg〔j〕e ごくごく― skylle i seg （飲み干す）（びんを）drikke av en flaske （グラスを）drikke ut （薬を）ta medisi′n （受諾する）akseptere, godkjenne
のら 野良 farm ―仕事 landbruk, jordbruk
のり 海苔 spiselig tang
のり 糊 lim, klister（洗濯用の）stivelse ―ではる lime, klistre
のりおくれる 乗り遅れる komme for se〔i〕nt til, ikke nå
のりかえ 乗り換え（列車の）togskifte, togbytte（バスの）bussskifte ―る bytte/skifte〔tog/buss〕―駅 jernbaneknutepunkt
のりくみいん 乗組員 mannskap, beset′ning
のりこす 乗り越す komme forbi′
のりて 乗り手（馬の）rytter（乗客）passasie′r
のりば 乗り場（市電・バスなどの）stoppested （船の）brygge

のりもの 乗り物 kjøretøy, befor'dringsmiddel, transpor'tmiddel

のる 乗る(乗り物に) kjøre (列車などに) ta (乗り込む) stige på (自転車・バイクに) sykle (物の上に) klatre (加わる) ta del, bli med (だまされる) lures, bedra's

のる 載る bli lagt, ligge på (本・新聞などに) bli beskre'vet på〔bok/avis〕

ノルウェー Norge ―人 nordmann ―の/語 norsk

のろい 呪い forban'nelse, fordøm'melse ―をかける forban'ne, fordøm'me

のろい 鈍い(遅い) langsom, se[i]n (にぶい) sløv, treg

のろ・う 呪う forban'ne, fordøm'me ―われた/うべき forban'na, fordøm't, bannsatt

のろじか のろ鹿〈動〉 rådyr

のろのろと tregt, langsomt

のんきな 暢気な(気楽な) makelig, bekvem'(くよくよ考えない) sorgløs, ubekym'ret (楽な) lett (暇な) ledig (行き当りばったりの) improvise'rt, lettsindig (ゆったりした) makelig (不注意な) uaktsom, uforsiktig

のんびり・と avslappet, uforstyrret ―する slappe av, føle seg i heim ―した(おだやかな) stille, rolig, fredelig (のんきな) ubekym'ret, optimis'tisk

ノンフィクション faglitteratur

のんべえ 飲んべえ drukkenbolt

は

は 刃(刀の) klinge (ナイフの) knivblad

は 葉 blad, lauv, løv ―の繁った lauvrik ―が落ちる bladene faller 落ち― lauvfall, falneblad

は 歯 tann (アイススケートの) blad (歯車の) tann ―みがき tannpasta ―ブラシ tannbørste ―を磨く

børste tenner —がはえる få tenner —が抜ける en tann faller ut —を抜く trekke en tann ut

ば 場 sted, plass (機会) sjanse, leilighet

バー (酒場) bar (棒高飛びなどの) stang

ばあい 場合 tilfelle (事情) omsten'dighet, forhold その— i så fall, i det tilfelle いずれの—でも i alle tilfelle …した—は i tilfelle av at 非常の— nødstilfelle

はあく 把握 grep, tak —する gripe, ta, fatte

バーゲンセール billigt tilbud, utsalg —する holde utsalg

パーセント prosen't

バーター byttehandel —経済 naturalhusholdning

パーティー selskap, fest, gilde

バーテン〔ダー〕 bartender

ハート hjerte (トランプの) hjerter —のエース hjeteress

パート (仕事) deltidsarbeid —タイマー deltidsarbeider

パートナー partner (ディナーの)(男) bordkavaler (女) borddame (総称) bordfelle (仕事の) medarbeider, kompanjong'

ハードル (競走の) hekk —競走 hekkeløp

ハープ 〈楽〉 harpe —を演奏する spille på harpe —奏者 harpis't

パーマ〔ネント〕 permanen't —をかける permanen'te

ハーモニカ 〈楽〉 munnspill

はい 灰 aske, oske —色の askegrå —皿 askebeger

はい 肺 lunge —炎 lungebetennelse, lungebrann —がん lungekreft —結核 lungetuberkulose

はい 杯 beger (聖杯) kalk (優勝杯) pokal

はい 蠅 →はえ

はい (応答) ja (おっしゃる通りです) Du har rett, Jeg er enig (判りました) Jeg har forstå'tt —どうぞ Vær så god

ばい 倍 to ganger, dobbel —にする øke til dobbelte, fordoble (ブリッジで) doble

パイ pai
はいいろの 灰色の 〔aske〕grå
はいえい 背泳 ryggsvømming —選手 ryggsvømmer
はいえん 肺炎〈病〉 lungebetennelse
ばいえん 煤煙 røyk（すす）sot
バイオリン 〈楽〉 fioli′n（昔の）fio′l —奏者 fiolini′st
はいが 胚芽 embryo, forster（胚種）spire, kim
ハイカー fotturist
ばいかい 媒介(仲介) formid′ling, mekling —する formid′le, mekle —者 formid′ler, mekler 伝染病を—する spre〔ie〕epidemi′ 伝染病の—者 smittebærer 伝染病の—物(ばい菌) bakte′rie, basil′l
はいき 廃棄 avskaffelse —する avskaffe
はいき 排気(排出) utblåsing —する blåse ut（換気）ventilasjo′n, utlufting —ガス utblåsingsgass, ekso′s —管 ekso′srør
はいきゅう 配給(分配) forde′ling, distribusjo′n（食料などの）rasjo′n, porsjo′n（供給）tilførsel, forsy′ning —する forde′le, distribue′re
はいきょ 廃墟 rui′n, ødelegging
ばいきん 黴菌 bakte′rie, basil′l
ハイキング vandring, fottur
バイキング viking
はいきんしゅぎ 拝金主義 mammonsdyrkelse —者 mammonsdyrker
はいぐうしゃ 配偶者 ektefelle,〔ekte〕make（夫）ektemann（妻）〔ekte〕hustru, kone
はいけい 拝啓(手紙の) Kjære venn!/hr. X
はいけい 背景 bakgrunn, landskap（舞台の）sceneri（後援）støtte
はいけっかく 肺結核〈病〉 lungetuberkulose
はいけん 拝見 betrak′tning, granskning —する ha den ære å se, betrak′te
はいご 背後 rygg（裏側）bakside —に bakom
はいごう 配合 kombinasjo′n, sammensetning —する kombine′re, arrange′re, sammensette
はいざら 灰皿 askebeger

はいし 廃止(法令・制度などの) avskaffelse, opphevelse —する avskaffe, oppheve
はいしゃ 歯医者 tannlege (歯科診療所) tannklinikk
はいしゃ 敗者 taper
はいしゃく 拝借 lån, utlån —する låne
ばいしゃく 媒酌 ekteskapsformidling —する formid′le/ordne et giftermål mellom —人 ekteskapsformidler
ハイ・ジャック 〔fly〕kapring —ジャッカー 〔fly-〕kaprer
ばいしゅう 買収(買い上げ) kjøp (取得) erver′velse (わいろ) bestik′kelse —する(わいろで) bestik′ke
はいじょ 排除 utelukkelse, utstøting —する utelukke, lukke ut, utstø〔y〕te, forhin′dre
ばいしょう 賠償 erstatning, kompensasjo′n, vederlag (補償) godtgjørelse —する erstat′te, kompense′re, godtgjøre —金 erstatningssum (代替品) surroga′t
ばいしん 陪審 jury —員 jurymann
はいしんしゃ 背信者 frafallen (脱落者) overløper
はいすい 排水 dren, avløp —する drene —管 drensrør —溝 avløpskanal (干拓する) tørrlegge
はいせん 敗戦 krigsnederlag
はいたつ 配達 〔over〕levering, leveranse (配布) distribusjo′n —する 〔over〕levere, avlevere, distribue′re —〔期〕日 frist for levering
はいち 配置 arrangement, foranstaltning —する arrange′re, foranstalte (兵隊などを) poste′re, beman′ne
ばいてん 売店 kiosk (屋台店) bod, stand
はいとう 配当(株などの) dividen\de, utbytte —する forde′le
ばいどく 梅毒〈病〉 syfilis
パイナップル 〈植〉 ananas
ばいばい 売買 kjøp og salg (取引) handel
バイパス omkjøringsvei
ハイヒール høyhæla sko

はい・びょう 肺病〈病〉 lungesjukdom —結核 lungetuberkulose
はいひん 廃品 avfall, skrap, skrot（紙屑）makulatu′r —回収〔運動〕ansamling av avfall
パイプ （管）rør, ledning（たばこ用の）pipe —オルガン pipeorgel
はいぶつ 廃物 avfall, uanve′ndelige varer (pl.)（屑）skrap, skrot —利用 utnyttelse av avfall
バイブル （聖書）bibel
ハイボール （酒）pjoltel
はいぼく 敗北 nederlag（ブリッジでの）be[i]t（失敗）uhel′dig utfall —する lide nederlag（ブリッジで）gå [i] bet（失敗する）mislykkes —主義 defaitis′me
ハイヤー [ut]lejebil（タクシー）taxi
バイヤー kjøper
はいやく 配役 rollebesetning
ばいやく 売約 kjøpkontrakt —する avslutte et kjøp
はいゆう 俳優 skuespiller（女優）skuespillerin′ne
ばいよう 培養 dyrking,〔bakte′rier〕kultur —する dyrke
はいようする 佩用する bære〔et sverd〕
はい・る 入る（内へ）komme inn i, gå inn i（押し入る）bryte inn（そっと入る）snike seg inn（加入する）slutte seg til（含む）inklude′re, omfatte（収入がある）ha innkomst（始める）begyn′ne, starte（学校などに）komme inn på〔en skole〕, begyn′ne på skolen
はいれつ 配列 arrangement, ordning —する arrange′re, ordne
パイロット （飛行機の）pilo′t（水先案内人）los
はう 這う（人・動物などが）krype（虫などが）krible
はえ 蠅〈虫〉flue —取り紙 fluefanger —たたき fluesmekker
はえ 栄え ære, prakt, glans —る skinne, stråle
はえる 生える（生じる）vokse（芽が）gro, spire
はえる 映える（反映する）gjenspeile, gi gjenskinn,

avspeile （配合がいい）harmonise′re, passe, anstå seg

はか 墓 grav —場（墓地）begra′velsesplass, kirkegård —参り besø′k til graven, besø′k på et gravsted —石（墓碑）gravstein

ばか 馬鹿 tosk, fjols, dumrian （白痴）idio′t —な dum, idio′tisk —さ dumhet （単純）enfold —にする gjøre narr av （見くびる）se ned på

はかい 破壊 ødeleggelse, destruksjo′n —する ødelegge, destrue′re —的な ødeleggende, destruktiv, nedbrytende —者 ødelegger （野蛮人）vanda′l

はがき 葉書 postkort, brevkort 往復— svarbrevkort, dobbelt brevkort 絵— prospe′ktkort

ばかげた 馬鹿げた dum, latterlig, tåpelig, fjollet[e]

ばかす 化かす forhe′kse, fortry′lle

はかせ 博士 doktor —号 doktorgrad —論文 doktoravhandling 名誉— æresdoktor

はかどらせる 捗らせる skynde på, sette farten opp （かりたてる）jage, skysse

はかない 果敢ない forgjeng′elig, flyktig （空虚な）tom, innholdsløs （もろい）skjør, spinkel, skrøpelig

はかり 秤（上皿天秤）vektskål さお— bismer ぜんまい— fjørvekt

…ばかり …許り（およそ）omkring, cirka （…だけ）bare, kun, blott （…して間もない）straks〔etter〕 （まさに…せんとして）være/stå i begre′p med å

はかる 計る・量る・測る（量・面積などを）måle （重さを）vege, veie （速度を）ta tid på （水深などを）lodde, peile （計算する）kalkule′re, bere′gne （評価する）vurde′re, skatte （推測する）gjette, anta

はかる 図る・謀る（計画・工夫する）planlegge, overveie （素案を）gjøre utkast （欺く）bedra′, lure, narre （努める）strebe etter, anstrenge seg （志す）aspire′re til, ha til hensikt

はき 破棄（婚約などの）brytning （条約などの）oppsigelse, avskaffelse —する oppheve, bryte, oppsi, avskaffe

はきけ 吐き気 kvalme (船酔い) sjøsjuke —を催す føle seg kvalme, kvalme, være sjøsjuk

はきもの 履物 fottøy, skotøy

はきょく 破局 sammenbrudd, kollap's (破滅) katastro'fe

はく 掃く feie, sope (清掃する) rense, rydde

はく 吐く kaste opp (唾などを) spytte (噴出する) sprute (息を) ånde [ut] (意見などを) beret'te, uttrykke seg

はく 履く(ズボン・くつなど) ta/ha på, bære

はぐ 剥ぐ (カレンダーなどを) rive av (皮を) skrelle [av] (木の皮を) barke (豆などの殻をむく) pille [av] (動物の皮を) flå [av] (奪う) berø've, frata

ばぐ 馬具 seletøy

はくあ 白亜(チョーク) kritt

はくあい 博愛 filantropi', menneskekjælighet (慈悲) barmhjer'tighet (慈愛・親切) godhet, velvilje —の filantro'pisk, barmhjer'tig, velvillig

はくがい 迫害 forføl'gelse (抑圧) undertrykkelse —する forføl'ge, plage (抑圧する) undertrykke

はくがく 博学 lærdom, allsidig utdanning —な lærd, bele'st

はぐき 歯茎 ⟨医⟩ gomme

ばくげき 爆撃 bombardement, bombeangrep —する bombarde're —機 bombefly

はくさい 白菜 ⟨植⟩ kinakål

はくし 博士 →はかせ

はくし 白紙 ubeskrevet blad, kvit papir, rent ark —に返す starte/begyn'ne på ny —委任 blankofull-makt

はくしゃ 拍車 spore —を当てる spore [ens hest] —をかける spore, sette farten opp

はくしゃ 薄謝 en liten takk

はくじゃくな 薄弱な svag, kraftløs, spinkel

はくしゅ 拍手 applau's, klapp —する applaude're, klappe i hendene —喝采(かっさい)する rope hurra' [for]

はくしょ 白書 kvitbok, stortingsmelding
はくじょう 白状 tilståelse, bekjen'nelse —する tilstå, bekjen'ne
ばくしょうする 爆笑する briste i latter, plutselig begyn'ne å le
はくしょく 白色 kvitt —の kvit —人種 den kvite rase
はくじん 白人 kvit person
はくせい・にする 剝製にする utstoppe —の utstoppa
ばくぜん・とした 漠然とした vag, utydelig（あいまいな）tvetydig, ubestemt —と vagt, utydelig
ばくだいな 莫大な veldig, umålelig（巨大な）kolossa'l, uhy're（広大な）vidstrakt, utstrakt（広範な）omfattende
ばくだん 爆弾 bombe —を投下する bombe（破裂弾）grana't
ばくち 博奕 hasar'dspill —打ち(人) hasar'dspiller —を打つ spille hasar'd
はくちゅう・に 白昼に midt på dagen, ved dagslys —夢 dagdrøm
はくちょう 白鳥〈鳥〉 svane —の歌 svanesang
バクテリア bakte'rie, basil'l
ばくはつ 爆発 eksplosjo'n, detonasjo'n, sprenging（火山の）〔vulkanskt〕utbrott —する eksplode're, detone're, springe〔i luften〕（爆破する）sprenge〔i luften〕
はくはつ・の 白髪の hvithåret —まじりの gråhåret —になる gråne
ばくふ 幕府 Shogunat
はくぶつ・がく 博物学 natu'rhistorie —館 muse'um
はくへん 薄片 skive（破片）fragmen't
はくぼく 白墨 kritt
はくまい 白米 pole'rt ris
ばくやく 爆薬 sprengstoff
はくらい・の 舶来の(輸入した) impor't-, importe'rt —品 impor'tartikkel, importe'rte varer(pl.)（外国製

品) varer fra utlandet
はくらんかい 博覧会 utstilling, messe —場 utstillingslokale
はぐるま 歯車 tannhjul
ばくろ 曝露 avsløring, avdekking —する avsløre, avdekke
はけ 刷毛 børste —をかける børste (絵筆) pensel
はげ 禿 skallethet 頭など—た skallet〔e〕 —頭 skallepanne
はけぐち 捌口 utløp, avløp (感情などの) utløsning —を見つける utlø〔y〕se〔spenning〕
はげし・い 激しい heftig, inten′s, sterk, voldsom (熱烈な) fyrig —く heftig, intenst, voldsomt —さ intensite′t, voldsomhet
バケツ bøtte, spann (ポット) krukke (浚渫(しゅんせつ)船などの) øs
はげ・ます 励ます oppmuntre, tilskynde —み oppmuntring (刺激) stimulans —む strebe etter, anstrenge seg
ばけ・もの 化け物 spøkelse, fanto′m (幽霊) gjenganger, gjenferd, gespen′st (怪物) monstrum (悪鬼) demo′n, djevel —る forvan′dle〔seg〕til, anta form (変装する) kle seg ut〔som〕
はげる 剝げる(塗りものが) løsne, rive seg laus〔fra〕, skrelle av (色が) bleikne, avfarge (皮膚が) flasse
はけん 派遣 avsendelse, utsendelse (急派) ekspedisjo′n —する avsende, utsende (急派する) ekspede′re —一団 delegasjo′n
はこ 箱 kasse (金属の) boks 小— dåse (ボール紙の) eske (家具の引き出し) skuffe —詰め emballa′sje
はこぶ 運ぶ(運搬する) transporte′re, bære (貨物を) frakte (人など移動させる) forflyt′te
バザー basa′r
はさいする 破砕する smadre, slå i stykker, knuse
はさみ 鋏 saks —を入れる(切符・新聞などに)

はさむ 挟む klemme, knipe, klype (軍の挟み撃ち作戦) knipetangsmanø'ver さし— innsette, innskyte
はさん 破産 bankerot't, fallit't, konku'rs —する gå konku'rs —させる ruine're
はし 箸 〔spise〕pinne
はし 橋 bru, bro (乗・下船用タラップ) landgang —を渡る gå/kjøre over bruen —をかける bygge/slå bru 〔over〕
はし 端(末端) ende (縁) kant, bryn (先端) spiss (内外のすみ) hjørne (内側のすみ) krok
はじ 恥 skam, ydmykelse (不面目) vanære —をかく bli ydmyket (卑下する) ydmyke seg —をかかせる ydmyke, vanære, gjøre en til skamme —入る bli forle'gen
はしか 麻疹〈病〉 meslinger
はしけ (平底船) 〔flatbunnet〕 lekter, lastepram
はしご 梯子 stige (船の) leider (階段) trapp —車 stigebil
はじまる 始まる begyn'ne, starte, ta til (戦争・火事など) bryte ut (公開する) åpne (…に起源する) opprinne, stamme fra
はじめ 始め(開始) begyn'nelse, start (起源) opprin'nelse, opphav (発端) opprin'nelse, tilblivelse —の(最初の) først (初期の) tidlig, eldre —て for det første —は i begyn'nelsen, i førstningen —る 〔på-〕begyn'ne, starte, sette i gang 読み—る begyn'ne å lese
ばしゃ 馬車 hestedrosje, ekvipa'sje
はしゃぐ more seg, tumle/danse omkring
パジャマ pyja'mas
ばじゅつ 馬術 ridekunst
ばしょ 場所(地点) plass, sted (位置) belig'genhet, stilling (立場) posisjo'n, situasjo'n (敷地) grunn (座席) sitteplass (空間) rom
はしら 柱 stolpe, påle (円柱) søyle, pila'r —時計 gulvur

はしる 走る løpe （逃走する）flykte, stikke av, løpe sin vej （船が）segle （列車が）gå —り回る løpe rundt —り去る løpe bort —り書き rabbel, hastig notaʹt （なぐり書き）kråketær(pl.)

はじる 恥じる skamme seg, sjeneʹre seg

はす 蓮〈植〉 lotus

はず 筈（予定・期待）forvenʹtning （当然）burde …の—です kan forvenʹtes å, må være …の—はない kan ikke forvenʹtes, der er ingen grunn til å tro そ の—です det skulle det

バス （乗合自動車）buss, omnibus —運転手 bus〔s〕sjåfør —に乗る ta bussen —で行く komme med bussen —停 bussholdeplass, bus〔s〕stopp

バス 〈楽〉bass —歌手 bassiʹst —を歌う synge bass

パス （無料切符）fribilletʹt, frikort （定期券）sesonʹgbillett, sesonʹgkort （トランプなどでの）pass （送球する）passe〔ʹre〕, avlevere, sende videre トランプなどで—という passe, melde pass 試験に—する beståʹ eksamen〔sprøve〕/prøvelser

ばすえ 場末 utkant〔av by〕（郊外）forstad

はずかし・い （きまりが悪い）være sjeneʹrt/unnseʹlig/sky, sjeneʹre seg （恥ずべき）skamfull, skjendig —くない anstenʹdig, anseʹlig （相当な）respektaʹbel, aktverʹdig —がりの sky, unnseʹlig

バスケット （かご）korg

バスケットボール basketball, kurvball

はずす 外す（眼鏡などを）ta av （服を脱ぐ）kle av seg （結び目を解く）løyse opp for （解消する）løsne （解放する）løsgjøre, frigjøre （避ける）unnvike, unngå （目標を）skyte feil/forbiʹ

バスト （胸まわり）brystmål

はずべき 恥ずべき skamfull, skjendig

パスポート pass

はずみ （…の折・途端）øyeblikk, tidsrom 運転した —に mens han kjørte bil

パズル puslespill

はずれる 外れる løsne seg （関節など）forvriʹ〔av

led〕 （当らない）ikke treffe/ramme （失敗する）forfei′le, mislykkes （…に反する）stå i motstrid med/til
はせい 派生 avleiing, avvikelse, fravi′kelse 一語 avleiing, avledet ord
パセリ 〈植〉persil′le
はそん 破損 skade, beska′digelse （傷つける）skade, beska′dige
はた 旗 flagg （国旗・校旗など）banner, fane （長旗）vimpel
はた 機(織機) vevstol —を織る veve
はだ 肌・膚(皮膚) hud, skinn （気質）temperament, karakte′r, sinnelag —ざわり følelse, berø′ring
バター smør —を塗る smøre, tilberede med smør —入れ smørbutt
はたいろ 旗色 situasjo′n, utsikt
はだか 裸 nakenhet —の naken, bar
はだぎ 肌着 undertøy
はた・け 畑 mark, dyrkingsland （野菜の）grønsakmark （穀類の）korngard （家庭用菜園）kjøkkenhage —作 grønsakdyrking
はたして 果して som forven′tet
はだしの 裸足の barføtt, barfot〔a〕
はた・す 果す(なしとげる) gjennomføre, fullføre, realise′re 約束を—す holde sitt løfte 願い・夢が—される gå i oppfyllelse …を—す virkeliggjøre
バタフライ （水泳の）butterfly〔svømming〕
はためく vifte, vaie, baske, flagre
ばたや ばた屋 klutesamler
はたらき 働き(仕事) arbeid, job, syssel （運用）praktisk tillempning （機能）funksjo′n, virkemåte （活動）aktivite′t, virksomhet （功績）meritt′, fortje′neste （才能）evne, dyktighet, dugelighet 一口 ansettelsested 一手 arbeider （一家の）forsør′ger
はたらく 働く(労働する) arbeide, streve （勤務する）bli ansatt, være i tjeneste hos （作用する）〔inn-〕virke på （機能を果たす）funge′re, oppfylle sin funk-

はたんきょう　sjo'n　(悪事を) begå
はたんきょう　巴旦杏 〈植〉　mandel
はち　八　åtte　第一〔の〕åttende　(バスなど8番線・トランプの8など) åtter
はち　蜂 〈虫〉　蜜— bie　すずめ— veps　まるはな— humle　蜜—の巣 bikube　まるはな—の巣 humlebol　—蜜 honning　—がぶんぶんいう surre
はち　鉢　(どんぶり) keramik'kskål　—植えの植物 potteplante　(水盤) vassfat
はちがつ　八月　august
バチカン　〔宮殿〕 Vatika'net
はちじゅう　八十　åtti
はちゅうるい　爬虫類 〈動〉　repti'l, krypdyr
はちょう　波長　bølg〔j〕elengd〔e〕　—が合っている være på bølgjelengd〔e〕 med
ばつ　罰　avstraffelse　(法律上の) forbry'telse, straff　—金・科料 bot, straff　—すべき straffbar　—する straffe
ばつ　閥　klikk, fraksjo'n
はついく　発育　utvikling, 〔til〕vekst　—する utvikle seg, vokse
はつおん　発音　uttale　—する uttale　—記号 uttalebetegnelse　—辞典 uttaleordbok
はっか　薄荷　peppermyn\te
はっかくする　発覚する　bli avslørt/oppdaget
はつかねずみ　二十日鼠 〈動〉　mus
はっき　発揮　ytring, tllkjen\negivelse, manifestasjo'n　—する legge for dagen, bevi'se, ytre
はっきり・と　(明瞭に) klart, tydelig　—する være/bli tydelig　(明確に) defin'itivt, bestem't　—した klar, tydelig
はっきん　白金　platina
ばっきん　罰金　bot, mulkt　—を課す bøtelegge　—を食う bli idømt en bot, bli bøtelagt　(違約) løftebrudd
バック　(背景) bakgrunn　(後援) støtte　(後援者) velynder, protek'tor, beskyt'ter　(庭球などの) bakhand　(背泳) ryggsvømming　—ミラー bakspeil,

sladrespeil —ナンバー gammel utgave, gammelt nummer —アップする fremme, begun'stige

はっくつ 発掘 utgraving —する utgrave

バックル （ズボンの） beltespenne （スキーなどの） spenne

はっけん 発見 oppdagelse —者 oppdager —する oppdage （思いつく） komme på （痕跡などをたどって突き止める） spore

はつげん 発言 uttalelse, ytring （公式の） deklarasjo'n, erklæ'ring —する ytre, uttale, erklæ're

はつこい 初恋 ens første kjærlighet

はっこう 発行 publikasjo'n, utgivelse —する publise're, utgi —される utkomme —所 forlag —人 publisis't, utgiver, forlegger

はっこう 発酵 fermentasjo'n, gjæring —する fermente're, gjære —素 gjær

はっしゃ 発車 avreise, avgang —する avreise ここから—する avreise herfra —ホーム avgangsperrong —時間 avgangstid

はっしゃ 発射 avfyring, skyting —する avfyre, fyre av, skyte

はつじょうき 発情期 paringstid, brunsttid —の brunstig

ばつじるし ×印 kryss

はっしんち 発信地（電報などの） ekspedisjo'nssted

はっしんチフス 発疹チフス〈病〉 tyfus

ばっすい 抜粋 ekstrak't, uttog （選集） utvalgt skrifter, utvalg —する utvelge, velge ut

ばっする 罰する straffe, bøtelegge （折檻(せっかん)する） tukte, pryle

はっせい 発生（突発） en uventet hendelse, forekomst （生育） utvikling, vekst （電気などの） generasjo'n, skapelse —する hende, inntreffe （生じる） bli til, oppstå

はっそう 発送 avsendelse, utsending （急派） ekspedisjo'n —する avsende, utsende, forse'nde （急送する） ekspede're

はっそう 発想 unnfangelse, idé, begrep ー する gi impulser

はっそく 発足 start, begyn'nelse

ばった 〈虫〉 grashoppe, gresshoppe

バッター (打者) slåer

はったつ 発達 utvikling, framgang, framskritt ー する utvikle, gjøre〔gode〕framskritter

ハッチ (船・天井などの) luke

バッテリー (電池) batteri'

はってん 発展 utvikling, ekspansjo'n (進歩) framgang (隆盛) velstand, blomstring (拡張) utvidelse ー する utvikle seg, vokse, ha framgang, blomstre ー 途上国 utviklingsland

はつでん 発電(電気の) generering/frambringelse av elektrisite't ー する frambringe elektrisite't, genere're ー 機 genera'tor, dyna'mo ー 所 kraftstasjo'n, kraftverk 原子力ー所 atomkraftverk

はつどうき 発動機 motor

はつねつ 発熱(病気の) feber ー する ha feber

はつばい 発売 salg, avsetning ー する selge, avsette

はっぴょう 発表 bekjen'tgjørelse (公表) offentliggjørelse ー する bekjen'tgjøre, offentliggjøre, tilkjen'negi

はつびょうする 発病する bli sjuk

ばっぽんてきな 抜本的な gjennomgripende, grundig

はつみみだ 初耳だ det er første gang jeg hører sånt noe

はつめい 発明 oppfinnelse ー する oppfinne ー 者 oppfinner

はつゆき 初雪 årets første snøfall

はつらつとした 潑剌とした livlig, frisk, energisk

はて 〔間投詞〕 Øh, Nå〔ja〕, Vel

はて 果て avslutning, ende, grense (結果) utfall, resulta't ー る opphøre, bli oppbrukt

はで 派手 pomp, prakt ー な pompø's, praktfull (軽蔑的に) utmaiet

はと 鳩〈鳥〉 due
パトカー →パトロールカー
はとば 波止場 kai (埠頭) brygge, bolverk (突堤) brygge, pir
パトロール patrul′je —する patrulje′re —カー patrul′jebil
パトロン beskyt′ter, velynder, protek′tor
バトン (リレー競技用の) stafet′t (音楽用の) dirigen′tstokk, taktstokk
はな 花 (草木の) blomst〔er〕 (精粋) essen′s, esprit —が咲く(花が主語) blomster springer ut (木が主語) blomstre —が萎(½)れる blomster visner —を生ける arrange′re blomster —屋(人) blomsterhandler (店) blomsterbutikk —束 〔blomster〕buket′t
はな 鼻 nese (牛・馬などの) mule (犬・ねこなどの) snute (豚などの) tryne (象の) snabel —水 snørr —水が出る være snottet〔e〕 —をかむ pusse nesen —紙 papirlommetørkle —血 neseblod —血が出る blø neseblod —先 nesetipp —薬(ちょっとしたわいろ) 〔mindre〕 bestik′kelse
はながた 花形(スター) stjerne
はなし 話 tale, fortelling, histo′rie (会話・談話) samtale, snakk, konversasjo′n (議論) forhan′dling, diskusjo′n, drøftelse (講話) foredrag (講義) forelesning (うわさ) rykte —相手 selskap, følgeskap —言葉 talespråk —手 talende, taler —がする(告げる) beret′te, tale om, fortel′le, holde tale …と—する tale med —がつく komme overe′ns om —がまとまる en løsning oppnås, noen blir enig …という—だ det sies at, jeg forstå′r at, ryktes —あう tale sammen, avtale —かける tale til —好きの snakkesalig, snakksom
はなす 放す løslate, løsgi, sleppe 〔løs/fri〕 (解放) frigjøring, befri′else (解放する) frigjøre, befri′
はなす 離す(分離する) atskille, dele 引き— fjerne 〔fra〕 眼を— fjerne blikk 〔fra〕 切り— klippe 〔av〕, skjære 〔av〕

はなたば 花束 〔blomster〕buket'tt

バナナ bana'n

はなはだ 甚だ mye, veldig, svært （過度に）overmåte, ekstre'mt ―しい overor'dentlig, usedva'nlig, ekstre'm, ytterst

はなばなし・い 華々しい strålende, lysende, briljan't ―く strålende, lysende, briljan't

はなび 花火 fyrverkeri ―をあげる sende opp fyrverkeri〔av〕

はなびら 花びら kronblad

パナマ Panama ―運河 Panamakanalen ―帽 panamahatt

はなむこ 花婿（新郎） brudgom

はなや 花屋（人） blomsterhandler （店） blomsterbutikk

はなよめ 花嫁（新婦） brud, brur ―衣裳 brudekjole

はなれ・る 離れる（分かれる） skilles〔fra〕（放れる） slippe løs （去る） forla'te, rømme （弾がそれる） bomme ―た atskilt （孤立した） isole'rt, avsides （遠くの） fjern ―て avsides, fjernt ―ばなれに atskilt fra hinannen

はなわ 花輪 krans （花づな） girlan'der

はにか・む bli sjene'rt, blyges, være sky/forsag't ―んで forle'gent

パニック （恐慌(きょう)） panik'k ―になる bli grepet av panik'k

はね 羽（羽毛） fjær, fjør （水鳥の綿毛） dun （翼） veng, ving

ばね （発条） fjær, fjør ―仕掛けの som drives med en fjør

はねかえ・り 跳ね返り tilba\keslag ―る springe tilba\ke ―す（攻撃など） drive tilba\ke

はね・る 跳ねる hoppe, springe （水などが） sprøyte ―かける stenke （終る） slutte, ende

パネルヒーター varmepanel

パノラマ panora'ma

はは 母 mor ―親 moder ―の〔のような〕moderlig

―の日 moders dag
はば　幅　bre[i]dd, vidde　―を広げる bre[ie], utvide　―の広い brei, vid
パパイア　〈植〉papay'a
はばか・る　憚る(ためらう)　være i tvil, bete'nke seg　(恐れる)være redd/bange for　(遠慮する)være reserve'rt, avholde seg fra　―りながら jeg må si
はばつ　派閥　fraksjo'n, klikk　(宗教上の)sekt　―争い meningsforskjell mellom
はびこる　(草木が)vokse frodig, spreie seg sterkt, trives　(のさばる)bli løssloppen/utøylet, få overhånd over
はぶく　省く(除く)utelate, utelukke　(とばす)hoppe/springe over　(節約する)spare　(減じる)nedsette, formin'ske
はブラシ　歯ブラシ　tannbørste
はへん　破片　fragme'nt, bruddstykke
はま　浜　strand, kyst　(港)hamn, havn
はまき　葉巻　siga'r
はまる　嵌る(はいる)gå inn i, få med　(適する)være passende/belei'lig, passe for　(陥る)(災難などに)ramme, treffe, falle i　(没頭する)fordype seg i
はみがき　歯磨き(すること)tannbørstning　練り― tannpaste　粉― tannpulver
はみでる　rage fram, stikke fram
ハム　(肉製品)skinke　―エグ skinke med egg　(アマチュア無線家)radioamatø'r
はめつ　破滅　ruin, ødeleggelse　(衰退)forfall　―する bli ruine'rt/ødelagt　(衰退する)forfal'le
はめる　嵌める(さし込む)innskyte, innsette　(詰め込む)stoppe, fylle　(指輪など)bære　(だます)narre, lure　(おとし入れる)fange i en felle　(巻きぞえにする)innvikle
ばめん　場面(劇場などの)scene　(場所)plass, sted
はもの　刃物(ナイフ)kniv　(食事用のナイフ・フォーク類)bestik'k　(刀・剣)sverd
はもん　波紋　krusning

はもん 破門(一般の) utelukkelse （宗教上の）ekskommunikasjo'n, bannlysing （大学からの）relegasjo'n —する utelukke, utstø[y]te, lyse i bann （大学から）relege're

はやい 早い(時間が) tidlig （速い）hurtig, hastig, skyndsom （敏活な）rask, livlig （頭の回転が）vittig, åndrik

はやおき 早起き å stå tidlig opp

はやく 早く(時間的に) tidlig （すみやかに）hurtig, raskt, snart （活発に）livlig

はやく 破約 løftebrudd, kontrak'tbrott —する bryte [løfte/kontrak't]

はやく 端役 statis't

はやくち 早口(に話す) tale hurtig/raskt —言葉 ord som er vanskelig å uttale

はやさ 速さ(速度) hastighet, fart

はやし 林(森) skog （木立ち）lund （原生林）urskog

はやぶさ 隼〈鳥〉 falk

はやまる 早まる forhas'te seg, skynde seg for mye

はやみみ 早耳 skarpe ører

はやめに 早目に i god tid （時間通りに）være ret[t]tidig/punktlig

はやめる 早める skynde på, akselere're, fremskynde

はや・り 流行り mote, （病気の）epidemi' （人気）popularite't —りの fasjona'bel, populæ'r （軽蔑的に）nymotens —る være/komme på mote, bli populæ'r （繁盛する）blomstre, være framgangsrik （病気などが）spre[ie], utbre[ie] [seg]

はら 原(野原) mark, felt （湿原）mose （牧草地）eng

はら 腹(腹部) buk （胃）mage （腸）tarm （内臓）innvoller(pl.) （心）sinn, humø'r （勇気）mot, tapperhet （意向）hensikt, vilje —を立てる bli vred [over], vredes, bli opphisset —帯 belte —をこわす ødelegge magen —がすく være sulten —が痛む ha mageknip, ha vondt i magen

バラ 薔薇 〈植〉 rose （木） rose[n]busk ―色の rosenrød 野― vill rose

はらう 払う（支払う）beta'le （分割で）amortise're （処分する）selge, avhende, gjøre det av med （掃う）feie （はけで）børste （支払い能力がある）solven't （払いもどし）tilba\kebetaling

パラシュート fallskjerm

はらす 晴らす（散らす）splitte （払いのける）fordri'-ve （疑いを）rense seg for （気を）atspre[de] （解明する）oppklare

ばらす （分解する）demonte're （解体する）oppløse （分離する）separe're （あばく）avsløre, røpe （殺す）drepe, ta livet av （虐殺する）myrde

パラソル parasol'l

バラック brakke

はらばう 腹這う ligge på magen, krype

はらはらする være nervø's/uro'lig/rådvill ―ような spennende, eggende

ばらばら・の i stykker ―にする oppløse （分割する）dele, stykke opp （散らす）splitte ―になる brekke/gå i stykker （散る）spre[de] seg

パラフィン parafi'n

ばらまく 散蒔く strø, spre[de] （金を）sløse med penger

バランス balanse ―のとれた likevektig （全般的な）allsidig ―をとる balansere, passe

はり 針 nål 縫い― synål 留め― knappenål 釣り― fiskekrok （蜂などの）sting ―目 sting, søm （サボテンなどの）torn （時計の)(短針) timeviser （長針）minut'tviser ―仕事 sying, syarbeid ―子（男）syer （女）sydame, syerske

はり 梁 bjelke

パリ Paris ―っ子（男）pari'ser （女）pariserin\ne ―の pari'sisk

はりあう 張り合う kappes med hinannen, rivalise'-re

はりがね 針金 metal'ltråde

バリカン hårklippemaskin, maskinsaks
ばりき 馬力(単位) hestekraft (体力) energi', fysisk styrke
はりきる 張り切る(元気一杯である) være i munter stemninger, bli begei'stret〔for〕
バリケード barrika\de
はりつけ 磔 korsfesting ―にする korsfeste
バリトン 〈楽〉 baryton
はりねずみ 針鼠〈動〉 piggsvin
はる 貼る(紙などを) feste, hefte (壁紙などを) tapetse're (こうやくなどを) sette på, legge på
はる 張る(伸ばす) strekke (ロープなどを) spenne 〔over〕(広げる) utvide, bre〔ie〕値が― være dyr 店を― drive en butik'k 平手で― gi en ørefik/lusing 肩が― bli stiv i skulder 気が― bli spennende テントを― slå opp telt, reise et telt
はる 春 vår ―の vårlig ―休み vårsemester (青春) ungdom
はるか・な 遥かな(距離的に) fjern ―に fjernt, langt (比較にならない) uforli'kelig, uten sidestykke
バルコニー balkon'g
バルト・かい バルト海 Østersøen ―三国 Baltikum
はるばると 遥々と(長い道のりを) langveisfra
バルブ (弁) venti'l (真空管) elektro'nrør
パルプ pulp, tremasse ―にする mase
はれ 晴(天気) fint/klart vær (雲一つない) skyfri (青空) blå himmel ―る(天気が) bli fin, klare opp (気が) humø'ret/sinnet bli bedre ―着 fineste dress, søndagsklær ―がましい praktfull, storslått: pompøs
ばれいしょ 馬鈴薯 pote't
バレー (舞踊) ballet't ―ダンサー(男) ballet'tdanser (女) balleri'na,〔ballet't〕danserin\ne
バレーボール volleyball
はれつ 破裂 eksplosjo'n, sprengning (猛烈な) detonasjo'n (決裂) brytning, oppløysing ―する eksplode're, bringe til eksplosjo'n, sprenges (交渉が決裂する) strande, brytes, bryte av

はれ・もの 腫れもの svulst, hevelse, opphovning ―ている være opphovnet

バレリーナ balleri′na

はれる 晴れる（天気が）bli fin [vær], klare opp （気が）humø′ret/sinnet bli bedre, vederkveges, oppfriskes

はれ・る 腫れる heve seg, svulme ―た svullen

ばれる （露見する）bli oppdaget/oppspor[e]t/avslørt

バロメーター barome′ter

はん 版 opplag 新聞の日曜― søndagsnummer

はん 判 stempel, segl ―を押す stemple （封印する）foseg′le

はん 班（軍隊の）gruppe （組）gruppe, selskap

はん… 反… anti-, mot- ―感 antipati′ ―共主義者 antikommunist ―対者 motstander ―対党 motparti

ばん 晩（夕方）aften （夜）natt 今― i aften 今―は（挨拶）God aften

ばん 番（順番）tur 順―に etter tur ―号 nummer （監督）oppsyn, tilsyn （監督する）ha oppsyn med, forval′te （世話）pasning （世話をする）passe （見張り）vakt （見張りをする）holde vakt, vokte ―を待つ vente på [sin] tur

パン brød 菓子― bolle ―ひと切れ et stykke brød ―粉 mjøl ―生地 deig ―かご brødkurv ―屋（人）baker （店）bakeri′

はんい 範囲 omfang, utstrekning, rekkevidde （わく）ramme （限界）grense

はんいご 反意語〈文法〉antony′m

はんえい 反映 reflek′s, gjenspeiling ―する reflekte′re, gjenspeile

はんえい 繁栄 velstand, rikdom ―する være velhavende, blomstre ―の velhavende, blomstrende, velsituert

はんえん 半円 halvsirkel ―の halvrund

はんが 版画 gravy′r ―師 gravø′r （木版）tresnitt （木版師）treskjærer （銅版）kobberstikk （銅版師）

kobberstikker
ばんかい 挽回 oppgang, gjenvinning　(奪還) gjenvinning　—する gjenoprette, restitue′re
はんかいする 半壊する bli delvis ødelagt
ばんがいの 番外の ekstra　(付録) tillegg
はんかがい 繁華街 butik′ksenter, handelssentrum
ハンカチ lommetørkle
ハンガリー Ungarn　—人 unga′rer　—の/語 ungarsk
バンガロー bungalow
はんかん 反感 antipati′, motvilje　—を抱く føle antipati′ mot, få/ha motvilje mot　—をかう pådra seg noes antipati′/motvilje, utsette seg for noes antipati′/motvilje
はんぎゃく 反逆 landsforræderi′, opprør　—する gjøre opprør　—的な forræ′dersk, opprørende
はんきゅう 半球 halvkule
はんきょう 反響(こだま) ekko, gjenlyd　(応答) gjenklang　(影響) påvirkning, innflytelse　(反応) reaksjo′n　—する gi ekko, gjenlyde　(影響する) påvirke, innvirke på
パンク　(タイヤなどの) punkte′ring　—する punkte′re
ばんぐみ 番組 program′　—をつくる sette opp et program′, programe′re
はんけい 半径 ⟨数⟩ radius
はんげき 反撃 motangrep　—する ta igjen
はんけつ 判決 dom, kjennelse　(決定) avgjørelse　—する avsi en dom, domfelle　(決定する) avgjøre
はんけん 版権 opphavsrett　—を保護する beskyt′te ved opphavsrett　—を獲得する erver′ve seg opphavsrett
はんげん 半減 minsking til halvdel　—する/させる minske til halvdel　(半分にする) halve′re
ばんけん 番犬 vakthund　(農場などの) gardshund
はんこう 反抗 trass　(抵抗) motstand, motverje, (反対) opposisjo′n, gjenmæle　(不従順) ulydighet, insubordinasjo′n　(反逆) forræderi′, opprør　—する

motstå, sette seg til motverje —的な trassig
はんこう 犯行 forbry′telse
はんごう 飯盒 kokekar, feltkjøkken
ばんごう 番号 nummer —をつける nummere′re —順 nummerorden —札（自転車などの）nummerskilt —案内（電話の）opplysning for å få greie på et telefo′nnummer
ばんこく 万国 alle nasjo′ner —の internasjonal, universa′l —旗 mange lands flagg —博 verdensutstilling
ばんごはん 晩ご飯 aftensmat
はんざい 犯罪 forbry′telse, brott （法律違反）lovbrott, lovovertredelse —を犯す begå et brott —者 forbry′ter （犯人）gjerningsmann 未決の—者（被告）den anklagede 既決の—者（囚人）straffange
ばんざい 万歳 hurra′ —三唱する rope et tre ganger/tre hurra for
はんさよう 反作用 reaksjo′n, motvirkning —を及ぼす reage′re, motvirke
ばんさん 晩餐 middag —会 middagsselskap
はんじ 判事 dommer
ばんじ 万事 alt i hop, alt sammen —休す det er ute/slutt med meg
はんしゃ 反射 gjenskinn, reflek′s —運動 refleksbevegelse —する reflekte′re, gjenspeile
はんしゅう 半周 halvkrets
はんじゅくたまご 半熟卵 bløtkokt egg
ばんしゅん 晩春 se[i]nt på våren, se[i]nvår
はんしょう 反証 gjendri′velse, motbevis —する gjendrive, motbevise
はんじょう 繁盛 oppblomstring, velstand —する blomstre, stå/være i blomst, komme til velstand
はんしょく 繁殖 forme′ring, avl （家畜などの）oppdrett （増殖）forø′kelse, forstør′relse, forplan′tning （増加）forø′kelse, stigning, tilvekst —させる avle, oppdrette —する formere seg
はんしんろん 汎神論 panteisme

はんすう・する 反芻する tygge drøv —動物 drøvtygger

ハンスト sultestreik

パンスト strømpebukse

はんせい 反省 overveielse, refleksjo'n —する overveie, reflekte're —をうながす be noe overveie på ny

はんせん 反戦〔主義〕pasifis'me —運動 pasifis'tisk beve'gelse —主義者 pasifis't,

はんせん 帆船 seilbåt, seglbåt

ばんそう 伴奏 akkompagnement —する akkompagnere〔på pianoet〕—者 akkompagnatør

ばんそうこう 絆創膏 plaster —をはる legge plaster på （軟膏(なんこう)）salve

はんそく 反則 brudd på reglene, overtredelse（競技の）forse'else mot spillereglene （違法）lovovertredelse —する overtre

はんそで 半袖 kort erme

パンダ 〈動〉panda, bambusbjørn

はんたい 反対(抗) opposisjo'n, motstand （異議）innvending, protes't （対照）kontras't （あべこべ）det motsatte —する sette seg imot, oppone're mot, innvende〔mot〕—の motsatt —者 motstander, opponen't —尋問 kryssforhør

パンタロン pantalong

はんだん 判断 bedøm'melse, omdømme, konklusjø'n, avgjørelse, skjønn —する bedøm'me, avgjøre —能力 dømmekraft, dømmeevne

ばんち 番地(あて名) adres'se

パンチカード hullkort, holkort

はんちゅう 範疇 kategori', klasse —に入る tilhøre kategori' ..., inndeles i kategori'en ...

パンツ （男物の）underbenklær (pl.) （水泳用の）svømmebukser (pl.) ショート— shorts

はんつき 半月 en halv måned

ハンデ →ハンディキャップ

はんてい 判定 dom, kjennelse —する avsi kjennelse〔over〕, felle en dom —勝ちする vinne gjennom

dommers utslag, vinne på poeng
パンティ truse, panty
ハンディキャップ handikap —をつける handikappe —のある（心身障害の）handikappet —者 de handikappede (pl.)
はんてん 斑点 plett, stenk, prikk —のある plettet[e], stenket —をつける plette, stenke
はんと 反徒 rebel'l, opprører
バンド （皮帯）belte （馬の腹帯）gjord （楽団）musik'k-korps
はんとう 半島 halvøy
はんどう 反動 reaksjo'n —的な reaksjonær 銃などが—する kaste[s] tilba'ke
はんどうたい 半導体 halvleder
ハンドクリーム håndkrem
はんとし 半年 halvår, et halvt år
ハンドバッグ håndveske
ハンドル håndtak （船・自動車の）ratt （自転車の）[sykkel]styre （ドアの）dørvrier, dørhandtak
はんにえの 半煮えの bløtkokt
はんにち 半日 en halv dag
はんにん 犯人 forbryter, ugjerningsmann
ばんにん 万人 alle, hvermann —向きの for enhver smak
ばんにん 番人（門番）portvakt （学校・ビルなどの）pedel'l, vaktmester （見張り）vakt （時間・場所の意も）（留守番）oppsynsmann
はんのう 反応 reaksjo'n （反響・こだま）gjenlyd （返答）gjensvar （好意的な）gjenklang （効果）effek't, virkning —する reage're, svare 連鎖— kjedereaksjon
ばんのう・の 万能の allmektig —選手 allrounder, allsidig sportsmann, mangfol'dig idrettsmann
はんば 飯場 konstruksjo'nsleir, arbeidersskur
バンパー （自動車の）stø[y]tfanger （機関車の排障器）kufanger
はんばい 販売 salg, omsetning —する selge, handle

med —価格 salgspris —網 salgsnet, distribusjo'ns-net —促進 salgsframstøt 自動—機 [salgs]automat

はんばく 反駁　gjendri'velse, motbevis —する gjendrive, motbevise

はんぱつ 反発　motstand

はんぴれい 反比例　omvendt proporsjo'n —する være omvendt proporsjo'n

はんぷく 反復　gjentakelse —する gjenta, repete're

ばんぶつ 万物　verdens skapelse, univer's

パンフレット　brosjy're, piece, hefte, flygeskrift（ちらし）flygeblad

はんぶん 半分　halvdel —の halv- —に分ける dele i to, halve're

ばんぺい 番兵　vaktmann —に立つ stå på vakt, holde vakt

ハンマー　hammer —投げ（競技の）sleggekast

はんめいする 判明する　vise seg at, bli klart at

ばんめし 晩飯　middag, aftensmat

はんめん 反面　den annen side

はんめん 半面（裏側）　bakside, rever's（物事の裏面）vrangside（地面・川などの反対側）den annen side（顔の）profi'l

はんも・する 繁茂する　vokse tett —した frodig

ハンモック　hengekøy[e]

はんもん 煩悶　vånde, kval, angst —する vånde seg, pines

はんらん 反乱　revol't[e], opprør —する revolte're, gjøre opprør [mot]

はんらん 氾濫（洪水）　oversvømmelse —する oversvømme

はんりょ 伴侶　livsledsager[in\ne]

はんれい 判例　prejudika't, preseden's

はんろん 反論　motargument, kritik'k —する oppone're [verba'lt] mot

ひ

ひ 日(太陽) sol（日光・陽光）solskinn, solstråle（1日）en dag（1昼夜）døgn —が出る（太陽が昇る）solen står opp 母の— mors dag 春分の— vårjevndøgn 秋分の— høstjevndøgn —増しに dag for dag

ひ 火 eld, ild（炎）flamme, loge（火事）〔ilde〕brann（火花）gnist（灯火）lys —をつける tenne …にーが着く gjøre opp eld（放火する）sette eld på

び 美 skjønnhet —学 estetik′k —的感覚 skjønnhetssans

ひあい 悲哀 sorg, vemod, bedrøvelse —に満ちた sorgfull, vemodig

ピアノ （楽器）pia′no, klave′r —を弾く spille på klave′r/pia′no グランド— flygel ピアニスト（男）pianis′t（女）pianistin′ne

ひいき （愛顧）favø′r, yndest, gunst（偏愛）favorise′ring —する favorise′re, begun′stige, ynde —客 velynder, protek′ter（常連）stamgjest

ヒース 〈植〉lyng

ヒーター varmeapparat

ひいで・る 秀でる(期待などを越える）overtreffe, overstige（堪能(たんのう)になる）oppnå stor dyktighet/ferdighet —た overor′dentlig, utmerket, fortref′felig

ビーバー 〈動〉bever

ピーマン 〈植〉paprika

ビール øl 生— fatøl

ビールス virus

ひえる 冷える(冷たくなる）bli kald/kjølig, kjølne（冷たく感ずる）kjenne seg/føle frossen/kald/kjølig

ピエロ klovn, bajas

ビオラ 〈楽〉bratsj

びおん 鼻音 nasa′llyd

びか 美化 forskjøn'nelse —する forskjøn'ne
ひがい 被害 skade, avbrekk, beska'digelse (肉体的な) kvestelse —をこうむる skas, ta skade〔av〕 —を与える ska, gjøre skade på —者 den tilska'dekomne (犠牲者) offer (負傷者) de sårede (pl.) —者意識 offerbevis'sthet
ひかえ 控え(覚え書) memoran'dum, note (写し) kopi', avskrift (小切手帳などの) talon'g (予備) reser've (補欠) reser've〔spiller〕
ひかえめ 控え目 rimelighet, måtehold (節制) avhold —な rimelig, avholdende, tilba'keholden, måteholden (内輪の) priva't, heimlig —に forsik'tigt, avholdende
ひかがくてきな 非科学的な uvit〔en〕skapelig
ひかく 比較 sammenligning, jamføring —的な relativ, forholdmessig —的に relativ, forholdsvis —する sammenligne, jamføre
びがく 美学 estetik'k
ひかげ 日影 skygge —にする skygge
ひがさ 日傘 parasol'l
ひがし 東 aust, øst —向きの austvend —の austlig —風 austlig bris —の方に austover, austpå —の方から austfra —半球 den østlige halvkule
ぴかぴか —光る(星などが) blinke, glitre, tindre, glimre
ひが・み 僻み partiskhet —む være avvisende innstilt til en
ひか・り 光 lys (光線) stråle 信号などの明滅する—り blinklys (閃光(せんこう)) blits 稲—り lyneld (輝き) glimt, glød (光輝) glans, klarhet (光沢) glans —る skinne, lyse (星などが) blinke, glimte (きらめく) utstråle, glimre (ぎらぎら輝く) glø〔de〕
ひかん 悲観 pessimis'me (落胆) motløshet —的な motløs, pessimis'tisk, nedslående —する bli grepet av motløshet —論者 pessimis't
びがんじゅつ 美顔術 skjønnhetspleie
ひかんぜいしょうへき 非関税障壁 ikke-tollmessig

handelsbarriere
- **ひき** 引き(引くこと) trekk (よいコネ) gode forbin'delser (pl.)
- **ひきあげ** 引き上げ forhøy'else ―る (値段を) heve pris (取り止める) oppheve (兵隊などを撤退する) dra tilba'ke, gjøre tilba'ketog (疎開する) evakue're 沈没船を―る bringe et skip flott
- **ひきいる** 率いる lede, besty're (オーケストラなど) dirige're (司会する) preside're
- **ひきうけ** 引き受け(義務などの) aksep't av forplik'telse (請負) entrepri\se, forplik'telse (受諾) godkjenning, aksep'tering, antakelse (保証) garanti' ―る(仕事などを) påta seg〔en oppgave〕(世話などを) ta seg av
- **ひきおこす** 引き起こす(倒れたものを) reise/løfte opp (事件などを) forårsake, avstedkomme, volde
- **ひきかえ** 引き換え utveksling (取り換え) bytte (返礼) gjengjeld ―る utveksle, bytte (お金を両替えする) veksle ―に bytte for
- **ひきかえす** 引き返す gå tilba\ke, vende om〔samme veg〕
- **ひきがえる** ひき蛙〈動〉 padde
- **ひきがね** 引き金 avtrekker
- **ひきげき** 悲喜劇 tragikomedie
- **ひきさく** 引き裂く rive, spjære
- **ひきさげる** 引き下げる heise ned, senke, reduse're (少なくする) minske (値段など) sette ned (価値を落とす) nedverdige
- **ひきざん** 引き算 subtraksjo'n (控除) fradrag ―する subtrahe're, trekke fra
- **ひきしお** 引き潮 ebbe 潮が引く ebbe
- **ひきしめ** 引き締め stramning ―る stramme
- **ひきずる** 引き摺る hale, dra, trekke〔etter seg〕
- **ひきだ・し** 引き出し(机などの) skuffe (預金などの) hevning, inndraging〔av penger〕 ―出す trekke fram (お金を) heve〔penger〕
- **ひきたて** 引き立て gunstbevisning, tjeneste

ひきつぐ 引き継ぐ(受け継ぐ) overta (遺産を) arve

ひきつける 引き付ける(魅力などで) dra til seg, tryllebinde (誘惑する) lokke, friste (けいれんする) få krampe

ひきつづ・く 引き続く fortsette, vedbli, vare —いて uavbrutt, fortløpende, vedblivende

ひきど 引き戸 skyvedør

ひきとめる 引き留める(客などを) tilba'keholde, oppholde (阻止する) stanse, stoppe, holde igjen

ひきとる 引き取る(受け取る) motta, erholde (引き継ぐ) etterfølge (受け継ぐ) overta (遺産を) arve (世話をする) vareta, ta seg av (息を) dra sit siste sukk

ひきにげ・する 轢き逃げする smutte fra ulykkessted —運転者 flyktbilist

ひきのば・す 引き伸ばす(延長する) forlen'ge (話などを) trekke ut, gjøre langvarig (写真を) forstør're (延期する) utsette, utskyte —し forlen'gelse (写真の) forstør'relse

ひきょう 卑怯 feighet, kujoneri' —な feig, pjaltet[e], ussel (卑劣な) nedrig, gemen, nederdrek'tig (男らしくない) umandig (いかがわしい) tvilsom, uanstendig —者(臆病者) kujo'n, kryster, feiging

ひきわけ 引き分け uavgjort kamp

ひきわたす 引き渡す(渡す) utlevere (後世に) overlevere (品物を) levere (罪人などを) utlevere (放棄する) gi opp, avstå

ひく 引く(身を) trekke seg tilba'ke, søkke ned til (引っ張る) trekke, dra (線を) trekke (犬などを) føre (風邪を) få influen'sa (引用する) site're, refere're (例として) bruke som eksem'pel (引きずる) hale, trekke, dra (数を減らす) reduse're, subtrahe're AからBを— trekke B fra A (注意を) dra til seg (電気・ガスを) installe're (血筋を) [ned]stamme fra

ひく 弾く(楽器を) spille på

ひく 轢く kjøre en over

びく 魚籠 fiskekorg

ひく・い 低い(温度・圧力・地位など) låg, lav (声・

音が) djup (身長が) liten (腰が) beskje'den, artig, fordringsløs ―く lågt ―くする senke (声・音を) dempe
ひくつな 卑屈な slavisk, underda'nig, ussel
ピクニック landtur, utflukt, ekskursjo'n ―に行く dra på landtur
びくびく・する være redd/engstelig/urolig (神経質に) være nervø's (震える) ryste〔av frykt〕, beve ― しながら engstelig, urolig
ひくめる 低める sinke, dempe, forringe
ひぐれ 日暮れ solnedgang (たそがれ) skumring (夕方) aften
ひげ 髭(口ひげ) bart あご・ほお― skjegg (ねこなどの) knurrhår ―面の ubarbert ―を伸ばす la skjegget gro ―をそる barbere/rake seg (床屋で) bli barbert/rakt
ピケ/ピケット (スト破りの) pike't
ひげき 悲劇 trage'die ―的な tragisk ―のヒロイン tragedien'ne
ひけつ 否決 forkas'tning (拒否) avslag ―する forkas'te, nekte (拒否する) tilba'kevise, avslå
ひけつ 秘訣 hemmelighet, nøkkel
ひける 引ける(終わる・やめる) opphøre, holde opp (値段が) bli billigere
ひこう 非行 dårlig oppførsel (軽犯罪) forse'else
ひこう 飛行 flyvning, luftfart ―機 fly, flygemaskin ―場 flyplass, lufthavn
びこう 備考 anmerkning (傍注) margina'lbemerkning, notat i margen ―欄 anmerkningsspalte (脚注) fotnote
ひこうかいの 非公開の lukket, eksklusiv, priva't
びこうする 尾行する skygge
ひごうほうの 非合法の ulovlig, illegal
ひこく 被告(民事の) den saksøkte, den innstevnede (刑事の) den anklagede, den tiltalte ―席 de anklagedes benk
ひごろ 日頃(いつも) alltid (平生の) vant, sedvanlig

(久しく) lenge, langt om lenge ―の daglig (習慣的な) vanemessig ―の行い ens daglige oppførsel, handel og vandel, livsførsel

ひざ 膝 kne ―かけ slumreteppe

ビザ visum

びさい 微細(詳細) detal'j ―な detalje'rt, omsten'-delig, minutiø's ―に detalje'rt, omsten'delig

ひさし・い 久しい langvarig, lang ―く lenge, langt om lenge, gjennom lang tid ―ぶりに etter lang tid

ひさん 悲惨 elen'dighet, bedrø'velse, jammer ―な elen'dig, bedrø'velig, jammerfull

ひじ 肘 albue, alboge ―で〔そっと〕突く puffe 〔fortro'lig〕 til en med albuen ―鉄を食わす gi avvisning/avslag ―かけ椅子 lenestol, armstol

ビジネス forret'ning, virksomhet (職業) yrke, professjo'n, erverv ―マン forret'ningsmann

ひしゃく 柄杓 øse, ause, sleiv ―でくむ ause, øse

ひしゃたい 被写体 objek't, gjenstand

ひじゅう 比重 egenvekt, spesifikk vekt

びじゅつ 美術 kunst ―品 kunstverk ―展 kunstutstilling ―館 kunstmuseum, galleri' ―家 kunstner, artis't ―的な kunstnerisk, artis'tisk ―鑑定家 kunstkjenner

ひじゅん 批准 ratifikasjo'n ―する ratifise're

ひしょ 秘書 sekretæ'r ―室/課 sekretaria't

ひしょ 避暑 sommeropphold, tilbringning sommeren ―に行く tilbringe sommeren, gå på sommerferie

ひじょう 非常 kritisk situasjo'n, nødsfall ―の場合/際 nødstilfelle (危機) krise (大災害) katastro'fe ―な ekstre'm, alvo'rlig ―に ekstre'mt, mye ―口 nødutgang, reserveutgang ―階段 branntrapp, reservetrapp ―事態 unntakstilstand ―食 reservenæringsmiddel

びしょう 微笑 smil ―する smile (声をたてて笑う) le

ひじょうきんの 非常勤の(パートタイムの) deltids- ―人 deltidsarbeider (代役) vika'r

ひじょうしき 非常識 vanvidd, mangel på sunn fornuf't —な meningsløs, absur'd, vanvittig
びしょぬれの gjennomvåt, dyvåt
びじん 美人 smukk kvinne, skjønnhet
ひすい (宝石) jade
ビスケット kjeks, småkake
ヒステリー hysteri' —の hyste'risk —を起こす få et anfall av hysteri'
ピストル pisto'l (連発銃) revol'ver
ひずみ 歪 belas'tning, påkjenning
びせいぶつ 微生物 mikro\be (細菌) bakte'rie, basil'l (ウイルス) virus
ひせんろん 非戦論 pasifis'me —者 pasifis't
ひそう 皮相 overflatiskhet —的な overflatisk (ぞんざいな) kurso'risk, nonchalant (空虚な) luftig
ひそうな 悲壮な sorgfull, ynkelig
ひそかに i 〔all〕 hemmelighet
ひだ 襞 fold, legg, plissé —をとる legge i skarpe folder, plisse're —スカート flodeskjørt
ひたい 額 panne
ひだい 肥大 fedme, overvekt
ひたす 浸す dyppe, dukke, bløte opp (ずぶぬれにする) gjennomblø〔y〕te
ひたすら seriø'st, iher'dig
ビタミン vitami'n —不足 vitami'nmangel —不足の vitami'nfattig —豊富な vitami'nrik —剤 vitami'npille —の補給 vitami'ntilskott
ひだり 左〔の〕 venstre —側 venstre side —手に/—側に på venstre hånd —ハンドル(自動車の) venstrestyring, venstrekjøring —ききの venstrehendt
ひたん 悲嘆 klage, jammer
びだんし 美男子 pen/kjekk mann
ひっかきまわす 引っ掻き回す gjennomsøke, søke etter
ひっかく 引っ掻く krasse, skrape, klore
ひっかける 引っ掛ける(つるす) henge opp (着る) ta på seg (だます) narre, lure, bedra' (おとし入れ

る）felle, innvikle, besnæ're
ひつぎ 柩・棺　likkiste
ひっき・する 筆記する　opptegne, note're, skrive opp ー帳 note'ringbok ー試験 skriftlig prøve
ひっくりかえす 引っくり返す　velte（船などを）kantre（倒す）felle, styrte（上下逆さにする）vende opp〔og〕ned, snu opp ned på（裏返しにする）vende〔med inn(er)siden ut〕, snu〔på〕
びっくり・する（驚く）bli forbau'set/overrasket ーさせる forbause, overraske（怖がらす）forskrek'ke, forfer'de ーするような forbau'sende, overraskende（恐怖をかりたてるような）skrekkinnjagende
ひづけ 日付　dato ーをつける date're ー印 datostempel
ピッケル　isøks
ひっこ・す 引っ越す　flytte ーし flytning
びっこ・の（足の不自由な）halt ーをひく halte
ひっこむ 引っ込む（退く）dra tilba'ke（引退する）gå av, ta〔sin〕avskjed fra en stilling, fratre（家に）holde seg inn（へっこむ）søkke（ひっこみ思案の）tilba'keholden
ひっし 必死　despara't situasjo'n　ーの despera't, fortvi'l(e)t（一生懸命に）av all〔sin〕makt
ひつじ 羊〈動〉sau 小ー lam ー飼い〔fåre〕hyrde ー肉 får, fårekjøtt
ひっしゃ 筆者　forfat'ter, skriben't
ひっしゅうかもく 必修科目　obligato'risk fag
ひつじゅひん 必需品　fornø'denheter (pl.), nødven'dighetsartikkel 生活ー det nødtørftige, daglige behov
ひっしょう 必勝　den visse seier
ひっせき 筆跡　handskrift（文体）stil ーをまねる etterlikne noes hand
ひつぜん・の 必然の　nødven'dig（不可避の）uavven'delig, uunngå'elig ー的に nødven'digvis, uunngå'elig ー性 nødven'dighet, uunngå'elighet
ひったくる　gripe, knipe

ぴったり （きちんと）presi′s, nok, riktignok（良心的に）med god samvit′tighet（密着して）tett

ヒッチハイク haik —する haike

ひってき・する 匹敵する være motstykke〔til〕, kunne sammenliknes —者 motstykke, jambyrdig motstander

ひつどく 必読 obligato′risk lesning

ひっぱる 引っ張る（ひもで）trekke〔i en snor〕（ロープで）ha〔en bil〕på tau, taue（期間など延ばす）forlenge（腕などを）strekke〔ut armene〕（連行する）hente

ヒップ hofte

ひづめ 蹄 hov

ひつよう 必要 nødven′dighet —な nødven′dig, fornø′den, påkrevd 絶対—な umis′telig, uunnvæ′rlig —とする nødven′diggjøre, behø′ve, trenges

ひてい 否定 benek′telse, negasjo′n —する benek′te, nekte（拒否する）avslå, vegre seg, si nei til —的な negativ, nektende

ひでり 日照り tørrvær

びてん 美点 fortrinn, fordel, merit′t（価値）verdi′（特質）gode egenskaper (pl.)

ひと 人 perso′n, menneske（個人）indivi′d（人々）folk（人類）menneskehet 男の— mann 女の— kvinne

ひど・い 酷い（強烈な）inten′s, kraftig（劇しい）heftig, voldsom（残酷な）grusom, djevelsk（きびしい）hard（無法な）skandalø′s, skjendig（恐ろしい）forskrek′kelig, forfer′delig —く（強烈に）inten′st, kraftig（残酷に）grusomt, bruta′lt（きびしく）hard（極端に）ytterst

ひとがら 人柄 karakte′regenskap, perso′nlighet

ひときれ 一切れ（肉の）stykke av kjøtt（パンの）skive av brød

ひとくち 一口 munnfull

ひとこと 一言 eneste/enkelt ord —で言えば kort sagt, med et ord

ひとごみ 人込み trengsel, vrimmel（群衆）oppløp
ひとごろし 人殺し(事件) mord（人）morder ―する begå et mord
ひとさしゆび 人差し指 pekefinger
ひとし・い 等しい ekvivalen′t, iden′tisk（同様の）liknende ―く like, likeledes（同様に）i likhet med, på samme måte（均等に）jamt, likelig
ひとじち 人質 gissel …を―にする holde en som gissel
ひとそろい 一揃い（道具の）utrusting（衣服の）habit′t, sett tøy（文房具・ナイフ・フォーク類などの）garnity′r（皿などの）stell
ひとちがいする 人違いする ta en for en annen
ひとつ 1つ en, et stykke（1回）en gang（ちょっと）en〔liten〕bit, en smule ―ずつ en etter/for en ―ひとつ hver enkelt ―になる fore′ne〔seg med〕
ひとで 人手 arbeider, hjelp, arbeidskraft
ひとで 人出 trengsel, vrimmel
ひとで 〈海〉sjøstjerne
ひとどおり 人通り trafi′kk ―の多い/少ない通り en livlig/tyst gate
ひとばん 一晩 en aften, en natt ―中 he〔i〕l natt
ひとびと 人々 folk
ひとまね 人真似 etterlikning, etteraping（模倣）forfal′sk〔n〕ing, imitasjo′n（擬態）beskyt′telseslikhet（物まね芝居）mimi′kk, parodie′ring ―する ape etter, etterlikne ―の mimisk
ひとまわり 一回り（1周）runde, omgang（大きさの）størrelse, format ―する runde, gjøre rund
ひとみ 瞳 pupi′ll
ひとり 1人 en perso′n ―で（単独で）ale〔i〕′ne, for seg sjølv（独力で）sjølv, uten noen annens hjelp（自発的に）frivillig（自動的に）automa′tisk ―ひとり en ad/av gangen
ひどり 日取り fastsatt dag, dato
ひとりごと 独り言 monolo′g, tale for seg sjølv ―をいう tale for seg sjølv

ひとりもの 独り者 ugift perso'n
ひな 雛(鳥の) kylling 一人形 dokke
ひながた 雛形 model'l, mønster
ひなぎく 雛菊〈植〉 tusenfryd
ひなた 日向 en plass i solen —の solrik —で i solen 一ぼっこする sole seg
ひなん 非難 daddel, bebrei'delse, kritik'k —する dadle, bebrei'de, kritise're —すべき daddelverdig, forkas'telig
ひなん 避難 evakue'ring —する evakue're, ta 〔sin〕 tilflukt til —民/者 flyktning, evakue'rt —所 tilflukt 〔-ssted〕, evakue'ringsleir, le
ビニール viny'l —袋 plastpose
ひにく 皮肉 ironi', kynis'me, sarkas'me —な iro'nisk, kynisk, sarkas'tisk —をいう ironise're 〔over〕 —屋 iro'niker, kyniker
ひにち 日にち dato for en begi'venhet, tid før en forven'tet begi'venhet
ひにょうき 泌尿器〈医〉 uri'norgan, uri'nsystem
ひにん 避妊 fødselskontrol'l, prevensjo'n —薬/法 befruk'tningshindrende middel
ひにん 否認 nektelse, nei, benek'telse —権 veto —する nekte, si nei, benek'te, fornek'te
ひにんげんてきな 非人間的な umenneskelig
ひねる 捻る(指先などで) dreie ((突然強く)ねじる) vri (より合わせる) sno (つねる) knipe, klype (頭を) vri hjernen
ひのうちどころのない 非の打ちどころのない udad'lelig, ulas'telig, upåkla'gelig, feilfri
ひので 日の出 soloppgang
ひばし 火箸 tang
ひばち 火鉢 trekolkamin
ひばな 火花 gnist —が散る gnistre, gniste —を散らす slå gnister av, sprute
ひばり 雲雀〈鳥〉 lerke
ひはん 批判 〔negativ〕 kritik'k (注意) anmerkning —する kritise're —的な kritisk (あら探しの) døm-

mesjuk, kritik′ksyk
ひひ 〈動〉 bavia′n
ひび （割れ目） sprekk, rivne（き裂）kløft ―が入る sprekke, rivne, kløfte〔seg〕
ひび・き 響き klang（反響）ekko, gjenlyd, gjenklang（共鳴）resonans ―く klinge（反響する）gi ekko, gjenlyde
ひひょう 批評 kritik′k, anmeldelse ―する kritise′re, anmelde ―家 kritiker, anmelder
びひん 備品 innventa′r（家具・調度品類）møblement
ひふ 皮膚 hud, skinn ―病 hudsjukdom ―病学 dermatologi′
ビフテキ biff
びぼうろく 備忘録 huskelist, memoran′dum
ひぼんな 非凡な talen′tfull, bega′vet, genia′l, overor′dentlig
ひま 暇 fritid, ledig tid（休暇）ferie, fridag（解雇）avskjed ―がない ha det travelt, være opptatt〔med〕―である være fri/ledig ―を出す gi avskjed
ひまご 曾孫 oldebarn
ひましゆ ひまし油 amerika′nsk olje, lakserolje
ひまわり 向日葵〈植〉solsikke
ひまん 肥満 fedme, feite（重量超過）overvekt ―の tjukk, feit（肥える）feitne, feite seg（重量超過の）overvektig
びみ 美味 delikates′se, velsmak ―な delika′t, velsmakende
ひみつ 秘密 hemmelighet ―の hemmelig ―に満ちた hemmelighetsfull（内々の）priva′t, fortro′lig ―に hemmelig, priva′tim ―にしておく hemmeligholde（管制などで）暗くする mørklegge
びみょう 微妙 ømfin′tlighet ―な ømfin′tlig, ømtå′lig, delika′t
ひめ 姫 prinses′se
ひめい 悲鳴 nødrop, skrik ―をあげる skrike, utstø-〔y〕te et skrik
ひも 紐 snor, band（ロープ）reip（弦）streng 革―

stropp, reim（テープ）bendelbånd（細長い布）strimmel　—を結ぶ knyte, binde　—をほどく knyte opp, løse opp for

ひもと　火元　brannårsak

ひもの　干物　tørrfisk

ひやあせ　冷汗　kald svette

ひやかす　narre, drive gjekk med（店で）kikke på varerne

ひやく　飛躍　spring, hopp　—する springe, hoppe（発展）utvikling

ひゃく　百　hundre　—番目〔の〕hundrede　—年（世紀）hundreår, århundre

ひゃくしょう　百姓　landmann, bonde, gardbruker（農場）〔bonde〕gard

ひゃくにちぜき　百日咳〈病〉kikhoste

ひゃくぶん・りつ　百分率　prosen′t　—比 prosen′ttal〔l〕

ひゃくまん　百万　millio′n　—長者 millionæ′r

ひゃくようばこ　百葉箱　temperatu′rhytte, instrument ly

ひやけ　日焼け　solbrenthet　—した solbrent

ヒヤシンス　〈植〉hyasin′t

ひやす　冷やす　avkjøle, svale

ひゃっかじてん　百科事典・百科辞典　leksikon, encyklopedi′, konversasjo′nsleksikon（参考書）oppslagsbok

ひゃっかてん　百貨店　varemagasin, varehus

ひやとい　日雇い〔労務者〕daglønnet arbeider

ビヤ・ホール　ølsjapp　—ガーデン restaurant med fatøl

ひゆ　比喩　billedlig uttrykk（直喩）liknelse（隠喩）metafo′r（寓話）fabel　—的に言う uttrykke billedlig

ヒューズ　sikringspropp　—ボックス sikringsboks, sikringsskap　—がとんでいる der er sprunget en sikring

ひゅうひゅう　—音をたてる/たてて飛ぶ kvine, hvine

ヒューマニズム　humanis′me, menneskelighet

ひよう　費用　utgifter, omkostninger（いずれもpl.）

―のかかる kostbar, dyr
ひょう 表 tabel′l, diagram′, skjema ―にまとめる oppstille i tabel′lform
ひょう 豹〈動〉 leopar′d
ひょう 雹 hagl ―が降る det hagle
ひょう 票 stemme, votum ―を投じる avgi〔sin〕stemme, stemme（国会などで）votere
びょう 秒 seku′nd ―針 seku′ndviser ―読み nedtelling
びょう 鋲 nagle, søm ―を打つ nagle, nitte
びよう・いん 美容院 skjønnhetssalong ―術 skjønnhetspleie ―師 skjønnhetsekspert, frisø′r
びょういん 病院 sjukehus, hospita′l ―に入れる innlegge/bringe på hospita′let, hospitalise′re, sende en på hospita′l ―に入っている ligge på hospita′let
ひょうか 評価 vurdering, taksering（成績の）karakterise′ring, grade′ring, bedøm′melse（人物などの）forstå′else, oppfatning（課税などのための）bedøm′melse,〔skatte〕ligning ―する vurde′re, bereg′ne 過大―する overvurdere 過小―する undervurdere 再―する omvurdere
ひょうが 氷河 gletsjer,〔is〕bre ―時代 gletsjertid
びょうき 病気 （一般に）sjukdom, sykdom（肉体的障害）skavan′k（病弱）svakhet ―の sjuk ―になる/かかる bli sjuk ―をなおす kure′re ―がなおる bli frisk（よくなる）komme seg ―の再発 tilba′kefall
ひょうけつ 表決(票決) avstemning, vote′ring
ひょうけつ 氷結 frys〔n〕ing ―する fryse
ひょうげん 表現 uttrykk ―する uttrykke（示す）vise（明示する）manifeste′re ―力 uttrykksevne
ひょうご 標語 motto, slagord, valgspråk
ひょうさつ 表札 dørskilt, navneskilt
ひょうざん 氷山 isfjell, isberg ―の一角 en brøkdel av et isfjell
ひょうし 表紙 forside〔av bok〕（本のカバー）omslag, perm
ひょうし 拍子(調子) takt, rytme（機会）øyeblikk,

tilfelle (…のはずみに) mens
びょうしつ 病室 sjukestue, sjukeværelse
びょうしゃ 描写 (文による) beskri′velse (絵による) avbildning, tegning (性格・特徴の) karakteristik′k ―する(文で) beskri′ve, skildre (絵で) avbilde, tegne, male
ひょうじゅん 標準 standard, norm, nivå′ (判断の基準) krite′rium (水準) nivå′ ―の standard-, normal (平均の) gjennomsnittlig, middels ―語 standardspråk, riksspråk ―時 norma′ltid ―化 standardise′re, normalise′re ―価格 veiledende pris
ひょうしょう 表彰 utmerkelse, hedersbevisning, æresbevisning ―する utmerke, vise en heder ―状 skriftlig hedersbevisning (免状) diplo′m
ひょうじょう 表情 ansikttuttrykk, utseende, mine ―に富んだ uttrykksfull ―のない uttrykkslaus
びょうしょう 病床 sykeleie, sjukeseng ―にある ligge sjuk〔av〕
びょうじょう 病状 〔pasien′tens〕 tilstand
びょうしん 病身 svak helbred ―の sjuklig, svakelig (虚弱な) skrøpelig
ひょうだい 表題 (本の) tittel (論説などの) rubrik′k, overskrift
びょうてきな 病的な sjuklig, patolo′gisk
ひょうてん 氷点 frysepunkt ―下 underfrysepunktet, minusgrader (pl.) ―下10度 minus 10 grader
びょうどう 平等 likhet, likestilling ―の jambyrdig, likeberettiget, likestilt ―にする jamne, likestille
びょうにん 病人 en sjuk, invali′d (患者) pasien′t
ひょうはく 漂白 ble〔i〕kning ―する ble〔i〕ke ―剤 ble〔i〕kemiddel
ひょうばん 評判 (名声) ry, berøm′melse, navnkundighet (人気) popularite′t (うわさ) rykte (悪評) dårlig ry, beryk′tethet ―の berøm′t, navnkundig (人気の) populæ′r (悪評の) beryk′tet, noto′risk ―がいい ha et godt ry
ひょうほん 標本 eksempla′r, prøve (典型) mønster,

prototy'p
ひょうめん 表面 overflate （見かけ） utseende, framtoning （外側） ytterside, utvendig side —の overflatisk （外側の） utvendig （見せかけの） foregitt, hyklet —化する dykke opp, oppdages
びょうりがく 病理学 patologi'
ひょうろん 評論 kommenta'r, kritik'k, anmeldelse —する kommente're, anmelde, recense're —家 kritiker, anmelder, recense'nt
ひよくな 肥沃な fruktbar, grøderik, fertil
ひよけ 日除け marki'se, solskjerm （板すだれ） persien'ne —帽 solhatt
ひよこ 雛 kylling
ビラ （広告の） plaka't （ちらし） flygeblad （ポスター） oppslag —を貼(は)る sette opp et oppslag —をまく dele ut plaka'ter/flygeblad
ひらいしん 避雷針 lynavleder
ひらおよぎ 平泳ぎ brystsvømming
ひらく 開く（戸などを） åpne, lukke opp （戸などが） åpne seg （包みを） snøre opp, åpne （ふたを） ta av lokk （開封する） åpne, bryte forseg'ling （巻物を） rulle ut, vikle ut （おおいを） avdekke, blotte （開始する） begyn'ne, starte, innleie （創設する） grunnlegge, stifte （開拓する） kolonise're, slå seg ned og begyn'ne avle （悟りを） bli vakt av sin åndlige sløvhet
ひらける 開ける（文明化する） bli sivilise'rt （発展する） utvikle seg, ha framgang （景色が） åpne seg （物がわかる） ha fornem'melse for, bli fornuf'tig/rimelig
ひら・たい 平たい（扁平な） flat, plan （平坦な） jamn, glatt —たくする jamne, flate —皿 flat taller'ken
ピラミッド pyrami'de
ひらめ 平目〈魚〉 flatfisk （したびらめ） tunge （かれい） piggvar, flyndre
ひらめ・く 閃く（電光が） lyne, glimte （ともしびなどが） flakke, blaffe —き（電光の） lyneld: glimt
ひらや 平家 enetasjes hus

ひりつ 比率　prosen't〔del〕, proporsjo'n, forhold
ひりょう 肥料　gjødsel, gjødning　化学— kunstgjødsel　—を施す gjødsle
ひる 昼(正午)　middag　—間 dag, dagtid (昼食) lunsj, middagsmat　—に om dagen　—から om ettermiddagen　—休み(学校などの) lunsjpause, frikvarter for lunsj　—も夜も dag og natt
ビル (建物)　〔mode'rne〕bygning
ひるい 比類(比較)　jamføring (匹敵する人・物) motstykke　—のない uforlig'nelig
ひるがえ・る 翻る　vaie, flagre, blafre　—す baske, flakse (決心などを) endre (後悔する) angre (身を) vike tilba\ke
ひるね 昼寝　lur, blund (うたたね) slummer　—する blunde
ひるま 昼間　dag, dagtid, om dagen
ビルマ　Burma (現在はMyanmar)　—人 burma'ner　—の/語 burma'nsk
ひるむ 怯む　vike tilba\ke, svikte, sky, være bange for
ひるめし 昼食　lunsj, middagsmat　—を食べる spise lunsj, lunsje
ひれ 鰭(魚の)　finne
ヒレ (肉)　filet, mørbrad
ひれい 比例　proporsjo'n, forhold　—して i forhold til〔正〕—する være〔direkt〕proporsjo'n med　反—する stå i omvendt forhold til
ひれつな 卑劣な　nedrig, feig, lavsinnet, lumpen　—奴 pjalt, usling, feiging, kryster
ひれん 悲恋　ulykkelig kjærlighet
ひろ・い 広い　vid (幅の) brei, bred (広々とした) rommelig (広大な) vidstrakt (心の) sjenerø's, gavmild　—く vidt, rommelig (一般に) almin'nelig, generelt　—くする vide, utvide (拡大する) strekke ut, utbre, forstør're
ひろ・う 拾う　plukke, sanke, rive (選び出す) velge, utvelge (採集する) plukke, samle〔sammen〕(発見

ひろう 482

する）oppdage, finne （タクシーを）fange en taxi

ひろう 披露（告知）tilkjen'negivelse, kunngjøring （紹介）introduksjo'n, presentasjo'n （推薦）anbefaling —する tilkjen'negi, kunngjøre 結婚—宴 bryllupsfest

ひろう 疲労 trøtthet, utmattelse —する trøttes, gå trøtt, utmatte

ビロード fløyel

ひろ・がる 広がる utbre seg, strekke seg —くなる utvide seg （うわさなどが）spre〔ie〕, bli almin'nelig kjent —げる bre ut, utvide （伸ばす）strekke ut （建物を）bygge til （拡大する）strekke ut, utbre, forstør're （傘を）slå opp paraply' —くする vide （開ける）åpne （包み・巻物を）vikle ut, rulle ut

ひろさ 広さ（広がり） （うわさなどの）utbredelse （寸法的な）utstrekning （空間的な）rommelighet （幅）breidd, vidde （胴まわりなど）omfang （面積）area'l

ひろば 広場 torg, åpen plass

ひろま 広間 sal, salon'g （宴会場）selskapslokale

ひろ・まる 広まる utvide seg, utbre seg （うわさなどが）spre〔de〕, sirkule're, bli almin'nelig kjent （流行する）bli populæ'r, komme på mote〔n〕 —める spre〔de〕, utbre （紹介する）introduse're, presente're （広告する）annonse're, reklame're

ひん 品（品格）verdighet, fornemhet —のある forfi'net, raffine'rt （威厳）fornemhet, pondus （品物）vare, artik'kel, ting （料理）rett

びん 瓶 flaske （薬の）medisi'nflaske （ジャム用）sylteglas〔s〕 —に詰める fylle på flasker, proppe

ピン knappenål, stift （髪の）hårnål 安全— sikkerhetsnål （画鋲）stift for tegnebrett （ゴルフの）pinne

びんかん 敏感 følsomhet, ømfin'tlighet —な følsom, ømfin'tlig, påvir'kelig 過度に—な overspent

ピンク （桃色）rosa, lyserød

ひんけつ 貧血 anemi', blodmangel

ひんこう 品行 oppførsel, åtferd

ひんこん 貧困 fattigdom, armod （極貧）den djupeste armod (困苦) nød (欠乏) sakn ―者 den fattige, fattigfolk ―な fattig, arm (極貧の) lutfattig (破産した) falle′rt, bankerot′t

ひんしつ 品質 kvalite′t, beskaf′fenhet ―をよくする forbe′dre, gjøre bedre ―を落す forver′re, forrin′ge ―管理 kvalite′t kontrol′l

ひんし・の 瀕死の døende ―である ligge for døden, være døende

ひんじゃくな 貧弱な fattig, tarvelig (不充分な) utilstrekkelig

ひんしゅ 品種(種類) slags, art

びんしょう 敏捷 kvikkhet, raskhet ―な kvikk, rask, vever ―に raskt, vevert

ひんせい 品性 karakte′r

ピンセット pinset′t

びんせん 便箋 brevpapir (はぎ取り式の) skriveblokk

ひんそうな 貧相な ussel, elendig, tarvelig

びんた ørefik, lusing ―を食らわす gi en ørefik

ピンチ knipetak ―である stå i et knipetak

びんづめ・の 瓶詰めの flaske-, på flaske ―にする fylle på flasker, proppe

ヒント antydning, vink ―を与える antyde, si indirekte/forsik′tig ―を得る forstå′ vinket

ピント (焦点) fokus, brennpunkt 〔for linse〕 ―を合わせる få/stille i fokus ―が合っている stå/være i fokus ―が合っていない være uskarp, være ute av fokus

びんどめ びん止め(カールクリップ) papiljot′t

ひんぱん 頻繁 hyppighet, frekven′s ―な hyppig, frekven′t ―に hyppig, ofte (規則的に) jevnlig, periodiskt

ひんぷ 貧富 rik og fattig, rikdom og fattigdom

びんぼう 貧乏 fattigdom, armod (窮乏) savn (困苦) nød (極貧) den djupeste armod ―人 den fattige, fattigfolk ―な fattig, arm (極貧の) lutfattig

ピンボケである være ute av fokus

ピンポン bordtennis, ping-pong

ひんみんくつ　貧民窟　slum
びんわんな　敏腕な　dyktig, flink

ふ

ぶ　部　(部分) del　(成分) bestan'ddel　(部・局) avde'ling, seksjo'n　(区分) avsnitt　(書籍などの数) eksempla'r　—長 avde'lingsjef

ぶあい　歩合　(率) prosen'tdel, forhold　(手数料) kommisjo'n, honora'r, geby'r　(割引) rabat't　(手形などの) diskon'to　(割りもどし) tilba'kebetaling

ぶあいそう　無愛想　likegyldighet　—な uselskapelig, ikke sosia'l, brysk, stuss, likesæl

ファスナー　glidelås

ふあん　不安　(心配) bekym'ring, uro　(不安定) usikkerhet, utrygghet　(動揺) uro, røre　(懸念) frykt　—な bekym'ret, urolig, usikker

ファン　fans (pl.), 〔begei'stret〕tilhenger, beun'drer

ふあんてい　不安定　usikkerhet, utrygghet, ustadighet　—な usikker, utrygg, ustadig

ふあんない　不案内 (未知) ukyndighet, uvi'tenhet　(不慣れ) uerfarenhet　—な ukyndig, uvi'tende, uvant

ふい　不意　(突然) plutselighet　(意外) noen uventet　—の/に plutselig, uventet　(警告なしに) uten varsel　—打ち overraskende anfall

ブイ　(浮標) bøye　(救命用の) redningsbøye

フィート　呎　fot

フィールド　(運動場の) idrettsplass　—競技 (トラック に対し) felt　(屋外のスポーツなど) utadørsaktiviteter (pl.)

ふいっち　不一致　meningsforskjell, uenighet, uoverensstemmelse　(不和) tvist, splid　(対立) motsetning　(口論) argumen't, trette　(矛盾) motsigelse, inkonsekvens

フィナーレ　〈劇・楽〉fina'le, avslutning

フィリピン Filippinene —人 filippi′ner —の filippi′nsk

フィルター (カメラ・漏過用の) filter (ふるい・ストレーナー) sikt

フィルム (写真・映画の) film —に収める filme (映画化する) filmatise′re

ぶいん 部員 (クラブの) klubbkamerat (役所などの) avde′lingsmedlem

フィンランド Finland —人 finne —の/語 finsk

ふう 封 segl —をする lukke med et segl —を切る bryte/brekke seglet〔på et brev〕

ふう 風 (様子) utseende, ytre, aspek′t (様式) stil, type, form (風習) skikk, sed〔vane〕, bruk (方法) måte, meto′de, mane′r (傾向) tenden′s, tilbøy′elighet

ふういん 封印 forseg′ling (荷物・メーターなど鉛で) plombe′ring —する forseg′le, plombe′re

ふうう 風雨 storm, blåst og regn —にさらされた værbitt —注意報 stormvarsel

ふうかする 風化する forvit′re

ふうがわりな 風変りな besyn′derlig, underlig, eiendom′melig

ふうかんはがき 封かん葉書 brevkort

ふうき 風紀 sedelighet, mora′l, anstand, moralite′t —を乱す(特に性的に) bryte seg mot sedelighet

ふうきの 富貴の rik og adelig

ふうきりえいが 封切り映画 premierefilm

ふうけい 風景 (景色) landskap, sceneri (眺望) utsikt, synsvidde utsyn (展望) utsikt, panora′ma —画 landskapsmaleri

ふうさい 風采 utseende, ytre, skikkelse

ふうし 風刺 sati′re (皮肉) sarkas′me, ironi′ —する satirise′re (からかう) latterliggjøre —的な sati′risk, iro′nisk, sarkas′tisk —画 karikatu′r

ふうしゃ 風車 vindmølle

ふうしゅう 風習 skikk og bruk, sedvane (慣習) skikk som har gammal hevd —を保つ holde〔en

skikk〕i hevd
ふうしょ 封書 forseg′let brev
ふうしん 風疹〈病〉 røde hunder
ふうすいがい 風水害 storm- og oversvømmelsesskader
ふうせん 風船 ballon′g 紙— leiketøysballong —ガム ballon′gtyggegummi
ふうそく 風速 vindhastighet —計 vindmåler
ふうぞく 風俗 skikker (pl.), vaner (pl.)(風儀)sedelighet, mora′l
ブーツ støvel
ふうど 風土 klima —の klima′tisk —病 klimasjukdom, innalandsk sjukdom
ふうとう 封筒 konvolut′t
ふうふ 夫婦 ektepar, mann og kone —喧嘩 krangel mellom mann og kone, ekteska′pelige stridigheter (pl.)
ふうみ 風味 aro′ma, karakteris′tisk smak, velsmak
ブーム (景気) konjunktu′r (好景気) gode konjunktu′rer (pl.)(不景気)dårlige konjunktu′rer (pl.)(上向きの)oppadgående (下向きの)nedadgående
ふうらいぼう 風来坊 vandrer (放浪者) vagabond
ふうりゅう 風流 smakfullhet, elegan′se, forfi′ning —な smakfull, elegan′t, forfi′net, stilfull
ふうりょく 風力 vindstyrke —計 vindmåler —発電所 vindelektrisitetsverk
ふうりんそう 風鈴草〈植〉 blåklokke
プール 水泳— svømmebasseng (共同資金)〔felles-〕fond 資金を—する avsette til en fond
ふうん 不運 uhell, motgang, ulykker —な uhel′dig, ulykksalig —にも uhel′digvis, ulyk′keligvis, desser′re
ふえ 笛 (横笛) fløyte (たて笛) pipe, blokkfløyte (呼び子) fløyte —を吹く spille fløyte, blåse på fløyte (呼び子を) blåse i en fløyte
ふえいせい 不衛生 uhygienisk tilstand, ure〔i〕nslighet

ふえて 不得手(下手) udyktighet, udu'gelighet (弱点) et svakt punkt, svakhet —な udyktig, upassende, udu'gelig

フェリー ferje, ferge カー— bilferge —で渡る ferje

ふえる 増える(増加する) auke, tilta, forø'ke (大きくなる) bli større (倍加する) duble're (膨張する) svulme (繁殖する) forme're seg, yngle (重量が) bli tung

フェルト filt —帽 filthatt —ペン filtpenn

フェンシング fektning —選手 fekter —をする fekte

ぶえんりょ 無遠慮 likeframhet, frimo'dighet —な likefram, frimo'dig, åpenhjertig, uforbeholden (大胆な) dristig, freidig (厚かましい) frekk, uforskammet (不作法な) uhøflig, grov —に(率直に) åpent, frimo'dig, åpenhjertig

フォーク gaffel —リフト gaffeltruck

ふか 鱶(大型のさめ)〈魚〉 hai

ふか 付加 tillegg, addisjo'n —の tilleggs-, additiv —する tillegge, adde're, tilsette —年金 tilleggspensjon

ふか 孵化 utklekkning —する utklekke, klekke ut 人工— kunstig utklekkning —場 utklekkningsanstalt

ぶか 部下 de underordnede

ふか・い 深い djup, dyp —い知識 djup viten (深遠な) djuptenkende (濃密な) tett, tjukk (親密な) inti'm, nær —く djupt (心から) hjertelig, elskver'dig —くする fordy'pe —さ djup, dyp —さを測る måle/lodde dyp —まる bli djupere/sterkere/høyere —める utdype, forster'ke, gjøre høyere

ふかい 不快 utilpasshet, ubeha'gelighet —な utilpass, ubehagelig, forar'gelig, uvel

ぶがい 部外 utafor en krets —の utenforstående —者 utenforstående, fremmed —者入場禁止 uvedkommende forby's adgang

ふがいない 不甲斐ない holdningslaus, umandig, karakte'rlaus

ふかかいな 不可解な ubegri'pelig, ufat'telig （なぞの）gåtefull （不思議な）mystisk, eiendom'melig, besyn'derlig, underlig

ふかかちぜい 付加価値税 moms, merverdiavgift（1970年以前の）omsetningsavgift

ふかくじつ 不確実 usikkerhet, ustadighet —な usikker, ustadig, tvilsom

ふかけつの 不可欠の uunnvær'lig（必要な）nødven'dig

ふかこうりょく 不可抗力 uavven'delighet, uimotstå'elighet —の uunngå'elig, uimotstå'elig, uavven'delig

ふかざら 深皿 taller'ken

ぶかっこうな 不格好な(形の悪い) deforme'rt, vanskapt（不器用な・ぶざまな）klosset〔e〕, plump, keitet〔e〕

ふかっぱつ 不活発 uvirksomhet, treghet —な uvirksom, treg（緩慢）langsomhet（怠惰）dovenskap（沈滞）stagnasjo'n, stans i utvikling （眠い・だるい）døsen, søvnig

ふかなべ 深鍋 gryte

ふかのう 不可能 umu'lighet, ugjø'rlighet —な umu'lig, ugjø'rlig

ふかぶん 不可分 ude'lelighet —な ude'lelig

ふかみ 深み djup, dyp

ふかんぜん 不完全 ufullstendighet, mangelfullhet —な ufullstendig, mangelfull（欠陥のある）feilaktig, defek't

ぶき 武器 våpen —をとる gripe til våpen —を捨てる nedlegge våpnene —庫 arsena'l, opplagshus〔for våpen〕

ふきけす 吹き消す blåse〔et lys〕ut, slukke

ふきげんな 不機嫌な grimet〔e〕, gretten, tverr, mutt（意気消沈した）nedtrykt

ふきこむ 吹き込む(風雨が) blåse i （テープなどに）oppta på〔band〕（鼓吹する）inspire're

ふきそうじ 拭き掃除 pussing —する tørke av,

pusse
- **ふきそく** 不規則 uregelmessighet —な uregelmessig, irregulær, regelløs
- **ふきだす** 吹き出す(風が) begyn′ne å blåse (笑い出す) briste i latter (大笑いする) slå latterdøra opp (血が) blø (光・熱などが) sprute (水などが) fosse (泡・汗などが) skumme (蒸気などが漏れる) lekke (芽が) skyte, spire fram
- **ふきつな** 不吉な foruroligende, urovekkende
- **ふきでもの** 吹き出物 utslett
- **ふきゅう** 普及 spreiing, utbredelse (民衆化) popularise′ring —する spreie, utbre
- **ふきょう** 不況 lavkonjunktur, depresjo′n —の deprime′rt, nedslående
- **ぶきよう** 不器用(無器用) taktløshet, plumphet —な klosset[e], plump, keitet[e]
- **ふぎり** 不義理(忘恩) utakknemlighet (不誠実) troløshet, upålitelighet —な utakknemlig, svikfull
- **ぶきりょうな** 不器量な grim, uskjønn, stygg
- **ふきん** 布巾 vaskefille, vaskeklut
- **ふきん** 付近 nabolag, naboskap, omegen, nærhet —の nabo-, tilgrensende (隣接の) tilstøtende, tilgrensende —の人々 naboer
- **ふきんこうの** 不均衡の ulikevektig
- **ふく** 吹く(風が) blåse (ラッパなどを) spille [trompet], blåse i [trompet] (噴出する)→ふきだす (自慢する) skryte, være stolt av (もったいぶる) stoltse′re
- **ふく** 拭く tørke av, pusse (こする) gni (なでる) stryke (みがく) pole′re (床などごしごしみがく) skure [gulv]
- **ふく** 服(衣服) tøy, klær (衣裳) drakt (スーツ) et sett tøy (コスチューム) kosty′me (制服) unifor′m (布地) stoff
- **ふく—** 副- vise-, under-, bi-, assisterende —大統領 visepresident —将 visekaptein —題 undertittel —作用 bivirkning —業 bistilling

ふく— 複- dobbelt- —合の sammensatt —線 dobbeltspor —合語 sammensatt ord

ふぐ 不具(奇形) vanskapning, misdannelse (身体的障害) skavank, legemfeil (身体障害者) de vanføre/handikappede —の vanskapt, misdannet (手足などまひした) lam (足の不自由な) halt (身体障害の) vanfør, handikappet

ふぐ 河豚〈魚〉 pinnsvinfisk

ふくいん 福音(教え) evange'lium (吉報) en god nyhet (恩恵) velsig'ning, gunst, yndest

ふくえき 服役(軍務に) militæ'rtjenste (刑に) staffarbeid

ふくがん 複眼(虫の) faset'tøye, sammensatt øye

ふくぎょう 副業 bistilling 〔口〕ekstrajobb

ふくごう 複合 sammensetning, kompleksite't —の sammensatt, komplek's —経済 blandingsøkonomi

ふくざつ 複雑 komplikasjo'n, innviklethet, forvik'ling —な komplise'rt, innviklet —にする komplise're, innvikle

ふくさよう 副作用 bivirkning —を起こす forårsake bivirkning

ふくさんぶつ 副産物 biprodukt

ふくし 副詞〈文法〉 adver'b〔ium〕 —句 adverbia'l setning

ふくし 福祉 velferd 公共— det allmenne vel, offentlighetens tarv 社会— offentlig sosia'l hjelp —国家 velferdsstat

ふくしゃ 複写 kopi', reproduksjo'n, duplise'ring —する kopie're, duplise're —機 kopi〔erings〕maskin

ふくしゅう 復習 tilba\keblikk, repetisjo'n, gjennomgang —する se tilba\ke på, repete're, gjennomgå

ふくしゅう 復讐 hevn, revansj〔e〕(報復) gjengjeldelse (あだ討ち) vendet'ta —する hevne, ta revansj〔e〕 —戦(リターンマッチ) retu'rkamp, revansj〔e〕kamp —心に燃えた hevngjerrig

ふくじゅう 服従 lydighet, underkastelse —する

adlyde, underkaste seg （命令に）etterkomme
ふくしょ　副署　kontrasignatur
ふくしょく〔ぶつ〕　副食〔物〕　mellomrett, birett（つまみの類）munnfull mat, kanapé
ふくしん　腹心　de trofast underordnede
ふくすう　複数 〈文法〉 plura′lis （多数）flertal〔l〕
ふくせい　複製　reproduksjo′n, kopi′
ふくせん　複線（鉄道の）　dobbeltspor
ふくそう　服装　påkledning, bekle′dning, tøy
ふくぞう・のない　腹蔵のない　åpenhjertig, utilslørt, uforbeholden　—なく åpent, uforbeholdent
ふくだい　副題　undertittel
ふくつう　腹痛　mageknip, mageverk
ふくつの　不屈の　uku′elig, urok′kelig
ふくびき　福引　lotteri′　—券 lotteri′seddel　—を引く trekke lotteri′et　—が当る vinne i lotteri′　—の賞品 lotteri′gevinst
ふく・む　含む（口に）　behol′de noe for sin e〔i〕gen munn （含有する）inneholde, romme, innbefatte （意味を）innebære （暗示する）antyde, underforstå （伴う）medføre （含有量・率）innhold　—み implikasjo′n
ふくむ　服務　plikt, tjeneste　—する tjenestegjøre, gjøre en tjeneste
ふく・める　含める　inklude′re, innbefatte, omfatte （言い含める）gi instruksjo′ner/anvisning （説得する）overtale　—て inklusiv〔e〕
ふくめん　覆面　maske　—をする maske′re　—をはぐ rive masken av　—をぬぐ kaste maska
ふくようする　服用する（薬を）　ta medisi′n
ふくらしこ　ふくらし粉　bakepulver
ふくら・ます　膨らます　blære　—み blære, hevelse, bule
ふくらむ・ふくれる　膨らむ・膨れる　svulme〔opp〕, bule ut　ふくれた belet〔e〕, svulmende
ふくり　複利　rentesrente
ふくろ　袋　sekk　小— pose （煙草・小銭用などの）

ふくろう　—だたきにされる få pryl〔av flere〕　—小路 blindgate

ふくろう　梟〈鳥〉 ugle

ふけ　(頭の) skjell

ふけい　婦警 kvinnelig politi'konstabel

ふけいかい　父兄会(父母会) forel'dremøte

ふけいき　不景気 lavkonjunktur, depresjo'n　—な treg, uvirksom, sløv, inaktiv

ふけいざいな　不経済な uøkonomisk　(利益のない) ulønnsom, urentabel

ふけつな　不潔な uren, skitten, smussig

ふける　老ける(老いる) bli gammal

ふける　耽る(おぼれる) hengi seg〔i〕, gi etter for

ふける　更ける(遅くなる) det lakker〔til kvelds〕, det begyn'ner bli sent　(時がたつ) tiden går, li

ふけん　府県 fylke　(1918年以前はamt)

ふけんこう　不健康 dårlig helbred/helse　—な(健康でない) sjuk〔e〕lig, svak〔elig〕, spinkel　(神経質な) sart　(貧弱な) knapp　(不健全な) usunn　(健康によくない) skadelig for helbreden

ふけんぜんな　不健全な usunn,〔mora'lsk〕 forder'vet　(病的な) sjuk〔e〕lig, morbi'd

ふこう　不幸 ulykke, uhell　(悲しみ) sorg, bedrø'velse　(不運) uhell, ulykke　(災厄) katastro'fe　(死亡) død, bortgang　—な ulykkelig, sorgfull, bedrø'velig　—にも ulyk'keligvis, uhel'digvis

ふごう　符号 kjennetegn, kjennemerke　(象徴) symbo'l, sinnbilde　(暗号) siffer　(電信の) kode

ふごう　富豪 den rike, en formu'ende/velhavende person　(百万長者) millionæ'r　—階級 plutokrati', overklasse

ふごうかく　不合格 diskvalifise'ring, avvisning, å dumpe〔til eksamen〕　—の diskvalifise'rt　(検査に) bli forkas'tet/underkjent

ふこうへい　不公平 uri'melighet, ufornuft, absurdite't　—な uri'melig, ufornuftig, absur'd, urettferdig

ふこく　布告 erklæ'ring

ふさ 房(毛・花などの) kvast, dusk, tust (果物などの) klase, klynge —飾り frynse (手紙などの束) bunt

ふさい 負債 gjeld, skyld, passiva(pl.) —者 skyldner, debitor

ふざい 不在 fravær —の fraværende —である utebli —者 de fraværende —中に under noes fravær

ふさく 不作 dårlig høst, ringe utbytte

ふさ・ぐ 塞ぐ(閉じる) stenge, tilstoppe, sperre (妨害する) obstrue're, blokke're, forhin'dre (場所を) besette, innta, oppta —がる(閉ざされている) være stengt/tilstoppet (往来などが) blokke'res (トイレなど使用中である) være opptatt

ふさくいの 不作為の utilsiktet, ikke tilsiktet, ubevisst, ufrivillig

ふざけ・る tumle, boltre seg (冗談をいう) skjemte, spøke (はね回る) tumle, hoppe, springe (道化を演ずる) gjøgle, le〔i〕ke harlekin (からかう) gjøre narr av, ha moro med —て(冗談に) på skjemt, for/i spøk

ぶさほう 不作法 dårlig oppdragelse/levemåte, uhøflighet —な uhøflig, ubehøvlet, udanna

ふさわしい 相応しい(似合った) passende, egnet, hensiktmessig (適当な) belei'lig, egnet, hensiktmessig (品位のある) ansten'dig

ふさんせい 不賛成 misbilligelse〔av〕 (拒否) avslag (意見の相違) meningsforskjell (非難) daddel —である misbillige, motsette seg, gjøre noen imo't

ふし 節(関節) led (指の) fingerled (ひざの) kneled (結節) knute (樹木の) knast (歌の) tone, melodi' —穴 knasthol —の多い knastet, knastfull —のない knastfri —目 punkt, poen'g

ふじ 藤 〈植〉 blåregn —棚 pergola for blåregn —色 lys purpur

ぶし 武士 kriger

ぶじ 無事(安全) sikkerhet, ufarlighet (平穏) fred, ro, stille —な sikker, ufarlig, velbeholden (平穏な)

- **ふしぎ 不思議** under, myste'rium, vidun'der ―な 〔for〕underlig, mystisk, vidun'derlig, selsom ―に på mystisk/underlig vis
- **ふしぜんな 不自然な** unaturlig, affekte'rt (人為的な) kunstig, kunstlet (無理をした) tvungen
- **ふじちゃく 不時着** nødlanding ―する nødlande
- **ふじの 不治の** uhelbre'delig, ubo'telig
- **ふじみの 不死身の** uså'rlig, uantastet
- **ふじゆう 不自由**(不便) ubekvemhet, ulempe, uleilighet (貧乏) fattigdom, forar'mt tilstand (難局) nød (困難) besvæ'r (困惑) forle'genhet ―な ubeleilig, ubekvem (貧乏な) fattig, forar'mt (手足が) vanfør, 〔fysisk〕handikappet
- **ふじゅうぶん 不十分**(不足) utilstrekkelighet ―な utilstrekkelig, ikke nok (不完全な) ufullkommen, ufullstendig (不満足な) utilfreds, misfornøyd
- **ふじゅんな 不順な** unormal
- **ふじゅんな 不純な** uren, forurenset
- **ふしょう 負傷** skade, sår (戦傷) krigsskade ((肉体的)障害) lesjo'n, kvestelse ―する bli sårt, skades ―者 de skadelidende
- **ぶしょう 不精** dovenskap ―な lat, doven (のろい) treg (にぶい) sløv ―ひげを生やす være urak〔e〕t ―者 dovenlars, dovendyr
- **ふしょうか 不消化** dårlig fordøy'else ―物 ufordøy'elig mat
- **ぶじょく 侮辱** fornær'melse, 〔ære〕krenkelse, forhå'nelse (不名誉) vanære, skam ―する fornær'me, krenke, forhå'ne ―的な fornær'melig, krenkende
- **ふじょし 婦女子** kvinner og barn
- **ふしん 不信** mistro, mistillit
- **ふしん 不振** treghet, dorskhet (停滞) stillstand (不景気) lavkonjunktur
- **ふじん 夫人**(既婚女性) frue …― fru … (妻) kone, hustru

ふじん 婦人 kvinne, dame —の kvinnelig, feminin —用 noe for kvinne —服 kjole, kvinnedrakt —〔解放〕運動 kvinnebevegelse, kvinnefrigjøring

ふしんじん 不信心 gudløshet, ugu′delighet —な gudløs, ugu′delig

ふしんせつ 不親切 uvennlighet, ukjærlighet —な uvennlig, ukjærlig (失礼な) uhøflig (冷たい) iskald (顧客に対して) uoppmerksom, forsøm′melig

ふしん・な 不審な tvilsom, uviss —尋問する spørre, tiltale for mistanke

ふしんにん 不信任 mistro, mistillit, tillitsbrott —案を提出する stille et mistillitsvotum

ふす 臥す ligge, legge seg (うつむく) bøye seg (目を伏せる) slå øynene ned

ふずい・する 付随する ledsage, følg〔j〕e —の ledsagende, følg〔j〕ende

ふすま 襖 skyvedør〔av papir〕

ふせい 不正 urett (不公平) urettferdighet (違法) forse′else, straffbar forhold, lovovertredelse (不正直) uærlighet (不法) urettmessighet —な urett (不公平な) urettferdig (違法な) straffbar, ulovlig (不正直な) uærlig, løgnaktig (不法な) urettmessig, ulovlig —行為 ulovlig handling (試験などの) bedrageri′ (競技の) uærlighet (反則) forse′else

ふせいかく 不正確 uriktighet, unøjaktighet —な uriktig, upresis, unøjaktig (間違った) usann, forkjæ′rt

ふせいじつな 不誠実な uoppriktig, uærlig (偽善的な) hyklersk

ふせぐ 防ぐ(防衛する) forsva′re, beskyt′te (防止する) forebygge, avverge (予防する) forhin′dre〔fra〕, forebygge (寄せつけない) holde seg

ふせっせい 不節制 overdrivelse —な umåteholden, ubehersket

ふせっせい 不摂生 forsøm′melse av sin helbred —する forsøm′me å ha en god helbred

ふせる 伏せる(目を) slå øynene ned (床に) ligge,

ぶそう 武装 bevæ′pning, utrusting ―する bevæ′pne, utruste ―を解く avvæpne (軍縮する) nedruste

ふそく 不足(不充分) utilstrekkelighet (欠乏) knapphet, mangel, underskott (不満足) utilfredshet, misfornøyelse (不平) klagemål ―する(人が) li〔de〕 brist〔av〕(物が) mangle ―を言う klage over ―額 underskott

ふぞく・する 付属する tilhøre, falle inn under, henhøre til ―品 tilbehør, rekvisi′ta, utstyr

ふそん 不遜 respek′tlaushet, uærbødighet ―な respek′tlaus, uærbødig

ふた 蓋(箱・釜などの) lokk (びんの) kapsel (カバー) dekke (家具などの) overtrekk (ベッド・テーブルなどのカバー) teppe

ふだ 札 etiket′t 名―(カード) kort (ステッカー・ラベル) merke〔lapp〕値― prislapp 荷― adresskort 守り― amulet′t

ぶた 豚 svin, gris 雄―(去勢してない) råne (去勢した) galt〔e〕雌― purke ―肉 flesk, svinekjøtt

ぶたい 部隊 del av hær, detasjement (分隊) kontingen′t ―長 feltherre, befalingsmann (司令官) kommandan′t

ぶたい 舞台 scene, teater (活動の) virkefelt ―監督 (人) tea′terdirektør, scenemester (仕事) isce\nesettelse ―化する dramatise′re, isce\nesette 回り― dreiescene ―照明 scenebelysning

ふたご 双子(のひとり) tvilling (二人) tvillinger

ふたしかな 不確かな usikker, tvilsom

ふたたび 再び(繰り返して) atter, tilba\ke, igjen (二度) to ganger (もう一度) en gang til (二度目に) for annen gang

ふたん 負担 bør, forplik′telse (手荷物) baga′sje (積荷) lass (重荷) bør, last (支払い) betaling ―する stå for, være ansvarlig for ―をかける bebyr′de, forplik′te ―額 belø′p som man svarer for ―を軽くする avlaste, lette ens byrde

ふだん 普段(平生) sedvaligvis, normalt, vanligvis (たいていは) mestendels (常に) alltid, bestan'dig —の vant, sedvanlig, almin'nelig, dagligdags —着 hverdagsklær(pl.)

ふち 縁 kant, rand (刃) egg (川べり・堤防) banke, dike, voll (海岸) kyst, strand (帽子などの) skygge (ふちなし帽) lue, luve (眼鏡のつる・ふち) brillestang (布などの) kant (織物の耳) jare (わく・縁飾り) ramme (フレーム) innfatning

ふちの 不治の uhelbre'delig, ule'gelig, ubo'telig

ふちゅうい 不注意 uaktsomhet, skjødesløshet, uforsiktighet —な uaktsom, skjødesløs, uforsiktig —に uaktsomt, skjødeløst, uforsiktig

ふちょう 婦長(1974年まで) oversykepleier (今は) forstanderin'ne

ぶちょう 部長 avde'lingssjef

ふつう 不通(交通・通信などの) avbrytelse —になる bli innstilt, avbrytes

ふつう・の 普通の sedvanlig, vant (一般の) almin'nelig (常態の) normal (平均的な) gjennomsnittlig —に/は sedvanligvis, almin'nelig —電車 loka'ltog

ぶっか 物価 〔vare〕priser(pl.) (生活費) leveomkostninger(pl.) —指数 prisindeks

ふっかつ 復活 gjenopplivelse (死からの) oppstandelse (更新) forny'else ((精神的な)再生) gjenfødelse (復元・復旧) restaure'ring —する(よみがえる) oppstå —させる restaure're —祭 påske

ぶつかる (当たる) treffe 〔på〕, få ram på (衝突する) kollide're, stø〔y〕te sammen (困難などに出遭う) støyte på (激突する) ramme (突き破る) slå inn (直面する) stå ansikt til ansikt med (日などが重なる) falle sammen med

ふっきゅう 復旧 restaure'ring —する restaure're —工事 restaureringsarbeid

ぶっきょう 仏教 buddhis'me —徒 buddhis't

ぶつける (投げる) kaste (当てる) ramme, treffe, slå på/til

ふっこう 復興(再建) gjenopprettelse, gjenoppbyggelse (再興) restaure′ring —する gjenopprette, gjenoppbygge, restaure′re

ふつごう 不都合(不便) ubekvemhet, ulempe (不正) urett, urettferdighet (不公平) urettferdighet (非行) dårlig oppførsel, forse′else —な (不便な) ubekvem, ubeleilig (非難すべき) daddelverdig (恥ずべき) skammelig (都合の悪い) besvæ′rlig (不適当な) upassende

ぶっさん 物産 produk′t, vare (総称) produksjo′n

ぶっし 物資 materiel′l, varer(pl.) (原料) 〔rå〕material〔e〕 (資源) res〔s〕ur′s

ぶっしつ 物質 mate′rie, substan′s (材料) emne, stoff —的な materiel′l (唯物的な) materialis′tisk

ぶっしょくする 物色する le〔i〕te etter, søke etter

ぶつぞう 仏像 avbildning av Buddha

ぶっそうな 物騒な(危険な) farlig, farefull, utrygg (不安な・不穏な) usikker, urolig, utrygg (不安定な) usikker, utrygg (不確実な) uviss, tvilsom

ぶったい 物体 substan′s, ting

ぶってき・な 物的な materiel′l, fysisk —資源 ressur′s —証拠 bevis, bevi′smateriale, vitnesbyrd

ふってん 沸点 kokepunkt

ぶっとうし・の 打っ通しの uopphør′lig, uavbrutt (連続的な・一定の) stadig, konstan′t —に uten avbrudd/opphold, vedvarende

ふっとう・する 沸騰する koke, syde (議論などが) være i en livlig diskusjo′n, bli opphisset —点 → ふってん(沸点)

フットボール fotball

ぶっぴん 物品 artik′kel, vare (商品) handelsvare —税(消費税) forbruksskatt

ぶつぶつ (吹き出物) utslett

ぶつぶつ (不平をいう) klage over, knurre (沸騰する) koke, syde

ぶつぶつこうかん 物々交換 byttehandel, tuskhandel

ぶつり〔がく〕 物理〔学〕 fysik′k —的な fysika′lsk,

fysisk —学者 fysiker
ふで 筆(毛筆) tusjpenn （ペン）penn 絵— pensel （筆致）penselstrøk, pennestrøk （筆跡）handskrift —入れ penna'l —立て skriveoppsats med skrivepensler
ふていさい 不体裁 usøm'melighet —な grim, stygg, usøm'melig
ふていの 不定の uvis, usikker, ikke avgjort
ふていのやから 不逞の輩(徒) gjenstridig folk
ふてきとうな 不適当な upassende, usøm'melig
ふと 不図(突然) plutselig （偶然に）tilfel'digvis, på 〔en〕 slump （思いがけず）uventet —した tilfel'dig, uventet —…する tilfel'digvis gjøre〔å〕
ふと・い 太い(物が) tjukk, tykk （力強い）kraftig （声が）djup, dyp （活字などが）feit —字 feit bokstav （横着な）uforskammet, frekk （失礼な）uhøflig （大胆な）djerv, freidig —る(人が) bli tjukk, feite seg
ふとう 埠頭 kai, brygge
ぶとう 舞踏 dans —会 ball
ぶどう 葡萄〈植〉〔vin〕drue —園 vingard —酒 vin —の収穫 vinhøst 乾— rosi'n —糖 druesukker, gluko\se —畑 vinmark
ぶどう 武道 krigskunst
ふとういつ 不統一 splittelse, brist på enighet, —な splittet, uenig
ふどうさん 不動産 fast eiendom —屋 eiendomsmekler
ふどうとく 不道徳 umoral, use'delighet —な umoralsk, use'delig
ふとう・な 不当な ublu, urettferdig, urett （不合理な）uri'melig （過度な）overdreven —利得 åger （闇(ﾔﾐ)市）svartebørs
ふどうひょう 浮動票 marginalvelgerne (pl.)
ふところ 懐(胸) bryst, barm （母親などの）skjød （抱擁）famn, fang （懐中）lomme （財布）〔penge-〕pung
ふどまり 歩留まり utbytte〔rate〕

ふと・る 太る(肥満する) bli tjukk/korpulen′t/fet-laten, feitne —った tjukk, korpulen′t, feit (丸々した) buttet[e], fyldig —らせる feite (家畜を) meske

ふとん 布団 sengklær(pl.), sengetøy 敷き— madras′s [til å rede opp på golvet] 掛け— sengeteppe

ふな 鮒〈魚〉 karus′s

ぶな 〈植〉 bøk, bok

ふながいしゃ 船会社 [skips]rederi′

ふなたび 船旅 sjøreise (航海) skipsfart

ふなづみ 船積み skipsladning

ふなで 船出 fartøys avgang —する sette seil, seile av sted (錨(いかり)をあげる) lette anker

ふなに 船荷 frakt, last

ふなのり 船乗り sjømann —になる gå til sjøs

ふなびん 船便 overflatepost

ふなよい 船酔い sjøsykdom —する bli sjøsyk

ふなれ 不慣れ uerfarenhet, ukyndighet —な uerfaren, ukyndig, uvant

ぶなんな 無難な(まあまあの) passa′bel, aksepta′bel, tålelig (安全な) sikker, trygg (確実な) sikker (明確な) bestem′t

ふにんじょう 不人情 umenneskelighet, uvennlighet, hjerteløshet —な umenneskelig, uvennlig, hjerteløs

ふね 船 skip, fartøy (小型) båt —に乗る gå ombord, innskipe seg, borde —を降りる gå i land, gå fra borde —が傾く få slagside —がくつがえる kantre (難破する) forli′se 引き—(はしけ) lekter, [laste-] pram (タグボート) slepebåt

ふはい 腐敗 forråt′nelse (精神的な) forder′velse —する råtne ned (頽廃(たいはい)する) bli forder′vet/korrup′t, utarte —した råtten (頽廃した) forder′vet, korrup′t

ふひつような 不必要な unødig, unødvendig (あり余る) overflødig

ふひょう 不評(悪評) dårlig rykte/renommé/omdømme (不人気) upopularite′t —な beryk′tet, noto′risk (不人気な) upopulær

- **ふぶき** 吹雪 snøstorm
- **ぶぶん** 部分 del, seksjo'n, porsjo'n —的な delvis, partiell（局部的な）loka'l —的に delvis —品 tilbehør, utstyr: komponen't
- **ふぶんりつ** 不文律 uskreven lov
- **ふへい** 不平(不満) utilfredshet, misfornøyelse, reklamasjo'n（苦情）klage（苦情の種）klagemål（不満な）utilfreds〔stillende〕, misfornøyd —を言う klage〔på/til〕, beklage seg
- **ふべん** 不便 ubekvemhet, ulei'lighet —な ubekvem, ubeleilig, upraktisk, ulempelig（不適当な）uegnet, upassende —を感じる komme til ulei'lighet
- **ふへん・てきな** 普遍的な universel'l, almin'nelig, allmenngyldig —的に universel't, almin'nelig —性 universalite't, almin'nelighet
- **ふへんの** 不変の bestan'dig, permanen't, varig
- **ふぼ** 父母 forel'dre(pl.), far og mor —会 forel'dremøte
- **ふほう** 不法(違法) ulovlighet, forbry'telse（不正）urett —な ulovlig, illegitim, forbry'tersk（不正な）urett（間違った）forkjæ'rt
- **ふほう** 訃報 rappor't av noens død
- **ふほんい** 不本意 uvillighet, uvilje —な uvil'lig, motvillig —に ugjerne, mot sin vilje
- **ふまじめな** 不真面目な ikke opprik'tig
- **ふまん** 不満 utilfredshet, misfornøyelse —な utilfreds, misfornøyd（物・結果など）utilfredsstillende —をいう klage〔over〕, bekla'ge seg〔over〕, påtale
- **ふみきり** 踏切(線路の) jernbaneovergang —番 banevokter（飛躍の）avsprang —板 springbrett
- **ふみんしょう** 不眠症〈病〉søvnløshet
- **ふむ** 踏む（足で）trampe, trå, tre（手続きを）prosede're（評価する）verdsette, vurde're（韻を）rime
- **ふめいよ** 不名誉 vanære, skam —な vanærende, skammelig
- **ふめつ** 不滅 udø'delighet —の evig, uforgjen'gelig

ふもうの 不毛の　ufruktbar, steri′l
ふもと 麓　fot/botn〔av en bakke〕
ぶもん 部門　avde′ling, sektor, seksjo′n（分野）område
ふやす 増やす　forøke, auke　（付加する）legge til, tilføye
ふゆ 冬　vinter　—の vinterlig　—向きの vinter-, bereg′net på vinter　—物(衣服) vinterklær(pl.), vintertøj　—景色 vinterlandskap　—休み vinterferie　—空 vinterhimmel　(越冬する) overvintre　(冬眠) vinterdvale
ふゆうする 浮遊する　flyte, sveve
ふゆかいな 不愉快な　ubeha′gelig, utri′velig, lei, utilpass
ふよう 扶養　understøttelse, underhold　—する forsør′ge（家族を）tjene til sin familiens underhold　—家族 dependant, person som man har forsørgelsesplikt overfor
ふようじょう 不養生　forsøm′melse av helbred, dårlig stell med/på helse　—な uforsiktig med helbred　—する forsøm′me helbred
ふよう・の 不用の　unødig, unødvendig（役に立たない）unyttig　（あり余った）overflødig　—になる bli overflødig　—品 avlagte saker/ting/stykker/(いずれも pl.)
フライ　（料理）steikt rett　—にする steike　—パン steikepanne
ぶらいかん 無頼漢　skurk, kjeltring, lumsk person（暴漢）bølle　（山賊）bandi′tt
フライング　（競走などの）tjuvstart
ブラインド　rullegardin
ブラウス　bluse
プラカード　plaka′t, oppslag〔med reklame/kunngjøring〕
ぶらさがる ぶら下がる　henge, dingle
ブラシ　børste　—をかける børste
ブラジャー　brystholder〔短〕behå, BH

ブラジル Brasil —人 brasi′lier, brasilia′ner —の brasi′lsk, brasilia′nsk
プラス pluss （利益）gevin′st （長所）fordel
プラスチック plast —の袋 plastpose
ブラスバンド hornorkester, blåseorkester
プラチナ platina
ぶらつく （ぶらぶら歩く） streife 〔omkring〕, gå og drive, flane′re, slentre （うろつく）flakke 〔omkring〕 （のらくらする）dovne seg
ブラックリスト svarteliste —に載せる svarteliste, sette/skrive på den svarteliste
フラット （住居）leilighet （階）eta′sje
プラットホーム plattform, perron′g （道路の安全地帯）refu\ge
プラハ Praha
ぶらぶら （ゆれて）dinglende （よろよろの）ustø, vaklevoren （漫然と）uten mål, planlaus （ぶら下がる）henge, dingle （ゆれ動く）svinge, gynge （漫歩する）streife, gå og drive, flane′re （無為に過ごす）tilbringe tiden arbeidsløs, dovne seg
プラモデル plastisk model′l
ぶらりと （当てもなく）uten mål, planlaus （改まらずに）uformelt, tvangfrit —出かける streife, gå og drive
フラン （元のフランスなどの貨幣） franc
プラン plan, prosjek′t （原案）utkast, skisse, kladd —を立てる gjøre opp en plan, prosjekte′re
ブランコ gynge, huske —に乗る gynge, sitte på huske
フランス Frankrike —人 franskmann —の/語 fransk —パン franskbrød
ブランデー brandy, 〔drue〕brennevin
フランネル flanel′l
ふり 不利 ulempe, ugunst, uhell —な ulempelig, ugunstig
ふり 振り（ふるまい） oppførsel （風采）utseende —付け danskomposisjon, koreografi′ （見せかけ）for-

stil'lelse, foregivende —をする foregi, forstil'le seg, la som om, hykle〔seg〕

ぶり 鰤〈魚〉 yellow-tail

ブリーフ truse

ふりかえる 振り返る vende seg om, se seg tilba'ke (思い出す) erin'dre, huske

ブリキ blekk, blikk —缶 blikkboks

ふりこ 振り子 pendel

ふりこみ 振り込み innbetaling

ブリッジ （カードゲームの） bridge

プリマドンナ primadon'na

ふりゅうする 浮流する flyte, svømme

ブリュッセル Brussel

ふりょう・の 不良の dårlig, ille （邪悪な）ondskapsfull, ond, slett （質が）underlegen, tarvelig （嫌な）ekkel, vemmelig —品 dårlige varer(pl.) —少年 ung kriminal, slemming

ふりょく 浮力 flyteevne （飛行機の）oppdrift

ぶりょく 武力 militæ'rmakt, krigsmakt, stridsmakt —干渉 bevæ'pnet innskriden —政治 maktpolitik'k

ふりょのじこ 不慮の事故 ulykke, uhell

プリン （食べもの） pudding

プリント trykksaker(pl.), trykt skrift （写真の）kopi' —にする prente, trykke （写真の）kopie're.

ふる 降る falle （雨が）det regner （雪が）det sner/ snør （あられが）det hagler

ふる 振る(手を) vinke〔med hand〕 （頭を）virre med/på hodet （犬が尻尾を）vifte （振り動かす）skake, ruske （心など揺さぶる）ryste （握手する）trykke en i hånden （げんこつを）truge en med neven

ふる… 古… gammal （使用ずみの）〔for〕brukt, benyt'tet —着 avlagte klær/tøyer —本 antikva'risk bok

ふるい 篩 sikt —にかける(ふるう) sikte （間引く）tynne ut —落す（選別する）velge ut, sorte're

ふるい 古い(昔の) gammal （古風な）gammaldags

（食物の）forder'va （腐った）råtten

ぶるい 部類(生物学などの) klasse

ふる・う 奮う(元気である) være livlig/ener'gisk (力を発揮する) oppby sine krefter —って helhjertet, ener'gisk, ivrig

フルート 〈楽〉(横笛) fløyte —奏者 fløytenis't, fløytis't —を吹く spille på fløyte

ふるえる 震える skjelve, dirre （ショックで）ryste （ぞっとする）beve〔av〕（歯が）klapre （振動する）vibre're

ブルガリア Bulgaria —人 bulga'rer —の/語 bulgarsk

ブルゴーニュ （ワイン）Bourgogne（フランス中部の地名）

ブルジョア bourgeois, bursjoa' —階級 bourgeoisi, bursjoasi'

ふるどうぐや 古道具屋 antikvite'tshandel （人）marsjandi'ser

ブルドッグ 〈犬〉bulldogg

ふるほん 古本 antikva'risk bok —屋(人) antikva'r （店）antikva'rbokhandel, antikvaria't

ふるま・い 振る舞い oppførsel, åtferd, opptreden —う oppføre seg, bære seg at （ごちそうする）bever'te, trakte're med （もてなし）underholdning

ぶれい 無礼(非礼) frekkhet, uærbødighet, uhøflighet —な frekk, uærbødig, uforskammet

ブレーキ bremse —をかける bremse

プレハブけんちく プレハブ建築 ferdighus

ふれる 触れる(接触する) berø're, røre ved, komme i kontak't med （軽く）streife （法などに）forbry'te seg mot, overtre〔lov〕（言及する）nevne, omtale, henvise〔til〕

ふれる 振れる(斜めになる) skråne, helle （よりかかる）lene seg （回る）dreie （ふらつく）rave, sjangle

ふろ 風呂 bad —に入る ta et bad, bade i —桶(おけ) badekar —場 badeværelse

ふろうしゃ 浮浪者 vandrer, lasaro'n, vagabond

ブローカー　mekler
ブローチ　brosje
ふろく　付録　appen'diks, tillegg, supplement　（追加）bilag
プログラマー　（コンピューター関係の）　programme'rer
プログラム　（番組）　program'　—を作成する　programme're　—よる〔と〕program'messig
プロテスタント　（新教徒）　protestan't　—の protestan'tisk
プロペラ　（推進機）　propel'l
プロレス　professjonel'l bryting
プロレタリア　（人）　proleta'r　—階級 proletaria't
フロント　（ホテルなどの）　resepsjo'n　—係 resepsjonis't　—ガラス（自動車などの）frontglas〔s〕
ブロンド　（金髪の）　blond, lyshåra　—の女性 blondi'ne
ふわ　不和　uenighet, ufred, splid　（論争）tvist, kontrover's　（紛争）konflik't　—である være uenig med
ふん　糞　ekskremen't, avføring
ふん　分（時間などの）minut't　—針 minut'tviser
ぶん　文（文章）　setning　作—（学科の）stil　—体 stil　散— prosa　—学 litteratu'r　—の句読点 interpunksjo'n
ぶん　分（部分）　del　（分け前）andel, tildeling　—量 porsjo'n　（食物の）rasjo'n　（程度）grad, nivå', standard　身— stilling, rang, sosia'l status　本— plikt, verv, kall
ふんいき　雰囲気　atmosfæ're, stemning
ふんか　噴火　vulka'nutbrott　—する bryte ut, vulkanise're　—口 krater
ぶんか　文化　kultu'r　—的な kulturel'l　—国家 kultu'rstat　—史 kultu'rhistorie　—人 en dannet person　—祭 skolefest
ぶんか　文科　det humanis'tiske fakulte't　—大学 et humanis'tisk universite't
ふんがい　憤慨　indignasjo'n, vrede, forbit'relse　—す

る bli indigne′rt/forbit′ret, bli sint —した vred, sint
ぶんかい 分解(解体) nedbrytning, forråt′nelse (化学的などで) spalting —する brytes ned, råtne (化学的に) spalte seg
ぶんがく 文学 litteratu′r —的な litteræ′r —作品 litteratu′rverk —史 litteratu′rhistorie —部(大学の) litteratu′rfakultet —界 litteratu′rselskap, den litteræ′re verden 純— skjønnlitteratur
ぶんかざい 文化財 kultu′rgjenstand 無形— immateriel′l kultu′rformue
ぶんかつ 分割 deling —する dele —払い avbetaling —払いで買う kjøpe noe på avbetaling
ふんきする 奮起する ta seg sammen
ふんきゅう 紛糾 komplikasjo′n, besvæ′r, vrøvl —する bli komplise′rt/inviklet —させる komplise′re, innvikle, besvæ′re, gjøre vrøvl
ぶんぎょう 分業 arbeids〔for〕deling
ぶんげい 文芸 litteratu′r 〔og diktekunst〕 —界 litteratu′rselskap, den litteræ′re verden —作品 litteratu′rverk —批評 litteratu′rkritikk —復興 renessanse
ふんげき 憤激 →ふんがい(憤慨)
ぶんけん 文献 dokumen′ter(pl.), skrifter(pl.), litteratu′r 参考— bibliografi′, referanse
ぶんこ 文庫 bibliote′k —本 pocketbok
ぶんご 文語 skriftspråk, litteratu′rspråk, papi′rord —体 litteræ′r stil
ぶんごう 文豪 stor forfat′ter
ふんさい・する 粉砕する knuse, pulverise′re, mase i stykker —機 knuseverk, pulverisator, forstø′ver (敵などを) knuse (全滅させる) tilin′tetgjøre
ぶんし 分子〈数〉(分数の) teller (化学の) moleky′l —状の molekyla′r —式 molekyla′r formel (一部の者・要素) elemen′t
ぶんし 分詞〈文法〉 partisip′p 現在— presens partisip′p 過去— perfektum partisip′p
ふんしつ 紛失 tap —する tape (物が主語) miste,

ぶんしょ

være tapt/mistet
- **ぶんしょ** 文書(書類) dokumen′t, skrifter(pl.) (学科の作文) stil (小論文) essay, oppsats (論文) artik′kel (学術論文) avhandling
- **ぶんしょう** 文章 setning, essay, skrift
- **ぶんじょう・する** 分譲する selge mark i [jord]lott —地 mark til salg i lott
- **ふんしょく** 粉飾 manipulasjo′n, utsmykning, sminke —する manipule′re, utsmykke, sminke
- **ふんすい** 噴水 fonte′ne, springvatn
- **ぶんすいかい** 分水界 vassskille
- **ぶんすう** 分数〈数〉 brøk —計算 brøkregning
- **ぶんせき** 分析 analy′se (鉱石などの) prøvning, probe′ring —する analyse′re, prøve, probe′re
- **ふんそう** 紛争 konflik′t, vrøvl, besvæ′r, bryt[n]ing, mas (論争) disputt, polemik′k
- **ふんそう** 扮装 sminke, make-up
- **ぶんたい** 文体 stil
- **ぶんたん** 分担(割り当て) tildeling (分業) arbeids-[for]deling —する(仕事を) tildele, utrette sin andel av arbeid (支払を) bære sin andel av betaling, betale hver for seg (割り勘にする)[口] spleise
- **ぶんだん** 文壇 den litteræ′re verden/krets
- **ぶんつう** 文通 brevveksling (公文書などの) korrespondanse —する brevveksle, korresponde′re
- **ふんとう** 奮闘 anstrengelse, hard kamp, helhjertet innsats —する anstrenge seg, bestre′be seg for, beflit′te seg på
- **ふんどう** 分銅 lodd
- **ぶんどき** 分度器 vinkelmåler
- **ぶんど・る** 分捕る ta som bytte, besla′glegge, oppbringe —り品 bytte, rov
- **ぶんぱい** 分配 forde′ling, distribue′ring —する forde′le, distribue′re (配給する) rasjone′re
- **ふんぱつ** 奮発 anstrengelse, strev
- **ぶんぴ** 分泌(物・液) sekresjo′n, avsondring 内— indre sekresjo′n —する avsondre

ぶんぷ 分布 utbredelse, spreiing —する utbre〔ie〕, spre〔ie〕 —している være utbredt

ふんべつ 分別(深慮) diskresjo'n, takt〔fullhet〕 (判断) omdømme, skjønn, dom —のある diskre't, taktfull, fornuf'tig

ぶんべん 分娩 nedkomst, forlø'sning

ぶんぼ 分母 〈数〉 nevner

ぶんぽう 文法 grammatik'k —上の gramma'tisk —学者 gramma'tiker

ぶんぼうぐ 文房具 skrivesaker (事務用品) konto'r-artikler(pl.) —店/屋 papirhandel, forret'ning der selger konto'rartikler

ふんまつ 粉末 pulver (化粧品の) pudder (じゃがいも・小麦などの) mjøl, mel (ちり・ほこり) støv, smulder —にする pulverise're, knuse

ふんむき 噴霧器 sprøyte

ぶんめい 文明 sivilisasjo'n —の sivilisato'risk —化する sivilise're —化 sivilise'ring

ぶんや 分野 område, gebe't, felt (文芸・美術などの) genre, sjanger

ぶんり 分離 separering (法的な) separasjo'n (脱退) uttredelse (解放) løsgivelse —する(法的・機械的に) separe're

ぶんりょう 分量 kvantite't, mengd〔e〕 (薬の) dose

ぶんるい 分類 klassifikasjo'n, inndeling (品分け) sorte'ring —する inndele, klassifise're, sorte're

ぶんれつ 分裂 splittelse (解体) oppløysing —させる splitte, opplø〔y〕se, spalte 核— kjernedeling 精神— personlighetsspalt〔n〕ing

へ

へ 屁 fjert 〔口〕 fis —を放つ fjerte 〔口〕 fise
へ (…中へ) inn i (…上へ) på, ovapå (…を目がけて) på, for (…に向って) mot (目的地へ) til

へい 塀(土・石などの) mur (垣根) gjerde, stakit′t, hegn —をめぐらす omgjerde

へいい 平易(容易) letthet (平明) tydelighet (簡明) enkelhet —な lett (判りやすい) lettfattelig (明瞭な) tydelig (簡明な) enkel, ukomplisert —にする foren′kle

へいえき 兵役 militæ′rtjeneste —に服する gjøre militæ′rtjeneste —の義務がある pliktig til militæ′rtjeneste —拒否者 militæ′rnekter

へいおんな 平穏な fredelig, rolig, stille

へいか 陛下 Hans/Hennes/Deres Majeste′t

へいかい 閉会 avslutning 〔av et møte〕 —にする avslutte, bringe til en avslutning —式 avslutningshøytidelighet

へいがい 弊害(悪影響) skadelig innvirkning (悪用) misbruk

へいき 平気 ubekymrethet (平静) ro, fatning (自制) selvbeherskelse —な ubekym′ret (自制した) beher′sket (無関心な) likegyldig, uberørt (鈍感な) ufølsom

へいき 兵器 våpen —庫 〔våpen〕arsena′l 核— kjernevåpen 生化学— biokje′misk våpen

へいきん 平均 gjennomsnitt, middeltal〔l〕 —的な/の gjennomsnittlig, middel- —する utgjøre i gjennomsnitt, beregne gjennomsnittsverden av —点 gjennomsnittlig karakte′r —台(体操の) 〔likevekt〕bom

へいこう 平衡 likevekt, balanse —を保つ holde balansen/likevekten —を失う miste/tape balansen

へいこう 平行 parallel′l —の parallel′l —する løpe parallelt med —四辺形 parallellogram′ —線 parallel′l 〔linje〕 —棒(体操の) skranke

べいこく 米国 Amerikas forente stater, United States of America 〔短〕 USA —人 amerika′ner —の amerika′nsk

べいさく 米作 risdyrking

へいし 兵士 solda′t

へいじ 平時(ふだん) hverdag —の hverdags-, hverdagslig (いつもの) vanlig, sedvanlig (平和な時) fredstid

へいじつ 平日 hverdag —の hverdags-, hverdagslig (いつもの通り) sedvanligvis

へいしゃ 兵舎 kase'rne 仮の— brakke

へいたい 兵隊 solda't (戦士) kriger, krigsmann (軍隊) hær, tropp —として召集される bli innkalt som solda't —ごっこをする leike solda't

へいねつ 平熱 normal legemestemperatur

へいほう 平方〈数〉 kvadra't —メートル kvadra'tmeter —根 kvadra'trot

へいぼん 平凡 almin'nelighet, banalite't (並み) middelmåtighet —な almin'nelig, banal, middelmåtig (通常の) ordinæ'r

へいめん 平面 plan, jamn〔over〕flate —の jamn, glatt —幾何学 plangeometri —図 plan

へいや 平野 slette (荒野) hede (大草原) steppe

へいりょく 兵力 militæ'rmakt, krigsmakt

へいれつ・する 並列する stå i/på rad, ligge på linje 〔med〕 —の parallel'l 〔med〕

へいわ 平和 fred (平穏) trygghet —な fredelig, fredsom'melig —に i fred 世界— verdensfred —主義 pasifis'me —主義者 pasifis't —運動 fredsbevegelse

ベークライト bakelit't

ベーコン bacon

ページ side, pagina —をつける pagine're —をめくる vende på en side

ベール slør —でおおう tilhylle〔et slør over〕—で隠す tilsløre —をとる lette sløret〔av〕—をはぐ dra et slør fra, avsløre

へこみ 凹み bulk, fordypning —ができる bulke〔innad〕—をつくる slå bulken i

へさき 舳先 baug, forstavn

ベスト (最善) det beste —をつくす gjøre sitt beste —コンディションだ være i toppform —セラー best-

seller, sukses′sbok
ベスト (チョッキ) vest
へそ 臍 navle —の緒 navlestreng
へだ・てる 隔てる(距離を) fjerne seg, ligge langt fra (さえぎる) avskjære (隠す) skjule, dølge (仲を) la gli bort fra 〔hinannen〕, la fjerne —たる(遠い) fjern (離れている) være fjern (疎遠になる) bli fremmed, komme bort fra —たり(距離) avstand (相違) forskjell, ulikhet
へたな 下手な dårlig, udyktig, udu′gelig (無器用な) klosset〔e〕, keitet〔e〕, plump
ペダル peda′l
ヘチコート 〔under〕skjørt
へちま 糸瓜〈植〉 slangegresskar
べつ 別(区別) forskjell, skille, distinksjo′n (違い・差) differanse, avvikelse (別物) en annen sak, noen annet —の(ほかの) annen, annleis (特別の) særlig, spesia′l (別々の) særskilt, individuel′l (おのおの) enhve′r (別々に) særskilt, individuel′t (余分に) til overflod, tilmed (ほかに) dessuten, utover —に…でない ikke særlig —にしておく legge bort, reserve′re …は—として frasett, bortsett fra, med unntak av
べっきょ 別居 atskillelse, separasjo′n —する leve/bo atskilt, bli separe′rt
べつじん 別人 et annet menneske
べっそう 別荘 villa (夏の) sommerhus
ベッド seng (船・列車の) køy〔e〕〔seng〕
ヘッドライト (自動車の) frontlykt, frontlys
べっぴょう 別表 vedføyd tabel′l
べつべつ・の 別々の særskilt, individuel′l —に særskilt, individuel′t (離れた) frittstående, avsides
べつもんだい 別問題 et annet spørgsmål
へつらう smigre, rose overdrevent
べつり 別離 avskjed, farve′l (離婚) skilsmisse —を悲しむ sørge for å skilles
べつりょうきん 別料金 ekstraavgift
ベテラン (熟練者) mester, vetera′n, eksper′t

ぺてん (詐欺) svindel, bedrageri′ —にかける svindle, bedra′, lure, narre —師 svindler, bedra′ger

ベトナム Vietnam —人 vietname′ser —の/語 vietname′sisk

べに 紅(化粧用) sminke 口— leppestift —をつける sminke seg

ペニー (イギリスなどで用いられた貨幣) penny

ペニシリン 〈医〉 penicilli′n

ベニス Venezia

ベニヤいた ベニヤ板 fine′r —を張る fine′re

へび 蛇 〈動〉 slange 毒— hoggorm —の皮 slangeskinn

ヘブライ —人 hebre′er —の/語 hebra′isk

へや 部屋 rom, værelse 小— kammer 貸し— værelse til leie —代 romavgift

へらす 減らす formin′ske (短縮する) forkor′te (切り落す) skjære ned

ベランダ veran′da (テラス) uteplass, terras′se

へり 縁 kant, bryn, utkant (崖・絶壁などの) bredd

ペリカン 〈鳥〉 pelika′n

へりくだって ydmykt, saktmodig (偉い人がわざと) nedlatende

へりくつ 屁理屈 spissfin′dighet —の spissfin′dig —をいう henge seg opp i detal′jer (口論する) krangle om —屋 flisespikker, ordklø〔y〕ver

ヘリ・コプター helikop′ter —ポート helikop′terflyplass, helipo′rt

へる 減る bli mindre, avta, minske, gå ned, formin′skes (磨滅する) slite 〔ut〕 (欠乏する) mangle

へる 経る passe′re, gå igjen′nom (時が) li

ベル klokke (玄関の) dørklokke —を鳴らす ringe på klokken

ペルー Peru —人 perua′ner —の perua′nsk

ベルギー Belgia —人 belgier —の belgisk

ベルサイユ Versailles

ベルト belte, livre〔i〕m (地帯) sone, belte —コンベヤ transportbånd シート— sikkerhetssele

ヘルニア 〈病〉 brokk
ヘルメット hjelm
ベルモット vermut
ベルリン Berlin
ベルン Bern
ベレーぼう ベレー帽 beret, alpelue
ペン penn ―先 pennespiss ―フレンド pennevenn ボール― kulepenn ―をとる gripe pennen ―で書く skrive med penn og blekk ―で稼ぐ leve av sin penn
へんあつき 変圧器 transforma′tor
へんか 変化 endring, foran′dring, variasjo′n （動詞などの）bøyning （変更）veksling, skifte: foran′dring （変形）omskaping, omdanning （変遷）overgang, foran′dring （多様）omveksling, skiftning ―する foran′dre seg til, skifte ―しやすい foran′derlig, varia′bel
べんかい 弁解(説明) forkla′ring （言い訳）unnskyldning, bortforklaring （弁護）forsvar ―する forkla′re, unnsylde
べんがく 勉学 studium, lesning
べんぎ 便宜 （好都合）bekvem′melighet （利便）mulighet, tilpassing, letthet （チャンス）leilighet ―を与える gi letthet
ペンキ /ペンキ塗り maling ―屋 maler ―缶 malerpøs ―塗り立て(注意) malet !
べんきょう 勉強 studium, lesning （精励）flid, arbeidsomhed, streben （課業）leksjoner (pl.), lektier (pl.) ―する stude′re, lære （猛勉する）lese hard, studere/lære med stor flid ―が遅れる komme bakut med lektierne 商人が―する selge billig, selge ut til nedsatt pris ―家 sliter, flittig student （働き蜂(ばち)）arbeidsbie
ペンギン 〈鳥〉 pingvi′n
へんけい 変形 （形が変わること）omdannelse, deformasjo′n （変形した形）en foran′dret form （動・植物の）variete′t ―させる(変える) forvan′dle til, omdanne til

へんけん 偏見 fordom〔mot〕, forutfattede meninger (pl.), prejudise′ring —のある fordomsfull, partisk —のない fordomfri, upartisk

べんご 弁護 forsvar —する forsva′re, verje〔mot〕, forfek′te —人/士 advoka′t, forsva′rer

へんこう 変更 endring, foran′dring （調整）modifikasjo′n, juste′ring （修正）rettelse —する endre, foran′dre

へんさい 返済 tilba\kebetaling —する betale tilba\ke

へんさん 編纂 redige′ring —する redige′re —者 redaktø′r

へんじ 返事 svar （反駁(はんばく)）gjenmæle, motmæle —する svare （反駁する）ta til gjenmæle mot

へんじ 変事 ulykke, uhell

べんし 弁士 taler

へんしゅ 変種 variete′t, varian′t （突然変異）mutasjo′n

へんしゅう 編集 redige′ring, redaksjo′n —する redige′re —者 redaktø′r —局 redaksjo′n〔skontor〕—長 redaksjonssjef

べんじょ 便所 kloset′t, toalet′t 水洗— vasskloset′t 屋外— lokum

べんしょう 弁償 erstat′ning, kompensasjo′n —する erstat′te, kompense′re —金 skadeserstat′ning, godtgjørelse

べんしょうほう 弁証法 dialektik′k

へんしょく 変色 falming, ble〔i〕kning —する（色があせる）falme, ble〔i〕kne （木の葉などが）visne

へんしん 返信 svar

へんせい 編成 organisasjo′n, innretning （構成）sammensetning, komposisjo′n —する organise′re, innrette, kompone′re 予算を—する legge et budsjet′t, budsjette′re

へんせん 変遷 foran′dring （浮沈）veksling opp og ned （推移）overgang （経過）forløp —する foran′dre, skifte, endre

へんそう 変装 forkle'dning, maske'ring —する forkle', maske're, gjøre ukjen'nelig
へんそうする 返送する returne're
ペンダント anheng
ベンチ benk (座席)〔sitte〕plass
ペンチ avbitertang, fresing nebbtang,
べんつう 便通 avføring (緩下剤) avføringsmiddel
べんとう 弁当 matpakke —箱 matdåse
へんとうせん 扁桃腺 〈医〉 mandel, tonsil'l —炎 beten'nelse i mandlene, tonsillit't
へんな 変な (奇妙な) eiendom'melig, besyn'derlig, sær (おかしな) løyerlig (面白い) morsom
ペンネーム pseudony'm (匿名で) inkog'nito
ペンパル pennevenn, brevvenn
べんぴ 便秘 forstop'pelse
へんぴな 辺鄙な avsides, fjerntliggende (田舎の) landlig
ペンフレンド →ペンパル
へんぺいな 偏平な flat, jamn, plan
べんぽう 便法 utveg, middel
べんめいする 弁明する unnskylde (説明する) forkla're
べんり 便利 bekvem'melighet, fasilite'ter(pl.) (調法) behen'dighet —な bekvem', nem, belei'lig
べんろん 弁論 tale (議論) diskusjo'n, argumen't, diskur's —する diskute're, argumente're (弁護する) forfek'te —大会 orato'risk konkurranse

ほ

ほ 帆 segl, seil —を揚げる sette segl, heise seil —をたたむ beslå〔et seil〕
ほ 穂(穀物の) aks
ほあん 保安 å opprettholde ro og orden —官 lensmann

ほい 補遺 tillegg, supplement
ほいく 保育 oppfostring —する oppfostre —所 dagheim, barneheim
ボイコット boikott —する boikotte
ボイラー kjel〔e〕（温水用）varmtvannskjel
ぼいん 母音 voka′l 二重— difton′g —変異 omlyd
ポインセチア 〈植〉julestjerne
ほう 法 lov（政令・布告）foror′dning（規則）regel（方法）meto′de, måte（道理）fornuf′t（教理）doktri′ne, dogme（宗教上の）dogmatik′k 文法の— modus —にかなった lovlig（法定の）lovbestemt（有効な）gyldig
ぼう 棒 stang（柱）stolpe（ステッキ）kjepp 警— politi′stav, politikølle こん— klubbe 小さな— pinne —高飛び stavsprang —読みする lese i monoto′n måte
ぼう 某（ある）en viss —日 en viss dag —氏 en viss mann 鈴木— en viss hr. Suzuki
ぼう… 亡… avdød …
ほうあん 法案 lovforslag（提案）proposisjo′n
ほうい 包囲 belei′ring, omringning —する belei′re, omringe, kretse inn
ほうい 法衣 prestekjole, munkekutte
ほうい 方位 verdenshjørne（緯度）himmelstrøk（経度）lengde（方向）retning
ほういがく 法医学 rettsmedisin
ぼうえい 防衛 forsvar（防御）beskyt′telse, vern —庁 Forsvarsdepartement —駐在官 militæ′rattaché 民間— sivi′lforsvar
ぼうえき 防疫 forebyggelse av epidemi′
ぼうえき 貿易 utenrikshandel, samhandel〔mellom land〕—する drive utenrikshandel, handle med utlandet —会社 handelshus, handelsfirma —商 forret′ningsdrivende, kjøpmann, handelsmann —収支 handelsbalanse —風 passa′t〔vind〕
ぼうえん・きょう 望遠鏡 telesko′p, langkikkert —鏡で見る kikke på igjen′nom telesko′p（反射—鏡

ほうおう 法王 pave —の pavelig —庁 Vatikanet —の選挙議会 konkla've

ぼうおん・の 防音の lydtett, lydisolert —/消音装置 lyddemper

ほうか 放火 eldspåsettelse, brannstiftelse —犯 eldspåsetter, brannstifter（殺人目的の）mordbrenner —する sette eld/fyr på, tenne på

ほうか 法科（法学部）juri'disk fakulte't

ぼうか 防火 brannforebyggelse, brannvern（耐火）brannsikring —の（耐火の）brannsikker —壁 brannsikker skillevegg

ほうかい 崩壊 sammenbrudd, sammenfall —する bryte/falle sammen

ぼうがい 妨害 forstyr'relse, sperring —物 hinder —する hindre, sperre

ほうがい・な 法外な uri'melig, overdreven, absur'd —に uri'melig, absur'd

ほうがく 方角（方向）retning …の—に i retning av —を見る oriente're seg〔i/om〕

ほうがく 法学 lov, jurisprudens —部 juri'disk fakulte't —士 juri'disk kandida't

ほうかご 放課後 etter skoletid, etter at leksio'nene er over

ほうがん 砲丸（競技の）kulestø〔y〕t —投げ選手 kulestø〔y〕ter

ぼうかん 防寒 beskyt'telse mot kulde —服 vintertøy, vinterklær (pl.)

ぼうかん・する 傍観する bli tilskuer, se på（のぞき見する）gløtte, kikke —者 tilskuer

ほうき 箒 kost, feiekost —の柄 kostskaft —星 kome't

ほうき 放棄 oppgivelse（権利の）avståelse fra〔ens rettighet〕（要求などの）tilba\kekallelse〔ens krav〕—する avstå, tilba\kekalle, oppgi, overgi

ぼうきゃく 忘却 glemsomhet, glemsel —する glemme, blekne/falme i erindring

ぼうぎゃく 暴虐 tyranni′, grusomhet （専制政治）despoti′ —な tyran′nisk, grusom, despo′tisk

ほうきゅう 俸給 lønn, avlønning —生活者 lønnstaker, lønnsarbeider

ぼうぎょ 防御 forsvar, beskyt′telse, vern —する forsvare, beskytte, verne

ぼうきょう 望郷 hjemve, hjemlengsel, nostalgi′ —の念にかられる lide av hjemve

ぼうくう 防空 luftvern, luftforsvar —壕(ｺﾞｳ) beskyt′telsesrom, skyttergrav

ぼうくん 暴君 tyran′n, despo′t （専制君主）enevoldskonge

ほうげきする 砲撃する bombarde′re

ほうげん 方言 dialek′t —の dialekta′l

ぼうけん 冒険 eventyr （危険）risiko —する gå ut på eventyr, dra på eventyr （危険をおかす）risike′re —的な eventy′rlig （危険な）risika′bel, farlig —家 eventyrer （向う見ずの人）våg〔e〕hals

ほうけん・てきな 封建的な føyda′l —主義 føydalis′me —制度 føyda′lsystem —時代 føyda′listisk perio\de

ほうこう 方向（方角）retning （進路）kurs （目的）formål, øyemed, mål （自動車の）—指示器 retningslys, retningsviser （道標）vegviser, vegskilt —転換 retningsendring

ほうこう 奉公(年季奉公) læretid —する betje′ne, gjøre tjeneste —人 tjener （徒弟）lærling （総称）tjenestefolk

ぼうこう 暴行 vold, voldshandling —する/レイプする gjøre/øve vold på, voldta

ぼうこう 膀胱 〔urin〕blære —炎 blærebetennelse

ほうこく 報告 rappor′t, bere′tning, redegjørelse （答申）beten′kning —する rapporte′re, redegjøre —書 skriftlig, rappor′t/redegjørelse

ほうさく 豊作 god/rikelig høst, frodighet

ほうし 奉仕 tjeneste, service —する tjene —事業 sosia′l velferdsarbeid —品 realisasjo′nsvarer(pl.)

ぼうし

―価格 realisasjo′nspris
- **ぼうし** 防止 hindring, forebyggelse ―する forhin′dre〔fra〕, hindre, forebygge
- **ぼうし** 帽子(縁付きの) hatt (縁無しの) lue, hue (目びさし付きの) kaskjet′t ―をかぶる ta/sette hatten på ―をぬぐ ta hatten av ―の縁 hattebrem ―屋 hatteforret′ning
- **ほうしき** 方式(形式) form, formel (方法) meto′de, måte (手続き) proses′s
- **ほうしゃ** 放射(光・熱などの) utstråling ―する utstråle ―状の radiel′l ―能 radioaktivitet ―性廃棄物 radioaktivt avfall ―性ちり radioaktivt støv
- **ほうしゅう** 報酬 belø′ning, beta′ling, dusø′r (医者・家庭教師などへの) honora′r (弁護士などへの) salæ′r (給料) lønn
- **ほうじゅんな** 豊潤な frodig, yppig
- **ほうしょくする** 飽食する bli tilfred′s/fornøy′d〔med〕
- **ほうしん** 方針 kurs (政策) politik′k (戦略) strategi′ (主義) prinsip′p (計画) plan
- **ほうじん** 法人 juri′disk perso′n
- **ぼうず** 坊主(僧) buddhis′tprest ―刈りの kortklipt
- **ぼうすい・の** 防水の vasstett ―コート en vasstett frakk ―する gjøre vasstett
- **ほうせい** 法制 rettsvesen
- **ほうせき** 宝石 edelste〔i〕n, juve′l, smykkestein ―商 juvele′r
- **ぼうせき** 紡績 spinning ―機械 spinnemaskin ―工(男) spinner (女) spinnerske ―工場 spinneri′
- **ぼうぜんと** 茫然と åndsfraværende, uoppmerksomt ―した åndsfraværende, distré
- **ほうそう** 包装 pakning (梱包) emballa′sje ―する pakke ―紙 innpakningspapir
- **ほうそう** 放送 〔radio〕sending, kringkasting ―する sende, kringkaste ―局 kringkastingshus, radiostasjon ―に出る opptre〔i/på radio/tv〕
- **ほうそく** 法則 lov, regel (原理) prinsip′p (理論)

teori′
ほうたい 包帯 banda′sje —する forbin′de, legge banda′sje på, bandasje′re
ぼうだいな 膨大な enor′m, veldig （どでかい）kolossa′l
ぼうたかとび 棒高跳び stavsprang
ほうだん 砲弾 grana′t, kano′nkule （弾丸）kule （散弾）hagl （小銃などの弾薬筒）patro′n
ほうち 放置 forsøm′melse —する la ligge, unnlate
ほうち 報知 bere′tning, meddelelse （ニュース）nyheter(pl.) —する informe′re, meddele
ほうちこく 法治国 rettsstat
ほうちょう 包丁 kjøkkenkniv 肉切り— forskjærkniv
ぼうちょう 傍聴 hørsel —する høre på, lytte til/på —者 lytter （聴衆）tilhørere(pl.) —席 tilhørerplass （議会などの）galleri′
ぼうちょう 膨張（ふくらみ）hevelse （気体などの）utvidelse, ekspansjo′n （増大）forø′kelse, tilvekst （拡大・広まり）utbredelse （発達）utvikling, framskritt —する svulme, bule〔ut〕, bogne —率（増加率）tilvekstprosent
ほうっておく 放って置く（閑却する）la være, forbi′gå, forsøm′me, unnlate
ほうてい 法廷 rettssal, domstol —に持ち出す gå rettens veg, bringe saken for retten, anlegge sak mot
ほうていしき 方程式 ligning, likning
ぼうと 暴徒 opprører, rebel′l, mytteris′t
ほうとう 放蕩 utsvevelser (pl.) （不行跡）ekses′ser (pl.) —の utsvevende
ほうどう 報道 nyheter(pl.), reporta′sje, informasjo′n —する informe′re, meddele —機関 presse, massemedium, journalistik′k
ぼうとう 暴騰 hausse, en plutselig prisstigning —する bli hausse
ぼうどう 暴動 opprør, mytteri′, tumul′t

ぼうとく 冒瀆 vanhelligelse, helligbrøde —する vanhellige, begå helligbrøde

ほうにんする 放任する(事を) la saken bero (人を) la noen ensom

ほうねん 豊年 fruktbart år, rekordavling （豊作）god/rikelig høst, frodighet —祝い/祭 høstfest, høstgilde

ぼうはつ 暴発 vådeskott —する skyte av tilfel′digvis/uventet

ぼうはてい 防波堤 molo, bølgebryter

ぼうはん 防犯 forhin′dring/forebyggelse av forbry′telse

ほうび 褒美 beløn′ning, finne〔r〕lønn （賞）pris （代償）vederlag

ぼうび 防備 forsvar （防御）beskyt′telse, vern —する forsva′re, beskyt′te, verne —を固める befes′te

ぼうびきにする 棒引きにする ettergi, slette〔ut〕, stryke〔av〕（取り消す）annulle′re

ほうふ 豊富 overflod, rikdom （富裕）velstand —な rikelig, frodig （あり余る）overflødig （裕福な）velstilt, velstående

ほうふ 抱負 aspirasjo′n, ambisjo′n, målsetting

ぼうふうう 暴風雨 storm, uvær （台風）tyfo′n, taifu′n （インド洋の）syklo′n

ぼうふうりん 防風林 vindskjerm, lebelte

ほうふく 報復 gjengjeld〔else〕, hevn —する gjengjelde, hevne —的な hevngjerrig

ぼうふざい 防腐剤 antisep′tisk middel

ほうぶつせん 放物線〈数〉para′bel

ほうほう 方法（仕方）middel （方策）plan, meto\de, måte —を講じる ta sine forholdsregler —論 metodik′k

ほうぼう 〈魚〉knurr

ほうぼうに 方々に i alle retninger, til alle sider

ほうまんな 豊満な korpulen′t, tjukk

ほうむ・しょう 法務省 Justi′sdepartement —大臣 justi′sminister

ほうむる 葬る（埋葬する）begra′ve, grave 〔ned〕, jordfeste（無視する）forsøm′me, unnlate（棚上げする）legge på hylle

ぼうめい・する 亡命する gå i landflyktighet ―者 den flyktende ―政府 eksi′lregjering

ほうめん 方面 område, distrik′t

ほうめんする 放免する løslate, frigi, slippe løs

ほうもん 訪問 besø′k, visit′t（記者の）intervju′ ―する besø′ke, avlegge visit′t ―客 besø′kende ―着 galla, høytidsdrakt

ほうよう 抱擁 omfavnelse, famntak ―する omfavne, famne, ta en i sin famn

ほうよう 法要 buddhis′tisk ritua′l/messe

ほうようりょく 包容力 toleranse, kapasite′t

ぼうらく 暴落 baisse, plutselig kursfall ―する falle plutselig

ほうらつ 放埓 lettsindighet, sløseri （放蕩）utsvevelser(pl.) ―な lettsindig, lettferdig, utsvevende

ぼうり 暴利 urettmessig gevin′st ―をむさぼる tjene uri′melig høg gevin′st, profit〔t〕e′re på urettmessig måte（高利貸し）（人）profitø′r, ågerkar〔l〕

ほうりつ 法律 lov ―の lovlig, lovformelig, lovmessig（法定の）lovbestemt ―違反 lovbrott, lovovertredelse ―違反者 lovbrottsmann, lovbryter ―を守る overholde loven, være lovlydig ―で禁止する forby′ ved lov ―家 den lovkyndige ―学 rettsvit〔en〕skap, jura(pl.)

ほうりょう 豊漁 〔fiskeri〕god fangst

ぼうりょく 暴力 vold, voldsomhet ―行為 voldshandling ―犯罪 voldsforbrytelse ―犯〔人〕voldsmann ―をふるう voldta, gjøre/øve vold på

ほうれい 法令 lov（政令）foror′dning

ぼうれつ 亡霊（死者の魂）den avdødes ånd, spøkelse（幽霊）spøkelse, fanto′m

ほうれんそう 〈植〉spina′t

ぼうろう 望楼 vakttårn

ほうろう・する 放浪する vagabonde′re, reise rundt,

ほうわ 飽和 metting ―する mette ―した mettet
streife omkring ―者 vagabond, vandrer
ほえる 吠える(犬などが) gjø, bjeffe (猛獣・牛などが) brøle (わめく・うなる) hyle
ほお 頬 kinn ―ひげ kinnskjegg (短いほおひげ) bakkenbart ―紅 rouge
ボーイ (給仕) tjener, oppvarter, servitø'r, kelner ―長 hovmester (事務所などの) bud ―フレンド venn
ホーク gaffel ―リフト gaffeltruck
ホース (消防用) brannslange (水道用の) slange (園芸用の) hageslange
ボート båt ―を漕ぐ ro en båt ―レース kapproing, regat'ta
ボーナス lønnstillegg, bonus
ホーム (家庭) heim, hjem (駅の) perron'g, plattform ―ヘルパー heimhjelp (掃除などの日々の) hushjelp ―メイドの heimgjort
ポーランド Polen ―人 polak'k ―の/語 polsk
ボーリング bowling
ホール (ゴルフの) hull (広間) hall, sal
ボール (球) ball, kule ―ペン kulepenn ―ベアリング kulelager
ボールがみ ボール紙 papp, karton'g
ほか 外(他) en annen ―の en annen …の―に utenom, foru'ten …の―にない ikke annen/annet enn
ほかく 捕獲 fangst ―する fange, få tak i
ほがらかな 朗らかな(気分が) opplivende, munter, glad, lystig (声が) velklingende, klangfull, fulltonende
ほかん 保管 forva'ring, beva'relse ―する forva're, beva're, holde i forva'ring ―人 vokter
ぽかんとした (ぼんやりした) atspredt, åndsfraværende, distré (かすみのかかった) tåket〔e〕(無表情な) uttrykkslaus ―する være tankelaus (あっけにとられる) bli forbløf'fet
ぼき 簿記 bokføring, bokholderi ―係 bokholder

ほきゅう 補給 forsy'ning （供給）tilførsel —する forsy'ne, tilføre, komplette're —基地 forsy'ningsbase

ほきょう 補強 forster'kning —する forster'ke

ほきんしゃ 保菌者 smittebærer

ほくい 北緯 nordlig bre〔i〕dd

ボクサー （スポーツ・犬）bokser ヘビー級— sværvekter

ぼくさつ 撲殺 mord —する slå i hjel

ぼくし 牧師 pastor, prest （司祭）prest （伝道師）misjonæ'r （司教）biskop

ぼくじゅう 墨汁 tusj —で描く tusje

ぼくじょう 牧場 kvegfarm （放牧場）gressgang, beite〔mark〕 （柵に囲まれた）innhegning （牧草地）eng

ボクシング （競技）boksekamp —選手（ボクサー）bokser

ほぐす （もつれなどを）utrede, trevle

ぼくそう 牧草 gras〔s〕 —地 gressgang, eng

ぼくちく 牧畜 kvegdrift, kvegavl, fedrift —業者 kvegdriver, kvegoppdretter

ほくとう 北東 nordau'st, nordøs't

ぼくとしちせい 北斗七星 Karlsvognen

ぼくめつ 撲滅 utrydding, utslettelse, tilin'tetgjørelse —する utrydde, utslette, tilin'tetgjøre

ほげい 捕鯨 kvalfangst —船 kvalbåt, kvalfanger —人 kvalfanger —母船 kvalkokeri

ほけつ 補欠 stedfortreder, vikar, supplean't —選手 reser'vespiller —選挙 supple'ringsvalg

ぼけつ 墓穴 grav

ポケット lomme —に入れる putte i lommen —から取り出す ta noe opp av lommen

ポケベル perso'nsøker

ほけん 保険 forsik'ring —に入る forsik're seg 〔om〕 …に—をかける tegne en forsik'ring —料 forsik'ringspremie —会社 forsik'ringsselskap —契約 forsik'ringskontrakt 火災— brannforsik'ring 生

命— livsforsik'ring
ほけん 保健 helse〔vern〕, sunnhet —所 helseråd —医 distrik'tslege
ほご 保護 beskyt'telse, vern （世話）omsorg, omhug, pleie —する beskyt'te, dra omsorg for （病人を）pleie —者 beskyt'ter 被—者 protesjé, protegé, —関税 beskyt'telsestoll —貿易主義 proteksjonis'me —色 beskyt'telsesfarge
ほご 補語〈文法〉 predikatsord
ほこう 歩行 promena\de, vandring —する promene're, vandre —者 fotgjenger —者用道路 gågate, fotgjengergate
ぼこう 母校 alma mater （通常出身大学について）
ぼこく 母国 moderland, heimland
ほこ・り 誇り stolthet —る(誇りとする) være stolt av, sette sin ære i —りを傷つける gå ens ære for nær
ほこり 埃 støv —がたまる bli støvet —をかぶった støvet —を払う blåse/tørke støvet av noe
ほころび 綻び rivne （裂け目）flenge, sprekk （地面などの）spalte （引っかき傷）risp —る(衣類などが) rivne, sprekke （花のつぼみが）blomstre, stå i blomst/flor
ぼさん 墓参 besøk ved gravsted
ほし 星（空の）stjerne —が光る en stjerne lyser （占いの）lykkestjerne （斑点）plett, stenk —空 stjerneklar himmel
ぼし 母子 mor og barn
ほしい 欲しい ønske, ville （切望する）attrå, begjæ're …が— jeg vil gjerne ha …
ほしくさ 干し草 høy —つくり høyberging —をつくる slå høy
ほしぶどう 干しぶどう rosi'n
ほしゃく 保釈〔金〕 kausjo'n —してもらう(—金を払う) beta'le kausjo'n for —の保証人となる stille sikkerhet〔av/for〕
ほしゅ 保守(保全) opprettholdelse, beva'ring —主義 konservatis'me —的な konser'vativ （反動的な）

reaksjonær ―党 Det konser'vative Parti, de borgelige partiene

ほしゅう 補習(補講) støtteundervisning

ほしゅう 補修 reparasjo'n

ほじゅう 補充 supplement, tillegg (新人・新兵の) rekrutte'ring ―する supple're, komplette're, rekrutte're ―の komplementæ'r

ぼしゅう 募集 (志願者などの) annonse'ring 〔etter ansøkere〕 (軍人などの) rekrutte'ring (寄付などの) innsamling (教会の募金) kollek't ―する(広告で) annonse're etter: rekrutte're, innsamle ―に応ずる anmelde, tegne/skrive seg〔for〕

ほじょ 補助 hjelp, understøttelse, bistand ―する hjelpe, understøtte, yte bistand ―金 subvensjo'n (省・庁からの) tilskott, subsi'dier (pl.) (寄付) bidrag〔til〕

ほしょう 歩哨 vaktpost ―に立つ stå på vakt

ほしょう 保証 garanti', sikkerhet, borgen ―する garante're, sikre, forsik're, borge ―人 garan't (幼児洗礼の) fadder

ほしょう 補償 erstat'ning, godtgjørelse, kompensasjo'n ―する erstat'te, godtgjøre, holde en skadesløs for et tap ―金 erstat'ning, kompensasjo'n

ほす 干す(かわかす) tørke (風に当てる) lufte 飲み― tømme, drikke ut

ボス sjef, arbeidsformann

ポスター plaka't, oppslag ―を張る sette/slå en plaka't opp

ポスト 郵便― postkasse (地位) post

ほせい 補正 rettelse, juste'ring, forbe'dring ―する rette, juste're, forbe'dre ―予算 tilleggsbudsjett

ぼせい 母性 moderskap, moderlighet ―愛 moderkjærlighet

ぼせき 墓石 gravstein

ほそ・い 細い(ひも・髪の毛・人・足など) tynn, smal (ほっそりした) slank, spinkel (きゃしゃな) smal (糸など) fin (狭い) smal, knepen ―く fint, tynt, slankt ―長い avlang, lang og slank ―長い切れ strimmel ―くする(鋭くする) kvesse, spisse ―る bli tynn (狭くなる) smalne ―道 smal veg

ほそう 舗装 brulegning ―する brulegge アスファルト―道路 asfalte′rt veg

ほぞん 保存 beva′ring, konserve′ring (貯蔵) lager, forråd, opplag ―する beva′re, konserve′re (維持する) underholde, bibeholde, opprettholde

ポタージュ pota′sje

ぼだい 菩提 forlø′sning ―寺 fami′lietempel ―樹 lind

ほたてがい 帆立貝〈貝〉 kammusling, kamskjell

ほたる 蛍〈虫〉 ildflue (土ぼたる) sankthansorm

ぼたん 牡丹〈植〉 (しゃくやく) peo′n ―雪 store snøfnugg

ボタン knapp ―穴 knapphull ―をかける knappe 〔til〕 ―をはずす(コートなどの) knappe opp (ズボンの) knappe ned

ぼち 墓地 gravsted, kirkegård

ほちょう 歩調 tritt, skritt ―を合わせる holde tritt/ skritt〔med〕 ―が乱れる komme ut av tritt

ぼっか 牧歌 hyrdedikt〔n〕ing, pastra′le, idyl′l ―的な pastora′l, idyl′lisk

ほっかい 北海 Nordsjøen

ほっき 発起(発案) forslag, utkast, innstilling (主唱) påstand ―する foreslå ―人 initiati′vtaker

ほっきょく 北極 Nordpolen ―の nordpola′r ―圏 Arktis ―圏の arktisk ―星 Nordstjernen ―海 Nordishavet ―ぐま isbjørn

ホック hekte, liten krok ―でとめる hekte ―をはずす hekte opp

ほっくつする 発掘する →はっくつする(発掘する)

ほっさ 発作 anfall (けいれん) krampe ―的な krampaktig ―的に krampaktig ―を起こす anfalle, få krampe

ぼっしゅう 没収 konfiskasjo′n, besla′gleggelse ―する konfiske′re, besla′glegge

ほっする 欲する ønske, ville, be om （強く）attrå, begjæ're
ぼっする 没する（沈む）søkke, synke （太陽・月が）gå ned （隠れる）gjemme seg, skjule seg
ほっそく 発足 start, begyn'nelse ーする starte, begyn'ne
ほっそりした slank, smekker
ほったん 発端 oppkomst, opprin'nelse, opphav
ホッチキス stiftemaskin
ぼっとうする 没頭する hengi seg til, fordy'pe seg i
ほっとする føle seg trygg/reddet
ホットドッグ varm pølse med brød
ぼっぱつ 勃発 utbrott ーする bryte ut, hende plutselig
ほっぺた 頰っぺた kinn
ほっぽう 北方 nordpå, den nordlige del
ぼつらく 没落 undergang （破産）konku'rs （破滅）sammenbrudd （惨事）katastro'fe ーする gå under/ned （破産する）gå konku'rs, spille/gå fallitt （挫折する）mislykkes, slå feil
ホテル hotel'l ーに泊る bo på et hotel'l, ta inn på et hotel'l ーを経営する drive et hotel'l （宿屋）kro （ペンション）pensjona't
ほど 程（限度）grense …にーがある der er grense〔r〕for （程度）en viss utstrekning/grad （適度）måtehold （遠慮）tilba\keholdenhet （およそ）omkring, cirka （分際）noens stilling （力量）evne, kraft, dyktighet （距離）avstand, distanse （時間）tid （…のように）som, så ... som （…のようにない）ikke så ... som …するー… jo〔mer〕dess/desto ... 多ければ多いーよい jo fler jo bedre
ほどう 歩道 gangsti, fortau ー橋 fotgjengerbru, fotgjengerovergang
ほどう 補導 veiledning, rettledning
ほど・く 解く（結び目を）lø〔y〕se （ひもを）snøre opp （荷を）pakke opp/ut （もつれを）utrede, trevle ーける løsne〔seg〕, løyse seg opp

ほとけ 仏（仏陀(だ)） Buddha （故人）den〔av〕døde

ほどこ・す 施す(恵む) gi almisser(pl.), gi noen et velgjørende øyemed （与える）skjenke, gi （寄贈する）dote're （慈善）barmhjertighet, velgjørenhet —し物 almisse

ほとんど 殆んど(およそ) omkring, cirka, nesten —ない knapt, neppe

ぼにゅう 母乳 modermjølk —で育てる amme〔en baby〕

ほにゅう・する 哺乳する die —動物 pattedyr —びん tåteflaske

ほね 骨 be〔i〕n （指関節などの）knokkel （骨格）skjelet't （障子などの）innfatning （骨組み）ramme （かさなどの）paraplyspile （コルセットの）spile —を折る(骨折する) brekke〔beinet〕（尽力する）anstrenge seg, umake seg, beflit'te seg på, gjøre en stor innsats for

ほねおり 骨折り(努力・尽力) anstrengelse, bestre'belse （面倒）besvær, møde —損 sløseri med arbeid, sjusket〔e〕arbeid, overflødig arbeid

ほのお 炎 flamme, loge, lue

ほのめか・し antydning, vink, hint —す antyde, insinue're （なにか不快なことを）hentyde til

ほばくする 捕縛する fange, arreste're

ぼひ 墓碑 gravstein

ポプラ 〈植〉poppel

ボヘミヤ Böhmen —人 bøhmer （1880年頃の芸術家などのボヘミアン）bohe'm —の bøhmisk

ほぼ 略(ほとんど) nesten （およそ）omkring, cirka （大部分）det meste av （事実上）i virkeligheten, praktisk

ほぼ 保母 barnepleierske, pleiemor

ほほえ・む 微笑む smile （にっこり笑う）dra/trekke på smilebåndet （声をたてて笑う）le —み smil —ましい oppmuntrende, lystelig, trøstefull

ポマード poma\de 髪に—をつける smøre poma\de på håret

ほめる 褒める rose, prise（ほめたたえる）berøm′me
—べき rosverdig, prisverdig
ぼや （小火事）tilløp til brann
ほよう 保養（病後の）bedring, rekonvalesen′s（気晴らし）fornøy′else, atspredelse, rekreasjo′n, nytelse —する（病後に）komme til krefter igjen, komme seg etter en sjukdom （気晴らしする）rekree′re〔seg〕, fornøy′e seg 目の—する fryde for øyet（休息する）kvile〔seg〕 —地/所 kursted, kuranstalt
ほら 〔間投詞〕 —ごらん se!
ほら 法螺〈貝〉 trompe′tsnegl（大言）skryt（自慢）pral, stolthet 大—を吹く skryte, prale 大—吹き skryter, pralhans
ほらあな 洞穴 grotte, hole
ほり 堀（お城のまわりなどの）vollgrav —割り kana′l, renne
ポリエステル polyes′ter
ほり・だす 掘り出す grave ut —上げる grave opp
ほりゅう 保留 forbehold, reservasjo′n —する forbeholde, reserve′re（延期する）oppsette, utsette
ほりょ 捕虜〔krigs〕fange —にする ta til fange, fange（逮捕する）anholde, arreste′re —収容所 fangeleir
ほる 掘る（穴を）grave（トンネルを）føre en tunnel igjen′nom, grave tunnel（井戸を）bore en brønn（えぐる）hole
ほる 彫る grave′re, inngravere（刻む）innrisse
ボルト （電圧）volt〔spenning〕 —計 voltme′ter（ねじくぎ）bolt —で締める bolte（ねじで締める）skru〔e〕
ポルトガル Portugal —人 portugi′ser —の portugi′sisk
ホルモン hormo′n
ホルン （楽器のフレンチホルン）valthorn
ほれる 惚れる bli forel′sket i, bli fortrylt〔av〕
ぼろ 襤褸（布切れの）klut, pjalt, fille（欠点）feil, defek′t —の pjaltet〔e〕, fillet〔e〕（粉々の）ituslått —を出す røpe/avsløre ens ukyndighet, røpe sin feil

ほろ・びる 滅びる　forgå′, gå til grunne　(没落する) gå under/ned　(破壊される) bli ø〔y〕delagt/forø′dt (絶滅する) dø ut, utryddes　—ぼす tilin′tetgjøre, ø〔y〕delegge, utrydde

ほん 本　bok　—棚 bokhylle　—箱〔bok〕reo′l　—立て bokstøtte

ぼん 盆(料理など載せる)　bakk〔e〕, 〔serverings-〕 brett

ほんかくてき・な 本格的な　virkelig, riktig, reel′l　—に alvo′rlig, riktig

ほんき 本気(まじめ)　alvor　(正気) bevis′sthet, edru′elighet　—の/に alvo′rlig, (酔払っていない) edru

ほんきょ 本拠　høgborg　(軍などの根拠地) festning, borg　(本部・本社) hovedkontor, hovedkvarter　(総司令部) hovedkvarter

ほんごく 本国　hjemland, fedreland

ぼんさい 盆栽　potteplante

ほんしき・の 本式の　regulæ′r, riktig, formelig　—に formelig

ほんしつ 本質　vesen, substan′s　—的な vesentlig, substansiel′l　—的に vesentlig

ほんじつ 本日　idag　—中に om dagen　(今日という日) den dag i dag

ほんしゃ 本社(本店)　〔selskapets〕 hovedkontor/hovedkvarter　(当社・当店) vår firma/selskap

ほんしょう 本性　vesen, natur

ぼんじん 凡人(常人)　vanlig menneske, almin′nelig person　(凡才) middelmåtig person

ほんすじ 本筋　hovedtema

ほんせん 本線　hovedlinje

ほんそう 奔走　anstrengelse, strev, streben

ほんぞん 本尊　hovedgud

ほんだい 本題　hovedemne

ぼんち 盆地　〔skålformet〕 fordy′pning　(谷間) dal

ほんてん 本店　hovedkontor, hovedavdeling

ほんど 本土(大陸)　fastland

ポンド (目方) pund　(英国貨幣) pund　(英貨の)

sterling ―地域 sterlingblokk

ほんとう 本当 sannhet, virkelighet（事実）faktum ―の sann, virkelig, faktisk（本物の）ekte, uforfalsket（正しい）riktig, rett（自然の）natu′rlig ―に virkelig, i sannhet ―は i virkeligheten

ほんどう 本堂 skip

ほんどおり 本通り hovedgate

ほんの bare, kun, blott, ene og alene

ほんのう 本能 instink′t, drift ―的な instinktiv, instinktmessig ―的に instinktivt, instinktmessig

ほんぶ 本部 hovedkvarter

ポンプ pumpe ―で(水など)汲み上げる pumpe

ほんぶん 本文（論文などの）tekst

ほんぶん 本分 plikt, forplik′telse, skyldighet ―を尽す gjøre sin plikt ―を怠る forsøm′me pliktene sine

ほんまる 本丸 indre citadel′l（とりで）kastel′l, festning

ほんめい 本命 antatt/sannsynlig vinner, favorit′t

ほんもう 本望 ens lenge nært håp（満足）tilfred′sstillelse

ほんもの 本物 ekte vare, noe som er ekte ―の ekte

ほんや 本屋（人）bokhandler（店）bokhandel（出版社）forlag（出版者）forlegger

ほんやく 翻訳 oversettelse ―する oversette ―者 oversetter（暗号を）tolke〔siffer〕skrift（意訳）fri oversettelse（直訳）ordrett oversettelse（誤訳）gal oversettelse, oversettelsesfeil

ぼんやり （人）dumrian, fehode, tosk（ぼうぜんと）åndsfraværende, tomt ―した(上の空の)atspredt, åndsfraværende, distré（不明瞭な）uklar, dunkel, vag, tåket[e] ―とする være tankelaus

ほんらい 本来(元来)opprin′nelse, opphav(本質的に)vesentlig, ifølge sakens natu′r（天性で）av natu′r ―の opprin′nelig, egentlig, natu′rlig（生まれもった）medfødd

ほんりょう 本領（特性）karakte′regenskap, utmer-

kelse, særkjenne （特徴）kjennetegn, kjennemerke （本分）plikt, skyldighet —を発揮する vise seg sine beste/sterke sider
ほんろん 本論　hovedemne, hovedtema

ま

ま　間(部屋) rom （すき間）rivne, sprekk （時間）tid （暇）ledig tid, fri tid （合い間）mellomrom, mellomtid （休止）kvil, rast （幸運）hell, lykke （運命）skjebne, bestem'melse —の抜けた treg, dum, ugid'delig —をとる ta et momenta'nt opphør framfor neste beve'gelse …する—もなく uten å ha tid til å
まあ　〔間投詞〕（そうかねえ）Tja （ちょっとした驚き）Å
マーガリン　margari'n
マーガレット　〈植〉prestekrage
マーク　（印）merke —する marke （レッテル）etiket't （レッテルを貼る）etikette're, sette etiket't på
マーケット　marked, marknad （広場の）torg —に行く gå på torg〔et〕—で売る selge på torget, bringe på markedet
マージン　margi'n
まあたらしい　真新しい　splinter ny
マーチ　（行進曲）marsj （行進する）marsje're 結婚行進曲 bryllupsmarsj （葬送行進曲）sørgemarsj
マーマレード　（みかん類のジャム）appelsi'nmarmelade
まい　毎　hver —日 hver dag —週 hver veke/uke —度 hver gang —度ありがとうございます(店員が客に) Takk hver gang —食前/後に før/etter hvert måltid
まいあさ　毎朝　hver morgen
まいかい　毎回　hver gang
マイク　mikrofo'n （隠しマイク）skjult mikrofo'n
まいげつ　毎月　→まいつき

まいご　迷い子　forsvun'net barn　—になる komme bort　(道に迷う) gå forkjæ'rt, gå seg bort/vill

まいじ　毎時　hver time

まいしゅう　毎週　hver veke/uke

まいそう　埋葬　begra'velse, jordferd, jordfestelse　—地 begra'velsesplass (墓地) kirkegård　—する begra'-ve, jordfeste

まいつき　毎月　hver måned

まいとし　毎年　→まいねん

マイナス　minus　(不利な) ufordelaktig, ugunstig　(不便な) ubeleilig, ubekvem　(欠陥の多い) mangelfull　(損をする) tape, miste　—記号 minustegn　電池などの—極 minuspol

まいにち　毎日　hver dag　—毎日 dag etter dag　—の daglig

まいねん　毎年　hvert år　—毎年 år for år　—の årlig

まいばん　毎晩　hver aften

まいる　参る(行く)　gå, komme　(訪問する) besøke, avlegge visit't　(負ける) besei'res, bli vunnet [over]　(降参する) gi seg/etter, kapitule're　(惚れこむ) forel'ske seg i, bli betat't av (閉口する) være forvir'-ret/rådvill　(へたばる) være utmattet, trette ut　(死ぬ) dø, avgå ved døden, bite i graset, gå bort　(参詣(さんけい)する) besøke tempel

マイル　mil　(ノルウェーでは現在 10 km)

まう　舞う(踊る)　danse　(ちょう・花びらなどが) fla-gre, blafre　(鳥がはばたく) baske, flakse

まうえに　真上に　like ovenover

まえ　前(前面)　forside, front　—の(向いの)位置 belig'-genhet like overfor　(以前の) tidligere, forrige, fore-gående　(前記の) foranstående　—に(時間・場所的に) foran　(時間的に) før　3日—に for tre dager siden　目の—で like for øynene på en　—もって i forvegen, forut, på forhånd

まえあし　前脚　forben

まえうり　前売り　forutbestil'ling　(予約する) forut-bestil'le, reserve're

まえがき 前書き forord
まえかけ 前掛け forkle
まえきん 前金 forskott, forskudd
まえば 前歯 fortann
まおう 魔王 satan, djevel
まかす 負かす 〔over〕vinne, beseir′e (ノックアウトする) slå ut (値切る) prute〔på prisen〕
まかせる 任せる(ゆだねる) betro′ noen 〔en oppgave〕, overlate arbeid/ansvar til (従う) være lydig/medgjø′rlig
まがりくね・る 曲がりくねる(道・川などが) slynge seg, sno seg, bukte seg —った slyngende, kroket〔e〕, vridd
まがり・する 間借りする leie et rom —人 leier (貸し部屋) værelse til leie (アパート) leilighet
まが・る 曲がる(体・木などが) bøye seg, bli kroket〔e〕(ゆがむ) bli skeiv (傾く) lute, stå skrå, lene (向きを変える) vende (角を曲がる) dreie om hjørnet —った kroket〔e〕, bøyd, vridd —り道 snoet veg, veg der dreier
マカロニ makaro′ni —グラタン makaro′nigrateng
まき 薪(たきぎ) ved —をつくる pinne op ved, hogge ved —作り(仕事) vedhogst (人) vedhogger
まきげ 巻き毛(カール) krøll〔i håret〕—の krøllet〔e〕, lokket〔e〕
まきじゃく 巻き尺 måleband, måleband
まきたばこ 巻き煙草 sigaret′t
まき・つく 巻き付く vikle seg, vinde seg —つける vikle, nøste opp (糸巻に) spole, vinde opp
まきば 牧場 beitesland, beitesmark (牧草地) grasmark, eng
まきもの 巻物 rull
まく (まき散らす) spre〔ie〕, strø (水などを) drysse (種を) så〔frø〕
まく 巻く vinde, vikle (包帯を) bandasje′re, legge〔en〕banda′sje på (時計のねじを) trekke〔ur〕opp
まく 幕(劇場などの) 〔teater〕teppe (演劇の)akt —

があく/おりる teppet går opp/ned —を張る sette opp teppet —をあげる heve teppet （カーテン） forheng, gardi′n （壁かけ）draperi′
- **まく** 膜(薄膜) membra′n （薄皮）hinne
- **まくあい** 幕間 pause, opphold —の狂言 kome′die som mellomaktsspill
- **まぐち** 間口 fasa\de
- **マグネシウム** magne′sium
- **まくら** 枕 〔hode〕pute —カバー putevar
- **まぐろ** 鮪〈魚〉tunfisk
- **まけ** 負け(敗北) nederlag —る lide nederlag, tape （値段を）gi rabat′t, nedsette priser （屈伏する）underkaste seg, overgi, gi etter （劣る）være underlegen （かぶれる）forgif′tes, forpes′tes —犬 taper —ん気 ubøy′elighet, konkuransepreget kampvilje
- **まげる** 曲げる bøye, kroke （意味を）forvan′ske, fordrei′e, forvren′ge （意志を）gi etter, foran′dre （主義を）avvike 〔fra〕
- **まご** 孫 barnebarn
- **まごころ** 真心 opprik′tighet, alvor —のある opprik′tig, alvo′rlig, hjertelig, inderlig —をこめて opprik′tig, alvo′rlig, hjertelig, inderlig
- **まこと** 誠(誠実) opprik′tighet, ærlighet （真実）sannhet, sanning （事実）faktum —の opprik′tig, ærlig: sann, virkelig （本物の）ekte, uforfalsket —に(心から) opprik′tig, hjertelig （たいへん）i sannhet, sannelig （実際に）virkelig
- **まごまごする** （うろたえる）bli forvil′let/rådvill （驚かされる）bli overrasket 〔over〕（うろつく）streife/flakke 〔omkring〕
- **まさか** 〔間投詞〕Det siger du ikke? 〔副詞句〕under ingen omsten′digheter
- **まさつ** 摩擦 gnidning, friksjo′n （違い）motsetning, uenighet, splitt （騒動）balla\de, oppstan′delse
- **まさに** 正に(確かに) sikkert, bestem′t, visst〔nok〕（ちょうど）just, presi′s, nettopp —…せんとする stå i begrep med å, være på veg til å

まさる 優る være overlegen, overtrumfe
まじえる 交える blande
ましかく 真四角 kvadra′t
ました 真下(位置) like nedenunder
マジック (魔術) magi′, trolldom ―ペン merkepenn
ましな bedre, mer fordelaktig
まじない 呪い trolldomskunst, tryllekunst, trylleformular (のろい) forban′nelse, anatem〔a〕, ed (ののしり) banning, bannskap ―をかける trylle, hekse, kogle
まじめ・な 真面目な opprik′tig, alvo′rlig, seriø′s (熱心な) flittig (着実な) stadig, stabi′l, sikker ―に opprik′tig, alvo′rlig
まじゅつ 魔術 magi′, trolldom
まじょ 魔女 heks (魔法をかける) hekse, mane fram
まじる 交じる・混じる bli blandet
まじわる 交わる (交際する) omgå〔e〕s, være i selskap med (交差する) krysse
ます 増す (増える) auke, tilta (増やす) auke, legge på (膨張する) svulne, svulme (高まる) stige, gå opp (高める) høyne, forhøy′e
ます 升 (穀物用の) rommål (液体用の) vassmåler (劇場などの) losje
ます 鱒〈魚〉 aure, ørret
まず 先ず(第一に) framfor alt, først, til å begyn′ne med (多分) kanskje, anta′kelig, formo′dentlig (およそ) omkrin′g, nesten, omtren′t
ますい 麻酔 bedø′velse ―をかける bedø′ve ―薬/剤 bedø′velsesmiddel 局部― loka′lbedøvelse
まずい 不味い(食べ物が) usma′kelig, uapetittlig (へたな) klosset〔e〕, plump, keitet〔e〕 (不得策な) udyktig, uklok (都合の悪い) ubeleilig (不運な) uheldig, ulykkelig (醜い) stygg, grim, heslig (いやな) vemmelig, ekkel, fæl
マスク maske 防毒― gassmaske
マスコット maskot (お守り) amulet′t, talisman
まずしい 貧しい fattig, arm, nødlidende (借金して

いる) forgjel′det （あわれな) stakkars, elen′dig
マスト mast　3本—の帆船 tremaster
ますます　益々　mer og mer
マスメディア　massemedier(pl.)
ませた　tidlig moden, bråmoden　—子 et veslevoksent barn
まぜ・る　混ぜる　blande　—ること/もの blandning (薄めること/もの) fortyn′ning (卵・クリームなどを) piske (泡立てクリーム) fløtekrem (含める) inklude′re, omfatte
また　又(その上)　dessuten, enn videre　（おまけに) på kjøpet　—は eller 〔også〕　…も— også　(再び) igjen′, atter　—とない være enestående/unikum, være uten mostykke
まだ　未だ(—…ない)　stadig ikke, ennå ikke　(今でもなお) ennå, fortsettende, stadig　(今の処) for nærværende/øyeblikket, nå　(その上) dessuten, sammen med　(やっと) endelig, til slutt
まいとこ　又従兄弟(従姉妹)　tremenning
また・ぐ　跨ぐ　skreve over, sitte over skrevs　—がる (馬などに) stige til 〔hest〕, ride　(橋などが) spenne over　(わたる) fare/gå tvers 〔over〕, krysse 〔gata〕 (境界線などを) overskride　(橋などを) gå/kjøre over
またたく　瞬く　blinke, flimre　(きらめく) glimre　—間に om et øyeblikk
…または…　enten … eller …　(換言すれば) med annen ord, kort sagt
マダム　(敬称) dame, frue　(下宿屋などの) vertin′ne
まだら　斑　plett　—にする plette　—になった plettet〔e〕
まち　町(都市)　by　—の一部 bydel　(通り) gate
まちあいしつ　待合室　venterom, venteværelse
まちあわせる　待ち合わせる　møtes
まちが・い　間違い(誤り) feil, feiltakelse, forvek′sling (手落ち) forse′else　(へま) bommert, dumhet (大失敗) fiasko　(事故) ulykke, uhell　—う(誤る) begå en feiltakelse, forvek′sle, ta feil 〔av〕　(失敗する)

まぢかな 540

mislykkes (取り違える) forvek′sle en med ―えてved en feiltakelse ―いなく med sikkerhet, uten feil
まぢか・な 間近な(時間的に) nær, som nærmer seg (場所的に) nærliggende ―に(時間的に) nær, snart (空間的に) nær
まちくたびれる 待ちくたびれる bli trett/kei av å vente
マチネー (音楽会・演劇などの昼興行) matiné
まちのぞむ 待ち望む la vente på seg, lengte etter, se fram til
まちはずれ 町外れ utkanten av en by (郊外) forstad
まちぶせ 待ち伏せ bakhold ―する ligge i bakhold, ligge på lur〔etter〕
まちぼうけ 待ちぼうけ forgje′ves venten
まつ 待つ vente på, avvente (期待する) avvente, forven′te, la vente på seg, gle seg til noe (頼る) avhenge av, fortrøs′te seg til, lite på
まつ 松〈植〉 furu ―の木 furutre ―葉 furunål ―かさ furukongle ―林 furuskog ―葉づえ krykke
まっか・な 真っ赤な blodrød, høyrød ―になる rødme, bli rød (顔を赤らめる) rødme ―な嘘 bar/lutter løgn
まっくら・な 真っ暗な belgmørk ―やみ belgmørke
まっくろな 真っ黒な kullsort
まつげ まつ毛 øyehår, øye〔n〕vipp〔e〕
まっこうくじら まっこう鯨〈魚〉 sperm〔a〕kval, kaskelot′t
マッサージ massa′sje ―する masse′re ―師(男) massø′r (女) massø\se
まっさいちゅうに 真っ最中に på høgdepunkt, midt under
まっさお・な 真っ青な(濃い青色の) djupblå (顔色が) likble〔i〕k 恐怖などで―になる bli ble〔i〕k〔av skrekk〕, bli krittkvit
まっさかさまに 真っ逆さまに på hodet, hodekulls
まっさき・の 真っ先の forrest, først ―に framfor

まっさつする 抹殺する(抹消する) stryke av, viske ut (無視する) forsøm′me, ignore′re, blåse en lang marsj, rivne likegyldig (殺す) drepe, avlive, ta livet av (動物を) slakte

まっしょうめんに 真っ正面に 〔direkte〕 foran, midt for〔an〕

まっしろな 真っ白な krittkvit, snøkvit

まっすぐ・な 真っすぐな rett, rett som et lys (直立した) opprett (正直な) ærlig, opprik′tig —に rett 〔frem〕 (直接に) direkte (すぐに) med én gang (正直に) ærlig, opprik′tig

まつだい 末代 framtid, verden etter døden, evighet

まったく 全く(全然) alde′les, fullsten′dig, fullt og fast, tota′lt, ytterst (少しも…でない) slett ikke (どういたしまして) Ingen årsak, Det gjør ingenting (実に) riktig, virkelig

マッチ (点火用の) fyrstikk〔e〕 —箱 fyrstikkeske —をする tenne en fyrstykk (2人・2チームの試合) match

まつばづえ 松葉づえ krykke

まつ・り 祭り fest, festlighet (パーティ) gilde, banket′t —りをする festligholde, feire (記念祭を) holde en minnefest (慰霊祭を) holde en minnegudstjeneste —る tilbe, dyrke

まつりごと 政 regje′ring, administrasjo′n

まで …する— før, innen, inntil …する—に før, innen, ikke senere enn (場所的に) så langt som, til, inntil (時間的に) innen, til, før (理解以上に・…でさえ) tilmed, endog, til og med (…する限り) for så vidt

まてんろう 摩天楼 skyskraper, tårnhøyt hus

まと 的 mål, skyteskive, målskive 標的・嘲笑の— skyteskive (目的) formål —に当てる treffe, ramme —をはずす miste

まど 窓 vindu —を開ける åpne vindu —を閉める lukke vindu —口(郵便局・切符売場の) luke —ガラス vindusglass

まどう 惑う →まよう(迷う)

まとま・り 纏まり(結着) avslutning, resulta′t (完成) fullsten′diggjørelse, fullbyrdelse (統一) enighet, overensstemmelse (同意) avtale, overenskomst, samtykke (合併) sammenslutning, fusjo′n (一貫性) konsekven′s, overensstemmelse —りのない usammenhengende, oppstykket, diskontinue′rlig

まとまる 纏まる(解決がつく) komme overe′ns〔om〕, avgjøres (終結する) avsluttes, nå en avslutning (ととのう) bli ordnet, holde oppgjør med, løyses (話し合いがつく) inngå en avtale med (集まる) samles, flokke seg sammen (完成される) fullbyrdes, fullsten′diggjøres (統一される) fore′nes, sammenføyes

まとめる 纏める(解決する) løse, avslutte (整理する) ordne〔på〕, bringe i orden (決定する) bestem′me, avgjøre (集める) samle, flokke (寄付などを) innkasse′re, innsamle (統一する) fore′ne, sammenføye (要約する) resyme′re, sammenfatte (完成する) fullbyrde, fullsten′diggjøre, gjennomføre

まどろむ døse, blunde, slumre

まどわす 惑わす forvir′re, villføre, vill・lede, villeie

まないた まな板 hakkebrett

まなこ 眼 øye (まなざし) blikk (ひとみ) pupil′l

まなつ 真夏 mid〔t〕sommer, høysommer

まなぶ 学ぶ lære, undervise (研究する) stude′re (教わる) undervises

マニア (熱狂) mani′ (熱狂している人) begei′stret tilhenger, entusias′t

まにあ・う 間に合う(時間に) nå, få tid til, rekke (追いつく) innhente (役に立つ) duge, passe, motsvare formålet (なくてすむ) klare seg uten (一時的に) duge midlertidig/temporæ′rt (用意する) forberede, berede seg på, innstille〔seg〕på —わせる klare seg uten

まにあわせの 間に合わせの midlertidig, temporæ′r, proviso′risk —処置(緊急措置) nødhjelp

マニキュア maniky'r, håndpleie —をする manikyre're —セット maniky'rsett

まぬがれ・る 免れる(脱する) unnslippe, unnkomme, unnvike (避ける) unngå, avholde seg fra, gå forbi (免除される) fritas, få dispensasjo'n —難い uunngå'elig, uve'rgerlig

まぬけ 間抜け dumhet, stupidite't, tåpelighet

まね 真似(模倣) etterlikning, imitasjo'n, kopi' (ふり) forstil'lelse, foregivende (口実) påskott, påskudd (ごまかし) bedra'g, lureri (ふるまい) oppførsel, handling, opptreden —る etterlikne, etterape, imite're (模写する) kopie're (例にならう) gå i ens fotspor, ta til eksem'pel

マネージャー leder, [avdelings]sjef セールス— salgsjef

マネキン mannsling

まねく 招く(招待する) innby, invite're (手招きする) vinke (呼び迎える) kalle (引き起こす) volde, forårsake

まばた・き 瞬き blinkende —く(強く) tindre (明滅する) blinke, flimre

まばら・な 疎らな tynn, sparsom (散らばった) spredt —になる tynnes, bli sparsom

まひ 麻痺 lammelse, paraly'se —の/した paraly'tisk —する lamme, bli paralyse'rt (鈍くなる) døyves

まびく 間引く tynne ut (ふるいにかける) sikte

まひるに 真昼に(白昼に) ved høylys dag (日中に) om dagen (昼頃に) ved middagstid

マフ muffe

まぶし・い 眩しい blendende, skjærende —く輝く blende

まぶた 瞼 øye[n]lokk

まふゆ 真冬 mid[t]vinter

マフラー skjerf, halstørkle (自動車などの) lyddemper

まほう 魔法 magi', tryllekunst (妖術) hekseri —を

かける tryllebinde, forhek′se —のような magisk — 使い tryllekunstner (魔女) heks —びん termosflaske

マホメットきょう・と (回教徒・イスラム教徒) musli′m —の musli′msk

まぼろし 幻(幻影) fanto′m, visjo′n, drømmebilde (幻想) illusjo′n, fantasi′ (幻覚) hallusinasjo′n —のような visjonæ′r, svermerisk, innbilt

まま …するが— som det er, presi′s som 思う—に like hva〔jeg〕me〔i〕ner

ままこ 継子 stebarn (男の) stesønn (女の) stedatter —扱いされる(無視される)→ままはは

ままごとをする le〔i〕ke mor og far, le〔i〕ke hus

ままはは 継母 stemor —扱いされる(無視される) bli stemoderlig behan′dlet

まみず 真水 ferskvatn, ferskvann

まむし 蝮〈動〉 hoggorm

まめ 豆 bønne (大豆) soyabønne えんどう— ert いんげん— hagebønne (小豆) bønne —油 soyaolje

まめ (指などにできる) blemme, vable (足にできる) skognag, liktorn —ができる få/lage blemmer i

まめつする 摩滅する slite, forringe ved langvarig bruk

まもなく 間もなく snart, om et øyeblikk, kort tid etter (すぐに) straks, med det samme

まも・る 守る(保護する・防ぐ) forsva′re, beskyt′te, verne (警護する) vokte, holde vakt, overvåke (約束・秘密などを) holde〔hemmelighet/løfte/tiden〕(遂行する) fullføre, oppfylle, innfri —り(防護) forsvar, beskyt′telse, vern (護符・お—り) amulet′t, talisman

まやく 麻薬 narko′tika,〔narko′tisk〕stoff —患者 narko′tiker —密売人 narko′tikaselger

まゆ 眉〔毛〕øye〔n〕bryn —をひそめる rynke øyebrynene

まゆ 繭 kokon′g (かいこ) silkeorm

まよ・う 迷う(道に) gå seg vill, forvil′le seg (当惑

する) bli desorientert/rådvill, komme i villrede 〔om〕 (不審に思う) dra i tvil, tvile (ためらう) nøle, beten'ke seg (邪道に落ちる) være forder'vet (誘惑される) forle'des, lokkes 　―い (当惑) rådvillhet, villrede, forle'genhet (疑惑) tvil, mistru, mistillit (ためらい) beten'kning, nølen (迷信) overtro 　―いがさめる komme til besin'nelse, besin'ne seg, gjenvinne fatningen 　―いをさます bringe en til besin'nelse, la åpne ens øynene

まよなか 真夜中　midt om natten, midnatt

マヨネーズ majone's

まよわす 迷わす (当惑させる) forvir're, desoriente're (誘惑する) forle'de, lokke (魅する) bedå're, beta', fortryl'le (邪道にみちびく) forle'de, vill・lede, villede

マラソン maraton〔løp〕　―選手 maratonløper

マラリア 〈病〉 mala'ria

まり 毬　ball　―をつく stø〔y〕te ball

まる 丸・円 (円形) sirkel (輪) ring　―で囲む omringe, kringsette (取り囲む) omgi　―を描く slå en sirkel

まる・い 丸い・円い　rund, sirkelrund, sirkulæ'r (球状の) kuleforma　―く (円形に) i sirkel (円満に) fredelig, uten komplikasjo'n, fredsom'melig

マルキシズム marxis'me

マルク (元のドイツなどの貨幣) mark

まるじるし 丸印 (○印) sirkel

マルセイユ Marseille

まるた 丸太　〔tømmer〕stokk, 〔ved〕kubbe　―小屋 tømmerhytte, tømmerkoie

まるで 丸で (まったく) fullkommen, fullsten'dig, tota'lt (あたかも) som om, like

まるてんじょう 丸天井　kuppel (アーチ) hvelv

まるめる 丸める (丸くする) forme til en kule, gjøre en sak rund (削って・四捨五入して) avrunde (身体を) huke seg ned (しゃがむ) sitte på huk (人を丸めこむ) lirke, lokke, overtale

まれ・な 稀な (珍しい) sjelden, usedva'nlig (特異な)

enestående, uni′k —に sjelden, unntaksvis
マロニエ 〈植〉 hestekastanje
まわしもの 回し者 spio′n (斥候(せっこう)) speider
まわす 回す(回転させる) dreie, la gå på omgang, snu (転送する) videre〔for〕sende (転勤させる)forflyt′te (投資する) investe′re, plasse′re penger〔i〕
まわり 周り omkrets, periferi′ (周囲) omgivelser (pl.) (付近) nabolag, naboskap, nærhet (巡回) runde (経由) via, gjennom
まわりくどい 回りくどい omsten′delig, utfø′rlig〔og detalje′rt〕
まわる 回る(回転する) rote′re, dreie seg, kretse〔om/omkring〕 (巡回する) runde (循環する) sirkule′re, gå rundt
まん 万〈数〉 ti tusen
まんいち 万一(万が一) i tilfelle〔av〕, hvis det skulle skje〔å〕, i en kritisk situasjo′n —に備える sikre seg mot
まんいん 満員である være fullt hus, være overfylt (乗り物などが) være fullt besat/opptatt (劇場などが) være utsolgt, være fullt hus
まんえん 蔓延 spreiing —する spreie seg
まんが 漫画 vittighetstegning, karikatu′r 続き— tegneserie —映画(アニメ) tegnefilm —家 karikatu′rtegner
まんかい 満開 fullt flor
まんき 満期 forfallsdag, termi′n, utløp〔av tidsperiode〕 (期限)〔tids〕frist —になる forfalle, utløpe
まんげつ 満月 fullmåne
まんざら 満更 ikke fullsten′dig, ikke helt
まんじょういっち 満場一致 overe′nsstemmelse
まんせいの 慢性の kronisk —病 kronisk sjukdom
まんぞく 満足 tilfred′shet, tilfred′sstillelse —な tilfred′sstillende —する være tilfred′s〔med〕, nøye seg〔med〕 —させる fornøy′e, tilfred′sstille
まんちょう 満潮 flo, høyvann
まんてん 満点(学校の試験で) toppkarakte′r —をつ

けるsette toppkarakte′r〔på noe〕
マント （コート）kjortel（ガウン・ケープ）kappe（赤ん坊などの）svøp
マンドリン〈楽〉mandoli′n
まんなか 真ん中 sentrum, senter, midtpunkt —の sentral, midtre —へ midt inn i —に midt inne〔i〕
まんねんひつ 万年筆 fyllepenn
まんねんゆき 万年雪 evig snø
まんびき 万引き（行為）butikktyveri′ （人）butikktyv —する stele, stjele
まんぷく 満腹 fylt mage —する bli mettet
マンホール mannhul, nedstigningsbrønn
まんゆう 漫遊〔fornøy′elses〕tur —する gjøre fornøy′elsestur, reise omkring/rundt —客 reisende, turis′t

み

み 実（果実）frukt （堅果）nøtt （いちごの類・しょう果）bær （粒状の種）frø （核心）kjerne （実質）substan′s 木に—がなる et tre får frukter —を結ぶ（仕事など）bære frukt, ha et resulta′t
み 身 kropp, perso′n, selv （身体）legeme —のまわりのもの perso′nlige eiendeler —につける ta på〔tøy/smykker/pynt〕 —を落とす leve lettsindig
みあい 見合い møte〔med henblikk på ekteskap〕—結婚 arrange′rt ekteskap
みあきる 見飽きる være trøtt av å titte
みあげ・る 見上げる （上を見る）se opp （尊敬する）se opp til, beun′dre, respekte′re —た beund′ringsverdig, aktver′dig, respekta′bel
みあたらない 見あたらない ha forsvunnet, ikke stå å finne
みいだす 見出す（見つける）finne ut, oppdage, få øye på （抜てきする）utvelge〔ut〕, utta

ミイラ mumie
みいられた 魅入られた tryllebundet（魔法にかけられた）forhek′set
みうしなう 見失う tape av sikte
みうち 身内 slektning
みえ 見栄 prunk, pretensjo′n —を張る vise seg, være pretensiø′s
みえ・る 見える（人が主語）〔kan〕se（のぞき見る）kikke, titte（物が主語）synes, være i sikte —てくる bli synlig, vise seg（お客などが来る）komme til stede（…らしい）synes, se ut〔som〕, late til〔å〕（似ている）likne —なくなる forsvinne, være ute av sikte
みおくる 見送る（人を）vinke farve′l, sende med〔tog/fly〕（目送する）følg〔j〕e noen med blikk（そのままにしておく）la bli/være å, overlate
みおと・す 見落とす overse, se bort fra（考慮に入れない）ikke ta i betrak′tning —し uaktsomhet, uforsiktighet
みおぼえがある 見覚えがある som man har sett før, velkjent
みおろす 見下ろす se ned på
みかいけつの 未解決の uløst, uavgjort —問題 uløst proble′m
みかい・の 未開の usivilise′rt, ukultive′rt, vill —の地 usivilise′rt/uutviklet land/område（発展途上国）underutviklede land (pl.) —人 barba′r
みかえし 見返し forsatsblad, forsatspapir
みかえりたんぽ 見返り担保 gjeldssikkerhet
みかく 味覚 smak
みがく 磨く pole′re, pusse（歯・くつなどを）børste（修練する）forbe′dre, gjøre framskritt, øve seg〔i〕
みかけ 見掛け utseende, ytre, apparisjo′n —倒しの pralende, osten′tativ（詐欺的な）bedra′ger〔i〕sk, svikefull
みかた 味方 venn, støtte（同盟者）allie′rt —する ta parti for, støtte

みかづき 三日月 nymåne

みかん 蜜柑〈植〉 mandari'n —畑 mandarinplanta'sje

みかんせい・の 未完成の ufullstendig, uferdig, uavsluttet —交響曲 den ufullendte symfoni'

みき 幹 〔tre〕stamme （枝のない）bol

みぎ 右 høgre —の高gre （上記の）ovenstående, ovennevnt —に til høgre for, på høgre side —側 høgre side —へ曲がる svinge/ta av til høyre —側通行 høgrekjørsel, høyrekjøring （優る）være overlegen, overtreffe

みぐるしい 見苦しい （醜い）grim, stygg, avsky'elig （恥ずべき）skammelig, skjendig, vanærende （いやな）vemmelig, motby'delig, avsky'elig （下卑た）nederdrek'tig, sjofel, utuktig

みごと・な 見事な （立派な）fin, utmerket, fornem （きれいな）vakker, smukk, deilig （たくみな）dyktig, behen'dig —に fint, deilig, dyktig （すっかり）fullsten'dig, helt, fullkommen

みこ・み 見込み （有望）håp （期待）forven'tning （可能性）mulighet 〔for〕, sannsy'nlighet （推測）utsikt, formo'dning —みのある（有望な）håpfull, lovende, løfterik —みがない der er ikke håp —む（予測する）anta, formo'de, forutsi （あてにする）lite på, rekne med

みこんの 未婚の ugift, e〔i〕nslig —男（若い）ungkar （年とった）peppersvenn —女（若い）jomfru （オールドミス）peppermø〔y〕

ミサ messe （祭日の）høgmesse —を行う holde messe —中止 messefall

ミサイル 〔styrbart〕 raket'tvåpen, kasteskyts, missi'l

みさき 岬 odde, kapp ノール—（欧州最北端の）Nordkapp

みさげる 見下げる se ned på, ringeakte, forak'te

みじか・い 短い kort （短時間の）kortvarig （簡明な）kortfattet （貸付けなど短期の）kortfristet —くする forkor'te —くなる（縮む）bli kortere, krympe

みじたく 身仕度 påkledning（衣装）antrekk —する kle på seg
みじめな 惨めな elen'dig, ynkelig, ynkverdig, jammerlig, ussel, stakkars〔lig〕
みじゅく・な 未熟な（成熟していない）umoden（熟達していない）ukyndig, udyktig（未経験の）uerfaren, uprøvd —者 grønskolling, nybegynner
みしょうかんの 未償還の（未回収の）utestående
みし・る 見知る kjenne noen av utseende（知り合いになる）gjøre seg bekjen't med —らぬ fremme〔n〕d, ukjent
ミシン （裁縫用の）symaskin
みず 水 vann, vatn（洪水）oversvømmelse（満潮）høyvann, flo —を撒(ﾏ)く vande —をはねかける stenke med vann —がはねる plaske —で割る spe opp med vann, blande med vann, utvanne —を切る drene〔're〕, tørrlegge（溝を掘って）grøfte〔ut〕 —差し karaf'fel —の精 nymfe —色 lys〔e〕blå —着 badedrakt —枕 vannpose —ため cister'ne —割り whisky med vann —鉄砲 vannpistol
みすい 未遂 forsøk, noen ufullbyrdet —の ufullbyrdet
みずうみ 湖 innsjø, sjø
みずから 自ら en selv —の personlig —の手で ved egen hand
みずぐすり 水薬 flytende medisi'n
みずたまり 水溜り pøl, vasspytt
みすてる 見捨てる oppgi, gi avkall på, forla'te（女が愛人を）— svikte（引退する）trekke seg tilba'ke
みずどり 水鳥 sjøfugl
みすぼらしい 見すぼらしい elen'dig, lurvet〔e〕, tarvelig, fattig
みずわりする 水割りする spe opp〔i〕, blande med vann, utvanne
みせ 店 butik'k, forret'ning —が開く butik'ken åpner —が閉まる butik'ken lukker —先 butik'k-fasade

みせいねん 未成年 umyndighet —の umyndig —者 umyndig/mindreårig〔person〕

みせかけ 見せ掛け(外見) utseende, ytre opptreden, skinn (虚偽) falskhet, løgn —の hyklet, påtatt, tilsy'nelatende —る late som om, anstille seg, foregi

みせもの 見世物 oppvisning, forevisning (展示) utstilling (実演) demonstrasjo'n (余興) underholdning

みせる 見せる(陳列する) oppvise, forevise (見せかける) late som om, anstille seg, foregi (医者に) rådspørre en lege, rådføre seg med en lege

みそ 味噌 pasta av soyabønner

みぞ 溝(下水の) avløp, utløp (敷居などの) rille, fure (堀) dike (お城などの) vollgrav (割れ目) kløft (二人の間に)—ができる bli fremmed for

みそか 晦日 siste dag i måneden 大— ny〔tt〕-årsaften

みそこなう 見損なう feilbedømme, feilvurdere, bedømme galt (見落とす) se bort fra, overse, ikke ta i betrak'tning

みそさざい 〈鳥〉 gjerdesmett

みぞれ 霙 sludd, slut —が降る sludde, slute

…みたい det ser ut til

みだし 見出し (表題) overskrift, tittel, rubrik'k —語 oppslagsord (索引) indeks, regis'ter

みたす 満たす(充満させる) fylle (詰めこむ) proppe, stoppe (満足させる) tilfred'sstille, oppfylle forven'tninger/ønsker

みだす 乱す(混乱させる) bringe i uorden, forstyr're, uroe (堕落させる) korrumpe're, forder've, demoralise're (髪などを)gjøre forpjus'ket

みたところ 見たところ tilsy'nelatende

みだれる 乱れる (混乱する) komme i uorden, bli kao'-tisk, være forvir'ret (髪などが) være forpjus'ket (もつれる) innvikle〔seg〕(風紀が) være〔mora'lsk〕forder'vet

みち 道(道路) veg, vei (街路) gate (路地) strede

(小道) sti （通り道・抜け道）passa'sje ―草をくう somle （距離）avstand （切り抜ける方法）framgangsmåte ―が…に通ずる lede

みちがえる 見違える ta feil, forvek'sle en med ―ほど til ukjen'nelighet

みちしお 満ち潮 høyvann, flo

みちしるべ 道標 milestolpe, vegviser, veiskilt （手引き）guide〔bok〕, vejledning （案内人）foreviser, omviser

みちづれ 道連れ reisefelle, reisekamerat （付き添い）ledsager

みち・の 未知の ukjent, fremme〔n〕d ―の人 ukjent person ―数 en ukjent størrelse

みちのり 道程 avstand （旅程）reiseplan

みちばた 道端 vegkant, veikant

みちび・き 導き veiledning ―く veilede, lede, guide, vise vei

みちる 満ちる bli full （月が）bli fullmåne （潮が）tidevann stiger （期限が）forfal'le, utløpe

みつ 蜜 honning 糖― sirup ―蜂 honningbie ―蜂の巣〔箱〕bikube ―のように甘い honningsøt

みつかる 見つかる（発見される）bli funnet/oppdaget

みつぎもの 貢ぎ物 tribut't

みつける 見つける（発見する）finne, oppdage （探す）leite etter, søke （気づく）merke, observe're, få øye på

みっこく 密告 hemmelig opplysning ―する overlate hemmelige opplysninger, angi, forrå'de ―者 angiver

みっせつ・な 密接な inti'm, nær, fortro'lig ―に inti'mt, nær

みつぞろい 三揃い〔の服〕tredelt drakt

みつど 密度 tetthet, densite't （液体濃度）konsisten's

みつともない upassende, skandaiø's

みっぺいする 密閉する gjøre tett, tette （空気が入らぬように）gjøre lufttett

みつめる 見詰める stirre〔på〕, glo〔etter/på〕（注意

深く) iaktta
- **みつも・り** 見積もり　estima′t, berek′ning, vurde′ring（概算）overslag　—る berek′ne, vurde′re（評価する）verdsette, vurde′re
- **みつゆにゅう** 密輸〔出〕入（不法取引）smughandel　—する smugle　—者 smugler　—品 smuglergods, smuglervare
- **みつりょう** 密猟　krypskytteri′, ulovlig jakt　—する drive krypskytteri′, drive ulovlig jakt　—者 krypskytter
- **みつりん** 密林　tett skog, jungel, tropisk urskog
- **みていの** 未定の　〔ennå〕uavgjort
- **みとお・す** 見通す（将来を）forutse（先見の明がある）være framsynt（見抜く）gjennomskue（遠くを）få et vidtskuende overblikk　—し（見込み）〔framtids〕utsikter, forutsigelse, perspekti′v（洞察）innblikk, innsikt（遠景）vidtskuende utsikt　—しのつく overskuelig, oversiktlig
- **みとめる** 認める（承認する）anerkjenne, erkjen′ne（誤りなどを）innrømme, medgi（賛同する）bifalle, godkjenne（判断する）bedøm′me, dømme
- **みどり** 緑　grøn〔n〕　—の grøn〔n〕　—がかった grøn〔n〕lig（樹々が）—になる grønnes
- **みな** 皆（人）alle　—さん（あなたがた）I（物）alt（全体）det he〔i〕le, total（だれでも）alle og enhver, alle mennesker, hvem som helst（…のほかだれでも）alle andre（なんでも）alt hva（…のほかなんでも）alt annet（みんな・全員）allesammen, til sammen
- **みなおす** 見直す　se på andre øyne, skifte me〔i〕ning om, overveje på ny
- **みなしご** 孤児　et forel′dreløst barn
- **みな・す** 見なす　betrak′te som, anse for/som　—される betrak′tes som, anses for/som
- **みなと** 港　havn, hamn　—町 hamneby
- **みなみ** 南　sør, syd　—側 sørside　—口 sørutgang　—へ mot sør　—で i sør　—の sørlig　—十字星 Sydkorset　—回帰線 Steinbukkens vendekrets

みなもと 源(水源) kjelde, kilde (起源) utspring, opprin'nelse

みなら・い 見習い(事) opplæring, lære ―い期間 læretid (人) læregutt, lærling ―う lære noen av en, gå/stå i lære hos ―い士官 kadet't

みにく・い 醜い grim, heslig, stygg (見苦しい) upassende, uanstendig, usøm'melig (恥ずべき) skammelig, skjendig ―くなる bli stygg/heslig

みにくい 見にくい(見えにくい) vanskelig å se, usy'nlig (読みにくい) ule'selig

ミニスカート miniskjørt

みね 峰 fjelltopp, fjellkam (尾根) fjellrygg

みのがす 見逃す(見落とす) overse, se bort fra (黙認する) se gjennom fingrene med, lukke øynene for

みのしろきん 身の代金 løsepenger(pl.)

みの・る 実る(実がなる) bære frukt (熟する) modne (結果が出る) få resulta't ―り høst, innhøsting (収穫) utbytte

みはらいの 未払いの ubetalt

みはら・し 見晴らし utsikt, panora'ma ―しがよい det er god utsikt ―す ha utsikt over ―台 utsikttårn

みは・る 見張る(警戒する) vokte, holde øye med (目を) få øynene opp [for noe] ―り(事) vakt[post] (人) vaktmann

みぶり 身振り gestus, fakte, tegn ―で話す gestikule're, gjøre fakter (合図する) gjøre tegn til, signale're, signalise're

みぶるい 身震い skjelv ―する skjelve, gyse

みぶん 身分 sosia'l status/rang, identite't 高い/低い ― høg/låg status ―証明書 identite'tskort

みぼうじん 未亡人 enke ―になる bli enke

みほん 見本(商品の) vareprøve (例) eksem'pel (標本・本などの内容見本) prøveeksem'plar (柄・模様の) mønster ―市 messe (展示会) utstilling

みまい 見舞(病気の) sjukebesøk (事故などの) sympati'besøk (訪問) besøk, visit't ―に行く gå på sjukebesøk ―客[sjuke]besøkende

みまわす 見回す se seg om
みまわる 見回る gjøre runde, patrulje′re
…みまん …未満 mindre enn 千円— mindre enn tusen yen 18 歳—の人 person under 18 år
みみ 耳 øre (聴覚) hørsel (端) kant, rand (森などの) bryn —かざり(イヤリング) ørering —あか ørevoks —たぶ øreflipp, ørelapp —マフ ørevarmer —を聾(ろう)せんばかりの øredøvende —をつんざくような øresønderrivende —が遠い høre dårlig —が聴こえない være døv —鳴り øresus
みみず 〈虫〉 regnorm, meitemark —腫れ stripe 〔etter slag〕
みみずく 〈鳥〉 hornugle
みめいに 未明に før daggry
みや 宮(神社) tempel (宮殿) palas′s (皇子・王子) prins
みゃく 脈(脈はく) puls 動— pulsåre 静— vene 鉱— malmåre —をとる ta ens puls, føle en på pulsen —が打つ pulse′re (望み) håp (可能性) mulighet
みゃくらく 脈絡 logisk sammenheng, kontekst
みやげ 土産〔物〕 suveni′r (贈り物) gave (記念) minne
みやこ 都 hovedstad
みょうごにち 明後日に i overmorgen
みょうじ 名字 familienavn
みょうじょう 明星(金星) Venus 明けの— morgenstjerne
みょうちょう 明朝に i morgen tidlig
みょうな 妙な(奇妙な) besyn′derlig, eiendom′melig, kuriø′s (目立った) merkver′dig (不思議な) underlig (神秘的な) mystriø′s (超自然の) overnaturlig, mirakulø′s —ことに forun′derlig nok
みょうにち 明日 i morgen
みょうねん 明年 〔det〕 neste år, det kommende år
みょうばん 明礬 alun
みょうばん 明晩 i morgen aften
みらい 未来 framtid, ettertid 〈文法〉 futu′rum (来

世)kommende livet, den annen verden —の kommende, framti′dig —の〔妻・夫〕tilkommende (有望な) lovende, forhå′pningsfull —に i framtiden, for ettertiden

ミリ・グラム　milligram　—メートル millimeter

みりょく　魅力　ynde, sjarm〔e〕, tekke　(優美) gratie　—のある sjarmant, yndig, tekkelig　—のある人 sjarmtroll　(魅惑する) sjarme′re

みる　見る　se　そっと— titte, kikke　(観察する) observe′re, betrak′te　(ちらりと) kaste et flyktig/hastig blikk på　(横眼でそっと) skotte bort på, se skeivt til　(見つめる) stirre, glo, besku′e　(視察する) inspise′re, besik′tige　(調べる) undersøke, granske　(眼を通す) se over　(世話する) se etter, vareta　(見なす) betrak′te som, anse som/for　(見物する) bese′〔seg〕på, se på sever′digheter　—間に på øyeblikket, straks　—からに åpenbar, tydeligvis, åpenlyst

ミルク　melk, mjølk　粉— tørrmelk　缶入り— konserve′rt melk　—で育てる fø opp med melk, oppfostre med melk

みわけ　見分け(区分) forskjell, skjell　(認識) innsikt, innblikk　(判断) omdømme　(鑑別) identifise′ring　—る skille noe fra, identifise′re, gjøre forskjell på, sondre noe ut, gjenkjenne

みわたす　見渡す　ha utsikter over　—限り så vidt en kan se

みんかんの　民間の　priva′t, sivi′l

ミンク　〈動〉mink　—鯨(ビ) minkekval, vågekval

みんげい　民芸　tradisjonel′lt/folkelig kunsthandverk

みんけん　民権　borgerrett　(選挙権) valgrett

みんじ・の　民事の sivi′l　—事件 sivi′lsak　—訴訟 sivi′lansøkning　—裁判所 byrett　(民法) sivi′lrett

みんしゅ　民主　demokrati′　—的な demokra′tisk　—化 demokratise′ring　—国家 demokra′tisk stat　—主義 demokrati′

みんしゅう　民衆　folk　(一般大衆) massen　(草の根) grasrot　—的な folkelig, populæ′r

みんぞく 民族 folkeslag, rase （国民）nasjo'n —独立 nasjona'l uavhendighet —主義 nasjonalis'me —学 etnografi'
みんぽう 民法 sivi'lrett
みんよう 民謡 balla\de, folkevise

む

む 無 ingenting, null （空(なん)）tomhet （空虚）（頭の）tomhjernethet —にする tilin\tetgjøre, ødelegge （無駄にする）forøde —になる gå i vasken, mislykkes, ikke bli til noe, bli forgje'ves
むい 無為 uvirksomhet, arbeidløshet, ledighet, dovenskap —の doven, ledig, ubeskjeftiget —に過ごす drive, være doven （機会を逸する）forspil'le, forskjer'tse
むいしき 無意識 bevis'stløshet, det ubevisste —の bevis'stløs, ubevisst, underbevisst —に ubevis'st （機械的に）meka'nisk （自動的に）automa'tisk
むいみ 無意味 meningsløshet, absurdite't —な meiningslaus （不必要な）unødig, unødvendig （不合理な）absur'd
むえきな 無益な frukteslös, forfen'gelig （浪費の）ødsel （役に立たない）unyttig, gagnløs （無意味な）meiningslaus
むかい 向い det motsatte —の motsatt, midt for —に tvert imo't —風 motvind
むがい・の 無害の uska'delig, harmløs （危険でない）ufarlig —立入り権 rett til å ferdes frit på annen manns jord
むか・う 向かう（面する）vende ut mot, stille en ansikt til ansikt med （顔を向ける）vende ansiktet （対決する）konfronte're med, gjøre motstand mot （行く）gå i retning mot —って右 på høgre hand, til høgre for oss

むかえ 迎え velkomst, velkom'men 温かい出—を受ける få en varm velkomst

むかえる 迎える (出迎える) møte, by en velkom'men (接待する) varte opp, betje'ne, serve're (招く) innby (医者など呼びにやる) skikke/sende etter [en lege]

むがく 無学 ukyndighet, analfabet, vankundighet —の ukyndig, analfabeti'sk, vankundig

むかし 昔 for lenge siden, i en fjern fortid (過去) fortid (古代) oldtid, urtid (かつて) engang (かつての) fordums, gammel —に der var engang —話 den gamle histo'rie (伝説) legen'de (北欧の) saga

むかちの 無価値の verdi'løs, unyttig (使用できない) ubru'kelig, unyttig

むかで 百足〈虫〉 tusenbe[i]n, skolopen'der

むかむかする føle seg utilpass, kvalme

むかんけいの 無関係の irrelevant, uvedkommende (根拠のない) grunnløs (正当と認められていない) uberettiget

むかんしん 無関心 likegyldighet, mangel på interesse —な likegyldig, likeglad (いい加減な) forsøm'melig, etterlatende

むかんの 無冠の ukron[e]t

むき 向き (方向) retning 東—の部屋 et austvendt værelse (方位) kompas'[s]retning (位置) belig'genhet, situasjo'n, stilling (…にふさわしい・適した) egnet, passende, belei'lig 子供—の映画 film som egner seg til barn

むぎ 麦 korn 小— kveite, hvete らい— rug 大— bygg —畑 kornmark, kveitemark —刈りする meie kveite —わら kveitestrå, halm[strå]

むきちょうえき 無期懲役 livsvarig fengsel

むき・の 無機の uorganisk —物 uorganisk stoff/emne —化学 uorganisk kjemi'

むきゅう 無休 uten pause/fridag 年中— være åpen hele året

むきゅうの 無給の ulønnet

むぎわら 麦わら halm, kveitestrå —帽子 stråhatt

むく　剝く（野菜・果物などの皮を）skrelle〔av〕（樹皮を）barke（動物の皮を）flå〔av〕

むく　向く（向きを変える）rette/vende seg〔mot〕, endre retning（見る）se〔på〕（指す）peke på（面する）vende ut mot, ha utsikt til（適合する）passe, egne seg〔til〕

むくい　報い(報酬) beløn'ning（補償）erstat'ning, vederlag（罰）straff（報復）hevn　ーる gjengjelde, beløn'ne（仕返しする）hevne

むくち　無口　taushet, stumhet　ーの taus, ordknapp, stum（口数の少ない）fåmælt, ordknapp

むくみ　浮腫〈病〉hevelse

むけいけんの　無経験の　uerfaren

むける　向ける　rette〔mot〕, vende

むげん　無限　uen'delighet（永久）evighet　ーの uen'delig, endelaus　ー大の uen'delig stor（永久の）evig, tidlaus　ーに i all evighet, fra evighet til evighet

むこ　婿　svigersønn　花ー brudgom　ー養子 adopte'ret svigersønn

むごい　酷い　streng, hard, hjerteløs

むこう　無効　ugyldighet, opphevelse　ーの ugyldig　ーにする erklare/gjøre ugyldig, oppheve（キャンセルする）annulle're, tilba'kekalle　ーになる bli ugyldig　ー〔投〕票 forkas'tet/spole'ret stemme

むこう　向こう　stedet derover, derhen, derover　ー側 den motsatte side　河・通りのー側に på annen side av floden/gaten

むこうみず　向こう見ずの　dumdristig, despera't, eventy'rlig（軽率な）uforsiktig

むごん　無言　taushet, stumhet　ーの taus, stum（口の重い）tilba'keholden（口数の少ない）fåmælt（控え目の）diskre't　ーで taust　ー劇 pantomim'e

むざい　無罪　uskyl'dighet, uskyld　ーの uskyl'dig〔i forbry'telse〕　ー放免する frikjenne

むさべつに　無差別に　uten forskjell, på måfå

むさぼる　貪る　være gjerrig/glupsk

むさんかいきゅう　無産階級　proletaria't

むし 虫 (昆虫) insekt (毛虫) kålorm (地虫の類) mark (蛾(ガ)) møll (ばったの類) grashoppe (害虫) skadedyr —の声 surr —がぶんぶんいう surre, summe —歯 råtten tann, tannråte, 〔tann〕karies —眼鏡(拡大鏡) forstør′relsesglas〔s〕 —除け insektmiddel

むしあつい 蒸し暑い lummer, kvalende varm

むしする 無視する forsøm′me, neglisje′re, unnlate (軽視する) forak′te

むじの 無地の umønstret

むしば 虫歯 råtten tann, tannråte, 〔tann〕karies

むしばむ 蝕む underminere, forder′ve

むじひな 無慈悲な ubarmhjertig, nådeløs

むしぶろ 蒸し風呂 badstue, sauna

むしめがね 虫眼鏡(拡大鏡) forstør′relsesglas〔s〕

むしゃ 武者 kriger

むじゃき 無邪気 uskyl′dighet, naivite′t, troskyldighet —な uskyl′dig, naiv, troskyldig

むしゃくしゃする være irrite′rt/gretten

むしゃむしゃくう むしゃむしゃ食う gomle, gnaske

むじゅうりょく 無重力 vektløshet

むじゅん 矛盾 〔selv〕motsigelse, inkonsekvens —の selvmotsigende, inkonsekvent —する motsi, være inkonsekvent (逆説)paradok′s

むじょう 無情 hjerteløshet, hardhjertethet (残酷) grusomhet —な hjerteløs, hardhjerta (残酷な) grusom (無慈悲な) ubarmhjertig (冷淡な) holdsindig —にも hjerteløst, ubarmhjertig

むじょう 無常 forgjeng′elighet, foran′derlighet —な forgjeng′elig (変りやすい)foran′derlig

むじょうけん・の 無条件の uvilkårlig, ubetinget (絶対的な) katego′risk —に/で uvilkårlig, ubetinget

むしょうで 無償で gratis, uten betaling, vederlagsfritt

むじょうの 無上の høg〔e〕st, øv〔er〕st (至高の) suvere′n

むしょくの 無色の fargelaus

むしょくの 無職の arbeidsløs, ledig
むしょぞくの 無所属の uavhengig (中立の) nøytra′l
むしる 毟る(毛を) plukke, ribbe
むしろ 筵 stråmatte
むしろ heller, temmelig, snarere　AよりーBの方 heller B enn A
むしんけい 無神経 ufølsomhet, følelsesløshet　ーな ufølsom, følelsesløs (冷淡な) koldsindig (無情な) sjelløs (無関心な) likegyldig, likeglad
むじんぞうの 無尽蔵の uuttøm′melig (無制限の) ubegrenset
むじん・の 無人の(人の住んでいない) ubebodd　ー島 ubebodd øy　ー飛行機 ubemannet fly
むしんろん 無神論 ateisme　ー者 ateis′t
むす 蒸す(蒸気で) behan′dle med damp, dampe (食べ物を) dampkoke (天候が) være lummer/kvelende
むすうの 無数の utal′lig, tallaus
むずかし・い 難しい(困難な) svær, vanskelig (厄介な) komplise′rt, besvæ′rlig, innviklet (疑わしい) tvilsom, mistenk′som (顔付きが) streng, bister (悲しげな) tungsint (厳格な) streng, hard (真剣な) alvo′rlig　ーさ vanskelighet, vanskegrad
むすこ 息子 sønn
むすび 結び(結び目) knut〔e〕(結果) resulta′t, følge, konsekven′s (結論) slutning　ーつける(結ぶ) knytte, forbin′de, binde　ーに som avslutning/slutt
むすぶ 結ぶ(糸などを) knytte, forbin′de (鎖で) kjede〔sammen〕(関係を) ha tilknytning til (約束を) treffe/inngå en avtale〔med〕(契約を)〔av-〕slutte en kontrak′t〔med〕(同盟を) allie′re seg med (実を) bære frukt
むすめ 娘 datter, pike (女の子) pikebarn
むせいえいが 無声映画 stumfilm
むせいおん 無声音 ustemt lyd
むせいげん・の 無制限の ubegrenset, uinnskrenket　ーに uten noe restriksjo′n (自由に) fritt

むぜいの 無税の　skatt[e]fri, tollfri

むせいふしゅぎ 無政府主義　anarkis'me　—者 anarkis't

むせいぶつ 無生物　livløse gjenstander (pl.)

むせきにん 無責任　uansvarlighet, ansvarsløshet　—な uansvarlig, ansvarslaus (無思慮な) ubetenksom

むせ・ぶ 咽ぶ　kvele　—び泣く hulke

むせん・の 無線の　trådløs　—電話 trådløs telefoni', radiotelefoni　—技術者 radio tekniker　—操縦 trådløs styring

むだ 無駄　sløseri, sløsing, ødsling　—な forgje'ves, unyttig, unød[vend]ig, uanve'ndelig　—に forgje'ves, unyttig, uanvendelig　—遣い sløseri (電気の) overforbruk　—話 tom snakk, innholdsløs snakk, pjatt　(ゴシップ) sladder　—なもの(がらくた) søppel, avfall, skrot　時間の— bortkastet tid　—な努力・—骨 spilt møye, fruktesløse anstrengelser　—骨を折る anstrenge seg forgje'ves

むだん・で 無断で (許可なく) uten tilla'telse (不法に) ulovlig (予告せず) uten oppmer'ksomhet/varsel　—欠勤 tjuvperm

むち 鞭　pisk, peis, ris (籐・竹など昔の) krabask　—打つ piske, peise (たたく) banke (激励する) oppmuntre, spore　—うち症 halsskade, nakkeskade

むち 無知　uvi'tenhet (文盲) analfabetis'me　—な uvi'tende, ukyndig　—な人 analfabet

むちゃ・な 無茶な　vanvittig, despara't (不合理な) urimelig (粗野な) vill (軽率な) ubetenksom, tankelaus (思慮のない) hensynsløs　—な運転 råkjøring　—に vanvittig, urimlig, hensynsløst

むちゅうに/で 夢中に/で (熱中して) fordy'pet i, oppslukt [av] (熱狂した) entusias'tisk, begei'stret (われを忘れて) ute av seg selv (魅せられる) fortryl'les, tiltrekkes

むっつりした　mutt, surmulende, tverr

むてき 霧笛　tåkelur

むてきの 無敵の　uovertruffen, uoverwin'nelig, ufor-

lik′nelig,（ユニークな）makeløs
- **むてっぽう・な** 無鉄砲な dumdristig, fandenivoldsk, ubesindig （思慮のない）ubetenksom, hensynsløs （軽率な）lettsindig ―に dumdristig, lettsindig
- **むでん** 無電(無線電信) trådløs telegram, radiotelegram
- **むなし・い** 空しい(空虚な) meningsløs, tom, forgjeng′elig （無効の）ugyldig ―く（かいなく）forgje′ves, unyttig, unødig
- **むにの** 無二の uforli′kelig, uni′k, enestående ―親友 hjertevenn〔in\ne〕, fortroligvenn
- **むにんしょだいじん** 無任所大臣 minister uten porteføl′je
- **むね** 胸(胸部) bryst （心のあるところ）barm （両腕の間）famn （心臓）hjerte ―が高鳴る banke, slå ―をおどらせる〔ような〕spennende, lystbetonet, fengslende ―やけ halsbrann
- **むね** 棟 takrygg, møne
- **むのう・な** 無能な udyktig, inkompetent, ute av stand til å ―力 udyktighet, inkompetanse
- **むひょうじょうな** 無表情な uttrykksløs
- **むふんべつ** 無分別(無思慮) ubetenksomhet, uforsiktighet, indiskresjo′n （軽率）tankeløshet, ubetenksomhet ―な ubetenksom, tankeløs, hensynsløs ―にも lettsindig, tankeløst, hensynsløst
- **むぼう・な** 無謀な(軽率な) ubetenksom, tankeløs, lettsindig （無鉄砲な）dumdristig, fandenivoldsk, ubesindig （無思慮な）indiskret, uforsiktig ―にも hensynsløst, tankeløst
- **むほん** 謀反(反乱) opprør （反逆）forræderi′ ―を起こす opprøre, gjøre opprør ―人 opprører, forræder
- **むめい** 無名 anonymite′t ―の ukjent, anony′m （無署名の）usignert
- **むやみに** ubehersket, overdrevent, tankeløst
- **むようの** 無用の ubru′kelig, unyttig （不必要な）unød〔vend〕ig （余計な）overflødig ―長物 en overflødig gjenstand

むら 村 landsby, mindre kommu'ne —人 landsbybeboer —八分 sosia'l isole'ring, ostrakis'me

むらがる 群がる flokke seg, trenge seg sammen (集合する) forsam'le (虫などが) sverme

むらさき 紫〔の〕fiolet't —水晶 ametys't

むらのある ujamn, ujevn, plettet〔e〕 (不規則な) uregelmessig

むり 無理(強制) tvang (不条理) uri'melighet, umedgjørlighet (過労) overanstrengelse —な(強制的な) tvungen, obligato'risk (不当な) uri'melig, uforstandig (過度の) overdreven, umåteholden (不可能な) umu'lig, håpløs (困難な) besvæ'rlig, vanskelig —に med tvang (不必要に) unødig (不当に) uri'melig, uforstandig

むりょう・の 無料の gratis, vederlagfri, avgiftfri —で gratis, uten vederlag —の乗車/入場券 fribillet 入場— gratis entré/adgang

むれ 群れ flokk, bande, forsam'ling, hold, vrimmel, skare (家畜・獣などの) hjord (魚などの) stim (虫の) sverm (軍勢) hær —をなして i flokk —をなす flokke seg, vrimle av, forsam'les

むろ 室 lagerplass (地下の) kjeller (食料置き場) viktua'lierrom (ほら穴) hole, hule

むんむんする (暑くて) være lummer/trykkende (人いきれなどで) være varmt og kvalmt

め

め 芽 skott, skudd, spire (つぼみ) knopp —が出る knoppe seg, spire

め 眼・目 øye (視力) syn (注目) oppmer'ksomhet (経験) erfaring (網の・編物の) maske 織り— tekstur (さいころの) øye (のこぎりの) tann (縫い針の) nåløye —を開ける åpne øynene ひどい—に会う oppleve noe forfer'delig —を離す fjerne blikket fra …にお—にかかる møte〔med〕—を閉じる lukke øynene —が覚める vakne, våke —を覚まさす vekke —覚まし時計 vekkerur —を通す granske, se igjen'nom

めい 姪 nie\se （兄弟の娘）brordatter （姉妹の娘）søsterdatter
めいあん 名案 en god idé, fremragende idé/plan
めいあん 明暗 〔livets〕solside og skyggeside
めいかくな 明確な klar, tydelig
めいきゅう 迷宮 labyrin't, myste'rium —入り事件 uoppklart sak —入りする følge et blindspor, komme inn i et blindspor
めいげん 名言 bevin'get ord
めいこく 銘刻 ristning
めいさい 迷彩 kamufla'sje, sløring, maske'ring —する kamufle're —服 kamufla'sje drakt
めいさい 明細 detal'j, enkeltheter(pl.) —な detalje'rt, utfø'rlig —に i detal'jer, utfø'rlig —書 spesifikasjo'n, detal'jert angivelse
めいさく 名作 mesterverk, mesterstykke
めいし 名刺 visit'tkort —を手渡す legge sitt visit'tkort hos en
めいし 名詞〈文法〉substantiv, navnord
めいししゅう 名詩集 antologi'
めいしゅ 盟主 leder, anfører
めいしょ 名所 sever'dighet, berøm't sted, yndet utfluktsted —を見物する bese sever'digheter —旧跡 histo'risk minnesmerke
めいしょう 名勝 sceniskt/naturskjønt landskap
めいしん 迷信 overtro, overtru —の overtroisk
めいじん 名人 mester, eksper't （有名人）berøm'thet
めいずる 命ずる（命令する）befa'le, kommande're〔til å〕, beor'dre （任命する）utnevne
めいせい 名声 berøm'melse, 〔godt〕renommé, anseelse —のある berøm't, berøm'melig, ansett —を博する bli berøm't, vinne berøm'melse

めいそう 瞑想 meditasjo'n —する medite're, spekule're〔over/på〕
めいちゃ 銘茶 utsøkt/utvalgt te
めいちゅう 命中 treff —する treffe, ramme
メイド （ホテルなどの）værelsespike
めいどうする 鳴動する drønne, buldre, rumle
めいにち 命日 årsdag for en persons død/bortgang
めいはく・な 明白な klar, åpenbar, tydelig —に klart, åpenbart, tydelig
めいぶつ 名物(産物) spesialite't, berøm't/lokalt produk't
めいぶんしゅう 名文集 antologi'
めいぼ 名簿 navneliste
めいめい 銘々 hver, enhver —に/で respektive, hver for sig
めいやく 盟約 pakt —する slutte en pakt med
めいよ 名誉 ære, heder （栄光）herlighet, prakt （名声）berøm'melse, anseelse （威信）verdighet, presti`sje —となる komme til heder og verdighet —を傷つける〔ような〕ærekrenkende
めいりょう 明瞭 klarhet, tydelighet —な klar, tydelig —に klart, tydelig
めいれい 命令 befa'ling, ordre, komman'do （指令）anvisning, direkti'v （訓令）instruksjo'n —する befa'le, beor'dre, kommande're
めいろ 迷路 labyrin't
めいろう・な 明朗な （明るい）lys, klar （快活な）munter, glad —化する(元気づける) oppmuntre, kvikke opp, sette liv i
めいわく 迷惑(めんどう) besvæ'r, gêne, umak （不便）uleilighet, gêne, ubekvemhet —な besvæ'rlig, ubekvem, ulei'lig —をかける besvæ're, forstyr're, umake
めうえ 目上 overordnede （年上）eldre, senior
めうし 雌牛 ku
メーキャップ make-up, sminke
メーター （メートル・長さ）meter （計量器）måler —

法 metersystem
メーデー første mai, 1. mai
めかくし 目隠し banda′sje （窓の）rullegardin, persien′ne （ついたて）skjerm ―遊び blindebukk （馬の）skylapper (pl.)
めかけ 妾 elskerin'ne
めがける 目掛ける(ねらう・目標とする) sikte〔på〕, ta sikte på, stile mot
めかす kle seg〔pent〕på, ta〔fint〕tøy på
めかた 目方 vekt ―を測る vege ―が増える/減る bli tyngre/lettere
めがね 眼鏡 briller(pl.) ―の玉 brilleglas〔s〕 ―をかける/はずす ta briller på/av ―屋 optiker
メガホン megafo′n
めがみ 女神 gudin'ne
メキシコ Mexico ―人 meksika′ner ―の meksika′nsk
めぐすり 目薬 øyendråper (pl.)
めくばせ 目配せ blinking ―する blinke
めぐ・み 恵み(神の) velsignelse （慈悲）barmhjertighet, nåde （慈善）velgjørenhet （恩恵）gunst, yndest （好意）favø′r, velvilje ―む(神が) velsigne (人に) vise barmhjertighet mot
めくら 盲(目が不自由) blindhet ―の(目の不自由な) blind （目の不自由な人)(総称) de blinde （目が不自由になる) bli blind
めぐらす 巡らす(囲む) omgi, omringe （垣根を）hegne, omgjerde （ふちどりする）innramme （考えを）tenke〔over/på〕, funde′re
めぐりあう 巡りあう treffe, ramme （運よく）være så heldig å møte
めくる 捲る(かえす) vende opp og ned （頁を）vende bladet （はぎとる）rive av, ta noe bort
めぐ・る 巡る(回転する) rote′re, kretse （循環する）sirkule′re （巡回する）patrulje′re, gjøre runde （回遊する）gå en tur, gjøre ekskursjo′n/utflukt ―り合う møtes, treffes …を―って(…に関して) angående,

vedrørende, om
めざす 目指す sikte 〔på〕 (努力して) strebe etter/mot —処(目標) mål, formål (目的地) destinasjo'n, bestem'melsessted
めざましい 目覚しい markan't, påfallende, slående
めざましどけい 目覚し時計 vekkerur, vekkerklokke —を6時にかける stille vekkerklokken på 6
めざめ 目覚め vakning —る vakne opp (自覚・覚醒する) bli seg bevis'st, komme til fornuf't —さす (自覚させる) vekke
めし 飯(米飯) kokt ris (食事) måltid (生計) livsopphold, utkomme, underhold, forsør'gelse, —を炊く koke ris
めしあがる 召し上がる spise, drikke
めした 目下 de underordnede, subordine'rt (家来) undersått, vasal'l (年下) yngre, junior
めしつかい 召使 jomfru, tjenestefolk, tjenestepike
めしべ 雌しべ støvvei, støvveg
めじるし 目印 merke, tegn (目標) siktemål
めじろ 目白〈鳥〉 brillefugl
めす 雌 hun —の hun〔n〕lig —犬 teve —牛 ku —馬 hoppe
メス (外科用の) skalpel'l
めずらし・い 珍しい enestående, bemer'kelsesverdig (まれな) sjelden (特異な) uni'k (輝かしい) strålende —く sjelden, usedva'nlig (珍品) rarite't
めだ・つ 目立つ være bemer'kelsesverdig/usedva'nlig/framstående/fremragende —って bemer'kelsesverdig, fremragende
めだまやき 目玉焼き speilegg
メダル medal'je
めちゃくちゃ・な uordentlig, kao'tisk —に uordentlig, forvirrende
メッカ Mekka
めっき 鍍金 金— forgyl'ling 銀— forsøl'ving 金—する forgyl'le 銀—する forsøl've
めっきり bety'delig, påfallende, iøy'nefallende,

betrak'telig

メッセージ meddelelse, budskap, beskje'd

めった・に 滅多にない(まれな) sjelden, ualmin'nelig ーやたらに ubehersket, overdrevent, tankeløst

めつぼう 滅亡 tilin'tetgjørelse, utslettelse, ø(y)delegging ーする tilin'tetgjøres, utslettes, bli ø(y)delagt

めでた・い 目出度い lykkelig, velsig'net, heldig, lykksalig ーく lykkelig, velsig'net, heldig

メドレー (水泳などの) medley

メニュー meny', spisekart

めのう 瑪瑙 aga't

めばえ 芽生え spire, knopp, skott (始まり) begyn'nelse 愛のー spirende kjærlighet/forel'skelse

めはなだち 目鼻立ち ansiktstrekk

めまい 目まい svimmelhet ーがする svimle, føle seg svimmel ーがするような svimmel, svimlende, ør, fortum'la

めまぐるしい 目まぐるしい svimlende, svimmel, forvir'rende

メモ memoran'dum, antegnelse

めもり 目盛 skala

めやす 目安(標準) standard, norm (目的〔物〕) mål (目標) sikte

メリーゴーランド karusel'l

メリケンコ メリケン粉 kveitemjøl, hvetemel

メリヤス strikketøy

メロディー melodi'

メロドラマ melodra'ma

メロン melo'n

めん 面(仮面) maske (顔) ansikt 表ー 〔over〕flate 側ー side 前ー forside, fasade 裏ー bakside 局ー aspek't (新聞の欄) kolum'ne

めん 綿 bomull

めんえき 免疫 immunite't ーの〔ある〕 immu'n 〔mot〕 ーにする immunise're ー注射 vaksine'ring (比喩的に・…を受けつけない) uimotta'kelig (無感

覚の) følelsesløs
めんおりもの 綿織物 bomullstøy
めんかい 面会 møte （病院などの）besøk （対談）intervju' ―する møte, besøke, intervju'e ―人 besøkende ―時間 besøkstid
めんきょ 免許 bevis, lisen's （許可）tilla'telse 運転―〔証〕kjørekort
めんじょ 免除（税金・料金などの）fritaking, frikjennelse ―する unnta, frikjenne （兵役など）―となる bli fritatt for
めんじょう 免状（大学卒業などの）diplom （免許証）lisen's, sertifika't
めんしょく 免職 avskjed, oppsigelse ―させる avskjedige, gi en hans avskjed, oppsi ―になる få sin avskjed （辞職する）ta sin avskjed, fratre
めんじ・る 免じる（免除・免職する）avskjedige, bortvise, frita for tjeneste …に―て i betrak'tning av
めん・する 面する ha front 〔imot〕…に―している være overfor
めんぜい 免税 skattefritak, tollfrihet ―品 skattefrie/tollfrie varer (pl.)
めんせき 面積 flateinnhold, area'l ―を測る måle area'l ―の単位 flatemål
めんせつ 面接 intervju' ―試験 muntlig eksa'men （就職などの）personel'l intervju'
めんどう 面倒 besvæ'r, umak〔e〕 （困難）vanskelighet （迷惑）bryderi, ulei'lighet （うるさいこと）ergrelse, ubeha'gelighet （世話）omsorg, varetakelse ―な/―くさい besvæ'rlig, vanskelig, erge〔r〕lig ―になる komplise'res, innvikle seg （重大になる）bli alvo'rlig ―を見る varetake, ta vare på, ta seg av ―を見る人 velynder, protek'tor, beskyt'ter
めんどり 雌鳥（にわとり）høne （一般的に）hunnfugl
メンバー medlem （集会者・聴衆）forsam'ling
めんぷ 綿布 bomullsstoff
めんぼく 面目（体面）presti'sje, anseelse, respek't （名誉）ære, heder ―を保つ redde ansiktet, klare

seg med heder —を施す bli hedret〔med〕 —を失う tape ansikt

めんみつ・な 綿密な omhyg'gelig, minutiø's (周到な) nøyak'tig (細心な) nøye —に omhyg'gelig, minutiø'st, nøyak'tig

も

…も (及び) og, samt …もまた også, dessuten, forres'ten …も…でない heller ikke,〔h〕verken … eller … AもBも både A og B

も 喪 sorg —に服している bære sorg for —章 sørgebind, sørgeflor —服 sørgeklær(pl.) —主 sørgende

もう (今では・すでに) allerede (もはやない) ikke lenger —すぐ(間もなく) snart, om kort tid —少し liten mere —一度 en gang til —一杯 en kopp til —ひとつ en mere —結構です Nei tak!

もうかんげんしょう 毛管現象 hårrørsvirkning

もうきんるい 猛禽類 rovfugl, griske fuglearter

もうけ 儲け profit't, fortje'neste —る gå med overskott, tjene penger, profitte're

もうける 設ける etable're, opprette, stifte

もうしあげる 申し上げる si

もうしあわせ 申し合わせ overenskomst, enighet, ordning

もうしいれ 申し入れ(提案) forslag (申請) anmodning (告訴) påtale, tiltale (異議) innvending, innsigelse (嘆願) andragende (苦情) klage (通告) meddelelse, kunngjøring —する(提案する) foreslå (申請する) anmode/andra om (苦情をいう) klage, beskyl'de (文書で) overlate klageskriv〔else〕til

もうしこ・み 申し込み(出願) ansøkning (申請) anmodning (申し入れ) tilbud〔om〕 (提議) forslag (参加の) ansøkning av deltaking (応募の) ansøkning（出版物の）abonnement（観劇などの予約）tegning, reservasjo′n, forbehold ―む（出願する）ansøke om（申請する）anmode/andra om（申し入れる）tilby〔de〕, framby（提議する）foreslå（参加を）ansøke som deltaker（応募する）ansøke om, tegne seg for（ホテルなど予約する）reserve′re, forbeholde（結婚を）fri〔til〕

もうしぶんのない 申し分のない perfek′t, utmerket, tilfred′sstillende

もうじゅう 猛獣 villdyr（肉食動物）rovdyr

もうしわけありませんが 申し訳ありませんが Unnskyld, men …

もうす 申す si, fortelle（…という者です）hete

もうぜんと 猛然と heftig, voldsomt（悪魔のように）djevelskt（決然と）standhaf′tig（猛烈に）veldig, inten′st

もうそう 妄想 hallusinasjo′n, sansebedrag（思い過ごし）innbilning ―的な hallusine′rende, hallusinato′risk ―にふける hallusine′re

もうちょう 盲腸 blindtarm ―を取る få blindtarmen fjernet, ta blindtarmen ―炎 blindtarmsbetennelse

もうはつ 毛髪 hår

もうひつ 毛筆 pensel

もうふ 毛布 ullteppe（毛せん・フェルト）filt（旅行用ひざかけ）pledd, reiseteppe

もうまく 網膜 netthinne

もうら・する 網羅する（広く含む）inklude′re（包含する）omfatte, innbefatte ―的な omfattende, medregna, uttømmende

もうれつ・な 猛烈な voldsom, hard, drastisk ―社員 mye loyal/hardarbeidende medarbeider

もうろく・する 耄碌する（動脈硬化する）bli åreforkalket ―した seni′l, avfel′dig

もえあがる 燃え上がる blusse opp

もえつく 燃えつく gå eld/ild i

もえ・る 燃える brenne ―あがる blusse opp ―つ

きる brenne ut —落ちる brenne av/ned —かす slagg —る希望 brennende håp
モーター (エンジン) motor —ボート motorbåt
モーテル motel′l
モード (ファッション) mote 最新—の etter siste mote
モーニング〔コート〕 sjaket′t
モーニングコール vekking 6時に—を頼む bestille vekking til kl. 6
もがく vri seg, sno seg
もぎ 模擬 simulasjo′n —装置 simula′tor
もくげき・する 目撃する være vitne til, observe′re, overvære —者 vitne, øyevitne
もくざい 木材 tømmer
もくじ 目次 innhold〔sfortegnelse〕
もくせい 木星 Jupiter
もくせいの 木製の av tre, tre-
もくぜんの 目前の umiddelbar, direkte (危険などさし迫った) overhengende
もくぞう・の 木造・の av tre, tre- —住宅 trehus
もくそく 目測 øyemål —で etter/på øyemål
もくちょう 木彫 treskjæring —家 treskjærer
もくてき 目的 formål, mål, sikte —を果たす nå sit mål —に合った formålstjenlig, hensiktmessig —地 bestem′melsessted, mål, destinasjo′n —語 objek′t
もくにん 黙認 stilltiende forstå′else —する se gjennom fingrene 〔med〕, lukke øynene 〔for〕
もくば 木馬 gyngehest
もくはんが 木版画 tresnitt
もくひけん 黙秘権 retten å nekte å vedkjenne seg
もくひょう 目標 hensikt, mål (標的) skyteskive (目的) formål, mål, sikte
もくめ 木目 tekstu′r, struktur
もくようび 木曜日 torsdag
もぐら 〈動〉 moldvarp, muldvarp
もぐ・る 潜る dukke ned i —りこむ smyge seg inn (隠れる) gjemme/skjule seg

もくれん 木蓮〈植〉 magno′lia
もくろく 目録 (商品などの) katalo′g, forteg′nelse, liste (表) tabel′l (目次) innhold —をつくる la/oppta en forteg′nelse over
もくろ・み 目論み plan, prosjek′t (意図) hensikt, forsett (目的) formål, mål, sikte (予想) framtidsutsikter(pl.) —む planlegge, prosjekte′re
もけい 模型 model′l (模様) mønster (鋳型) støpning —飛行機 model′lfly —鉄道 model′ljernbane
もさくする 模索する famle, grafse
もし 若し om, hvis (…の場合は) ifald, i tilfelle av —かすると(たぶん) muligvis, kanskje —くは eller —そうでなければ ellers
もじ 文字 (英字など) bokstav (漢字など) skrifttegn —盤(時計の) urskive
もじどおり・の 文字通りの/に boksta′velig, ordrett
もしもし (電話・見知らぬ人へ) Hallo
もしゃする 模写する kopie′re, reproduse′re
もす 燃す brenne
もず 百舌〈鳥〉 varsler
モスクワ Moskva —市民 moskovit′t
もぞう 模造 etteraping, etterlikning —品 imitasjo′n —する etterape, etterlikne, imite′re —の kunstig, imite′rt, uekte
もだえる 悶える li[de] kval, pines
モダンな mode′rne, nåtidig
もち 餅 riskake
もち 持ち(耐久性) holdbarhet
もちあげる 持ち上げる løfte, heve (おだてる) smigre (扇動する) hisse [opp]
もちいる 用いる (使用する) anvende, benyt′te, bruke [til] (適用する) applise′re, anvende (採用する) oppta, anta (採り入れる) innføre (雇う) ansette, tilsette
もちこむ 持ち込む innbringe, innføre (届ける) overlate, [over]levere
もちさる 持ち去る føre noe bort, ta med seg

もちだす 持ち出す ta med ut （火事のとき）redde 〔fra eld〕（持ち逃げする）løpe bort med

もちぬし 持ち主（所有者）eier, innehaver, besit′ter （経営者）direktø′r, sjef, leder

もちもの 持ち物 eiendeler, baga′sje （個人動産）lausøre, løsøre

もちろん 勿論 selvføl′gelig, natu′rligvis, selvsagt

もつ 持つ（手に）ta, ha, holde （携える）bære, ta med （所有する）eie, inneha （疑いなど心に）nære （保つ）holde seg, være （担当する）overta, påta seg （負担する）bære 〔bekostning〕

もっかんがっき 木管楽器〈楽〉 treblåseinstrument

もっきん 木琴〈楽〉 xylofo′n

もったい・ない 勿体ない（無駄な）ødsel, uøkono′misk, sløset （分に過ぎた）ufortjent （神を敬わない）ugu′delig （尊敬心のない・失礼な）uærbødig, respek′tløs ―なくも aller nådigst

もったい・ぶる holde på sin verdighet ―ぶった oppblåst, hoven, innbilsk （大言壮語の）svulstig, høyttravende, oppstyltet ―ぶらない være beskje′den/fordringsløs

もって （道具を）med （手段として）gjennom （…を助けとして）ved hjelp av （理由で）for, ettersom, fordi′

もっていく 持って行く ta med

もってくる 持ってくる 〔med〕bringe, komme hit med （取ってくる）hente

もってまわった 持って回った indirekte, full av omvei

もっと mer ―安い billigere ―上手な dyktigere

モットー motto, slagord, stikkord

もっとも 最も（最高に）ytterst, mest, i det høgste, （形容詞・副詞の最上級）

もっとも 尤も på den annen side, i midlertid, likevel （ただし）men, imid′lertid, likevel, dog （道理のある）riktig, rimelig, skjellig （当然の）natu′rlig, selvklar ―らしい plausi′bel, sannsy′nlig

もっぱら 専ら（まったく）fullsten′dig, heil, uteluk-

モップ　mopp　—で掃除する moppe
もつれ　縺れ(髪・糸など) sammenfiltret masse (紛糾) forvik'ling, besvæ'r　(混乱) forvir'ring, rot　—る innfiltre, filtre seg〔i hop〕(紛糾する) innvikle (ごたごたを起こす) besvæ're, bringe uorden　舌が—る tale uty'delig/grautet〔e〕
もてあそぶ　弄ぶ(おもちゃなどいじくる) leike med (楽器など楽しむ) more seg　(子供など楽しませる) underholde　(慰みものにする) ha moro med en, gjøre gøy med
もてあます　持て余す(物が主語) bli for mye for en (人が主語) ikke vide hva man skal gjøre, tape kontrol, være forle'gen〔for〕
もてな・し　(歓待) underholdning, gjestfrihet (接待) oppvartning, mottakelse (旅館などの) service (待遇) behan'dling　—す(歓待する) underholde (楽します) more (ご馳走する) bever'te
もてる　(人気がある) være populæ'r　(歓迎される) velkom'men　—国 rikt land, utviklet land
モデル　model'l　—になる stå model'l　—を描く tegne etter model'l
もと　元・本 (起源) opprin'nelse, opphav, kjelde, begyn'nelse (原因) årsak, grunn (基礎) basis, fundamen't, grunnlag (資本) kapita'l (原料) materia'le (原価) bekos'tning (以前に) tidligere, opprin'nelig (以前の) fordums　—の位置にもどす legge noen tilba\ke til
もと　基 basis, grunnlag fundamen't　…を—にして base'rt på
もどかしがる　være utå'lelig/irriterende
もどす　戻す returne're, gi/legge tilba\ke (復旧する) retable're, gjenopprette (再興する) restitue're (返送する) returne're, tilba\kesende　(返金する) tilba\kebetale (吐く) kaste opp, brekke seg
もとづく　基づく(根拠とする) være base'rt på　(起因

する)være forårsaket/voldt, bero′ på (準処する)være base′rt på (規則などに) rette seg etter

もとめ 求め etterspørsel, søkning —る(頼む) be om (要求する) kreve, forlan′ge, fordre (願う) ønske, begjæ′re (切望する) attrå (買う) kjøpe (探る) søke

もともと opprin′nelig, fra starten

もどる 戻る vende tilbaˋke, komme retur/igjen (バネが) springe tilbaˋke (あとずさりする) vike tilbaˋke (よりが) forso′ne seg med en

もの 物 ting, sak 品— vare, artik′kel 飲み— drikkevatn (アルコール入りの) drikkevare 食べ— mat, føde 忘れ— glemte saker (材料) emne, materia′l〔e〕, stoff (物質) substan′s (品質) kvalite′t —のわかる fornuf′tig, forstan′dig, forstå′elig

ものおき 物置 pulterkammer (穀物の) låve (貯蔵室) forrådskammer (倉庫) lagerplass (小屋) hytte

ものおしみの 物惜しみの nærig, gnieraktig, gjerrig

ものおと 物音 lyd, klang (楽音) tone, klang (騒音) bulder, støy, gny, ståk

ものがた・り 物語 histo′rie, fortel′ling (説明) uttalelse, erklæ′ring (発言) ytring (会話) samtale (議論) diskusjo′n, debat′t (小説) (短編) novel′le (長編の) roma′n (伝説) legenˋde (北欧の) saga (おとぎ話) fabel (挿話) episoˋde —る fortel′le, beret′te

ものぐさな 物臭な doven, lat, uvirksom —人 dovenlars, dagdriver

ものさし 物差し mål 〔for lengd〔e〕〕, lengdemål (定規) linja′l (折り尺) tommestokk (巻き尺) målebånd

ものさびしい 物寂しい ensom, alene (片田舎の) avsides

ものしり 物知り velinformert/kunskapsrik person (学者) vit〔en〕skapsmann, de lærde (pl.) —顔で med en mye veltalende blikk

ものずき 物好き(こと) nyfikenhet, nysgjer′righet —な nyfiken, nysgjer′rig, spørrelysten, vitebegjærlig —な人 nyfiken person

ものすご・い 物凄い voldsom, forskrek'kelig (恐ろしい) forskrek'kelig, forfer'delig (不吉な) uhyg'gelig (信じられない) utru'lig, utro'lig —く voldsomt, forskrek'kelig, veldig

ものたりない 物足りない utilfred's, skuffet

ものまね 物真似 etterliknelse, etteraping, parodie'ring (擬態) beskyt'telseslikhet (風刺) parodi' —する etterlikne, etterape

モノレール (軌道) enskinnebane

もはん 模範(手本) model'l (例) eksem'pel (見本) mønster, forbilde (判例) prejudika't —を示す vise et godt eksem'pel —的な eksempla'risk, mønstergyldig

もふく 喪服 sørgeklær —を着る bære sørgeklær —姿の sørgekledd

もほう 模倣(事) imitasjo'n, etterlikning (物) kopi', avtrykk —する imite're, etterape, kopie're, etterlikne

…もまた også, likeledes, dessuten

もみ 樅〈植〉 gran

もみじ 紅葉(かえで) lønne[tre] (紅葉) gul og karmosi'nrød lauv, etterårslauv

もむ 揉む(あんまする) masse're (くしゃくしゃにする) krølle sammen (訓練する) trene, øve (気を)være engstelig/bange for

もめる ha proble'm[er], bekym're

もめん 木綿 bomull[sstoff] —糸 bomullsgarn —製品 bomullsvarer(pl.)

もも 桃〈植〉 fersken

もも 腿・股 lår —肉(鶏・七面鳥などの焼いたもの) kyllingste[i]k (豚の・ハム) skinke

もや 靄 tåke, dis (tåkeより薄い)

もやし (豆の) bønnespirer

もやす 燃やす(燃す) brenne (点火する) tenne

もよう 模様(図案) mønster, forbilde, tegning (様子) utseende (所作・演技) oppførelse (振る舞い) oppførsel, åtferd (身のこなし) holdning (きざし) tegn, omen（前兆）forløper, omen（動静）tilstand, stilling

もよお・し 催し（会合）møte, sammenkomst （式典）seremoni′（祝賀会）høyti′delighet（余興）underholdning —し物の案内 forlys′telsesannonse （前兆がある）vise tegn til —す（感じる）kjenne, føle —される holdes

もら・う 貰う（受ける）få, motta …して—う få noe å gjøre, få gjort noe〔av〕…して—いたい ville gjerne ha å

もらす 漏らす（秘密など）la slippe ut, åpenbare （ガスなどを）la lekke （感情を）gi/la fritt løp （暴露する）avsløre, røpe （知らせる）bekjen′tgjøre, tilkjen′negi

もり 森 skog 小さな—・雑木林 småskog （木立）lund

もり 銛 harpu′n —を打ちこむ harpune′re

もりあがる 盛り上がる（繁盛する）blomstre（景気が）ta et oppsving （はれものが）svulme, svulne

もる・もれる 漏る/漏れる （ガス・水などが）lekke, sleppe ut （気密でない）være utett （光・音などが）trenge igjen′nom （秘密が）avsløres, åpenbares （したたる）piple〔fram/ut〕（しみ出る）sive ut （脱漏する）utelates

モルタル mørtel

モルヒネ morfi′n

モルモット 〈動〉marsvin （実験用の）prøveklut

もろ・い 脆い skjør, skrøpelig （傷つきやすい）ømtå′lig, ømfin′tlig 情に—い ømhjertet —くも lett, uten vanskelighet, uten videre

もん 門 port （入口）inngang（格子戸）gitterport（木戸）led —を開ける åpne en port —が開く en port åpner seg —を閉める lukke porten 部— avdeling（分野）område —外漢 lekmann, den utenforstående

もんく 文句（語句）ord（表現）uttrykk（不平）bekla′gelse, klage〔mål〕（抗議）protes′t （異存）innvending —をいう bekla′ge seg, klage （反対をいう）innvende, proteste′re, motsette seg （非難する）bebrei′de, klandre〔for〕, dadle

もんげん 門限 lukningstid
モンゴル Mongolia ―人 mongo'l ―の mongo'lsk
もんしょう 紋章 våpenmerke (盾形の) våpenskjold (家紋) familievåpen (国の) riksvåpen
モンタージュ (写真などの) monta'sje
もんだい 問題 proble'm, spørsmål, oppgave (研究の) emne (話題) samtaleemne (係争の) tvistemål (事件) hending, tilfelle, hendelse ―になる reise et spørsmål, komme i vanskeligheter ―を起こす volde proble'mer
もんどう 問答 spørsmål og svar, dialo'g
もんばん 門番 vaktmannskap, vaktpost, dørvakt
もんぶ・しょう 文部省 〔ノルウェーの〕〔kirke og〕 undervisningsdepartement ―大臣 〔kirke og〕 undervisningsminister
もんもう 文盲 analfabet ―の analfabetisk

や

や 矢 pil
…や… og, eller, med flere, med mer A―B A og/eller B X―Yなど X,Y og/eller liknende
やぁ (感動) Åh! Jaså! (驚き) Aha! Ih! (呼びかけ) Hei! Hallo!
やいなや så snart 〔som〕
やおや 八百屋 grønthandler (青物市場) grønnsaktorg
やかい 夜会 aftenselskap ―服 aftenantrekk, selskapskjole (舞踏会) ball
やがい 野外 (野原) felt, mark (牧草地) eng ―で i det fri 屋外の/で utendørs, i friluft
やがく 夜学 aftenskole, kveldsskole
やかた 館 herregård, residen's
やがて (間もなく) snart (時がくれば) i tidens fylle (ほとんど) nesten, nær (いつかは・早晩) før eller

senere, når alt kommer til alt
- **やかましい** （騒がしい）larmende, støyende （口やかましい）kverule′rende, dømmesjuk （気むずかしい）kresen （無理な要求する）fordringsfull （厳格な）streng, rigorø′s, barsk,
- **やかん** 夜間 nattetid —に ved nattetid —部 aftenskole
- **やかん** 薬缶 〔vann〕kjel〔e〕, gryte
- **やぎ** 山羊 （おす）geitebukk （めす）geit 小— geit〔e〕killing —ひげ fipp〔skjegg〕, spissskjegg
- **やきたての** 焼き立ての(パンなど) nybakt〔brød〕
- **やきつけ** 焼き付け(写真の) kopi′ —をする kopie′re
- **やきとり** 焼き鳥 spisssteikte kyllingestykker og grøn〔n〕saker
- **やきもち** （嫉妬）sjalusi′ —やきの sjalu′
- **やきもの** 焼き物(陶磁器) keramik′k —の kera′misk
- **やぎゅう** 野牛 〈動〉visen′t, bison
- **やきん** 冶金 metallurgi′ —工業 metallur′gisk industri′
- **やきん** 夜勤 nattarbeid —手当て nat〔t〕tillegg
- **やく** 焼く brenne （放火する）sette ild/eld på （焼却する）brenne ut （焦がす）svi （写真を）kopie′re （肉などを）ste〔i〕ke （パンを）bake （トーストにする）riste brød, lage toast （ねたむ）misunne, være misunnelig på
- **やく** 約(およそ) omkrin′g, omtren′t, nesten
- **やく** 役(地位) stilling, tjeneste （官職）embete （任務）plikt, arbeid, verv （機能）funksjo′n （劇の）rolle —を演ずる spille rollen som —に立つ tjene et formål, være nyttig, kunne brukes
- **やく** 訳(翻訳) oversettelse （通訳）（事）tolking （人）tolk
- **やくいん** 役員 ledende person, direktø′r
- **やくがく** 薬学 farmakologi′
- **やくざ** organise′rt gangster
- **やくざい** 薬剤 medisi′n, legemiddel, apotekvarer

—師 apote′ker
やくしゃ 役者 (男) skuespiller (女) skuespillerin′ne
やくしゃ 訳者 oversetter
やくしょ 役所 offentlig kontor/embete —的な/式の byråkra′tisk
やくす 訳す(翻訳する) oversette〔til〕
やくそう 薬草 urt
やくそく 約束 løfte, tilsagn〔om〕, forjet′telse —の会合 avtalt møte (協定) overenskomst, avtale —違反 løftebrudd —する love, gi løfte, gi sit ord på, forjet′te —を守る/果たす holde løfte —を破る bryte løfte —手形 gjeldsbrev, gjeldsbevis
やくだ・つ 役立つ være nyttig/anven′delig/brukbar —たない udyktig, uanve′ndelig, ubru′kelig
やくにん 役人 〔offentlig〕 embetsmann, de offentlige ansatte (雇員) tjenestemann —生活 det offentlige liv
やくば 役場(町・村の) kommu′nekontor, kommu′nehus
やくひん 薬品 medisi′n, medikamen′t, droge 化学— kjemika′lie
やくみ 薬味 krydder〔i′〕 —を入れる krydre —入れ bordoppsats
やくめ 役目 (義務) plikt, oppgave, verv (役割) rolle, oppgave (仕事) syssel, beskjef′tigelse (機能) funksjo′n〔i sosia′l sammenheng〕
やくわり 役割 rolle, oppgave
やけい 夜警 nattevakt
やけど 火傷 brannsår, forbren′ning
やけ・る 焼ける bli brent (肉・魚など) bli ristet, stekes (日光で) bli solbrent, sola bruner huden —落ちる brenne ned (灰になる) forvan′dle til oske/aske 胸— halsbrann 夕— glød ved den solnedgang, aftenrøde
やけん 野犬(迷い犬) bortkommen hund (宿なし犬) herrelaus hund, husvill hund
やこうれっしゃ 夜行列車 natttog

やさい 野菜 grøn〔n〕saker, vegetabi′l ━を作る dyrke/avle grøn〔n〕saker ━畑（家庭用）kjøkkenhage ━の促成栽培する drive fram grønnsaker （根菜）rotfrukt

やさし・い 易しい lett, simpel, nem （明白な）klar, tydelig ━く lett, simpelt ━くする lette （やわらげる）mildne, lindre

やさし・い 優しい blid, mild （愛情のある）øm, kjærlig （温和な）saktmo′dig, mild, fredsom′melig, skånsom （親切な）vennlig, velvillig ━く ømt, mildt, blidt

やし 椰子〈植〉（樹）palme ━の実 kokosnøtt

やじ 野次 tilrop, spott, piping ━る pipe ut, spotte （見物人）tilskuer

やしき 屋敷 fornemt hus, residen′s

やしなう 養う（養育する）oppfostre, oppdra （扶養する）ernæ′re, underholde forsør′ge （養子にする）adopte′re （経済的に援助する）understøtte

やしゅう 夜襲 nattlig angrep

やじゅう 野獣 villdyr, beist ━のような bruta′l, rå ━性 brutalite′t, råhet

やしょく 夜食 kveldsmat （パーティーなどで遅くなっての）nattmat

やしん 野心（野望）ambisjo′n, ærgjer′righet ━のある ambisiø′s, ærgjer′rig （悪計）lumskhet （陰謀的な）lumsk, forræ′dersk （いかがわしい）fordek′tig ━を抱く være ærgjer′rig

やす・い 安い（安価な）billig, lavpris- ━く billig, til en lavpris （特売する）realise′re

やすい 易い（容易な）lett （簡単な）simpel, enkel やり━ lett å gjøre （…しがちである）være tilbøy′elig til å

やすうり 安売り billig salg, billig tilbud, salg til underpris

やすね 安値 lav pris ━の billig （無価値の）verdilaus

やす・み 休み（休息）kvile, hvile （休日）fridag （休

暇・祝日）ferie 今日は—みです ha fri i dag （閉店中）Lukket （欠席）fravær〔fra〕（学校などの休み時間）frikvarter, pause —みなく uten avbrytelse, stadig —む(休息する) kvile〔seg〕（中断する）avbryte （欠席する）være fraværende （休憩する）ta〔seg〕en pause （寝る）sove, gå i seng, gå til sengs （体を）—める la kvile seg

やすもの 安物 noe billig

やすらか・な 安らかな fredelig, fredfull, rolig （平静な）stille —に fredelig

やすり 鑢 fil —をかける file （おろし金）rasp

やせい 野生 villskap —の utemma, vill —の植物〔vill〔t〕〕voksende plante/vekst

やせがまん やせ我慢 overdreven tålmo'dighet/utholdenhet

やせ・る 痩せる(人が) tape i vekt, tape seg, bli tynn/mager （土地が）bli steri'l/ufruktbar —た tynn, mager （土地の）steri'l, ufruktbar, mager —ようと努力する gå/være på avmagring

やたらに 矢鱈に(無差別に) uten forskjell, på måfå （乱暴に）hensynsløst, voldsomt （考えなく）tankeløst, ubetenksomt （盲滅法に）blindt, i blinde （過度に）overdreven

やちん 家賃 husleie

やつ 奴 fyr いやな— anstø'telig fyr

やっかい 厄介(面倒) besvæ'r, bry, bryderi （世話）varetakelse, omhu〔g〕—な besvæ'rlig, brysom —になる(世話になる) varetas, stå under beskyt'telse av —をかける forårsake noe besvæ'r

やっきょく 薬局 apote'k, farmasi'

やってくる やって来る ankomme

やってみる forsø'ke, gjøre et forsøk på

やっと （ついに）endelig, til sist, til slutt （かろうじて）knapt, i underkant （なんぎして）med vanskelighet, møysom'melig

やっとこ 鋏 knipetang

やっぱり →やはり

やつれている være forslit′t/uttært
やど 宿(宿屋) kro, gjestegiveri (宿舎) losji′ (ホテル) hotel′l ―をとる overnatte ved
やと・い 雇い(雇用) ansettelse ―い人 de ansatte (pl.), lønnsmottaker medarbeider ―い主 arbeidsgiver 臨時― midlertidig ansatt (代役) vikar ―う ansette, anta (船員などを) forhy′re (小作などに) feste ―われている være ansatt
やとう 野党 opposisjo′nsparti ―議員 opposisjo′nsmedlem
やとう 夜盗 innbrottstjuv
やどかり 〈魚〉 eremit′tkreps
やどなし 宿無し heimlaus/hjemløs person (浮浪者) vagabond, lasaro′n, løsgjenger (放浪者) vandrer ―犬 herreløs/husvill hund
やど・や 宿屋 kro, gjestegiveri ―屋を経営する holde/drive kro ―帳 gjestebok
やどりぎ 寄生木〈植〉 misteltein
やなぎ 柳〈植〉 pil, vidje ―ごうり/かご vidjekurv ―腰 slank figur, smekker om livet ねこ― pil
やに 脂(木の) harpiks (たばこの) nikoti′n (眼の) utflod/slim fra øye
やぬし 家主 (男) vert (女) vertin′ne
やね 屋根 hustak …で―をふく belegge et hustak med〔tegl〕 …に―をふく legge tak på〔hus〕 ―がわら taktegl, takstein ―裏部屋 loft
やはり 矢張り(…もまた) også, dessuten, likeledes (それでもなお) likevel, enda, ikke desto mindre (ずっと・一定に) stadig (結局) til slutt, til sist, endelig
やはん 夜半 midnatt ―に ved midnatt
やばん・な 野蛮な vill, barba′risk ―人 barbe′r
やひな 野卑な vulgæ′r, nedrig, gemen
やぶ 藪 busk, kratt ―から棒に plutselig, uventet ―医者 kvakksalver, sjarlatan
やぶ・る 破る(裂く) rive (紙などを) flenge (鯨などを) flense (破壊する) ødelegge, destrue′re, herje (違反する) overtrede, bryte (約束・契約などを)

bryte〔avtale〕 (記録を) slå reko'rd (沈黙を) bryte tausheten (負かす) besei're —れ目(裂け目・割れ目) rivne (地面・石などの) spalte —れる(裂ける) bli revet, rives av (こわれる) bli brutt (負ける) besei'res, tape (値を下げる) nedsette (すり切れる) slite ut/opp (交渉が) avbryte, strande

やぶ・れる 敗れる tape, gå tapet, miste

やぶんに 夜分に om aften/natta

やぼな 野暮な (ぶざまな) keitet〔e〕, klosset, klønet〔e〕 (田舎風の) bondsk (粗野な) grov (センスのない) sanselaus, ufølsom

やま 山(山岳) fjell, berg (丘陵) bakke, ås, høgd (山頂) topp, fjelltind (山の背) fjellrygg (坂) skrent (積み重ね) stabel, bunke (物事の絶頂) høgdepunkt, klimaks (投機) spekulasjo'n —のような fjellendt, bakkelendt, kupe'rt —をかける ta en sjanse, gjøre et forsøk på å

やまい 病 sjukdom, sykdom, onde (発作) anfall (伝染病) epidemi'

やまかじ 山火事 skogbrann

やまくずれ 山崩れ jordskred

やまぐに 山国 fjelland, kupe'rt terren'g

やまごや 山小屋 hytte, seterbu

やまのぼり 山登り fjellklatring

やまびこ 山彦(こだま) ekko, gjenlyd

やまみち 山道 fjellveg

やまやま 山々 fjell(pl.)

やみ 闇(暗黒) mørke —市 den svartebørs —商人 svartebørshai —にまぎれて under beskyt'telse av mørke

やむ 止む(止まる) stoppe (中止する) stanse (終わる) slutte, ende, opphøre (済む) overstå (静まる) (気分が) bero'lige seg (喉の渇きなどが) stille av (雨・音などが) avta, dø bort

やむをえ・ない 止むを得ない(必要な) nødven'dig (避けられない) uunngå'elig —ず nødven'digvis, uunngå'elig それは—ません det er uunngå'elig, man kan ikke gjøre noe ved （いやいやながら）motvillig, uvillig

やめる 止める（中止する） stanse, holde opp〔med〕（断念する）oppgi, avstå fra （断つ）bryte av （廃止する）stoppe （終りにする）avslutte

やめる 辞める（辞職する） avgå〔fra〕, tre tilba'ke

やもめ 寡婦（未亡人） enke ―暮らし enkestand 男― enkemann

やや （幾分） noe, i noen grad

ややこしい besvæ'rlig, møyefull

やり 槍 spyd （騎兵の）lanse ―投げ spydkast

やりすごす やり過ごす vente til noe går forbi

やりとり やり取り gi-og-ta-forhold, gjensidighet

やりなおす やり直す gjøre om/igjen, forsø'ke igjen （改めて）starte på ny

やれやれ （間投詞）Akk og ve！

やる 遣る（与える） gi, skjenke, dote're （賦与する）gi/skjenke en noe （送る）sende, ekspede're （実行する）gjøre, gjennomføre （試みる）forsø'ke （演じる）spille, opptrede （開催する）holde （経営する）drive forret'ning （勉強する）stude're, lære selv/seg

やわらか・い 柔らかい（柔軟な） blaut, bløt （しなやかな）bøyelig （穏やかな）blid, mild （おとなしい）saktmo'dig （静かな）stille ―くする blautgjøre, mildne （落ちつかせる）bero'lige

やわら・ぐ 和らぐ mildnes, bli bløtere （落ちつく）bli bero'ligere, bero'lige seg, trøste seg, falle til ro （風などが）stilne av （天気が）beda'ge〔seg〕―げる （苦痛などを）lette, stille

やんちゃな skøyeraktig, ertevoren, skjelmsk

ゆ

ゆ 湯 varmt vann （湯治用温泉）vannkursted, kurbad （風呂）bad （風呂に入る）ta bad, bade ―を浴

びる overhelle seg med varmt vann
- **ゆいいつ・の** 唯一の　den eneste　ー無二の　enestående
- **ゆいごん** 遺言　testamen't[e], siste vilje　ーを残す　gjøre/opprette sitt testamen'te, testamente're
- **ゆいぶつ・てきな** 唯物的な　materialis'tisk　ー論/主義　materialis'me
- **ゆう** 言う(話す)　si, tale　(語る) uttale, beret'te　(述べる) ytre, redegjøre for　(言明する) forkla're　…と―(名である) hete　(…といわれている) bli kalt　ーでもない　det si seg selv　…とかー　et eller andet　…をよく/悪くー　tale godt/dårlig om　…と―ような　sånn/sådan som
- **ゆう** 優 (採点で) utmerket godt　(抜群の成績) utmerkelse
- **ゆういぎな** 有意義な　bety'delig, meningsfull
- **ゆううつ** 憂うつ　melankoli', depressjo'n, tungsinn　ーな　melanko'lsk, tungsin'dig, dyster
- **ゆうえき** 有益　nytte, utbytte　ーな　nyttig, utbytterik, velgjørende　(有用な) anven'delig, nyttig　(健全な) sunn, karsk　(教育的な) instruktiv, lærerik　(有利な) profita'bel, lønnsom
- **ゆうえつ** 優越　overlegenhet　(最高位) overhøyhet　(至上権) overlegenhet　ーした　overlegen, overmektig　(尊大な) hovmodig, arrogan't　ーする　overtreffe　ー感　overlegenhetsfølelse
- **ゆうえんち** 遊園地　fornøy'elsespark, leikeplass, forlys'telsessted, tivoli
- **ゆうかい** 誘拐　kidnapping　ー者　kidnapper　ーする　kidnappe, røve [barn]
- **ゆうがいな** 有害な　skadelig, forder'velig　(有毒な) giftig　(危険な) farlig　(不健全な) usunn
- **ゆうかしょうけん** 有価証券　verdipapir
- **ゆうかぜ** 夕風　aftenvind
- **ゆうがた** 夕方　aften, skumring, mørkning　ーに　ved aften　ーになる　det skumrer, det begyn'ner å mørke
- **ユーカリ** 〈植〉 eukalyp'tus

ゆうかん　夕刊　aftenavis　—版 aftennummer
ゆうかん　勇敢　tapperhet, mot（大胆）dristighet　—な tapper, modig, dristig
ゆうき　勇気　mot, tapperhet（大胆）dristighet　—のある tapper, modig, dristig　—をつける oppmuntre, oppfordre　—をくじく avskrekke, gjøre motfallen
ゆうぎ　遊戯　leik, spill（運動）idrett, sport（娯楽）fornøy′else, morskap, glede　—場 leikeplass　—室 leikestue
ゆうぎ　友誼　vennskap, kamera′tskap
ゆうき・てきな　有機的な　orga′nisk　—化学 orga′nisk kjemi′
ゆうきゅう　遊休　ubenyttet materia′l
ゆうきゅうきゅうか　有給休暇　fridag med lønn
ゆうきょういんしょくぜい　遊興飲食税　forlys′telsesskatt
ゆうぐれ　夕暮れ　skumring, mørkning
ゆうけんしゃ　有権者　de stemmeberettigede
ゆうげん・の　有限の　begren′set, innskrenket　—会社 aksjeselskap med begren′set ansvar
ゆうこう　友好　vennskap, kamera′tskap　—試合 vennskapskamp
ゆうこう　有効　gyldighet, gangbarhet（合法）lovlighet（薬などの）effektivite′t, virksomhet　—な gyldig, gangbar, gjeldende（合法的な）lovlig（薬などの）effektiv, virksom, virkningsfull
ゆうごう　融合　fusjo′n, sammensmeltning（融和）harmoni′, enighet, forstå′else（一致）overensstemmelse, samstemmighet　—する sammensmelte, harmonise′re, stemme overe′ns med
ユーゴスラビア　Jugoslavia　—人 jugoslav　—の jugosla′visk
ゆうごはん　夕御飯　aftens〔mat〕, kveldsmat
ゆうざい・の　有罪の　skyldig　—の宣告する kjenne/dømme en skyldig
ゆうさんかいきゅう　有産階級　jordeierstand
ゆうし　有志　frivillige　—の av egen drift/vilje

ゆうし 勇士 tapper mann
ゆうし 融資 finansie'ring, utlån（貸し付け）lån —する finansie're
ゆうしいぜんの 有史以前の forhistorisk
ゆうしゅう 優秀 fortref'felighet, overlegenhet —な mye dyktig, fremragende, fortref'felig, overlegen
ゆうしょう 優勝 mesterskap, førsteplass（勝利）seier —する vinne et mesterskap —カップ mesterskapspokal —旗 mesterskapsflagg —者 mester
ゆうじょう 友情 vennskap, vennlighet
ゆうしょく 夕食 aftens(mat), kveldsmat
ゆうしょく・の 有色の farget —人 de fargede —人種 farget rase
ゆうじん 友人（男）venn （女）vennin'ne （仲間）kamera't （知人）bekjen't
ゆうずう 融通 bøyelighet, smidighet, fleksibilite't —のきく bøyelig, smidig, fleksi'bel
ユースホステル vandrerhjem（以前の）ungdomsherberge
ゆうせい 遊星（惑星）plane't
ゆうせい 優勢 overlegenhet （スポーツで）forsprang, ledelse —な domine'rende, overlegen
ゆうぜい 遊説 stemmeverving, valgkampanje（戸別訪問）husagitasjo'n, husbesøk —する drive stemmeverving
ゆうせいがく 優生学 rasehygiene —的な rasehygienisk
ゆうせいしょう 郵政省 Postverket
ゆうせん 優先 preferanse, priorite'ring —した foretrukket, priorite'rt høgre enn noe, forut for noe —する foretrekke, priorite're —権 priorite't, fortrinn〔srett〕（特権）privile'gium —権を与える gi en fortrinnet
ゆうそう 郵送 forsen'delse —する sende med posten —料 porto —無料の/で portofri〔tt〕
Ｕターン （車の）U-sving —する ta/gjøre en U-sving
ゆうたい 勇退 frivillig tilba'ketredelse —する tre

frivillig tilba\ke
ゆうたい 優待 særbehandling ―券 komplementæ′rbillett
ゆうだい 雄大 prakt, herlighet ―な praktfull, herlig, storslått
ゆうだち 夕立 regnskyll, regnbye ―雲 regnsky
ゆうづき 夕月 aftenmåne
ゆうてん 融点 smeltepunkt
ゆうとう・の 優等の utmerket, fortref′felig, overlegen ―生（クラスで一番の子）duks
ゆうどくな 有毒な giftig（有害な）skadelig, forder′velig
ユートピア utopi′
ゆうのうな 有能な dyktig, begavet, habi′l, kapa′bel
ゆうはん 夕飯 aftens〔mat〕
ゆうひ 夕日 aftensol, nedgående sol, solnedgang
ゆうび 優美 elegan′se, smakfullhet ―な elegan′t, smakfull, chic, smart
ゆうびん 郵便 post ―を出す poste, ―で送る sende med posten ―葉書 postkort ―切手 frimerke ―切手収集家 frimerkesamler ―局 postkontor ―屋/配達人 postbud ―配達 postombæring ―ポスト postkasse ―受け（家庭用の）brevkasse ―番号 postnummer
ゆうふくな 裕福な rik, formu′ende, velhavende
ゆうべ 夕べ（夕方）aften, kveld 音楽の― musikalsk aften （昨夜）i natt, i går aftes, siste natt
ゆうべん 雄弁 veltalenhet, oratorisk ―な veltalende ―家 veltalende〔offentlig〕person, orator
ゆうぼうな 有望な lovende, håpefull, løfterik
ゆうぼくみん 遊牧民〔族〕noma′de〔folk〕
ゆうめい・な 有名な berøm′t, velkjent （悪名高い）noto′risk, beryk′tet ―になる bli berøm′t/velkjent ―人 berøm′t/velkjent person ―無実の nominel′l, ubegrunnet, grunnlaus
ユーモア humor, vits ―のある humoris′tisk（こっけいな）spøkefull（面白い）morosam ―のセンスがあ

る ha humoris'tisk sans
ゆうやけ 夕焼け aftenrøde
ゆうよ 猶予(延期) utsettelse, utskyting （支払いの） frist, henstand, respit't （遅延） forsin'kelse, oppsettelse —する(延期する) utsette, utskyte （遅延を許す） tillate forsinkelse/oppsettelse
ゆうらん 遊覧 utflukt, ekskursjo'n （回遊旅行） rundtur —する se på sever'dighet —客 turis't —バス utfluktsbuss —船 lystbåt
ゆうり・な 有利な（利益になる） profita'bel, lønnsom （好都合な） fordelaktig, gunstig, belei'lig —に fordelaktig, gunstig, belei'lig
ゆうりょう 有料 noe man må betale for bruken av —である være ikke gratis —の beta'lings —駐車場 parke'ringsplass [ikke gratis] —道路 veg hvor man skal beta'le vegpenger, bomvei
ゆうりょく・な 有力な innflytelsesrik, mektig （一流の） førsteklasses, ledende, prima （議論など） toneangivende （証拠など） overbevist, overtydet [om] —者 innflytelsesrik person
ゆうれい 幽霊 spøkelse, gjenganger, gjenferd, fanto'm
ゆうわ 融和 forlik, forso'ning, harmoni' —する forli'ke seg [med], forso'ne, harmonise're
ゆうわく 誘惑 fristelse （女性への） forføring —する friste, lokke, forle'de （女性を） forfø're
ゆえ 故(理由) grunn, anle'dning （原因） årsak, grunn, anle'dning （事情） omsten'dighet, forhold —に følgelig, derfor, således それ—に og derfor, ettersom: på grunn av, i anledning av
ゆか 床 golv, gulv —を張る legge golv —を掃く feie golv —板 golvbord —下暖房 golvoppvarmning —運動 golvøvelse
ゆかい 愉快 glede, fornøy'else, henrykkelse, fryd —な glad, lykkelig, jublende, fornøy'elig, beha'gelig —に gladelig, fornøy'elig, i fryd og gammen
ゆがめる 歪める forvri', fortrek'ke, （意味・事実を）

forvan′ske, forfal′ske （顔を）skjære/gjøre grima′-ser, fortrek′ke ansiktet （迷わす）forle′de （曲げる）bøye

ゆき 雪 snø ―が降る det snør （降雪）snøfall ―が解ける det tør〔opp〕―の吹きだまり snødrive ―野原 snøfelt （雪崩）snøskred （吹雪）snøstorm ―焼けした solbrent, solbrun ―だるま snømann ―合戦 snøballkamp

ゆきき 行き来 （往来）trafik′k, ferdsel （交際）samvær, omgang ―する trafikke′re, komme og gå （…と交際する）omgå〔e〕s

ゆきさき 行き先き bestem′melsessted, destinasjo′n （旅行の）reisemål

ゆきすぎる 行き過ぎる（通過する）forbi′gå, passe′re （度を過ごす）gå over alle grenser, det er overdrevent

ゆきとどいた 行き届いた beten′ksom, omhyg′gelig, omsorgsfull

…ゆきの …行きの med retning mot 東京―飛行機 flyet til Tokyo

ゆく 行く gå, komme （訪ねる）besø′ke, oppsøke （出席する）være til stede, være nærværende （偉い人が臨席する）overvære （参加する）delta （…に向って去る）ta〔et tog〕til〔Tokyo〕

ゆくえ 行く方 oppholdssted （行き先）bestem′melsessted, destinasjo′n ―不明の forsvun′net ―をくらます forsvin′ne sporløst

ゆげ 湯気 damp, dunst ―を出す/たてる dampe, dunste bort

ゆけつ 輸血 blodoverføring, blodtransfusjo′n

ゆしゅつ 輸出 ekspor′t ―する eksporte′re ―業者 eksportø′r

ゆする 揺する ryste, svinge

ゆす・る 強請る avtvinge〔penger〕, presse ut penger〔av〕（脅迫する）tru〔g〕e （もぎとる）fravriste ―り（事）pengeutpressing （人）utpresser

ゆずる 譲る（譲渡する）overlevere, avstå （手放す）avhende （与える）gi, skjenke （売る）selge, avhende

（売れる）avsette （任せる）overlate

ゆそう 輸送 transpor′t, befor′dring —する transporte′re, befor′dre —手段 transpor′tmiddel

ゆそうせん 油槽船 objetankskip

ゆたか・な 豊かな（豊富な）formu′ende, rikholdig, rikelig （裕福な）rik, velhavende, formu′ende —に rikelig

ユダヤ （地名）Judea —人（男）jøde （女）jødin\ne —人の jødisk —教会 synago′ge

ゆだん 油断（不注意）uforsiktighet, uaktsomhet （軽率）tankeløshet, lettsinn （不用意）uforberedthet —する være tankeløs/uforsiktig （警戒を怠る）forsøm′me åtvaring, være uoppmerksom —したすきに i et ubevoktet øyeblikk

ゆたんぽ 湯たんぽ varmedunk

ゆっくり （そろそろ）langsomt （少しずつ）litt etter litt （気ながに）langsomt, saktelig （静かに）i stille —する（仕事など）ta seg god tid （自分が）føle seg heim （時間をつぶす）fordri′ve tiden （訪問して）oppholde seg langt

ゆで・る 茹でる koke —卵 kokt egg

ゆでん 油田 oljefelt

ユニフォーム unifor′m —を着る bære unifor′m

ゆにゅう 輸入 impor′t, innførsel —する importe′re, innføre —品 impor′tartikkel, innførselsvare —業者 importø′r —許可 innførselstillatelse —関税 innførselstoll

ユネスコ Unesco

ゆび 指（親指以外の手の）finger 親— tommel 人さし— pekefinger —先 fingerspiss, fingertupp 足の— tå —差す peke〔på〕—輪 ring —なし手袋（ミトン）vott

ゆみ 弓（武器・弦楽器の）boge, bue —矢 bue og pil （弓(きゅう)術）bueskyting —を放つ skyte av en pil —を引く（反乱する）gjøre opprør, revolte′re

ゆめ 夢 drøm （幻想）illusjo′n, drømmesyn —を見る drømme —のような drømmeaktig

ゆめうつつ 夢現 eksta\se, henrykkelse —の hen-

ゆめうらない 夢占い drømmetyd[n]ing
ゆゆしい alvo'rlig, streng
ゆらい 由来(起源) opprin'nelse, avstamning, begyn'nelse, opphav (来歴) histo'rie, forløp (出所) kilde, utspring —する stamme fra, begyn'ne med
ゆらぐ 揺らぐ svinge, gynge, svaie, vaie (灯火が) flakke (旗などが) vaie, flagre, vifte
ゆり 百合〈植〉 lilje
ゆりいす 揺り椅子 gyngestol
ゆりかご 揺り籃 vogge, vugge
ゆるい 緩い laus, slapp (寛大な) sjenerø's, storsinna, gavmild (遅い) langsom (傾斜が) svak [skråning]
ゆる・す 許す(許可する) tillate, la, gi lov til (免除する) unnta, befri', gi dispensasjo'n, ettergi (容赦する) forla'te, tilgi (大目に見る) overse (認める) godkjenne, erkjen'ne (罪などを)bekjen'ne (放免する) befri', sleppe (信頼する) fortrøs'te seg [til], lite på —し(許可) tilla'telse (免許) lisen's (免除) dispensasjo'n, ettergivelse (容赦) forla'telse, tilgivelse
ゆる・む 緩む・弛む bli laus, løsne (結び目が) gå opp (寒気などが) bli mildere (痛みなどが) mildnes (心などが) kople av, skappe av, bli berolig —める løsne (心を) lette sitt hjerte (圧力など) mildne (速度を) saktne/minske [farten] (結び目を) lø[y]se (和らげる) lindre
ゆるやかな 緩やかな laus (カーブ・傾斜など) slakk (規律など) slapp (寛大な) generø's, storsinna, gavmild (遅い) langsom
ゆれ 揺れ rystelse, skjelv (振動) vibrasjo'n, vibre'ring (車の) stø[y]t, rykk (船の縦ゆれ) hogging (横ゆれ) rulling, slingring (炎などの) flakkende —る skjelve, ryste, svinge (振動する) vibre're (車が) stø[y]te seg, rykke (船が縦ゆれする) hogge (横ゆれする) rulle, slingre (揺り椅子などが) gynge (炎な

どが) flakke
ゆわかし 湯沸かし varmtvannsbereder, vannkjel[e]

よ

よ 世・代（世間）verden（生涯）liv（時世・時代）tid
よ 余（以上）over, mer enn（残り）rest
よあかしする 夜明かしする sitte oppe hele natten, være våken/vaken
よあけ 夜明け daggry
よい 良い god, bra, fin（立派な）fin, utmerket, fortref′felig, overor′dentlig（よくできる）dyktig, bega′vet（器用な）fiks, behen′dig（美しい）vakker, smuk（適当な）passende, hensiktsmessig（望ましい）ønskelig, ønskever′dig（ためになる）velgjørende, gagnlig（健康な）sunn, frisk（有利な）fordelaktig, nyttig（親切な）vennlig, gunstig …しても— måtte, kan, få, tore …した方が— burde
よい 酔い beru′selse, fullskap 船— sjøsjuke 車— bilsjuke —が回る beru′se seg, slå seg på drikk/flaska, drikke seg full —がさめる bli edru/nøktern
よいのみょうじょう 宵の明星 aftenstjernen
よいん 余韻（音曲の）etterklang, gjenlyd（鐘などの）gjenlyd, tilba′kekasting（あと味）ettersmak —のある gjenlydende, tilba′kekastende, forto′nende
よ・う 酔う（酒に）bli beru′s[e]t av, bli drukket（船に）bli sjøsjuk（車に）bli bilsjuk —っていない(しらふの) edru, nøktern
ようい 用意（準備）forberedelse（手配）arrangement（用心）forsik′tighet（たくわえ）forråd —する forberede, prepare′re
ようい 容易 letthet, enkelhet（簡単な）lett, enkel —に lett, med letthet
よういく 養育 oppfostring —する oppfostre, ta seg av

- **ようが** 洋画 maleri′ i vesterlandsk stil, vestligt maleri′ （外国映画）utenlandsk film, vestlig film
- **ようかい** 溶解（水に）oppløsning, oppløysing （融解）（熱で）smelting
- **ようがさ** 洋傘 paraply′
- **ようがん** 溶岩 lava ―流 lavastrøm
- **ようき** 容器 behol′der （タンク）tank, ciste′rne （おけ）balje, tønne （たる）fat （びん）flaske ―の口 åpning, munn
- **ようき** 陽気（天候）vær （時候）årstid, seson′g （気分）humør （快活）munterhet, livlighet ―な glad, munter, fornøy′d ―に gladelig, livlig
- **ようぎ** 容疑 mistenksomhet, mistenke ―者 den mistenkte
- **ようきゅう** 要求（要望）krav, forlan′gende, anmodning （嘆願）bønn （請求）fordring （欲求）begjæ′r, attrå ―する forlan′ge, anmode, kreve （請う）be om ―に応ずる imøtekomme, bifalle, samtykke
- **ようぎょう** 窯業 kera′misk industri′
- **ようきょく** 陽極 ano′de
- **ようぎょじょう** 養魚場 fiskeoppdrett, fiskeavl
- **ようけん** 用件 ærend, verv, affæ′re : budskap
- **ようご** 用語 term （名・名称）beteg′nelse ―集/法 terminologi′, fagspråk （語彙(ﾞ)）ordforråd, gloseforråd
- **ようご** 養護（看護）pleie （配慮）omhu〔g〕, omsorg （病人の）sjukepleie （老人の）eldrepleie ―学級 klasse for svakbarn
- **ようご** 擁護（保護）beskyt′telse
- **ようこう** 洋行 reise til utlandet ―帰り tilba\kereise fra utlandet
- **ようこう** 要項 viktig/vesentlig punkter （概要）sammendrag, sammenfatning, resymé
- **ようこう** 陽光 solskinn, solstråle
- **ようこうろ** 溶鉱炉 smelteomn （るつぼ）smeltedigel
- **ようさい** 要塞 befes′tning ―地帯 befes′tet støttepunkt （とりで）festning, skanse

ようさん 養蚕 silkeavl —家 silkeavler （かいこ） silkeorm
ようし 容姿 figu′r, utseende —の端麗な stilig, stilfull, elega′nt, pen
ようし 養子 adopti′vbarn （義理の息子）svigersønn —に行く bli adopte′rt —にする adopte′re —にやる adopte′re bort barnet sitt
ようし 陽子 proto′n
ようし 要旨 sammendrag, sammenfatning, resymé
ようじ 用事 ærend, affæ′re, jobb （仕事）syssel （義務）forplik′telse —がある ha noe å la, ha et ærend —をすませる avslutte et ærend
ようじ 幼児 spedbarn, baby
ようじ 楊枝（つまようじ） tannstikker （歯ブラシ）tannbørste
ようしき 様式 form, måte, vesen, stil
ようしきの 洋式の i vestlig stil
ようしゃ 容赦 tilgivelse, benå′dning, forla′telse —する tilgi, benå′de, forla′te —なく nådeløst, hensynsløst
ようしょ 洋書 vestlig bok, bok på vestlig språk
ようじょ 養女 adopti′vdatter （養子）adopti′vbarn
ようじょう・する 養生する ta være på seg, ta være på sin helbred （病後に）rekree′re seg —法 hygie′ne
ようしょく 洋食 vestlig mat
ようしょく 養殖 （動物の）avl （植物の）kultive′ring, dyrking —場（飼育場） avlsgard
ようじん 用心 forsik′tighet, varsomhet —深い forsik′tig, varsom —深く forsik′tig, varsom〔t〕, omhyg′gelig —する være forsik′tig
ようす 様子 （状態）tilstand, situasjo′n, omsten′dighet （外見）utseende, ytre （態度）holdning, attity′de （案件などに対する）innstilling （兆候）varsel, tegn, forbud
ようすい 用水 vatn der brukes〔til vatning〕
ようする 要する（必要とする） behøve, trenges （要求する）kreve

ようするに 要するに（簡単に言えば）i korthet, kort sagt （結局）til slutt, til sist, omsi'der
ようせい 養成（訓練）trening, øving （涵養）utdanning, opplæring —する trene, øve, lære opp
ようせい 陽性 positivite't
ようせい 妖精 fe 小— alv, nisse
ようせき 容積（体積）volu'm, romfang （容量）kapasite't
ようせつ 溶接 sveisning —する sveise
ようそ 要素 viktig elemen't, viktig bestan'ddel, faktor （不可欠な）uunnvæ'rlig, nødven'dig, umis'telig
ようそう 洋装 vestlig påkledning, påkledning i vestlig stil
ようそう 様相 fase, tilstand, situasjo'n, forhold
ようだい 容態 pasien'tens tilstand
ようち 幼稚 barnlighet —な（子供じみた）barnlig, barnaktig（簡素な）beskje'den, tarvelig —園 barnehage （保育園）dagheim
ようちゅう 幼虫 larve （虫）orm （うじ）mark
ようてん 要点 hovedpunkt, kjernepunkt
よう・な 様な（様子）som, såsom（種類・程度）sådan som, så ... at —に（様子）som om （目的）for å — に見える（思われる）se ut〔som om〕
ようねん 幼年 barndom —時代 spedbarnsalder —洗礼 barnedåp
ようび 曜日 vekedag, ukedag 何—か？Hvilken dag i veke er det?, Hvilken vekedag〔er det i dag〕?
ようひん 洋品 varer/tøy fra Vesten, herrekonfeksjon —店 butikk for europeiske varer, herrekonfeksjonsbutikk
ようふう 洋風 vestlig stil
ようふく 洋服 vestlig tøy （スーツ）kledning, dress （婦人用）drakt —だんす gardero'beskap —かけ kleshenger, knagg （衣裳室）gardero'be —屋（人）skredder （店）skredderi'
ようぶん 養分 næring〔smiddel〕
ようへい 傭兵 leiesoldat

ようほう 用法 bruksmåte —の手引き bruksanvisning

ようぼう 要望 krav, fordring, behov （希望）ønske, begjæ'r —する fordre, kreve, ønske, begjæ're

ようぼう 容貌 utseende, ansiktstrekk

ようま 洋間 værelse i vestlig stil

ようむいん 用務員 vaktmester

ようもう 羊毛 ull —の ullen

ようやく 漸く(次第に) gradvis, etterhånden （ついに）endelig, sluttelig （かろうじて）knapt （わずかに）blott, bare

ようやく 要約 sammendrag, sammenfatning, resymé —する sammendra, sammenfatte

ようりょう 要領（要点）hovedpunkt, kjernepunkt （概略）sammendrag, sammenfatning （こつ）knep, trikk —のよい skarpsindig, dreven —の悪い klosset〔e〕, kluntet〔e〕,

ようりょう 容量 kapasite't （容積）volu'm, rommål

ようりょくそ 葉緑素 bladgrønt, klorofyl'l

ようれい 用例 eksem'pel, forbilde

ヨーヨー jojo

ヨーロッパ Europa —人 europe'er —の europe'isk

よか 余暇 fritid, fyraben〔d〕, otium

よかん 予感 forutanelse, forvarsel —する ha en forutfølelse av, ane

よき 予期（期待）forven'tning （希望）forhå'pning, håp, ønske —する vente〔på〕, se fram til

よぎしゃ 夜汽車(夜行列車) natttog

よきょう 余興 underholdning, atspredelse

よきん 預金 innskott, depo'situm —する innsette, betale inn —がある ha en innestående —を引き出す heve penger —通帳 bankbok —残高 tilgo'dehavende —係 innskottskasserer

よく 欲(貪欲) gjerrighet, grådighet （欲望）begjæ'r （切望）lengsel （情欲）attrå —の gjerrig, grådig —のない kravlaus, ikke særlig krevende

よく 良く(じょうずに) dyktig, behen'dig （正しく）

korrek′t, rett, riktig （充分に）tilstrek′kelig, nok, fullkommen （注意して）forsik′tig, varsomt （正確に）presi′st, nøyak′tig （多く）mye （特に）særde′les （普通に）sedvanlig, norma′l （かなり）temmelig, lovlig, nokså （しばしば）ofte, titt —なる bli bedre, forbe′dres （病気が）bli frisk, komme seg, komme til krefter〔igjen〕（天気が）bli klar

よく… 翌… neste, følgende

よくあつ 抑圧 undertrykkelse, tvang —する undertrykke, tvinge, presse

よくし・する 抑止する holde tilba\ke, forhin′dre （おどして）avskrekke —力 avskrekkingsvåpen

よく・しつ 浴室 baderom —槽 badekar

よくじつ 翌日〔den〕neste dag, dagen etter

よくせい 抑制 kontrol′l （削減）innskrenkning （弾圧）undertrykkelse —する kontrolle′re

よくばり 欲張り(なこと) vinnelyst, vinnesjuke —な vinnesjuk grådig, gjerrig, begjæ′rlig

よくぼう 欲望 begjæ′r, sterkt ønske, sterk lyst （野望）ambisjo′n, ærgjer′righet （貪欲）grådighet, gjerrighet

よくよう 抑揚(読み方・話し方の) intonasjo′n, aksen′t

よくりゅう 抑留 tilba\keholdelse, interne′ring —する tilba\keholde, interne′re —所 interne′ringsanstalt, interne′ringsleir

よけい 余計 overflod, overskott —な(多過ぎる) overflødig, for mye/mange （不必要な）unødig, unødvendig —に i høg grad

よける 避ける(さける) unngå, sky （離れる）holde seg unna （道をあける）gjøre plass for, flytte på seg （風雨を）krype i ly, søke ly for〔vind/regn〕

よげん 予言 forutsigelse, spådom, profeti′ —する forutsi, spå, profete′re —者 spåmann, profe′t

よけんする 予見する forutse

よこ 横（側面）side —目 sideblikk —幅 breidd, vidde —の side-, på siden〔av〕—に ved siden av, sidelengs

よこいと 横糸・緯糸　islett, veft
よこがお 横顔　profi'l
よこがき 横書　vassrett skrift
よぎ・る 横切る(通りなどを)　krysse over 〔gata〕　—った tverr
よこく 予告(通知)　melding, bekjen'tgjørelse （ブリッジなどの）forhåndsmelding　—する meddele〔på forhånd〕, bekjen'ne　—なしに uten〔forhånds〕melding/varsel
よこじまの 横縞の　horisontal stripet
よこす 寄こす　sende
よごす 汚す　gjøre skitten, skitne til　（川など汚染する）forurense　（しみをつける）plette, klatte
よこたえる 横たえる(置く)　legge ned
よこたわる 横たわる　legge seg, ligge
よごとに 夜毎に　hver natt
よこみち 横道　sidegate, tverrgate
よこめ 横目　sideblikk　—で見る se sidelengs på
よごれ 汚れ(汚点)　plett, stenk　（汚物）smuss, skitt　—る smusse seg, bli skitten　—た smussig, skitten, ure〔i〕n, （しみのついた）plettet〔e〕, stenket　—を取る ta bort pletter　（ふき取る）viske ut, tørke av
よさ 良さ　fortref'felighet, godhet
よさん 予算　budsjet't　（見積り）bereg'ning, vurde'ring　（概算）overslag　—をたてる legge et budsjet't, budsjette're　—を通過させる vedta budsjet'tet
よしゅう 予習　forberedelse〔til undervisningstime〕　—する forberede seg til timen
よじょう 余剰　overskott　—の tiloversblitt, overflødig　—価値 merverdi
よす 止す　holde opp〔med〕, unnlate
よせざん 寄せ算　addisjo'n, summe'ring　—をする adde're, summe're opp
よせる 寄せる(近づける)　flytte hen til, nærme　（集める）samle　（加える）adde're, summe're opp　（わきへ）legge til side　（手紙を）skrive〔et brev〕til en　（攻める）anfalle

よせん 予選 (競技の) innleiing test, innledende skritt —を通過する kvalifise′re —で落ちる bli diskvalifisert

よそう 予想 forven′tning, forutsigelse —する forven′te, forutsi (推測) formo′dning, anelse (仮説) antakelse

よそおう 装う(着飾る) pryde, pynte (つくろう) gi seg utseende av, la som om, anstille seg

よそく 予測 forutsigelse, progno\se —する forutsi, prognos〔tis〕e′re

よそ・で 余所で annensteds —の fremmed, annen, annleis —者 en fremmed

よそみする 余所見する se bort

よそよそしい fjern, reserve′rt, kald, utilnærmelig

よだれ 涎 sikl, sikkel —をたらす sikle —かけ siklesmekke

よち 余地 (あき) 〔ekstra〕plass 〔til〕, margi′n (機械などの遊び) spillerom (チャンス) leilighet, sjanse

よち 予知 forutseenhet —する forutse

よつかど 四つ角 (街路の) gatekryss (十字路) korsvei

よって følgelig, altså

ヨット 〔lyst〕yacht, seglbåt —で遊ぶ segle, ta ut å segle —レース kappseilas

よっぱら・い 酔っ払い(人) drukkenbolt —う bli beru′s〔e〕t/full/drukken

よつんばい 四つんばい på alle fire

よてい 予定 plan, program′ (手配・準備) arrangement (見積り) berek′ning, vurde′ring —をたてる legge en plan, planlegge —通りに進む gå etter planen (…のつもりである) jeg har tenkt meg å/at

よとう 与党 regje′ringsparti

よなか 夜中 midnatt, nattetid

よなべ 夜なべ (夜業) nattarbeid

よなれ・る 世慣れる ha store erfa′ringer, være verdensklok —た verdensklok, erfa′ren (世俗的な) verdsligsinnet

よねんなく 余念なく ivrig, alvo′rlig
よのなか 世の中(世間) verden （人生）liv, tilværelse （時代）tiderne, tidsalder
よは 余波 ettervirkning, effek′t
よはく 余白 tom plass, tomt felt （欄外）margi′n
よび 予備 reser′ve （準備）forberedelse —の reserve′rt, forbeholden —校 priva′t skole som forbereder for høyere utdannelse, forberedelsesskole
よびあつめる 呼び集める sammenkalle
よびごえ 呼び声 rop, utrop
よびすてる 呼び捨てる・呼び捨てにする（タイトル・様などつけないで）kalle/nevne ved navn
よびだす 呼び出す tilkalle （法定に召喚する）innstevne （電話で，田中さんはいらっしゃいますか？）Kan jeg få snakke med herr Tanaka?
よびに・いく 呼びに行く rope på, hente —やる la hente
よびもどす 呼び戻す tilba′kekalle （大使など本国へ）hjemkalle
よびりん 呼び鈴 dørklokke
よぶ 呼ぶ kalle på （叫んで）rope på （呼びにやる）la hente （呼びかける）rope etter （招く）invite′re, innby〔til〕（引きつける）lokke, påvirke （名づける）benev′ne, kalle （自称する）benev′ne seg
よふかし 夜更かし det å bli lenge oppe om natt —する bli lenge oppe, sitte oppe seint 〔på kvelden〕
よぶんな 余分な(過剰の) overflødig, overskytende （臨時の）ekstra
よほう 予報 forutsigelse, spådom, progno′se —する forutsi （予言する）spå
よぼう 予防 beskyt′telse mot noe, forhin′dring, forebyggelse, prevensjo′n （用心）forsik′tighet, vaktsomhet —する forhin′dre, forebygge, beskyt′te seg mot —注射 preventiv innsprøyt〔n〕ing/injeksjo′n —接種 vaksine′ring
よほど 余程(大へん) meget, i høg grad （はるかに）langt borte

よみおとす 読み落とす overse 〔en tekststed〕 i lesningen
よみかえす 読み返す lese om igjen
よみがえる 甦える(生き返る) gjenopplive seg （元気をとりもどす）gjenoppfriske seg （復活する）gjenoppstå
よみかた 読み方（漢字などの）lesemåte （読書法）lesning og tolkning （読み書き）lesning og skrivning （学科の）lesetid （発音）uttale
よみもの 読み物 lesestoff, bøker(pl.) （読本）lesebok
よむ 読む lese （誦する）lese opp, resite′re （経文などを）messe （即興で読み上げる）improvise′re （計器など読み取る・読唇する）avlese
よめ 嫁(花嫁) brud （妻）hustru, kone 息子の— svigerdatter —にやる gi sin datter 〔i ekteskap〕 —に貰う få en hustru, gifte seg
よやく 予約(座席などの) reservasjo′n —の再確認 bekref′telse （商品の）forutbestilling （出版物の）abonnement —する reserve′re, forutbestille, abonne′re, subskribe′re
よゆう 余裕 spillerom （余剰）overskott （余地）margi′n （時間的な）ledig tid （落ち着き）åndsnærværelse, ro
…より （場所・手紙など）fra （比較）enn （以来）siden （以来ずっと）like siden —の/に（近く）nær, tett ved
よりあい 寄り合い(会合) møte, sammenkomst （群れ）gruppe, samling （家畜などの）hjord
よりかかる 寄り掛かる lene seg 〔mot/til/på〕 （頼る）ty til, ta sin tilflukt til （信頼する）fortrøs′te seg til
よりごのみする 選り好みする være selektiv/kresen
よりそう 寄り添う omfavne, kjæle 〔med〕
よりつ・く 寄り付く komme nær, nærme seg —かない holde seg fra （避ける）unnvike, unngå
よりどころ 拠り所（根拠）grunnlag, basis （動機）

beve'ggrunn, motiv （典拠・出典）kjelde, opprin'nelse, kjeldeskrift　—のある（信頼できる）tilforla'telig, vederheftig　—のない grunnlaus, uvederheftig
よりぬ・く　選り抜く　velge〔seg〕ut　—きの utvalgt
よりみち　寄り道（遠回り）omveg　（途中停止）opphold
よりわける　選り分ける　sorte're, velge ut
よる　寄る（近づく）nærme seg　（立ち寄る）avlegge besø'k/visit't　（集まる）møtes, samles　（人々などが群がる）myldre, vrimle　（虫などが）sverme
よる　夜　natt（夕方）aften（夕方から夜中まで）（晩）kveld　—に om natten　（夜更かしする）sitte oppe sent〔i natt〕
…による　…に因る（頼る）avhenge av, stole på（信頼する）fortrøs'te seg til（基づく）være grunnet på, grunne seg på（手段に訴える）treffe foranstaltninger（原因する）bero på, forårsake（…によって/従って）ifølge, etter　（…の理由で）i anle'dning av, på grunn av　（…の手段で）ved〔hjelp av〕, gjennom, med　（…に応じて）i overe'nsstemmelse mad
ヨルダン　Jordan　—人 jorda'ner　—の jorda'nsk
よるべのない　寄る辺のない　uten slekt og venner, hjelpelaus
よろい　鎧　panser　—戸 persien'ne
よろこ・び　喜び（うれしさ）glede, fryd（他人の不幸を）skadefryd　（有頂天）henrykkelse, begeistring（満足）tilfred'stillelse（祝意）lykkønskning　—ぶ bli glad, gle〔de〕seg　—んで（うれしそうに）med glede/fornøy'else
よろしい　（良い）god, i orden　（気にしないで）ikke bry seg〔med/om〕（…してもよい）kan, få, må
よろしく　宜しく（適当に）passende, belei'lig, hensiktsmessig　（伝言）hilse fra meg　どうぞ—〔Ta godt imot meg〕, Det er meg en fornøj'else
よろめく　（よろける）rave, sjangle　（異性に）være demoralise'rt, begå ekteskapsbrott
よろん　世論（意見）offentlig mening, folkeopinio'n

（感情）offentlig følelse ―調査 meningsmåling, opinio′nsmåling

よわ・い 弱い svak （体が）svakelig （神経質な）sart （やせた）spinkel （傷つきやすい）ømtå′lig （おとなしい）mild （光・音など）matt （不得意な）dårlig ―気 feighet ―虫 svekling, kujon （あわれな奴）stakkar （泣き虫）skrikerunge sutrekopp ―音（(ね)） klynk, klage ―める svekke, gjøre svak （消耗させる）utmatte （価値を落とす）forrin′ge

よわよわしい 弱々しい svak, svakelig, usikker

4WD 四輪駆動〔車〕 firehjulsdrift

よんどころない uunngå′elig, ufravi′kelig （議論の余地のない）ubestri′delig

ら

…ら …等（複数形にする）（等々）med mer/videre

らい 来（次の）neste, kommende ―年 neste år …―（以来）siden 昨年― siden siste år

らいう 雷雨 torevær, tordenvær

ライオン 〈動〉løve （雌の）løvin′ne

らいきゃく 来客 besø′kende, gjest ―がある få besø′k av

らいげつ 来月 neste måned ―の今日 i dag om en måned ―1日 den første neste måned

らいしゅう 来週 neste veke ―の今日 i dag om en veke, åtte dager fra i dag ―の月曜日 neste mandag

らいしんし 頼信紙 telegram′blankett

ライター lighter, sigaret′〔t〕tenner

らいちょう 雷鳥 〈鳥〉fjellrype

ライトバン varebil, varevogn

らいにち 来日 Japanreise, besøk til Japan

らいねん 来年〔度〕 neste år

らいびょう 癩病〈病〉（ハンセン病）speda′lskhet

ライむぎ ライ麦 rug ―パン rugbrød

らいめい 雷鳴 tore, torden
ライラック 〈植〉 syri'n
ラウドスピーカー høgtaler
ラガービール lagerøl
らく 楽 komfort, beha'gelighet （安堵(あん)） lettelse —な komforta'bel, beha'gelig, bekvem' （邪魔のない） uhindra （容易な） lett —に beha'gelig, uten besvæ're, uhindret —にする gjøre seg det beha'gelig, gjøre noe i ro og mak
らくえん 楽園 paradi's
らくがき 落書き rabbel, skjødesløs skisse —する rable
らくさ 落差 fallhøgd
らくじょうする 落城する borga faller
らくせい 落成 fullførelse, avslutning —する gjøre ferdig
らくせん 落選（選挙の） valgnederlag （出品の） forkastelse —する（選挙で） tape valget, tilføyes valgnederlag （出品が） kasse'res, vrakes
らくだ 駱駝 〈動〉 kame'l
らくだい 落第 det å stryke/dumpe til eksamen —する dumpe, gå om igjen, bli rejise'rt （検査に） avslås, avvises —生 gjensitter —点 dårlig karakte'r, dumpekarakter
らくたん 落胆 skuffelse, motfallenhet —する føle seg skuffet, bli nedslått —した motfallen, nedslått
らくちょう 落丁 manglende blad
らくてん 楽天 optimis'me —家 optimis't —的な optimis'tisk
らくのう 酪農 meieri'drift —場 meieri' —製品 meieri'produkter(pl.) —家 meieri'tekniker （昔の） meieris't
らくばする 落馬する falle av hesten
ラクビー rugby
らくよう 落葉（落ち葉） falne lauvblader, lauvfall （葉が落ちること） lauvfall —樹 lauvtre
らくらい 落雷 lynnedslag

ラケット (テニスなどの) racket

…らしい (…の様に見える) ... se ut til at, late til 〔å〕: være liksom (…と思われる) tykkes, synes (似ている) likne

ラジウム radium —療法 radiumbehandling, radiumterapi

ラジエーター radia'tor

ラジオ radio —受信機 radioapparat, radiomottaker —放送 radiosending —聴取者 radiolytter

ラジコン fjernstyrt leketøy

らしゃ 羅紗 ulltøy

らしんばん 羅針盤 kompas'〔s〕

らせん 螺旋 spira'l —状の spira'lformig —階段 vindeltrapp

らたい 裸体 naken menneskekropp —の naken, bar —モデル nakenmodell —主義 nakenkultur, nudis'me —主義者 nudis't

らっかさん 落下傘 fallskjerm —部隊 fallskjermstropper (pl.)

らっかせい 落花生 〈植〉 jordnøtt, peanøtt

らっかん 楽観 optimis'me —主義者 optimis't, sangvi'niker —的な optimis'tisk, sangvi'nsk —する være optimis'tisk

らっきょう 〈植〉 sjallot'tløk

ラッシュ tilstrømning, innrykk —アワー rushtid

らっぱ 喇叭 (軍隊の) signa'lhorn (楽団の) trompe't —を吹く (軍隊で) blåse et signa'l i trompe'ten (オーケストラで) spille trompe't i orkes'teret, trompete're (トランペット奏者) trompe'tist

ラップじん ラップ人 lapplender (この語は軽蔑語とされる), same

ラテンご ラテン語 lati'n —の lati'nsk

ラブ kjærlighet —レター kjærlighetsbrev

らん 蘭 〈植〉 orkide'

らん 欄 (新聞などの) kolum\ne, spalte —外の注釈 margina'lnote

らんかん 欄干 gelen'der, rekkverk

らんかん 卵管〈医〉 eggleder
らんざつ 乱雑 uorden, forvir′ring —な uordentlig, kao′tisk, i urede —に i uorden, hulter til bulter
らんし 乱視〈医〉 astigmatis′me —の astigma′tisk
らんそう 卵巣〈医〉 eggstokk
ランチ lunsj —を食べる lunsje
らんちょう 乱丁 pagine′ringsuorden, feil pagine′ring
ランドセル ransel (ナップザック) ryggsekk
らんにゅう 乱入 inntrengen —する trenge〔seg〕inn
ランプ lampe (電灯) elek′trisk lys
らんぼう 乱暴 vold, voldshandling —な voldelig, rå, hard, grov —する gjøre/øve vold på (女性に) ta med vold
らんみゃく 乱脈 urede, uorden, virvar
らんよう 濫用 misbruk —する misbruke

り

り 理 rimelighet, rettferd —に合わない absur′d, urimelig
リアリズム realis′me
りえき 利益(金銭上の) profit′t, fortjene′ste, vinning (便益) nytte, fordel, gagn (利点) fordel, fortrinn —のある profita′bel, fordelaktig
り・か 理科 natu′rvit〔en〕skapelig fag —学部 natu′rvit〔en〕skapelig fakulte′t —科系 natu′rvit〔en〕skapelig linje
りかい 理解 forstå′else —力 fatteevne —力のある begri′pelig, forstå′elig —のある forstå′ende —する forstå′, begri′pe, fatte
りがい 利害 interes′se, 〔penge〕saker —得失 fordeler og mangler
りきがく 力学 dynamik′k

- **りく** 陸 land〔jord〕
- **りくあげする** 陸揚げする losse
- **りくうん** 陸運 overland transpor't (運送会社) transpor'tfirma
- **りくぐん** 陸軍 armé, hær (軍団) tropp
- **りくじょうじえいたい** 陸上自衛隊 selvforsvarsstyrke til lands
- **りくじょう・で** 陸上で til lands —に i land —競技 friidrett —競技選手 atle't
- **りくつ** 理屈 (理論) teori' (理由) anledning, grunn (道理) reson'g, fornuf't (論理) logik'k (口実) foregivende, utflukt —をこねる være spissfin'dig ヘー ordklø〔y〕veri
- **りくろ** 陸路 landeveg
- **りけん** 利権 rettighet
- **りこ** 利己 selviskhet —的な selvisk, egois'tisk, egosen'trisk —主義 selviskhet, egois'me
- **りこう** 履行 utføring, oppfyllelse, iver'ksettelse —する utføre, oppfylle, iver'ksette
- **りこう・な** 利口な(賢い) klok, klartenkt, intelligen't (分別のある) fornuf'tig, intelligen't (如才ない) smart, taktfull —に klokt, fornuf'tigt
- **りこん** 離婚 skilsmisse —訴訟 skilsmissesak —する få/oppnå skilsmisse 〔fra〕, la seg skille〔s〕〔fra〕
- **リサイタル** 〈楽〉〔solo〕 konser't
- **りし** 利子 rente (利率) rentefot, rentesats (利回り) renteavkasting, utbytte〔av investe'ring〕 (無利子の) rentefri —がつく gi igjen med renter (ローンなどの)—を払う betale renter
- **りじ** 理事 direktø'r, besty'relsesmedlem —会 besty'relse
- **りしゅう** 履修 avslutning av〔studie/kurs〔us〕〕 (これから) —する beskjef'tige seg med〔studie/kurs〕 —する(終える) avslutte/gjøre seg ferdig med〔studie/kurs〕
- **りじゅん** 利潤 fortje'neste, gevin'st —の追求(軽蔑して) profit'tbegjær

りしょく 利殖　å tjene〔seg opp〕penger
りす 栗鼠〈動〉 ekorn, ikorn
リスト liste, forteg'nelse　(在庫目録) inventa'rliste (専門用語の) nomenklatu'r　—を作成する opprette forteg'nelse
リスボン Lisboa
リズム 〈楽〉rytme　—のある/をつけた rytmisk
りせい 理性　〔den sunne〕fornuf't, reson'g　(知性) forstan'd　—的な fornuf'tig, forstan'dig, rasjona'l　—に訴える appelle're til fornuf'ten
りそう 理想 idea'l　—的な idea'l　—主義 idealis'me　—主義的な idealis'tisk　—家・—主義者 idealis't　—郷 utopi'
りそく 利息 rente → りし(利子)
りち 理知 intellek't, forstan'd, fornuf't　—的な intellektue'l, forstan'dig
りつ 率 prosen'ttal, prosen'tdel, forhold　(頻度) frekven's
りっきょう 陸橋 viaduk't, bru over vei
りっけん・てきな 立憲的な lovlig, forfat'ningsmessig, rettmessig　—政治 konstitusjonel'l/grunnlovsmessig regje'ring
りっこうほ 立候補 kandidatu'r　—者 kandida't　—する stille opp som kandida't, stille til valg
りったい 立体 fast legeme/stoff　—映画 tredimensjonal film　—音響 stereofo'nisk lyd　—幾何学 romgeometri
リットル liter
りっぱ・な 立派な fin, utmerket, ypperlig, ansett (感動的な) impone'rende (感心させられる) beun'dringsverdig　(尊敬すべき) respekta'bel　(輝かしい) strålende, glimrende　—に fint, utmerket, ypperlig
りっぷく 立腹 vrede, raseri', indignasjo'n　—する bli sint〔over/for〕, bli fornærmet〔over/på〕
りっぽう 立方〔体〕〈数〉kubus, kube　—メートル kubik'kmeter　—根 kubik'krot
りっぽう 立法 lovgivning　—府 lovgivende forsam'-

りねん 理念　idea′l, ideologi′, begre′p

リハーサル　(劇・音楽などの)　prøve, innstudering　—をする holde prøve, innstudere

りはつ 理髪　hårklipp　—店(男性向き) barbe′rsalong　(美容院) frisø′rsalong　—師(男性向き) barbe′r　(女性向き) frisø′r

リハビリテーション　rehabilite′ring

りはん 離反 (むほん)　revol′t[e], opprør　(冷淡) likegyldighet, likeglad　(反感) uvilje　—する revolte′re [mot], gjøre opprør [mot]

リベート　delvis refusjo′n, retu′rprovisjon　(値引き) nedslag, rabat′t, prisavslag

りべつ 離別　avskjed, farve′l　(離縁) skilsmisse　—する ta avskjed med, skilles

リボン　band, strimmel　(勲章の) ordensband　—のバラ結び roset′t　—を結ぶ knyte et band

りまわり 利回り　utbytte av investe′ring

リムジン　limousin

りめん 裏面　bakside　(悪い面)vrangside (硬貨などの) rever′s　(背景) bakgrunn　—で/に bakom, bak kulis′sene　—での　(秘密の) hemmelig, fordek′t, lyssky　—工作 manø′ver bak kulis′sene

リモートコントロール・リモコン　(遠方制御) fjernstyring

りゃくご 略語　forkor′telse, kortform

りゃくしき 略式　ufor′melighet, enkelhet　—の uformell, enkel　—で enkelt

りゃくしょう 略称　forkor′telse

りゃくす 略す　utelate　(短縮する) forkor′te, avkorte　(文章を) parafrase′re　(要約する) resyme′re　(縮小する) nedsette　(減らす) avta　(制限する) innskrenke, begren′se　(なしですます) unnvære

りゃくず 略図　(大要) skisse, omriss　(地図) situasjo′nskort

りゃくだつ・する 略奪する　røve, plyndre　—者 røver, plyndrer　—品 plyndringsgods

りゃくれき 略歴 kort levnetsbeskrivelse （略伝） kortfattet biografi′

りゆう 理由 årsak, anledning （根拠） grunn, basis （口実） påskott （お詫び） unnskyldning …の―で av den årsak, på grunn av ―づける motive′re

りゅう 竜〈動〉 drake, drage

…りゅう …流 måte, manér, stil

りゅういき 流域 elveløp

りゅうがく 留学 studieopphold, studiereise ―する stude′re i utlandet, ta på studiereise til ―生 en der stude′rer i utlandet

りゅうかん 流感〈病〉 influen′sa （風邪） forkjø′lelse

りゅうこう 流行(はやり) mote, manér （人気） popularite′t ―の på mote, mode′rne （人気のある） populæ′r （広く普及している） utbredt 病気が―している være almin′nelig utbredt sjukdom, sjukdomen ligger utbredt ―作家 populæ′r forfat′ter

りゅうこつ 竜骨(船の) kjøl

りゅうさん 硫酸 svovelsyre ―塩 sulfa′t

りゅうざん 流産 sponta′n abor′t ―する aborte′re （中絶） provose′rt abor′t

りゅうし 粒子 partik′kel （小片） stykke （粉） pulver

りゅうしつする 流失する bli vasket bort, bli tatt i vann （流れ出す） strømme ut

りゅうすい 流水 strøm

りゅうせい 流星 stjerneskott, meteo′r （隕(いん)石） meteorit′t

りゅうせんけい 流線型 strømlinjet form, strømlinje

りゅうち 留置 interne′ring, fangenskap ―所 interne′ringsleir ―する interne′re

りゅうちょう 留鳥 standfugl （渡り鳥） trekkfugl

りゅうちょう・な 流暢な flytende ―に話す tale flytende

りゅうつう 流通 sirkulasjo′n, distribusjo′n, gangbarhet （金銭などの） omløp ―する(金銭が) sette/ bringe〔penger〕i omløp, sirkule′re ―硬貨 gangbar

mynt
りゅうにゅうする 流入する strømme inn
りゅうにんする 留任する bli tilba'ke/stående 〔i tjeneste〕, forbli' 〔i tjeneste〕
りゅうは 流派 skole （宗教上の）sekt
りゅうほ 留保 forbehold, reservasjo'n —する forbeholde, reserve're
リューマチ 〈病〉reumatis'me —の reuma'tisk —で悩む li reumatis'me
りゅうよう 流用 omlegging av budsjet't —する omlegge
リュックサック ryggsekk
りよう 利用 anvendelse, benyt'telse, utnytting, bruk —する anvende, benyt'te, utnytte, bruke —価値 nytteverdi —権 bruksrett
りょう 良（学校の成績の）godt
りょう 寮 interna't 学生— studen'theim, studen'thus —生 kostelev
りょう 量 mengd, kvantite't, volu'm —的な kvantitativ —の多い voluminø's
りょう 猟 jakt, skytteri' —をする jakte〔på〕, skyte —師 jeger —犬 jakthund —銃 jaktgevær —場 jaktmark （獲物）vilt
りょう… 両… begge —手 begge handa —足 begge føtter/beina
りょういき 領域（領土）territo'rium, terren'g （分野）område, felt, fag, sfære （地域）strøk, distrik't
りょうかい 了解 forstå'else 〔間投詞〕Javel!, Ja visst! —する forstå', begri'pe, oppfatte
りょうかい 領海 territoria'lfarvann
りょうがえ 両替 veksling —店 vekslekontor —屋（人）veksele'r —する veksle〔til〕 —機 vekslingsautomat
りょうがする 凌駕する overtreffe, overgå
りょうがわ 両側 begge sider
りょうきん 料金 avgift, takst —をとる pålegge avgift, legge en avgift på noe —表 tarif'f, prisliste

(無料の) avgiftfri
りょうくう 領空　territoria'lluftområde
りょうけん 猟犬　jakthund
りょうさん 量産　masseproduksjo'n
りようし 理容師　(男性向き) barbe'r　(女性向き) frisø'r
りょうし 猟師　jeger
りょうし 漁師　fisker
りょうじ 領事　konsul　—館 konsula't　総— generalkonsul
りょうしき 良識　〔den sunne〕fornuf't
りょうしつ 良質　noe av god kvalite't
りょうしゅう 領収　mottakelse, kvitte'ring　—する motta, kvitte're〔for〕—証 kvitte'ring
りょうしょく 糧食　provian't, niste, mat
りようしん 両親　forel'dre (pl.)
りようしん 良心　samvit'tighet　—的な samvit'tighetsfull　—の呵責(かしゃく) samvit'tighetsnag
りょうせいるい 両生類〈動〉amfi'bium
りょうせん 稜線　fjellkam
りょうち 領地　→りょうど(領土)
りょうて 両手　begge handa
りょうど 領土　territo'rium,〔land〕område　—の territorial'l
りょうばの 両刃の　tveegget　—の剣 et tveegget sverd
りょうほう 両方　begge to　(相互の) gjensidig　(交互に) skiftevis
りょうほう 療法　〔medisi'nsk〕middel
りょうよう 療養 (治療) medisi'nsk behandling　(保養) rekreasjo'n　—する rekree're〔seg〕, bevare helbreden, komme seg〔av sjukdom〕—所 sanato'rium
りょうり 料理 (調理) matlaging, kokekunst　(調理品) mat, rett　—する lage mat, tilberede〔mat〕(処理する) handle　(道具を使って) handte're　—人/機 koker　—屋〔japansk〕restaurant　—の　(台所の)

kulina'risk

りょうりつ 両立 sameksistens, kompatibilite't

りょかく 旅客（旅行者）reisende, turist（乗客）passasje'rer(pl.) —列車 passasje'rtog —機 passasje'rfly —運賃 billet'tpris

りょかん 旅館 hotel'l （宿屋）〔natt〕herberge, kro, losje（安宿）billig nattelosji —に宿をとる bo på et hotel'l

りょくち 緑地 grønt område

りょくちゃ 緑茶 grønn te

りょくないしょう 緑内障〈病〉grønn stær, glaukom

りょけん 旅券 pass —の査証を受ける vise're

りょこう 旅行 reise, tur, utferd （短期の）tripp, utflukt（漫遊）rundtur, rundreise（船旅）sjøreise —する reise, foreta en utferd —案内書 reisehandbok —案内所 reisebyrå, turistbyrå —者 reisende, turis't（旅仲間）reisefelle 団体— selskapsreise —保険 reiseforsikring

りょだん 旅団 briga\de

りょてい 旅程（日程）reiseplan

りょひ 旅費 reisekostnad, reiseutgifter(pl.), reisepenger(pl.)（日当）dagpenger(pl.)

リラ 〈植〉syri'n（イタリアの旧貨幣）lire

りりく 離陸 start —する starte, lette, ta av

りりつ 利率 rentefot

リレー （競走）stafet't〔løp〕（電気などの）relé

りれき 履歴 karriere —書 personlige opplysninger

りろん 理論 teori' —的な teore'tisk —家 teore'tiker —をたてる teoretise're

りん 燐 fosfor —酸 fosforsyre —酸塩 fosfa't —光 fosforescens —肥料 fosfa'tgjødsel

りんかいがっこう 臨海学校 sommerskole ved sjøen

りんかく 輪郭 kontu'r, omriss はっきりした/ぼんやりした—の med skarpe/uskarpe kontu'rer(pl.)

りんがく 林学（森林学）skogteknologi' （樹木学）dendrologi'

りんかんがっこう 林間学校 friluftskole, skole i

skogen
りんぎょう 林業 skogbruk
リンク (スケートの) skøytebane
リング (ボクシングの) boksering
リンク〔ス〕 (ゴルフの) golfbane
りんご 林檎 eple —パイ eplepai —酒 eplevin
りんじ・の 臨時の ekstraordinær (仮りの) midlertidig, foreløpig (特別の) særlig, spesia′l (特別に) særlig, spesia′lt —に ekstraordinært, midlertidig, foreløpig —出費 ekstrautgifter(pl.) —国会 ekstraordinær riksforsamling
りんじゅう 臨終 ens død —の床にいる ligge på sitt ytterste
りんしょう 臨床 poliklinikk —の polikli′nisk
りんじん 隣人 nabo (近所〔の人々〕) naboskap
りんせき 臨席 tilstedeværende, frammøte —する være til stede —者 tilstedesværende
りんせつ・の 隣接の tilgrensende, tilstø〔y〕tende 〈数〉hosliggende —する grense〔til〕
りんてんき 輪転機 rotasjo′nspresse
リンネル linnet
リンパセン リンパ腺〈医〉 lymfekjertel
りんばん 輪番 rekkefølge, turnus
りんり 倫理〔学〕etik′k, moral〔lære〕 —的な/の etisk —学者(研究生) etiker
りんりつする 林立する stå tett

る

ルアー agn
るい 類 (種類) slag〔s〕, art, sort (型) type, stil (等級) klasse, grad (比類) jamføring —のない uforlik′nelig, eksem′pelløs, enestående
るいご 類語 synony′m
るいじ 類似 likhet —の liknende, tilsvarende (同種

の) av samme slags —する likne
るいすい 類推 analogi′
るいれい 類例 eksem′pel, forbilde, model′l
ルーマニア Romania —人 rume′ner —の rume′nsk
ルーンもじ ルーン文字 rune —碑銘 runeinnskrift
るす 留守（不在）fravær〔fra〕 —である være fraværende —番する være ale〔i〕′ne heim og passe på huset —中に under ens fravær —番電話 telefonsvarer
ルネッサンス renessanse —風 renessansestil
ルビー 紅玉 rubi′n
るろう 流浪 vagabondliv —する vagabonde′re, føre en omflakkende tilværelse（ぶらつく）streife/drive〔omkring〕, vandre —者 vandrer, vagabond, landstryker
ルンペン（浮浪者）landstryker, tramp, vagabond（失業者）de arbeidsløse (pl.)

れ

れい 例 eksem′pel（手本）forbilde〔for〕, mønster（場合）tilfelle, fall（慣例）sedvane, vane, bruk —のごとく sedvanligvis, eksem′pelvis —外的に usedva′nlig —のない eksem′pelløs —証する illustre′re
れい 礼（会釈）helsing（お辞儀）bukk（感謝の）takk —儀（マナー）manérer(pl.), oppførsel —儀（作法）etiket′te —儀正しい høflig, artig 謝— honora′r 敬— salut′t, honnø′r —を述べる takke（お辞儀する）bukke, gjøre et bukk（謝礼を払う）honore′re
れい 零 null
れいえん 霊園（墓地）kirkegård, begra′velsesplass
れいか 零下 under frysepunktet —10度 minus 10 grader
れいがい 冷害 skade gjennom dårlig/kaldt vær

れいがい 例外 unntak〔else〕 —的な/の eksepsjonel′l —なく uten unntak …を—として med unntak av

れいかん 霊感 inspirasjo′n, gnist —を受ける inspire′res

れいき 冷気 kald luft

れいぎ 礼儀(マナー) manérer(pl.), oppførsel (作法) etiket\te, gode manérer —正しい høflig, artig, forekommende

れいきゅうしゃ 霊柩車 likvogn

れいけつ 冷血 kaldblodighet —の kaldblodig, med kaldt blod —漢 kaldblodig person —動物 haldblodig dyr

れいこく 冷酷 grusomhet, brutalite′t —な grusom, hjerteløs, ubarmhjertig, hardhjerta

れいこん 霊魂 sjel, ånd —の不滅 udø′delighet/uforgjen′gelighet av sjelen

れいしき 礼式 formalite′t, etiket\te (儀式) seremoniel′l

れいじてきな 例示的な eksemplifise′rende

れいじょう 令嬢(娘) datter (未婚の) frøken (若い婦人) ung dame

れいじょう 礼状 takkebrev

れいじょう 令状 arres′tordre

れいしょうする 冷笑する smile hånlig

れいすい 冷水 kaldvann (冷却水) kjølevann —浴 kaldt bad

れいせい 冷静 stillhet, ro —な stille, rolig, adsta′dig (平和な) fredelig (感情など抑えた) beher′sket —に rolig

れいせん 冷戦 kald krig

れいぞう 冷蔵 kald lagring, kjølelager —する oppbevare kjølig —庫 kjøleskap, kjølerom

れいぞく 隷属 underordning (服従) underkastelse —する underordnes, underkaste seg

れいたん 冷淡 kjølighet (無関心) likegyldighet —な kjølig (無関心な) likegyldig —に kjølig, likegyldig

れいど 零度 nullpunkt, null grader
れいとう 冷凍 frysning —する fryse —食品 frossen matvarer(pl.) —庫 fryserom, fryser, fryseboks —機 fryseanlegg
れいねん 例年 almin'nelig år —の/に årlig, hvert år
れいはい 礼拝 tilbedelse, gudsdyrkelse, andakt —式 gudtjeneste —式に出席する delta i gudtjeneste —する tilbe, dyrke gud —堂 kapel'l
れいふく 礼服 (男性用) snippkjole (女性用) aftenkjole
れいぼう 冷房 luftkjøling —設備 luftkjøleanlegg, luftkjøler (空調) luftkondisjonering
レインコート regnfrakk
レーザーこうせん レーザー光線 laserstråle
レース (競走) kappløp (布) knipling, blonde
レーダー radar —装置 radaranlegg —網 raderskjerme
レーヨン (人絹) rayon
レール (鉄道の) jernbaneskinne (カーテンの) gardi'nstang
れきし 歴史 histo'rie —〔上〕の histo'risk —家 histo'riker —の教授 professor i histo'rie —以前の forhistorisk
れきにんする 歴任する ha flere embetsposter i rekkefølge
れきねん 暦年 kalenderår
レクリエーション rekreasjo'n, forfrisk'ning
レコード (記録) reko'rd —を破る slå en reko'rd (音盤) grammofo'nplate —をかける sette en plate på, sette grammofo'nen i gang —プレーヤー platespiller
レジ (商店などの) kasse
レシート kvitte'ring
レシーバー mottaker
レストラン restaurant (セルフサービスの) kafete'ria

レスリング bryting —の試合 brytekamp —をする brytes （レスラー） bryter

レタス 〈植〉 sala′t

れつ 列 rekke, rad （人・車などの）kø （行列）prosesjo′n （葬儀などの）tog —をつくる ligge på linje （順番を待って並ぶ）stå i kø

れつあくな 劣悪な dårlig, elen′dig （価値のない）verdi′løs

れっきょする 列挙する rekne opp, telle opp

れっこく 列国 〔mektige〕 stater

れっしゃ 列車 tog —で行く reise med toget —の乗り換え togskift —遅延 togforsinkelse —事故 togulykke

れっせき・する 列席する være til sted, være nærværende, overvære —者 de tilstedværende, deltaker

レッテル etiket′t, merkelapp —を張る forsy′ne med etiket′t, etikette′re

れっとう 列島 øyrekke 千島— Kurilene

れっとう・の 劣等の underlegen, mindreverdig, dårlig —感 mindreverdighetskompleks, mindreverdsfølelse

レディーメードの ferdiglaga （服など）ferdiglaga, ferdigsydd, konfeksjo′ns-

レパートリー repertoa′r

レビュー （劇場の）revy′

レフレーン refren′g

レベル nivå′ トップ—の på høgst nivå′

レモン sitro′n —ジュース sitro′nsaft —絞り器 sitro′npresse —ティー te med sitro′n

れんあい 恋愛 kjærlighet, forel′skelse —に陥る få/ha noen kjær —結婚 kjælighetsekteskap —沙汰 kjærlighetsaffære —小説 kjærlighetsroman （悲恋）kjærlighetssorg

れんが 煉瓦 tegl〔stein〕, murstein —工場 teglverk —工 murer

れんきゅう 連休 fridager i trekk

れんきんじゅつ 錬金術 alkymi′ —師 alkymis′t
れんけつ 連結 forbin′delse （機械などの）kopling —する forbin′de, kople til/sammen
れんごう 連合 koalisjo′n, sammenslutning, kombinasjo′n （同盟）allian′se, forbund （結合）forbin′delse —の fore′nte, forbunds- （同盟の）allie′rt —する inngå forbund —国 de allie′rte
れんさい・する 連載する gå som følieto′ng —小説（新聞などの）føljeton′groman —読みもの føljeto′ng
れんざん 連山 fjellkjede
レンジ komfy′r
れんしゅう 練習 øvelse, trening （実習）praksis （リハーサル）repetisjo′n, innstudering —する øve seg, trene （実習する）praktise′re 繰り返し—する repete′re, gjenta —所 øvelsesplass （自動車の）øvelsesbane —試合 treningskamp —曲 ety′de
レンズ （カメラの）kameralinse 凹/凸— konka′v/konvek′s linse 対物— ofjekti′v コンタクト— kontak′tlinse
れんそう 連想 〔idé〕assosiasjo′n —する assosie′re, knytte sammen ved assosiasjo′n —させる minne om
れんぞく 連続 fortsettelse, kontinuite′t, serie —する fortsette, kontinue′re （持続する）vare ved, vedbli —的に fortløpende, suksessivt, på rad （絶え間なく）uavbrutt, uten avbrytelse
れんたい 連帯 solidarite′t, fellesskap —の solida′risk, felles —で solida′riskt 社会— 〔felles〕solidarite′t —感 fellesfølelse —責任 felles ansvar —保証人 medkausjonis′t
レンタカー utleiebil
レントゲン （X線）røntgenstråler —写真 røntgenbilde —写真をとる røntgenfotografe′re
れんばい 廉売 realisasjo′n, realise′ring —する realise′re, selge til nedsatt pris
れんぽう 連邦 forbundsstat, samvelde —政府 føderasjo′n
れんめい 連盟 forbund, sammenslutning, liga

れんらく 連絡 forbin′delse, kontak′t （伝達）kommunikasjo′n （照会）henvendelse （通信の）telegra′fisk/telefo′nisk forbin′delse —する kontak′te, kommunise′re, korresponde′re （知らせる）meddele, informe′re —を保つ/失う bevare/miste kontak′ten med —駅(乗り換え駅) jernbaneknutepunkt —船 ferje, ferge —先 kontak′t〔person〕

れんりつせいけん 連立政権 koalisjo′nsrejering

ろ

ろ 炉 ildsted（鍛冶(ぢ)場の）esse （いろり）arne（かまど）omn, ovn —心(原子炉の) reak′torkjerne

ろ 櫓 åre —で漕ぐ ro〔med årer〕

ろう 牢 fengsel —に入れられる dømme til fengsel —に入れる fengsle, sette en i fengsel —を出る frigis fra fengsel 脱— fengselsflukt 脱—する rømme〔fra fengsel〕, bryte seg ut av fengslet

ろう 蠟 voks

ろうあ・の 聾啞の（耳と口の不自由な）døvstum —学校 skole for de døvstumme

ろうか 廊下 gang, passa′sje （ホテル・アパート・ビルなどの）korrido′r, gang

ろうか 老化 aldring （もうろくした）seni′l, alderdomssløv, avfel′dig

ろうし 労資・労使 arbeidsgiver og arbeidstaker —関係 forholdet mellom arbeidsmarkedets parter —協調 samarbeid mellom arbeidsgiver og arbeidstaker

ろうし 老子 Lao Zi

ろうじょうする 籠城する være belei′ret

ろうじん 老人 de gamle, gammalt menneske, eldre person —ホーム aldersheim

ろうすい 老衰 alderdomssvakhet, alderdomssløvhet —する bli seni′l/avfel′dig —で死ぬ dø av

alderdomssløvhet
ろうそく 蠟燭 steari'nlys —に火を点ける tenne et steali'nlys —立て lysestake (枝付きの) armstake
ろうでん 漏電 kortslutning —する kortslutte
ろうどう 労働 arbeid —する arbeide 重— slit 重—する slite —者 arbeider —時間 arbeidstid —力 arbeidskraft —運動 arbeiderbevegelse —争議 arbeidskonflikt —組合(単産) fagforening —組合連合 fagforbund —基準局 arbeidstilsyn —省 kommunal- og arbeidsdepartement
ろうどく 朗読 høytles〔n〕ing (暗唱) opplesning —する lese høyt
ろうねん 老年 alderdom, elde, livets aften
ろうばい 狼狽 forvir'ring, bestyr'telse —する bli bestyr'tet/forvir'ret
ろうひ 浪費 sløseri, ødselhet —家 sløser —する sløse, ødsle —的な ødsel, sløset, ekstravagan't
ろうふうふ 老夫婦 gammalt ektepar
ろうまん・てきな 浪漫的な roman'tisk —主義 romantik'k —主義者 raman'tiker
ろうむ 労務 arbeid —者 arbeider
ろうりょく 労力 arbeidskraft, arbeidsevne (努力) anstrengelse, streben —を省く spare på arbeiderne/kreftene
ろうれん・な 老練な erfa'ren, rutine'rt, prøvet —家 eksper't, fagmann, vetera'n
ロータリー rundkjøring
ロードショー (映画などの特別封切り) premiere
ロープウェー taubane
ローマ Roma —人(男) romer (女) romerin'ne —の romersk —字 lati'nske bokstaver —法王 pave
ローラー trommel —をかける tromle —スケート rulleskøyting —スケートをする løpe på rulleskøyter
ろか 濾過 filtre'ring —機 filter —する filtre're
ろく 六 seks (カード・さいころなどの) sekser 第— sjette 第一感 den sjette sans —角形 sekskant —

時頃に ved sekstiden
- **ろくおん** 録音(テープに) båndopptak（ディスクに）plateinnspilling —する ta opp, spille inn（テープレコーダー）båndopptaker
- **ろくが** 録画 videoopptak —する ta opp på video
- **ろくがつ** 六月 juni
- **ろくじゅう** 六十 seksti
- **ろくしょう** 緑青 eir, irr —が生じる eire, irre
- **ろくでなし** 碌でなし døgenikt, dagdriver, slask
- **ろくまく** 肋膜 brysthinne —炎 brysthinnebetennelse
- **ロケット** （飛行体）rakeʹtt —発射装置 avfyringsrampe for rakeʹtt —弾 rakeʹtbombe （首飾りの）medaljoʹng, kapsel
- **ろけんする** 露見する bli avslørt
- **ロココ** （様式）rokokʹko
- **ろじ** 路地 sti, strede, bakgate, smau
- **ロシア** Russland —人 russer —語/の russisk
- **ろしゅつ** 露出(写真の) eksponeʹring —する eksponeʹre —過剰の overeksponert —不足の undereksponert —計 eksponeʹringsmåler
- **ろせんバス** 路線バス rutebil, rutebuss
- **ロッカー** låsbart skap, oppbevaring —ルーム omkledningsrom
- **ろっこつ** 肋骨〈医〉ribbbe(i)n, ribbe(i)n
- **ろてん** 露店 (salgs)bod, (markeds)bod, stand —商 gateselger, innehaver av bod
- **ろてんぼり** 露天掘り dagbrudd(sdrift)
- **ろば** 驢馬〈動〉esel
- **ロビー** forværelse, lobby （廊下）korridoʹr
- **ロマンチックな** romanʹtisk
- **ろんぎ** 論議 diskusjoʹn, debatʹt, argumenʹt
- **ろんじる** 論じる(議論する) diskuteʹre, argumenteʹre （論評する）kommenteʹre
- **ろんせつ** 論説 artikʹkel （社説）(avis)leder, lederartikkel —委員 lederskribent
- **ろんそう** 論争 disputʹt, tvist, polemikʹk, kontroverʹs —する disputeʹre, tvistes, polemiseʹre

ロンドン London
ろんぴょう 論評 kritik′k, kommenta′r, recensjo′n —する kritise′re, kommente′re, recense′re —者 kritiker, kommenta′tor, recense′nt
ろんぶん 論文（学術・学位の） avhandling （一般の） artik′kel, essay
ろんぽう 論法 tankegang, resonnement
ろんり 論理〔学〕 logik′k —的な/に logisk —的根拠 logisk begrun′nelse —に合わない ulogisk

わ

わ 輪（円） sirkel （環）ring （鎖）kjede （車輪）hjul （なわ・ひもなどの）løkke （市電などの環状線）sløyfe
わ 和（一致） enighet （同意）overenskomst, forstå′else
わいきょく 歪曲 forvren′gning —する forvren′ge
ワイシャツ 〔kvit〕skjorte —姿で i skjort〔e〕ermer
わいせつな skjendig, vanærende, uanstendig
ワイパー （自動車などの） vindusvisker
わいろ 賄賂（金品・贈収賄） bestik′kelse （買収する） bestik′ke —を受け取る ta imot bestik′kelse —のきく bestik′kelig
わか・い 若い ung —わかしい ungdom′melig （年下の） yngre, junior （未成年の） umyndig （未熟の） uerfaren, umoden —者 ungdom, ung mann, yngling —者達 de unge
わかい 和解 forso′ning （妥協） forlik, kompromis′s （調停） mekling —させる forso′ne, forli′ke seg med, slutte fred med —する mekle, megle
わかがえ・る 若返る foryn′ges —り foryn′gelse —り療法 foryn′gelseskur
わがくに 我が国 〔dette〕vårt land
わかす 沸かす koke, bringe i kok （風呂を） varme badet （血を） hisse seg opp 血を—ような spennen-

de, stimule'rende

わかば 若葉 nyutsprungene løv, unge lauv, nye blader （新緑）friskt grønt

わがまま 我が儘(利己) egois'me, selviskhet ―な egois'tisk, selvisk egosen'trisk, egensindig

わかもの 若者 ungdom, ung mann, yngling （総称）de unge （少年）gutt

わがもの 我が物 egne eiendom ―にする(強奪する) tilrive seg, ero'bre （獲得する）vinne ―顔に som om det var ens eget

わがや 我が家 min heim, mitt hus

わか・る 分かる（理解する） forstå', innse, fatte （知る）kjenne, vite （難解なものが）begripe, komme etter （講義などの）kunne følge〔med〕（学ぶ）lære （発見する）oppdage （判明する）avsløre ―りました Ja, det skal jeg nok: Ja, det kan jeg

わかれ 別れ（別離） avskjed, avgang （いとまごい） farve'l (さよなら) Adjø', Ha det bra （分派）gre〔i〕n, forgre〔i〕'ning ―道 sideveg, sidegate （十字路）korsveg

わかれる 分かれる（分離する） separe're （区分される）bli delt （分裂する）splittes, kløｙves （分岐する）forgre〔i〕'ne seg （別れる）ta avskjed med, skilles （離婚する）få skilsmisse〔fra〕（散会する）bryte opp （分散する）spreies, forde'le seg

わき 脇（かたわら） side （他所）annen plass ―役 støttende rolle ―の下 armhole ―に（並んで）ved siden av ―道にそれる komme på avveg （話が）komme bort fra emnet, forta'pe seg i digresjo'n

わきまえ dømmekraft （配慮）diskresjo'n, overveielse ―のある fornuf'tig, diskre't, klok

わく 沸く（煮え立つ） koke, syde （興奮する）bli opphisset （怒りが）vreden koker opp

わく 涌く（わき出る） fosse, springe （あわ立つ）bruse （蒸気など噴き出る）sprute （感情が）være overstrømmende følsom （騒動などが）oppstå

わく 枠（額などの） ramme （窓・ドアの）karm （眼

鏡・車輪などの) innfatning （骨組み) skjelet′t （制限) grense, begrens′ning
わくせい 惑星 plane′t, 小— asteroid
ワクチン vaksi\ne —注射する vaksine′re
わけ 訳 （意味) menning, betydning （理由) grunn, anledning （原因) årsak, anledning （根拠) grunn, beve′ggrunn, moti′v （事情) omsten′dighet, forhold —の分った(道理の) fornuf′tig, rimelig …の—にはいかない jeg kan ikke så godt
わけあう 分け合う dele noen med en
わけまえ 分けまえ andel, lodd
わける 分ける(分割する) dele （半分わけする) dele halvt med （離す) 〔at〕skille, utskille （分配する) fordele, distribue′re, utdele （分類する) sorte′re klassifise′re （区別する) skjelne A fra B, skjelne mellom A og B
わゴム 輪ゴム gummibånd, elastik′k
わざ 業 （行為) handling, gjerning （武術などの) grep
わざと （故意に) med forsett, forsettlig, med vilje —らしい(不自然な) unaturlig, affekte′rt （作為のある) overlagt, forset′tlig, medvitende （無理な) ufornuftig, tvungen, tvingende
わさび 〈植〉 pepperrot
わざわい 災い・禍い (不幸) ulykke, uhell, onde （災難) katastro\fe, ulykke
わざわざ （特に) særlig, særde′les （わざと) forset′tlig, med vilje
わし 鷲〈鳥〉 ørn —鼻 ørnnese
わし 和紙 japansk papir
わずか・な/の （数が) få, ikke mange （量が) kun litt, en smule （ささいな) uvesentlig, ringe, ubety′delig, bagatellmessig （軽度の) lett, mild （乏しい) sparsom, karrig —に kun, bare, blott （かろうじて) knapt, neppe, knepent
わずら・う 煩う(病む) være sjuk, li av sjukdom （心配する) foruroliges, engste seg 〔for〕 —い(病気)

sjukdom （心配）engstelse, uro ——わしい（面倒な）besvæ'rlig, brysom, plagsom
わすれ・っぽい 忘れっぽい/—勝ちな glemsom, lett å glemme, glemsk
わすれ・る 忘れる glemme, gå i glemme, gå av minne 置き—る glemme, etterlate —物 hittegods, glemte saker —難い uforglem'melig —な草 for-glem'megei
わた 綿 bomull —の木 bomullsplante 着物などの詰め— vatt —毛 dun —ぼこり fnug'g —雲 ullen sky
わだい 話題 samtaleemne
わだかまり nag, bitterhet
わたくし 私、jeg —自身 jeg selv, jeg personlig —の min （公に対し）privat —のもの min —に/を meg —達/共 vi
わたげ 綿毛 dun
わたし 渡し(渡船場) ferjeanløp —船 ferje 受け— leve'ring
わたす 渡す(手渡す) overbringe, rekke, overlate （プレゼントする）overrekke, skjenke〔til〕 引き— leve're 橋を— bygge bru〔over elva〕
わたりどり 渡り鳥 trekkfugl （留鳥）standfugl
わたる 渡る(通り・橋などを) krysse, gå over （川など歩いて）va （海を渡ってくる）innføres （金が）〔ut〕betales
ワックス voks （スキー用の）skismøring （自動車用の）bilvoks
ワット watt
わな 罠 snare, felle —をかける stille en snare for, sette felle for —にかかる gå i fella
わなげ 輪投げ ringspill
わに 鰐〈動〉（アフリカ産）krokodil'le —皮 krokodil'leskinn （北米産）alliga'tor —皮 alliga'tor-skinn
ワニス fernis's
わびしい 侘しい(寂しい) ensom, e〔i〕nslig （人里離れた）avsides （遠くの）fjern （みじめな）elendig,

ussel, ynkelig
わびる 詫びる unnskylde seg （お詫び）unnskyldning
わふう 和風 japansk stil
わふく 和服 japansk klær
わめく 喚く（大声で）skrike （喚声をあげる）hylle （金切り声で）kvine, hyle （騒々しく）buldre, lage støy
わら 藁 strå むぎ— halm —たば knippe —帽子 stråhatt —〔ぶき〕屋根 stråtak —をもつかむ gripe etter et halm〔strå〕
わら・う 笑う（声を出して）le （にっこりと）smile （鼻先きで）grine på nesen av （くすくす笑う）fnise （嘲笑する）håne, spotte, latterliggjøre （思わず吹き出す）få latterkrampe 大—いする slå/få latterdøra opp —い latter, smile —い顔 leende ansikt （笑止千万な）latterlig, lattervekkende 最後に—う者が本当に笑う den der ler sist ler best
わらび 蕨〈植〉〔ørne〕bregne
わりあい 割合（比率）proporsjo′n, prosen′ttal, forhold （頻(ﾋﾝ)度）frekven′s （拍子）takt （為替レート）valut′akurs （価値）verd —に temmelig, forholdvis, relativ
わりあて 割り当て tildeling, kvote, andel （分配）forde′ling （配給）rasjo′n —る tildele
わりかんに 割り勘にする spleise, betale hver for seg
わりざん 割り算 divisjo′n —をする divide′re
わりばし 割り箸 halvsplitta spisepinne
わりびき 割り引き rabat′t, avslag —する rabatte′re, gi avslag i prisen —券 rabat′tkort —率（手形などの）diskon′to
わりまし 割り増し（賃金などの）ekstra, tillegg, bonus （協定外の昇給）lønnstillegg
わる 割る（分割する）dele i （割り算する）divide′re （こわす）slå i stykker, knuse （裂く）rive, klø〔y〕ve （水で）spe med vann: vanne ut

わる・い 悪い（不良の）dårlig, vanarta, urett（駄目になった）forder'vet（堕落した）demoralise'rt（不正な）urettferdig（にせの）falsk（邪悪な）ond, ondsinnet（悪性の）ondartet（有害な）skadelig（危険な）farlig, stygg（劣悪な）dårlig（劣等の）underlegen（粗野な）rå, grovkornet（体が）svak, dårlig（やせた）spinkel（神経質な）sart, nervøs, ømfin'tlig（不吉な）ominø's, illevarslende（容姿が）uskjønn, stygg —くなる bli verre/dårligere/ringere —者 skurk, slyngel, kanal'je, kjeltring

わるがしこい 悪賢い fiffig, listig

わるぎ 悪気のある（悪意のある）ondskapsfull, skadefro —のない uskyl'dig, syndefri, plettfri

わるくち 悪口 baktalelse, bakvaskelse（ゴシップ）sladder —をいう baktale, bakvaske, klandre（ゴシップをいう）sladre 〔om〕

ワルシャワ Warszawa

わるだくみ 悪巧み（奸計）listig planer (pl.), ond hensikt（陰謀）komplot't, intrige, renker (pl.)

わるぢえ 悪知恵 fiffighet, listighet —のある fiffig, listig

ワルツ vals —を踊る danse vals

わるふざけ 悪ふざけ dårlig/smakløs skjemt, spillop'per (pl.), løyer (pl.) —をする skjemte 〔dårlig〕, lage spillop'per

わるもの 悪者 skurk, slyngel, kanal'je, kjeltring

われがちに 我勝ちに hver mann for seg selv

われしらず 我知らず ubevisst, underbevisst, uten at selv merker det

われめ 割れ目 rivne, sprekk, kløft

われる 割れる gå i tu/stykker, rivne, sprekke

われわれ 我々〔は〕vi —みんな vi alle —の vår —を/に oss

わん 湾 bukt 大きい— golf（入り江）vik, liten bukt

わん 椀・碗 skål（どんぶり）bolle（小型の）spilkum（スープなど入れる深い鉢）terri'n（スープ皿）taller'ken

わんぱく 腕白 uskikk, uartighet, frekkhet —な uskik′kelig, uartig, frekk —小僧 spillop′pmaker, knekt, villbasse —少女 ukyndig lille/ung pike, villkatt

ワンピース (婦人用の) hel kjole

ワンマンバス selvbetjent buss

わんりょく 腕力 fysisk styrke (暴力) vold, voldsomhet —を用いる bruke vold, øve vold mot

わんわん 〈幼児語で犬〉・(犬の鳴き声) vov〔-vov〕, voff-voff

付　録

不規則動詞変化表

( ) 異形として認められている形

	現在形	過去形	過去分詞
be 頼む	ber	bad (ba)	bedt
binde 結ぶ	binder	bandt	bundet
bite 噛む	biter	bet (beit)	bitt
bli …になる	blir	ble (blei)	blitt
bløyte 浸す	bløyter	bløtte bløyte	bløtt bløyt
brekke 折る	brekker	brakk	brukket
brenne 燃える	brenner	brant (brann)	brent
breste 破裂する	brester	brast	brestet
bringe もたらす	bringer	brakte	brakt
briste 破裂する	brister	brast	bristet (brustet)
bryte 破る	bryter	brøt (braut)	brutt
burde …するべきだ	bør	burde	burdet
by 命ずる	byr	bød (baud) bydde	budt bydd
bære 運ぶ	bærer	bar	båret

不規則動詞変化表

dra 引っ張る	drar	drog(dro)	dradd dratt
drepe 殺す	dreper	drepte (drap)	drept
drikke 飲む	drikker	drakk	drukket
drive 追う	driver	drev (dreiv)	drevet
dø 死ぬ	dør	døde (dødde)	dødd
dølge 隠す	dølger	dulgte	dulgt
eie 所有する	eier	eide(åtte)	eid(ått)
ete (むさぼり)食う	eter	åt	ett
falle 落ちる	faller	falt	falt
fare 行く	farer	for	fart
finne 見出す	finner	fant(fann)	funnet
finnes ある	fins (finnes)	fans (fantes)	funnes
fly 飛ぶ	flyr	fløy	fløyet
flyte 流れる	flyter	fløt(flaut)	flytt
fryse こごえる	fryser	frøs (fraus)	frosset
fyke 飛んでいく	fyker	føk(fauk)	føket
følge 従う	følger	fulgte	fulgt
få 得る	får	fikk (fekk)	fått

gi 与える	gir	gav (ga)	gitt
gidde …の労をとる	gidder	gadd	giddet
gjelde …の価値がある	gjelder	gjaldt (galdt)	gjeldt
gjøre する	gjør	gjorde	gjort
gleppe ゆるむ	glepper	glapp	gleppet
gli 滑る	glir	gled (gleid, glei)	glidd
glippe ゆるむ	glipper	glapp	glippet
gnage かじる	gnager	gnagde, gnog	gnagd gnaget
gni こする	gnir	gnidde, gned (gneid, gnei)	gnidd
grave 掘る	graver	grov, gravde	gravd
grine しかめっつらする	griner	gren, grinte (grein)	grint
gripe つかむ	griper	grep (greip)	grepet
gråte 泣く	gråter	gråt (gret)	grått
gyse ちらかす	gyser	gjøs, gyste	gyst
gyte 注ぐ	gyter	gjøt, gytte	gytt
gyve (火花などが)飛ぶ	gyver	gjøv, gauv	gyvd, gjøvet

gå 行く	går	gikk (gjekk)	gått
ha 持つ	har	hadde	hatt
henge ぶらさがる	henger	hang	hengt
hete …という名である	heter	het, hette	hett
hive 投げ上げる	hiver	hev, hivde (heiv)	hivd
hjelpe 助ける	hjelper	hjalp	hjulpet
hogge たたき切る	hogger	hogg, hogde	hogd
holde 保つ	holder	holdt	holdt
klinge 鳴る	klinger	klang	klingt, klinget
klipe つねる	kliper	kleip	klipt
klive よじ登る	kliver	kleiv	klevet, klivd
klype つねる	klyper	kløp, klypte	kløpet, klypt
klyve よじ登る	klyver	kløv, klyvde (klauv)	kløvet, klyvd
knekke パチンという	knekker	knakk	knekt, knekket
knipe ひねる	kniper	knep (kneip)	knepet
komme 来る	kommer	kom	kommet
krype はう	kryper	krøp (kraup)	krøpet
kunne できる	kan	kunne	kunnet

kvede 歌う	kveder	kvad	kvedet
kvele 窒息させる	kveler	kvalte, kvelte	kvalt, kvelt
kvine 悲鳴をあげる	kviner	kvein, kvinte	kvint,
la …させる	lar	lot	latt
le 笑う	ler	lo	ledd
legge 横たえる	legger	la	lagt
li 経過する	lir	lidde (leid, lei)	lidd
lide 悩む	lider	led (leid, lei)	lidd, lidt
ligge 横になる	ligger	lå (låg)	ligget
lyde 鳴る	lyder	lød, lydde	lydt, lydd
lyge うそをつく	lyger	løy, laug	løyet
lykkes 成功する	lykkes	lykktes	lykkes
lyve うそをつく	lyver	løy	løyet
løpe 走る	løper	løp	løpet, løpt
låte 響く	låter	låt	lått
male 砕く	maler	malte, mol	malt
måtte …せねばならない	må	måtte	måttet
nyse くしゃみをする	nyser	nøs, nyste (naus)	nyst

nyte 楽しむ	nyter	nøt(naut)	nytt
omgås(e)s つきあう	omgå(e)s	omgik-(ke)s	omgåt-(te)s
pipe ちゅうちゅう鳴く	piper	pep(peip)	pepet
rekke とどく	rekker	rakk	rukket
rekke 伸ばす	rekker	rakte	rakt
renne 走る	renner	rant (rann)	rent
ri (馬に)乗る	rir	red (reid, rei)	ridd
rive 裂く	river	rev(reiv)	revet
ryke 煙が出る	ryker	røk(rauk)	røket
se 見る	ser	så(såg)	sett
selge 売る	selger	solgte	solgt
sette 置く	setter	satte	satt
si 言う	sier	sa	sagt
sige しみ出る	siger	seg, seig	seget
sitte 座る	sitter	satt	sittet
skjelve 震える	skjelver	skalv	skjelvet
skjære 切る	skjærer	skar	skåret
skride すべる	skrider	skred, skrei(d)	skredet

skrike 叫ぶ	skriker	skrek (skreik)	skreket
skrive 書く	skriver	skrev (skreiv)	skrevet
skryte 自慢する	skryter	skrøt, skrytte	skrytt
skulle …せねばならない	skal	skulle	skullet
skvette (泥が)はねる	skvetter	skvatt	skvettet
skyte 発砲する	skyter	skjøt (skaut)	skutt
skyve 押す	skyver	skjøv (skauv)	skjøvet
slenge ぶらさがる	slenger	slang	slengt
slippe 解放する	slipper	slapp	sluppet
slite すりきれる	sliter	slet (sleit)	slitt
slå 打つ	slår	slo	slått
slåss なぐり合う	slåss	sloss	slåss
smelle ぱちっと音がする	smeller	smalt (small)	smelt
smette するりと動く	smetter	smatt	smettet, smuttet
smyge こそこそはいる	smyger	smøg (smaug)	smøget
smøre (バターなど)塗る	smører	smurte	smurt
snike こそこそする	sniker	snek (sneik)	sneket
snyte だます	snyter	snøt, snytte	snytt

sove 眠る	sover	sov	sovet
spinne 紡ぐ	spinner	spant (spann)	spunnet
sprekke 割れる	sprekker	sprakk	sprukket
sprette はねる	spretter	spratt	sprettet
springe はずむ	springer	sprang	sprunget
spørre 質問する	spør	spurte	spurt
stige 登る	stiger	steg (steig)	steget
stikke 刺す	stikker	stakk	stukket
stjele 盗む	stjeler	stjal	stjålet
strekke 充分である	strekker	strakk	strukket
strekke 引き伸ばす	strekker	strakte, strekte	strakt, strekt
stri 戦う	strir	stred, stridde	stridd
stryke なでる	stryker	strøk (strauk)	strøket
stå 立つ	står	stod (sto)	stått
svelte 飢える	svelter	svalt	sveltet
sverge 誓う	sverger	svor, sverget	svoret
svi うずく	svir	sved, svidde (sveid, svei)	svidd

svike 裏切る	sviker	svek (sveik)	sveket
svinge 振り回す	svinger	svang	svunget, svinget, svingt
svinne 減少する	svinner	svant (svann)	svunnet
synes …と思われる	syn(e)s	syntes	syn(e)s
synge 歌う	synger	sang	sunget
synke 沈む	synker	sank	sunket
ta 取る	tar	tok	tatt
telle 数える	teller	talte, telte	talt, telt
tore あえて…する	tør	torde	tort
tre 踏む	trer	trådte	trådt
treffe 出合う	treffer	traff	truffet
trekke 引く	trekker	trakk	trukket
trive つかむ	triver	treiv	trevet, trivd
trives 満足する	triv(e)s	trivdes (treivs)	triv(e)s
tryte 失敗する	tryter	traut	trytt
tvinge 強いる	tvinger	tvang	tvunget
velge 選ぶ	velger	valgte	valgt
vike 負ける	viker	vek(veik)	veket

ville …したい	vil	ville	villet
vinde 巻く	vinder	vandt	vundet
vinne 勝つ	vinner	vant (vann)	vunnet
vite 知っている	vet (veit)	visste	visst
vri ねじる	vrir	vridde, vred (vreid, vrei)	vridd
være …である	er	var	vært

目録進呈　落丁本・乱丁本はお取替えいたします。

平成 14 年 8 月 20 日　　Ⓒ 第 1 版発行

	日本語ノルウェー語辞典

編　者　　古城 健志 (こじょう けんし)

発行者　　佐　藤　政　人

発　行　所

株式会社　**大 学 書 林**

東京都文京区小石川 4 丁目 7 番 4 号
振 替 口 座　　00120-8-43740番
電　話　　(03) 3812-6281〜3番
郵便番号112-0002

ISBN4-475-00097-1　　　　　写研・横山印刷・牧製本

大学書林 ― 語学参考書

著者	書名	判型	頁数
古城健志・松下正三 編著	デンマーク語辞典	A5判	1016頁
古城健志・松下正三 編著	デンマーク語日本語辞典	新書判	820頁
古城健志 編	日本語デンマーク語辞典	新書判	664頁
岡田令子・菅原邦城・間瀬英夫 著	現代デンマーク語入門	A5判	264頁
山野辺五十鈴 編著	自習デンマーク語文法	A5判	208頁
森田貞雄 著	デンマーク語文法入門	B6判	130頁
間瀬英夫・菅原邦城 編	デンマーク語基礎1500語	新書判	144頁
岡本健志 著	デンマーク語分類単語集	新書判	338頁
間瀬英夫 編	デンマーク語会話練習帳	新書判	144頁
アネ・メテ・イプセン 著／間瀬英夫	―中級デンマーク語会話― これでいいのかな	B6判	192頁
アンデルセン／森田貞雄 訳注	錫の兵隊	新書判	88頁
キルケゴール／村上恭一 訳注	不安の概念	B6判	238頁
イェスペルセン／新谷俊裕 訳注	ラスムス・ラスク	B6判	176頁
アンデルセン／福井信子 訳注	皇帝の新しい服	B6判	280頁
ブリッカー／山野辺五十鈴 訳注	ある教会書記の日記の断片／メリヤス商	B6判	246頁
レオノーラ・クリスティーナ／山野辺五十鈴 訳注	嘆きの回想	B6判	272頁
山野辺五十鈴 編著	デンマーク古フォルケヴィーサ	B6判	224頁
森田貞雄 著	アイスランド語文法	A5判	208頁
尾崎義 著	北欧語のはなし	B6判	152頁

― 目録進呈 ―

大学書林 語学参考書

著者	書名	判型	頁数
下宮忠雄著	ノルウェー語四週間	B6判	653頁
森 信嘉著	ノルウェー語文法入門	B6判	212頁
岡本健志著	自習ノルウェー語文法	A5判	232頁
森 信嘉編	ノルウェー語基礎1500語	新書判	208頁
信森廣光編	ノルウェー語会話練習帳	新書判	144頁
清水育男著	英語対照ノルウェー語会話	B6判	200頁
古城健志・松下正三編著	ノルウェー語辞典	A5判	846頁
岡本健志著	ノルウェー語分類単語集	新書判	352頁
クリスティン・リュッグ・岡本健志著	ノルウェー語でどういうの	B6判	228頁
H.イプセン・W.アーチャー著 佐竹龍郎・岩原武則訳注	人形の家	B6判	498頁
B.ビョルンソン著 岡本健志訳注	父	B6判	190頁
尾崎 義著	スウェーデン語四週間	B6判	440頁
山下泰文著	スウェーデン語文法	A5判	360頁
尾崎 義・田中三千夫・下村 誠・武田龍夫著	スウェーデン語辞典	A5判	640頁
松下正三・古城健志編	スウェーデン語日本語辞典	新書判	704頁
松下正三編	日本語スウェーデン語小辞典	新書判	580頁
菅原邦城・クラース・ガルレーン編	スウェーデン語基礎1500語	新書判	176頁
松下正三編	スエーデン語会話練習帳	新書判	144頁
古城健志訳注	セーデルベリィ小品集	B6判	240頁
山口秀夫訳注	フリショフ物語	B6判	264頁

―目録進呈―

大学書林
語学参考書

著者	書名	判型	頁数
小泉　保著	音声学入門	A5判	248頁
小泉　保著	言語学とコミュニケーション	A5判	228頁
下宮忠雄編著	世界の言語と国のハンドブック	新書判	280頁
大城光正　吉田和彦著	印欧アナトリア諸語概説	A5判	392頁
千種眞一著	古典アルメニア語文法	A5判	408頁
中井和夫著	ウクライナ語入門	A5判	224頁
石川達夫著	チェコ語初級	A5判	398頁
三谷惠子著	クロアチア語ハンドブック	A5判	278頁
金指久美子著	スロヴェニア語入門	A5判	248頁
直野　敦著	アルバニア語入門	A5判	254頁
児玉仁士著	フリジア語文法	A5判	306頁
上田和夫著	イディッシュ語文法入門	A5判	272頁
栗谷川福子著	ヘブライ語の基礎	A5判	478頁
福田千津子著	現代ギリシャ語入門	A5判	226頁
縄田鉄男著	パシュトー語文法入門	B6判	334頁
縄田鉄男著	ダリー語文法入門	B6判	684頁
奴田原睦明著	基本アラビア語入門	A5判	280頁
中島　久著	スワヒリ語文法	A5判	368頁
塩谷　亨著	ハワイ語文法の基礎	A5判	190頁
田澤　耕著	カタルーニャ語文法入門	A5判	234頁

―目録進呈―